생애 초기 문해력 발달

Lesley Mandel Morrow 저 | 성미영 역

LITERACY DEVELOPMENT IN THE EARLY YEARS

Helping Children Read and Write, 9th Edition

학지사

Literacy Development in the Early Years: Helping Children Read and Write, 9th Edition
by Lesley Mandel Morrow

역자 서문

『생애 초기 문해력 발달』의 초판은 1989년에 출판되었고, 9판이 최신판이다. 역자는 최신판인 9판을 한국어로 번역하여 출간하였다. 이 책을 출간하기 이전에 영유아기 음성 언어 발달을 살펴본『언어 발달』번역서를 출간하였다.『언어 발달』역서를 출간한 이후 최근 우리 사회에서 관심이 집중되고 있는 문해력에 관한 책을 살펴보다가『Literacy Development in the Early Years』라는 원서를 발견하였다. 역자는 대학의 학부생을 대상으로 '언어 지도' 과목을 가르치고 있고, '영유아 문해 교육콘텐츠 개발 실습'이라는 신규 과목을 개설할 예정이다. 신규 과목을 위한 교재가 필요하였는데, 이 책이 신규 과목의 교재로서 적합한 내용으로 구성되어 있었다.

이 책은 총 14개의 장으로 이루어져 있는데, 번역을 완료하고 조판된 교정지를 처음 받았을 때는 전체 분량이 거의 600페이지에 육박하였다. 번역서의 경우 원서보다 페이지가 늘어나기는 하지만 분량이 너무 많아 원서의 내용 중 본문 내용 이외의 활동 및 질문, 교실에서 얻은 아이디어, 요약, 참고문헌 등의 부가적인 내용은 종이책에 포함하지 않고, 출판사 홈페이지에 온라인으로 게재하게 되었다.

저자 서문에서 이 책의 장별 구성에 대한 소개가 제시되어 있어 역자 서문에서는 별도로 다루지 않을 예정이다. 아이들의 언어 발달은 음성 언어 발달이 먼저 진행되고 뒤이어 문자 언어 발달이 이루어진다고 일반적으로 말하지만, 문자 언어 발달인 문해력 발달 역시 출생과 동시에 시작된다. 문해력은 읽고 쓸 수 있는 능력이지만, 더 넓게는 읽기와 쓰기에 대한 관심에서 출발한다. 책을 입에 넣거나 던지거나 찢는 등의 행동 역시 문해력의 일부이다. 아이들의 음성 언어 발달과 문자 언어 발달은 서로 밀접한 관련이 있고, 함께 공생하면서 발달한다. 이 책은 이러한 관점에서 영유아 및 초등학생의 문해력 발달과 지도에 대해 심도 있게 다루고 있다.

이 책은 문해력 발달과 지도에 관심 있는 학부생, 대학원생, 영유아 교육기관 교사 등 다양한 분야의 독자에게 적합한 내용을 다루고 있어 이들 모든 독자에게 도움이 되기를 바란다. 이 책이 무사히 출간되기까지 적극적으로 지원해 주신 학지사 김진환 대표님과 편집부 박나리 실장님께 감사의 인사를 전하며 역자 서문을 마무리한다.

P. S. 표지 사진을 제공해 준 장유은 양에게도 고마움을 전합니다.

저자 서문

『생애 초기 문해력 발달』 9판은 교사, 독서 전문가, 관리자, 교사 교육 프로그램 수강생, 학부모를 대상으로 한다. 이 책은 초기 문해력 관련 대학원, 학부 및 전문 과정에 적합하며, 초등학교 읽기 교육, 아동 문학, 아동 발달, 유아교육, 언어 교육에 대한 텍스트를 보완한다. 저자는 유아기 문해력 발달에 대한 특별한 관심 때문에 이 책을 썼다. 저자는 유치원, 초등학교에서 가르쳤고, 읽기 전문가이면서 대학 수준에서 유아교육과정과 문해력 과정을 가르쳤다. 저자의 연구는 초기 문해력의 교수 전략에 초점을 맞추고 있고, 수년에 걸친 초기 문해력 관련 연구를 통해 새로운 이론을 만들었다. 이 책은 출생부터 초등학교 3학년까지 문해력 발달을 지원하는 프로그램에 대해 설명한다.

좋은 교사는 자신이 편안하다고 느끼는 교수 전략을 사용할 때 가장 효과적으로 수업을 진행한다. 교사는 자신의 문해력 프로그램 설계와 교재교구 선정에 대해 비판적으로 생각하는 의사 결정권자가 되어야 한다. 아동은 다양한 사회적, 정서적, 신체적, 인지적 능력과 성취 수준을 가지고 학교에 온다. 다양한 문화적 배경, 경험, 문해력에 노출되어 있으므로 이러한 다양성을 적절하게 다루어야 한다. 이 책은 교수 전략을 생성한 연구 결과를 기반으로 한 이론을 포함하고, 현행 문해력 지도 및 정책에 대한 표준을 기반으로 한다. 책의 내용 대부분에는 교수 전략과 수행 단계에 대한 설명이 포함되어 있다. 또한 이 책은 초기 문해력에 대한 포괄적이고 균형 잡힌 접근법을 제공한다.

수업의 문제 해결 기술을 포함한 구성주의적 아이디어는 명시적인 직접 수업 접근법과 혼합되어 교사가 가르치는 아동에게 가장 적합한 방식이 무엇인지 결정한다. 읽기, 쓰기, 듣기, 말하기, 보기의 통합을 통한 읽기 학습에 대해 강조한다. 또한 이러한 문해력 기술을 내용 영역 학습에 통합하는 것도 강조한다. 수업의 차별화는 주요 주제이다. 이 주제는 교육이 모든 아동의 개별적인 요구에 맞게 이루어져야 하며, 아동의 다양한 본질에 초점을 두어야 함을 시사한다.

이 책의 장별 구성은 다음과 같다. 1장에서는 유치원 교실에 대해 살펴본다. 여기서는 우수한 문해력 지도의 모범적인 모델을 제공한다. 학생에게 우수한 초기 문해력 교실에 무엇이 있는지 보여 주고, 모범적인 문해력 일과를 살펴봄으로써 나머지 책의 토대를 마련한다. 2장에서는 초기 문해력 발달 전략에 영향을 미친 과거와 현재의 이론, 연구 및 정책에 대해 살펴본다. 3장에서는 평가의 중요한 문제를 다루고, 진정한 평가, 포트폴리오 평가 및 표준화된 평가를 위한 개념을 제공한다. 4장은 교실의 다양성에 관한 내용을 다룬다. 영어 학습자(EL)에 대한 강조와 학습 장애, 신체장애, 영재 등과 같은 특별한 학습 요구에 대해 논의한다.

5장부터 10장까지는 발현적 문해력 기술과 전략, 음성 언어 및 어휘 발달, 단어 연구, 이해력 및 쓰기를 다룬다. 이 장은 이론과 연구, 특히 발달 동향, 교수 전략 및 평가 방법에 대해 논의한다. 이 책은 문해력(읽기, 쓰기, 말하기, 듣기 및 보기) 발달이 동시적이고 상호 연관된 것이며, 한 영역의 발달이 다른 영역의 발달을 촉진한다고 본다. 각각의 이론, 단계, 습득 및 전략은 비슷하며, 완전히 분리하기는 어렵다.

11장에서는 문해력 발달과 교실 내 풍부한 문해력 영역을 구성하는 데 있어 아동 문학의 중요성을 강조한다. 12장에서는 학교 수업에 문해력을 통합하여 동기를 부여하는 데 중점을 둔다. 토론 주제는 기술 및 문해력, 내용 영역 및 문해력, 학교에서의 놀이성이고, 주제별 수업과 프로젝트 기반 수업에 대해 논의한다. 13장에서는 성공적인 프로그램을 만들기 위한 구성 요소의 조직 및 관리를 설명한다. 수업 일정을 정하는 방법과 대집단, 소집단, 개별화된 수업을 구성하는 방법에 대해 살펴본다. 14장에서는 아동의 문해력 발달에 가정이 미치는 강력한 영향에 대해 설명한다. 통합 가정 및 학교 프로그램, 세대 간 프로그램, 문화적 차이에 대한 민감성 등 가정 문해력에 관한 광범위한 관점을 논의하여 가정의 강점을 기반으로 하는 프로그램을 제공한다.

차례

Chapter 03

초기 문해력 평가 …… 55

Chapter 04

문해력과 다양성: 다양한 요구를 가진 아동 가르치기 …… 91

Chapter 05

영아 언어 발달: 출생부터 2세까지 …… 123

Chapter 06

언어 및 어휘 발달: 유아기부터 초등학교 3학년까지 …… 143

Chapter 07

발현적 문해력 기술 및 전략: 아동의 단어 이해 지원 …… 171

Chapter 08

음운 인식 및 발음 중심 교수법 …… 199

Chapter 12

문해력 발달을 위한 동기 부여 환경 조성: 긍정 마인드셋, 기술, 통합 및 놀이 …… 399

Chapter 13

문해력 교육 조직 및 관리 …… 435

※ 챕터별 교실에서 얻은 아이디어, 요약, 활동 및 질문, 참고문헌은 학지사 홈페이지(www.hakjisa.co.kr) 내 자료실에서 내려받으실 수 있습니다.

Chapter 01

초기 문해 교실 사례 들여다보기

사진 제공: Lesley Mandel Morrow

이 장에서는 1학년 학생을 가르치는 교사와 그녀의 학생에 대해 살펴본다. 문해력이 강조되는 모범적인 교실이 어떤 모습인지를 여러분에게 안내하기 위해 이들을 소개한다. 이를 통해 여러분은 이 교재의 나머지 부분에서 읽을 내용에 대한 틀을 잡을 수 있다.

이 장에서는 이 교재를 읽은 후 여러분이 교실에서 알아야 하고 만들 수 있어야 하는 정보를 제시한다. 사례 연구를 미리 살펴봄으로써 여러분은 앞으로 전개될 내용에 대한 배경지식을 얻게 된다. 교재의 나머지 부분에서는 하루일과에서 어떻게 가르쳐야 하는지를 살펴본다. 이 장에서는 친숙하지 않은 새로운 어휘를 만나게 되고, 이 단어들은 앞으로 이어질 장에서 정의된다. 교실에 대한 설명에서는 모범적인 문해력 지도의 핵심 요소, 교재교구 및 일과에 대해 살펴본다. 이 교재를 다 읽은 후에는 1장으로 돌아와서 다시 읽어 보기를 권장한다.

교사 및 학생 소개

웬디 헤이즈는 지난 7년간 1학년을 가르쳐 왔다. 최근에는 읽기 전문가 자격 인증 과정의 석사 학위를 취득하였다. 그녀는 노동자 계층 지역사회에서 교사생활을 하고 있는데, 흑인 7명, 백인 6명, 라틴계 5명, 한국 출신 2명, 그리고 인도 출신 2명으로 구성된 22명의 학생을 가르치고 있다.

웬디의 학생 중 9명은 가정에서 4개 언어, 즉 영어, 스페인어, 한국어, 힌디어 중 하나를 사용한다. 12명은 여학생, 10명은 남학생이고, 신체 장애가 있어 휠체어를 사용하는 학생 한 명에게는 전담 도우미가 배정되어 있다.

웬디의 교육 철학 중 하나는 학생들이 내용 영역 간 연계성을 구축하도록 교육과정을 통합하는 것이다. 그녀는 읽기, 쓰기, 듣기, 말하기, 보기의 문해력 기술 발달을 사회 및 과학 주제와 최대한 많이 통합하려고 의도적으로 노력한다. 그녀의 소집단 문해력 지도는 차별화된 교육에 대한 그녀의 신념을 강조한다. 소집단에서 그녀는 명시적인 방식으로 기술을 가르친다. 헤이즈 선생님은 이야기 텍스트와 정보 제공 텍스트를 모두 사용한다. 그녀는 아이들이 이 자료를 통해 배경지식과 어휘력을 얻는다는 것을 알고 있기 때문에 과거보다 정보책에 더 많은 시간을 할애하고 있다. 그녀는 사람들이 제품 사용 매뉴얼, 앱, 지시 사항, 레시피, 웹 사이트 등 다양한 정보 텍스트를 읽는다는 사실을 알고 있다. 따라서 헤이즈 선생님은 아이들이 어릴 때부터 다양한 장르를 접해야 한다고 생각한다. 그녀는 초기 문해력 프로그램에서 자신이 거주하는 주의 표준을 사용한다.

웬디의 가르침을 위한 무대 설정

따뜻하고 아늑한 분위기로 꾸며진 웬디의 교실은 활동 영역이 잘 정돈되어 있고, 벽면의 전시물에는 아이들이 배우고 있는 주제가 명확하게 드러나 있다. 이 전시물은 아이들의 문해력 발달이 성장하고 있음을 보여 주는 증거 자료에 해당한다. 웬디가 아이들과 함께 작성한 차트와 쓰기, 미술 작품 샘플이 전시되어 있다. 웬디는 차트 작성용 용지가 부착된 이젤을 가지고 있는데, 여기에 아침 메시지, 달력, 날씨 차트, 온도 그래프, 도우미 차트, 일과 일정표, 포켓 차트, 단어 벽, 교사와 아이들이 만든 교실 규칙이 적힌 앵커 차트가 작성되고, 작성된 내용은 교실의 각 영역과 대집단 활동 공간에 놓여 있다.

웬디의 교실에서 가장 넓은 영역은 독립적인 읽기와 대집단 활동을 위한 카펫이 깔려 있는 문해력 영역이다. 여기에는 책을 보관할 수 있는 넓은 공간에 책들이 서로 다른 방식으로 정리되어 있는 2개의 교구장이 있다. 하나의 교구장에는 웬디가 소집단으로 읽기 지도를 할 때 사용하기 위해 수준별로 정리된 책 바구니들이 있다. 예를 들어, 소집단 지도에서 녹색 바구니에 담긴 책을 읽는 학생은 이 바구니의 책들이 자신을 위한 지도용 책임을 알 수 있다. 다른 교구장에는 공룡, 스포츠, 날씨 등 주제별로 정리된 다양한 수준의 책이 바구니별로 담겨 있다. 웬디는 매달 바구니의 책을 교체한다. 책과 바구니에 부착된 컬러 스티커는 학생들이 책을 제자리에 돌려놓을 수 있도록 도와준다. 학생들이 만든 수업용 책과 이야기는 다른 바구니에 놓여 있고, 현재 아이들이 관심을 가지는 주제의 책은 개방형 책꽂이에 꽂혀 있다.

문해력 영역에는 융판과 펠트 인형, 자석판과 자석 인형, 손인형, 동화구연 소품이 있다. 교사와 다른 성인이 아이들에게 책을 읽어 줄 때 사용하는 흔들의자가 있다. 아이들은 흔들의자에 앉아 혼자 읽거나 서로 책을 읽어 준다. 문해력 영역의 듣기 공간에는 이야기를 들을 수 있는 CD 플레이어가 있다. 문해력 영역에는 인쇄물을 학습할 수 있는 조작 교구도 있다. 웬디의 교실에는 아이들이 스스로 할 수 있는 활동뿐만 아니라 단어 학습 및 이해력 수업을 위한 전자 칠판도 갖추어져 있다. 마지막으로 인터넷에서 정보에 접근하고 학급 웹사이트에 정보를 게시하는 등 디지털 텍스트를 통해 수업에 과학 기술을 활용한다. 그녀는 아이들과 함께 파워포인트 프레젠테이션과 동영상도 제작하는데, 아이들의 문해력을 높이고 참여를 촉진하는 Animoto와 Puppet Pals 같은 프로그램을 활용한다.

쓰기 영역은 문해력 영역의 확장판으로 여기에는 소집단 아이들이 교사와 만날 수 있는 원형 테이블이 놓여 있다. 교구장에는 다양한 종류의 종이(줄이 있는 종이와 줄이 없는 종이), 스테이플러, 마커, 크레파스, 색연필, 사전, 알파벳 스탬프, 잉크 스탬프 패드가 비치되어 있다. 쓰기 영역의 단어 벽에는 알파벳 글자가 가로로 부착되어 있다. 아이들이 새로운 단어를 배우면 카드에 적어 단어 벽의 시작 글자 아래에 테이프로 부착한다. 아이들은 단어의 철자가 필요할 때나 읽기 연습을 할 때 이 단어들을 사용한다. 웬디는 단어 벽에 부착된 단어와 같은 글자 또는 소리로 시작하는 단어를 떠올리거나, 단어 벽에 있는 단어와 운율이 맞는 단어를 떠올리도록 아이들에게 요청한다. 웬디는 아이들의 이름을 단어 벽에 붙이고, 아이들이 배워야 할 자주 접하는 단어를 붙인다.

내용 영역은 공간을 찾기가 어렵다. 웬디는 자신의 교실에서 교육과정의 모든 영역이 시각적으로 잘 드러나기를 원한다. 다음 영역은 교구장, 창문, 창틀, 출입문과 같이 교재교구를 전시하기 위해 찾은 공간이다.

웬디의 과학 영역에는 기니피그와 소라게의 집이 있다. 이 영역에는 식물, 자석, 돋보기, 가라앉거나 뜨는 물체 등이 있다. 학습 주제에 맞는 교재교구가 추가되고, 아이들이 참여할 수 있는 새로운 실험도구가 항상 준비되어 있다.

극놀이 영역에는 책상, 의자, 책꽂이가 마련되어 있다. 일 년 동안 학습한 주제를 반영하여 공간을 변형한다. 이 영역은 아이들이 주문을 받고 메뉴를 읽는 레스토랑으로 개조되었다. 이 레스토랑은 다양한 문화의 음식과 관습에 대해 배우는 데 도움이 된다. 올해는 이탈리안 레스토랑, 인도, 멕시코, 일본, 유대인 델리 등이 운영되고 있다. 신문사, 우체국, 여행사 등 다양한 극놀이 배경도 마련되어 있다.

다양한 모양과 크기의 블록이나 레고 같은 만들기 재료가 포함된 쌓기 영역이 있다. 트럭, 자동차, 기차, 사람, 그리고 동물에 각 놀잇감의 위치를 나타내는 이름표를 부착하여 이 영역에 배치한다. 또한 아이들이 만든 구조물에 이름표를 붙일 수 있는 5×8 크기의 카드와 테이프도 함께 제공한다. 공사 중인 건물에는 "Please Save"와 같이 아이들이 직접 쓴 표지판과 완성된 건물에 이름을 붙인 표지판이 있다. 아이들은 이름표에 자신의 이름을 쓴다.

싱크대 근처에는 이젤, 책상, 의자가 있는 미술 영역이 있다. 가위, 마커, 크레파스, 다양한 색상과 종류, 크기의 종이가 준비되어 있다. 면봉, 탁상용 깔개, 호일, 벽지, 스티커, 풀과 같은 콜라주 재료도 포함되어 있다.

수학 영역에는 수 세기, 더하기, 측정하기, 무게 재기, 그래프 그리기, 도형 구별하기 등을 위한 수조작 교구가 놓여 있다. 융판용 펠트 숫자, 자석판용 자석 숫자, 포켓 차트에 순서대로 배열하는 숫자, 정사각형, 삼각형, 원기둥, 직사각형과 같은 기하학적 모양이 있다.

아이들은 책상에 모여 앉아 있다. 교실의 조용한 구석에는 웬디가 소집단 수업에 사용하는 책상이 있다. 책상 근처의 교구장에는 알파벳 글자, 운율 카드, 수준별 책, 문장 조각, 색인 카드, 화이트보드, 마커, 단어 학습 게임 등 소집단을 위한 교재교구가 놓여 있다.

교육 수요 결정을 위한 학생 평가

학생들의 다양한 읽기 및 쓰기 수준에 맞는 교육을 제공하기 위해 웬디는 상당한 시간을 할애하여 형식 및 비형식적 방법으로 학생들을 평가한다. 9월, 1월, 6월에 그녀는 학생들의 음소 인식, 음성학 지식, 일견 단어 읽기 능력, 어휘 발달, 이해력, 유창성, 쓰기 능력을 평가한다. 그녀는 평가를 통해 파악한 요구 사항을 바탕으로 수업을 계획한다. 또한 매일 활동 샘플을 살펴본다. 웬디는 읽기가 가능한 아이들을 위해 매월 수행 기록을 작성하고, 아직 읽지 못하는 아이들을 위해 책과 인쇄물에 대한 개념 지식(CAP)을 확인한다. 이러한 초기 평가를 형성 평가라고 하는데, 교사는 이를 통해 아이들이 범하는 오류의 유형, 아이들이 사용하는 해독 전략, 이해력 및 읽기 학년 수준을 파악할 수 있다. 이전 수행 기록과 새 기록 및 CAP 검사를 비교하면 학생의 진도와 웬디의 교수 전략이 얼마나 잘 작동하는지 알 수 있다. 이를 요약 평가라고 한다. 웬디가 작성하는 일화 기록에는 성취도와 도움이 필요한 아동 행동이 포함되어 있다. 그녀는 아이들의 쓰기 표본을 수집하고 평가한 후 이를 학생 포트폴리오에 넣는다. 또한 웬디는 학생들의 사회, 정서, 신체 발달을 관찰한다.

소집단 읽기 지도

웬디는 소집단 아이들의 읽기 기술 발달을 위한 일정을 마련하였다. 수집한 평가 정보를 사용하여 소집단 읽기 지도를 위해 유사한 요구를 가진 학생들을 함께 배치한다. 아이들과 함께 활동하면서 그녀는 문해력 발달 상황을 주의 깊게 기록하고, 필요에 따라 여러 집단의 구성원을 조정한다. 소집단에서 웬디는 아이들에게 기술을 지도하는데, 예를 들어 음성학, 이해력, 유창한 쓰기 또는 어휘 발달을 지도한다. 웬디는 현재 4개의 소집단을 운영하고 있으며, 각 집단의 필요에 따라 일주일에 최소 한 번에서 네 번 이상 모임을 갖는다.

웬디의 하루일과

8:45–학교 등교 후 각자 지금 할 일 시간 갖기
　　자기 할 일하기

짝과 함께 읽기

일지에 항목 만들기

해야 할 일 마무리하기

9:00~9:15−대집단으로 모이기

아침 인사하기

날짜와 날씨에 대해 이야기하기

하루일과 검토하기

9:15~10:00−오전 어휘 활동

이 시간에 학습 주제에 맞는 어휘 수업과 아이들의 참여가 진행된다. 주제에 등장하는 어휘를 복습하고, 새로운 어휘를 목록에 추가한다. 아이들은 짝과 함께 새로운 어휘로 문장을 만들어 본다. 이 시간에는 학년에 적합한 어휘도 소개한다.

10:00~10:20−읽기 이해력 워크숍

교사는 학습할 주제를 바탕으로 소리 내어 읽고, 정보 책 또는 이야기 책을 사용하여 이해력을 높이기 위한 수업을 진행한다. 수업이 끝나면 아이들은 교사가 제공한 책들 중에서 책을 선택한다. 배운 기술을 연습하기 위해 짝과 함께 책을 읽는다. 교사는 교실을 돌아다니며 아이들과 읽기에 대해 이야기를 나누고, 필요한 경우 아이들을 지도한다. 학급 전체 아이들은 소리 내어 읽기에서 배운 이해력을 바탕으로 각 학생이 짝 읽기를 통해 배운 내용을 공유한다.

10:20~11:10−소집단 읽기 지도 및 영역 활동을 통한 차별화된 지도

교사는 소집단 아이들을 만나 집단의 필요에 따라 명시적인 지도를 한다. 영역별로 문해력 활동이 할당되고 아이들은 세 가지 과제를 완수해야 한다.

11:15~12:00−쓰기 워크숍

교사는 대집단을 대상으로 한 가지 쓰기 기술에 초점을 맞춘 수업을 진행한다. 아이들은 혼자 또는 짝과 함께 기술을 연습하기 위해 글을 쓴다. 교사는 아이들이 글을 쓰는 동안 아이들과 회의를 진행하고, 아이들은 자신의 글을 공유한다.

12:00~12:45−점심 및 실내 또는 실외 놀이

12:45~1:15−단어 학습 시간

1:00~1:40−수학

1:40~2:15−읽기 및 쓰기 활동이 의도적으로 포함된 사회 또는 과학 주제 또는 프로젝트 기반 관련 활동

2:15~2:50−미술, 음악 또는 체육(특별활동 또는 담임교사가 제공하는 문해력 기술과 연계된

주제 관련 수업)

마무리: 소리 내어 읽거나 조용히 읽기

그날 배운 가장 중요한 내용 공유 및 복습

내일을 위한 계획 세우기

웬디 교실의 전형적인 하루

웬디와 그녀의 학생들은 공룡에 대해 공부하고 있다. 그녀의 교실에서는 읽기, 쓰기, 듣기, 말하기, 그리고 내용 영역 과목이 공룡이라는 주제에 통합되어 있다. 월요일에는 한 주 동안의 활동을 정리한다.

월요일 아침, 학생들이 도착하자 교실은 아이들의 수다로 가득하다. 아이들의 아침 일과 동안 클래식 음악이 흘러나온다. 아이들은 출석 게시판의 이름표를 '결석'에서 '출석'으로 옮기고 '점심' 또는 '우유'에 이름 스티커를 붙인다. 웬디가 아침 메시지와 그날의 질문을 적어 두자, 이젤 주위로 아이들이 모여든다. "여러분, 좋은 아침. 오늘은 4월 3일 월요일이에요. 오늘의 특별활동은 미술이에요. 오늘의 질문은 '여러분은 공룡 이름을 몇 개나 알고 있나요?'예요. 공룡 이름을 저널에 적어 주면 나중에 이야기 나눌 거예요."라고 메시지에 적혀 있다.

아이들은 동물에게 먹이를 주고, 식물에 물을 주고, 날씨 그래프에 그날의 날씨와 온도를 기록하는 등의 활동을 진행하기 위해 도우미 차트를 확인한다. 웬디는 각 단계 옆에 그림을 넣어 차트 읽기를 돕는다. 이 기능은 특히 읽기에 어려움이 있는 아이들과 영어 학습자(EL)에게 유용하다.

'지금 하기' 시간에 아이들은 주말 뉴스를 저널에 기록한다. 다른 요일에는 짝과 함께 세 번 읽고, 한 번 더 저널을 작성한다. 웬디는 읽거나 쓰고 있는 학생들 사이를 돌아다니면서 한 명 한 명에게 인사를 건넨다. 2분 후 알람이 울리면 아이들이 아침 회의를 위해 매트 위에 모인다.

아침 메시지 및 어휘 회의

웬디가 "안녕하세요."라고 인사하면 아이들은 서로 인사를 따라 하고 원을 돌며 악수한다. 새롭게 4월을 시작하는 만큼 웬디가 전자칠판에 띄운 이 달의 시를 아이들이 뒤따라 읽고, 합창으로 읽는다. 웬디는 아이들에게 다른 월별 시와 함께 시집에 넣도록 종이로 된 시를 나눠 준다.

다음으로 웬디는 아침 메시지를 함께 읽도록 안내한다. 그녀는 아이들에게 아침 메시지를 보고 함께 읽어 보라고 요청한다. "여러분, 안녕하세요. 오늘은 4월 3일 월요일이에요. 오늘의 특별활동은 미술이에요. 어떤 공룡을 적었나요? 어떤 공룡인지 말해 줄 수 있나요?"

아침 메시지는 어휘 발달에 활용한다. 아이들은 공룡에 대해 토론하고 웬디는 공룡 사진을 가져와서 공룡이 언급될 때마다 보여 준다. 지속적인 어휘 발달을 위해 새로운 공룡 이름을 주제 단어 벽에 추가한다. 아이들은 새로운 공룡이 이전 공룡과 어떤 특징이 다른지 이야기한다. 아이들이 공룡의 특징에 대해 토론하고, 공룡 간 차이점을 파악할 수 있도록 새로운 '특징' 단어를 단어 벽에 추가한다.

읽기 이해력 워크숍

웬디는 읽기 이해력 워크숍을 위해 아이들을 다른 공간으로 이동시킨다. 그녀는 소리 내어 읽기와 이해력 수업을 진행한다. 이 책은 공룡에 관한 정보 책이다. 아이들은 함께 페이지를 넘기면서 책에 어떤 내용이 있는지 확인한다. 초식 공룡에 관한 책이다. 웬디는 아이들에게 공룡이 먹는 식물의 종류를 모두 말해 보라고 한다. 그리고 최근에 읽은 육식 공룡의 특징과 오늘 읽을 초식 공룡의 특징을 비교해 보라고 말한다. 아이들은 한 권의 책을 가지고 선생님이 읽는 대로 따라 읽는다. 책을 읽은 후에는 책에 나오는 사실에 대해 토론하고, 육식 공룡과 초식 공룡을 비교한다.

토론이 끝나면 아이들은 다양한 공룡 책 중에서 읽을 책을 선택한다. 이 책들은 육식 공룡과 초식 공룡에 관한 책이다. 아이들은 육식 공룡과 초식 공룡에 관한 사실을 기억하고 비교해야 한다. 아이들이 파트너와 함께 책을 읽는 동안 교사는 돌아가며 아이들의 이야기를 들어 주고, 필요하다면 도움을 제공한다. 추가 도움이 필요한 학생은 교사와 이야기를 나눌 수 있다.

파트너 읽기 이후, 학생들은 서로 내용을 공유하고 비교한다. 벤다이어그램을 통해 초식 공룡과 육식 공룡의 차이점과 공통점에 대해 토론한다.

영역별 활동 시간

웬디는 몇 분 동안 영역별 활동을 복습하고, 공룡 탐험을 위해 영역에 배치된 새로운 활동을 설명한다. 각 영역에는 일정 기간 동안 배치된 자료가 있으며, 현재 주제와 연습할 기술이 반영된 활동으로 풍부하게 구성되어 있다. 모든 영역에서 아이들은 문해력 활동에 참여해야 한다. 공룡 주제와 관련하여 각 영역에 추가된 내용은 다음과 같다.

- 쓰기 영역: 공룡 테두리가 있는 필기 용지, 공룡 모양의 책, 공룡 사전, 공룡 관련 단어가 적힌 공룡 모양의 포스터, 연필, 크레파스, 색연필, 마커 등이 준비되어 있다.
- 문해력 영역: 픽션 및 논픽션 공룡 책, 공룡 책과 함께 제공되는 CD, 공룡 단어 퍼즐, 공룡 집중력 기억 게임, 교사가 직접 만든 공룡 복권 게임 등이 준비되어 있다.
- 컴퓨터 영역: 다양한 종류의 공룡에 관한 정보를 찾고, 화석에 관한 동영상을 시청하고 중요한 사실을 나열한다.
- 과학 영역: 작은 두개골과 오래된 동물 뼈, 돋보기와 비닐장갑을 준비하여 뼈를 살펴보고, 전체 동물이 어떻게 생겼는지 그리기, 육식 공룡과 초식 공룡으로 분류하는 공룡 그림, '두 발로 걷다'와 '네 발로 걷다'로 분류하는 기타 그림이 준비되어 있다. 모든 활동을 위한 기록지가 있다.
- 수학 영역: 바구니에 담긴 측정 도구와 다양한 공룡 석고 뼈의 치수 기록지, 공룡 계수기, 추정 항아리에 담긴 미니어처 공룡, 1부터 50까지 번호가 매겨진 미니어처 공룡 50개를 순서대로 넣을 수 있는 바구니가 있다.
- 블록 영역: 장난감 공룡, 나무, 덤불, 공룡 책 몇 권이 있다.
- 미술 영역: 학생들이 직접 조형물을 만들 수 있도록 공룡 원판, 공룡 우표, 공룡 점토 모형, 다양한 공룡 사진이 있고, 각 공룡에 이름을 붙일 수 있는 카드도 있다.
- 극놀이 영역: 극놀이 공간은 석고에 박힌 닭 뼈, 뼈를 떼어 내는 조각 도구와 작은 망치, 안전 고글, 뼈에 이름을 붙일 종이와 연필, 뼈를 전시할 쟁반, 공룡 책, 화석과 공룡 포스터 등을 갖춰 고생물학자의 사무실로 변신한다.

웬디는 영역별 활동을 살펴본 후 학생들에게 활동을 배정한다. 영역별 활동은 장모음과 단모음 소리를 구분하기 위해 그림과 글자 맞추기 등 학생들에게 연습이 필요한 기술을 강화한다. '해야 하는' 활동을 완료하면 아이들은 원하는 영역을 선택할 수 있다.

소집단 읽기 지도: 모든 학생의 요구를 충족하는 차별화된 수업

영역별 활동 시간에는 아이들이 독립적으로 활동하는 동안 교사가 소집단이나 개별 아동과 함께 작업한다. 첫 번째 소집단 아이들은 새 책을 읽고 있다. 웬디는 아이들에게 어려운 단어와 흥미로운 그림을 소개하기 위해 간단한 책 산책을 진행한다. 책 읽기를 하는 동안 아이들은 책에 나오는 공룡의 이름에 대해 토론한다. 웬디는 아이들에게 책에서 처음 보는 단어를 귓속말로 읽어 달라고 요청한다. 또한 책에 나오는 동물의 이름에 대해서도 이야기한다. 웬디가 먼저 아이들에게 이야기를 읽어 준다. 그런 다음 아이들에게 자신의 속도에 맞춰 책을 소리 내어 읽도록 요청한다. 소집단 아이들이 귓속말로 읽는 동안 웬디는 한 학생이 실수 없이 책을 빠르게 읽는 것을 발견한다. 웬디는 그 학생을 좀 더 도전적인 읽기 집단으로 옮기기 위해 메모를 한다. 아이들이 책을 다 읽은 후, 웬디는 모두에게 8페이지로 넘기도록 요청한다. "제임스가 'We saw the pot bear'라고 읽다가 'polar bear'로 바꿔 읽었어요. 제임스는 글자를 다시 보고 문장의 의미를 고려했기 때문이죠. 제임스는 단어와 글자가 일치해야 하고, 읽은 내용이 의미가 있어야 한다는 것을 기억하고 있어요."

아이들이 책을 읽는 동안 웬디는 한 아이의 수행 기록을 작성하였다. 그녀는 이 학생이 'teeth' 대신 'tooth'라고 읽고 'wings' 대신 'winds'라고 말한 것을 발견하였다. 웬디는 이 아이와 함께 활동할 때 글자에 더 주의를 기울이도록 도와주었다.

웬디의 다음 소집단은 더 어려운 다른 책을 읽고 있다. 이 소집단은 첫 번째 소집단보다 상위집단이다. 이 아이들은 이전에 이 책으로 활동한 적이 있으므로 웬디가 진행할 수업은 아이들이 독립적인 읽기 학습자가 되는 데 도움이 될 것이다.

웬디는 문장의 의미를 파악하고, 단어의 글자를 보고 모르는 단어의 의미를 어떻게 알아내는지를 가르칠 것이다. 아침 모임에서 했던 활동과 유사한 '가려진 단어 맞히기'라는 게임으로 시작한다. "I can ☐ fast."라는 문장에서 이번에 가려진 단어는 'run'이라는 단어이다. 문장에서 의미 있는 단어를 선택한 다음 단어의 글자를 보고 어떤 단어가 정답인지 확인하도록 아이들에게 요청한다. 누락된 단어에 대해 생성된 단어는 walk, eat, hop, sleep, run이다. 이 활동은 책 전체에 걸쳐 다른 문장에서도 반복된다.

다음 소집단은 다른 책을 읽고 있다. 이 수업에서 웬디는 아이들에게 어미의 소리를 통해 단어를 알아내도록 가르치는 데 중점을 둔다. 웬디는 차트에 "I am go to the store."라고 적었다. 웬디가 문장을 읽어 주자 아이들은 이 문장이 올바르지 않다고 재빨리 지적한다. 조앤은 "I am going to the store."라는 두 번째 문장을 사용한다. 아이들은 go와 going이라는 단어를 가리키며 두 문장의 차이점을 파악한다. 웬디는 아이들에게 책을 읽을 때 단어의 시작과 끝을 살펴보도록 상기시킨다. 아이들은 어미에 특히 주의를 기울이며 책을 읽는다. 첫 번째 읽기가 끝난 후, 그녀는 추론 능력을 보여 주기 위해 토론을 시작하고 이야기를 끝내는 다른 방법이 있는지 질문한다.

간단한 간식

오늘의 간식은 공룡 크래커와 웬디가 '공룡 주스'라고 부르는 주스이다. 간식을 다 먹은 아이들은 혼자서 책을 읽는다.

쓰기 워크숍

아이들이 전체 학급 회의실에 모여 쓰기를 한다. 웬디는 학교 전체 활동을 위해 아이들을 준비시킨다. 전교생을 대상으로 가장 좋아하는 공룡이 무엇인지 알아보기 위해 설문조사를 실시한다. 웬디는 대화형 쓰기 활동을 통해 다른 교실의 선생님과 아이들에게도 참여하도록 요청하는 글의 초안을 작성한다. 그녀는 우체국에 관한 이전 단원에서 소개한 편지의 형식을 복습하는 것으로 시작한다. 편지를 시작하고 끝내는 방법에 대해 토론한다. 웬디는 차트 용지를 사용하여 아이들에게 편지를 시작하고 편지를 쓸 수 있는 제안을 해 달라고 요청한다. 아이들과 교사가 초안을 작성한다. 웬디가 편지를 타이핑하여 각 교실에 배포한다. 공유된 쓰기 차트 원본은 카페테리아 문에 게시한다.

다음으로 웬디가 이번 주 쓰기 활동을 소개한다. 아이들은 공룡에 관한 정보 글을 쓸 것이다. 아이들은 각자 좋아하는 공룡을 선택하고 쓰기를 시작하기 전에 다음 질문에 답한다.

> 공룡은 어떤 부분으로 나누어지나요? 공룡은 무엇을 먹나요? 공룡은 어디에 살았나요? 공룡에 대해 또 무엇을 알고 있나요?

각 아동은 함께 활동할 파트너와 조사할 공룡을 선택한다. 자말과 데미안은 티라노사우루스를 선택하였다. 웬디는 정보를 찾을 수 있는 책을 제공하고, 아이들이 검색할 수 있는 웹사이트를 안내한다. 각 아동은 책의 두 섹션을 선택하여 글을 쓴다.

이 초기 활동을 통해 아이들은 브레인스토밍이 쓰기 과정에서 중요한 단계라는 것을 학습한다. 브레인스토밍은 아이들이 글을 쓸 내용을 결정하는 데 도움이 된다. 화요일에는 계속해서 공룡 관련 책에서 정보를 찾고 나서 초안을 작성하기 시작한다. 아이들은 수집한 사실을 정보 이야기로 쓰고 그림을 그린다. 주말에 활동이 완료되면 아이들은 자신이 쓴 공룡 정보 이야기를 공유한다.

점심 및 자유놀이

점심은 카페테리아에서 먹는다. 식사 후 날씨가 좋으면 아이들은 밖에서 놀고, 그렇지 않으면 체육관이나 교실에서 놀이한다.

단어 학습 영역

웬디의 학교에서는 발음 중심 프로그램을 통해 아이들 스스로 독립적으로 읽는 데 필요한 기술을 체계적으로 학습하도록 지원한다. 이 프로그램에는 아이들이 초성 자음 조합과 자모를 사용하여 단어를 만들고 단어군을 만드는 데 필요한 다양한 교재교구가 포함되어 있다. 발음 중심 프로그램을 사용하는 것 외에도 웬디는 항상 수업에 의미를 부여하기 위해 추가적으로 노력한다. 예를 들어, 육식 공룡과 초식 공룡에 대해 공부하면서 'meat'라는 단어가 '2개의 모음이 연속되면 첫 번째 모음이 소리를 낸다'는 규칙을 따른다고 알려 준다. 그녀는 아이들에게 그 규칙을 따르는 ea가 들어간 다른 단어를 물어본다. 아이들은 'treat, seat, beat'를 언급한다. 또한 'plant'라는 단어의 시작 부분에 2개의 자음이 연속되어 있음을 알게 된다. 아이들은 place, plot, play와 같이 처음에 pl이 연속적으로 나오는 다른 단어를 떠올린다.

수학

웬디의 학교에서 운영하는 특별 수학 교육과정이 있는데, 주제 및 문해력과 수학을 연계하여 가르친다. 아이들은 두 자리 숫자에서 한 자리 숫자를 빼는 연습을 하고 있다. 이 기술을 연습한 후, 아이들에게 뺄셈과 공룡이 관련된 단어 문제를 써 보라고 한다. 제임스는 다음과 같이 썼다. "열다섯 마리의 공룡이 숲속을 산책했어요. 초식 공룡인 그들은 길을 따라가며 식물을 뜯어먹었어요. 그중 다섯 마리가 길을 잃었어요. 큰 무리에는 몇 마리의 공룡이 남았을까요?"

과학: 주제 활동 및 영역 시간

웬디는 주제와 관련된 미술 활동을 계획하였다. 아이들이 모두 참여하여 미술 선생님과 함께 벽화를 그리고, 공룡 조형물을 위한 서식지 환경을 만들었다. 벽화와 서식지 활동을 소개하기 위해 모두 웬디의 자세한 설명에 귀를 기울였다. 아이들은 나무, 덩굴, 동굴, 강, 식물 등 벽화에서 작업하고 싶은 부분에 대해 이야기한다. 웬디는 아이들이 마커로 그리고 싶은 항목이 적힌 차트에 아이들의 이름을 적는다.

학생의 1/3은 벽화 작업을 위해 카펫 위에 남아 있다. 아이들은 공룡 시대의 식물과 나무가 그려진 책 주위에 모여 있다. 아이들은 각자 공룡의 생존에 필요한 먹이, 쉼터, 물 등을 그리면서 활발하게 토론한다. 나머지 아이들은 이 시간을 이용해 아직 다 작성하지 못한 저널을 쓰거나 영역별 활동을 마무리한다. 모든 활동을 완료하면 원하는 영역의 활동을 선택할 수 있다. 벽화 작업에 참여하지 못한 학생은 주중 다른 날에 참여할 기회가 제공된다.

미술, 음악 및 체육

이 시간에는 미술, 음악, 체육 특별활동 교사가 수업을 진행한다. 웬디는 이 선생님들과 현재 수업 주제에 대해 조율하여 미술 선생님은 아이들과 함께 종이공룡 조각을 만들고 있다.

음악 선생님은 멋진 공룡 노래와 서식지에 관한 노래도 찾아냈고, 체육 선생님은 학생들이 공룡처럼 걷는 데 도움이 되는 몇 가지 동작을 고안했다.

마무리

하루일과가 끝나면 학생들은 회의실에 모여 책을 낭독하고 하루를 돌아보는 시간을 가진다. 웬디는 공룡에 관한 정보 책을 선택하였다. 이 책은 아이들이 쓰기와 벽화 서식지 만들기에 사용할 수 있는 더 많은 정보와 어휘를 제공한다. 책을 읽기 전에 이 정보 책의 특징 몇 가지를 안내한다. 각 장의 목차와 새로운 단어의 용어집이 포함되어 있다. 그림의 이름표, 그림을 설명하는 캡션, 새로운 주제를 소개하는 제목, 나머지 단어보다 더 굵고 큰 글씨로 쓰여진 새로운 단어가 있다. 웬디는 이 책이 아직 수업 시간에 다루지 않은 주제(예: 초식 공룡과 육식 공룡의 차이점)를 아이들에게 소개한다는 사실을 알고 있다. 책을 읽은 후 웬디는 아이들이 대화형 쓰기 차트에 초식 공룡과 육식 공룡의 특징을 나열하도록 도와준다. 철갑판, 육식, 멸종 등 새로운 공룡 용어도 배운다.

다음 날 마지막 시간인 공유된 읽기 시간에 웬디는 정보 텍스트에서 사실을 발견하는 데 집중하였다. 그녀는 책을 읽을 때 아이들에게 공룡에 대한 사실과 책에서 제공하는 정보를 찾도록 요청했다.

책을 읽은 후 웬디는 "이 책을 정보 이야기로 만든 요소는 무엇인가요?"라고 질문하였다.

학생 1: 스토리가 있는 등장인물이 없어요.

학생 2: 현실에 관한 이야기예요.

학생 3: 많은 사실을 배우게 돼요.

토론이 끝난 후, 웬디는 텍스트에 드러난 사실을 가지고 웹을 만들었다. 그녀는 공룡이라는 단어가 적힌 원을 차트 가운데에 그렸다. 그런 다음 가운데 원에서 방사형으로 뻗어 나가는 선을 그렸다. 그러고 나서 큰 원에서 방사형으로 뻗어 있는 각 선에 작은 원을 연결하였다.

아이들이 공룡에 대한 사실을 떠올리는 동안 웬디는 작은 원 안에 단어를 적었다. 웹을 작성한 후 웬디와 아이들은 웹을 읽었다. 공룡: 크고, 무섭고, 초식 동물, 육식 동물, 위험하고, 멸종

웬디는 정보 텍스트는 모든 것이 가상이 아닌 실제이기 때문에 논픽션이라고도 불린다고 알려 주었다. 한 학생이 손을 들고 말했다.

학생 1: 그림이 그려져 있기 때문에 이 책은 가상의 내용이라고 생각해요. 정보 책이라면 카메라로 찍은 사진이 있어야 해요.

학생 2: 하지만 공룡은 죽었기 때문에 진짜 사진은 없고, 공룡이 살아 있을 때는 카메라가 없었기 때문에 사진도 없었어요. 공룡은 더 이상 존재하지 않아요. 그걸 뭐라고 하죠? 아, 공룡은 멸종했어요.

교사는 아이들 각자에게 가장 중요한 세 가지를 적을 스티커 메모지를 제공한다. 아이들은 스티커 메모지를 게시판에 붙이고 복사본을 만들어 집으로 가져간다. 이렇게 하면 아이들이 가족과 함께 스티커 노트를 공유하면서 배운 내용을 강화하고, 부모와 보호자가 아이들이 배운 내용을 알 수 있다.

화요일: 공룡에 대해 자세히 알아보기

화요일의 일정은 월요일과 동일하지만 새로운 책과 과제가 추가되었다. 나머지 주 동안 아이들은 아침 메시지, 어휘 회의, 읽기 이해력 워크숍, 이야기책 함께 읽기 등 대집단 기술 수업, 읽기 연습으로 동일한 일과에 참여하였다. 사회, 과학, 수학, 미술, 음악, 놀이 등 소집단 지도, 영역 활동, 쓰기 워크숍, 주제 관련 활동도 제공된다.

Chapter 02

초기 문해력의 기초: 과거에서 현재로

학습 결과

이 장을 읽고 나면 다음과 같이 할 수 있다.

2.1. 유아교육의 역사적 근원에 대해 토론한다.

2.2. 20세기에 걸쳐 유아교육의 이론과 실제가 어떻게 발전해 왔는지 토론한다.

2.3. 초기 문해력 교육에 대한 주요 접근법을 파악한다.

2.4. 근거-기반 연구, 정부 정책 및 법률이 초기 문해력에 미치는 영향에 대해 설명한다.

실비아 애쉬튼 워너는 그녀의 저서 『Spinster』에서 "책 읽기와 가르치기는 얼마나 위험한 활동인가. 모든 이질적인 것이 여기에 가득 차 있다. 이미 내부가 채워져 있는데 왜 굳이 더 바르는 걸까? 너무 많은 것이 갇혀 있는가? 그것을 끌어내서 작업 재료로 사용할 수만 있다면. 가볍게 만지기만 하면 저절로 화산처럼 분출할 것이다"(Ashton-Warner, 1963, p. 14). 실비아 애쉬튼 워너의 말은 사실이다. 문제는 그 안에 있는 것을 어떻게 올바른 방법으로 끌어내는가이다. 다음 사례는 안에 채워진 게 많은 아이를 엄마가 도와주는 장면으로, 엄마의 가벼운 도움으로 딸이 가진 지식을 밖으로 끌어낼 수 있었다.

네 살배기 나탈리와 엄마가 백화점에서 쇼핑을 하고 있었다. 한 상점에 다다랐을 때 나탈리는 "엄마, 저 글자를 읽을 수 있어요: T-A-R-G-E-T. Marshalls라고 적혀 있어요."라고 말했다. 나탈리의 엄마는 미소를 지으며 "정말 잘했구나, 나탈리. 모든 글자를 다 맞혔구나. 이제 간판의 글자를 읽어 줄게. 'Target'이라고 적혀 있네. Marshalls와 같은 또 다른 상점이야. 상점이 비슷하게 생겼으니 그 단어를 읽으려고 할 때 그렇게 생각했구나. 'Marshalls'라는 단어에서 네 이름과 비슷한 글자가 보이니?" 나탈리는 쳐다보더니 "내 이름에도 A가 있고 Marshalls도 그렇고, 나도 L이 있어요."라고 말했다.

얼마 전까지만 해도 우리는 나탈리의 말을 귀엽지만 틀렸다고 웃어넘겼을 것이다. 하지만 지금은 나탈리가 인정받을 만큼 상당한 수준의 문해력을 보여 주고 있다는 사실을 깨닫게 된다. 먼저, 나탈리는 글자가 무엇인지 알고 있고, 표지판의 글자를 식별할 수 있다. 다음으로, 나탈리는 글자가 단어의 철자라는 것을 알고 있다. 나탈리는 단어가 읽히고 의미가 있다는 것을 알고 있다. 단어를 정확하게 읽지는 못했지만 정보에 근거한 추측을 할 수 있다. 배경지식을 활용하여 나탈리는 이 건물이 백화점이라는 것을 알고 있다. 한 번도 가 본 적이 없는 백화점이었지만, 익숙한 백화점 이름을 말했다. 나탈리의 어머니는 나탈리가 알고 있는 것에 대해 격려하고 도움이 필요할 때 정답을 알려 주었다. 어머니는 나탈리에게 Marshalls에 있는 글자가 나탈리의 이름에 있는지 물어보면서 학습 경험을 이어 갔다.

아기는 태어나는 순간부터 문해력에 대한 정보를 습득하기 시작한다. 그리고 성장하면서 음성 언어, 읽기, 쓰기에 대한 지식을 계속 쌓아 간다. 따라서 유아기 문해력 발달에 많은 관심을 기울여야 한다. 연구 결과에 따르면 교사, 부모, 관리자는 유아가 보여 주는 문해력이 성인처럼 관습적이지 않더라도 문해력을 갖춘 것으로 간주해야 한다. 초기 문해력 행동은 교육적 실천과 이후 읽기 성공에 영향을 미친다.

아이의 첫 단어와 첫 걸음마처럼, 읽고 쓰는 법을 배우는 것은 흥미롭고 보람 있는 일이다. 이 책은 문해력 발달에 성공한 것으로 입증된 이론, 정책, 실제에 근거한 연구를 토대로 작성되었고, 출생부터 9세까지 아동의 문해력 발달을 위한 프로그램을 제시한다. 이 책은 국제 읽기 협회(IRA)와 미국 유아교육 협회(NAEYC)의 공동 입장문인「읽기 및 쓰기 학습: 유아의 발달에 적합한 실제」(1998)와 IRA의 입장문, 미취학 아동의 문해력 발달(2006)을 고려하였다. 또한 전국 읽기 패널 보고서(2000), 전국 초기 문해력 보고서(National Center for Family Literacy, 2004), 주정부 공통 핵심 표준(CCSS, 2011), 마인드셋 개념(Dweck, 2007)을 참고한다. 이 책은 다음과 같은 신념에 근거한다.

1. 문해력 학습은 영아기부터 시작한다.
2. 아동의 기술 습득을 돕기 위해 가정에서는 풍부한 문해 환경과 문해력 경험을 지속적으로 제공해야 한다.
3. 아동은 읽기와 쓰기에 대한 고유한 사전지식을 가지고 학교에 입학하며, 교사는 아동의 기존 정보에 근거해야 한다.
4. 문해력 학습에는 자신과 문해력 활동에 대한 긍정적인 정서를 형성하는 지원 환경이 필요하다. 아동에게 "넌 할 수 있어."라는 마음가짐을 심어 주어야 한다.
5. 문해력 학습에는 접근 가능한 교재교구와 풍부한 경험이 제공되는 학교 환경이 필요하다.
6. 교사는 학습 전략을 비계설정이나 시범으로 보여 줌으로써 문해력 행동의 모델 역할을 해야 한다.
7. 아동은 문해력을 경험하는 동안 사회적으로 상호작용하고, 정보를 공유하며, 서로 학습해야 한다.
8. 읽기 및 쓰기 경험은 흥미롭고, 일관성 있고, 관련성이 있어야 하고, 근거-기반 모범사례를 통해 아동에게 동기를 부여해야 한다.
9. 초기 읽기 및 쓰기 경험은 체계적이고 명시적인 지도가 필요하다.
10. 문해력 발달은 읽기, 쓰기, 듣기, 말하기를 통합하고, 이러한 언어 능력을 사회, 과학 등과 같은 내용 영역에 포함시키는 경험에 초점을 맞춰야 한다.
11. 초기 문해력 발달에서는 문화와 언어 배경의 다양성을 고려해야 한다.
12. 문해력 발달의 차이는 다양하므로 소집단 및 일대일 방식의 차별화된 지도를 통해 해결해야 한다.
13. 읽기에 어려움을 겪는 학습자에게는 정규 문해력 교육과 더불어 조기 중재 프로그램을 제공해야 한다.
14. 성취도 평가는 자주 이루어져야 하며, 지도를 위한 지침이 되어야 한다. 학생의 문해력 발달을 평가하기 위한 다양한 방식을 사용해야 한다.

15. 3학년 말까지 유창하게 읽으려면 학년 수준에 맞는 초기 문해력 표준이 인정되어야 한다.
16. 교육은 아동의 발달에 적합한 연령에 맞춰 이루어져야 하며, 달성 가능한 높은 기대 수준을 제시해야 한다.

이 책은 철학자, 교육자, 심리학자, 연구자가 아동이 어떻게 학습하고 아동에게 무엇을 가르쳐야 하는지에 대해 설명한 연구 결과를 담고 있다. 이 책은 읽기, 쓰기, 듣기, 말하기, 보기의 발달을 촉진하는 계획된 경험이 내용 영역 주제와 조화를 이루는 준비되고 풍부한 문해 환경에서 문해력 발달이 촉진된다는 점을 강조한다. 일부 장에서는 언어, 읽기 또는 쓰기에 집중하지만, 이러한 모든 문해력 차원을 통합하는 것이 이 책의 중요한 관심사이다. 유아기에는 문해력 지도가 하루 종일 이루어져야 한다. 명시적이고, 내재적이며, 자발적으로 이루어져야 한다.

문해력 발달은 교수와 학습 모두에 초점을 맞춰야 한다. 교사는 아동에게 명시적으로 가르치는 동시에 아동이 탐구하고 실험할 수 있는 교재교구를 사용하여 협동 학습에 적극적으로 참여하도록 장려해야 한다. 이 책의 주요 초점은 아동이 읽기를 유의미한 행위로 간주하고, 즐거움과 연관시키도록 동기를 부여하는 것이다. 아동은 읽기가 인생에서의 성공을 위해 배울 가치가 있는 정보의 원천이라는 것을 이해해야 한다. 미국 교육부, 법무부, 보건부의 통계와 아셀 등(Assel, Landry, Swank, & Gunnewig, 2007)의 연구에 따르면 기능적으로 문맹인 사람들은 다음과 같은 가능성이 높다:

- 고등학교 중퇴
- 수감될 수 있는 행동 및 사회적 문제가 있는 경우
- 만성 질환이 있는 경우
- 빈곤한 생활
- 자녀의 문맹 가능성이 높음

읽기를 배우는 사람들은 다음과 같은 가능성이 높다:

- 고등학교 졸업 및 대학 졸업
- 강력한 사회적 기술 보유
- 더 건강한 삶 즐기기

- 자신과 가족을 부양하기 위한 생계 유지
- 자녀가 글을 읽을 수 있음

4학년 초에 읽기 능력이 학년 수준에 미달하는 아이들의 90%는 향상될 수는 있지만, 결국 해당 학년의 수준에 도달하지는 못한다. 따라서 유아교사의 책임은 막중하다.

유아교육의 역사적 근원: 문해력 교육에 대한 이론의 영향

유아교육은 최근에 발전한 학문이 아니다. 1700년대부터 철학자, 이론가, 심리학자, 교육자는 유아기 학습을 위한 적절한 교육적 실천을 다루어 왔다. 이들은 읽기 학습이 선천적인 것인지 후천적인 것인지에 대한 문제를 다루었으며, 이 두 가지 문제는 현대 교육의 초기 문해력 교육에 영향을 미친다.

루소(1712~1778)

장 자크 루소는 1700년대의 철학자이자 작가, 작곡가였다. 『Émile』(1762)이라는 작품에서 루소는 아동의 조기 교육은 자연스러워야 한다고 주장하였다. 즉, 아이들은 발달 단계에 맞는 것만 배우도록 해야 한다는 것이다. 루소는 인위적인 주입식 교육을 버리고 아이들이 스스로 자유롭게 학습할 수 있도록 해야 한다고 주장하였다. 루소에 따르면 아이들은 호기심을 통해 학습한다. 그는 아이들에게 각자의 학습 방식이 있으며, 형식적인 교육은 발달에 방해가 될 수 있다고 믿었다. 루소의 철학에 따르면 아이들에게는 가능한 한 성인의 개입이 없어야 한다.

페스탈로치(1746~1827)

요한 하인리히 페스탈로치(Rusk & Scotland, 1979)는 자연 학습을 믿었지만 다른 차원을 추가하였다. 그는 자연적 요소와 비형식적 교육을 결합한 학습 원리를 개발하였다. 그는 아이들이 스스로 완전히 읽는 법을 배우기를 기대하는 것은 비현실적이라고 생각하였고, 교사가 아이들의 읽기 과정을 성장시킬 수 있는 조건을 만들어야 한다고 믿었다. 그는 아이들이 감각 조작 경험을 통해 발달한다고 생각하여 '은물(gifts)'이라고 부르는 사물을 조작하는 수업

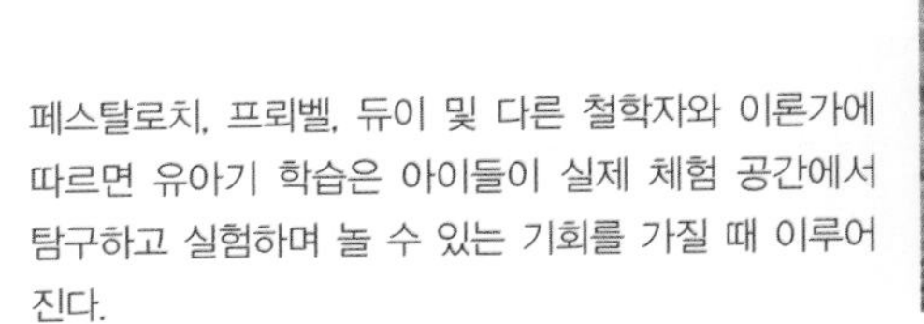

페스탈로치, 프뢰벨, 듀이 및 다른 철학자와 이론가에 따르면 유아기 학습은 아이들이 실제 체험 공간에서 탐구하고 실험하며 놀 수 있는 기회를 가질 때 이루어진다.

을 설계하였다. 아이들은 촉각, 후각, 언어, 크기, 모양을 통해 사물에 대해 학습하였다.

프뢰벨(1782~1852)

프리드리히 빌헬름 아우구스트 프뢰벨도 아동의 자연스러운 발달을 믿었으며, 페스탈로치의 사상을 뒤이어 아이들을 가르치기 위한 계획을 제시하였다(Rusk & Scotland, 1979). 프뢰벨은 학습에서 놀이의 중요성을 강조하였다. 그는 학습을 위한 놀이의 이점을 누리기 위해서는 성인의 지도와 계획된 환경이 필요하다고 생각하였다. 프뢰벨은 학습을 촉진하는 놀이 활동의 설계자였다. 그는 아이들을 위해 사물과 교구를 포함한 체계적인 교육과정을 설계한 최초의 교육자였다. 아이들은 이러한 교구를 가지고 놀면서 모양, 색깔, 크기, 측정 및 비교에 대해 배웠다. 노래를 부르고 토론을 통해 새로운 아이디어를 배우는 이야기 나누기 시간과 같이 프뢰벨의 전략 중 많은 부분이 오늘날 유치원 교실에서 사용되고 있다. 프뢰벨은 '어린이들의 정원'이라는 의미를 가진 유치원(kindergarten)을 만들었다. 이는 정원사가 씨앗을 심어 가꾸는 것처럼 교사가 보살피고 돌보면 아이들이 성장한다는 그의 철학을 잘 보여 준다.

20세기 유아교육 이론과 실제의 변화

18세기 및 19세기 철학을 벗어나서 20세기 및 21세기 유아교육을 정의하는 이론과 실제로 발전하였다. 물론 언급할 만한 다른 이론도 많았고, 지금도 여전히 존재한다.

듀이–진보주의 교육

존 듀이(John Dewey, 1966)의 유아교육 철학은 아동 중심 교육과정, 즉 **진보주의 교육**이라는 개념으로 이어졌다. 듀이는 교육과정이 아동의 관심사를 중심으로 구성되어야 하며, 아동은 실제 환경에서 놀이를 통해 학습한다고 믿었다. 그는 사회적 상호작용이 학습을 촉진하고, 공룡에 대한 학습과 같이 아동이 관심을 갖는 주제가 정보와 기술을 학습하는 수단이라고 주장하였다. 듀이는 기술을 가르치는 것 자체가 목적이라는 생각을 거부하였다. 그는 또한 내용 영역을 통합함으로써 학습이 극대화된다고 믿었다.

듀이는 미국 유아교육 프로그램에 영향을 미쳤다. 듀이의 아이디어를 반영한 교실에는 다양한 활동과 내용 영역을 위한 공간이 있었다. 선반에는 다양한 크기와 모양의 블록, 장난감 트럭, 사람 피규어 등이 진열되어 있었다. 미술 영역의 이젤에는 물감, 크레파스, 풀, 가위, 도화지, 점토, 천 조각, 파이프 청소도구 등이 있었다. 극놀이 공간에는 싱크대, 오븐, 냉장고, 빈 음식 상자, 책상과 의자, 전화기, 거울, 인형, 소품용 옷 등이 주방처럼 꾸며져 있었다. 과학 영역에는 물놀이 테이블, 조개, 바위, 식물, 동물, 자석 테이블이 있었다. 음악 영역에는 피아노와 리듬악기, 당시에는 레코드 플레이어가 있었다. 아이들이 피아노 옆에 노래하러 올 때 앉을 수 있는 깔개도 있었다. 방 한쪽 구석에는 아동 문학 서적이 꽂혀 있는 책꽂이와 책을 보면서 기댈 수 있는 푹신한 쿠션이 있었다.

유치원의 하루일과는 아이들이 조용한 놀잇감을 가지고 놀면서 시작된다. 그런 다음 이야기 나누기 시간에 날짜와 날씨에 대해 이야기한다. 대화 주제는 사회 또는 과학 주제(예: 동물 또는 공동체 도우미)로 학습 주제에 초점을 맞춘다. 아이들은 주제에 관한 노래를 부른다. 이야기 나누기 시간 이후에는 일반적으로 아이들이 교실의 여러 영역에서 교구를 사용할 수 있는 자유놀이 시간이 이어진다. 자유놀이 시간에는 교사의 지도가 최소한으로 이루어진다. 간식 후 휴식 시간이 이어진다. 이 날은 학습 주제에 맞는 미술, 사회, 과학 특별 수업이 포함되어 있다. 실외 놀이에서는 아이들에게 뛰고 오르기가 허용된다. 교사는 매일 이야기를 읽고, 이를 수업 주제와 연관시킨다.

읽기와 수학은 공식적으로 가르치거나 별개의 기술로 가르치지 않았다. 대신 교사는 한 아이에게 반 아이들이 먹을 수 있는 쿠키의 개수를 세어 보거나, 달력의 날짜를 말하거나, 다른 아이들의 키를 비교하도록 요청한다. 언어 영역에서는 주제에 사용된 단어 몇 개를 나열하고, 이에 대해 토론한다. 워크북이나 상업적인 읽기 자료는 제공되지 않는다. 교사는 독서로 이어질 수 있는 비공식적인 활동을 이끌었지만, 아이들에게 명시적으로 읽기를 가르치지는 않는다. 알파벳 글자를 벽에 붙이고, 달력에 요일을 표시하고, 아이들의 이름을 빈칸에 적고, 단어가 적힌 다른 물건들을 교실에 놓아둔다. 아이들이 학교 일과에 익숙해지고, 이러한 환경에 편안하게 적응하는 것이 목표이다. 읽기와 쓰기에 대한 공식적인 교육은 최소화하면서 아이들의 사회적, 정서적, 신체적, 지적 발달에 초점을 맞춘다.

스키너-행동주의

듀이가 진보주의 교육을 주장하던 시기에 행동주의자들은 학습에 대해 다른 접근 방식을 취하고 있었다. 행동주의자들에 따르면 학습의 결과는 경험이나 자극에 대한 반응으로 인한 행동의 영구적인 변화이다(Slavin, 1997). 행동주의자들은 모방과 연합, 그리고 반응이 자동적으로 이루어지도록 반복되는 일련의 단계, 즉 조건화를 통해 학습한다고 말한다. 스키너(B. F. Skinner, 1954)는 인간의 학습은 명시적인 가르침이 필요하기 때문에 자동적이지도 의도적이지도 않다는 사실을 발견하였다. 스키너의 연구는 원하는 행동에 대한 정적 강화가 해당 행동의 사용을 증가시킨다는 사실을 입증하였다. 기술은 실패를 피하기에 충분히 작은, 일련의 과정을 거쳐 습득되는데, 각 수준마다 보상이 주어진다. 행동주의 학습 관점에는 체계적이고 직접적인 방식으로 제공되는 조직화된 프로그램이 포함된다. 학습에는 과제, 구조, 일상 및 연습에 대한 시간이 필요하다. 행동주의 프로그램은 사회, 정서 또는 신체 발달을 위한 시간이 거의 필요 없는 기술 기반 프로그램이며, 인지 기술의 습득이 주된 관심사이다. 교재는 난이도에 따라 등급이 매겨지며, 순차적인 수업으로 진행되는 경우가 많다. 이 프로그램은 학습 목표를 제시한 다음 교사가 직접 지도할 수 있는 스크립트를 제공한다(Engelmann & Bruner, 1969):

교사: 쉬, 쉬, 쉬. 이건 무슨 소리인가요?
응답을 기다린다: 쉬, 쉬, 쉬. 좋아요.
교사: 쉬, 쉬, 쉬. 이제 '쉬'라고 하세요.
응답을 기다린다: 예, 쉬, 쉬. 좋아요.

행동주의 방법을 사용하는 읽기 프로그램으로는 DISTAR: 산수 및 읽기 교육을 위한 직접 지도 시스템(Englemann & Bruner, 1969), 프로그램화된 읽기 시리즈(Sullivan & Buchanan, 1963), 모두를 위한 성공(Slavin, 1997) 등이 있다.

우리는 모두 일과, 규칙과 함께 교실에서 행동주의를 사용하지만, 방금 논의한 학습 이론은 종종 아동 친화적이지 않은 방식으로 간주된다. **명시적인 지도**를 선호하는 방식으로 사용할 수 있다. 이 장의 마지막에는 명시적 지도가 잘 이루어진 교실의 아동 친화적인 행동주의 수업이 제시되어 있다.

몬테소리-감각 및 체계

마리아 몬테소리(Maria Montessori, 1965)는 아이들이 기술을 습득하기 위해서는 생애 초기에 질서 있고 체계적인 훈련이 필요하다고 믿었다. 그녀는 특정 목표를 달성하기 위해 개념을 학습할 수 있는 교구가 제공되는 환경을 마련하였다. 교사의 모델링과 이에 대한 아이들의 모방을 통해 교구를 사용한다. 교구는 조작이 가능하고 스스로 수정할 수 있어서 아이들이 자신의 오류를 파악하고 수정할 수 있다. 각 과제를 제대로 완료하기 위한 정밀한 단계가 있다. 교구는 각자의 용기에, 특정 선반에, 그리고 난이도 순으로 보관되어 있다.

몬테소리에 따르면 교사는 특정 기술을 가르치기 위해 고안된 교구로 환경을 준비하는 안내자이다. 몬테소리 교구는 아이들이 촉각, 미각, 후각, 청각, 시각 등 오감을 사용하도록 하며, 이러한 기술을 가르치기 위해 고안된 교구를 조작하여 아이들이 크기, 색깔, 모양을 배우도록 한다. 교육과정에는 조작 교구를 사용하여 가르치는 읽기 및 수학 학습이 포함된다. 조기 읽기 교육에서는 글자가 프린트된 카드를 가지고 글자의 이름보다 글자의 소리를 더 많이 배운다. 아이들은 소리를 내면서 카드를 만진다. 일견 단어는 실제 사물과 그림을 사용하여 가르친다. 몬테소리의 교육과정은 행동주의 이론에 기반한다. 아이들의 호기심과 탐색보다는 교구를 통한 목표 달성을 더 중요하게 생각한다.

피아제-인지 발달

장 피아제(Piaget & Inhelder, 1969)의 인지 발달 이론은 인지 발달 단계에 따른 아동의 지적 능력을 설명한다. 그 단계는 다음과 같다:

1. 감각운동기(0~2세): 듣고, 보고, 맛보고, 느끼는 감각 탐색을 통해 사고가 결정된다.

2. **전조작기**(2~7세): 아동의 언어가 발달하고 사고가 구체화된다. 아동은 자신의 세계를 조직하기 시작한다.
3. **구체적 조작기**(7~11세): 아동은 구체적인 사고 과정을 시작하고, 결국 추상적인 아이디어로 나아간다.
4. **형식적 조작기**(11세~성인): 이 높은 수준의 사고에는 언어를 사용하여 추상적인 사고를 처리하는 능력이 포함된다.

피아제는 아동이 세상과의 상호작용을 통해 지식을 습득한다고 믿었다. 그의 이론을 적용한 교육자들은 아동을 자연스러운 문제 해결 상황에 참여시켜 동화와 조절을 통해 학습이 이루어지도록 한다. 동화는 아동이 새로운 정보를 기존 체계에 통합하는 것을 의미한다. 즉, 과거로부터 얻은 정보를 토대로 새로운 정보를 해석하는 것이다. 예를 들어, 마이클은 고양이를 처음 보았을 때 "엄마, 저 강아지 좀 봐요."라고 말했다. 마이클은 강아지에 대한 경험을 통해 네발 달린 동물에 대해 알고 있던 정보를 한 번도 본 적이 없는 고양이에게 적용하였다. 조절은 새로운 정보를 통합하기 위해 기존 체계를 변경해야 한다. 아동은 새로운 상황이 친숙하지 않을 때 조절을 사용한다. 이 상황에서 아동은 새로운 반응을 만들어 내야 한다. 예를 들어, 마이클은 강아지가 짖고 다리가 네 개인 것과 같은 행동과 생김새를 알고 있다. 그는 고양이를 강아지로 인식했을 때 현재 이해 수준의 참조물에 새로운 경험을 동화시킨 것이다. 아이가 새로운 대상이 강아지가 아니라 고양이라는 것과 고양이는 짖지 않고 야

피아제는 아동이 사회적 환경에서 또래 및 성인과 상호작용하면서 환경에 따라 행동할 때 학습이 이루어진다고 강조하였다.

옹 소리를 낸다는 것을 알게 되면 조절 과정이 일어난다.

부조화로 인해 '고양이'에 대한 개념적 이해를 정교화하고, 자신의 생각이 현실과 더 정확하게 맞도록 조절한다. 피아제에 따르면 아동은 지식을 변화시키고 재구성함으로써 학습에 능동적으로 참여한다. 학습은 아동이 주변 환경에서 또래 및 성인과 상호작용할 때 일어난다. 피아제의 이론을 교육과정에 도입한 교육자들은 구성주의 프로그램을 설계하였는데, 구성주의 프로그램의 환경에는 놀이, 탐구, 실험, 언어 사용의 기회를 포함한 다양한 실생활 교구가 제공된다. 하이스코프 프로그램으로 불리는 피아제식 유치원 교육과정에서는 의사결정, 문제 해결, 자기 훈련, 목표 설정, 자신의 활동 계획, 교사 및 또래와의 협동을 장려한다. 피아제는 아동이 호기심과 자발성을 활용해 학습해야 한다는 데 동의하였다. 그의 이론은 수학이나 과학과 같은 내용 영역을 강조하지 않는다. 피아제식 교육과정은 다음과 같은 인지 활동에 아동이 참여하도록 영역을 구성한다:

1. **언어 발달**: 말하기, 이야기 듣기, 설명하기
2. **분류**: 동일성 및 차이점, 정렬, 일치 등을 파악하도록 사물의 속성 설명하기
3. **서열화**: 크기와 같은 특정한 순서로 사물을 배치하기
4. **다양한 방식의 표상**: 여러 가지 방식으로 사물에 대해 학습하기. 예를 들어, 사과에 대한 학습의 경우, 사과 먹기, 사과 소스 만들기, 사과 그리기, 사과라는 단어 읽기 및 쓰기, 사과에 관한 노래 부르기 등
5. **공간 관계**: 사물 모으기, 분리하기, 재배열하기, 구조 변경하기, 다른 관점에서 보기, 방향이나 거리 설명하기 등을 아동에게 요구하기

비고츠키-도식 획득

레브 비고츠키(Lev S. Vygotsky, 1978)의 일반 이론에 따르면 학습은 아이들이 새로운 개념을 습득할 때 일어난다. 여기서 말하는 새로운 개념이란 인간이 정보를 저장하는 정신적 구조인 **도식**을 말한다. 필요할 때 우리는 예측, 일반화 또는 추론을 돕기 위해 저장된 정보를 떠올린다. 비고츠키에 따르면, 아동은 자신의 생각에 대한 피드백을 제공하는 다른 사람들과 상호작용하면서 새로운 개념을 습득한다. 이러한 상호작용은 혼자서는 할 수 없는 과제를 완수하는 데 도움이 된다. 지식 수준이 높은 부모와 교사는 아동에게 새로운 과제를 완수하는 방법을 모델링하여 비계설정을 해 줄 필요가 있다. **비계설정**은 아동이 무엇을 알아야 하고 무엇을 해야 하는지에 대해 주의를 집중하도록 유도한다. 아동은 다른 사람의 활동

과 언어를 자신의 세계로 내면화하여 학습한다. 비고츠키는 아동이 과제의 일부분은 할 수 있지만 전부는 할 수 없을 때 이를 '근접 발달 영역'이라고 말한다. 이는 성인이 한 발 물러서서 아동이 과제를 내면화하기 위해 스스로 연습할 수 있도록 허용하는 영역이다(Ankrum, Genest, & Belcastro, 2014; Muhonen, Rasku-Puttonen, Pakarinen, Poikkeus, & Lerkkanen, 2016).

읽기 준비도

발달 심리학자들은 읽기 학습에서 가장 중요한 요소를 성숙이라고 주장하였다. 어린이집과 유치원 교사들에게 영유아가 아직 읽을 준비가 되지 않았기 때문에 읽기 교육을 하지 말도록 안내하였다. 모펫과 워시번(1931)의 연구에 따르면, 발달적으로 6세 6개월은 되어야 아동이 읽기 교육을 받기에 충분하다고 보았다. 이때가 되면 아동에게 상당한 진전이 있을 것이다. 아동이 성숙할 때까지 기다리는 것이 불편했던 교육자들은 아동이 읽기를 준비하는 데 도움이 된다고 생각되는 경험을 제공하기 시작하였다.

1930년대와 1940년대에는 아동이 읽기를 배울 준비가 되었는지 여부를 알 수 있는 특정 기술이 포함된 표준화 검사도구가 개발되었다. **읽기 준비도**라는 용어가 널리 사용되면서 교육자들은 아동이 성숙할 때까지 기다리는 대신 읽기의 전제 조건으로 간주되는 기술을 교육함으로써 성숙을 촉진하는 데 중점을 두었다. 읽기 준비도에서 확인된 기술은 아동에게 필요한 기술이다. 아동에게 읽기를 가르치기 전에 평균대 걷기와 같은 일부 대근육 운동 기술은 필요하지 않다. 필요한 기술은 다음과 같다:

1. **청각 변별**: 친숙한 소리, 비슷한 소리, 운율이 있는 단어, 글자 소리를 파악하거나 구분하는 능력
2. **시각 변별**: 색상 인식, 모양 및 문자 식별
3. **시각 운동 기술**: 왼쪽에서 오른쪽으로 시선 이동하기, 가위로 선 자르기, 그림 선 안에 색칠하기 등
4. **대근육 운동 기술**: 뛰기, 선 따라 걷기 등. 읽기 준비도 모델은 아이들이 이 네 가지 기술을 습득함으로써 문해력을 준비한다는 것을 의미한다.

이러한 기술은 모든 아동이 어린이집이나 유치원에 올 때 비슷한 발달 수준에 있다는 가정하에 체계적으로 가르치며, 아동이 이미 가지고 있는 경험과 정보에 대해서는 거의 고려하지 않는다. 그러나 교육자들은 어떤 아동은 앞서 설명한 많은 기술에 대한 지식 없이도 읽

을 수 있고, 다른 아동은 기술을 습득했지만 읽는 법을 배우는 데 어려움을 겪는다는 사실을 발견하였다. 이러한 기술 중 일부는 읽기 준비도를 나타내는 지표였지만, 다른 일부는 그렇지 않았다.

연구의 시대

1960년대와 1980년대 사이에 초기 문해력 발달을 조사한 연구자들로 인해 실천 영역에 많은 변화가 일어났다. 연구자들은 실험집단과 통제집단을 대상으로 한 실험 연구, 상관관계 연구, 면접, 관찰, 비디오 녹화, 사례 연구 등 다양한 연구 방법론을 사용하여 아동의 문해력 발달을 조사하였다. 다양한 문화적, 사회경제적 환경에서 연구가 이루어졌는데, 과거처럼 실험실에서가 아닌 교실과 가정에서 진행되었다. 음성 언어 발달, 가정 문해력, 초기 읽기 및 쓰기 분야의 연구는 교육자들이 문해력 발달 과정, 아동의 학습 방법, 초기 읽기 및 쓰기 교육 방법을 이해하는 데 큰 영향을 미쳤다.

유아기 문해력에 대한 주요 접근법

유아기 문해력에서는 두 가지 접근법이 공존한다. **구성주의** 이론에서는 학습을 아동이 문제 해결, 예측, 추론을 통해 지식을 구성하는 능동적인 과정으로 본다. 반면, 명시적 교수법은 학습을 교사가 과제를 가르치고, 이를 습득하는 데 필요한 구체적인 단계를 강조하는 교사 주도 활동으로 본다(예: 발음 중심 지도를 통한 읽기 교육). 균형적 통합 접근법은 보다 효과적인 결과를 위해 이 두 가지 주요 접근법을 통합하려고 시도한다.

문해력 분야는 이론과 방법에 대해 변화를 겪어 왔다. 한동안 교육자들은 구성주의적 사고를 수용하고, 아동의 탐구와 실험을 장려하였다. 그러다가 직접적이고 명시적인 교육을 옹호하는 쪽으로 전환하거나, 발음 중심 지도 및 기타 직접적인 방법에 더 많이 의존하게 되었다. 이러한 변화에는 종종 교육 자료와 교육 전략의 광범위한 변화가 포함된다.

발현적 문해력

문해력을 습득하기 위해서는 아동이 모방하고, 자신만의 읽기, 쓰기, 말하기 형태를 창조할 수 있는 모델이 필요하다. 이를 어린이집과 유치원에서의 **발현적 문해력** 관점이라고 한다. 발현적 문해력 관점은 아동이 책을 일찍 접하게 하고, 기술을 직접 가르치기보다는 사회적 상호작용과 문제 해결을 강조하는 아동 중심 접근법이다.

마리 클레이(1966)가 처음 사용한 표현인 발현적 문해력은 아동이 학교에 입학하기 전에 언어, 읽기, 쓰기에 대한 지식을 어느 정도 습득한다고 가정한다. 문해력 발달은 생애 초기에 시작되어 계속 진행된다. 의사소통 능력(읽기, 쓰기, 말하기, 듣기)은 발달 과정에서 서로 영향을 미치기 때문에 상호 관련이 있다. 자연스러운 환경에서 문해력 사용이 필요한 의미 있고 기능적인 경험을 통해 가정, 지역사회, 학교의 일상적인 맥락에서 발달이 이루어진다. 예를 들어, 아동이 책을 '읽는 척'하는 것은 발현적 문해력 행동의 신호이다. 문해력 습득을 위한 환경은 성인과 아동이 협업과 모델링을 통해 상호작용하는 사회적 환경인 경우가 많다. 의미와 목적을 제공하기 위해 문해력 활동은 미술, 음악, 놀이, 사회, 과학과 같은 내용 영역에 포함되어 있다. 예를 들어, 미술에서는 지점토 만들기를 위해 읽어야 할 지침이 아동에게 주어진다.

모든 연령대의 아동은 특정 문해력을 보유하고 있지만, 아직 완전히 발달하지 않았거나 관례적인 수준은 아니다(Baumann, Hoffman, Duffy-Hester, & Rowe, 2000; Morris & Slavin, 2003). 발현적 문해력은 한 글자도 알아보지 못하더라도 페이지에 낙서한 아동의 끼적이기 자국을 기초 쓰기로 인정한다. 이러한 끼적이기와 그림의 차이를 아는 아동은 글과 그림의 차이도 알고 있다. 마찬가지로 아동이 그림과 글자를 보면서 친숙한 동화책을 읽는 듯한 느낌을 줄 때, 관례적인 읽기는 아니지만 문해력 행동으로 인정한다. 발현적 문해력은 아동이 기능하는 수준에서 아동을 받아들이고, 개인의 필요에 따라 교육 프로그램을 제공한다.

구성주의와 총체적 언어 교수법

총체적 언어 교수법은 발현적 문해력 관점과 유사하지만, 관례적으로 글을 읽는 아동을 고려한다. 총체적 언어 접근법의 옹호자들은 구성주의 관점과 학습에 대한 자연스러운 접근법을 지지한다. 총체적 언어 접근법에서 문해력 학습은 의미 있고, 적절하며, 기능적으로 고안되었다는 점에서 아동 중심적이다. 읽기 학습은 가정에서 아동의 생활 경험, 관심사 또는 학교에서 만들어진 경험을 기반으로 한다. 예를 들어, 학교에서 벌집을 발견하고 전문가가 벌집을 제거한 경우, 아이들은 벌에 대해 토론하고, 읽고, 글을 쓰는 데 관심을 가질 수 있다. 꿀벌에 대한 학습이 교육과정의 일부가 아니더라도 교사는 아이들이 이러한 가르침의 순간을 추구하도록 허용한다(Collins & Shaeffer, 1997; Fingon, 2005).

문해력 활동은 미술, 음악, 사회, 과학, 수학, 놀이와 같은 내용 영역 과목의 학습에 통합되어 있다. 사회 및 과학 주제의 사용은 문해력과 내용 영역 경험을 연결한다. 예를 들어, 농장에 관한 단원에서는 인큐베이터에서 병아리를 부화시킬 때 병아리의 성장 과정을 일지로 작성하고, 이중 글자 ch를 강조하는 등 적절한 시점에 기술을 가르칠 수 있다. 미술에서는 아이들이 농장을 그리고, 농장 노래를 부르고, 농장을 방문하고, 농장에 대한 과학 및 사회 학습 정보를 배운다. 주제는 아이들과 교사가 함께 선정하거나, 학교, 가정 또는 세상에서 일어나는 흥미로운 일을 바탕으로 자발적으로 선정한다.

읽기, 쓰기, 듣기, 말하기 교육에 동등하게 중점을 두는 이유는 이러한 모든 요소가 글자를 읽고 쓸 수 있는 아동을 만드는 데 도움이 되기 때문이다. 과거에는 이 프로그램을 **통합적 언어 지도** 접근법이라고 불렀다. 다양한 장르의 아동 문학을 사용하여 주제를 연구하며, 이를 통해 교육용 읽기 교수자료의 주요 원천을 제공한다. 교실 곳곳에 문해력 교수자료가 풍부하게 비치되어 있고, 문해력 영역이 갖춰져 있다. 이러한 디자인을 흔히 풍부한 문해 환경이라고 부른다(Gelzheiser, Hallgren-Flynn, Connors, & Scanlon, 2014).

총체적 전략을 사용하는 교실에서는 교사가 가르치는 것보다 배우는 것에 더 중점을 둔다. 학습은 스스로 조절되고 개별화되며, 아동 스스로 문해력 활동을 선택한다. 교사는 문해력을 수업으로 가르치기보다는 아이들이 문해력 활동에 참여할 수 있는 경험을 제공한다. 또래 튜터링의 기회와 함께 아이들과의 사회적 상호작용이 장려된다. 아이들은 오랜 기간 동안 독립적으로 읽고 쓰기에 참여하고, 다른 사람에게 글을 읽어 주고 청중에게 글을 발표하는 등 배운 것을 공유함으로써 연습을 통해 학습한다. 이 접근법의 주요 목표는 읽기의 즐거움을 알고, 일생 동안 독자로 성장하는 데 중점을 둔다.

총체적 접근법을 사용하는 교실에서 교사는 적절하고 의미 있는 기술을 가르친다. 총체적 언어 수업에서는 주제(예: 열대 우림)를 중심으로 학습한다. 교사는 현재 주제의 어휘(예: 열대 우림의 동물 이름)에서 발견되는 일부 글자와 소리에 집중한다. 총체적 언어 프로그램의 시행 초기에는 기술을 체계적으로 가르치는 것이 아니라 아이들이 아동 문학과 작품을 읽는 경험에 몰입함으로써 필요한 기술을 습득한다고 생각하는 교사도 있었다. 물론 이러한 몰입 방식을 통해 기술은 동화되지만, 해독 전략과 같은 특정 기술은 교사의 명시적인 지도가 필요하다.

상업용 교재교구를 사용할 수는 있지만, 이러한 교재교구가 교육 프로그램을 좌우하지는 않는다. 문해력 학습은 수업 시간 동안 교육과정 전체에 포함되어 있다. 프로젝트에는 오랜 시간이 필요하다. 아이들은 종종 독립적으로 읽는다. 그러나 읽은 내용에 대한 책임은 없다. 총체적 언어, 통합적 언어 지도 접근법, 발현적 문해력은 실제로는 유사하며, 매우 제한된 범위 내에서 명시적 교육으로 학습에 대한 사회적 구성주의 접근법을 사용한다.

명시적 지도 및 발음 중심 교수법 또는 소리–기호 관계

1980년대 중반과 1990년대 초반, 시험 성적에 의하면 아동이 유창한 독자가 되기 위해 필요한 문해력을 습득하지 못한 것처럼 보였기 때문에 총체적 언어 교수법에 대한 비판이 시작되었다. 많은 교육자는 총체적 언어의 철학을 잘못 이해하여 총체적 언어가 전체 학급 단위로만 아이들을 가르치는 것을 의미한다고 생각하였다. 따라서 교사들은 아이들의 개별적인 요구를 충족시키기 위해 필요한 소집단 활동 수업을 중단하였다. 또한 많은 교육자는 총체적 언어가 발음 중심 교수법(소리 기호 관계, 예를 들어 t는 tuh의 소리를 가짐)으로 가르쳐서는 안 된다는 잘못된 가정을 하였다. 발음 중심 지도는 명시적인 지도가 아니라 문맥에 따라 자연스럽게 기술을 가르치면서 문학에 몰입하여 학습된다. 이러한 잘못된 해석의 결과, 많은 아동이 발음 중심 교수법 지도를 거의 또는 전혀 받지 못하였다. 많은 학교에서 기술 발달의 범위나 순서를 따르거나 모니터링하지 않았다. 잘못된 해석, 부적절한 전문성 개발, 잘못된 실행으로 인해 많은 아동이 유창하고 독립적인 독자가 되는 데 필요한 기술을 발달시키지 못하였다.

발음 중심 교수법을 보다 명시적으로 사용하는 초기 문해력 발달 접근법을 선호하는 사람들에 의해 다시 패러다임이 움직이기 시작하였고, 이들은 자신의 주장을 입증하기 위해 많은 연구를 인용하였다. 주엘(1989)에 따르면, 아이들이 읽기와 쓰기를 실험하기 시작하면 단어를 구성하는 소리에 집중해야 한다. 발음 중심 교수법(소리–기호 관계)의 사용을 배우기 위한 전 단계로, 아이들은 단어의 운율을 맞추고, 음절이나 단어의 일부를 듣고, 단어가 개별 소리로 구성되어 있음을 알고, 단어에서 소리를 분리하여 함께 혼합하는 능력이 필요하다. 이러한 기술을 음운 인식 및 음소 인식이라고 한다. 어린이집, 유치원 및 초등학교 1학년의 음운 및 음소 인식 교육은 읽기 성취도를 강화한다(Byrne & Fielding-Barnsley, 1993, 1995; Stanovich, 1986). 음운 및 음소 인식을 통해 아동은 ① 알파벳 지식(단어가 문자로 구성되어 있음을 아는 것)과 ② 소리–기호 관계(인쇄된 문자와 음성 소리 사이에 관계가 있음을 아는 것)를 포함한 발음 중심 교수법의 원리를 배울 수 있다. 연구 결과에 따르면, 소리–기호 관계, 즉 발음 중심 지도에 대한 지식은 읽기와 쓰기를 배우는 데 필요하다(Anthony & Lonigan, 2004; Lonigan, 2006). 8장에서 음운 인식, 음소 인식 및 발음 중심 교수법에 대해 자세히 살펴본다.

문해력 지도를 위한 행동주의 또는 직접 기술 접근법은 초기 문해력에서 강력한 발음 중심 교수법 프로그램을 사용할 것을 제안한다. 교육용 자료는 교사를 위한 스크립트 지침과 함께 체계적이고 명시적인 기술 교육을 제공한다.

학업 성취도와 관련된 통계와 현재의 정치적 신념 및 학교 리더십에 따라 채택되는 읽기 교육 유형이 결정된다. 그러나 연구 결과에 따르면, 어떤 한 가지 접근법이 다른 접근법보다 더 나은 결과를 초래한다는 사실은 입증되지 않았다. 초등학교 1학년을 대상으로 한 연구(Bond & Dykstra, 1967a, 1967b)에서는 이 질문에 답하려고 노력하였다: 초기 문해력 발달에 가장 적합한 방법은 무엇일까? 이 고전적인 연구는 1964년부터 1967년까지 수행된 27개의 독립적인 연구 결과를 종합한 것이다. 본드와 다이크스트라는 궁극적으로 어느 한 방법이 다른 방법보다 더 효과적이지 않아서 하나의 방법을 독점적으로 사용해서는 안 된다는 결론을 내렸다. 성공적인 문해력 지도의 핵심은 모범적인 교사라는 사실이 밝혀졌다(Pressley, Allington, Wharton-McDonald, Block, & Morrow, 2001).

균형적 통합 접근법

국제 읽기 협회(현 국제 문해력 협회)는 다음과 같은 입장문을 발표하였다. 「입장문: 다중적 초기 읽기 교수법 사용」(1999)에 따르면, 단일 방법이나 단일 방법의 조합으로는 모든 아동에게 읽기를 성공적으로 가르칠 수 없다. 교사는 가르치는 학생의 사회적, 정서적, 신체적, 지적 수준을 파악해야 한다. 또한 읽기 지도와 관련된 다양한 과정과 방법에 대해서도 잘 알고 있어야 한다. 그래야만 교육자들이 개개인의 요구를 충족시키는 읽기 교육을 위한 종합적인 계획을 수립할 수 있다. 총체적 언어 교수법 대 발음 중심 교수법 논의의 결과로 등장한 문해력 지도에 대한 이러한 관점은 균형적 통합 접근법(BCA)이다. BCA의 사용에는 이용 가능한 최고의 이론과 연구 기반 실제를 신중하게 선택하고, 개별 아동의 학습 양식에 맞는 교육을 제공하여 읽기를 배우는 데 도움을 주는 것이 포함된다. 기술 기반의 명시적 교수법과 문제 해결 전략을 포함하는 총체적 구성주의 아이디어가 모두 사용될 수 있다(Morrow & Tracey, 1997). 기술에 대한 명시적인 가르침은 구성주의 문제 해결 활동의 시작이며, 구성주의 활동은 기술의 통합과 정교화를 허용한다. 하나의 방법은 다른 방법과 상호 배타적이지 않다(Pressley, 1998). [그림 2-1]은 문해력에 대한 균형적 통합 접근법을 개괄적으로 보여준다.

BCA는 여러 전략의 무작위 조합이 아니며, 대집단 수업, 소집단 수업, 일대일 수업을 동일한 형식에서 연속적으로 사용하는 공식도 아니다. 교사는 적절한 균형을 제공하기 위해 다양한 학습 이론에서 전략을 선택해야 한다. 예를 들어, 어떤 아동은 정상 시각 학습자이지만 발음 중심 교수법 교육에서 거의 이점을 얻지 못할 수 있고, 정상 청각 학습이 강점인 다른 아동은 발음 중심 교수법 교육을 통해 상당한 혜택을 받을 수 있다. BCA 접근 방식은 개

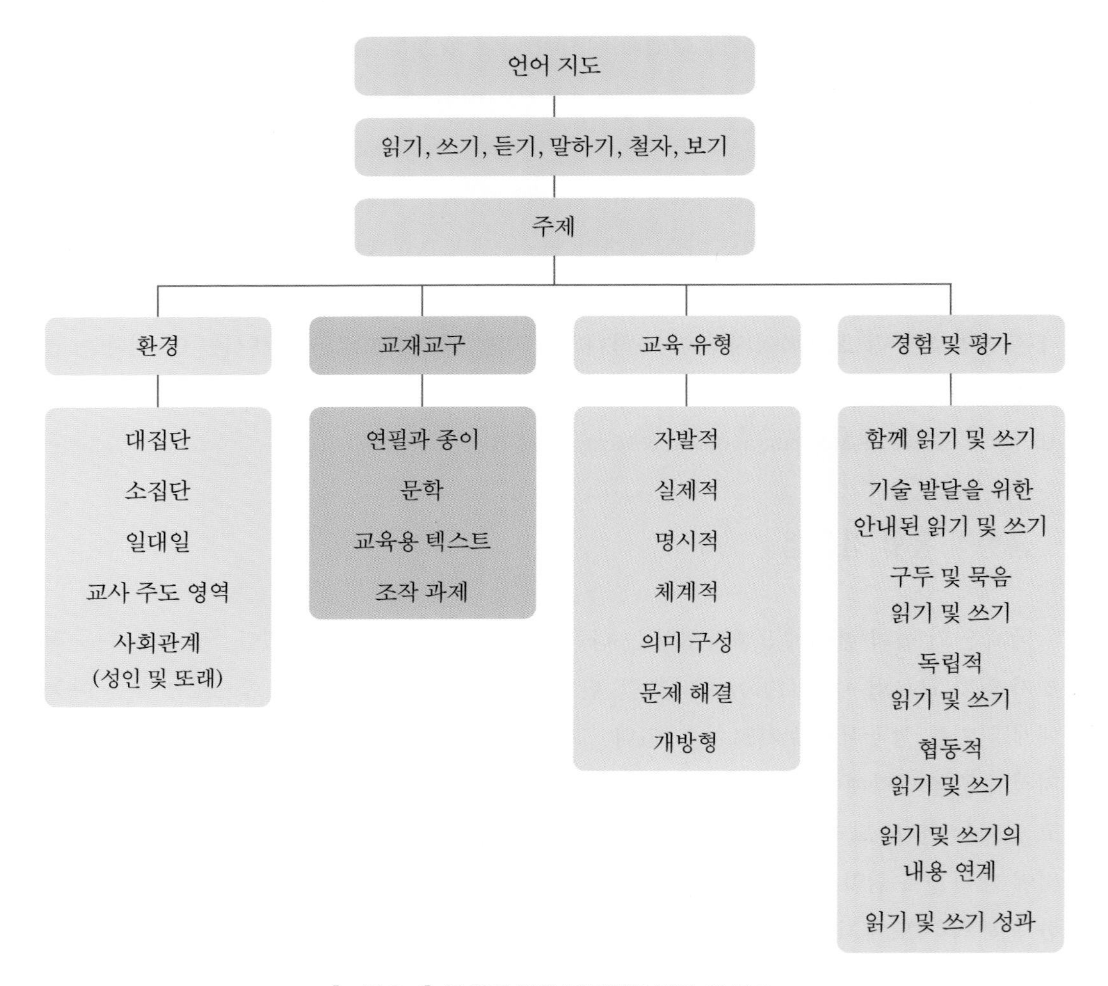

[그림 2-1] **균형적 통합 접근법의 전략 및 구조**

출처: Adapted from L. M. Morrow, D. S. Strickland, and D. G. Woo, Literacy Instruction in Half-and Whole-Day Kindergarten: Research to Practice (Fig. 2, p. 76). Newark, DE: International Reading Association. Copyright © 1998 by the International Reading Association

별 아동에게 무엇이 중요한지에 더 중점을 둔다.

균형적 교육은 문해력 발달 과정의 우아함과 복잡성을 포괄하는 풍부한 문해력 학습 모델에 기반을 두고 있다. 이 모델은 문해력 발달 과정의 형태(음성학 및 기계학)와 기능(이해, 목적, 의미) 모두를 중요하게 생각한다. 이러한 유형의 교육은 아동이 능숙하고 평생 지속되는 문해력 학습자가 될 수 있는 기술과 동기를 모두 제공하는 의미 있는 문해력 활동이 특징이다(Snow & Matthews, 2016).

[그림 2-2]와 [그림 2-3]은 아이들이 명시적 활동과 구성주의 활동에 모두 참여할 수 있는 수업을 보여 준다.

[그림 2-2] '곰 세 마리'에 대한 구성주의 및 명시적 행동주의 수업 계획(계속)

안내: 두꺼운 종이에 인물을 복사하고 색칠한 후 코팅한다. 인물을 오려서 뒷면에 펠트지를 붙이고 인물과 펠트판을 사용하여 아이들에게 이야기를 들려준다. 아이들에게 들은 대로 이야기를 다시 들려주게 한다. 그런 다음, 아이들에게 이야기를 다시 들려주되 새로운 결말을 만들어 보라고 한다.

[그림 2-2] '곰 세 마리'에 대한 구성주의 및 명시적 행동주의 수업 계획

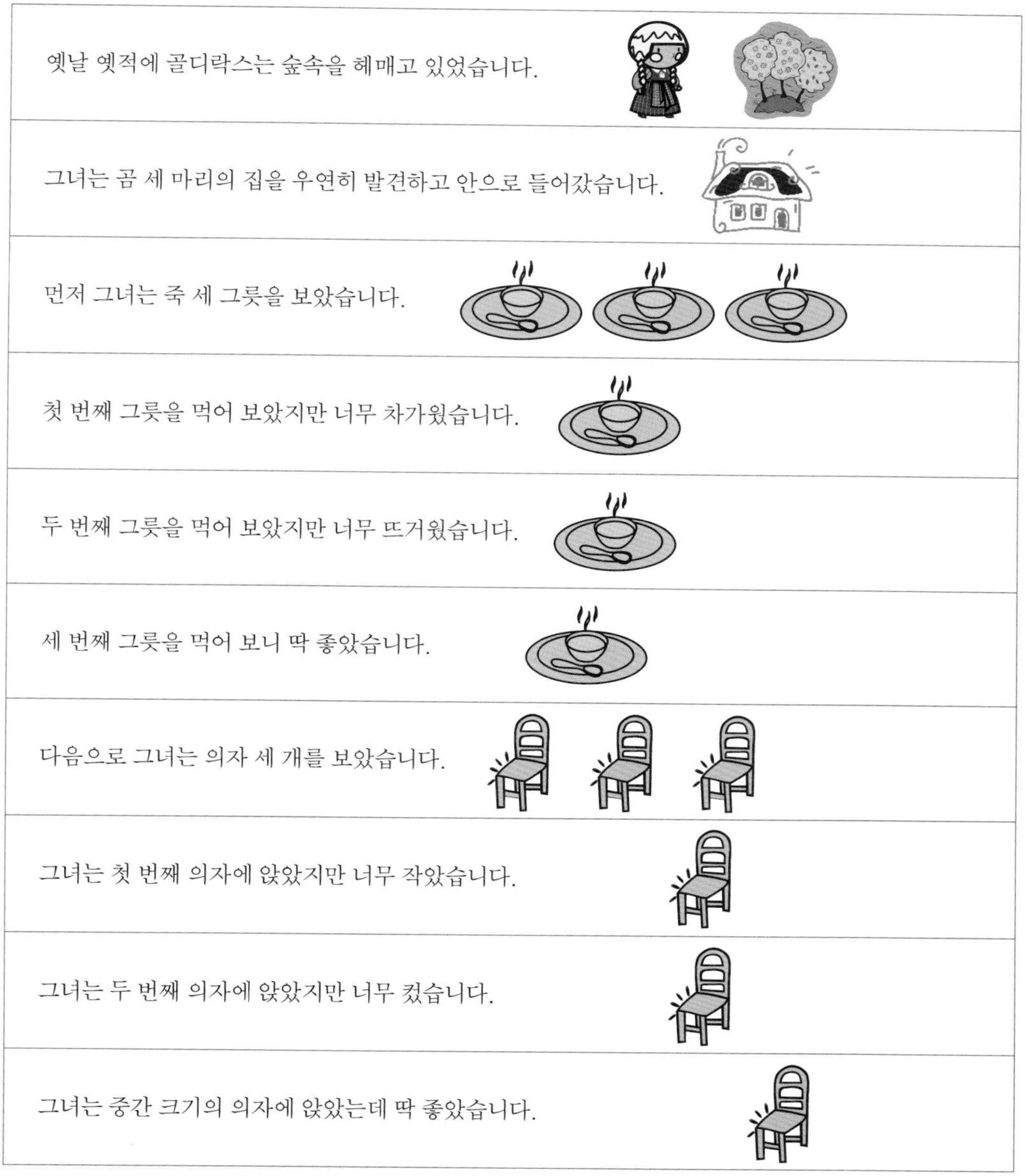

옛날 옛적에 골디락스는 숲속을 헤매고 있었습니다.
그녀는 곰 세 마리의 집을 우연히 발견하고 안으로 들어갔습니다.
먼저 그녀는 죽 세 그릇을 보았습니다.
첫 번째 그릇을 먹어 보았지만 너무 차가웠습니다.
두 번째 그릇을 먹어 보았지만 너무 뜨거웠습니다.
세 번째 그릇을 먹어 보니 딱 좋았습니다.
다음으로 그녀는 의자 세 개를 보았습니다.
그녀는 첫 번째 의자에 앉았지만 너무 작았습니다.
그녀는 두 번째 의자에 앉았지만 너무 컸습니다.
그녀는 중간 크기의 의자에 앉았는데 딱 좋았습니다.

[그림 2-3] '곰 세 마리' 문장 띠 순서대로 나열하기(계속)

안내: 문장 띠를 잘라 내어 올바른 사건 순서대로 배열한다. 기술 링크: 명시적인 지시 수업과 구성주의 환경의 아동을 비디오로 녹화한다. 아이들이 주의를 기울이는 방식(또는 기울이지 않는 방식)과 참여도(또는 참여하지 않는 방식)의 차이에 주목한다.

그러다 골디락스가 침실로 들어가 보니 침대 세 개가 보였습니다. 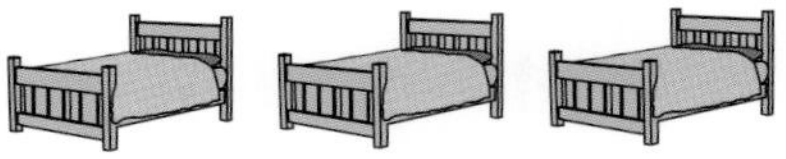
첫 번째 침대는 너무 컸습니다. 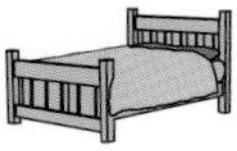
두 번째 침대는 너무 작았습니다. 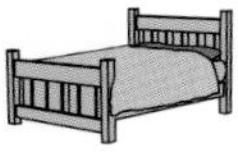
세 번째 침대는 딱 맞아서 잠이 들었습니다. 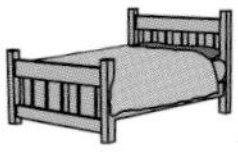
얼마 지나지 않아 곰 세 마리가 집으로 돌아왔습니다. 
그들은 누군가 자신의 의자에 앉았다는 것을 발견했습니다. 
누군가 자신의 죽을 먹었다는 것을 발견했습니다. 
누군가 자신의 침대에서 자고 있는 것을 발견했습니다. 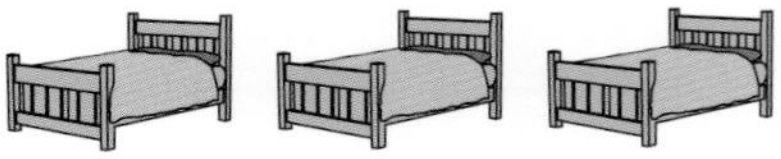
아기 곰이 침대에서 골디락스를 발견하고 비명을 질렀습니다. 골디락스는 잠에서 깨어나 문 밖으로 뛰어나갔고 다시는 돌아오지 않았습니다. 

[그림 2-3] '곰 세 마리' 문장 띠 순서대로 나열하기

근거-기반 연구와 공공 정책이 초기 문해력에 미치는 영향

20세기 들어 1960년대까지 연방정부의 교육 정책은 대부분 자발적이었고, 학교는 지역별로 운영되었다. 특히 연방정부에 대한 책임이 제한적인 상태에서 다양한 교육 모델이 허용

되었다. 시간이 지남에 따라 연방정부의 문서는 더욱 규범적으로 변화되었다. 정부는 정책 결정을 개선하기 위한 방법으로 자체 연구를 더 많이 진행하였다. 그 결과, 오늘날에는 더 많은 권한과 책임이 중앙에 집중되었다. 근거-기반 연구와 공공 정책은 초기 문해력 계획과 실천에 상당한 영향을 미쳤다.

전국 읽기 패널 보고서

전국 읽기 패널 보고서(2000)는 문해력 성취의 핵심 요소를 밝혀낸 중요한 메타 분석 보고서이다. 이 보고서는 유치원부터 초등학교 3학년까지의 아동에게 읽기를 가르치는 데 가장 효과적인 전략에 관한 연구 결과를 제시한다. 패널은 10만 건 이상의 연구를 검토하여 이 결과를 도출하였다. 그러나 패널 참여자들은 쓰기 발달과 읽기 동기 부여와 같이 문해력 교육에 중요한 일부 영역은 분석 가능한 양질의 조사가 충분하지 않아 검토되지 못했다고 인정한다. 또한 실험집단과 비교집단으로 구성된 무작위 실험연구만 분석을 위해 선택되었다. 질적 연구나 사례 연구, 상관관계 연구와 같은 다른 연구 설계는 패널의 기준에 부합하지 않아 포함되지 않았다. 2000년에 발표된 이 보고서는 여전히 초기 문해력 교육에 강력한 영향을 미치고 있다. 보고서의 결과에 따르면, 초등학교 3학년 말까지 유창한 독자가 되기 위해서는 다음과 같은 과정을 배우는 것이 중요하다:

- 음소 인식(단어에서의 개별 소리)
- 발음 중심 읽기(소리-기호 관계)
- 어휘력(읽은 내용 이해를 위한 많은 단어의 의미 학습)
- 이해력(읽은 내용을 이해할 수 있는 능력)
- 유창성(감정 표현과 적절한 속도로 읽기)

쓰기, 독립적 읽기, 동기 부여는 문해력 성취의 예측 요인인지 판단할 수 있는 과학적 근거 연구가 충분하지 않았기 때문에 검토되지 않았다. 그러나 일반적으로 문해력 연구자들은 이러한 요인이 성공적인 문해력 발달에 필요하다는 점을 인정하고 있다.

전국 초기 문해력 패널 보고서

전국 초기 문해력 패널(2008)은 기존의 과학적 기반 연구를 조사하여 출생부터 5세까지 아동의 이후 읽기 성취를 미리 결정하는 기술과 능력을 파악하였다. 변수를 파악한 후, 패널은 나중에 읽기 성취도와 관련된 기술에 기여하거나 방해하는 환경, 설정, 프로그램 및 중재를 결정하였다. 패널에서 유치원 졸업 때까지 습득해야 한다고 판단한 변수는 다음과 같다:

- 알파벳 글자와 글자의 소리를 안다.
- 음운 인식, 즉 단어가 개별 소리로 구성되어 있다는 것을 안다.
- 글자와 숫자의 이름을 빠르게 명명할 수 있다.
- 색깔을 식별하고, 일련의 그림에 제시된 명칭을 기억할 수 있다.
- 이름과 글자를 쓸 수 있다.
- 무슨 말을 들었는지 한동안 기억할 수 있다.
- 단어는 왼쪽에서 오른쪽으로, 책은 앞에서 뒤로 읽는다는 것을 알고, 책 표지, 본문 등을 보여 줄 수 있다.
- 음성 언어를 산출하거나 이해할 수 있다.

이 보고서의 중요한 결론 중 하나는 아이들이 적절한 활동에 참여하면 앞서 살펴본 목록 영역이 발달한다는 점이다. 이러한 변수의 측정 결과, 학생들의 점수가 좋지 않은 학교는 도움이 필요한 것으로 확인된다. 어린이집 및 유치원의 프로그램을 개선하기 위해 대상 학교를 위한 초기 읽기 우선 보조금이 제공된다.

아동 낙오 방지법

유아기 문해력에 대한 연방정부의 연구는 정책 결정에 영향을 미쳤다. 2001년 1월, 부시 행정부에서 「아동 낙오 방지법(No Child Left Behind Act: NCLB)」이 통과되었다. 이 초당적 프로그램은 연방정부의 대규모 참여로 유치원-초등학교 3학년(K-3)의 문해력 향상을 위한 보조금과 함께 강력한 책임을 요구하였다. NCLB의 목표는 미국의 모든 아동이 초등학교 3학년을 마칠 때까지 유창하게 글을 읽고 쓸 수 있게 하는 것이었다. 이 법안은 사회경제적 계층 간 문해력 발달의 성취도 격차를 줄이고, 문해력 문제를 조기에 예방하기 위해 고안되었다. 이 보조금을 받기 위해 주정부는 시행 중인 읽기 평가와 프로그램을 파악하고, 해당 프로그램이 신뢰할 수 있고 타당하며 과학적 또는 근거에 기반한 프로그램임을 입증해야 했다.

성취를 달성하기 위해 학군에 제공되는 재정적 인센티브는 오바마 행정부에서도 계속되었으며, 2010년에는 재정적 인센티브를 받지 못한 학교를 위한 2010 최고를 향한 경쟁 보조금 프로그램(2010 Race to the Top program)을 시작하였다.

읽기 우선 보조금(Reading First grants)과 마찬가지로, 최고를 향한 경쟁 보조금에는 교육 성과를 향상시키기 위해 교사가 특정 구성 요소에 포함되었다. 예를 들어, 최고를 향한 경쟁 보조금(RTT)의 경우, 보조금 수혜자는 표준화된 시험에서 학생의 점수에 대한 책임을 지고, 학생이 높은 점수를 받은 교사에게 성과급을 지급하도록 규정하였다. 많은 사람은 이러한 계획이 교사의 성과를 평가하기 때문에 시험 준비 활동을 강화했다고 생각한다. 교육계에서는 한 번의 시험을 성취의 척도로 삼는 것이 교육과정에 부정적인 영향을 미칠 수 있다고 우려를 표했다. RTT 프로그램은 2016년에 중단되었다.

주정부 공통 핵심 표준

표준은 1990년대 후반부터 미국 학교와 교육과정의 필수 요소이다. 학교에서는 어떤 표준이 우선순위가 되는지에 따라 학생들의 학교 생활이 결정된다. 다양한 발달 수준에 따라 학생들이 무엇을 알고 무엇을 할 수 있어야 하는지를 명확하게 제시하는 국가 표준을 개발하려는 노력이 있었다. 표준은 학생 성취, 평가 및 교육과정 계획의 일반적인 진행 과정을 개괄적으로 설명하고자 하였다. 일부 주에서는 주정부 공통 핵심 표준(Common Core State Standards: CCSS)을 채택했지만, 다른 주에서는 채택하지 않았다. 주마다 표준의 내용과 질, 그리고 평가에 차이가 있다(Bandeira de Mello, 2011; Polikoff, Porter, & Smithson, 2011). 주정부의 공통 핵심 표준 계획(2010)은 이러한 다양성을 줄이기 위한 시도였다.

주정부 공통 핵심 표준(CCSS)은 전미 주지사 협회(NGA)와 주 최고 학교 책임자 협의회(CCSSO)의 후원으로 시작된 일련의 목표이다. CCSS는 유치원-12학년의 초중고 과정을 마친 학생들이 대학에 진학하거나 직장에 취직하여 자신이 가진 풍부한 지식으로 미국 경제와 사회에 기여하는 구성원이 될 준비를 갖추기 위한 것이다. CCSS는 미국, 전 세계, 그리고 디지털 세계에서 명확하고 일관되며 엄격한 기준을 만들어 각 주의 기준을 개선하기 위해 의도적으로 고안되었다.

CCSS는 문해력 성취도가 지속적으로 높은 미국 및 기타 국가의 표준과 교육과정을 면밀히 검토하여 수립되었다.

CCSS는 언어 영역 수업뿐만 아니라 내용 영역 수업에서도 영어의 관여를 확대하여 문해력과 언어 유창성을 발달시켜야 한다고 강조한다. CCSS는 영어 능력(읽기, 쓰기, 듣기, 말하기)을 개별적인 실체가 아니라 서로를 구축하는 요소로 보고, 통합적인 접근 방식을 취해야 한다고 제안한다(Caspergue, 2017).

CCSS는 교육과정이나 교수법이 아니다. 학교와 교사는 각자의 방식으로 달성해야 할 목표를 가르치고, 성취도 측정을 위해 평가를 실시한다. CCSS는 한동안 효과적이었다. 일부 주에서는 필요에 맞게 수정했고, 다른 주에서는 원안대로 계속 사용하고 있다. 우리는 항상 표준을 가지고 있다. 이 책이 작성되는 시점에서는 표준이 앞으로 어떻게 바뀔지 미래를 확신할 수는 없다. 정부가 바뀌면 읽기 교육의 정책도 바뀐다.

··· 초성 자음 P 학습하기(명시적 지도)

아동을 위한 명시적 모델링

교사: 오늘은 소리 P에 대해 배울 거예요. P로 시작하는 이름을 가진 사람은 누구일까요?

피터: 제 이름이요.

교사: 네. 모두 Peter라고 말해 봅시다.

학생: Peter.

교사: 이제 손을 입에 대고 Puh, Puh, Puh라고 말해 보세요.

학생: Puh, Puh, Puh.

교사: 어땠나요?

낸시: 공기가 느껴졌고, 따뜻했어요.

교사: 좋아요. 이제 P가 들어간 단어가 많은 이야기를 들려줄게요. 이야기를 들려줄 때 펠트 그림을 사용할게요. 이야기를 듣고 가장 좋아하는 두 개의 P 단어를 기억해 두었다가 이야기가 끝난 후 친구에게 이야기해 주세요. pig, party, pizza, panda, plums, purple이라는 단어를 들을 거예요. 이야기의 제목은 'The Pig's Party'입니다. ([그림 2-4]의 사물을 참조하세요. 복사하여 색칠한 후 코팅해서 뒷면에 펠트를 붙여 융판에 부착하거나 자석을 붙여 화이트 보드에 부착하세요. 이야기에 등장하는 사물에 번호가 매겨져 있고, [그림 2-4]에 제시되어 있어요.)

[그림 2-4] 돼지의 파티

Pink Pig가 party를 열었습니다. 그는 완벽한 party가 되길 바랐습니다. 그는 자신이 가장 좋아하는 돼지인 Patty Pig(1)와 Panda Bear(2), Proud Peacock(4)을 초대했습니다. 테이블에는 petunias 꽃이 놓여 있었고, 저녁에는 pizza가, 디저트로는 아이스크림이 준비되어 있었어요. Panda Bear가 먼저 party에 왔고, Pink Pig는 "어떻게 하면 Patty Pig에게 특별해 보일 수 있을까요?"라고 물었어요. Panda Bear는 "내 Panda Bear 옷을 빌려주면 완벽해 보일 거야."라고 말했어요. 그래서 Pink Pig는 Panda Bear의 정장을 입어 보고는 자신이 완벽해 보인다고 생각했어요(3). 그때 Proud Peacock이 party에 왔어요. Pink Pig는 "어떻게 하면 party에 완벽해 보일 수 있을까요?"라고 물었어요. Proud Peacock은 "내 purple plumes를 가져다가 입으면 완벽해 보일 거야." 라고 말했어요. 그래서 그는 그렇게 했어요(4, 5, 6). 모두 그가 완벽해 보인다는 데 동의했어요. Patty Pig(7)가 문을 두드렸어요. Pink Pig가 문을 열었습니다. 그녀는 Pink Pig를 보자마자 비명을 질렀고, purple plumes와 Panda Bear 옷을 입은 괴물을 본 줄 알고 도망쳤어요. Pink Pig는 Panda Bear에게 수트를, Proud Peacock에게 plumes를 돌려주고 petunia를 들고 Patty Pig(1과 8)를 찾으러 달려갔어요. 현관 뒤에 숨어 있던 Patty Pig를 발견했죠. Patty Pig를 본 Panda Bear는 "다행히도 Pink Pig구나."라고 말했고, 둘은 완벽한 party를 열었죠.

안내된 연습

교사: 이야기에서 P로 시작하는 단어 중 가장 마음에 들었던 두 단어를 친구에게 말해 보세요.

조쉬가 젠에게: 저는 plums와 patty가 좋아요.

젠이 조쉬에게: 전 petunia와 pizza가 좋아요.

교사: 두 단어가 같은 사람은 몇 명입니까? (몇 명만 손을 든다.) 한 단어가 같은 사람은 몇 명입니까? (몇 명 더 손을 든다.) 두 단어가 다른 사람은 몇 명입니까? (반 아이들 대부분이 손을 든다.)

독립적 연습

교사: 이 비닐봉투에 문해력 영역에 있는 돼지 이야기와 펠트 캐릭터를 넣을 테니, 이야기를 들려주거나 이야기를 읽은 뒤 가장 기억에 남고 마음에 드는 P 단어를 적으면 돼요. 여기에는 단어를 적을 수 있는 종이가 있어요.

Chapter 03

초기 문해력 평가

사진 제공: Jules Selmes/Pearson Education

학습 결과

이 장을 읽고 나면 다음과 같이 할 수 있다.

3.1. 초기 문해력 발달에서 평가의 역할에 대해 설명한다.

3.2. 진정한 평가를 정의하고, 이를 실행하는 몇 가지 기술을 설명한다.

3.3. 심층 평가 척도를 식별하고 설명한다.

3.4. 표준화된 검사의 장단점에 대해 논의한다.

3.5. 표준에 대해 논의하고, 표준이 문해력 교육과정에 어떤 영향을 미치는지 설명한다.

3.6. 결과 측정을 위해 설계된 표준 및 평가 도구를 설명한다.

다음은 『First Grade Takes a Test』라는 책에서 인용한 내용이다(Miriam Cohen. First Grade Takes a Test, pp. 9-10, Star Bright Books. Copyright © 2006 Star Bright Books, Inc.).

> 시험지에 샐리와 톰의 사진이 있다. 샐리가 톰에게 무언가를 주고 있다. 볼로냐 샌드위치처럼 생겼다. 그 밑에는 이렇게 적혀 있다:
>
> 샐리가 톰보다 키가 크다. ____________________
>
> 톰이 샐리보다 키가 크다. ____________________

짐은 키가 큰 것이 볼로냐 샌드위치와 어떤 관련이 있는지 궁금하였다.

정말 볼로냐 샌드위치인가? 토마토일 수도 있다. 짐은 그것을 이해하는 데 오랜 시간이 걸렸다(Cohen, 1980, pp. 9-10).

책에는 선생님이 시험을 치르는 과정과 한 아이가 영어를 조금밖에 몰라서 매우 긴장했지만, 스페인어를 유창하게 잘 읽는다는 내용이 나와 있다. 하지만 정답을 맞히기 위한 질문을 제대로 이해하지 못해서 박스에 × 표시를 하기도 하였다. 저자는 이어서 조지라는 아이에 대해 이야기하였다. 조지는 토끼와 토끼가 먹는 음식에 관한 문제를 읽는다. 정답은 샌드위치, 양상추, 고기였다. 조지는 토끼의 이빨이 너무 길게 자라지 않게 하려면 당근을 먹어야 한다는 것을 알고 있다. 예전에 토끼를 키운 적이 있는데, 반려동물 가게에서 그런 말을 들었다. 그는 어떤 박스에 체크해야 할지 몰라서 시험 책자에 당근을 그리고 그 옆에 ×를 표시하였다.

두 사례 모두 표준화된 시험에서 아이들이 답을 틀렸지만, 그 이유는 달랐다. 조지는 자신의 경험을 당면한 문제와 연관시켜 실제로 제공된 답보다 더 정교한 답을 내놓았다. 그의 답은 토끼에 대한 배경지식이 시험을 출제한 사람과 다르기 때문에 오답으로 채점되었다. 또한 조지는 제공된 가장 좋은 답 옆에 있는 박스를 채우는 등 시험 응시 방법에 익숙하지 않았다. 로사는 영어로 된 시험을 이해할 수 없었다. 그녀는 스페인어로 같은 학년 수준의 글을 읽지만, 언어적 배경 때문에 어려움에 처했다. 두 사례 모두 아이들이 답을 틀렸지만, 정답을 몰라서 그런 것은 아니었다.

초기 문해력 발달 평가

이 장에서는 유아교육자가 직면한 중요한 문제, 즉 유아의 요구를 평가하여 표준을 달성하는 문제에 대해 살펴본다. 교사가 적절한 교수전략을 선택할 수 있도록 평가는 유아의 다양한 배경, 능력 및 요구에 민감해야 한다.

이 장에서는 기본적인 평가 도구를 포함하여 평가 주제와 관련된 많은 문제를 자세히 살펴본다. 다양한 기술 및 교수전략을 다루는 장에서는 유아의 수행 평가를 위한 실제 적용에 대해 논의한다. 유아기 평가의 목적은 보다 효과적인 수업을 만드는 데 사용할 수 있는 교재교구를 생성하는 것이다. 즉, 평가는 정보 수집이다.

초기 문해력 교육자는 아동의 관심사, 학습 양식, 다양한 성취 수준을 고려해야 하므로 평가에 따라 교육이 이루어져야 한다고 생각한다. 교사가 개별 아동에 대해 알아야 할 모든 것을 평가하기 위해서는 표준화된 지필 시험만으로는 충분하지 않다. 또한 한 가지 측정 방법이 아동의 진도를 평가하는 유일한 자료가 될 수도 없다.

교사는 여러 영역과 다양한 조건에서 아동을 검사하고, 아동의 성취도를 평가해야 한다. 평가는 교사, 아동, 학부모가 아동의 강점과 약점을 파악하고, 적절한 교수전략을 계획하는 데 도움이 되어야 하며, 교육목표와 실천에도 부합해야 한다. 모든 아동의 요구를 충족하려면 아동이 다양한 환경에서 어떻게 수행하는지 다중적 측정 방법이 있어야 한다.

국제 문해력 협회(ILA)와 전미 유아교육 협회(NAEYC)는 읽기 및 쓰기 학습에 관한 공동 입장문(1998)을 발표하여 문화적으로나 발달적으로 적절한 평가방법을 사용할 것을 권장하였다. 또한 평가는 교육목표와 일치해야 하며, 아동의 전체 발달을 위한 모범 사례를 항상 염두에 두어야 한다. 질적 평가는 실제 읽기 및 쓰기 과제에서 도출되어야 하며, 다양한 문해력 활동을 지속적으로 추적해야 한다.

진정한 평가: 척도 및 전략

진정한 평가는 교실과 학교 밖의 실제 학습 및 교육활동을 대표하고 반영하는 평가 활동으로 정의된다. 진정한 평가의 관점에서는 몇 가지 목표가 존재한다(Johnston & Costello, 2005; Purcell-Gates, Duke, & Martineau, 2007; Risko & Walker-Dalhouse, 2011).

평가 목표

- 평가는 다양한 척도를 기반으로 이루어져야 한다.
- 평가에서는 실제 교실 읽기 및 쓰기 과제, 일일 수행 샘플, 표준화 검사 및 표준 기반 검사에 참여하는 아동을 관찰해야 한다.
- 평가는 교육과정과 표준의 목표에 따라 아동의 학습에 초점을 맞춰야 한다.
- 형성 평가는 학습 기간 동안 아동의 과제에 대한 여러 가지 평가를 지속적으로 수집하는 것이다.
- 평가에서는 학생의 문화, 언어 및 특수 요구 사항의 다양성을 고려해야 한다.
- 평가는 협력적으로 이루어져야 하며 아동, 부모, 교사의 참여가 포함되어야 한다.

이러한 목표를 달성하기 위해 흔히 형성 평가라고 불리는 평가가 다양한 방법으로 자주 실시된다. 주요 목표는 특정 아동에 대한 가장 폭넓은 그림을 제공하는 실제 행동을 관찰하고 기록하는 것이다(McKenna & Dougherty-Stahl, 2009; Fountas & Pinnell, 2012). 이 책에서 문해력 발달의 특정 영역을 다루는 모든 장에는 특정 기술에 대한 평가 자료를 수집하기 위한

교사 이름: ____________________

아동 이름: ____________________

날짜: __________ 시간: __________ 관찰 장소: __________

관찰 목적:

관찰 중 중요한 사건:

중요한 사건에 대한 반성적 분석(이 반성에는 학습한 내용이 포함되어야 한다):

관찰한 내용을 향후 수업에 활용하거나 적용할 수 있는 방법을 세 가지 이상 나열한다.

[그림 3-1] 관찰 양식 샘플

출처: Morrison, *Fundamentals of Early Childhood Education*, 5th edition. © 2008.

제안이 담긴 섹션이 포함되어 있다. 이 장에서는 아동에 대한 종합적인 그림을 그리는 데 도움이 되는 일반적인 평가방법을 제공한다. 교육자는 다양한 실제 평가방법을 교육에 통합해야 한다. 일화 관찰 양식, 일일 수행 샘플, 오디오 녹음, 비디오 녹화, 지필 양식, 학생 평가, 설문조사 및 면접, 회의 및 체크리스트 등이 일반적이고 유용한 유형이다(Dennis, Rueter, & Simpson, 2013).

일화 관찰 양식

실제 관찰 양식은 아동의 행동을 관찰하고 기록하는 데 사용되는 준비된 양식 또는 교사가 만든 양식이다. 관찰 양식에는 일반적으로 아동의 활동에 대한 메모가 가능한 큰 칸이 있는 광범위한 범주가 포함된다. 관찰을 위한 목표를 계획하고, 그 목표를 달성하기 위해 양식을 디자인해야 한다. 교사는 교실에서 아동의 행동에 대해 흥미롭고 유머가 있고 일반적인 의견을 적을 수 있다. 관찰은 구두 읽기, 조용히 읽기, 이야기 듣기 동안의 행동 또는 쓰기와 같은 아동 수행의 특정 측면에 초점을 맞추어야 한다. 예를 들어, 행동에 대한 설명에는 대화가 녹음되는 경우가 많다.

> 자넷은 오류 없이 구두로 책을 읽지만, 감정표현은 없다. 그녀는 "크고 나쁜 늑대가 도망쳤다."라고 읽는데, 모든 단어를 똑같은 어조로 읽는다. 자넷에게 선생님이 읽는 문장을 듣고 따라 읽어 보라고 요청하였고, 자넷은 그렇게 하였다. 그녀는 "그렇게 하는 게 좋아요. 다시 해 볼까요?"라고 말했다.

[그림 3-1]은 구두 읽기 행동, 쓰기 등 여러 가지 유형의 관찰에 사용할 수 있는 샘플 양식이다.

일일 수행 샘플

이는 매일 진행되는 모든 내용 영역에서 아동이 수행한 작업의 샘플이다. 일일 수행 샘플은 학생이 교과 내용을 어떻게 학습하고 숙달하고 있는지에 대한 자료를 제공한다. 이 자료를 통해 교사는 각 학생의 개별 학습 경향은 물론 학급 전체의 학습 경향을 추적할 수 있다. 다양한 내용 영역에서 다양한 유형의 샘플을 주기적으로 수집해야 한다([그림 3-2] 참조).

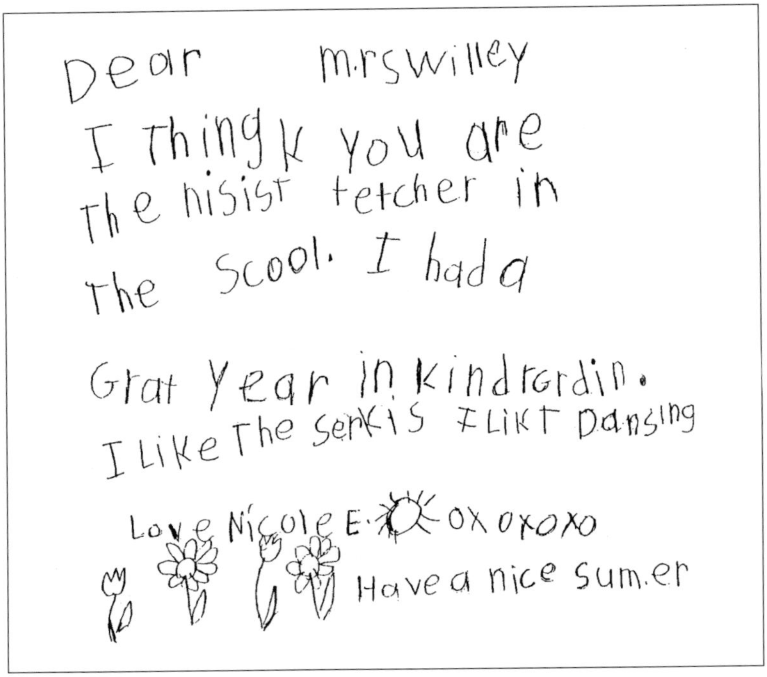

Dear m.rswilley
I thingk you are
The nisist tetcher in
The scool. I had a
Grat year in kindrgrdin.
I Like The senkis I likT Dansing
Love Nicole E. oxoxoxo
Have a nice sum.er

[그림 3-2] 유치원 학년 말 니콜의 일일 쓰기 수행 샘플

오디오 녹음 및 비디오 녹화

시청각 평가는 모두 진정한 대상과 목적을 제공하는 디지털 문해력을 나타낸다. 학생들은 수행 행동을 즐기고 자신의 노력이 기록되기 때문에 이러한 디지털 문해력은 진정한 평가와 본질적인 동기 부여를 위한 학생 참여라는 목표를 동시에 달성할 수 있다.

오디오 녹음. 오디오 녹음은 언어 발달, 녹음된 이야기 다시 들려주기를 통한 이해력, 구어 읽기의 유창성 등을 확인할 수 있는 평가이다. 교사는 문학 작품에 대한 반응과 관련된 토론 세션을 녹음함으로써 아동이 집단에서 어떻게 기능하는지 더 잘 이해할 수 있다. 오디오 녹음은 일종의 자기 평가로도 사용할 수 있다. 아동은 자신의 녹음을 듣고 자신의 이야기 재연과 유창성을 모두 평가할 수 있다. 이해력에 관한 6장과 9장에서는 아동의 이야기를 녹음한 필사본과 함께 평가 도구를 제공한다.

비디오 녹화. 동영상을 통해 교사는 학생이 활동하는 모습을 보고 복습할 수 있다. 동영상은 교사가 아동의 목소리를 들을 수 있을 뿐만 아니라 아동의 표정과 몸동작을 볼 수 있기 때문에 풍부하고 훌륭한 평가 수단이다. 또한 교사는 동영상을 사용하여 자신의 수업 성과를 평가할 수도 있다.

평가 동영상에는 풍부한 정보가 포함되어 있으므로 교사는 평가 도구로 동영상을 선택할 때 구체적인 목적을 염두에 두어야 하며, 강의 녹화 동영상은 체크리스트 또는 관찰 양식을 사용하여 평가해야 한다.

교사 제작 지필 시험

이름에서 알 수 있듯이 교사는 수업 내용과 일치하는 시험을 설계한다. 이러한 유형의 평가는 맞춤형이기 때문에 학생의 진행 상황과 실제 학습 내용을 면밀히 추적할 수 있다.

학생 평가 양식

아동은 정기적으로 자신의 작업 샘플을 수집하고 교사, 부모 및 다른 아동과 함께 토론하여 자신을 평가해야 한다. 또한 아동은 학생 평가(자기 평가) 양식을 사용하여 자신의 성취도를 평가한다. 자기 평가 양식을 작성하면 아동이 자신의 학습 경험을 되돌아보고 의도적인 학습자가 되어 메타인지 기술을 개발하는 데 도움이 된다. 자기 평가는 진정한 평가의 필수적인 부분이어야 한다.

설문조사 및 면접

교사는 설문조사를 준비하여 아동의 학습 태도나 학교에서 무엇을 좋아하고 싫어하는지에 대한 아동의 태도를 평가할 수 있다. 설문조사는 서면 또는 구두 답변이 포함된 설문지나 면접 형식으로 할 수 있다. 12장에서는 개방형 답변을 요구하는 다중 선택 설문지 형식의 동기 부여 설문조사를 제공한다([그림 3-3]과 [그림 3-4]의 문해력 관련 설문조사 샘플을 참고하라).

이름: ______________________ 날짜: ____________

면접 대상 아동의 연령에 맞는 질문을 하시오.

1. 책이란 무엇인가요?

2. 사람들은 책으로 무엇을 하나요?

3. 책이란 무엇에 관한 것인가요?

4. 가장 좋아하는 책은 무엇인가요? 왜 그런가요?

5. 가장 좋아하지 않는 책은 무엇인가요? 왜 그런가요?

6. 읽기의 재미는 무엇인가요?

7. 읽기의 어려운 점은 무엇인가요?

8. 수업 시간 외에 읽기를 좋아하나요?

9. 수업 외에는 어떤 종류의 책을 읽나요?

[그림 3-3] 아동용 읽기 면접

이름: ________________________ 날짜: ____________

면접 대상 아동의 연령에 맞는 질문을 하시오.

1. 쓰기란 무엇인가요?

____

____

2. 사람들은 무엇에 대해 글을 쓰나요?

____

____

3. 가장 재미있게 글을 쓸 수 있는 주제는 무엇인가요?

____

____

4. 가장 재미없는 쓰기는 무엇인가요?

____

____

5. 쓰기에서 가장 좋아하는 점은 무엇인가요?

____

____

6. 쓰기의 어려운 점은 무엇인가요?

____

____

7. 책을 쓴다면 어떤 내용을 담고 싶나요?

____

____

8. 수업 외에 쓰기를 좋아하나요?

____

____

9. 수업 외에는 어떤 종류의 글을 쓰나요?

____

____

[그림 3-4] 아동용 쓰기 면접

회의

회의를 통해 교사는 아동과 일대일로 만나 소리 내어 읽기와 같은 기술을 평가하고, 아동의 진도에 대해 논의하고, 개선 단계에 대해 이야기하고, 개별 지도를 제공하고, 활동을 안내할 수 있다. 아동은 자신의 진도를 평가하는 데 적극적으로 참여하고, 부모는 아동의 참여 여부와 관계없이 자녀의 진도에 대해 교사와 상담한다. 교사와 아동이 학습에 어떻게 기여하는지 주목하여 제니스와 홀 선생님 사이의 다음 상호작용을 읽어 보자.

홀 선생님: 제니스, 정말 훌륭한 글이야. 표현을 잘 사용했고, 글의 내용을 파악하는 데 도움이 되는 삽화를 사용했어.

제니스: 이 책으로 뒤따라 읽기를 할 때 선생님께서 어떻게 읽으셨는지 기억이 나는데, 제가 선생님께 배운 표현을 사용했어요. 그림이 많은 도움이 되었어요. 저는 그림을 먼저 보고 그 페이지의 내용을 파악하는 것을 좋아해요.

홀 선생님: 제니스, 책 마지막에 나오는 단어 중 하나를 알아맞히는 데 어려움을 겪고 있는 것 같아서 내가 도와줄게. 단어는 prepared였고, 문장은 "Mother prepared spaghetti for dinner."였어. 무엇이 문제였니?

제니스: 소리를 낼 수도 없었고 어떻게 해야 할지 몰랐어요.

홀 선생님: 그래서 문장을 읽은 뒤 그림을 보고 이해가 되는 단어를 채워 달라고 했어. "It

회의 또는 일대일 면담은 학생과 교사가 대화형 평가를 할 수 있는 기회를 제공하여 교사와 학생이 배운 내용과 더 배우기 위해 필요한 내용을 논의할 수 있도록 도와준다.

might say Mother made spaghetti for dinner."라고 했어. 말이 되지만 단어의 첫 글자가 p이므로 'made'라는 단어는 옳지 않아. 그래서 이제 단어의 글자를 보고 이해하면서 단어를 소리 내어 말해 보라고 한 거야.

제니스: 아, 그리고 사진을 보니 도움이 되어서 마침내 이해하게 되었어요.

홀 선생님: 단어를 알아내기 위해 배운 모든 전략을 잘 활용하고 있는 '제니스'가 대단하네.

체크리스트

체크리스트와 목록에는 아동이 성취해야 할 발달 행동 또는 기술 목록이 포함된다. 체크리스트는 교사가 지도할 수 있는 목표를 기반으로 하며, 설정된 목표가 달성되었는지 여부를 판단하도록 설계되어야 한다. 이 장의 마지막에 있는 [그림 3-9]는 아동의 발달 특성을 정리한 것으로, 아동이 연령에 따라 사회적, 정서적, 신체적, 인지적으로 어떻게 발달하고 있는지 확인하기 위한 체크리스트로 사용할 수 있다. 이 책의 여러 장에는 기술에 대한 체크리스트가 제시되어 있다.

심층 평가 척도

지금까지 살펴본 평가 도구는 특정 순간에 학생의 성과를 한눈에 파악할 수 있는 방법을 제공하였다. 이러한 도구가 유익하기는 하지만, 교사는 평가 프로그램에 더 심층적인 도구를 통합할 필요가 있다. 예를 들어, 수행 기록, 비공식적 읽기 목록(IRI), 포트폴리오 평가 등이 있다.

수행 기록

마리 클레이(1993a)는 아동의 구어 읽기를 관찰하고 기록하여 지도 계획을 세우기 위한 **수행 기록**을 만들었다. 이 분석에서는 아동이 무엇을 할 수 있는지와 아동이 읽을 때 범하는 오류의 유형이 기록된다. 수행 기록은 교육목적과 독립적 읽기에 사용할 적절한 교재를 결정하는 데 유용하며, 교사가 학생의 좌절 수준을 파악하는 데도 도움이 된다. 수행 기록에서 수집한 자료, 특히 학생이 범하는 오류의 수와 유형은 교사가 수업에 사용하는 교재의 수준과 이를 전달하는 데 사용되는 교수전략의 유형을 알려 준다. 수행 기록에서 수집한 정보를 수업에 반영하는 것은 매우 중요하다. 그러나 수행 기록의 한 가지 단점은 학생들이 텍스트를 이해하는 능력을 평가하는 것보다 구어 읽기에서 범하는 오류의 유형을 나타내는 데 더 많은 시간을 할애한다는 점이다.

수행 기록을 사용하는 방법은 간단하다. 수행 기록을 작성할 때, 아동은 이전에 읽지 않은 책에서 100~200단어 정도의 짧은 구절을 읽도록 요청받는다. 아동이 어릴수록 짧은 구절을, 나이가 많을수록 긴 구절을 읽도록 요청한다. 아동의 독립적 수준에 맞는 책, 즉 아동이 쉽게 읽을 수 있는 책을 선택한다. 아동이 각 단어를 정확하게 이해했다면 조금 더 어려운 책을 선택한다. 교사와 학생은 각각 해당 구절의 사본을 가지고 있다. 아동이 읽는 동안 교사는 정해진 코딩 시스템을 사용하여 아동이 단어를 올바르게 읽었는지, 어떤 유형의 오류가 있는지 구절에 표시함으로써 수행 기록을 작성한다. 기록되는 오류의 유형은 단어 삽입, 단어 생략, 단어 반복, 한 단어를 다른 단어로 대체, 반전, 단어 발음 거부, 도움 요청 등이다. 자기 수정은 기록되지만, 오류로 간주되지는 않는다([그림 3-5] 참조). 수행 기록이 학생의 능력을 올바르게 나타내려면 교사는 사용 중인 교재의 난이도를 파악하고, 학생을 적절한 수준에 맞춰야 한다. 난이도에 따른 수준별 교재는 나중에 일반적으로 사용되는 자료로 설명한다.

지문에 표시를 하여 원자료를 수집한 후, 교사는 [그림 3-6]과 같은 수행 기록 양식에 자료를 정리하여 분석한다. 이 양식을 통해 교사는 학생들이 범한 오류를 체계적으로 검토하고, 의미(M), 구조(S) 또는 시각(V) 오류로 분류한다.

1. **의미 오류**(이해가 되는가?). 오류를 찾을 때 아동이 단어를 식별하기 위해 의미 단서를 사용하고 있는지 파악한다. 아동이 텍스트, 그림 단서, 문맥 단서에서 정보를 얻고 "The boy pulled the leaf from the tree." 대신 "The boy took the leaf from the tree."라고 읽은 경우 오류를 범했지만, 의미는 그대로이다. 이 오류는 M으로 표시한다. 아동은 문맥을 사용하여 단어를 알아내는 방법을 알고 있지만, 인쇄물을 더 자세히 살펴볼 필요가 있다.
2. **시각 오류**(음성학 사용). 아동이 시각 오류를 범할 때 발음 중심 교수법을 사용하여 해독하는 방법은 알고 있지만, 텍스트의 의미에는 주의를 기울이지 않는다. 이 아동은 "I spilled the milk." 대신 "I stepped the milk."라고 읽는다. 이 오류는 V로 표시된다. 이 상황에서 아동에게 읽은 내용이 말이 되는지 물어보고, 읽을 때 문장의 의미를 생각하고 단어를 주의 깊게 보는 것이 중요하다는 점을 강조한다.
3. **구조 오류**(구문론은 적절한가?). 아동이 문장의 구문론을 직관적으로 이해하지 못할 때 구조 또는 구문 오류를 범한다. 예를 들어, 아동이 다음과 같은 경우 "I ran to the zoo." 대신

"I went to the zoo."라고 읽으면 동사가 그 위치에 들어가기 때문에 영어 문법이나 구문론은 맞지만, 선택한 단어가 올바르지 않다. 따라서 이 오류를 S로 표시하고, 아동이 문장 구조를 이해했지만, 인쇄물을 더 자세히 살펴볼 필요가 있음을 안내한다.

읽기 행동	표기법	설명
정확한 읽기	✓✓✓✓✓✓	표기법: 올바르게 발음된 각 단어에 대해 확인 표시를 한다.
자기 수정	✓✓✓✓시도 | SC 텍스트의 단어	아동이 직접 오류를 수정한다. 이것은 단어가 아니므로 오류로 계산되지 않는다. 표기법: SC는 자기 수정에 사용되는 표기법이 다.
생략	——— 텍스트 내 단어	읽는 동안 한 단어 또는 단어가 생략된다. 표기법: 텍스트에서 생략된 단어의 한 줄 위에 대시가 표시된다.
삽입	단어 삽입 ———	아동이 텍스트에 없는 단어를 추가한다. 표기법: 아동이 삽입한 단어는 줄 위에 배치되고, 대시는 그 아래에 배치된다.
학생 이의 제기 및 지원	——— | A 텍스트의 단어	아동이 읽을 수 없는 단어에 '갇혀' 교사에게 도움을 요청한다(언어적 또는 비언어적). 표기법: '도움' 줄 위에는 'A'가, 그 줄 아래에는 텍스트의 문자 단어가 쓰여 있다.
반복	✓✓✓R✓✓✓	가끔 아동이 단어나 구를 반복하는 경우가 있다. 이러한 반복은 오류로 채점되지 않지만 기록된다. 표기법: 반복되는 단어 뒤에 'R'을 쓰고 아동이 돌아온 지점까지 다시 선을 그린다.
대체	대체 단어 텍스트의 단어	아동이 텍스트의 단어와 다른 단어를 말한다. 표기법: 아동의 대체 단어는 텍스트의 올바른 단어가 쓰여진 줄 위에 적혀 있다.

[그림 3-5] 수행 기록 코딩 시스템

출처: *Teaching Children to Read* by D. Ray Reutzel & Robert B. Cooter. Copyright © 2013.

교사는 아동의 오류를 분류한 후 정확도를 계산할 수 있다.

$$\frac{\text{총 단어}-\text{오류}}{\text{총 단어}} \times 100 = \%\text{정확도}$$

이름: ______ 날짜: ______

책: ______ 책 수준: ______

단어: 오류율: 정확도:

오류:

자기 수정률:

			Cues used						
			E-오류			SC-자기 수정			
E	SC	Text	M	S	V		M	S	V

M-의미, S-구조, V-시각, E-오류, SC-자기 수정

읽기 수준

독립적: 95~100% 정확도

교수적: 90~95% 정확도

어려움(또는 좌절적): 89% 이하 정확도

읽기 능력: 유창함 ______ 단어별 ______ 고르지 못한 ______

다시 말하기

배경: 인물 ______ 시간 ______ 장소 ______

주제: 문제 또는 목표 ______

사건: 번호 포함 ______

해결: 문제 해결 ______ 목표 달성 ______ 종료 ______

[그림 3-6] 수행 기록 양식

출처: M. Clay, *Running Records for Classroom Teachers*. Reprinted by permission of Pearson New Zealand.

다시 말해,

1. 시험 지문의 단어 수를 기록한다(예: 70단어).
2. 아동이 범한 오류의 수를 세고, 총 지문의 단어 수에서 이를 뺀다(예: 70개에서 오류 5개를 뺀 값은 65개).
3. 이 숫자(65개)를 지문의 총 단어 수(70개)로 나눈다.
4. 여기에 100을 곱하면 읽은 구절의 정확도 백분율(이 사례에서는 약 93%)이 계산된다.

아동이 단어의 95~100%를 정확하게 읽으면(일반적으로 0~3개의 오류) 독립적 수준, 단어의 90~95%를 정확하게 읽으면(대략 4~10개의 오류) 교수적 수준, 단어의 90% 미만을 정확하게 읽으면(11개 이상의 오류) 좌절적 수준에 해당한다. 유치원의 경우 아동이 처음 시도하는 책이 좌절적 수준이라면 시험을 중단한다. 나이가 많은 아동이 첫 번째 지문에 대해 좌절적 수준에 있는 경우, 적절한 교재를 찾을 때까지 필요한 만큼 단계를 내린다.

수준별 책이 소집단 읽기 지도에는 좋지만, 문학 작품을 대체하지는 못한다는 점을 명심한다. 수준별 책은 대부분 교육용이다. 표준에서는 때때로 교사가 아동이 더 높은 목표를 달성하도록 돕기 위해 아동의 학년 수준보다 높은 수준의 책을 사용하도록 권장한다. 아동의 현재 교육 수준보다 더 어려운 책을 사용할 때는 교사가 아동에게 책을 읽어 준다. 아동 혼자서는 책을 읽지 못하더라도 새로운 어휘를 배우고, 그에 대해 정교한 토론을 할 수 있다. 듣기 이해력이 읽기 이해력보다 더 높은 경우가 많다. 아동이 책을 읽고 싶으면 교사가 책을 읽는 동안 따라 읽을 수 있다. 교사는 아동이 어려운 글을 읽을 때 모범을 보이고 많은 지원을 제공해야 한다.

수행 기록 양식에는 아동의 읽기가 유창했는지, 한 단어씩 읽었는지 또는 건너뛰고 읽었는지를 표시하는 위치도 포함되어 있다. 교사는 아동에게 읽은 이야기를 다시 들려주도록 요청하여 텍스트의 이해도를 확인할 수도 있다(Kuhn, 2007; Stahl & Heubach, 2005; Bellinger & DiPerna, 2011).

수행 기록은 모든 유아에게 적어도 격월에 한 번씩 실시해야 한다. 교사는 수행 기록에서 범하는 오류의 유형에 대해 아동과 이야기하고, 문장의 의미를 듣고 단어의 글자를 보고 단어를 알아내는 등의 전략을 아동에게 제공한다. 1단계 책에서 아직 문장을 읽지 못하는 아동은 문자 인식 검사를 통해 진도를 평가할 수 있다. 이 검사는 알파벳의 글자를 대문자와 소문자 순서대로 인쇄하여 보여 준다. 아동은 교사가 올바른 글자와 올바르지 않은 글자를 기록하는 동안 한 번에 한 줄씩 글자 이름을 읽어야 한다. 이 검사는 한 단계 더 나아가 특정 글자가 내는 소리와 각 글자 또는 소리로 시작하는 단어를 알고 있는지 물어본 다음 응답을 녹음하여 학생이 소리–기호 대응을 알고 있는지 확인할 수 있다. 또한 고빈도 단어 인식 평가도 할 수 있다. 7장에서는 고빈도 단어 목록을 살펴본다. 이 목록은 가장 어려운 단어로 간주되는 단어를 기준으로 학년별로 구분한다. 교사는 아동에게 목록의 가장 초반에 있는 가장 쉬운 단어부터 먼저 읽도록 요청한다. 성공적으로 읽으면 다음 학년 수준의 다음 단어 목록을 시도한다. 어휘 단어 목록은 7장에서 자세히 설명한다.

비공식적 읽기 목록

비공식적 읽기 목록(IRIs)은 수행 기록과 비슷하지만, 이해력에 더 중점을 둔다. 이러한 유형의 목록은 1학년, 3학년 또는 6학년 학생의 읽기 수준을 파악하는 데 목적이 있다. 이는 아동에게 등급이 매겨진 단어 목록을 읽게 하여 진행된다. 또한 채점된 읽기 지문을 구두로 조용히 읽게 하여 교재가 자신에게 ① 독립적 읽기 수준(도움이 필요하지 않은 경우), ② 교수적 읽기 수준(교재를 읽을 수 있지만, 교사의 비계설정이 필요한 경우), ③ 좌절적 수준(교재가 너무 어려워서 읽을 수 없는 경우) 중 어디에 해당하는지 결정한다. 학생은 이야기와 비공식적 텍스트 둘 다 읽어야 한다. 이해력 문항은 주요 아이디어, 추론, 어휘에 초점을 둔다.

수행 기록과 마찬가지로 교사는 구어 읽기를 들을 때 코딩 시스템을 사용하여 아동이 범하는 오류의 유형을 식별하고 기록한다. 예를 들어, 이러한 코드는 학생이 단어를 생략하거나, 단어를 반복하거나, 단어를 뒤집거나, 스스로 수정하거나, 단어를 추가하거나, 단어를 대체하는 등의 오류를 나타낸다. 이 정보는 읽기 지도를 안내하는 데 도움이 된다. 그러나 IRI의 가장 중요한 요소 중 하나는 아동이 이야기를 읽거나 들을 때 이해력을 평가하는 것이다(Flippo, Holland, McCarthy, & Swinning, 2009). 아동은 구두 및 조용히 읽기 검사를 받을 수 있다. 오류를 세고 정확도 백분율을 계산하여 아동이 읽고 있는 책이 독립적, 교수적 또는 좌절적 수준에 해당하는지 여부를 나타낸다.

아동에게 책을 읽어 줄 때, 교재가 아동의 이해력 수준에는 맞지만, 읽기 수준보다 높을 때가 있다. IRI를 사용하면 이해력 문항을 통해 읽고 있는 내용이 아동의 듣기 이해력에 비해 너무 쉬운지 또는 너무 어려운지 판단할 수 있다(Gunning, 2003; Hasbrouck & Tindal, 2006; Tompkins, 2003). 교사가 직접 IRI 검사를 만들 수도 있지만, 공개된 검사도 있다. 이러한 검사 중 일부는 다음과 같다.

- Johns, J. (2012). *Basic Reading Inventory: Pre-primer through Grade Twelve and Early Literacy Assessment.* Dubuque, IA: Kendal Hunt Publishing Company.

- Leslie, L., & Caldwell, J. S. (2011). *Qualitative reading inventory-5*. Boston, MA: Allyn & Bacon.
- Mariotti, A., & Homan, S. (2001). *Linking reading assessment to instruction: An application worktext for elementary classroom teachers* (5th ed.). New York, NY: Routledge.
- Wheelock, W., Silvaroli, J., & Campbell, C. (2005). *Classroom reading inventory* (12th ed.). New York, NY: McGraw-Hill.
- Woods, M. J., & Moe, A. (2011). *Analytical reading inventory: Comprehensive standard based assessment for all students including gifted and remedial* (9th ed.). Boston, MA: Allyn & Bacon.

아동이 지문을 읽는 동안 교사는 소리 내어 읽기 오류의 유형을 파악할 수 있고, 아동이 이해력 질문에 대답할 때 교사는 아동이 텍스트를 얼마나 잘 이해하고 있는지 확인할 수 있다. 소리 내어 읽기와 조용히 읽기를 위해 다시 읽게 하는 경우에는 먼저 아동이 다시 읽게 한 다음 이해력 질문을 한다. 다시 말하기 채점 절차는 이해력에 관해 살펴보는 9장에, 소리 내어 읽기 오류 유형에 대한 채점과 이해력 채점은 이 장에 나와 있다. 아동이 0~4개 문항을 정답으로 맞힌 경우, 해당 교재는 아동의 읽기 수준에 적합하다. 5문제를 정답으로 맞히면 교수적 수준에 해당하고, 5~10문제를 틀린 경우 좌절적 수준에 해당한다. 등급이 나누어진 지문을 통해 아동의 읽기 학년 수준을 알 수 있다. 13장에서 교육목적의 수준별 책의 개념에 대해 더 자세히 설명한다.

포트폴리오 평가

포트폴리오 평가는 교사, 아동, 부모가 아동 작품의 대표 샘플을 수집하는 방법이다. 여기에는 진행 중인 작업과 완성된 샘플이 포함된다. 포트폴리오는 아동이 현재 어디까지 왔고, 무엇을 할 수 있는지에 대한 이야기를 제공하여 아동이 앞으로 나아가야 할 방향을 결정한다. 교사의 포트폴리오에는 아동, 교사, 부모가 선택한 작품이 포함된다. 포트폴리오에는 아동이 가장 잘하는 작품과 아동이 겪고 있는 어려움을 보여 주는 작품이 포함된다. 실물 포트폴리오는 아동이 직접 그린 그림, 아동의 사진, 아동의 이름으로 만들어진 폴더를 사용하는 경우가 많다.

현재 많은 교사가 학생들의 모든 과제를 전산화하여 디지털 포트폴리오를 만드는 방법을 선택하고 있다. 전산화된 과제는 전자 폴더로 간단히 전송할 수 있고, 수기로 작성한 과제는 컴퓨터 파일로 스캔하여 같은 폴더에 추가할 수 있다. 각 아동마다 별도의 디지털 폴더를 사용할 수 있다. 디지털 포트폴리오의 분명한 장점 중 하나는 폴더를 첨부하고, 이메일을 보내거나 이동식 저장매체로 보낼 수 있기 때문에 학생, 교사, 부모, 미래의 교사가 쉽게 사본을 얻을 수 있다는 점이다. 또한 디지털 포트폴리오는 교실에 보관되는 서류의 양을 줄이고, 항목을 더 쉽게 정리하고 추적할 수 있다.

교사가 실물 포트폴리오를 선택하든 디지털 포트폴리오를 선택하든, 포트폴리오에는 다음과 같이 학년에 적합한 작품이 포함되어야 한다:

- 일일 작업 성과 샘플
- 행동에 대한 일화
- 구어 읽기 오디오 및 비디오
- 분석된 언어 샘플
- 분석된 이야기 다시 말하기
- 기술 발달 기록용 체크리스트
- 면접자료
- 표준화 및 표준 기반 검사 결과
- 아동의 자기 평가 양식
- 평가된 설명 및 이야기 쓰기 샘플

일부 학교에서는 포트폴리오를 수집하고 검사를 시행하는 공식적인 일정이 있다([그림 3-7] 참조). 포트폴리오는 교사가 아동과 함께 준비해야 한다. 아동은 보통 학기 말에 포트폴리오를 가정으로 가져간다. 때때로 교사는 포트폴리오를 아동을 가르치게 될 다음 교사에게 전달하기도 한다(McKenna & Dougherty-Stahl, 2009). 이 모든 정보를 바탕으로 교사는 학년 초에 시행한 아동의 형성 평가와 학년 말의 종합 평가에 대한 보고서를 작성한다. 이러한 성찰에서는 아동이 할 수 있는 일과 해야 할 일에 대해 논의한다(Gullo, 2013). 다음은 성찰의 사례이다.

학생: ______________________ 학년: ______________
학교: ______________________ 교사: ______________

시험은 9월, 1월, 5월에 실시한다. 제공된 공간에 시험 결과를 기록한다.

학년	9월 "Pre-K"	1월 "Pre-K"	5월 "Pre-K"	9월 "K"	1월 "K"	5월 "K"	9월 "1"	1월 "1"	5월 "1"	9월 "2"	1월 "2"	5월 "2"
1. 아동 면접												
2. 부모 면접												
3. 자화상												
4. 인쇄물 시험에 대한 개념												
5. 이야기 다시 말하기/재연												
6. 서면 다시 말하기*												
7. 자유 쓰기												
8. 문자 인식												
9. 수행 기록*												
10. 빈도가 높은 일견 단어												
11. 관찰 의견												

[그림 3-7] 포트폴리오 샘플 수집 및 검사 일정

* 유치원 이전 아동에게는 적용하지 않는다.

9월: 1학년

학생: DJ

교사: 머레이 선생님

다양한 평가 척도를 기반으로 한 교육 권장 사항(Lesley Mandel Morrow 제공)

DJ는 대부분의 알파벳 글자를 인식하지만, 특히 대문자와 소문자, 그리고 그 소리를 모두 인식하는 방법을 배워야 한다. 이것은 그가 읽기와 쓰기 모두에서 모르는 단어를 알아내는 데 도움이 된다. 읽을 때 그는 자기 모니터링, 즉 배운 전략을 기억하고 사용하는 방법을 배워야 한다. 한 가지 전략이 효과가 없다면 다른 전략을 사용할 수 있어야 한다. 이런 식으로 그는 자신의 읽기를 스스로 모니터링하기 시작할 것이다.

DJ는 한 단어 한 단어씩 읽는다. 그는 자동성과 표현에 대한 도움이 필요하다. 유창하게 연습하고 점차적으로 교육 수준의 텍스트로 올라갈 수 있도록 그의 독립적 수준에 맞는 텍스트를 선택해야 한다. 그를 위해 유창한 읽기 모델을 만들고 뒤따라 읽기를 해야 한다.

DJ는 단어를 쓸 때 단어 안과 단어 사이에 적절한 공백을 남겨야 하고, 단어를 쓸 때 글자의 소리를 일치시켜야 한다. 그는 텍스트를 읽을 때도 비슷한 문제가 있다. 한 단어에 집중하지 못하고 문장에서 단어를 순서대로 읽지 못하는 것 같다.

9월 현재 DJ의 읽기 수준은 A 수준이다. 목표는 1학년이 끝날 때까지 2학년 초 수준의 읽기 수준에 도달하는 것이다.

여러 평가 척도를 기반으로 한 지도 권장 사항

2월 2일: 1학년

학생: DJ

교사: 머레이 선생님

DJ는 알파벳의 대문자와 소문자를 모두 인식할 수 있게 되었다. 그는 모든 일반 문자 소리와 경음과 연음을 알고 있지만, 모음 소리에는 여전히 어려움을 겪고 있다. 강력한 단어 해결 능력을 보여 주고 있다. 모르는 단어를 알아내기 위해 여전히 오랫동안 머뭇거린다. 발음 중심 읽기 연습을 더 많이 하고, 그림을 읽어 단서를 찾고, 문맥과 단어의 소리에 맞는 단어를 선택하여 단어를 알아낸다. 또한 일견 단어 어휘를 늘리려고 노력할 것이다.

DJ는 다양한 텍스트 구조를 식별할 수 있다. 또한 익숙한 단어군이나 단어 내의 패턴을 포함한 시각 정보를 사용하여 모르는 단어를 풀기도 한다. DJ는 문장의 의미, 그림 단서, 문장의 구문론적 단서, 발음 중심 읽기 기술 등 다양한 전략을 사용하여 모르는 단어를 알아낸다.

이제 DJ는 글을 쓸 때 다양하고 복합적인 문장을 세밀하게 작성할 수 있게 되었다. 글의 띄어쓰기가 엄청나게 향상되었다. 그의 문장은 때때로 계속 이어지기도 한다. 지속적인 지도를 통해 문장을 더 쉽게 읽고 문법적으로 정확하게 문장을 나누는 방법을 알려 줄 것이다.

9월부터 2월까지 DJ는 자신감 있는 독자가 되고, 배운 전략을 사용하여 텍스트를 해독하고 이해하는 데 도움을 받았다. 그는 자신의 유창함을 모니터링하고, 속도와 표현이 자신에게 맞지 않는 것 같으면 문장을 반복한다. 그는 이해를 돕기 위한 많은 전략을 개발하기 위해 노력할 준비가 되어 있다.

DJ는 독립적으로 읽기 전략을 사용하는 데 있어 꾸준한 성장을 보여 주었다. 그는 이제 G 수준의 책을 읽고 있다.

표준화 검사: 장단점

비공식 평가 외에도 교사는 공식 평가를 관리할 책임이 있다. **표준화 검사**는 보통 3학년부터 시작된다. 그러나 과거에 비해 어린이집과 유치원에서 실시하는 검사가 점점 더 많아지고 있다. 표준화 검사는 출판사에서 제작하며 규준을 참조한 검사이다. 규준을 개발하기 위해 많은 수의 학생을 대상으로 시행된다. 표준점수는 특정 학년 및 연령 수준에서 시험을 치른 학생들의 평균 성적이다. 표준화 검사를 선택할 때는 학생에게 해당 시험의 타당도를 확인하는 것이 중요하다. 즉, 해당 검사에서 평가한다고 명시한 내용을 평가하며, 학생을 위한 목표와 일치하는가? 검사의 신뢰도 또한 중요하다. 즉, 점수가 반복해서 주어질 때 정확하고 신뢰할 수 있는가? 표준화 검사의 다른 특징은 다음과 같다.

1. 학년 환산 점수는 원점수를 학년 수준 점수로 변환한 것이다. 예를 들어, 1학년 아동이 2.3학년 환산 점수를 받았다면 1학년으로서 2.3학년 수준의 읽기를 한다는 의미이다.
2. 백분위 순위는 같은 학년과 연령대에서 시험을 치른 모든 아동과 비교한 아동의 순위에 따라 순위로 변환된 원점수이다. 따라서 한 아동이 백분위 순위 80을 받았다면 같은 학년과 연령대에서 시험을 치른 학생의 80%와 같거나 더 높은 점수를 받았으며, 시험을 치른 아동 중 20%가 더 높은 점수를 받았다는 의미이다.

표준화 측정에 대한 많은 비판이 있지만, 표준화 측정은 아동의 성과에 대한 또 다른 정보를 제공한다. 아동이 같은 학년 다른 학생들 사이에서 어느 정도의 위치에 있는지에 대한 구체적인 정보이기 때문에 부모는 시험 정보 받기를 선호한다. 그러나 표준화 점수는 정보의 한 유형일 뿐이며, 앞서 설명한 다른 모든 측정치보다 더 중요하지는 않다는 점을 강조해야 한다.

표준화 검사와 관련된 우려

표준화 검사는 평가의 한 형태일 뿐이므로 다른 평가 방법과 함께 사용해야 한다. 초기 문해력을 위한 일부 표준화 검사는 청각 기억, 운율, 문자 인식, 시각적 일치, 학교 언어, 듣기 등의 기술을 평가한다. 표준화 검사에서는 아동의 사전 지식, 책 개념, 읽기에 대한 태도, 인쇄물과의 의미 연관성, 인쇄물의 특성 측정과 같이 초기 문해력을 촉진하는 여러 실제에 대해서는 비교적 적게 다룬다. 또한 어떤 아동은 표준화 검사의 모든 부분을 통과했지만, 아직 읽을 준비가 되지 않았을 수도 있다. 또 다른 아동은 검사의 어떤 부분도 통과하지 못했지만, 이미 읽기가 가능할 수도 있다.

일부 표준화 검사는 초기 문해력에 관한 최신 연구 및 이론에서 제안하는 교수 방법과 일치하지 않는다. 종종 아이들이 표준화 검사에서 얼마나 잘 수행하는지에 따라 학군에 대한 평가가 이루어지기 때문에 교사는 시험에 맞춰 가르치는 것에 대한 압박감을 느낄 수 있다. 이러한 상황을 종종 **고위험 평가**라고 부르는데, 이는 한 번의 시험 점수로 주요 결정이 내려지기 때문이다. 예를 들어, 검사 점수에 따라 교사의 역량이 평가될 수 있으며, 이 점수는 아동을 현재 학년에 유예시키거나 다음 학년으로 진급시키는 결정에도 영향을 미칠 수 있다. 일부 학교에서는 실제 검사와 유사한 샘플 검사를 통해 표준화 검사에 대비하기도 한다. 샘플 시험의 채점을 통해 학생의 약점을 보완하기 위한 교육이 이루어진다. 교사가 연습 세션을 통해 아동을 시험에 대비시키거나 가르치지 않으면 아동은 좋은 점수를 받지 못할 수 있다. 그러나 아동은 시험이 어떤 것인지 알고, 시험에 대한 몇 가지 전략을 파악하고 있어야 한다. 아동은 다음을 할 수 있어야 한다:

- 지시 사항과 답안 작성 방법에 따라 답안을 작성한다.
- 학생은 정답을 선택하기 전에 전체 문항과 모든 선택지를 읽을 줄 알아야 한다.
- 시험이 허용하는 경우, 한 섹션의 쉬운 문제에 먼저 응답한 다음 더 어려운 문제로 돌아간다.
- 시험이 객관식이고 정답이 확실하지 않은 경우 정답이 아닌 것으로 알고 있는 답을 제거하면 어떤 것이 정답인지 더 쉽게 파악할 수 있다.
- 첫 번째 응답이 정답일 가능성이 높으므로 응답을 바꾸지 않는다.
- 시험 시간이 정해져 있으므로 어려운 문항에 너무 많은 시간을 할애하지 않는다. 해당 문항은 건너뛰고 가능한 많은 문항에 응답한다.

중요한 결정의 근거가 되는 표준화 검사는 잠재적으로 부정확한 정보를 제공할 수 있다. [그림 3-8]은 일반적인 표준화 검사에서 유치원생 3명의 가상의 하위 점수 및 전체 백분위수를 보여 준다. 이러한 예는 교사가 학업적 강점과 약점을 판단할 때 여러 평가 척도를 사용하고, 아동 전체를 고려해야 할 필요성을 보여 준다(Im, 2017).

학생 A는 청각 및 시각 능력에서 높은 점수를 받았고, 언어 능력에서는 낮은 점수를 받았다. 이 학생의 전체 점수는 50번째 백분위수이다. 학생 B는 청각 능력 우수, 시각 능력 미흡, 언어 능력 우수이며, 전체 점수는 50번째 백분위수에 해당한다. 학생 C는 시각, 청각, 언어 능력에서 상당히 일관된 점수를 받았으며, 마찬가지로 전체 점수는 50번째 백분위수에 속한다. 이 세 아동은 능력이 매우 다르지만, 표준화 검사에서 전체 백분위수 점수는 동일하다. 세 아동 모두 1학년이 되어 같은 읽기 집단에 배치될 수 있지만, 학생 A는 언어 결핍 가능성이 있고, 읽기 성공에 가장 중요한 요소 중 하나인 강력한 언어 기반이 결여되어 있음에

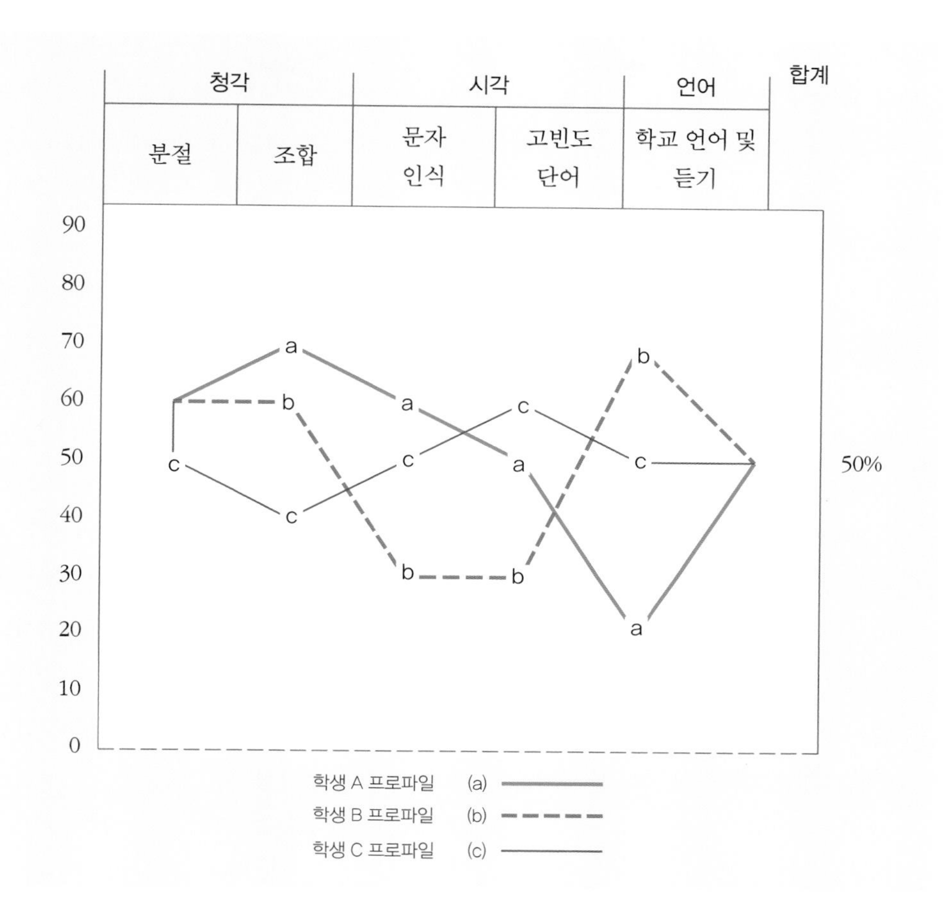

[그림 3-8] 동일한 검사 수행 등급을 받은 세 명의 유치원생에 대한 가상의 하위 검사 프로파일

도 불구하고 같은 읽기 집단에 배치될 수 있다. 시험 점수를 기준으로 볼 때 세 학생이 읽기에서 비슷한 성과를 거둘 가능성은 매우 낮다.

나이가 많은 아동에 비해 나이가 어린 아동의 경우 표준화 검사 점수의 신뢰도가 떨어지며, 일부 검사는 편향 문제를 완화하려는 시도에도 불구하고 여전히 백인 중산층 아동에게 유리한 경향이 있다. 이러한 검사는 농어촌 지역, 아프리카계 미국인, 영어 학습자에게 불리하게 작용하는 경향이 있다. 사전 지식은 아동이 검사에 얼마나 잘 응답할 수 있는지에 큰 영향을 미친다. 백인 중산층 가정의 아동은 시험에서 더 나은 성취를 이끌어 내는 경험을 하는 경향이 있다. 국제 문해력 협회 ILA/NAEYC 공동 입장문인 「읽기 및 쓰기 학습: 영유아를 위한 발달적으로 적합한 실제」(1998)에서는 영유아에게 사용되는 평가 절차가 발달적으로나 문화적으로 적절해야 하며, 교육 프로그램의 목표에 따라 측정 방법을 선택해야 한다고 제안한다. 표준화 검사와 상호관찰, 일화 기록, 체크리스트 등과 같은 여러 가지 진정한 평가는 아동의 발달 과정에 대한 완전한 그림을 제공한다(ILA, 1999). 학부모, 지역사회 구성원, 정책 입안자는 교실 기반 평가의 가치를 인식해야 한다(Howard, Woodcock, Ehrich, & Bokosmaty, 2017).

문해력 표준과 문해력 교육과정의 변화

그 결과, 문해력 전문 단체, 연방 정부 및 개별 주에서 성취도 기준을 마련하였다. 표준의 목적은 학생들이 영어/언어 과목의 각 학년 수준에서 무엇을 배워야 하는지를 명확히 하는 것이다. 1996년과 2010년에 ILA와 전미영어교사협의회(NCTE)는 미국 문해력 국가 표준의 첫 번째 시도 중 하나인 영어/언어 표준을 발표하였다(1996년). 이 표준은 또한 학생들에게 더 높은 수준의 성취를 요구한다. 이 문서에서는 다음과 같은 일련의 일반 표준을 제기하였다:

1. 기술이 미래에 문해력을 다루는 방식을 어떻게 변화시킬지에 대한 구체적인 고민을 통해 학생들이 현재와 미래에 문해력을 갖출 수 있도록 준비한다.
2. 학생이 언어 능력 성취도에 대한 학부모, 교사 및 연구자의 비전을 달성할 수 있도록 보장한다.
3. 아동의 문해력 성취도에 대한 높은 기대치를 장려하고, 모두를 위한 교육 기회에 존재하는 불평등을 해소한다[IRA and NCTE. (1996). Standards for the English Language Arts. Newark, DE: International Reading Association, and Urbana, IL: National Council of Teachers of English].

표준은 표준과 일치하는 검사로 평가된다. 표준 기반 검사는 특정 수의 정답을 기반으로 하기 때문에 잠재적으로 모든 사람이 표준 기반 검사를 통과할 수 있다. 이는 규준에 근거한 표준화 검사와는 다르며, 인구의 50%는 합격하고 50%는 불합격한다. 학생들이 유창한 독자가 되려면 영유아기부터 표준이 있어야 한다.

영유아 표준

국립 문해력 연구소와 국립 가정 문해력 센터(2004)는 전국 초기 문해력 패널을 만들었다.

이 패널의 목적은 (과학적 기반 연구를 통해) 아동이 출생부터 5세까지 읽기와 쓰기에 성공하기 위해 필요한 선도자, 예언자 및 기초 또는 발현적 문해력이 무엇인지 결정하는 것이다. 나중에 문해력을 예측할 수 있는 몇 개의 변인이 발견되었고, 어린이집 문해력 성취의 표준으로 간주될 수 있다. 여기에는 다음과 같은 내용이 포함된다.

- **자모 지식(AK)**: 인쇄된 문자와 연결된 이름과 소리에 대한 지식
- **음운 인식(PA)**: 음성 언어의 청각적 측면을 감지, 조작 또는 분석하는 능력(단어, 음절 또는 음소를 구별하거나 분절하는 능력 포함)
- **문자 또는 숫자의 빠른 자동 명명하기(RAN)**: 일련의 임의 문자 또는 숫자에 빠르게 명명하는 능력
- **물체 또는 색상의 빠른 자동 명명하기**: 일련의 반복된 임의 그림, 물체(예: 자동차, 나무, 집) 또는 색상의 집합을 빠르게 명명하는 능력
- **쓰기 또는 이름 쓰기**: 요청에 따라 단독으로 글자를 쓰거나 자신의 이름을 쓰고 짧은 문장을 쓰는 능력
- **음운 기억**: 짧은 시간 동안 음성 정보를 기억하는 능력
- **책과 인쇄물에 대한 개념**: 책 제목, 저자, 표지, 뒷면, 앞면, 인쇄물 및 그림에 대한 지식
- **인쇄물 지식**: 자모 지식, 인쇄물의 개념, 어휘, 기억 및 음운 인식의 조합
- **음성 언어**: 적절한 어휘와 문법을 사용하여 구어를 산출하거나 이해하는 능력
- **시각 처리**: 시각적으로 제시된 기호를 일치시키거나 변별하는 능력

(이러한 목표에 대해서는 4장과 6장에서 더 자세히 설명한다.)

패널은 또한 어린이집과 가정에서 문해력에 대한 중재와 의도적인 지도가 중요하다는 사실을 발견하였다.

K-3 주정부 공통 핵심 영어 표준의 표준. 앞서 언급했듯이 모든 내용 영역과 언어 영역에서 성취 목표를 제공하기 위한 표준이 있어야 한다. 많은 주에서 한동안 표준을 채택하였다. 주정부 공통 핵심 표준(CCSS)이 45개 주에서 표준으로 채택되었다. 이를 채택하지 않은 주에서는 자체적으로 표준을 만들었지만 이와 유사하였다. 이 표준은 각 학년이 끝날 때 아동이 무엇을 보여 줄 수 있어야 하는지를 설명한다. 이제 각 주에서는 자체 표준을 만들었지만, 공통 핵심 표준과 매우 유사하다. 다음은 K-3학년을 위한 표준의 예이다:

1. 핵심 아이디어 및 세부 사항: 읽기(픽션 및 논픽션 텍스트)

a. 텍스트를 자세히 읽고, 텍스트가 명시적으로 말하는 내용을 파악하고, 이를 통해 논리적으로 추론하고, 글을 쓰거나 말할 때 텍스트에서 도출한 결론을 뒷받침하기 위해 구체적인 텍스트 증거를 인용한다.

b. 텍스트의 중심 아이디어나 주제를 결정하고, 그 전개를 분석하며, 이를 뒷받침하는 주요 세부 사항과 아이디어를 다시 말하고 요약한다.

c. 텍스트에서 개인, 사건, 아이디어가 어떻게 그리고 왜 전개되고 상호작용하는지 분석한다.

2. 기술 및 구조

d. 기술적, 함축적, 비유적 의미를 파악하는 등 텍스트에서 사용된 단어와 구를 해석하고, 다양한 유형의 텍스트에서 특정 단어 선택이 어떻게 의미나 어조를 형성하는지 분석한다.

e. 특정 문장, 단락 및 텍스트의 더 큰 부분(예: 절, 장, 장면 또는 연)이 서로 및 전체와 어떻게 관련되는지 등 텍스트의 구조를 분석한다.

f. 관점이나 목적이 텍스트의 내용과 스타일을 어떻게 형성하는지 평가한다.

3. 지식과 아이디어의 통합

g. 단어뿐만 아니라 다양한 미디어와 형식으로 시각적, 정량적으로 제공되는 내용을 통합하고 평가한다.

h. 추론의 타당성, 증거의 관련성 및 충분성을 포함하여 텍스트의 논거와 구체적인 주장을 묘사하고 평가한다.

i. 두 개 이상의 텍스트가 비슷한 주제나 화제를 어떻게 다루는지 분석하여 지식을 쌓거나 저자가 취하는 접근 방식을 비교한다.

4. 읽기 범위 및 텍스트 복잡성 수준

j. 다양한 어려운 텍스트를 유창하게 읽고 복잡한 문학 및 정보 텍스트를 독립적으로, 구두로, 다른 사람과 협력하여 능숙하게 이해한다.

표준에는 모든 언어가 포함되어야 하며, 예를 들어 다음 사항에 중점을 두어야 한다.

- 정보 텍스트의 이해
- 이야기 텍스트의 이해

- 기초 기술 학습
- 쓰기
- 말하기, 듣기, 언어 발달

이러한 의사소통 과정은 서로 밀접하게 연결되어 있으므로 동시에 가르쳐야 한다.

표준 시행 및 평가

학교에서는 표준이 중요하다. 문학 및 정보 텍스트를 읽고 이해하는 데 필요한 기술 외에도 기초 기술, 쓰기 기술, 말하기 및 듣기 기술, 언어 기술 등이 포함된다.

표준 평가

표준에 대한 평가는 표준화 검사와 유사하다. 공통 핵심에는 두 가지 유사 검사가 있다. 하나는 대학 및 직업을 위한 읽기 평가 파트너십(PARCC)이다. 다른 하나는 SMARTER 균형 평가 도구이다. 주마다 둘 중 하나를 사용하기로 결정하였다. 둘은 매우 유사하다. 이 검사의 대상에는 다음과 같은 아동이 포함된다:

1. 지도를 계획하기 위한 형성 평가이다.
2. 이 검사는 평가와 표준을 긴밀하게 연결한다.
3. 각 아동의 성취도를 자신과 관련하여 평가한다.
4. 각 아동을 집단과 관련하여 평가한다(학급과 비교하고 명시적인 지도를 위해 집단 선택).
5. 대집단에서 필요한 영역과 역량을 선별하여 평가한다(필요한 경우 교육과정 조정).

아동은 3학년이 될 때까지 검사를 받지 않는다.

이제 각 주에서 자체 표준을 채택함에 따라 각 주에서 실시하는 평가가 달라지고 있다. 하지만 여전히 표준에서 가르치도록 제안하는 내용을 시험하는 표준화 검사이다.

아동 발달 단계

유아교육은 언제나 아동의 신체, 사회, 정서, 인지 발달에 관심을 가져왔다. 따라서 교육과정은 이 네 가지 영역을 모두 고려해야 한다. 아동의 전체 발달에 대한 관심 없이 초기 문해력을 논할 수는 없다. 이 정보는 교육 환경과 활동을 준비할 때 필요하고, 이러한 지식은 예를 들어 아동에게 학습 장애, 영재성 또는 의사소통 장애와 관련된 특별한 도움이 필요한지 여부를 판단하는 데에도 도움이 된다. 인지 발달뿐만 아니라 아동의 전체 발달을 고려하는 것은 유아교육의 특징이었고 앞으로도 그래야 하며, 초기 문해력 발달에도 영향을 미쳐야 한다. [그림 3-9]는 출생부터 8세까지 아동의 발달 특성을 설명한다(Seefeldt & Barbour, 1998, pp. 63-69). 이 책은 아동 발달을 가르치고 평가할 때 참고 자료로 사용할 수 있다. 이 차트는 아동 발달을 평가하기 위한 체크리스트로 사용할 수 있다.

출생부터 생후 12개월까지

신체

- 빠르게 발달한다.
- 배고픔과 괴로움 때문에 잠에서 깨는 것에서 낮잠을 두 번 자고 밤새도록 자는 것으로 변화한다.
- 3시간마다 먹던 식사 패턴이 하루 세 번 규칙적인 식사로 바뀐다.
- 머리를 지탱하는 근육을 조절하는 능력이 발달한다. 4개월이 되면 고개를 드는 것을 즐긴다.
- 눈을 집중하고 시각적으로 환경을 탐색하기 시작한다.
- 16주 정도에 물체를 잡기 시작한다. 6개월이 되면 물건을 잡았다가 놓을 수 있다.
- 의도적으로 몸을 뒤집는다(4~6개월).
- 자신의 젖병을 잡는다(6~8개월).
- 약 6개월에 첫 유치가 나온다. 1세까지 약 12개의 치아가 나온다.
- 혼자 잘 앉고, 몸을 돌리고 균형을 잡을 수 있다(6~8개월).
- 9개월에 몸을 일으킨다. 혼자서 서 있는 자세를 잡을 수 있다.
- 6개월에 엎드려 기기 시작하고, 9개월 또는 10개월에 기어 다니기 시작한다.
- 1세부터 걷기 시작한다.

[그림 3-9] 발달 단계별 아동의 발달 특성(계속)

사회

- 사회적 미소를 짓기 시작한다(4~5개월).
- 장난치고 뛰어다니는 것을 즐긴다.
- 엄마나 다른 중요한 성인을 인식한다.
- 손과 발을 인식하여 가지고 논다.
- 6개월이 되면 혼자 또는 여럿이 함께 노는 것을 좋아한다.
- 낯선 사람을 경계하기 시작한다.
- 까꿍놀이, 손바닥치기 등의 게임에서 협력한다.
- 다른 사람의 행동을 모방한다.

정서

- 배고프거나 춥거나 젖은 상태 등 특정 불편함에 따라 울음소리를 다르게 낸다.
- 발차기, 팔 흔들기, 얼굴 표정 등 전반적인 신체 움직임으로 정서를 표현한다.
- 욕구가 충족되면 즐거움을 표현한다.
- 6개월이 되면 입맞춤과 포옹으로 애정을 표현한다.
- 두려움의 징후를 보인다.
- 마음에 들지 않으면 밀어낸다.

인지

- 처음에는 어머니와 다른 사람을 구별하고, 나중에는 친숙한 얼굴과 낯선 얼굴을 구별한다.
- 보고, 말하고, 잡으면서 세상을 탐색한다.
- 오랜 시간 물건을 주시한다.
- 인식의 첫 번째 신호로 물체가 사라지는 것에 항의한다.
- 한 동작을 여러 번 반복함으로써 어떻게 하면 일이 이루어질 수 있는지 발견하고 그 과정에서 즐거움을 느낀다.
- 6~12개월 사이에는 물건을 빼앗겼다는 것을 인지하고 숨겨진 물건을 찾음으로써 대상영속성을 인식하게 된다.
- 물체를 잡아당기거나 장애물을 제거하여 물체에 다가가려는 의도적인 행동을 시작한다.
- 주변 환경에 대한 호기심이 점점 커진다.

1세 및 2세

신체

- 다양한 운동 기술이 발달하기 시작한다.

[그림 3-9] 발달 단계별 아동의 발달 특성(계속)

- 약 18개월까지 유치가 계속 나고, 2세까지 20개의 치아가 모두 난다.
- 대근육이 발달한다. 잘 기어 다니고, 혼자 서고(약 1세), 의자를 밀고 다닐 수 있다.
- 생후 1년에서 15개월 정도에 걷기 시작한다.
- 공을 상자 안팎으로 넣는다.
- 공을 밀어 넣는다.
- 계단을 뒤로 기어 내려간다.
- 소근육 운동 능력이 발달한다. 블록 두 개를 쌓고, 콩을 집어 들고, 용기에 물건을 넣는다. 숟가락을 사용하기 시작한다. 머리 위로 앞치마와 같은 간단한 물건을 착용한다.
- 18개월 말까지 크레파스로 세로 또는 가로로 낙서한다.
- 책의 페이지를 넘긴다.
- 두 번째 해에는 도움 없이 걷는다.
- 뛰지만 종종 사물에 부딪힌다.
- 위아래로 점프한다.
- 한 발을 앞으로 내딛고 계단을 오르내린다.
- 한 손으로 유리컵을 잡는다.
- 블록을 6개 이상 쌓고 구슬을 묶는다.
- 문과 서랍장을 연다.
- 나선형, 고리, 거친 원을 낙서한다.
- 한 손을 다른 손보다 선호하기 시작한다.
- 낮에 배변을 조절하기 시작한다.

사회

- 1세까지는 자신과 타인을 거의 구분하지 못한다.
- 거울 이미지에 사회적으로 접근한다.
- 18개월이 되면 너와 나라는 단어를 구분한다.
- 자발적으로 놀이한다; 자기 놀이에 몰입하지만 새로 온 사람을 알아차린다.
- 행동을 더 정교하게 모방한다.
- 신체 부위를 식별한다.
- 음악에 반응한다.
- 2세까지 사회화가 진행된다. 부모보다는 또래와 노는 것에 더 관심이 많다.
- 나란히 놀면서 평행놀이를 시작하지만 상호작용은 하지 않는다.
- 2세가 되면 자신과 타인을 명확하게 구분하는 법을 배운다.
- 외출과 탐색에 대해 양가감정을 가진다.
- 물건을 소유하고 있다는 것을 인식하고 소유욕이 강해진다.

[그림 3-9] 발달 단계별 아동의 발달 특성(계속)

정서

- 1세에는 온순하다.
- 18개월에는 변화에 대한 저항력이 강하다. 갑자기 엄마의 시야에서 벗어나지 않으려 한다.
- 반항하고, 저항하고, 싸우고, 도망치고, 숨는 경향이 있다.
- 다른 사람의 감정을 인식한다.
- 1세에는 죄책감을 느끼지 않는다. 2세가 되면 죄책감을 느끼기 시작하고 양심의 가책을 느끼기 시작한다.
- 단호하게 “아니요”라고 말한다. 의도성과 부정성을 보인다.
- 활기차게 웃고 점프한다.

인지

- 정신적 이미지를 표현한다. 숨겨진 것을 찾고, 사건을 회상하고 예상하며, 지금 여기를 넘어 시간적, 공간적 방향을 잡기 시작한다.
- 연역적 추론 능력이 발달한다. 여러 곳에서 사물을 탐색한다.
- 기억력이 발달한다. 어떤 사건을 보고 나중에 모방하는 지연 모방을 보인다.
- 사물의 이름을 기억한다.
- 대상영속성에 대한 인식이 완성된다.
- 2세 또는 3세가 되면 흑백을 구분하고, 색깔의 이름을 사용할 수 있다.
- 하나를 여러 개와 구별한다.
- 암기식 수 세기에서는 “하나, 둘, 셋”이라고 말하지만 사물 수 세기는 자주 하지 않는다.
- 말을 행동으로 옮기거나 행동에 대해 이야기하면서 수행한다.
- 사물을 분해하고 다시 조립하려고 한다.
- 사건을 기억하여 시간 감각을 보여 준다. 오늘과 내일의 용어를 알고 있지만 혼동한다.

3세 및 4세

신체

- 신체 기술을 확장한다.
- 세발자전거를 탄다.
- 수레를 민다.
- 부드럽게 달리고 쉽게 멈춘다.
- 정글짐 사다리를 올라간다.
- 두 발을 번갈아 가며 계단을 걷는다.
- 두 발로 점프한다.

[그림 3-9] 발달 단계별 아동의 발달 특성(계속)

- 에너지 수준이 높다.
- 4세에 멀리뛰기를 할 수 있다.
- 한 발을 다른 발보다 앞으로 밀면서 건너뛰기 시작한다.
- 한 발로 균형을 잡을 수 있다.
- 음악에 반응하여 비교적 즐거운 시간을 보낸다.
- 소근육 운동 능력을 확장하고, 지퍼를 올리고, 스스로 옷을 입을 수 있다.
- 밤에 배변을 조절할 수 있다.

사회

- 더욱 사교적이 된다.
- 평행놀이에서 초기 연합놀이로 이동한다. 다른 사람들과 함께 활동에 참여한다.

정서

- 유머를 즐기기 시작한다. 성인이 웃을 때 웃는다.
- 행동에 대한 내적 통제력이 발달한다.
- 부정성이 덜 나타난다.
- 공포심과 두려움이 5세까지 지속된다.
- 4세에는 의도적인 거짓말을 시작하지만 부모가 하는 선의의 거짓말에 분노한다.

인지

- 문제 해결 기술을 사용하기 시작한다. 블록을 쌓고 발로 차서 어떤 일이 일어나는지 볼 수 있다.
- 세상에 대해 배우는 수단으로 듣기 기술을 사용하는 방법을 배운다.
- 3세에도 여전히 끼적이기를 하지만, 한 방향으로 그리고 덜 반복적으로 그린다.
- 4세에는 아동이 알고 있고 중요하다고 생각하는 것을 그림으로 표현한다.
- 하나의 속성과 특성을 지각적으로 묶는다. "왜"라는 질문을 많이 한다.
- 세상의 모든 일에는 이유가 있다고 믿지만, 그 이유는 아동 자신의 지식과 일치해야 한다고 생각한다.
- 자기중심적 사고를 지속한다.
- 환상과 현실을 구분하기 시작한다.

5세 및 6세

신체

- 잘 통제하고 끊임없이 움직인다.
- 자전거와 세발자전거를 자주 탄다.

[그림 3-9] 발달 단계별 아동의 발달 특성(계속)

- 양발을 번갈아 가며 건너뛰거나 뛸 수 있다.
- 소근육 운동 기술을 조절할 수 있다. 칫솔, 톱, 가위, 연필, 망치, 바느질용 바늘과 같은 도구를 사용하기 시작한다.
- 어느 한쪽 손을 잘 쓴다. 글씨를 쓰거나 그림을 그릴 때 사용하는 손을 식별한다.
- 스스로 옷을 입을 수 있지만 신발끈을 묶는 데 여전히 어려움을 겪는다.
- 6세가 되면 유치가 빠지기 시작한다.

사회

- 매우 사교적이다. 독립적으로 친구와 함께 방문한다.
- 자신감이 매우 강하다.
- 한 작업을 더 오래 지속한다. 활동을 계획하고 수행한 후 다음 날 다시 그 활동으로 돌아간다.
- 두세 명의 친구와 짧은 시간 동안 놀다가 놀이 집단을 바꾼다.
- 순응하기 시작한다. 이타성을 보인다.
- 6세가 되면 자기주장이 매우 강해지고, 상황을 지배하고 조언할 준비가 되어 있다.
- 자신이 우선이 되어야 한다. 경청하는 데 어려움을 겪는다.
- 소유욕이 강하고 자랑하기 좋아한다.
- 애정을 갈망한다. 종종 부모와 애증 관계를 형성한다.
- 성 역할을 구체화한다. 성 유형화 경향을 보인다.
- 옷에 대해 의식한다.
- 인종적, 성적 차이를 인식한다.
- 독립을 시작한다.
- 4세가 되면 주도성과 자립심이 증가한다.
- 기본적인 성 정체성을 인식한다.
- 상상의 놀이 친구를 만든다(빠르면 두 살 반 정도에 나타난다).

정서

- 유머 감각이 계속 발달한다.
- 잘못된 것에서 옳은 것을 배운다.
- 5세가 되면 감정을 조절하기 시작하고 사회적으로 승인된 방식으로 감정을 표현할 수 있다.
- 자주 싸우지만 싸움의 지속 시간은 짧다.
- 6세에는 감정이 자주 바뀌고, 감정이 동요되기 쉽다.
- 하루 종일 학교에 다니다 보니 새로운 긴장감이 생긴다. 성격이 급해진다.
- 5세에는 양심이 발달하지만, 모든 행동을 선하거나 악한 것으로 간주한다.

[그림 3-9] 발달 단계별 아동의 발달 특성(계속)

- 6세에는 규칙을 받아들이고, 규칙을 지켜야 한다고 고집을 부리기도 한다.
- 고자질쟁이가 된다.

인지

- 양과 길이에 대한 보존 개념을 인식하기 시작한다.
- 문자와 숫자에 관심을 갖기 시작한다. 문자와 숫자를 인쇄하거나 복사하기 시작한다. 수 세기를 한다.
- 대부분의 색깔을 알 수 있다.
- 인쇄물의 단어에 의미가 있음을 인식한다.
- 시간 개념이 있지만, 주로 개인적인 시간 개념이다. 자신의 하루 또는 일주일 동안 어떤 행사가 있는지 알고 있다.
- 자신의 공간을 인식하고 친숙한 영역에서 독립적으로 이동할 수 있다.

7세 및 8세

신체

- 키와 몸무게의 개인차가 크지만, 성장 속도는 느리다.
- 게임을 위한 신체 기술을 숙달하고, 팀 스포츠를 즐긴다.
- 기술을 숙달하기 위해 계속해서 반복하는 경향이 있다.
- 소근육 운동 능력이 향상되어 다이아몬드를 정확하게 그리고 글자를 잘 쓸 수 있다.
- 갑자기 에너지가 넘친다.
- 유치가 계속 빠지고 영구치가 난다.
- 체격이 변화하기 시작한다. 신체가 더 비례적으로 발달하고, 얼굴 구조가 변한다.

사회

- 자신의 성을 선호하기 시작한다–남아/여아의 상호작용이 줄어든다.
- 또래 집단이 형성되기 시작한다.
- 성 정체성을 숨긴다.
- 자신에게 몰두한다.
- 독립적으로 활동하고 놀기 시작한다.
- 논쟁하기를 좋아한다.
- 7세에는 여전히 패배를 인정하지 못하고, 종종 말썽을 피운다.
- 8세가 되면 게임을 더 잘하고 이기고자 하는 의지가 강해진다.
- 양심적이 된다–일상적인 집안일을 책임감 있게 처리할 수 있다.

[그림 3-9] 발달 단계별 아동의 발달 특성(계속)

- 덜 이기적이 된다. 공유할 수 있다. 남을 기쁘게 하고 싶어 한다.
- 여전히 상상 놀이를 즐기고 참여한다.

정서

- 일을 시작하기는 어렵지만, 끝까지 지속한다.
- 학교가 너무 힘들지 않을까 걱정한다.
- 공감하기 시작한다—상대방의 관점을 이해한다.
- 수수께끼, 농담, 난센스 단어로 유머 감각을 표현한다.
- 선과 악을 구별하지만 아직 미성숙하다.
- 예민하고 쉽게 상처를 받는다.
- 소유욕이 강하고 소유물을 관리한다(컬렉션을 만든다).

인지

- 주의 집중 시간이 꽤 길다.
- 장기간에 걸쳐 활동이나 프로젝트를 계획하고 유지할 수 있다.
- 결론과 논리적 결말에 관심이 많다.
- 지역사회와 세상에 대해 인식한다.
- 지식과 관심이 확장된다.
- 일부 7세는 잘 읽고, 8세는 진정으로 독서를 즐긴다.
- 몇 개월, 몇 년 단위로 시간의 흐름을 알 수 있다.
- 다른 기간에 관심이 있다.
- 다른 사람의 활동과 자신의 활동을 의식한다. "나는 미술을 잘하지만, 수는 독서를 더 잘한다." 라고 말할 수 있다.
- 능력의 차이가 확대된다.

[그림 3-9] 발달 단계별 아동의 발달 특성

출처: Seefeldt and Barbour, *Early Childhood Education: An Introduction*, 4th edition, pp. 63-69. © 1998. Reprinted and Electronically reproduced by permission of Pearson Education, Inc., Upper Saddle River, New Jersey.

Chapter 04

문해력과 다양성: 다양한 요구를 가진 아동 가르치기

학습 결과

이 장을 읽고 나면 다음과 같이 할 수 있다.

4.1. 변화하는 인구통계와 문화적 다양성이 문해력에 미치는 영향에 대해 설명한다.
4.2. 영어 학습자가 학교에서 의사소통하는 데 도움이 되는 방법을 기술한다.
4.3. 특수집단 아동을 가르치기 위한 전략을 설명한다.
4.4. 차별화된 지도를 통해 다양성을 다루는 방법을 요약한다.
4.5. 문해 환경에서 다양성에 대한 공감 실천의 중요성을 설명한다.

미국의 건국 초기에 건국자들은 문자 사용이 가능한 국민의 필요성을 인식하고, 아이들이 아주 어렸을 때부터 교육을 시작해야 한다고 생각하였다. 토머스 제퍼슨은 국가 신념의 일부가 되어야 할 세 가지 기본 특성에 대해 이야기하였다: "① 모든 시민의 읽기 능력은 민주주의의 실천에 필수적이며, ② 따라서 모든 아동의 읽기 교육을 지원하는 것은 일반 대중의 의무이며, ③ 학교 교육 초기에 읽기를 가르쳐야 한다."는 것이 세 가지 기본 특성이다. 그는 이어서 "국민을 안전하게 보호하는 것보다 더 중요하고 더 정당한 것은 없다. 왜냐하면 국민은 자유의 궁극적인 수호자이기 때문이다.", "Thomas Jefferson, The Life and Selected Writings of Thomas Jefferson"(Koch & Penden, 1998)이라고 말했다.

양질의 문해력 교육은 모든 아동에게 필요하다. 소집단 환경은 다양한 요구를 가진 아동에게 특히 중요하다. 이러한 환경은 의미 있고 자연스러운 대화와 의사소통을 장려한다. 영어 학습자(EL)는 또래와의 비공식적인 대화와 상호작용을 통해 영어를 더 잘 습득할 수 있다. 학습 능력이 뛰어난 아동은 소집단과 영역에서 학습에 어려움을 겪는 아동을 도울 수 있다. 영역은 교실에 있는 작은 공간으로, 아이들이 혼자서 또는 다른 아동과 협력하여 할 수 있는 활동을 제공한다. 영역의 활동은 문해력 또는 내용 영역에서 배운 기술을 연습하는 데 중점을 둔다.

아베레 선생님의 2학년 아이들은 영역 시간 동안 독립적으로 그리고 협력적으로 작업을 하고 있었다. 그는 한 영어 학습자에게 다음 사건을 설명했다: 후아니타는 수업 시간에 말을 하지 않았다. 어느 날 아베레 선생님은 후아니타가 자신이 조직한 아이들과 함께 교사 역할을 하는 모습을 관찰했다. 세 명의 아이들이 같은 책 한 권씩을 가지고 둥글게 둘러앉아 교사 역할의 후아니타가 다른 아이들에게 책 읽기를 원하는지 질문하였다.

내쉬 선생님은 교사와 별도로 소집단 아이들이 함께 작업할 수 있는 영역 시간을 가졌다. 그녀는 아이들이 교구 사용법을 알 수 있도록 교구 사용에 대해 모델링했다. 내쉬 선생님과 이야기를 나누면서 특별한 도움이 필요한 아이들이 문해력 영역 시간 동안 독립적으로 작업하는 것은 큰 도움이 된다는 것을 알 수 있었다. 내쉬 선생님은 교실에서 학년 수준에 훨씬 못 미치고, 글을 읽는 데 어려움을 겪고 있던 한 학생과 관련된 구체적인 사례를 설명하였다. 내쉬 선생님에 따르면 샬린은 큰 소리로 책을 읽은 적이 없었다. 어느 날 내쉬 선생님은 다른 아이들이 듣고 있는 동안 그녀가 헝겊 인형에게 큰 소리로 책을 읽어 주는 것을 보았다. 내쉬 선생님은 허리를 굽혀 조용히 "잘 읽었어, 샬린."이라고 말했다. 문해력 영역 시간 동안 매일 큰 소리로 읽기가 지속되었다.

성취도가 낮은 아이들이 많은 로젠 선생님의 학급에서 마르셀은 영재 아동이었다. 그는 대부분의 시간을 혼자서 공부했다. 그의 교실에서 문해력 영역 시간이 시작된 지 약 두 달 후, 그는 다른 아이들과 함께 문해력 활동에 참여했다. 로젠 선생님이 다른 아이들과 함께 있는 그를 처음 관찰했을 때, 신문을 읽고 다른 지역의 날씨를 확인하고 있었다. 패트릭은 마르셀에게 자신도 봐도 되냐고 물었다. 마르셀은 기꺼이 허락했고, 데이비드도 함께했다. 두 사람은 함께 신문을 읽으며, 전국 곳곳이 얼마나 덥고 추운지에 대해 이야기하였다.

영역 시간의 수많은 일화는 아이들이 어려움에도 불구하고 참여하는 방법을 어떻게 찾을 수 있는지 보여 준다. 한 교사는 "영역 시간에는 모든 아동이 할 수 있는 무언가가 있고, 사회적 상호작용을 통해 아이들이 어떤 성취를 이루든 협업을 이끌어 내는 것 같다."고 말하였다.

변화하는 인구통계와 문화적 다양성이 문해력에 미치는 영향

유아교육은 항상 아동을 중심에 두고 아동의 사회적, 정서적, 신체적, 인지적 요구에 관심을 기울여 왔다. 유아기에는 모든 아동이 고유한 개인으로 간주되지만, 지금은 그 어느 때보다 더 많은 다양성이 교실에 존재한다. 모든 아동의 개별적인 요구를 충족시키기 위한 차별화된 지도는 필수적이다.

특별한 요구 사항이 무엇인지 파악하면 교육자는 차이가 존재한다는 것을 더 잘 인식할 수 있다. 이는 교육 프로그램의 실행을 결정하고, 개별 요구 사항을 성공적으로 충족하는 데 도움이 된다. 공통 핵심 표준(2010)에 따르면 모든 아동에게 학습 목표는 동일하지만, 모든 아동이 해당 목표를 달성할 수 있는 것은 아니다. 즉, 개별 학생에게 적합하도록 지도 방식을 조정해야 한다. 모범 사례는 일반적으로 모든 학생에게 적합하며, 특별한 도움이 필요한 학생에게는 일부 수정이 필요하다(Banks & Banks, 2009; Delpit, 1995). 이 장 외에도 이 책 전체에 걸쳐 다양성에 대한 더 많은 전략이 제시되어 있다.

변화하는 인구통계의 역할

미국의 인구통계는 인종별 · 민족별로 더 다양해지고 있다. 통계자료에 따르면 아동 3명 중 1명은 다른 민족 또는 인종 출신이다. 현재 미국에는 영어가 모국어가 아닌 가정에서 태어난 약 1,500만 명의 아동이 있다. 2030년에는 미국 학령 인구의 40%가 영어 학습자가 될 것으로 예상된다(Brock & Raphael, 2005). 400개 이상의 다양한 언어가 미국에서 사용되고 있다.

스페인어가 가장 널리 사용되고 있지만, 한국어, 아랍어, 러시아어, 나바호어, 만다린어, 일본어 등 다양한 언어가 사용되고 있다(Brock & Raphael, 2005). 가장 큰 문제는 미국 교사의 약 85%가 영어만 사용한다는 점이다(Gollnick & Chinn, 2008). 그러나 영어 원어민에게 초기 문해력 발달을 가르치는 가장 효과적인 전략은 EL 학생에게도 효과적이다.

학업 성취도에 관한 많은 연구에 따르면, 영어가 아동의 모국어가 아닌 경우, 즉 EL 학생은 영어 원어민 학생보다 성공할 가능성이 낮다(Donahue et al., 2001; Rossi & Stringfield, 1995). 이러한 격차의 원인 중 일부는 학교에서 학생의 가정 문화를 수용하고 포용하지 않는 점, 제2언어 학습의 복잡한 특성, 영어를 모국어로 사용하지 않는 가정의 제한된 문해력 등이다(Banks & Banks, 2009).

과거 미국에서는 다양성이 무시되었다. 아이들의 고유한 문화적 배경과 언어적 차이를 무시한 채 영어와 미국의 관습을 가르쳤다. 다원주의 사회에서 조화롭게 살아가고, 모든 아동에게 가치 있는 교육 경험을 제공하려면 모든 학생에게 적합한 교육을 제공해야 한다는 책임을 교육자들이 받아들여야 한다. 교육자는 문화와 언어의 차이에 민감해야 하며, 아이들이 표준 영어와 미국의 문화적 가치를 배우는 동시에 자신의 문화 유산과 모국어를 유지할 수 있고, 또 그렇게 해야 한다는 점을 인식해야 한다(George, Raphael, & Florio-Ruane, 2003; Templeton, 1996).

문화 다양성에 대한 반응

다문화주의는 인종과 민족뿐만 아니라 계층, 문화, 종교, 성별, 연령 등을 포괄하는 복잡한 문제이다. 다인종, 다민족, 다문화, 다언어를 사용하는 역동적인 사회의 특성으로 인해 자기 성찰, 자기 인식, 지식 증진, 기술 개발과 관련된 지속적인 과정으로서 차이에 대한 이해를 가르쳐야 한다(Schickedanz, York, Stewart, & White, 1990). **문화 다양성**은 교실과 학습 주제에 풍부한 차원을 더해 주므로 학교의 문화 다양성을 환영해야 한다. 가장 중요한 것은 모든 아동이 존중받고 양질의 교육 경험을 받을 권리가 있다는 것이다. 학생들의 다양한 배경을 인정함으로써 학생들의 자아상을 향상시킬 수 있다. 차이는 예외가 아니라 표준이 되어야 한다.

다문화 사회에서 교실의 목표는 다음과 같다:

1. 문화적 차이와 그 차이가 생활방식, 가치관, 세계관, 개인차에 미치는 영향에 대한 이해가 향상된다.
2. 다문화 환경에서 학습 향상 전략의 개발 방법에 대한 인식이 높아진다.
3. 학습과 발달에 도움이 되는 분위기 조성 방법을 개념화하기 위한 체계이다.

문화적으로 다양한 교실의 아동과 영어 이외의 언어를 사용하는 아동을 위해 우리가 추구해야 할 목표는 다음과 같다:

1. 아동은 자신의 민족 정체성에 대해 편안함을 느껴야 한다.
2. 아동은 다른 문화, 특히 지배적인 문화에서 기능하는 법을 배워야 한다.
3. 아동은 다양한 인종 배경을 가진 사람들과 긍정적인 관계를 맺어야 한다.
4. 아동은 영어를 배워야 하지만 모국어와 문화도 소중히 여기고 유지해야 한다.

교사는 자신이 가르치는 다민족 집단에 대한 이해를 높이고, 학생의 민족 정체성, 유산, 전통을 존중해야 한다. 또한 교사는 자신의 민족 유산, 전통, 신념에 대해서도 알고 있어야 한다(Barone, 1998; Bauer & Manyak, 2008; Tabors, 1998).

학교에서 영어 학습자의 의사소통 지원

초기 문해력 프로그램에서 가장 중요한 교육적 관심사는 어린이집, 유치원, 초등학교 1, 2, 3학년에 다니는 아동의 다양한 언어적 배경이다. 특정 집단에는 표준 영어와 매우 다른 단어, 구문론 및 언어 패턴을 사용하는 아동이 포함될 수 있다. 예를 들어, 미국 내에서도 뉴잉글랜드 지역, 애팔래치아 지역, 일부 흑인 지역사회에서는 문법과 억양이 서로 다르다. 라틴 아메리카, 중동 또는 아시아에서 이민 온 가족의 아동은 비슷한 언어라도 크게 다를 수 있다.

아이들은 다른 언어를 사용하는 것 외에도 학교에서 다른 방언을 사용한다. 방언은 다른 문화, 지역 또는 사회 집단에서 사용되는 특정 언어의 대체 형태이다(Jalongo, 2007; Leu & Kinzer, 1991; Otto, 2006). 이러한 차이는 매우 중요해서 특정 영어 방언을 사용하는 지역의 개인은 글자 소리의 발음이 매우 다르기 때문에 다른 지역 사람을 이해하는 데 어려움을 겪을 수 있다. 방언이 본질적으로 우월한 위치가 있는 것은 아니지만, 일반적으로 하나의 방언이 특정 언어의 표준으로 등장하고, 그 사회의 더 유리한 위치에 있는 사람들이 사용한다. 교사는 다양한 방언을 알고 있어야 하며, 아이들이 표준 방언을 이해하도록 도와야 한다. 다른 방언을 사용한다고 해서 아동을 비하하거나 지적이지 않은 사람으로 여겨서는 안 된다. 다음 범주는 영유아의 다양한 언어 능력을 보여 준다(Fromkin & Rodman, 2010; Galda, 1995).

아동의 다양한 언어 능력

1. 영어를 거의 또는 전혀 모르는 최근 이민자 아동
2. 영어가 아닌 다른 언어를 사용하는 가정 출신이지만, TV를 접한 경험이나 가정 밖에서의 경험으로 인해 영어를 어느 정도 구사할 수 있는 아동
3. 영어와 다른 언어를 모두 유창하게 구사하는 아동. 이러한 아동은 보통 다수 집단에 쉽게 동화된다. 영어가 의사소통의 주요 언어가 되는 경우가 많다.
4. 주로 영어를 사용하지만 부모나 가족이 사용하는 언어는 능숙하지 않은 아동. 이러한 아동은 가정에서 영어를 사용하지만 부모가 다른 언어로 대화하는 경우가 많다.
5. 가정에서 사용하는 영어가 유창하지 않거나 방언이기 때문에 비표준 영어를 사용하는 아동. 이러한 아동은 표준 영어를 말하고 읽는 법을 배워야 한다. 그러나 모국어가 열등하다고 느끼게 하거나, 모국어를 포기하도록 요구해서는 안 된다.
6. 영어를 단일 언어로 사용하는 아동

음성 언어에 대한 확고한 기반은 문해력 발달과 밀접한 관련이 있기 때문에 여섯 가지 범주 모두 주요 관심사이다. 기술 발달 외에도 교사는 정서적 문제도 고려해야 한다. 불행히도 종종 의도치 않게 언어 장애가 있는 아동을 무시하고, 잠재적인 학습 문제가 있는 학생으로 분류하는 경우가 있다. 일부 교사는 영어 학습자에 대한 기대치가 낮아 과제의 수준을 낮추기도 한다.

차이는 결핍을 의미하지 않는다. 교사는 언어의 차이를 존중하고, 아동이 자신의 배경에 자부심을 가질 수 있도록 도와야 한다. 교실 경험을 풍부하게 하기 위해 언어와 유산의 다양성을 공유해야 한다(Meier, 2004). 그러나 우리 사회에서 모든 아동이 성공하기 위해서는 표준 영어로 말하고 쓰는 법을 배우는 것이 중요하다.

언어 차이에 대한 아동의 반응

아이들은 같은 언어를 사용하는 놀이 친구를 선택하는 경향이 있는데, 이는 의사소통이 더 쉽기 때문이다. 그러나 일반적으로 다른 언어를 사용하는 친구를 거부하지 않고, 제스처와 기타 의사소통 수단을 사용하여 상호작용한다. 교실에서 아이들이 자연스럽게 서로 소통할 수 있는 기회를 제공하는 것은 EL 학생들을 돕는 데 있어 매우 중요한 요소이다. 이중언어 습득에 관한 많은 연구에 따르면, 실제 의사소통이 필요한 비공식적인 상황을 통해 새로운 언어를 습득하거나, 자연스럽게 무의식적으로 내면화한다. 학생들에게 학습과 함께 제2언어를 습득할 시간을 제공하는 것, 즉 규칙과 관습에 대한 의식적인 학습과 직접적인 교육은 매우 중요하다.

영어 학습자를 위한 풍부한 언어 지도 환경을 만드는 것도 중요하다. 이중언어를 사용하는 아동은 종종 교실 언어에 능숙하지 않은 부모와 친구들을 위해 통역사 역할을 하기도 한다. 아이들은 언어의 차이에 대해 호기심이 많고, 서로의 말을 '교정'하기도 하지만, 성인이 비표준어 사용에 대해 갖는 편견은 아직 보이지 않았다.

영유아와 유치원생은 좋은 영어 모델과 세심한 교사가 있어 언어가 풍부한 교실에 몰입하면 영어를 쉽게 습득할 수 있다. 모국어가 잘 발달한 아동은 특히 그렇다. 모국어가 영어가 아니면서 모국어 발달이 늦은 아동은 모국어가 잘 발달된 아동보다 영어를 쉽게 배우는 데 어려움을 겪는다(Meier, 2004). 따라서 아이들이 자신의 모국어에 대해 좋은 인상을 갖도록 하는 것이 중요하다. 그런 관점에서 아이들을 지원하는 것이 중요하다.

- 교실에 아동의 모국어로 된 인쇄물을 제시한다.
- EL 학생들에게 모국어로 책을 만들고 자신의 이야기를 공유하도록 제안한다.
- 언어 배경이 다른 아동이 부모, 보조교사, 학교의 다른 아동 등 자신의 언어를 말하는 다른 사람과 읽고 쓸 수 있는 기회를 갖도록 한다(Freeman & Freeman, 2006; Griffin, 2001; Otto, 2006; Roskos, Tabor, & Lenhardt, 2009).

학교에서 아동의 다양한 문화적 배경 존중

교사는 학생들이 교실에 들어오는 순간부터 문화 유산을 존중하고, 학생들의 모국어를 소중히 여긴다는 것을 보여 줄 필요가 있다. 모두가 다른 언어를 사용하는 공간에 들어오는 것이 영유아에게 얼마나 두려운 일인지 상상해 보자. 교사는 학생들의 모국어에 관심을 보

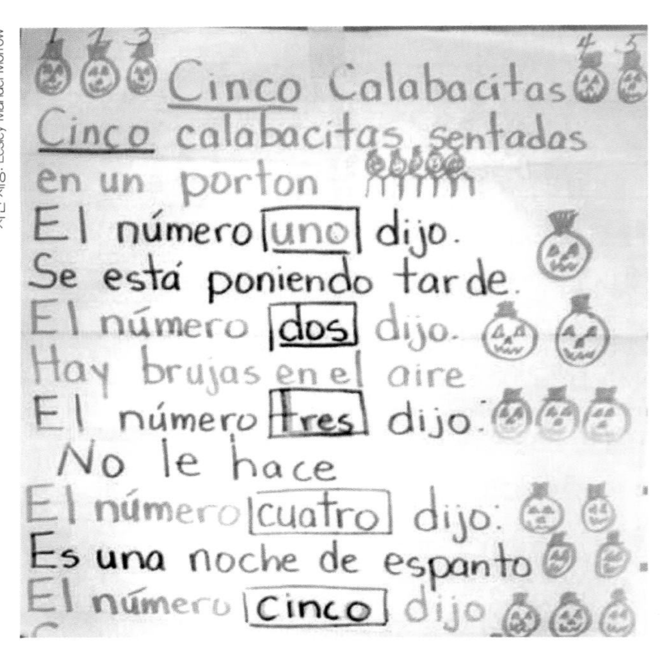

사진 제공: Lesley Mandel Morrow

EL 학생들이 모국어로 된 책과 자료를 만들고 공유하여 모국 문화를 존중하고 배울 수 있도록 장려한다.

이고, 교실에서 사용되는 각 언어의 핵심 문구를 최소 몇 개 이상 익히도록 노력해야 한다(Xu, 2003). 부모와 자녀가 영어에 얼마나 친숙한지에 대해 이야기하는 것이 도움이 된다. 가족이 통역사를 희망하고 동의하는 경우 교사는 회의 중에 통역사를 대동해야 한다. 가능하면 학교는 가정과 연계하기 위해 학부모와 소통해야 한다(International Reading Association, 2001). 학부모가 자녀의 수업에 참여하여 문화와 언어를 공유하도록 장려한다.

교실에는 EL 학생의 모국어로 된 단어, 구문 및 텍스트가 많이 있어야 한다. 여기에는 학생이 좋아하는 책, 신문, 메뉴판 및 기타 가정에서 접할 수 있는 일상적인 텍스트의 번역본이 포함된다. 이를 통해 교사는 각 학생의 가정과 학교에서의 문해력 경험을 연계할 수 있다(Au, 2001; Xu & Drame, 2008). 교사가 각 학생의 문화에 친숙해지면 모든 학생의 요구에 효과적으로 대응할 가능성이 높아진다(Allen, 2017).

일부 문화권에서는 아동이 교실 토론에 참여하도록 권장하는 반면, 다른 문화권에서는 아동이 수업시간에 말을 하지 않도록 권장한다. 어떤 문화권에서는 권위 있는 사람이 말할 때 눈을 마주치는 것이 존경의 표시로 여겨지지만, 다른 문화권에서는 무례한 행동으로 간주되기도 한다. 일부 문화권에서는 아동이 손으로 음식을 먹지만, 다른 문화권에서는 젓가락이나 숟가락, 포크, 나이프를 사용한다. 아이들이 가정에서 배운 것과 상충되는 매너나 활동에 참여하도록 기대할 수는 없다. 교사는 모든 학생이 편안함을 느낄 수 있도록 교실 규칙과 절차를 설계할 때 이 점을 염두에 두어야 한다. 교사가 이러한 문화적 전통을 인식하지 못하면 무례하거나 무관심한 행동으로 오해받기 쉽다.

[그림 4-1]의 질문지는 교사가 학부모로부터 자녀에 대한 중요한 정보를 얻는 데 도움이 된다. 이를 통해 아동의 문화를 더 잘 이해하고, 아동의 행동에 적절한 방식으로 반응하며, 아동이 교실에서 편안하고 존중을 받는다고 느끼도록 도와준다(Hadaway & Young, 2006).

자녀에 대한 정보

자녀의 이름 및 출신 국가: ________________

어머니의 이름 및 출신 국가: ________________

아버지의 이름 및 출신 국가: ________________

어머니 또는 아버지가 아닌 경우 보호자 이름: ________________

가정에서 사용하는 언어: ________________

자녀가 영어를 사용하나요? ________________

영어가 아닌 경우 자녀가 가정에서 사용하는 언어는 무엇인가요? ________________

가정에서 어떤 종류의 음식을 먹나요? ________________

어떤 식기를 사용하여 식사를 하나요? 포크, 젓가락, 손? ________________

주택에 살고 있나요? 아파트에 살고 있나요? ________________

함께 사는 사람은 몇 명인가요? ________________

형제자매가 있나요? 몇 명인가요? ________________

자녀가 맏이인가요? 막내인가요? ________________

자녀의 숙제를 도와주나요? ________________

자녀가 학교에서 가장 좋아하는 것은 무엇인가요? ________________

자녀가 학교에서 싫어하는 것은 무엇인가요? ________________

자녀가 방과 후에 만나는 친구가 있나요? ________________

자녀가 혼자 있을 때 무엇을 하나요? ________________

자녀가 독서를 좋아하나요? ________________

자녀는 무엇을 읽나요? ________________

자녀가 학교에서 배우기를 바라는 가장 중요한 것은 무엇인가요? ________________

[그림 4-1] 귀하와 귀하의 자녀에 대한 정보 조사

영어 학습자에게 읽기와 쓰기를 가르치는 전략

영어 학습자를 위한 잘 알려진 네 가지 교육 유형은 ① 영어 몰입 교육, ② 제2언어로서 영어(ESL), ③ 이중언어 교육, ④ 모국어 교육 등이다.

영어 몰입 교육 또는 영어 전용 교육은 새로운 언어를 쉽게 습득할 수 있는 어린 아동에게 효과적인 방식이다. 학생들은 학교에서 또래 및 교사와의 상호작용을 통해 영어를 배운다. 아동의 배경을 존중하고 편안함을 느끼게 하며 교실에서 아동의 언어를 조금씩 사용하는 것 외에는 특별한 프로그램이 없다.

제2언어로서 영어(ESL) 프로그램에서는 다른 교사가 아이들을 교실 밖으로 데리고 나가 영어를 가르친다. 학생들은 직접적인 언어 교육뿐만 아니라 하루 종일 또래 및 다른 교사와의 상호작용을 통해 학습한다.

이중언어 교육에는 여러 가지 접근법이 있다. 전이적 접근법은 영어가 결국 학교에서 학생의 모국어를 대체하는 감산적 이중언어 사용을 촉진한다. 유지적 접근법의 목표는 가산적 이중언어 사용으로, 학생들이 모국어를 유지하면서 영어를 배우는 것을 의미한다. 두 언어는 동등한 가치를 가진다. 양방향 이중언어 접근법은 영어 사용자와 비영어 사용자가 혼합된 교실에서 사용할 수 있다(Gollnick & Chinn, 2008). 교육과정의 절반 정도는 영어로, 나머지 절반은 아동의 언어로 가르친다.

EL 학생을 위한 기본 언어교육은 이중언어 또는 영어 전용 교육으로 전환하기 전에 먼저 기본 언어의 문해력을 발달시킨다. 영어 능력이 수업에 통합되면서 아동은 모국어로 개념, 지식, 기술을 배운다(Gollnick & Chinn, 2008).

이러한 모든 접근법을 뒷받침하는 연구 결과가 있다. 여러 조사에 따르면, 아동의 모국어로 초기 문해력 교육을 제공하고, 장기적인 모국어 발달을 촉진하는 프로그램이 영어 학습자에게 효과적인 것으로 입증되었다(Gunning, 2003; International Reading Association, 2001). 유아의 읽기 어려움 중재 위원회에서는 시간이 지남에 따라 영어를 배우면서 모국어로 읽는 법을 배우도록 권장한다(Snow, Burns, & Griffin, 1998). 양방향 이중언어 교육도 성공적으로 이루어지고 있다.

미국 교육 과학 연구소, 미국 국립 아동건강 및 인간발달 연구소, 미국 영어 습득 사무소의 지원을 받은 연구에 따르면, 다음과 같은 사실이 규명되었다.

- 영어 어휘에 대한 지식은 EL 학생이 해독을 배우는 것보다 읽기를 배우는 데 있어 훨씬 더 중요하다.

- 이중언어 교육은 모든 학년에서 영어를 조기에 도입할 때 영어 읽기에 가장 긍정적인 영향을 미친다.
- 문해력의 구성 요소인 음소 인식, 발음 중심 읽기, 유창성, 어휘, 이해력, 쓰기를 가르치는 것은 필수이다.
- 원어민을 위한 효과적인 프로그램은 EL 학생에게도 효과적이다.
- 아동의 요구에 따라 지도 방식은 차별화되어야 한다.
- EL 학생을 위한 효과적인 지도 방식은 모국어 사용뿐만 아니라 이중언어 및 이중언어 접근법과 같은 다양한 전략을 활용한다.
- 효과적인 지도 방식은 모든 내용 영역을 사용하여 영어를 가르치는 것이다.

개별 EL 학생의 교육적 발전에는 다양한 요인이 작용하기 때문에 모든 EL 학생에게 완벽한 지도 방식은 없다. 교사는 다른 전문가 및 학부모와 함께 개별 학생에게 가장 적합한 방식을 결정해야 한다.

교실에서 EL을 지도하는 여러 가지 전략이 있다. 이러한 전략 중 다수는 영어 학습자뿐만 아니라 모든 학생의 문해력을 증진하는 데 효과적이다. 좋은 문해력 실제는 모두에게 좋은 실제이다.

영어 학습자는 영어권 교실에 처음 들어올 때 소심해지고 긴장할 수 있으므로 교사가 보편적인 환영의 표시인 따뜻한 미소를 짓는 것이 중요하다. 또한 교사는 수업 첫날 환영 인사말을 녹음해 두는 것이 좋다. 교사는 모국어를 사용하는 학생이 수업에 들어와 낯선 언어로 수업이 진행될 때 비영어권 학생에 대한 공감대를 형성하도록 도울 수 있다(Shore, 2001). 실제로 EL 학생이 편안하다면 '일일 교사'로 활동하게 하여 학생에게 소속감을 심어 줄 수 있다.

EL 아동의 모국어로 된 몇 가지 단어를 공유하는 활동은 다른 언어를 아는 것은 축하할 일이라는 메시지를 다시 한번 강조하고, EL 학생에게 전문가 역할을 부여하여 자존감을 키우도록 돕는다. 이 경험은 영어를 사용하는 아동이 영어 전용 교실에서 비영어권 아동이 느끼는 감정을 더 잘 이해하는 데 도움이 된다.

1. EL을 편안하게 만들기
2. EL의 읽기 학습을 위한 전략
3. 부모 참여

EL 학생이 편안함을 느끼도록 돕는 몇 가지 요소는 다음과 같다.

- EL 학생이 새로운 환경에서 안전함을 느끼고 수용되도록 돕는 일과를 구성하여 교실을 예측 가능하게 만든다. 매일 같은 시간에 활동을 진행한다. 일과의 순서 옆에 EL 학생을 위한 시각적 참조물을 제공한다.
- 과제는 학생이 적극적으로 참여할 수 있어야 한다. 예를 들어, 학기 초에 EL 학생에게 폴더를 나눠 주거나 화분에 물을 주는 등의 비언어적 수업 과제를 부여하여 학생이 즉시 하도록 한다.
- 학급 친구(이중언어를 구사하는 학생이 이상적임)를 개별 EL 학생의 친구로 지정한다. 이 친구는 친절하고, 지식이 풍부하고, 타인을 존중하며, EL 학생을 안내하고 필요할 때 도움을 제공하는 학생이어야 한다.
- 또래 협동 학습에 EL 학생을 참여시킨다. 고학년 학생이 저학년 학생과 함께 학습한다. 교육 콘텐츠는 학생의 다양성을 활용해야 한다.
- 다양한 교실 물건에 영어와 EL 아동의 모국어로 이름표를 붙인다.
- 학급 독서 공간에는 영어뿐만 아니라 EL의 기본 언어로 된 다양한 텍스트가 포함되어야 한다. 학급 독서 공간에 여러 언어로 된 신문, 메뉴판 및 기타 환경 인쇄물을 포함시킨다.
- 큰 소리로 말할 필요 없이 천천히 말하고, 정확한 발음으로 말한다.
- EL 아동의 모국어, 관습 및 전통에 대해 진지한 관심을 보인다. 이 토론이 교사의 활동에서 중요한 역할이 되도록 한다.

이야기, 운율, 소품이 있는 극놀이는 학생들에게 도움이 된다.

EL 학생의 언어 및 문해력 발달을 지원한다.

- 집중적인 언어 및 문해력 교육을 소집단으로 제공한다 (Gersten et al., 2007).
- 일상적이고 집중적인 어휘 교육을 제공한다.
- 어휘 발달은 영어 학습과 읽기 학습에 있어 핵심이다. 예를 들어, 놀이터, 카페테리아, 화장실, 체육관, 센터, 책, 펜, 연필과 같이 인사말, 게임, 친숙한 단어와 구문을 선택하여 소개한다([그림 4-2] 및 [그림 4-3] 참조)(Cappellini, 2005).

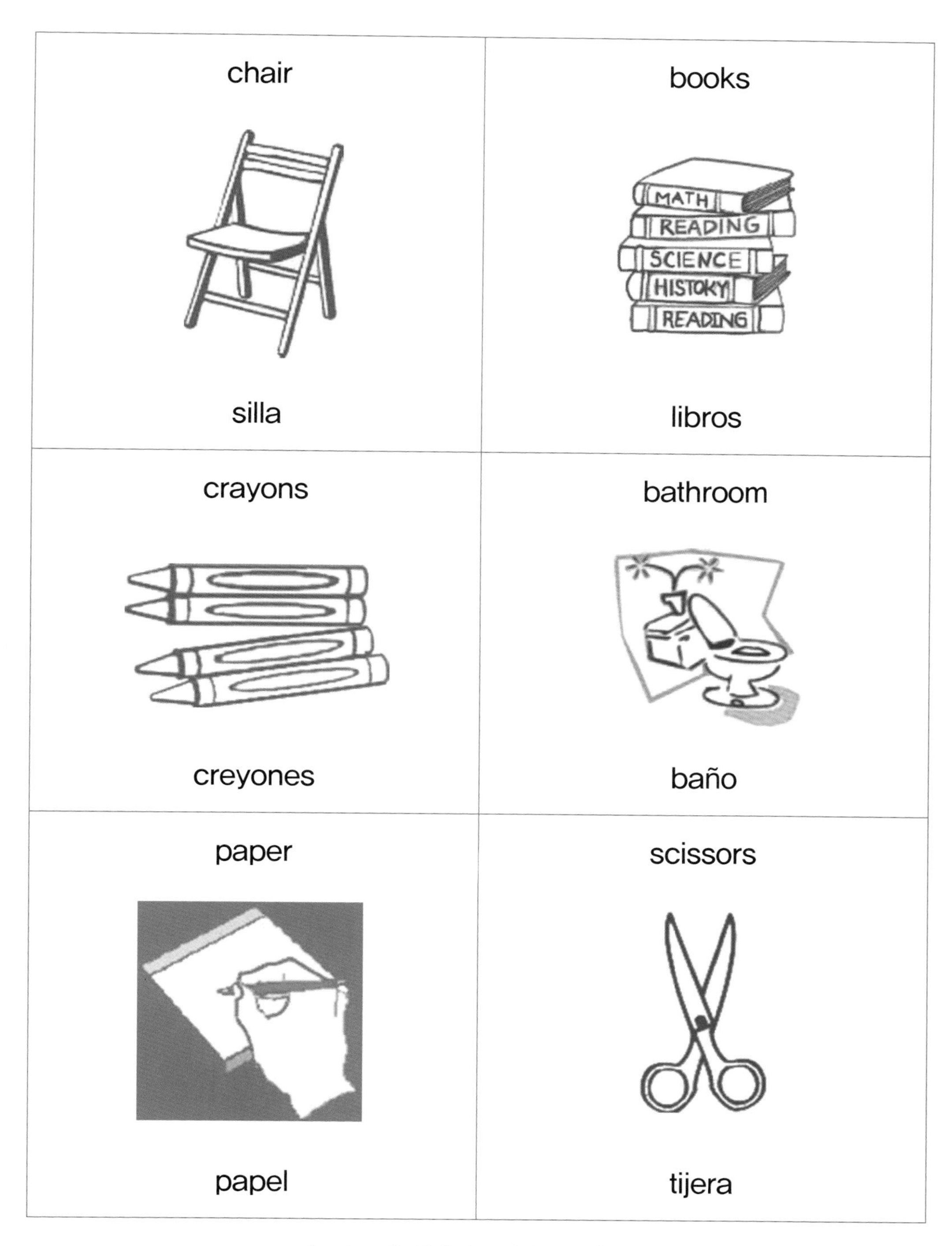

[그림 4-2] 영어 및 스페인어 단어(계속)

친숙한 학교 단어들이다. 이 단어들을 확대하여 두꺼운 색종이에 색칠하거나 복사하여 코팅한 다음 교실 곳곳에 걸어 둔다. 걸기 전후에 이 단어들에 대해 이야기하고 자주 참조한다. 인터넷에서 클립 아트를 사용하여 목록에 추가한다.

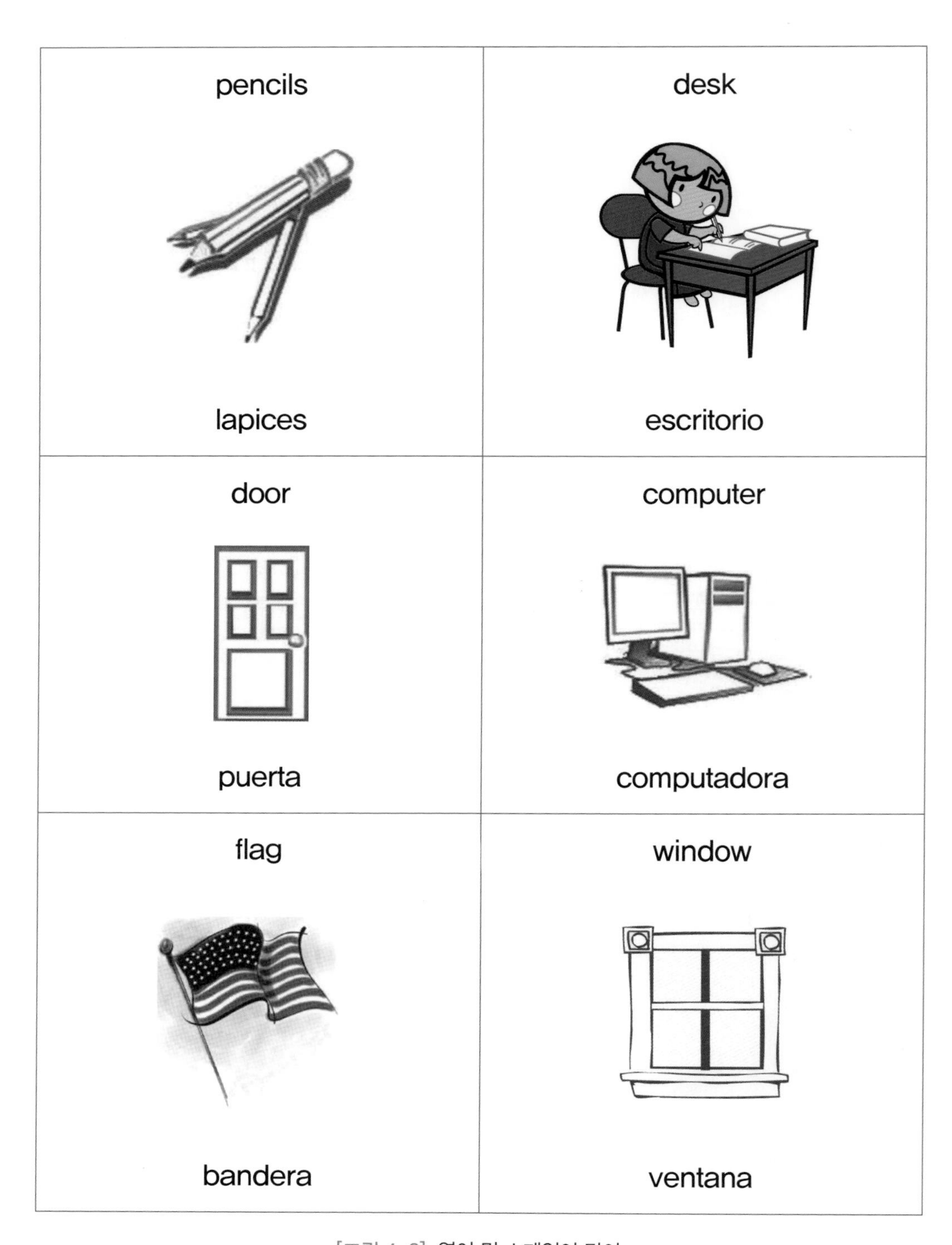

[그림 4-2] 영어 및 스페인어 단어

[그림 4-3] 영어 및 스페인어 구문

친숙한 구문들이다. 이 구문을 확대하여 두꺼운 색종이에 색칠하거나 복사하여 코팅한 다음 교실 곳곳에 걸어 둔다. 걸기 전후에 그 구문에 대해 이야기하고 자주 참조한다. 인터넷에서 클립 아트를 사용하여 목록에 추가한다.

- 시각 자료(그림 또는 그래픽 자료 등)를 사용하고, 언어를 모델링한 다음, EL 학생과 확장된 대화를 나누고, 여러 장르의 아동 문학(이야기 그림책, 우화, 민담, 시, 정보 책 등)을 EL에게 읽어 준다. 읽기 전에 새로운 어휘라고 생각되는 단어를 미리 살펴본다(Gunning, 2003; Xu, 2003).
- EL은 그림 퍼즐이나 제퍼디 게임과 같은 대화형 단어 게임에 참여해야 한다.
- EL 아동에게 상자에 보관된 나만의 단어 카드에 새로운 어휘를 모으도록 한다. 한 면에는 영어로 단어를 적고, 다른 면에는 모국어로 단어를 적는다. 함께 제공되는 그림을 사용하여 학습을 강화한다(나만의 단어에 대한 설명은 5장 참조).
- 교사는 간단한 언어, 느리고 반복되는 구문, 제스처 및 시각적 참조물을 포함한 보호시스템을 갖춘 영어를 사용할 수 있다(Shore, 2001).
- 예측 가능한 패턴의 흥미로운 그림책을 사용한다.
- 시각 자료, 제스처, 목소리 톤, 표정, 반복되는 문구를 통해 아동에게 가능한 한 많은 언어 단서를 제공한다. 노래, 운율, 이야기가 있는 극놀이, 소품 등을 통해 반복을 장려한다.
- EL 학생이 자신에게 친숙한 주제로 자신만의 책을 만들도록 참여시킨다. 원서는 낯선 어휘, 구문론 또는 문화적 참조에 얽매이지 않으므로 학생들에게 더 쉽다(Gunning, 2003; Xu, 2003).
- 친구 및 파트너 읽기와 쓰기는 한 사람이 영어에 능숙하고 비영어권 아동이 사용하는 언어에 대한 지식이 있을 때 특히 유용하다.
- EL 학생 스스로 받아쓰기를 할 수 없는 경우 교사가 학생의 이야기를 받아 적을 수 있다. 이야기에는 영어와 아동의 모국어가 혼합되어 포함된다(Gunning, 2003).
- 가능하면 EL 학생에게 추가 지원과 문해력 동기 부여를 위해 컴퓨터를 사용하도록 한다. 이러한 학생을 지원하기 위해 많은 디지털 프로그램과 게임을 사용할 수 있다. 예를 들어, Gmail(Google 메일)에는 이메일을 여러 언어로 번역할 수 있는 'Google 번역기'가 있다.
- EL을 지원하는 인터넷 사이트를 조사한다. 몇 가지 추천 사이트로는 teachchildrenesl.com, eslkidstuff.com 및 everythingesl.net이 있다.
- EL 학생을 비주얼 미디어 프로젝트에 참여시킨다. mixbooks.com은 학생들이 이야기나 메시지를 전달하는 시각 자료의 디지털 스크랩북을 만들 수 있는 웹사이트이다. 시각 자료는 보편적이기 때문에 영어 학습자에게 더 많은 의사소통 기회를 제공한다.
- 영어 알파벳에 반복적으로 노출시킨다.

- 문해력 수업에서 명시적인 지도 방식을 사용한다. 또한 아이들에게 그림 단서와 '그림 산책'을 사용하는 모범을 보인다. 그림 산책은 책의 각 페이지를 보고 그림을 먼저 읽은 다음 다시 돌아가서 단어를 읽는 것이다.
- 빈칸 채우기 절차를 사용한다. 한두 문장을 쓰고 단어 하나를 제외하거나 단어의 첫 글자만 쓰고 나머지는 제외한다. 아이들이 문장의 의미에서 단어를 알아내도록 한다. 예를 들어, 간단한 이야기를 읽은 후 아이들에게 빠진 글자를 채우도록 한다.

  Once upon a time there were th________ little pigs.

  They lived with their mother and f________, but wanted to leave home. They said good-bye and each one left to build themselves a h________.

  The first pig built a house of st________w.

  The second pig built a house of st________ks.

  The third pig built a house of br________.
- 인형이나 피규어와 같은 조작 가능한 교구를 사용한다.
- EL 학생에게 반복 읽기를 유도한다. 부모가 먼저 이야기를 읽은 다음 아동이 읽는다.
  합창 읽기는 EL에게 유용한 전략이다.
  뒤따라 읽기는 EL에게 유용한 전략이다.
- 간단한 이야기를 녹음하고 EL이 녹음된 이야기를 들으면서 텍스트를 따라가도록 한다.
- 아이들이 순서대로 읽을 수 있도록 짧은 이야기를 문장으로 나눈다.
- 문장을 단어로 나누어 순서대로 배열한 다음 문장이 되도록 한다.

예를 들어, 일부 영어 단어와 스페인어 단어의 유사성을 표시한다.

accident	accidente
intelligent	intelligente
marvelous	marvilloso

모든 활동에서 언어 사용의 기회를 극대화한다.

부모 참여:

- 부모가 가정에서 문해력 교육을 강화할 수 있도록 부모를 위한 전략을 제시한다.
- 부모와 가족을 교실로 초대하여 이야기, 노래, 유산 또는 전통 음식을 통해 그들의 문화와 관습을 공유하도록 장려한다.

학생이 어휘를 이해하도록 돕기 위해 이야기를 들려줄 때 펠트 캐릭터나 인형과 같은 시각적 피규어를 사용한다.

중요한 학교 절차, 일과 및 행사에 대한 정보를 제공함으로써 EL 학생의 학부모에게 권한을 부여한다(Caesar & Nelson, 2014).

여러 세대에 걸쳐 미국에서 살아온 가족의 문화 유산을 기억한다. 그들의 고향이 미국이라는 사실을 잊지 않는다.

이 장에서 인용되고 참고문헌에 언급된 다음 저자들이 쓴 책은 영어 학습자를 가르치는 데 도움이 된다: Akhavan(2006), Cloud, Genesee, & Hamayan(2009), Freeman & Freeman(2006), Herrera, Perez, & Escamilla (2010), Herrell & Jordan(2011).

특별한 아동을 위한 전략

교실의 다양성은 문화적, 언어적 차이에서 끝나지 않는다. 학생은 학습 상황에서 해결해야 할 다양한 개별 역량을 지니고 교실에 들어온다. 영재 아동, 학습 장애 아동, 경제적으로 어려운 아동, 신체 장애 아동 등 모두 고유한 학습 요구사항을 가지고 있다. 다음 몇 절에서는 교사가 다양성 요구를 충족하기 위해 교실 수업을 차별화하여 이러한 모든 차이를 조절하는 방법에 대해 설명한다. 차별화된 지도 방식은 자료실 또는 일반 교실 내에서 이루어지며, 특수교육이 필요한 학생을 포함하여 같은 교실에서 모든 아동을 포용하거나 교육하는 것을 실천할 수 있다.

영재 아동

영재 아동은 보통 지능지수(IQ)가 약 130 이상인 경우에 해당한다. 예를 들어, 악기 연주와 같이 같은 연령대의 아동에게 기대되는 능력의 수준보다 훨씬 더 높은 수준의 기술을 발달시킨 아동도 영재로 간주된다.

영재 아동은 리더가 되기도 한다. 이들의 특별한 재능을 장려해야 하지만, 사회적, 정서적, 신체적 요구를 인정하는 대가를 치러서는 안 된다. 영재 아동의 능력 수준에 맞게 과제를 차별화하여 더 도전적인 과제를 부여하면 영재 아동의 특별한 재능을 조절할 수 있다.

영재 프로그램의 아동이 일주일에 몇 번씩 다른 교실에 가서 심화 활동을 하는 특별 프로그램도 있다. 일부 학군에서는 모든 영재 아동을 한곳에 모아 하루 동안 다른 학교에서 함께 프로젝트를 진행하기도 한다.

성취도 격차에 대한 우려가 커지면서 영재 아동은 종종 잊히곤 한다. 1980년대에는 영재를 발굴하기 위한 다양한 프로그램이 있었다. 읽기 부진아와 영어 학습자에 대한 우려가 커지면서 안타깝게도 영재 아동을 위한 많은 프로그램이 영재 아동은 누구나 잘할 수 있다는 가정하에 폐지되었다. 영재에 대한 새로운 관심과 좋은 프로그램이 복원되기를 바란다.

교사는 영재 아동이 도전을 받을 수 있도록 과제와 활동을 변경하는 방법을 모색해야 한다. 그렇다고 해서 교사가 단순히 영재 아동에게 많은 과제를 추가로 부여해야 한다는 뜻은 아니다. 대신 영재 아동이 과제를 일찍 끝낸 경우, 상급 책을 읽거나 어려움을 겪는 학생의 과제를 도와주거나 현재 진행 중인 관심 프로젝트를 진행하도록 선택할 수 있다. 마찬가지로, 과제는 기본 부분과 영재 아동이 주제를 더 깊이 파고들 수 있는 심화 또는 확장 부분으로 설계할 수 있다.

적절한 프로그램의 도전이 없다면 많은 아동이 잠재력을 최대한 발휘하지 못하고, 일부는 자극 부족으로 인해 학교에 대한 흥미를 잃게 되므로, 의욕적이고 영특한 아이들에게 도전과 동기를 부여하는 것은 아이들의 지속적인 발달에 매우 중요하다.

학습 장애 아동

학습 장애 아동은 연령 및 학년 수준에 미치지 못하는 성취도를 보이는 아동이다. 보통 지능은 정상이지만 자신의 능력 수준보다 성적이 낮다. 아이들은 다양한 이유로 학습 장애를 겪는다. 일부는 언어를 쉽게 처리하지 못하여 말하기, 쓰기, 언어 이해에 어려움을 겪는다. 학습 장애와 관련된 일부 조건은 지각 문제이며, 일부는 처리 문제, 난독증 또는 최소한의 뇌 기능 장애를 유발하는 뇌 손상과 관련이 있다. 학습 장애 아동은 지능은 정상이지만 읽기 학습에 어려움을 겪는다.

학습 장애 아동은 주의가 쉽게 산만해지고, 집중 시간이 짧은 경우가 많다. 이러한 학생의 경우 과제와 수업 절차에 조정이 필요하다. 예를 들어, 집중력이 짧은 학생은 필요에 따라 주의를 미묘하게 돌릴 수 있도록 담임교사와 가까운 곳에 우선적으로 앉게 한다. 과제와 관련하여 양보다 질에 중점을 두는 것도 중요하며, 아동의 부모와 연락을 유지하는 것도 필요하다. 이러한 아동은 추가적인 지도 시간이 요구된다. 적절한 지도를 통해 학습 장애 아동은 학교에서 성공할 수 있다.

주의력 결핍 과잉행동 장애(ADHD)도 학습 문제를 유발할 수 있다. 이 질환은 아이들이 집중하고, 주의를 기울이고, 가만히 앉아 있고, 활동을 지속하는 데 어려움을 겪는 증후군이다. 이 문제는 일반적으로 화학적 불균형으로 인해 발생하며 학습 문제를 유발한다. 주의력 결핍 장애(ADD)는 ADHD와 비슷하지만, 과잉행동이 아니라 그 반대인 경우가 많다. 집중력이 낮기 때문에 조용한 경향이 있고, 종종 다른 곳에 집중하는 것처럼 보인다.

학습 장애 아동과 ADHD 또는 ADD 아동을 위한 프로그램은 짧은 시간 동안 직접 지도하는 고도로 구조화된 프로그램이어야 한다. 또한 프로그램에는 학생들이 흥미를 가질 만한 자료가 포함되어야 한다. 하루일과 중 규칙적인 휴식 시간도 이 아이들이 교실에서 주의력과 집중력을 유지하도록 돕는다. 이 책 전체적으로 논의된 많은 전략은 학습 장애 아동을 가르치는 데 효과적이다.

신체 장애 아동

신체 장애에는 시각 또는 청각 장애, 의사소통 장애, 정형외과적 장애가 포함된다. **통합**이란 장애 아동이 심각한 문제가 있더라도 필요한 지원을 받아 정규 교실의 일원이 되는 것을 의미한다.

시각 장애 아동은 법적으로 실명으로 간주되거나, 유용한 시력이 없거나, 시력이 매우 제한적인 경우에 해당한다. 이러한 아동에게는 청각 및 촉각 경험을 포함한 전략이 중요하다. 저시력 아동을 위한 학습자료는 큰 글씨로 제공한다. 시력이 없는 아동은 종이에 점으로 표시된 문자로 구성된 시각장애인용 읽기 체계인 점자를 사용하여 읽는 법을 배운다. 이러한 자료는 미국 시각장애인 인쇄소의 기초 읽기 교재(Ward & McCormick, 1981)에서 구할 수 있다. 대부분의 경우 시각적 문제가 경미한 아동만 정규 수업에 참여한다.

청각 장애 아동은 완전히 듣지 못하거나 일부만 들을 수 있다. 이러한 아동 중 일부는 소리를 증폭시켜 주는 보청기를 사용하여 도움을 받는다. 일반 학급에 포함될 가능성이 높은 아동은 청각 능력이 어느 정도 있는 아동이다. 이러한 학생들에게는 시각 및 촉각 학습 방법이 권장된다. 청각 장애가 있거나 청력이 매우 제한적인 학생은 수어를 사용하여 의사소통할 수 있으므로 담임교사가 수어에 대한 지식이 있으면 청각 장애 학생과 더 잘 소통할 수 있다.

여기서 말하는 이동성 장애란 뇌성마비, 근육위축증, 척추이분증, 류머티즘 관절염 등 선천적이거나 어린 시절에 후천적으로 발생하는 장애를 말한다. 이러한 아동에게 효과적인 학습 전략은 모든 아동에게 사용되는 전략과 유사하다. 소근육 조절 능력에 문제가 있는 경우, 쓰기를 위한 대체 방법이 필요하다. 이러한 아동은 정기적으로 컴퓨터를 사용하거나 교사, 보조교사 또는 또래가 받아쓰기를 해 주면 도움이 된다. 이동성 문제를 유발하는 질환이 있는 아동은 운동 능력 조절 문제로 인해 과제를 완료하는 데 더 많은 시간이 필요하다. 다른 학생들보다 장애가 더 분명하게 드러나기 때문에 담임교사는 특별한 도움이 필요하지 않은 학생들과 함께 이 아동에 대한 긍정적인 태도를 키우는 것이 중요한 목표이다. 장애를 둘러싼 열린 의사소통이 도움이 되는 경우가 많다.

의사소통 장애 아동도 일반 학급에 통합된다. 이 아동은 말하기 또는 언어 장애가 있다. 언어 장애에는 조음이나 발음 문제, 쉰 목소리, 음성 장애(비정상적인 음량, 음정 또는 음성 품질), 말더듬과 같은 유창성 장애가 포함된다.

언어 장애 아동은 언어를 습득하고 사용하는 데 어려움을 겪는다. 언어 지연 아동은 언어 발달의 산출과 이해 측면에서 또래보다 상당히 뒤처진다. 이 아동은 추가 지원을 위해 특수 학급에 다니게 될 가능성이 높다. 대부분의 경우 모든 아동에게 적합한 전략은 일반 학급에서 이 아동에게도 적합하다. 언어 발달을 다루는 4장과 6장에서는 최소한의 언어 문제가 있는 아동에게 적합한 교육적 맥락에 대해 설명한다.

지도 기술은 구체적이어야 하고, 적극적인 참여를 포함해야 한다. 아동이 과제를 계속할 수 있도록 돕는 것이 중요한 목표이다. 아동의 주의를 끌 수 있는 활동이 성공할 가능성이 가장 높다. 아동의 학습에 가장 좋은 방법을 찾기 위해서는 아동과 개별적으로 협력할 필요가 있다. 영재 아동과 마찬가지로 정규 수업 활동을 아이들의 능력 수준에 맞게 차별화하면 아이들의 요구를 조절할 수 있다.

아동의 특별한 요구를 충족시키려면 교육목표에 초점을 맞추어야 한다. 장애 아동을 위한 계획을 준비할 때는 학교 직원으로 구성된 팀이 참여해야 한다. 이 팀은 장애 아동이 성공적으로 활동을 수행하도록 장애를 보완할 수 있는 방법을 찾아야 한다. 예를 들어, 주의력 결핍 장애가 있고 독립 영역 과제 중 한 과제에서 다음 과제로 너무 빨리 이동하는 아동은 주의집중을 잘하는 또래와 짝을 이룰 수 있다. 이 또래는 장애 아동을 위해 지시사항을 읽을 수 있으므로 활동에 대한 명시적인 지침을 제공할 수 있다.

부모는 교사에게 자녀의 강점, 약점, 관심사에 대해 알려 주는 훌륭한 자원이 된다. 다른 아동, 특수교육 컨설턴트 및 보조교사의 집단 지도는 특별한 도움이 필요한 아동을 지원한다.

특별한 도움이 필요한 아동과 함께 일하는 모든 사람은 차이에 대한 관용을 가져야 한다. 차이가 있는 아동을 불운한 존재로 생각하는 것은 학습에 도움이 되지 않는다. 교사는 아동이 자신의 강점을 가지고 독립적으로 기능하는 법을 배울 수 있도록 장애를 보완하는 데 도움이 되는 방법에 초점을 맞춰야 한다(Erickson & Koppenhaver, 1995).

다음 지도 지침은 신체 장애가 있거나 학습 발달에 차이가 있는 아동을 지도할 때 도움이 된다:

1. 학생을 정기적으로 관찰하여 신체적 장애나 발달상의 학습 차이가 나타날 징후가 있는지 살펴본다. 예를 들어, 칠판을 보는 데 어려움을 겪고, 사물을 잘못 베끼고, 사물을 보기 위해 눈을 가늘게 뜨는 아동은 주의가 필요한 시각 문제가 있을 수 있다.
2. 문제를 겪고 있다고 생각되는 아동이 있는 경우 해당 학군의 지원 서비스에 도움을 요청한다. 도움이 필요한 아동의 문제를 파악하고 적절한 지원을 받는다.
3. 아동이 겪고 있는 문제를 발견하면 특수교육 교사 및 기타 교직원과 논의하여 이에 대한 정보를 획득한다.
4. 모든 아동에게 성공적인 학습 원칙인 격려, 칭찬, 긍정적인 사고방식 등을 활용한다.
5. 특별한 요구를 충족하기 위해 지도 방식을 조정한다. 좋은 전략은 모든 아동에게 좋은 경우가 대부분이지만, 개인차를 충족하기 위해 일부 조정이 필요한 경우도 있다.
6. 특별한 도움이 필요한 아동의 부모와 정기적으로 연락을 유지한다. 학교에서 제공하는 도움에 대해 논의하고, 학교 외부에서 추가로 도움을 구할 수 있는 방법을 알려 주며, 가정에서 아동과 함께할 수 있는 활동에 대해 도움을 요청한다.
7. 아동이 신체적, 인지적, 언어적 측면에서 자신의 요구를 독립적으로 처리할 수 없는 경우, 아동에게 필요한 개별적인 관심을 제공하기 위해 특수교사를 학급에 배정하도록 요청한다.

위기 상황 아동

위기 상황의 아동은 확인된 몇 가지 요인에 의해 영향을 받는다. 이 학생은 영어 이외의 언어를 사용하거나, 학습 장애가 있거나, 신체 장애가 있거나, 부모의 존재 여부에 관계없이 경제적으로 어렵고 불우한 가정에서 살고 있을 수 있다. 경제적으로 힘들다고 해서 아동이 학교에서 성공할 수 없다는 의미는 아니지만, 문해력 성취도에 관한 연구에 따르면 저소득층 아동의 약 55%가 학년 수준 이하의 읽기 수준에 해당하는 것으로 나타났다(Donahue, Doane, & Grigg, 2000). 이는 가정 내 문해력이 부족하거나 성인으로서 성공하기 위한 문해력의 중요성에 대한 인식이 부족하기 때문이다.

연구에 따르면 어린이집에 다니는 아이들이 학교에서 학업 성취도가 더 높은 것으로 나타났다. 많은 아동이 이미 3, 4세 때부터 뒤처지기 때문에 위기 상황의 아이들은 일찍 시작하는 것이 중요하다. 교사는 아이들이 성공을 경험할 수 있는 활동을 선택해야 한다. 아이들은 성공하면 더 많은 것을 시도하고 싶어 한다. 성공하지 못하면 그만두고 싶어 하는 경우가 많다.

위기 상황의 아동은 종종 문해력 경험이 부족하며, 이러한 제한은 어휘와 언어 발달에 영향을 미치고, 이는 다시 문해력 학습에 영향을 미친다. 가정의 문해력 관련 자료가 제한되어 있는 경우가 많으므로 긍정적인 문해력 경험이 부족하고, 학교 밖에서는 이 학생들이 어휘를 접할 기회가 거의 없다. 토론을 자극하는 교실 경험을 제공하면 어휘력을 키우는 데 도움이 된다. 동기 부여 변인은 이 학생들에게 특히 중요하며, 이에 대해서는 이후 장에서 자세히 살펴본다. 아이들이 흥미를 가질 만한 다양한 인쇄물 및 디지털 자료를 제공하면 교실에서 긍정적인 문해력을 키울 수 있다.

전국 읽기 학술대회에서 연설한 리사 델핏(Delpit, 1995)은 '다른 사람들의 아이들'을 가르치는 것에 대해 이야기했다. 그녀는 도시의 학교 환경에서 다양한 배경을 가진 아이들을 대상으로 성공적인 문해력 프로그램을 운영하기 위한 일반적인 특성에 대해 논의했다. 다음은 그녀가 발표한 내용의 주요 요점 중 일부이다.

1. 아동의 가정 문화를 이해하고 존중한다.
2. 불우한 배경을 가진 아동에게 더 적은 내용을 가르치지 않는다. 그들도 다른 모든 아동이 배우는 것처럼 배울 수 있다. 교사, 부모, 아동, 지역사회는 아동의 능력을 인정하고 그에 맞게 가르쳐야 한다.
3. 어떤 교육 프로그램이나 방법론을 사용하든 목표는 비판적 사고여야 한다. 아동은 자신을 믿어 주는 교사 덕분에 성공한다. 저소득층 아동은 독립적이어야 하고, 가정에서 책임져야 할 일이 많기 때문에 비판적 사고 기술을 정기적으로 사용하는 연습을 하기도 한다.
4. 모든 아동은 미국 교육과 생활에서 성공하는 데 필수적인 기본 기술, 관습 및 전략에 접근해야 한다.
5. 아동이 스스로를 유능하고 가치 있는 사람으로 여기도록 도와준다.
6. 아동의 삶에서 친숙한 은유와 경험을 사용하여 아동이 이미 알고 있는 것을 학교 지식과 연결한다. 가르치는 내용을 정당화할 수 없다면 가르치지 말아야 한다.
7. 교실에서 가족 같은 분위기를 조성하고, 배려하는 태도를 기른다. 아동이 학교에 있는

동안 아동을 자신의 자녀로 여긴다. 아동이 세상에서 가장 똑똑하다고 말하고, 그렇게 되기를 기대한다. 아동이 교사가 설정한 기준에 도달하면 아동은 교사로부터 배우는 것이 아니라 교사를 위해 배운다.

8. 요구 사항을 모니터링하고 평가한 다음 다양한 전략을 사용해 이를 해결한다.
9. 아동과 가족이 이미 가지고 있는 강점을 인식하고, 이를 기반으로 한다.
10. 학습 경험이 관련성이 있고 영감을 줄 수 있도록 아동과 지역사회 간 유대감을 형성한다. 아동이 지역사회와 전임자를 위해 학교에 다닌다는 사실을 이해하도록 도와준다. 실패하면 자신뿐만 아니라 지역사회에도 실패하는 것이고, 성공하면 모두를 위해 성공하는 것이다.

차별화된 지도를 통한 다양성 해결

개별적인 요구 사항을 충족하는 것은 교사의 주요 관심사이다. 이 장에서는 이중언어 학습 아동, 영재 아동, 학습 장애 아동, 읽기 부진 아동, 신체 장애 아동에 대해 살펴보았다. 이러한 아동 중 상당수는 읽기 학습의 성공에 어려움이 있지만, 모든 아동은 각자의 요구를 충족하기 위해 차별화된 지도가 필요하다. 교실에서 차별화된 지도를 위한 모범 사례를 살펴봄으로써 다양성에 대한 논의를 이어 간다.

차별화된 지도를 위한 단계

교육자들이 특별한 문제를 가진 아동을 돕기 위해 수년 동안 많은 프로그램을 시행하면서 배운 한 가지가 있다면, 그것은 바로 차별화된 지도가 교사와 아동이 함께 작업하는 시간을 필요로 한다는 것이다. 소집단 또는 일대일 지도를 통해 교사는 아동을 평가하고, 개별 요구 사항을 충족하기 위해 지도 방식을 차별화할 수 있다.

사바나의 읽기 능력은 초등학교 2학년 수준으로 매우 미숙하다. 사바나의 엄마는 장시간 일하고 집에 돌아오면 피곤한 상태이다. 엄마는 사바나에게 책을 읽어 주거나 도서관에 데려가야 한다는 사실을 모른다. 사바나는 학교에서만 책을 읽는다. 호세는 멕시코에서 온 지 얼마 되지 않았고, 영어를 전혀 할 줄 모른다. 그는 수학적 사실만 알고 있으며, 책을 접할 기회가 없다. 나다니엘은 초등학교 4학년 수준의 책을 읽는다. 그의 엄마와 아빠는 모두 교사이며, 그에게 많은 문해력 경험을 제공한다. 그는 집에 많은 책을 소장하고 있으며, 도서관에 자주 간다. 휴가 기간이나 박물관에서 가족과 함께 많은 경험을 하고, 가정에서도 책을 많이 읽는다. 애슐리는 읽기 능력이 초등학교 3학년 수준으로 창의력이 뛰어난 작가이다. 학교에서 무슨 일이 일어나고 있는지 관심을 기울이지 않고, 자기만의 일을 하는 경우가 많다. 마지막으로 제니는 언어 및 시각 처리 문제로 어려움을 겪고 있다. 영어를 유창하게 구사하지 못한다. 이 모든 아이가 캘리한 선생님의 2학년 교실에 모여 있다. 캘리한 선생님에게는 각자 특별한 도움이 필요한 20명의 아이들이 더 있다. 이 아이들에게는 차별화된 지도가 필요하다.

교사가 수업을 차별화할 때, 그들은

- 학생을 평가하여 학생의 요구에 맞는 수업을 설계한다.
- 지침을 유연하게 유지하고, 필요한 경우 신속하게 변경한다.
- 학생의 차이에 반응한다.
- 학생의 관심사에 응답한다.
- 학생의 성취 수준 및 학습 요구 사항에 반응한다.

배경지식에 근거하고, 학년 수준의 표준과 연계하며, 연구를 기반으로 하고, 기술 학습을 위한 다양한 활동을 포함하는 총체적 수업이 양질의 수업이다. 이를 흔히 1단계 수업이라고 한다.

다음으로, 교사는 한 교실에서 아이들의 차이를 고려하기 위해 집단의 요구에 적합한 소집단 수업을 진행한다. 각 집단의 지도 방식은 다른데, 이를 2단계 수업이라고 하며, 여기에는 다음의 내용이 포함된다:

- 소규모 집단
- 교사와 직접, 또래와 함께 또는 혼자서 활동
- 유능한 아동을 위한 업무의 가속화
- 어려움을 겪고 있는 아동을 위한 특정 기술 강화
- 아동의 흥미와 성취 수준에 따른 교육용 자료
- 학생의 학습 양식에 맞춘 지도

3단계는 1단계와 2단계 수업 이후에 추가 지도가 필요한 학생을 대상으로 한다. 읽기 학습에 어려움을 겪고 있는 아동에게 최적화된 접근법으로, 가장 집중적인 지도가 제공된다. 3단계는 중재반응으로 불린다. 3단계에는 다음 내용이 포함된다:

- 아동은 1단계 및 2단계 지도와 더불어 체계적이고 명시적인 지도를 소집단으로 제공받는다.
- 보다 유연한 교육 선택권을 제공하여 아동이 특수교육 서비스를 필요로 하지 않는 것을 지도 목표로 한다.
- 학생은 1단계와 2단계에서 정규 읽기 교육을 받지만, 교실이나 외부 환경에서 소집단 또는 일대일 문해력 학습을 추가로 받는다.

3단계는 영재 아동, 이중언어 학습자, 기타 어려움이 있는 아동의 경험을 향상시키기 위해 사용할 수 있다.

교사는 수업을 차별화할 때 적절한 자료를 선택하고, 적절한 속도로 진행한다. 수업은 영재 아동만큼이나 어려움을 겪는 아동의 흥미를 유발해야 한다. 차별화된 수업을 제공하는 활동의 예로 큰 단어에서 작은 단어 찾기 활동을 들 수 있다.

> 단어가 추수감사절이라고 가정한다. 능력이 뛰어난 아동은 더 많은 단어와 더 어려운 단어를 찾을 것이고, 능력이 뒤처지는 아동은 더 적은 단어와 덜 정교한 단어를 찾을 것이지만 활동과 목표는 동일하다.

교사는 수업의 차별화가 중요하다고 생각한다. 하지만 적절한 교재와 시간이 부족하다고 느끼는 교사도 많다. 또한 교사는 차별화된 수업을 성공적으로 수행하기 위해 더 많은 전문성 개발과 함께 교실에 강사가 추가되어야 한다고 주장한다. 차별화된 수업의 조직과 관리는 13장에서 더 자세히 다룬다.

중재 프로그램

조기 중재 프로그램은 차별화된 지도의 한 형태이다. 이 중재는 사후 대응이 아닌 예방 차원이다. 아동의 문제가 장기적으로 진행되기 전에 문제를 조기에 해결하는 것이 목표이다. 이 프로그램은 어린 아동의 문해력 학습을 지원하기 위해 학교에서 더 많은 일을 할 수 있고,

해야 한다는 전제에 근거한다. 위기 상황 집단에 속한 많은 아동은 조기 중재가 가능하다면 성공할 수 있다(Bufalino, Wang, Gómez-Bellengé, & Zalud, 2010; Tomlinson, 2004; Walpole & McKenna, 2007).

조기 중재라는 용어는 발달에 적합한 문해력 교육을 장려하는 프로그램을 말한다. 이 프로그램의 목적은 학교에 입학하기 위해 준비해야 하는 문해력 경험이 아직 없는 아동의 문해력 발달을 개선하고 향상시키는 것이다. 연구에 따르면, 이 프로그램은 아동의 수준을 향상시키는 것으로 나타났다. 그 결과, 아동은 또래보다 뒤처지거나 실패를 경험하지 않는다(O'Connor, Harty, & Fulmer, 2005; Shonkoff & Meisels, 2000; Foorman, Dombek, & Smith, 2016).

교육자는 특수교사의 지원을 받아 조기 중재를 교실에서 실행하는 것이 더 적절한지, 아니면 아동이 특수교사에게 가서 기술 향상을 위해 노력하는 **풀아웃 프로그램**(pull-out program)이 더 성공적인지 의문을 제기해 왔다. 이 프로그램의 궁극적인 목표는 가장 통합적인 교실 환경에서 양질의 읽기 및 쓰기 교육을 통해 문해력 발달을 가속화할 수 있는 보충 교육을 제공하는 것이다.

아동을 교실 밖으로 데려가는 대신 일반 교실에 중재를 통합하는 것을 선호하는 교사도 있다. 이러한 경향의 근거는 수업 시간 동안 아동의 교실 안팎 이동을 제한하고, 특수교육이 정규 교실 수업의 필수적인 부분이 되도록 하기 위해서이다. 이렇게 하면 아동이 정규 교실에서 일어나는 일을 놓치지 않고, 특별 수업이 교실 수업과 조화를 이룰 수 있다. 특수 지원을 받기 위해 퇴출되었다는 낙인이 제거되고, 담임교사와 특수교사가 함께 협력한다. 아동을 내보내거나 교사가 교실로 들어올지 여부는 아동과 아동의 어려움에 따라 달라질 가능성이 높다. 조용하고 작은 환경에서 집중해야 하는 일부 아동에게는 자료실보다 움직임이 많고 소음이 많은 일반 교실이 적합하지 않을 수 있다. 다른 아동에게는 자기만의 교실에 있는 것이 더 중요할 수도 있다. 가장 좋은 방법은 한 가지가 아니고, 아동의 개별적인 요구에 따라 결정해야 한다(Wise Lindeman, 2013).

잘 알려진 조기 중재 풀아웃 프로그램은 뉴질랜드에서 개발되어(Clay, 1987) 오하이오 주립대학에서 광범위하게 연구된 **읽기 회복**(Reading Recovery) 프로그램이다(Pinnell, Freid, & Estice, 1990). 읽기 회복은 초등학교 1학년 때 읽기 학습에 어려움을 겪는 어린 아동을 위한 프로그램이다. 읽기 회복 프로그램에서 아동은 정규 교실 읽기 수업과 더불어 매일 30분씩 일대일 수업 시간에 참여한다. 이러한 수업은 아동의 특별한 요구에 맞게 조정되고, 교사와 아동이 협력하고 활동하는 진정한 문해력 경험을 포함하며, 특정 기술을 사용하여 지도한다. 수업에 포함된 읽기 회복 전략은 다음과 같다:

1. 아동은 친숙한 이야기를 읽으며 유창성을 향상하고 성공을 경험한다.
2. 교사가 새 책을 소개하면 교사와 학생이 함께 그림을 보고 책의 내용을 예측하면서 책을 '자세히 설명한다'.
3. 아동은 교사의 도움 없이 새 책을 읽는다.
4. 교사는 수행 기록을 통해 아동의 오류 유형과 다시 말하기를 통한 이해력을 확인하여 아동을 평가한다.
5. 교사는 단어의 시작 부분을 보고, 단어군의 끝 부분을 파악하여 단어 분석 전략에 도움이 되는 수업을 진행한다.

아동이 보다 구체적인 경험을 하도록 교사는 자석판에 자석 글자와 단어군을 조작하는 활동에 아동을 참여시킨다. 아동에게 배운 단어를 문장 안에서 사용하도록 한다. 또한 책에 나오는 문장을 문장 띠에 적고, 문장을 단어로 잘라 아동이 문맥을 파악하여 문맥에 맞게 순서를 정하도록 한다. 이러한 친숙한 활동은 여러 수업에서 반복된다. 이 프로그램에서 구두 읽기는 이해력 전략 학습과 마찬가지로 중요한 부분이다. 이 프로그램은 또한 아동에게 쓰기를 요구한다.

읽기 회복 프로그램에 참여하는 교사는 아동의 문해력 행동을 관찰 및 설명하는 능력 개발에 도움이 되는 특별 훈련을 받는다. 읽기 회복 교사 연수는 적절한 모델링과 비계설정을 통해 아동에게 반응하는 방법을 강조하여 아동의 발달을 돕는다. 이 프로그램의 또 다른 특징은 기술 발달과 균형을 이룬 진정한 문해력 경험을 사용한다는 점이다. 읽기 회복 프로그램은 위기 상황 아동의 성과가 향상되었음을 입증하였다. 또한 읽기 회복 전략은 교실 내 소집단 읽기 지도에 적용되었다.

한때 큰 인기를 끌었던 읽기 회복 프로그램은 이제 어느 정도 인기가 사라졌다. 그 이유는 비용 때문이다. 이 교육은 비용이 많이 들고, 아동과 교사가 일대일로 짝을 이루어야 한다. 게다가 1학년만을 대상으로 설계되었다. 많은 교육자가 읽기 회복에 기반한 자체적인 중재 프로그램을 만들었지만, 소규모 집단을 대상으로 진행하여 학년이 올라갈수록 그 효과가 떨어졌다.

마찬가지로 많은 학교와 출판사에서 자체적으로 중재 프로그램을 만들고 있다. 교사가 학생과 일대일 또는 소집단으로 좋은 전략을 사용하여 함께 활동한다면 어떤 프로그램을 사용하든 학생은 향상될 가능성이 매우 높다. 아동이 받는 추가적이고 개인적인 도움은 큰 힘이 된다. 교사가 아동의 요구에 따라 중재 프로그램과 전략을 선택하는 수준 높은 교육이 가장 성공적인 중재 계획이 될 것이다. 한 학군에서는 위기 상황의 아동에게 하루 20분씩 정규

수업을 보충하였다. 프로그램의 활동 유형은 다음과 같다:

1. 아동에게 책을 읽어 주는 동안 듣기 및 사고 활동을 지도한다(9장 참조).
2. 아동에게 읽어 주는 이야기를 다시 들려준다.
3. 동화책을 반복해서 읽어 주어 아동이 자주 듣도록 함으로써 자연스럽게 동화책 읽기를 시도한다.
4. 아동에게 읽어 준 이야기에서 의미를 구성하기 위한 활발한 토론을 한다.
5. 문해력 활동을 장려하는 자료가 포함된 교실 읽기 및 쓰기 영역을 제공한다(4장 및 12장 참조).
6. 아동이 독립적으로 읽고 쓰면서 기술을 연습할 수 있는 시간을 제공한다(Morrow & O'Connor, 1995).

중재 프로그램에는 교사가 학생의 강점과 약점을 발견할 수 있도록 대집단, 소집단 및 일대일 환경에서의 활동이 포함된다. 기본 기술을 가르치는 교사는 소집단 및 일대일 지도 시간에 담임교사와 협력한다. 해당 프로그램에 참여한 학생은 이 중재 혜택을 받지 못한 위험군으로 분류된 학생에 비해 상당한 진전을 보였다(Hoover & Patton, 2005; Taylor, Strait, & Medo, 1994).

중재 반응 모델

중재 반응(RTI)은 2004년 장애인 교육법(IDEA)의 재승인으로 미국 법률에 명시되었다. 이 법에 따르면 더 이상 학습 장애 서비스 자격을 결정할 때 학군에서 학생의 성취도와 지적 능력 사이에 심각한 불일치가 존재하는지 여부를 고려할 필요가 없다. 오히려 학생이 '과학적 연구–기반' 교실 수업에 반응하는지, 보다 집중적이고 목표가 설정된 중재에 반응하는지 여부를 먼저 판단하는 대안적 접근법을 사용할 수 있다. 이렇게 보다 맞춤형 집중 교육을 받은 후에도 적절한 진전을 보이지 않는 학생은 특수교육 분류를 위한 평가를 고려한다. 이 접근법은 중재 반응 모델(RTI)로 알려졌으나, 법에는 정확한 용어가 언급되지 않는다. 과거에는 어려움을 겪고 있는 학생의 경우 학습 장애로 분류된 학생에게 제공되는 특별한 도움을 받을 수 없었다. RTI 법은 장애로 분류되지는 않았지만, 구두 표현, 듣기 이해력, 쓰기 표현, 기초 읽기 능력, 읽기 유창성, 읽기 이해력에 어려움을 겪는 아동을 중재 프로그램의 대상자로 규정하고 있다. 이를 통해 일부 아동은 필요한 도움을 받고 장애 분류는 피할 수 있다

(Mesmer & Mesmer, 2008).

뉴저지 지역 공립 학군의 한 프로그램에서 RTI는 기초 기술 프로그램의 연장선으로 발전했다. 중재 전문가 또는 읽기 전문가라고 불리는 이 학군의 RTI 교사는 가장 높은 수준의 위기 상황 학습자와 함께 활동할 최상의 자격을 갖춘 교사를 선발하거나 고용한다. 학군에서는 한 가지 프로그램이 모든 학습자에게 적합하지는 않기 때문에 특정 프로그램이나 교육과정을 사용하지 않기로 결정하였다. 아동을 평가한 다음 아동의 요구에 맞게 프로그램을 설계한다. 학군에서는 일부 아동에게 읽기 회복, 다중감각 읽기 기술, 필수 전략 교육을 읽기 회복 프로그램으로 사용하였다. 수업에는 개념 사전 교육, 수업 또는 개념 재교육, 대안적인 방법으로 기술 추가 연습, 수업의 흥미와 관련성 여부 확인 등이 포함된다. 학군에서는 RTI 주제와 관련된 모든 사람과 매월 회의를 개최한다. 이 회의에는 읽기 전문가, 코치, 중재 전문가, 관리자, 언어병리학자, EL 교사, 특수교육 교사 및 학급교사가 참여한다. 아동에 대한 매우 상세한 형식적 평가가 이루어진다. 그런 다음 지도 유형이 제안되고 실행되며, 진행 상황을 확인하기 위해 정기적으로 평가가 시행된다.

중재 프로그램을 실행하기로 결정할 때는 대상 아동, 보유 자원과 학교 내 인재를 가장 잘 활용하는 방법을 고려한다. 요구를 인식하고 도움을 제공하기 위해 조치를 취하는 것이 첫 번째 단계이다. RTI는 모범 사례에 기반한 중재 접근법이며, 사전 예방 및 사후 대응 기능을 포함한다. 이는 정규 교실 교육 및 분류 절차와 연계되는 첫 단계이다. 수학과 읽기에 대한 조기 중재 첫 단계는 장애 분류 비율을 낮추는 것으로 밝혀졌다.

문해력 요구의 다양성을 위한 공감 실천

아동의 입장이 되어 보자. 성인은 읽기 및 쓰기 학습과 관련된 다양한 과정을 이해하고 인식하기 어렵다. 왜냐하면 성인은 오랜 세월 동안 글을 읽고 써 왔기 때문이다. 그러나 읽기는 복잡한 과정이며, 초보자에게는 부담스럽다. 시각 장애와 같은 추가적인 문제가 있는 아동이나 영어 학습자에게는 그 과정이 훨씬 더 부담스러울 수 있다. 읽기 또는 쓰기 학습의 본질을 더 잘 이해하기 위해 학습자의 입장이 되어 보자.

'Confusabet'이라는 인위적인 알파벳을 통해 대학생과 부모를 처음 읽고 쓰기를 배우던 5, 6세 시절로 되돌려 보았다([그림 4-4] 참조). 낯선 알파벳으로 전체 단어를 소개하고, 그림과 문맥 단서를 함께 제공한다. 활동지를 통해 학습을 강화한다. 약 25개의 단어를 소개받은 후, 학생들은 이 단어를 사용한 그림과 이야기가 담긴 책을 받는다. 마치 유아 교

Look at the red automobile

[그림 4-4] Confusabet 알파벳

실의 읽기 집단에 있는 것처럼 학생들에게 책을 읽도록 요청한다. 또한 읽은 내용에 대해 Confusabet 알파벳으로 한 문장을 쓰도록 요청한다.

수업이 끝나면 학생들이 Confusabet으로 읽고 쓰는 법을 어떻게 배웠는지 토론한다. 학생들은 지속적으로 비슷한 전략을 보고한다. 학생들은 읽기와 쓰기에 대해 이미 알고 있는 정보를 연관시키려고 노력한다. 학생들은 Confusabet 단어가 일반 알파벳으로 쓰인 단어와 글자 수가 같다는 것을 인식하고, 단어에 대한 지식은 학생들이 Confusabet 단어를 이해하는 데 도움이 된다. 글자 형태의 특정 유사성은 단어를 파악하는 데 도움이 된다. 그들은 가능한 한 문맥과 그림 단서를 사용한다. 구문론(언어 구조)과 모르는 단어를 둘러싼 단어의 의미에 대한 지식이 단어를 파악하는 데 도움이 된다. 문장을 이리저리 훑어보며 알 만한 단어를 찾기도 한다. 일부는 단어의 첫 글자에 의존하여 단어를 식별한다. 많은 사람이 단어를 외우려고 노력한다. 대부분은 모양이나 길이가 특이한 단어가 식별하기 쉽다는 데 동의한다. 그들은 배우기 위해서는 읽기 과정에 적극적으로 참여해야 한다는 것을 인정한다. 즉, 추측하고, 실수하고, 스스로 수정한다.

방금 설명한 전략 외에도 이 수업을 경험하는 동안 학생들의 행동을 관찰한 결과, 학습 중에 서로 협력하고 협동하려는 자연스러운 열정이 또 다른 강력한 전략임을 알 수 있었다. 학생들은 주변 사람들과 성공과 실패에 대해 토론하였다. 학생들은 자신이 알아낸 단어에 대해 이야기하고, 그 흥분을 다른 사람들과 나누고 싶어 했다. 어려움을 겪을 때는 좌절감을 표현하고, 다른 사람의 도움을 구하기도 했다. 어떤 학생은 너무 힘들어서 도전을 그만두고 싶다고 말하기도 했다. 문해력 학습 체험의 사회적 상호작용으로 인해 강의실은 때때로 시끄러웠다. 어떤 때는 특정 단어에 대해 두세 명이 의견을 달리하다가 마침내 합의에 도달하기도 했다. 때로는 한 학생이 어려움을 겪고 있는 다른 학생을 도와주면서 문제가 해결되기도 했다. 학생들은 새로운 자료를 열심히 넘기며 자연스러운 호기심을 보였다.

모든 학생은 함께 협력하면 안정감을 느끼고, 쉽게 정보를 얻을 수 있으며, 과제를 더 재미있게 할 수 있다는 데 동의했다. 연구자가 지적하기 전까지 학생들은 사회적으로 협력하는 행동을 거의 인식하지 못했다. 대부분은 Confusabet을 배우면서 다른 사람에게 의존하는 것이 자연스러운 성향인 것 같다고 말했다.

학생들은 Confusabet으로 어떻게 읽고 쓰는 법을 배웠는지에 대한 설명에서 문제 해결과 행동주의 전략을 사용했다. 모든 경우에 학생들은 의미를 찾았다. 학생들은 시각적, 청각적 단서를 찾기 위해 인쇄된 메시지에 접근했고, 전체 내용을 살펴보면서 과거의 경험은 물론 다른 사람의 도움을 받기 위해 노력했다. 그들은 의미를 구성하기 위해 추측하고, 예측하고, 발명했다. 또한 첫 글자에 집중하여 단어를 해독하거나, 문맥 단서를 사용하거나, 일견 단어 접근법을 사용하는 등의 전략을 사용했다. 대학생이 사용한 다양한 접근법은 대학생의 다양성을 반영하였다.

어린 학생도 다르지 않으며, 어려움에 관계없이 각 학생의 개별적인 요구에 맞는 교육을 받을 수 있다.

Chapter 05

영아 언어 발달: 출생부터 2세까지

사진 제공: Patryk Kosmider/123RF

학습 결과

이 장을 읽고 나면 다음과 같이 할 수 있다.

5.1. 언어 발달 이론을 이해한다.

5.2. 출생부터 8세까지 언어 발달 단계를 간략하게 설명한다.

5.3. 출생부터 2세까지 아동의 언어 발달을 돕기 위한 전략을 파악한다.

이 장에서 살펴볼 언어 발달에 대해 생각하기 시작했을 때, 루이스 캐럴의 시 〈The Walrus and the Carpenter〉가 바로 떠올랐다.

> "많은 이야기를 할 때가 왔습니다."
> 바다코끼리가 말했습니다.
> "신발과 배와 밀랍, 양배추와 왕의 이야기"

이 시의 시작은 대화가 얼마나 중요한지, 그리고 우리가 얼마나 많은 이야기를 나눌 수 있는지를 시사한다. 인간은 듣고 말하면서 배운다. 영아는 태어나는 순간부터 음성 언어에 둘러싸여 있다. 언어 발달은 아동이 읽고 쓰기 위한 첫 단계 중 하나이며, 읽기와 쓰기를 가능하게 하는 데 도움이 된다. 연구자들은 아동을 면밀히 관찰하는 연구방법을 사용하여 아동이 언어를 배우고 사용하는 전략을 설명한다. 연구자들은 아동이 언어 학습에 적극적으로 참여한다는 사실을 관찰하였다. 아동은 학습을 위해 문제 해결에 직접 참여하며, 먼저 자신이 이미 가지고 있는 배경 정보를 바탕으로 가설을 세우고, 언어를 산출하는 주변 사람들과 상호작용한다. 이러한 전략은 초기 문해력 교육에 시사하는 바가 있다.

유치원생 자녀를 둔 학부모가 딸 멜로디와 나눈 대화에 대해 이야기했다. 트레이시 부인은 어느 날 저녁 밖에서 하늘을 보다가 달이 가득 차 있는 것을 발견했다. 그녀는 딸에게 "Look, Melody, the moon is full tonight."라고 말했다. 멜로디는 약간 의아한 표정으로 달을 올려다보며 "Why is it full, Mommy, did the moon eat too much for dinner?"라고 말했다. 멜로디는 자신의 배경 언어 정보를 활용하여 엄마를 이해했다. 이때까지만 해도 full이라는 단어는 음식으로 가득 차 있다는 뜻이었기 때문에 멜로디는 자신이 알고 있는 지식으로 대화를 이해했다. 어머니는 보름달과 같은 의미의 단어라도 사용하는 상황에 따라 다른 의미를 가질 수 있다고 설명했다.

아동은 수동적으로 언어를 배우는 것이 아니라 언어를 배우면서 실제로 언어를 구성하거나 재구성한다. 유치원 수업에서 아이들이 커서 무엇이 되고 싶은지에 대해 이야기하고 있었다. 마이클의 차례였다. 마이클은 자신의 아빠가 의사이고, 최근에 아빠가 근무하는 수술실에 간 적이 있다고 말하며 이야기를 시작했다. 마이클은 "I liked the people and all the machines that my daddy uses and so when I grow up, I want to be an operator, [he meant, I want to be able to operate on people] just like my daddy."라고 말했다. 마이클은 그 상황에서 자신에게 의미 있는 단어를 선택했다.

언어 발달 과정에 대한 이론

언어 습득은 발달 성숙도에 따라 어느 정도 차이가 있지만, 연구에 따르면 아동은 언어를 구조화함으로써 언어를 습득하는 데 능동적인 역할을 한다.

아동은 성인의 언어를 모방하고, 자신의 생각을 소통하기 위해 필요한 관례적 단어를 모를 경우 자신의 언어를 창조한다. 이들의 첫 단어는 대개 기능어이며, 이러한 시도가 긍정적으로 강화될 때 계속해서 언어를 산출하려는 동기를 갖게 된다. 언어가 풍부한 환경에 지속적으로 노출되고, 사회적 맥락에서 언어를 사용하여 성인과 상호작용하는 아동은 이러한 기회가 부족한 아동보다 더 많은 어휘를 습득한다(Cazden, 2005; Dickinson, McCabe, & Essex, 2006; Gaskins, 2003; Morrow, 2005; Morrow, Kuhn, & Schwanenflugel, 2006).

읽기 학습을 위해서는 언어와 어휘의 패턴과 같은 언어 과정을 학습해야 한다는 연구 결과가 있다. 읽기는 텍스트를 해독하고 이해하기 위해 자신의 언어 능력을 사용하는 것으로 정의된다(Roskos, Tabors, & Lenhart, 2009; Vukelich, Christie, & Enz, 2007). 읽기는 독자와 문자 언어 간 상호작용이다. 또한 독자가 저자의 메시지를 파악하려는 시도이다. 독자로서 우리는 언어의 구문론적, 의미론적 단서를 사용하여 다음에 나올 내용을 예측할 수 있다. 의미론(의미)과 구문론(언어 구조)을 처리하는 능력은 우리를 더 능숙한 독자로 만들어 준다. 읽어야 할 자료에서 낯선 언어 구조와 개념을 접한 독자는 이해하는 데 어려움을 겪는다. 구문론과 의미론에 익숙하면 아주 어린 독자라도 인쇄된 문장의 형식과 내용을 예측할 수 있다. 우리가 읽고 있는 내용을 이해하는 능력은 인쇄된 단어의 의미를 구성하는 데 기반한다. 이러한 이해는 해당 주제에 대한 이전 경험, 주요 개념에 대한 친숙성, 언어 작동 방식에 대한 일반적인 지식을 기반으로 한다.

읽기와 언어의 관계는 초기 읽기 아동을 대상으로 한 연구에서 분명하게 드러난다. 초기 읽기 아동은 그렇지 않은 아동보다 언어 선별 검사에서 더 높은 점수를 받았다는 사실이 밝혀졌다. 초기 읽기 아동은 풍부한 언어와 구어를 많이 사용하는 가정 출신이다(Dickinson & Tabors, 2001). 면접에 참여한 초기 읽기 아동의 부모는 자녀가 설명적 언어와 정교한 언어 구조를 사용하는 경향이 있다고 밝혔다. 아이들은 단어를 발명하고 유머를 사용하며 말을 많이 했다. 네 살짜리 초기 읽기 아동의 어머니는 올해 첫눈이 내리는 것을 보면서 아이가 "The snow is swirling down and looks like fluffy marshmallows on the ground."라고 말했다. 몇 달 후 어느 봄날, 이 아이는 "Look, Mommy, the butterflies are fluttering around. They look like they are dancing with the flowers."라고 말했다고 보고하였다. 언어에 대한 경험이나 노출 부족으로 3세까지 적절한 언어 발달을 달성하지 못한 아이들은 이미 위험 상황에 놓여 있다. 하지만 이러한 아이들은 언어와 문해력을 강조하는 양질의 유치원에 다니면서 부족함을 따라잡을 수 있다.

초기 읽기 아동은 많은 언어 기술을 이미 습득했다. 이야기 문법을 알고 있으며 "옛날 옛적에", "그들은 행복하게 살았어요."와 같은 문해력 규칙을 사용하여 이야기를 바꾸어 말할 수 있다. 이야기를 바꾸어 말할 때는 성인이 소리 내어 읽는 것처럼 억양을 사용한다. 이러한 '책 언어'는 아동 자신의 언어 패턴을 넘어서는 것으로 초기 읽기 아동의 특징이다(Burns, Snow, & Griffin, 1999; Dickinson & Tabors, 2001).

언어 습득에 대한 모든 해답을 제공하지는 못하지만, 아기가 말을 배우는 방법을 설명하는 데 도움이 되는 여러 이론이 있다. 언어가 어떻게 습득되는지 아는 것은 언어 발달을 촉진하는 환경과 전략을 제공하는 데 큰 영향을 미친다. 언어 습득의 주요 이론으로는 행동주의 이론, 생득주의 이론, 할리데이 이론, 피아제 이론과 비고츠키 이론, 구성주의 언어 발달 이론이 있다.

할리데이의 언어 발달 이론

할리데이(Halliday, 1975)는 언어 발달을 아동이 점진적으로 '의미를 배우는 과정'이라고 설명한다. 그의 언어 발달 이론에 따르면, 아동은 다른 사람과의 상호작용을 통해 의미를 파악하는데, 의미는 말소리로 전환된다. 아동의 초기 언어 발달은 기능을 기반으로 한다: 무엇을 말할 수 있는지는 무엇을 할 수 있는지를 반영한다. 언어는 관련성이 있고 기능적일 때 학습된다.

할리데이(1975)는 아동의 말하기에 다음과 같은 7가지 단계 또는 기능이 있다고 제안했다.

- **도구적 기능**–음식, 음료 또는 편안함 등의 욕구를 충족시키기 위해 사용되는 언어. 일반적으로 "쿠키 엄마."와 같은 구체적 명사가 포함된다.
- **통제적 기능**–설득, 명령, 요청 등 타인의 행동에 영향을 미치는 데 사용되는 언어("저 장난감 사 줘.")
- **상호작용적 기능**–관계를 발전시키고 상호작용을 용이하게 하는 데 사용되는 언어. "사랑해요 엄마." 또는 "고마워요."와 같은 문구가 포함된다.
- **개인적 기능**–화자의 신원을 포함하여 개인적인 의견, 태도 및 느낌을 표현하는 언어("안녕하세요, 내 이름은 존이에요.")

- **표상/정보적 기능**−정보를 전달하거나 요청하는 데 사용되는 언어("두발자전거 타는 법을 가르쳐 주실 수 있나요?")
- **발견적 기능**−탐색, 학습 및 발견에 사용되는 언어. 질문이나 아동의 행동에 대한 설명이 포함된다("개구리에 대해 더 알고 싶은데, 개구리에 관한 책을 찾아줄 수 있어요?").
- **상상적 기능**−언어를 사용하여 이야기를 전달하고, 상상의 구조를 만드는 기능. 이는 일반적으로 놀이 또는 여가 활동과 함께 이루어진다("우리가 우주에서 왔다고 가정해 보자.").

행동주의 이론

행동주의 접근법은 언어 습득 방식에 대한 우리의 사고에 영향을 미쳤다. 스키너(Skinner, 1992)는 언어를 화자와 청자의 상호작용에서 발생하는 관찰 및 산출된 말소리라고 정의했다. 그는 사고가 언어의 내적 과정이며, 언어와 사고 모두 부모와 자녀 간 상호작용을 통해 시작된다고 말했다. 행동주의자들에 따르면 성인은 아동이 모방을 통해 학습하는 언어 모델을 제공한다. 아동의 언어 습득은 성인의 정적 강화에 의해 향상되고 장려된다(Cox, 2007).

언어에 대한 초기 시도는 보상을 받고, 강화는 아동의 추가적인 반응을 이끌어 낸다. 이러한 시도는 또한 상호작용을 통해 이루어진다. 즉, 의미를 정교화하고 확장하기 위해 설계된 상호작용을 통해 성인은 언어를 조정한다(Hart & Risley, 1999; Schickedanz & Collins, 2013). 신생아가 쿠잉 소리를 내거나 다른 말소리를 낼 때 대부분의 부모는 기뻐하며 부드러운 격려의 말로 반응한다. 그러면 영아는 쿠잉 소리를 반복함으로써 정적 강화에 반응한다. 아기가 자음과 모음을 표현할 수 있게 되면 영아는 이를 시험 삼아 해 본다. 10개월 된 영아가 ba, ba, ba 또는 ma, ma, ma 같은 소리를 내며 노는 것을 쉽게 들을 수 있다. 반응적인 대화형 부모는 이 소리를 영아의 첫 단어로 인식하고, 영아가 내는 ma라는 소리가 mommy를 의미한다고 가정한다. 성인은 기뻐하며 영아에게 더 따뜻하고 사랑스럽게 말하고, 포옹과 키스를 더한다. 부모는 "자, 이제 다시 말해 봐, ma, ma, ma."라고 말한다. 영아는 따뜻한 반응에 기뻐하며 추가적인 상호작용과 정적 강화를 받기 위해 반복해서 소리를 내려고 노력한다.

안타깝게도 그 반대도 성립한다. 영아의 옹알이를 성가신 것으로 간주하여 부모가 그 소리에 짜증을 내고, 영아에게 거친 어조로 "시끄럽게 하지 말고 조용히 해."라고 말하며 부적 강화로 반응하면 영아는 언어 사용을 계속 탐색할 가능성이 낮아진다.

풍부한 언어에 둘러싸인 아동은 자신이 듣는 언어를 사용하기 시작한다. 예를 들어, 아동은 친숙한 노래의 '단어' 소리를 의미에 대한 걱정 없이 모방할 수 있다. 세 살짜리 여아가 "My country 'tis of thee"를 "My country 'tis a bee"라고 노래했다. 소녀는 자신이 들은 것을 모방하여 자신의 경험에서 의미 있는 비슷한 소리로 들리는 단어, 즉 한 번도 들어 본 적이 없는 thee라는 단어 대신 bee라는 단어로 대체했다.

생득주의 이론

촘스키(Chomsky, 1965), 레너버그(Lennerberg, 1967), 맥닐(McNeil, 1970)은 언어 습득에 관한 생득주의 이론을 제안했다. 이들은 인간의 언어 발달은 선천적이라고 주장한다. 아동은 문법 규칙을 내면화하여 언어가 어떻게 작동하는지 알아내고, 이를 통해 무수히 많은 문장을 만들어 낸다. 행동주의자들이 주장하는 성인 언어가 제공하는 연습, 강화, 모델링 없이도 그렇게 할 수 있다. 거의 모든 아동이 생후 첫 몇 년 동안 언어를 발달시키고 사용하기 때문에 언어를 배우는 능력은 인간의 타고난 능력이 틀림없다고 생득주의자들은 믿는다. 언어의 성장은 성숙 정도에 따라 달라진다: 아동이 성숙해짐에 따라 언어도 성장한다. 아동은 새로운 언어 패턴을 배우고, 무의식적으로 새로운 언어 요소에 대한 새로운 규칙을 생성한다. 아동의 규칙 체계는 아동이 더 많은 복합 언어를 생성함에 따라 더 복잡해진다. 극단적인 생득주의자인 레너버그(Lennerberg, 1967)는 아동의 환경에서 언어 발달을 설명할 수 있는 어떤 것도 발견하지 못했다. 오히려 언어 습득은 아동 내부에서 동기가 부여되며, 언어 학습은 외부 요인의 영향을 받지 않는 자연스러운 능력이라고 주장한다(Pinker, 2007).

피아제 및 비고츠키 이론

피아제의 인지 발달 이론은 아동이 활동을 통해 발달한다는 원리에 기초한다. 아동은 자신의 행동이나 환경에서의 감각적 경험과 관련하여 세상을 인식한다. 이 이론에 따르면 아동의 첫 단어는 자기 중심적이거나 자신의 행동에 초점을 두고 있다. 아동은 자신과 자신이 하는 일에 대해 이야기한다. 아동의 초기 언어 발달은 만지고, 듣고, 보고, 맛보고, 냄새를 맡으며 경험한 행동, 사물, 사건과 관련이 있다(Piaget & Inhelder, 1969).

비고츠키의 기초 학습 이론은 언어 발달에도 영향을 미친다. 비고츠키에 따르면 아동은 사회적 관계를 내면화함으로써 고등 정신 기능을 학습한다. 예를 들어, 성인은 처음에는 아동에게 사물의 이름을 알려 주고 지시하거나 제안한다. 그런 다음 아동이 더 유능해지면 주변 성인은 도움을 주는 양을 점차적으로 줄인다. 비고츠키(Vygotsky, 1978)는 아동이 일정 범위 내에서 수행할 수 있지만 성인의 도움이 있어야만 수행할 수 있는 **근접 발달 영역**을 제시하였다. 근접 발달은 아동이 독립적으로 기능할 때 종료된다. 언어 교육에 대한 시사점은 분명하다. 언어 발달을 촉진하려면 성인은 아동을 격려하고 동기를 부여하고 지원하여 아동과 상호작용해야 한다(Sulzby, 1985b).

아동은 구두 어휘를 쌓아 감에 따라 단어를 더 자주 시험한다. 아동은 장난감을 가리키며 이름을 말하기도 한다. 공을 가지고 놀 때 아동은 공이라는 단어를 몇 번이고 반복해서 말한다. 이제 세심한 부모는 아동이 한 말을 확장하여 아동과 상호작용한다(Burns, Snow, & Griffin, 1999). 아동이 공이라고 말하면 부모는 "그래, 그건 크고 동그랗고 빨간 멋진 공이야."라고 말한다. 이러한 성인의 단어 확장 및 강화를 통해 아동은 새로운 단어를 습득한다. 성인은 "이제 그 멋진 빨간 공으로 무엇을 할 수 있는지 말해 볼래?"라고 질문함으로써 아동이 한 말을 확장한다. 이러한 확장은 아동에게 생각하고, 말하고, 이해하고, 행동하도록 요구한다(Dickinson & Tabors, 2001).

구성주의 이론

언어 습득에 대한 보다 현대적인 관점은 피아제와 비고츠키의 연구에서 비롯된 구성주의 이론으로, 언어 발달 연구자들이 설명하고 지지하는 이론이다(Brown, Cazden, & Bellugi-Klima, 1968; Halliday, 1975). 구성주의자들은 아동을 규칙이나 기본 개념에 기초한 타고난 언어의 창조자로 묘사한다. 이들은 언어를 능동적이고 사회적인 과정으로 설명한다. 아동은 언어를 구성하면서 종종 오류를 범한다. 오류를 범하는 것은 언어의 작동 방식을 배우는 데 필요한 부분이다. 우리는 태어난 첫해에 보이는 아동의 언어 오류를 받아들여야 한다.

특정 발달 단계의 평균을 예측하는 언어 발달 차트가 있고, 8개월이 되어도 첫 단어를 말하지 못하거나 2세 6개월이 되어도 완전한 첫 문장을 말하지 못하는 아동에게는 훈육을 하지 않는다. 아동의 개성과 각자의 속도에 맞춰 성장할 권리를 존중한다. 그러나 아동이 학교에 입학하면 발달의 차이를 인정하지 않고, 아동이 아니라 교육과정에 따라 과제를 정한다.

언어 습득은 사회적 맥락에서 지속적이고 상호적으로 이루어진다. 아동은 언어를 스스로 가지고 놀면서 배운다. 새로운 단어를 시도해 보고, 독백에 참여하고, 배운 것을 연습한다. 언어 습득은 개별 아동의 사회적, 문화적 배경에 따라 아동마다 다르다(Au, 1998). 아동의 언어는 아동이 성인의 언어를 단순히 모방하지 않는다는 것을 보여 준다. 아동은 자신을 표현할 필요가 있지만, 활용할 수 있는 기존 언어가 충분하지 않기 때문에 자신의 배경지식과 의미론 및 구문론에 대한 인식을 바탕으로 자신만의 언어를 만들어 낸다. 예를 들어, 3세 여아는 주근깨가 있는 아이를 처음 보고 "엄마, 저 아이 코에 주근깨가 있어요."라고 말했다. 4세 남아는 주름이 깊은 노인을 보고 "왜 얼굴 전체에 주름이 있는지 궁금해요."라고 말했다. 아버지와 3세 딸이 마시멜로를 굽고 있었는데, 딸이 "음, 마시멜로 맛이 느껴져요."라고 말했다. 여름에 잠깐 비가 내린 후, 3세 남아가 해가 다시 하늘로 돌아오고 주변에서 물이 증발하는 것을 관찰했다. "태양이 나와서 비를 다 먹어 치웠어요."라고 말했다. 눈이 녹아 내리는 겨울이 끝날 무렵, 4세 여아는 "눈 밑에서 풀이 어떻게 삐져 나오는지 봐요."라고 말했다.

출생부터 8세까지의 언어 발달 단계에 대한 개요

방금 논의한 다양한 이론은 언어가 어떻게 습득되는지를 설명한다. 각각의 이론이 기여하는 바는 있지만, 그 자체로는 완전한 그림을 제시하지 못한다. 사용의 필요성, 관심사, 그리고 언어가 아동에게 주는 의미에 따라 아동의 언어가 성장한다는 것을 알고 있다. 언어 습득은 아동과 성인 간 긍정적인 언어적 상호작용을 통해 촉진된다. 아동의 언어는 탐구와 발명을 통해 습득되며, 자신의 성숙도, 뇌 발달, 언어의 구조 및 관습에 의해 통제된다. 아동이 어떤 언어를 발달시키든, 출신 국가가 어디든 비슷하게 언어를 사용한다.

두뇌 발달의 역할

출생부터 3세까지 아동에게 일어나는 일이 언어와 문해력 발달에 영향을 미친다는 사실은 뇌 연구를 통해 매우 분명해졌다. 신생아는 학습하도록 프로그램되어 있다. 매 순간 자신이 처한 환경에 대해 배우고, 환경이 제공하는 경험과 연결하기 위해 검색한다.

신생아는 약 1,000억 개의 뉴런을 가지고 태어난다. 이것은 인간이 평생 가지는 모든 뉴런 또는 뇌 세포이다. 학습이 일어나기 위해서는 뉴런이 뇌를 연결해야 한다. 반복해서 사용되는 뇌 연결은 영구적으로 유지되지만, 사용하지 않는 뇌 연결은 분해되어 사라진다. 이를 **신경 전단**, 즉 뇌세포의 소실이라고 한다(Shaywitz, 2003). 태어날 때 신생아의 수십억 개의 뉴런 또는 뇌 세포는 이미 50조 개의 연결, 즉 시냅스를 형성하고 있다. 생후 1개월이 되면 1,000조 개의 뇌세포 연결이 형성된다. 뇌 연결은 신생아가 경험한 결과로 형성되며, 경험이 반복되면 영구적으로 연결된다. 영구적인 연결은 학습이 이루어졌음을 의미한다(Berk, 2007; Newberger, 1997; Vukelich, Christie, & Enz, 2007). 언어가 발달하기 위해서는 정확한 경험이 이루어져야 하며, 이러한 경험은 태어날 때부터 시작된다.

뇌의 여러 영역이 가장 민감하게 발달하는 시기가 있다. 예를 들어, 생후 첫해는 언어를 배우는 데 가장 중요한 시기이다. 신생아는 세상의 모든 언어에 대해 연결을 기다리는 뉴런을 가지고 태어난다. 생후 6개월이 되면 영아가 들어 본 적 없는 언어의 소리를 더 이상 인식할 수 없게 되는 뉴런 전단이 일어난다. 생후 1년이 되면 영아는 자신이 들어 본 언어를 듣고 배우도록 프로그램되어 더 이상 노출되지 않은 언어를 인식하지 못한다. 이러한 뉴런은 더 이상 남아 있지 않다(Berk, 2007; Karmiloff & Karmiloff-Smith, 2001; Kuhl, 1994).

언어와 문해력을 위한 뉴런이 연결되고 영구적으로 유지되도록 언어와 문해력 발달을 위한 강력한 기반을 구축하려면 영유아에게 어떤 경험이 필요한가? 아동이 태어나서 3세가 될 때까지 가족 구성원과 양육자가 해야 할 일이 있다.

- 사랑, 음식, 의복 제공하기
- 영유아와 대화하기
- 정교한 어휘 사용하기
- 복잡한 문장 사용하기
- 울음, 미소 등에 반응하기
- 운율을 사용하여 언어 즐기기
- 다양한 장난감 가지고 놀기
- 노래 부르기
- 책 읽기
- 다양한 유형의 음악 연주하기

이러한 경험을 하지 못한 아동은 다음 절에서 설명하는 언어 패턴 발달이 늦고, 이러한 경험을 한 아동에 비해 어휘력도 떨어진다.

언어 패턴 및 규칙 학습

아동은 예상 가능한 단계를 통해 언어를 습득한다. 아동은 음운론(소리), 구문론(문법), 의미론(의미) 등 언어의 구조를 지배하는 규칙을 발견한다.

영어에는 44개의 개별 소리, 즉 **음소**가 있다. 이 음소들을 통해 음성 언어를 만든다. 언어가 풍부한 환경에서 자란 아동은 이러한 소리를 매우 쉽게 배운다. 아동은 적절한 조음, 발음, 억양을 배운다. 억양에는 음조, 강세, 연접이 포함된다. 음조는 소리를 낼 때 목소리가 얼마나 높거나 낮은지를, 강세는 소리가 얼마나 크거나 부드러운지를, 연접은 단어, 구, 문장 사이의 일시 정지 또는 연결을 나타낸다(Berk, 2007, 2008).

구문론은 구, 절, 문장에서 단어가 어떻게 결합하는지에 관한 문법 규칙을 포함한다. 아동이 언어의 구문 규칙을 내면화하면 듣고 읽은 내용을 이해하는 데 도움이 된다. 구문론에는 기본 문장 패턴을 형성하는 규칙과 문장을 확장하고 결합하여 더 복잡한 문장을 만드는 규칙이 포함된다. 기본 문장 패턴은 t-단위 또는 핵심이라고 한다. **t-단위**는 종속절이 있다고 가정할 때 모든 종속절이 연결된 독립절이다. t-단위는 단순하거나 복잡한 문장이 될 수 있다. 중문은 두 개의 t-단위로 구성된다. 간단한 예는 다음과 같다(Morrow, 1978; Tompkins, 2007).

1. 기본 문장 패턴 또는 t-단위
   a. 주어-동사: The girl ran.
   b. 주어-동사-목적어: The girl ran the show.
   c. 주어-동사-간접 목적어-직접 목적어: Natalie gave James a dime.
   d. 주어-연결 동사-형용사: Jane is tall.
2. 기본 t-단위와 이를 다른 언어 패턴으로 변환하는 방법:
   a. 의문문
      ① t-단위: Jim went to the store.
      ② 의문문으로 변환: Did Jim go to the store?
   b. 부정문
      ① t-단위: Jane is a cheerleader.
      ② 부정문으로 변환: Jane is not a cheerleader.
   c. 수동문
      ① t-단위: Jennifer gave Lisa some bubble gum.
      ② 수동문으로 변환: Some bubble gum was given to Lisa by Jennifer.
3. 삽입(문장 확장 및 조합)
   a. 수식어(형용사, 부사, 부사구 및 형용사구) 추가
      ① t-단위: The boy played with friends.
      ② 변환: The boy in the red shirt played with three friends.
   b. 복합어(단어, 구 또는 독립절을 조합하여 주어, 동사 등을 합성)
      ① t-단위: Jane ran. Jane played. Jack ran. Jack played.
      ② 복합어 패턴으로 변환: Jane and Jack ran and played.

의미론은 언어가 내용어와 기능어를 통해 전달하는 단어의 의미를 다루고, 어휘 발달을 관장한다. 내용어는 그 자체로 의미를 지니고 있다. 기능어는 그 자체로 정의할 수 있는 의미는 없지만, 문장에서 다른 단어 간 관계를 나타낸다. 기능어에는 of 및 and와 같은 전치사 및 접속사가 포함된다(Fields, Groth, & Spangler, 2007; Pflaum, 1986; Tompkins, 2007).

연령별 발달 단계

수많은 연구를 통해 언어 발달 단계가 밝혀졌지만, 발달 속도는 아동마다 다르다. 또한 개별 아동의 언어 발달은 진전되다가도 퇴보하는 경향이 있으므로 성장 단계가 항상 정확하지는 않다. 그러나 언어 발달에 관한 연구 결과에 따르면 일반적으로 단계를 구분하여 설명할 수 있다.

출생부터 1세까지. 영아기 첫 몇 개월 동안의 음성 언어는 영아가 소리를 실험하거나 놀이하는 것으로 구성된다. 영아는 불편할 때는 울고, 기쁠 때는 옹알이를 하거나 쿠잉 소리를 낸다. 영아는 다양한 울음소리를 내면서 특정 요구 사항을 전달하는 방법을 배운다. 예를 들어, 부모는 배고픔에 대한 울음과 고통에 대한 울음을 구별할 수 있다. 영아는 또한 팔과 다리를 움직여 즐거움이나 고통을 표현하는 비언어적 의사소통을 한다.

영아가 생후 8~10개월이 되면 옹알이가 더욱 정교해진다. 다양한 자음 소리를 모음 소리와 결합한다. 이러한 조합을 계속해서 반복한다. 이 단계에서 부모는 때때로 자녀가 첫 단어를 말했다고 생각한다. da, da, da 또는 ma, ma, ma처럼 자음과 모음이 반복되는 소리는 실제 단어처럼 들린다. 대부분의 부모는 이 단계에서 아동의 행동을 정적으로 강화한다. 특정 소리를 반복하고 지속적으로 강화하면 아동은 특정 소리를 내는 물리적 기제를 그 소리가 표상하는 단어의 의미와 연결한다.

8개월에서 12개월 사이에 아동은 언어에 대한 이해가 극적으로 증가하여 언어 이해 능력이 언어 산출 능력을 훨씬 뛰어넘는다. 그러나 아동은 일상생활에서 가장 친숙하고 의미 있는 단어로 첫 단어를 말하는 경향이 있다: 엄마, 아빠, 잘 가, 안녕, 아기, 쿠키, 우유, 주스, 안 돼 등이다. 첫 단어에 친숙해지면 아동은 하나의 단어로 전체 문장을 표현하는 일어문 또는 한 단어 발화를 사용한다(Hart & Risley, 1999; Vukelich, Christie, & Enz, 2007). 예를 들어, 아동이 하는 "쿠키"라는 말은 "쿠키 먹고 싶어.", "내 쿠키가 바닥에 있어." 또는 "이 쿠키 다 먹었어."라는 의미일 수 있다.

1세부터 2세까지. 영아의 음성 언어는 1세와 2세 사이에 크게 성장한다. 아동은 일어문 외에도 문장을 말하는 것처럼 성인 억양으로 많은 소리를 낸다. 그러나 이러한 발화는 성인이 이해하지 못한다. 아동은 12개월부터 전보식 언어를 사용하기 시작하는데, 이는 아동이 구문론에 대한 지식이 있음을 보여 주는 첫 번째 증거이다. 전보식 언어의 경우 명사나 동사 같은 내용어는 사용하지만, 접속사나 관사 같은 기능어는 생략한다. 생략된 단어에도 불구하고, 단어는 정확한 순서, 즉 구문론에 따라 전달된다: "아빠가 곧 집에 오세요."는 "아빠 집에(Daddy home)"로, "장난감이 탁자에서 떨어졌어요."는 "장난감 떨어졌어요(Toy fall)."로 표현한다. 아동이 단어를 조합하기 시작하면 언어가 엄청나게 성장한다. 생후 18개월이 되면 아동은 영어 음소의 5분의 4를 발음하고, 9~20개의 단어를 사용한다(Bloom, 1990).

2세에서 3세까지. 2세에서 3세 사이는 언어 발달 측면에서 가장 극적인 시기이다. 일반적으로 아동의 구어 어휘는 300단어에서 1,000단어로 증가한다. 아동은 2,000~3,000개의 단어를 추가로 이해할 수 있지만, 아직 사용하지는 못한다. 두세 단어로 구성된 전보식 문장이 여전히 가장 빈번하게 산출되지만, 구문의 복잡성이 계속 발달하여 대명사, 접속사, 전치사, 관사, 소유격과 같은 기능어를 가끔씩 사용한다. 언어 능력이 성장함에 따라 아동은 자신감을 가진다. 새로운 단어와 구를 반복하고, 무의미 단어를 만들어 내면서 적극적으로 언어를 가지고 논다. 운율, 언어 패턴, 반복을 즐긴다(Bloom, 1990). 제니퍼가 반려견과 나눈 다음 대화 내용을 살펴보자. 당시 제니퍼는 2세 10개월이었다. "착한 강아지, 내 강아지, 하얀 강아지, 하얀 강아지, 착한 강아지. 착한 강아지, 내 강아지, 멍멍이, 멍멍이. 뽀뽀해 줘, 뽀뽀해 줘, 강아지, 착한 강아지." 제니퍼의 언어는 반복적이고 장난스럽고 창의적이며, 또래 아동이 보이는 전형적인 언어 산출의 특징이 드러난다.

3세부터 4세까지. 어휘와 문장 구조에 대한 아동의 지식은 4세까지 계속해서 빠르게 발달한다. 아동의 목록에 추가되는 구문 구조에는 복수형과 규칙 동사가 있다. 실제 이 시기의 아동은 복수형과 동사 굴절이 영어에서 매우 불규칙하기 때문에 이 두 가지 구조 사용을 과잉일반화하기 쉽다(Jewell & Zintz, 1986; Otto, 2006; Vukelich, Christie, & Enz, 2007). 4세 제시가 수업 중에 안전사고를 당하고 매우 화가 나서 달려오면서 두 가지 문제를 설명했다. "트레이시 선생님, 어항을 넘어뜨려서 어항이 깨져서(broked) 물고기들(fishes)이 바닥에서 헤엄치고 있어요."라고 말했다. 제시는 동사의 원형에 ed를 추가하여 과거형 시제를 만드는 방법을 알고 있었지만, broke와 같은 불규칙 동사는 어떻게 해야 하는지 몰랐다. 또한 s를 추가하여 복수형을 만드는 것은 알고 있었지만, fish와 같은 불규칙 복수형에 대해서는 알지 못했다.

4세가 되면 아동은 성인 언어의 모든 요소를 습득한 것으로 보인다. 언어를 생성하고 언어를 지배하는 기본 규칙을 적용할 수 있다. 그러나 언어 능력이 엄청나게 성장하여 마치 성인 언어를 사용하는 것처럼 들리지만, 아동은 기본적 토대만 습득했을 뿐이다. 언어는 새로운 경험을 쌓고, 새로운 어휘를 습득하고, 단어를 조합하여 문장을 구성하는 새로운 방법을 찾으면서 평생 동안 계속 성장한다. 3~4세가 되면 아동은 자신이 하고 있는 일에 대해 이야기한다. 아동은 혼자서 또는 함께 놀면서 혼잣말을 한다. 마치 자신의 행동을 표현하려고 노력하는 것처럼 보인다(Roskos, Tabors, & Lenhart, 2009; Seefeldt & Barbour, 1998; Strickland & Schickedanz, 2009). 이젤 위에 그림을 그리던 4세 크리스토퍼는 혼잣말로 "내가 멋진 그림을 그리고 있어요. 온통 색을 칠하고 있어요. 그림을 그리고, 두드리고, 두드리고, 두드리고, 두드리고. 앞뒤로, 위아래로 움직이고 있어요. 이제 그림을 그리면서 뛰고 있어요." 그는 말하고 그리면서 단어와 행위를 정확하게 일치시켰다.

5세부터 6세까지. 5세와 6세 아동은 말할 때 성인과 매우 유사한 소리를 낸다. 아동의 어휘는 계속 증가하고, 언어의 구문적 복잡성도 증가한다. 약 2,500개의 어휘를 구사하며, 매우 명료하게 표현한다. 하지만 여전히 일부 소리, 특히 단어 끝의 l, r, sh를 발음하는 데 어려움을 겪는 경우가 많다. 이들은 한 단어가 두 가지 이상의 의미를 가질 수 있다는 것을 알게 된다. 무언가를 잘못 이해해서 당황하거나 좌절할 때 종종 우스꽝스러운 말을 하기도 한다. 또한 언어를 창의적으로 사용하는 경향이 있다. 상황에 맞는 단어가 없을 때는 자신만의 단어를 만들어 내기도 한다. 성인은 이 시기 아동이 사용하는 언어가 유쾌하고 흥미롭다고 생각한다(Krashen, 2003; Seefeldt & Barbour, 1998; Weitzman & Greenberg, 2002):

> 벤자민은 어느 날 아침 신이 나서 학교에 뛰어 들어왔다. "모로 선생님, 믿기지 않으실 거예요. 제 개가 어젯밤에 강아지를 낳았어요!"

> 남편과 저는 어느 날 저녁 무도회에 가기로 했어요. 다섯 살짜리 딸은 우리가 이렇게 차려입은 모습을 본 적이 없었죠. 제가 긴 드레스를 입고 방으로 들어가서 딸에게 제 모습이 어떠냐고 묻자 딸은 "엄마, 너무 예뻐요. 아빠 의상은 어때요?" 라고 묻더군요.

> 앨리슨은 유치원 첫 날에 어머니의 부축을 받으며 등교하고 있었다. 그녀는 약간 긴장한 것 같았다. 엄마가 괜찮냐고 묻자 앨리슨은 "괜찮아요, 엄마, 하지만 배가 너무 걱정돼요." 라고 대답했다.

유치원생의 언어에는 다른 특징도 있다. 유치원생은 욕설과 악담을 알게 되고, 이를 사용하여 다른 사람에게 충격 주기를 즐긴다. 말을 많이 하고, 상황을 통제하기 위해 언어를 사용하기 시작한다. 그들의 언어는 환상 세계에서 현실 세계로의 이동을 반영한다.

7세부터 8세까지. 7세가 되면 아동은 성인과 거의 동등한 수준의 문법 능력을 갖춘다. 성인 언어에서 볼 수 있는 광범위한 문법적 변형은 사용하지 않으며, 성인 언어에서 볼 수 있는 만큼 어휘의 범위도 넓지 않다. 7세와 8세 아동은 자신이 하고 있는 일에 대해 많은 이야기를 할 만큼 대화 능력이 뛰어나다.

어휘 결핍의 영향

3세 아동의 언어 발달은 11학년 시기 읽기의 성취 여부를 예측한다. 어휘 발달이 지연된 아동은 읽기에서 학년 수준에 미치지 못할 가능성이 높고, 이들 중 많은 아동이 학교를 중퇴한다. 언어 발달과 사회경제적 지위(SES) 사이에는 상관관계가 있는 것으로 보인다. 3세 때 공공부조를 받는 가정의 아동은 약 500단어, 노동자 계층 가정의 아동은 약 700단어, 전문가 집단 가정의 아동은 1,100단어의 어휘를 알고 있다. 전문가 집단 가정의 아동은 공공지원 집단 가정의 아동보다 하루에 거의 4배나 많은 단어를 듣는다(Hart & Risley, 1995). 소득 수준이 높은 가정의 초등학교 1학년 아동은 소득 수준이 낮은 가정의 아동보다 약 2배 더 많은 단어를 알고 있다. 성취도가 높은 고등학교 3학년 학생은 성적이 낮은 반 친구들보다 약 4배 더 많은 단어를 알고 있다(Beck, Perfetti, & McKeown, 1982). 양질의 어린이집을 다니면서 아동은 이러한 격차를 따라잡을 수 있다. 아동은 2세부터 하루에 약 10개씩 단어를 습득하기 시작해서 6세까지 약 14,000개의 단어를 습득한다. 초등학교 1학년 아동은 1년에 약 2,500~3,000개의 새로운 단어를 배우는데, 이는 매일 7개의 단어를 습득하는 속도이다(Snow, Burns, & Griffin, 1998).

출생부터 2세까지 아동의 언어 발달 지원 전략

"안녕, 나탈리. 우리 큰딸은 오늘 기분이 어때? 이제 기저귀 갈아 줄게. 어머나, 세상에, 점점 무거워지네. 이제 널 기저귀 갈이대 위에 눕히고 새 기저귀를 갈아 줄게. 기저귀 가는 동안 이 고무오리 안고 있을래? 착하지, 정말 좋아하네. 넌 정말 운이 좋구나. 이제 씻겨 줄게.

이렇게 나탈리를 씻기고, 나탈리를 씻기고, 나탈리를 씻겨요. 이렇게 나탈리를 씻겨 주면 기분이 훨씬 나아질 거예요. 저 노래 좋아하지? 그래. 그냥 웃으면서 쿠잉 소리를 내는 거잖아. 또 할래요? 나탈리, 나탈리, 나탈리, 나탈리를 씻겨 주는 방법이에요. 이렇게 나탈리를 닦아 주면 기분이 훨씬 나아질 거예요. 와, 그때 나랑 같이 노래했지? 그래, 아, 아, 아, 아, 이제 다시 해 봐. 음, 냄새 좋지 않니? 베이비 로션이 너무 깔끔하고 부드러워."

풍부한 언어 환경을 제공한다. 손녀 나탈리와 나눈 대화는 나탈리가 생후 4개월이었을 때였다. 글에서는 독백처럼 들리지만, 실제로 나탈리는 대화에 매우 적극적으로 참여했다. 나탈리는 열심히 쳐다봤다. 그녀는 미소를 짓다가 진지해지기도 했다. 그녀에게 풍부한 언어 환경을 제공하였다. 그녀의 대화 참여를 독려하고 긍정적인 방식으로 그녀의 반응을 인정했다. 손녀딸의 언어 발달에 필요한 환경적, 정신적 자극을 제공했다. 수유 중에도, 옷을 갈아입히고 목욕을 시키고 옷을 입히는 동안에도 이런 대화를 나누었다. 아기는 신체 움직임, 쿠잉, 옹알이, 미소로 대화에 반응했기 때문에 의사소통이 이루어지고 있다는 것을 알 수 있다.

영아에게 소리를 들려준다. 영아는 행복한 언어의 소리로 둘러싸여 있어야 한다. 엄마, 아빠, 양육자, 어린이집 교사나 보조교사와의 모든 활동에는 소리와 상호작용이 수반되어야 한다. 출생부터 1세까지의 영아를 돌보는 성인은 동요, 챈트, 손유희, 노래를 알아야 한다. 아동이 언어의 의미뿐만 아니라 소리를 듣는 것이 중요하다. 따라서 손녀딸의 기저귀를 가는 동안 '뽕나무 덤불 한 바퀴 돌아서'를 즉흥적으로 개사했을 때처럼 양육자는 상황에 맞게 자신만의 노래를 만들 수 있다. 이러한 경험을 통해 아동은 언어의 소리를 의식하게 된다. 아동은 언어를 통제할 수 있고, 음성 언어가 재미있을 뿐만 아니라 강력한 도구라는 사실을 배운다.

아동은 클래식, 재즈, 대중음악 등 다양한 장르의 음악을 들어야 한다. 아동은 일반적인 대화와는 억양, 음정, 음조, 강세, 연접, 심지어 구문론까지 다른 '책 언어'의 소리를 들어야 한다. 아동은 여러 언어에 친숙해져야 다양한 규칙을 구별하는 법을 배울 수 있다. 영아에게 말을 걸고, 노래를 불러 주고, 책을 읽어 주고, 라디오와 TV를 들려주는 것은 영아의 언어 발달에 도움이 되는 언어의 원천을 제공한다. 또한 초인종 소리, 주전자 소리, 시계 소리, 진공청소기 소리, 개 짖는 소리, 새 소리, 자동차 소리 등 주변 환경에는 언어 소리는 아니지만 청각 변별을 연습할 준비가 필요 없는 소리들이 있다. 영아의 주의를 끌고, 이름을 불러 주고, 소리에 대한 영아의 감수성을 높여 준다.

영아에게 감각적인 사물을 제공한다. 영아에게는 다양한 소리를 듣는 것 외에도 보고, 만지고, 냄새 맡고, 듣고, 맛볼 수 있는 사물이 필요하다. 아기 침대나 놀이 울타리 등 영아에게 가장 가까운 환경에 사물을 배치해야 한다. 이러한 사물은 영아의 활동과 호기심을 자극하고, 언어 발달 환경 내에서 의미 있는 사물이 된다. 밀거나 만질 때 소리가 나거나 음악이 나오는 사물도 있다. 다양한 질감과 냄새가 필요하다. 또한 잡기, 밀기, 차기, 당기기가 쉬워야 한다. 인형, 고무 장난감, 부드러운 재질의 오르골, 발로 차거나 잡을 수 있는 모빌, 천장에 매달려 저절로 회전하는 모빌, 모서리가 부드러운 보드북이나 헝겊책 등 적어도 한 가지 이상의 사물은 영아의 손이 닿을 수 있는 곳에 놓아 두어야 한다. 영아가 침대에 누워 있을 때 아기 침대나 놀이 울타리 근처에 책을 펼쳐 놓는다. 아동이 이러한 사물을 가지고 독립적으로 놀 수 있도록 허용하고, 성인은 사물에 대해 이야기하고, 이름을 불러 주며, 사물의 특징에 대해 이야기하고, 가끔 아동과 함께 놀아 준다.

생후 3개월에서 12개월 사이 영아는 낑낑거리고, 쿠잉 소리를 내고, 옹알이를 하고, 미소 짓기 시작한다. 성인이나 양육자는 영아의 소리를 언어의 시작으로 인식하고, 그 소리를 격려하는 반응으로 영아에게 정적 강화를 제공해야 한다. 영아가 자음과 모음을 조합하기 시작하면 성인은 영아가 말한 것을 모방하고 반복을 요청하면서 행동을 강화해야 한다. 영아가 소리를 반복하고, 언어 산출을 조절할 수 있다고 인식하게 되면 영아는 이러한 행동을 하게 된다. 또한 영아는 성인 언어를 이해하기 시작하므로 사물의 이름을 부르고, 대화를 이어가고, 방향을 정해 주는 것이 중요하다. 생애 첫 해가 끝날 무렵, 영아가 적절한 언어적 격려와 기분 좋은 상호작용을 경험했다고 가정하면 영아는 두 번째 해에 광범위한 언어 성장을 이룬다.

구문 복잡성을 높인다. 양육자는 생애 첫해에 음성 언어 발달을 위해 노력한 것과 동일한 종류의 자극을 생후 2년이 될 때까지 계속 제공해야 한다. 그러나 영아는 생후 2년이 되면 최대 150개 단어의 어휘를 알고, 두 단어 및 세 단어 문장을 만들 수 있기 때문에 언어 성장을 향상시키기 위해 추가적인 기술을 사용할 수 있다. 이 시기 아동의 한 단어와 두 단어 발화는 보통 문장을 표상한다. 12개월 영아가 곰인형을 가리키며 "bear"라고 말하면 '곰인형을 갖고 싶어'라는 뜻일 가능성이 높다. 가정이나 어린이집에서 부모와 양육자는 아동이 한 문장에서 사용할 수 있는 단어의 수를 늘리거나, 아동 발화의 구문적 복잡성을 증가시킴으로써 아동의 언어를 확장할 수 있다.

언어 발달을 돕는 비계설정을 활용한다. 아동의 언어 발달을 돕는 한 가지 방법은 비계설정이라는 일종의 모델링이다. 비계설정은 아직 언어적 반응을 할 수 없는 영아를 위해 성인이 언어적 반응을 보여 주는 것이다. 즉, 성인이 언어 모델을 제공하는 것이다. 예를 들어, 아이가 "bear"라고 말하면 성인은 "곰인형 갖고 싶니?" 또는 "여기 멋지고 부드러운 갈색 곰인형이 있어."라고 대답한다. 아동의 언어를 확장하는 것 외에도 성인은 아동에게 이해력과 사고력을 확장할 수 있는 무언가를 해 보도록 요청함으로써 아동의 언어를 확장할 수 있다. 예를 들어, "여기 귀엽고 부드러운 갈색 곰인형이 있어. 이 곰인형을 안아 볼래? 한번 안아 보자." 행동이 필요한 질문 외에도 성인은 대답이 필요한 질문을 할 수 있다. 한 단어 이상의 대답이 필요한 질문과 지시(예: "곰인형이 입고 있는 옷에 대해 말해 줘.")를 사용하는 것이 좋다. 어떻게, 왜, 말해 줘 질문은 아동이 예 또는 아니요 이상의 대답과 한 단어 이상의 대답을 하도록 유도한다(무엇, 누구, 언제, 어디서 질문은 한 단어의 대답만 이끌어 내는 경향이 있다). 아동의 언어 능력이 발달함에 따라 성인은 이러한 비계설정을 점점 적게 제공하고, 아동은 유사한 모델을 따라 발화를 구성하는 법을 배운다(McGee & Richgels, 2008; Otto, 2006; Soderman & Farrell, 2008).

새로운 경험에 대한 노출을 늘린다. 성인은 1~2세 영아가 이해할 수 있는 언어가 사용된 노래, 운율, 책을 선택해야 한다. 이 시기의 아동은 이미 많은 언어를 이해할 수 있으며, 이러한 선택은 아동의 언어를 확장하는 데 도움이 되어야 한다. 어휘와 개념 이해는 모두 경험을 통해 향상된다. 1~2세의 경우 우체국, 슈퍼마켓, 세탁소, 공원 방문과 같은 빈번한 외출은 이야기할 수 있는 경험과 새로운 개념을 탐색할 수 있는 기회를 제공한다. 성인이 당연하게 여기는 집안일은 아동의 언어를 풍부하게 하는 새로운 경험이다. 성인은 걸음마기 아동을 활동에 참여시켜야 한다. 예를 들어, 18개월 영아는 세탁기에 빨래를 넣거나, 준비 중인 음식 그릇을 한 번 저어 줄 수 있다. 이러한 일상적인 활동을 하는 동안 성인은 영아를 위해 새로운 사물을 식별하고, 각 활동과 관련된 반응을 질문하면서 언어와 함께 활동을 해야 한다(Hart & Risley, 1999).

과잉일반화. 성인은 때때로 아동의 잘못된 발음이나 문법 규칙의 과잉일반화를 바로잡아 주고 싶어 한다. 예를 들어, "Me feeded fishes."라고 말하는 아동은 다음 규칙을 과잉일반화했을 뿐이다.

과거형 시제 활용(fed를 feeded로)
대명사 사용(주격 I를 목적격 me로)

복수형 어미 활용(fish를 fishes로)

아동은 또한 개념을 과잉일반화할 수 있다. 새를 새(bird)라는 단어와 연결시키는 법을 배운 아동은 처음으로 나비를 보고 새라고 부르며 날아다니는 것은 모두 새라고 생각할 수 있다. 이러한 과잉일반화는 긍정적으로 바로잡는 것이 가장 좋다. "아니, 그건 새가 아니야." 라고 말하는 대신 나비를 나비(butterfly)로 지칭하고, 그 아름다움에 대해 언급하면서 아동의 언어 목록을 확장하는 것이 좋다.

지나치게 일반화하여 수정하는 것은 아동이 오류를 이해하거나 올바른 시제 및 복수형을 사용하는 데 도움이 되지 않을 가능성이 높다. 오히려 아동의 언어 사용 시도를 방해할 가능성이 높다. 아동은 학습 과정에서 위험을 감수하고 실수를 할 필요가 있다. 좋은 성인 모델을 통해 결국 언어 규칙을 내면화하고 스스로 오류를 수정할 수 있게 된다. 적어도 5세까지는 구문론과 발음의 100% 정확성에 대해 걱정하지 말고 아동이 언어를 실험하고 놀 수 있도록 해야 한다. 영어는 규칙이 복잡하고 불규칙이 많기 때문에 좋은 성인 모델과 충분히 언어적 상호작용을 한다면 아동은 시간이 지남에 따라 이러한 복잡한 규칙을 모두 습득할 수 있다. 그러나 귀엽다는 이유로 '아기말(baby talk)'을 장려하는 것은 아동이 주변 성인을 기쁘게 하는 언어를 사용하게 되므로 성장을 저해할 수 있다.

언어 발달을 위한 다양한 자료를 제공한다. 1~2세용 교재는 1세용 교재보다 더 다양하고 수준이 높아야 한다. 이제 영아가 가정이나 어린이집에서 움직일 수 있게 되었으므로 아동이 쉽게 접근할 수 있는 책이 필요하다. 놀잇감에는 여전히 털인형이나 고무공과 같은 다양한 질감의 사물이 포함되어야 한다. 간단한 눈과 손의 협응이 필요한 다른 놀잇감도 제공한다. 3~5조각 퍼즐, 밀고 당길 수 있는 트럭, 인형, 영아용 책상과 의자 세트, 크레파스와 큰 종이, 인형 등이 그 예이다. 활동을 통해 탐구하고, 상상하고, 창조하고, 의사소통하므로 활동이 필요한 사물을 선택한다. 아동의 책꽂이에 있는 책의 수를 늘려야 한다. 아동이 혼자 다루고 사용할 수 있도록 보드북이나 헝겊책을 제공한다.

어린이집의 아이디어

우리 어린이집에 다니는 아동은 대부분 미국으로 이민 온 가정 출신으로 가정에서 영어가 아닌 다른 언어를 사용한다. 이들 중 많은 부모가 자녀를 돕고 싶지만 방법을 모른다. 일부는 글을 읽지 못해 당황해하기도 한다. 하지만 모두 "어떻게 하면 아이를 도울 수 있을까요?"라고 묻는다. 나는 그들이 어린이집에 입소하면 안내책자를 제공하고, 안내책자에 적힌 내용을 알려 준다.

- 사랑, 음식, 의복을 제공한다.
- 아이가 놀 때, 기저귀를 갈 때, 식사할 때 아이와 대화한다.
- 자녀가 어려운 단어를 배울 수 있도록 성인의 언어를 사용한다.
- 장난스럽게 언어를 사용하고 운율을 외치며 노래를 부른다.
- 아이에게 책을 읽어 주거나 아이가 태어났을 때의 사진을 보고 이야기한다.
- 자녀가 TV를 시청하면 시청한 내용에 대해 이야기한다.

Chapter 06

언어 및 어휘 발달:
유아기부터 초등학교 3학년까지

학습 결과

이 장을 읽고 나면 다음과 같이 할 수 있다.

6.1. 표현 언어와 수용 언어를 향상시키기 위한 전략을 설명한다.

6.2. 아동이 대화에 참여할 수 있는 풍부한 교실 문해 환경을 설명한다.

6.3. 어휘 회의에 대해 설명한다.

6.4. 어휘 발달을 위한 더 많은 전략을 설명한다.

6.5. 아동의 언어 발달에 대한 평가를 설명한다.

이전 장에서는 언어가 어떻게 습득되는지, 발달해야 하는 언어의 패턴과 구조, 출생부터 2세까지 언어 발달에 도움이 되는 몇 가지 전략에 대해 집중적으로 살펴보았다. 이 장에서는 3세부터 3학년까지 학교에서의 언어 패턴과 어휘 발달에 초점을 맞춰 살펴본다.

표현 언어 및 수용 언어 향상을 위한 목표와 전략

이론과 연구를 검토하여 아동이 즐겁고 생산적이며 적절하게 언어를 습득하고 발달하도록 도울 수 있는 방법을 제시한다. 먼저 아동은 말을 듣고 이해하는 **수용 언어**를 습득한다. 아동은 성인 모델을 모방하고, 언어를 사용할 때 다른 사람과 상호작용하며, 노력에 대한 정적 강화를 경험함으로써 **표현 언어**를 습득한다. 일부 언어는 개인이 일반적인 발달 단계를 거치면서 자연스럽게 발달하지만, 명시적인 지도가 필요한 경우도 있다. 아동은 성숙해짐에 따라 점점 더 복잡한 언어 구조를 생성할 수 있다. 아동은 친숙한 환경에서 행동하면서 언어를 배운다. 아동이 처음으로 말하는 단어는 자신의 경험 속에서 의미가 담긴 단어이다. 가장 초기의 언어는 욕구의 표현이다. 아동은 성인이나 나이가 많은 아동과 같이 자신보다 글을 더 잘 아는 사람들과의 사회적 상호작용을 통해 언어를 배운다. 또한 아동은 자신만의 언어를 만들고, 가지고 놀고, 독백을 하기도 한다.

언어 습득과 발달 단계에 대해 우리가 알고 있는 것을 기준선으로 삼아 아동의 언어 발달에 도움이 되는 적절한 자료, 활동, 명시적인 지도를 만들 수 있다. 다음 목표는 유아기부터 초등학교 3학년까지 아동을 위한 기본 표준을 기반으로 한다.

수용 언어 발달의 목표

- 아동이 다양한 언어를 자주 들을 수 있는 분위기를 조성한다.
- 아동이 듣는 언어를 기쁨과 즐거움으로 연결하도록 한다.
- 아동에게 들리는 소리를 구별하고 분류할 수 있는 기회를 제공한다.
- 아동을 정기적으로 새로운 어휘에 풍부하게 노출시킨다.
- 아동이 다른 사람의 말을 경청하고, 그 내용을 이해했다는 것을 보여 주도록 한다.
- 아동에게 지시를 따를 수 있는 기회를 제공한다.
- 아동에게 표준 영어의 좋은 모델을 제공한다.

- 아동의 모국어를 인정하고, 학교에서 아동의 모국어를 듣게 한다.

표현 언어 발달의 목표

- 아동이 단어를 정확하게 발음하도록 격려한다.
- 아동이 말하기 어휘를 늘리도록 도와준다.
- 아동이 완전한 문장으로 말하도록 격려한다.
- 아동이 형용사, 부사, 전치사구, 종속절, 복수형, 과거형, 소유격 등과 같은 구문 구조의 사용을 확장하도록 도와준다.
- 아동이 다른 사람과 소통하여 이해할 수 있도록 격려한다.
- 감정, 관점, 동기를 해석하고, 가설 생성, 사건 요약, 결과 예측을 통해 문제를 해결함으로써 아동이 사회적, 심리적으로 언어를 사용할 수 있는 기회를 제공한다.
- 아동에게 다양한 내용 영역에서 언어를 발달시킬 기회를 제공한다.
- 교사가 토론을 주도하는 대집단, 교사-주도적 소집단, 아동-주도적 학습 집단, 사회적 환경에서의 대화 등 다양한 환경에서 아동에게 이야기할 수 있는 기회를 제공한다.
- 모든 발달 단계에서 아동이 자신의 언어를 자유롭게 사용할 수 있는 기회를 제공한다. 이는 다른 방언이나 영어, 스페인어 또는 다른 언어의 혼용일 수 있다. 아동의 의사소통을 장려하고 수용하며 존중한다.

어휘 학습을 위한 단계는 다음과 같다:

- 1단계는 가정과 놀이에서 비공식적인 대화에 흔히 사용되는 기본 단어로 구성된다. 예를 들어, tree, house, food 등이다.
- 2단계는 학문적인 단어이다. 학교에서 사용하는 단어로 1단계 단어만큼 자주 사용되지는 않으므로 학습이 필요하다. 예를 들어, impatient, enough, through 등이다.
- 3단계 단어는 전문적이고 내용 영역 주제에 속하는 경우가 많다. 예를 들어, divide, chrysalis, isthmus 등이다.

추가적인 단어로는 즉흥적으로 발생하는 매력 단어(juicy words)가 있다. 이러한 단어는 proactive 또는 ostentatious와 같이 그냥 튀어나오고 특별한 단어이다. 이런 단어들은 인식하고, 이야기하고, 단어 벽에 붙여야 한다. 맥케나와 도허티-스탈(2009)의 연구에 학년 수준 단어 목록이 많이 나와 있으며, Google에서 2단계 및 3단계 어휘라는 키워드를 검색하면 교사가 사용할 수 있는 학년별 수준 단어 목록을 찾을 수 있다.

어휘 발달을 장려하기 위해서는 **단어 의식**(word consciousness)이 우선시되어야 한다(Scott & Nagy, 2004). 단어 의식이 있는 아동은 다음과 같이 행동한다:

- 단어 의미의 뉘앙스를 이해하여 단어를 능숙하게 사용한다.
- 새로운 단어 학습에 가치를 둔다.
- 학교 언어, 사회 언어, 놀이 언어에 차이가 있음을 안다.
- 모르는 단어의 의미를 배운다(Blachowicz & Fisher, 2015).

명시적 및 자발적 어휘 지도

연구에 따르면 아동은 일주일에 최소 5~10개의 단어를 배우고, 또 배워야 한다. 교사의 역할은 어휘를 명시적으로 가르치되, 자발적이고 내재된 어휘도 상당량 허용하는 것이다. 이는 대화를 유도하는 흥미로운 환경을 통해 이루어진다.

대화에 아동의 참여를 유도하는 풍부한 교실 문해 환경

3세에서 8세 사이에 언어 발달이 매우 활발하게 이루어진다. 아동은 계속해서 좋은 언어 모델을 들어야 한다. 성인 및 다른 아동과의 사회적 상황에서 언어를 사용할 수 있는 지속적인 기회가 필요하며, 음성 언어 산출에 대한 정적 강화를 받아야 한다(Dougherty Stahl & Stahl, 2012; Graves et al., 2014).

이러한 지속적인 목표를 달성하기 위해 유아교사는 언어가 풍부한 환경을 제공한다. 내용 영역별로 언어 사용을 장려하는 자료가 포함된 학습 영역을 구성한다. 예를 들어, 과학 영역에는 한 쌍의 게르빌루스 쥐와 같은 학급 반려동물을 비치한다. 게르빌루스 쥐는 활동적이고 사랑스러운 동물로, 보고 만지는 재미가 쏠쏠하다. 아동은 자주 우리 주위를 둘러싸고 그들을 보는 것만으로도 이야기를 만들어 낸다. 게르빌루스 쥐는 28일 주기로 번식한다. 새끼가 태어나면 출산 과정을 관찰할 수 있다. 새로운 새끼들은 많은 흥미를 유발하고 질문, 의견 및 무한한 대화를 생성한다.

우리 교실에는 첫 번째 새끼가 젖을 뗀 지 28일 만에 두 번째 새끼를 낳은 어미 게르빌루스 쥐가 있었다. 어미는 10마리의 새끼를 먹이고 돌보느라 피곤하고 수척해 보였다. 어느 날 아침, 새끼 중 한 마리가 우리 안에 어미가 없는 것을 발견했다. 어미에게 무슨 일이 생긴 것인지 상상할 수 없었다. 며칠 후, 어미가 교사실 냉장고 뒤에 숨어 있는 것을 발견했다. 어떻게 우리에서 빠져나왔는지는 알 수 없었지만, 왜 떠났는지에 대해 많은 논의가 있었다. 교사 혼자서는 그 사건 당시처럼 언어가 풍부하고 성장하는 수업을 제공할 수 없었는데, 그 이유는 게르빌루스 쥐가 교실의 일부였기 때문이었다.

다음은 유아 교실에서 언어를 생성하고 아동이 협력 토론에 참여하는 데 도움이 되는 학습 영역 및 교재교구 몇 가지 사례이다.

학습 영역

- **과학**: 수족관, 테라리움, 식물, 돋보기, 학급 반려동물, 자석, 온도계, 나침반, 프리즘, 조개, 암석 수집품, 청진기, 만화경, 현미경, 학습 주제를 반영한 정보 제공용 아동 문학, 실험 및 과학 프로젝트 관찰 기록을 위한 관찰일지 등
- **사회**: 지도, 지구본, 국기, 지역사회 인물, 교통 표지판, 시사 문제, 다른 국가의 유물, 학습 중인 주제를 반영한 정보 도서 및 아동 문학, 학습 중인 주제에 대한 수업용 책을 만들기 위한 쓰기 자료 등 다양한 자료
- **미술**: 이젤, 수채화 물감, 붓, 색연필, 크레파스, 펠트 마커, 다양한 종류의 종이, 가위, 풀, 파이프 클리너, 재활용품(각종 천 조각, 털실, 끈 등), 점토, 지점토, 조각용 음식 및 세제 상자, 유명 예술가 관련 책, 만들기 책 등
- **음악**: 피아노, 기타 또는 다른 실제 악기, CD 플레이어, 모든 종류의 음악 CD, 리듬악기, 노래책, 수업 시간에 부른 노래의 악보 사본 등
- **수학**: 저울, 자, 계량컵, 움직이는 시계, 스톱워치, 달력, 놀이 화폐, 금전 등록기, 계산기, 도미노, 주판, 숫자 선, 높이 차트, 모래시계, 숫자(펠트, 나무, 자석), 분수 퍼즐, 기하학적 모양, 수학 워크북, 수와 수학 관련 아동 문학, 이야기 창작용 자료, 수학 관련 서적 등
- **문해력**: 여러 장르의 아동 문학, CD 플레이어, 헤드셋 및 CD의 이야기, 연필, 필기 용지, 스테이플러, 색도화지, 단어 기록용 3×5 크기 카드, 구멍 펀치, 문자 스텐실, 컴퓨터, 인형, 융판, 편지지와 봉투, 글자(펠트, 나무, 자석) 및 단어 유목화를 위한 글자 조각, 다양한 단원(계절, 동물, 우주 탐험 등)을 위한 그림 세트, 운율 게임, 색깔 게임, 소리와 기호를 연상하는 카드, 알파벳 카드, 학교 밖 환경 인쇄물을 대표하는 그림과 단어 등(문해력 영역에는 도서 코너, 쓰기 영역, 음성 언어 자료 및 언어 조작 도구도 포함, 이후 장에서 설명)

- **극놀이**: 인형, 옷, 전화기, 박제된 동물, 거울, 식판, 접시, 식기, 신문, 잡지, 책, 전화번호부, 학급 전화번호부, 요리책, 메모장, 카메라, 사진첩, 식탁과 의자, 빗자루, 쓰레받이, 냉장고, 싱크대, 다리미판, 수납 선반 등 아동용 크기의 주방 가구[극놀이 장소는 부엌에서 식료품점, 미용실, 주유소, 회사 사무실, 식당 등으로 변경할 수 있으며, 주제에 맞는 교재교구를 추가하여 학습할 수 있다. 극놀이 영역의 주제와 관련된 읽기 및 쓰기 자료를 적절히 포함한다(Meacham, Vukelich, Han, & Buell, 2014)].
- **쌓기 영역**: 사람, 동물 피규어, 장난감 자동차, 트럭, 학습 주제와 관련된 읽기 자료, 다양한 크기, 모양, 질감의 블록
- **목공 작업대**: 나무, 골판지, 망치, 가위, 드라이버, 톱, 펜치, 못, 접착제, 테이프, 작업대
- **바깥 놀이**: 모래, 물, 양동이, 삽, 갈퀴, 원예 공간 및 원예 도구, 등산 장비, 놀이기구, 상자, 놀이방, 공, 타이어, 밧줄

모든 영역에는 컴퓨터가 있어야 한다.
아동은 이러한 공간을 사용하여 서로 및 교사와 상호작용할 수 있는 기회가 필요하다. 아동이 만지고, 냄새 맡고, 맛보고, 듣고, 이야기할 수 있는 충분한 시간이 주어져야 한다. 영역의 교재교구를 탐색하고 실험하는 것은 아동이 언어를 사용하는 창의적이고 상상력이 풍부한 문제 해결 및 의사 결정의 경험이다. 언어를 사용할 수 있는 기회는 언어 발달의 핵심 요소 중 하나이다.
일부 교재교구는 영역에 영구적으로 비치되지만, 다른 교재교구는 새로운 관심 항목을 사용할 수 있도록 가끔 교체되거나 보완된다. 영역에 추가되는 교재교구는 주제별 수업 단원과 연계되는 경우가 많다. 예를 들어, 겨울에 관한 단원을 가르치는 경우 극놀이 영역에는 겨울 옷을, 과학 영역에는 온도계를, 문해력 영역에는 겨울에 관한 정보, 소설, 시집을 비치한다. 다양한 내용 영역은 언어 사용 및 발달을 위한 교재교구를 제공하며, 문해력 영역은 주로 언어 발달에 집중한다.

주제는 어휘를 확장하고, 구문론, 발음, 타인 이해 능력을 발달시키는 구체적인 언어 경험을 제공한다. 이러한 경험은 모든 내용 영역을 통합하고, 감각을 활용해야 한다(Antonacci & O'Callaghan, 2003; Combs, 2009; McGee & Morrow, 2005; Spencer & Guillaume, 2006; Tompkins & Koskisson, 2001). 다음 제안은 새로운 주제를 시작할 때 사용한다. 유치원 교실에서 언어 성장을 돕기 위해 고안된 활동에 대한 설명이다. 예를 들어, 이 제안의 전체 주제가 '겨울'이라고 가정해 보자.

- **토론**: 단원 주제에 대해 토론을 진행한다. 겨울에는 날씨가 어떤가요? 겨울에 어떤 옷을 입어야 하나요? 겨울에는 다른 계절에 할 수 없는 어떤 재미있는 일을 할 수 있나요? 겨

울에는 어떤 문제가 발생하나요? 뉴욕, 플로리다, 아이다호 등 미국 다른 지역의 겨울은 어떤가요?

- 단어 목록: 아이들에게 겨울 하면 떠오르는 단어를 말해 보게 한다. snow, ice, cold, white, wet, freezing, sleds, snowman, mittens, scarf, hat, slush, skiing, ice skating, snowballs, fireplace, snowflakes 등이 목록에 포함될 수 있다. 목록에 있는 단어를 겨울의 느낌, 모양, 냄새, 소리, 맛 또는 겨울에 할 수 있는 것과 할 수 없는 것으로 분류한다. 단어를 차트에 나열하고, 차트를 교실에 걸어 둔다. 다음 단원으로 이동할 때 차트를 그대로 걸어 둔다. 벽에 차트가 너무 많으면 차트를 모아 학급 책으로 만든다.
- 사진: 토론을 위해 겨울 장면을 찍은 사진을 제공한다. 사진에는 겨울에 대한 다양한 정보가 담겨 있다. 실제 사진이나 스크린에 투사된 디지털 이미지를 사용한다.
- 공유 시간(보여 주면서 말하기): 아이들이 가정에서 주제와 관련된 물건을 가져오는 공유 시간을 가진다. 원한다면 모든 아동에게 공유할 기회를 주되, 한 번에 대여섯 명 이상의 아이들이 공유하면 지루해질 수 있으므로 요일마다 다른 아이들을 배정한다. 가정에 있는 물건을 공유하면 아이들은 자신의 환경에 대해 이야기하기 때문에 자신감을 가진다. 수줍음이 많은 아이들도 가정에서 친숙한 사물을 공유할 수 있다는 안정감이 있으면 아이들 앞에서 이야기할 수 있다. 가능하면 아이들이 주제와 관련된 이야기를 하도록 유도한다. 완전한 문장으로 말하는 모델링을 보여 주면 아이들도 똑같이 따라 할 수 있다. 주제를 논의할 때 부모에게 알려서 학교에 가져와서 공유할 내용을 찾도록 도와준다.
- 실험: 학습 주제와 관련된 과학 실험을 진행한다. 아이들을 적극적으로 참여시킨다. 실험 목적에 대해 토론하고 어떤 일이 일어날지 가설을 세운다. 아이들이 실험을 하는 동안 무엇을 하고 있는지 토론하도록 격려한다. 실험이 끝나면 결과에 대해 학급 아이들과 토론한다(예: 물을 얼렸다가 녹인다. 따뜻한 기후에서는 냉동고를 사용하여 물을 얼린다).
- 미술: 주제와 관련된 미술 활동을 진행한다. 아이들이 동일한 결과를 도출하는 특정 지시를 따르도록 하기보다는 자신만의 활동을 창조하도록 허용한다. 프로젝트와 사용 가능한 교재교구에 대해 논의한다. 아이들이 만지고, 설명하고, 비교하도록 교재교구를 제공한다. 아이들이 만드는 동안 무엇을 하고 있는지 대화를 나누도록 유도한다. 예를 들어, 겨울 콜라주를 위해 파란색 도화지, 은박지, 흰색 깔개, 솜, 양모, 흰색 휴지, 분필을 제공한다. 이러한 색상과 사물을 선택한 이유에 대해 토론한다. 사람들이 겨울을 떠올리게 만드는 것은 무엇일까? 겨울을 떠올리게 하는 그림을 만들어 보라고 제안한다. 재료의 질감에 대해 토론한다.

- 음악: 〈It's a Marshmallow World in the Winter〉와 같은 겨울에 관한 노래를 불러 본다. 음악은 유쾌하고, 가사는 어휘력과 단어의 소리와 의미에 대한 민감성을 키우는 데 도움이 된다. 가사가 없는 음악, 주제와 관련된 이미지를 만들어 내는 음악을 들려준다. 아이들에게 음악에서 떠오르는 단어, 문장 또는 이야기를 물어본다.
- 음식 준비: 음식을 준비한다. 따뜻한 수프, 스노우 볼 또는 팝콘을 만든다. 음식의 질감, 냄새, 맛, 모양에 대해 토론한다. 레시피에 따라 순서와 양에 대해 배운다. 아이들이 음식 준비를 돕고 함께 음식을 먹으며 토론과 대화를 나누도록 유도한다. 특히 젓다, 섞다, 끓이다, 계량하다, 깍둑썰기를 하다 등 특별한 의미를 지닌 용어가 많기 때문에 음식 준비는 새로운 어휘의 원천이 될 수 있다.
- 극놀이: 극놀이 영역에 주제와 관련된 사물(장갑, 모자, 목도리, 부츠)을 추가하여 겨울 관련 역할 놀이와 언어를 장려한다. 각각의 사물을 별도의 가방에 넣고 아동에게 손을 뻗어 어떤 느낌인지 설명해 보도록 하고, 엿보지 않고 식별해 보도록 하는 방식으로 사물을 소개한다. 촉각은 설명적인 언어를 이끌어 낸다.
- 바깥 놀이: 바깥 놀이 중에 자발적인 언어와 빈번한 문제 해결 상황을 장려한다. 예를 들어, 눈 놀이 시간에는 눈삽, 썰매, 양동이, 컵을 제공한다. 바깥 놀이 전후에도 바깥 놀이에 대해 논의한다.
- 아침 메시지: 아침 메시지로 날씨와 날짜에 대해 이야기한다. 예를 들어, 새 스노우 부츠를 보여 주고 설명하는 등 아이들에게 본인 관련 소식을 공유하도록 장려한다.
- 수학여행: 북극에 관한 전시물이 있는 박물관을 방문하거나 겨울에 관한 비디오를 보여준다. 이러한 활동은 언어를 생성하고, 언어 사용을 장려한다. 기술을 활용하여 북극으로 '가상 여행'을 떠날 수도 있다.
- 이야기 읽기: 학습 중인 주제에 관한 이야기를 읽는다. 『The Snowy Day』(Keats, 1996)와 같은 책은 정보를 강화하고, 어휘력을 넓힌다. 공유할 디지털 스토리도 찾아본다.
- 이야기 만들기: 아이들에게 '겨울 눈보라'와 같은 제목을 제시하고, 그에 대한 이야기를 생각해 보도록 한다. 이야기를 만들기 위한 그림은 도움이 된다. [그림 6-1]을 참조하여 나만의 이야기를 만들고 음성 언어 발달을 위한 막대 인형을 만든다. 그림을 확대하거나, 사진으로 찍거나, 색칠하거나, 두꺼운 색종이에 복사한다. 코팅하고 자른다. 각 그림의 뒷면에 막대를 테이프로 붙여 막대 인형을 만든다. 교사는 제공된 캐릭터를 사용하여 독창적인 이야기를 만든다. 활동 모델이 완성된 후 아이들에게도 똑같이 해 보도록 한다. 교사는 "'옛날 옛적에 소녀와 소년이 살고 있었어요.'로 이야기를 시작한다. 그들은 숲속을 산책하기로 결정했고…" 교사는 아이들에게 이야기의 시작, 중간, 끝을

[그림 6-1] 음성 언어 발달을 위한 막대 인형

확대, 복사, 색칠 또는 두꺼운 색지에 복사한다. 코팅하고 자른다. 각 그림의 뒷면에 막대를 테이프로 붙여 막대 인형을 만든다. 교사는 제공된 캐릭터를 사용하여 독창적인 이야기를 만든다. 활동 모델이 완성된 후 아동에게도 똑같이 해 보라고 한다. 교사는 "옛날 옛적에 소녀와 소년이 살고 있었어요."로 이야기를 시작한다. "그들은 숲속을 산책하기로 결정했고 ________" 교사는 아동에게 이야기의 시작, 중간, 끝을 포함하도록 상기시킨다.

포함하도록 상기시킨다.

- 이야기 바꾸어 말하기: 아이들에게 이야기를 바꾸어 말해 달라고 요청한다. 이 활동은 아이들이 책의 언어를 사용하고, 자신의 언어에 통합하도록 장려한다. 어린아이들에게는 이야기를 바꾸어 말하는 것이 쉬운 일은 아니므로 인형, 융판, 펠트 캐릭터, 책 속 그림 등의 소품이 도움이 된다. 이러한 소품으로 아이들은 자신만의 이야기를 만들 수 있다.
- 나만의 어휘 단어: 이러한 활동에서 아이들이 겨울에 대해 가장 좋아하는 나만의 단어를 선택하도록 가능한 한 자주 격려한다. 좋아하는 나만의 단어는 토론, 미술 수업, 과학 실험, 노래, 책, 시, 요리 체험 또는 기타 활동에서 선택할 수 있다. 특정 체험이 끝나면 아이들에게 가장 좋아하는 단어를 말해 보도록 한다. 아이들이 좋아하는 나만의 단어는 3×5 크기의 카드에 기록하고, 파일 박스나 3공 바인더에 보관한다. 아이들이 자신의 단어를 기록하기 위해 도움을 요청할 때 철자를 알려 준다. 좋아하는 나만의 단어는 어휘력을 향상시키고, 읽기 및 쓰기 발달의 원천이 된다.
- 단어 벽: 학급에서 특히 주제와 관련된 새로운 단어를 배울 때 교사는 단어 벽에 단어를 붙여 사용할 수 있다. 단어장은 다양한 목적으로 사용된다. 주로 학년 수준의 빈도가 높은 단어를 읽기 위한 목적이다. 이러한 단어는 새로운 어휘를 주제로 한 단어와 색상으로 구분한다. 즉, 빈도가 높은 단어는 빨간색으로, 새로운 주제 단어는 파란색으로 표시한다. 단어 벽에 있는 새로운 어휘는 단어를 알파벳순으로 나열하거나 문장과 이야기에 사용하는 등 다양한 활동에 사용된다.
- 오늘의 요약: 하루일과가 끝나면 그날 있었던 일을 요약하고, 아이들이 좋아하는 것과 싫어하는 것, 다음 날 학교에서 하고 싶은 것을 말하도록 유도한다.

아동 문학과 언어 발달

언어 발달을 촉진하기 위해 다양한 언어와 경험을 대표하는 아동 문학을 선정하여 제공한다. 『Strega Nona』(dePaola, 1975)와 같은 고전 동화책은 정교하고 흥미롭고, 책 전체에 걸쳐 Strega Nona가 부르는 운율도 아주 멋지다. 이 책은 형용사와 부사의 사용, 운율이 있는 단어의 강조를 통해 구문적 복잡성을 발달시키며 어휘 발달에 도움을 준다. 『How Do Dinosaurs Eat Their Food?』(Yolan & Teague, 2005)는 책 전반에 걸쳐 구두법과 문장 구조를 가르치는 질문으로 구성되어 있다.

만들기 책은 아이들이 지시를 따라야 한다. 글 없는 그림책은 아이들이 그림에서 자신만의 이야기를 만들도록 유도한다. 개념 도서는 up, down, in, out, near, far 등의 단어가 등장하거나, 아이들이 수학적 추론에 참여하도록 한다. 사실주의 문학은 죽음, 이혼, 외로움, 두려움, 일상 문제를 다루며, 이러한 주제에 대한 토론은 사회심리학적 언어, 감정 해석, 타인에 대한 민감성, 문제 해결로 이어진다. 수수께끼, 말장난, 농담 책은 아이들이 언어를 사용하는 다양한 방법을 보여 준다. 시는 아이들에게 운율, 은유, 직유, 의성어를 소개하고, 시를 낭송하고 창작하도록 장려한다. 아동은 책의 언어를 듣고 토론하면서 들은 내용을 내면화하며, 그 언어는 곧 자기 언어의 일부가 된다. 연구에 따르면 책을 자주 읽은 아동은 더 정교한 언어 구조와 어휘력을 발달시킨다(Beck & McKeown, 2001; Beck, McKeown, & Kucan, 2013).

다음의 두 가지 사례는 아이들이 읽어 준 책의 문장을 어떻게 자신의 언어로 통합하는지를 잘 보여 준다. 어느 이른 봄날 유치원 아이들이 운동장에서 놀고 있었다. 새 몇 마리가 주위를 여러 번 맴돌았다. 멜리사가 달려와 "모로 선생님, 새들이 운동장 주위를 펄럭이며 날고 있어요."라고 말했다. 처음에는 멜리사의 특이한 단어 선택에 깜짝 놀랐으나 잠시 생각하다가 기억을 떠올렸다. 멜리사가 사용한 단어는 얼마 전에 읽었던 그림 동화책『Jenny's Hat』(Keats, 1966)에 나온 것이었다. 이 책에서는 새들이 제니의 모자 주위를 펄럭이며 날아다닌다. 멜리사는 이 책의 문장을 내면화하여 자신의 어휘로 사용하였다.

눈보라가 몰아친 어느 날 딸아이가 "엄마, 밖에 나가서 놀아도 돼요? 웃는 눈사람을 만들고 싶어요."라고 물었다. 네 살짜리 딸아이가 이런 세련된 언어를 사용한 것에 대해 놀랐고 기뻤다. smiling snowman은 형용사 위치에서 분사를 나타내는데, 이는 7세나 8세 이전 아동의 언어에서 일반적으로 찾아볼 수 없는 구문 구조이다. 그러다 스테파니에게『The Snowy Day』(Keats, 1996)라는 책을 읽어 준 기억이 떠올랐다. 그 책에서 피터는 밖에 나가 웃는 눈사람을 만든다. 스테파니는 이 책의 언어를 자신의 것으로 만들었다.

어휘 지도의 명시적 전략

명시적인 지도가 필요하다. 어떤 활동을 하든 다음 단계가 필요하다.

어휘 회의

지금까지 다른 활동에 포함되거나 즉흥적인 어휘 지도에 대해 논의했다. 하지만 아이들은 어휘 지도를 위한 특별한 시간이 필요하다. 학교 수업 시간에 읽기 및 쓰기 워크숍을 진

행한다. 어휘를 명시적으로 가르치는 시간도 따로 지정한다. 그 시간을 어휘 회의라고 부른다. 어휘 회의는 하루 중 언제라도 할 수 있다. 하루 중 이른 시간에 실시하면 그날 배운 새로운 단어를 하루 종일 연습할 수 있다. 이 회의는 매일 15~20분간 진행되며, 교사가 소규모 수업을 준비한다. 어휘를 가르치기 위한 다양한 전략을 사용할 수 있다. 예를 들어, 교사는 학년 수준의 2단계 단어를 사용하여 아동에게 의미 있는 새로운 단어가 포함된 어휘가 풍부한 메시지를 준비한다. 이 어휘 모임은 이른 시간에 진행되고, 수업은 다음과 같이 진행된다.

- **수업 목적**: anticipate, itinerary, predictions, superior라는 단어 소개
- **교재교구 및 환경**: 새로운 어휘가 포함된 어휘 메시지를 디지털 화이트보드에 투사한다. 새로운 작품을 화이트보드에 적고, 마커와 색인 카드를 제공하며, 화이트보드에 테이프로 색인 카드를 붙인다. 각 아동은 종이에 어휘 메시지가 적힌 유인물을 가지고 있다. 어휘 메시지가 디지털 화이트보드에 투사된다. 새로운 어휘가 메시지에 포함되어 있다.
- **소개**: 넬슨 선생님이 학급 아이들에게 유인물을 읽어 주며 어휘 메시지를 따라 읽어 달라고 요청한다.

Superior Students,

Superior (good) students. One objective (goal), for today is to anticipate (think) about what it means to predict (guess). Johnny Appleseed's birthday is tomorrow. What fruit do you predict we will talk about? Please take time to read the short story about Johnny Appleseed at home tonight. I anticipate that tomorrow will be fun eating food containing apples.

Sincerely,

Ms. Nelson

강화된 단어 벽 단어: and, open, of, that, too

2단계 초점 어휘: magnificent, fond

학습 목표 설정: ("오늘은 내가 쓴/선택한 텍스트를 바탕으로 새로운 어휘 단어를 배울 거예요.") 미국 독서 주간을 맞이하여 재미삼아 읽기 좋은 Dr.Seuss를 여러분에게 소개합니다. 오늘은 여러분이 읽기 연습을 할 때 가게 될 장소에 대해 제가 쓴 글을 해독해 보도록 하겠습니다. 이 글을 읽으면서 낯선 어휘를 찾아보세요.

텍스트 유형:

이야기	수수께끼
시	정보
편지	요리법
저널	목록
노래	기타

Dear Magnificent Readers,

Dr. Seuss reminds us that reading can take us to great places and open many doors. Most of all, reading is fun too! You have brains in your head. You have feet in your shoes. Reading will take you any direction you choose! What types of stories are you fond of?

Sincerely,

차별화를 위한 기회:

- 어휘 지도: magnificent, fond
- 문장 부호 사용
- 유창성과 표현력을 위한 다시 읽기
- 후속 활동: 학급 아이들과 함께 관심 목록 조사를 실시하여 학생들이 읽기에 관심이 있는 것에 대해 자세히 알아본다.
- 소리 내어 읽기 기회: 주디 핀 클러와 케빈 오말리 저, 『Miss Malarkey Leaves No Reader Behind』; 타드 힐스 저, 『How Rocket Learned to Read by Tad Hills』
- 일견 단어 연습
- 대문자 및 소문자

[그림 6-2] 학년 수준: 유치원/초등학교 1학년

출처: Morrow, Kunz, & Hall, 2018.

책을 읽은 후, 아이들에게 아침에 받은 유인물에서 새로운 어휘에 동그라미를 치게 한다. 그런 다음 아이들에게 새로운 어휘의 동의어를 생각해서 유인물의 새로운 단어 옆에 써 보라고 한다. 한 아동은 다음과 같이 유인물을 작성했다.

> 우수한(superior/good) 학생들. 오늘의 한 가지 목적(objective/goal)은 예측(predict/guess)의 의미에 대해 예상(anticipate/think)하는 것입니다. 조니 애플 시드의 생일은 내일입니다. 어떤 과일에 대해 이야기할지 예측(guess)할 수 있을까요?

- **안내된 연습:** 학급에서 작성한 내용을 공유하고, 사용한 다양한 동의어를 공유한다.
- **독립적 연습:** 학생들은 파트너와 함께 어휘력 발달을 위한 프레이어의 네 가지 도식 조직자를 작성한다.

[그림 6-2]는 미국 읽기 주간을 위한 어휘 회의 및 수업의 또 다른 예시이다.

어휘 발달을 위한 다양한 전략

다음은 어휘를 명시적으로 가르칠 때 도입할 수 있는 어휘 발달을 위한 수업과 전략이다.

- **어휘 도식 조직자:** 도식 조직자에는 여러 가지 종류가 있으며, 다양한 기술을 개발하는 데 사용된다. [그림 6-3]은 어휘 발달에 도움이 되는 도식 조직자이다. 새로운 단어가 그림의 가운데에 배치되어 있다. 단어를 정의하고, 단어의 그림을 그리고, 단어의 동의어와 반의어를 제시하고, 마지막으로 문장에 사용하도록 학습자에게 요청한다. 이 활동은 아동이 새로운 단어를 다양한 방식으로 사용하는 데 도움이 되는 명시적인 활동이다.
- **의미론 지도:** 의미론 지도는 아이들이 단어가 서로 어떻게 연관되어 있는지 볼 수 있도록 도와주는 도표이다(Johnson & Pearson, 1984; Otto, 2006). 어휘 발달과 단어의 의미를 풍부하게 하기 위해 다음 방식을 시도한다.

1. 학생의 관심사 또는 학습 주제와 관련된 단어를 선택한다.
2. 칠판이나 경험 차트 용지에 새로운 단어를 적는다.
3. 주제어와 관련된 다른 단어를 브레인스토밍한다.

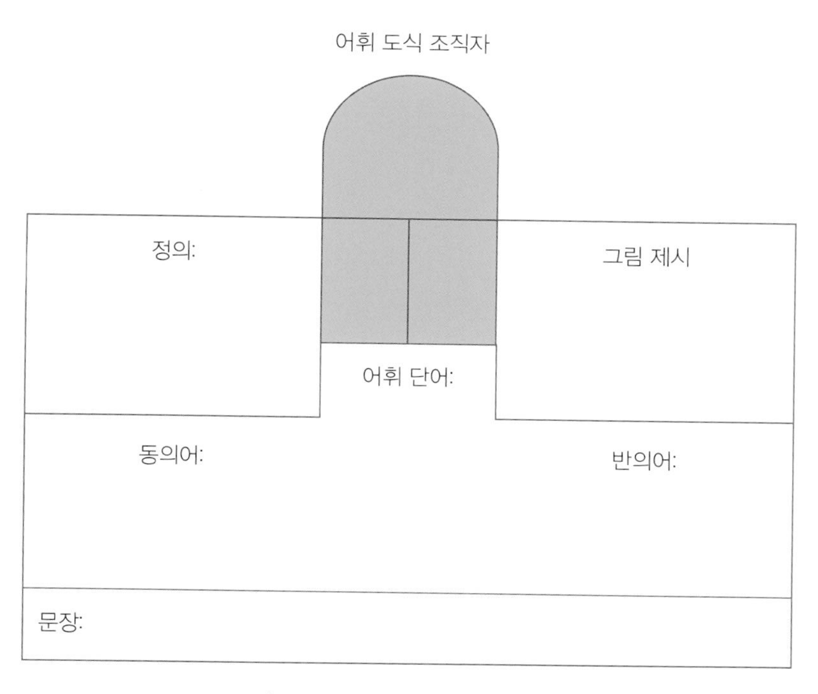

[그림 6-3] 어휘 도식 조직자

4. 새로 등장하는 단어에 대한 범주를 만들고, 이 범주로 분류한다([그림 6-4] 참조).
5. 4번의 새로운 단어를 사용하여 이야기를 만든다(Cox, 2007).
6. 전자 화이트보드를 사용해 어휘 의미론 지도를 만든다.

- **문맥 단서**: 주변 텍스트에서 단서를 사용하는 것은 단어의 의미를 파악하는 중요한 방법이다. 아이들이 적절한 단어를 결정할 수 있도록 문장에 빈칸을 남겨 두는 것은 문맥을 사용하여 단어의 의미를 찾는 방법을 이해하는 데 도움이 되는 활동이다. 문장에서 다른 단어를 찾아 의미를 파악하는 것도 도움이 된다. 학생들은 새로운 단어가 의미 있는 텍스트에 포함되어 있기 때문에 이것이 새로운 단어를 배우는 가장 좋은 방법 중 하나라는 것을 알아야 한다. 학생들이 사용하는 단서는 모르는 단어에 대해 알려 주는 문장의 다른 단어나 구문이다. 단서는 모르는 단어의 앞이나 뒤에 올 수 있으며, 일반적으로 단어와 가까운 곳에 위치한다. 단서는 이전 또는 이후 문장 안에 있을 수 있다. 학생들에게 단서를 통해 단어의 뜻을 추측하게 한 다음 추측이 맞는지 토론하게 한다. 다음 문장은 레오 리오니의 책 『Swimmy』(1987)에 나오는 문장이다. 리오니가 사용하는 특이한 단어는 더 어려운 단어를 둘러싼 단어에서 파악할 수 있다. "어느 궂은 날, 사납고

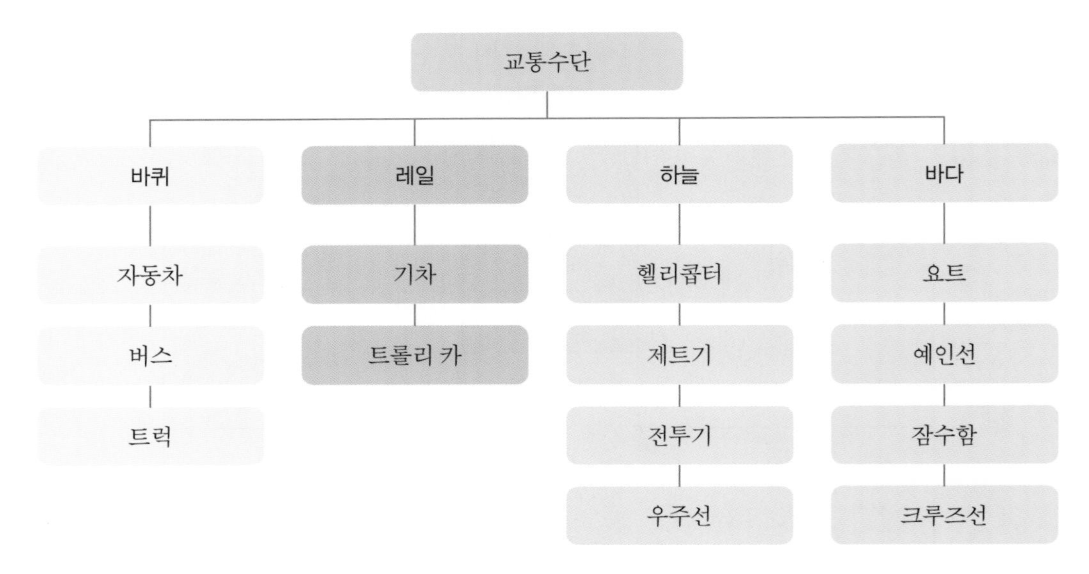

[그림 6-4] 교통수단에 대한 의미론 지도

재빠르며 매우 배고픈 참치 한 마리가 파도를 헤치고 올라왔다."

교사는 어렵지만 알아낼 수 있는 단어 하나를 문장에 빈칸으로 남겨 두었다. 그것은 darting이라는 단어였다. 교사는 빈칸이 있는 문장을 아이들에게 읽어 주고, 거기에 어울리는 단어가 무엇인지 물었다. 아이들은 swimming, rushing, shooting out, jumping, pushing 등의 단어를 제시했다. darting은 익숙하지 않아서 아무도 말하지 않았다. 교사는 아이들의 선택을 칭찬하며, 이야기에 darting이라는 단어를 넣었다. 그러고는 아이들에게 그 단어가 무슨 뜻이라고 생각하는지 물었다. 아이들은 밀고, 쏘고, 돌진하는 것을 의미한다고 답했는데, 이는 이미 아이들이 만들어 낸 단어이며, 생소한 단어인 darting을 정의하는 단어였다.

- 어휘 저널: 단어를 학습한 후 단어 벽이나 교실 곳곳에 게시함으로써 학생들이 어휘 노트나 저널을 사용하여 단어와 그 의미를 독립적으로 생각해 볼 수 있도록 한다. 어휘 저널은 새로 배운 어휘에 대한 이해를 확장하고, 학생들이 독립적으로 읽을 때 눈에 띄고 마음에 드는 단어를 적을 수 있는 공간을 제공한다. 학습 시간을 최대화하기 위해 교사는 주간 '어휘 목록' 또는 한 주 동안 할당된 모든 단어가 포함된 짧은 메모를 만들어 학생들이 노트에 붙여 넣거나 복사하도록 한다.

학생들이 친구들과 단어에 대한 친숙함과 가능한 의미에 대해 열린 대화를 나누도록 권장한다. 학년 초에 어휘 저널을 도입하려면 절차에 대한 검토가 필요하다.

- **수수께끼 단어**: 학생들의 등에 '수수께끼 단어'를 테이프로 붙이고, 학생들이 엿보지 않도록 주의시킨다. 준비가 되면 학생들은 교실을 돌아다니며 파트너를 찾는다. 그런 다음 파트너는 단어를 보여 주지 않고, 서로 돌아가며 어휘를 가져간다.
- **7-Up 문장**: 교사는 최근에 배운 어휘 7개를 나열한다. 아동은 파트너를 위해 '7-Up 문장'을 만들고, 파트너는 교사를 위해 한 세트를 작성한다. 학생들은 문장을 비교한다(Overturf, Montgomery, & Smith, 2013). 수학, 사회, 미술, 음악, 건강 또는 과학의 새로운 어휘에 대해 7-Up 문장을 만들 수 있다.
- **사전과 컴퓨터**: 종이 사전이나 디지털 사전을 사용하는 것도 의미를 찾고 확인하는 학생의 전략 목록에 추가할 수 있는 또 다른 방법이다. 학생들은 단어에 여러 가지 의미가 있으며, 그 의미는 모두 사전에 나열되어 있다는 사실을 배워야 한다. 따라서 사전을 사용할 때는 단어가 등장하는 문맥에서 적합한 단어의 의미를 선택해야 한다. 초등학교에서는 아동을 위해 특별히 제작된 사전을 사용해야 한다(Graves, Juel, & Graves, 2006).
- **품사**: 품사 학습은 2학년과 3학년이 어휘와 의미를 쌓는 방법이다. 잘 알려진 접두사와 접미사, 일반적으로 사용되는 단어의 어근인 품사를 선택한다. 이 중 몇 가지에 대한 지식만 있으면, 아이들은 자신만의 단어를 만들 수 있다. 아이들에게 의미 파악을 위해 품사를 사용하여 설명하도록 가르친다. 예를 들어, 학생들이 품사의 의미를 배우면, 다음과 같이 단어 조합에 대해 설명할 수 있다: "접두사 dis가 '아니다'를 의미한다는 것도 알고, content라는 단어가 행복하거나 기쁘다는 뜻이라는 것도 알아요. content라는 단어에 dis를 붙이면 불만이라는 뜻이 되겠죠. 이제 누군가가 행복하지 않다는 뜻이 되겠죠."
- **단어 추측 게임**: 아이들이 소집단으로 한 단어에 대한 제스처를 만든다. 나머지 학생들이 알아맞힐 수 있도록 연기한다. 때때로 학생들은 다른 학생들이 잠시 동안 볼 수 있도록 제스처를 멈추기도 한다. 활동을 수반한 전략은 어휘 기억으로 이어진다(Overturf et al., 2013).
- **책과 게임**: 어휘력이 풍부한 2, 3학년 교실에서는 언어와 어휘 발달을 위한 다양한 책과 단어 게임을 제공한다. 도서 코너에는 수수께끼 책, 농담 책, 말장난 책이 포함되어야 한다. 픽션과 논픽션 등 다양한 장르의 아동 문학이 있다. Boggle, Pictionary, Scrabble, 십자 풀이와 같은 단어 게임을 통해 아동은 우스꽝스러운 문맥에서 단어를 경험하고 다양한 방식으로 어휘를 구축하고 사용한다(Blachowicz & Fisher, 2002).
- **어휘 랩**: 랩은 아이들이 관심을 보이는 인기 있는 음악 유형이다. 음악을 사용하면 기억하는 데 도움이 된다. 어휘에 대해 다음 문장을 사용한다. "내가 ___________(어휘 단

어)라고 말할 때 너는 __________ (어휘 단어의 동의어)라고 말한다." 반대말을 두 번째 단어로 사용할 수도 있다. 학생들은 자신만의 어휘 힙합 라임을 만들 수 있다. 아이들이 라임을 외칠 때 힙합 음악에 맞춰 움직이도록 한다(Overturf et al., 2013).

- **어휘 보드 게임**: Bingo와 Lotto 같은 게임을 어휘 보드 게임으로 만들 수 있는데, 빙고를 얻고, 로또에서 일치하는 방식으로 개념 정의, 반의어와 동의어를 제시한다.
- **어휘 템플릿 게임**: 단어 학습 전략에 관해 살펴보는 8장에는 발음 중심 읽기를 돕기 위해 아이들이 할 수 있는 몇 가지 게임이 있다. 237쪽에는 학생들이 맞춰야 하는 퍼즐 조각이 있다. 이 퍼즐 조각에는 새로운 어휘 단어가 있으며, 그 단어의 정의가 맞는 퍼즐 조각이다. 어휘 단어를 사용하여 동의어 일치, 동음어 일치 또는 반의어 일치를 찾을 수도 있다. 또한 단어 바퀴 템플릿의 단어 바퀴에는 어휘 단어가 제시되어 있다. 바퀴를 돌리면 반의어, 동의어 또는 정의를 찾을 수 있다.

대화 촉진

아동은 학교에 입학할 무렵까지 일상생활에서 다양한 대화의 기회를 가진다. 대부분의 대화는 즉흥적으로 이루어지며 실제 경험을 다룬다. 부모와의 대화에는 질문과 답변이 포함되며, 부모가 직접 토론을 주도하기도 한다. 구조화된 질의응답 토론에서 교사는 "만약 …이라면 어떻게 될까?", "만약 …이라면 어떻게 하겠니?" 및 "이유를 말해 보자."와 같이 대화를 유도하는 개방형 질문을 제공한다. 이러한 대화는 지시적이지 않으며, 아동이 자발적이고 의미 있는 언어를 만드는 데 적극적인 역할을 할 수 있다.

대화는 3~6명 아동이 포함된 소집단 환경에서 가장 잘 이루어진다. 그 이상의 인원이 모이면 대규모 집단 토론이 된다. 대화는 교사와 함께 소집단으로 진행하거나, 교사 없이 공식적 또는 비공식적인 방식으로 진행할 수 있다.

교사와 소집단 대화. 소집단 대화가 생산적으로 이루어지려면 지침을 정하고, 이를 따라야 한다.

1. 아동은 대화할 때 다른 사람의 말을 경청해야 한다.
2. 아동은 돌아가면서 이야기해야 한다.
3. 아동은 필요한 경우 차례를 확인하기 위해 손을 들고, 서로 방해하지 않는다.
4. 교사와 아동은 대화 주제와 관련된 이야기를 유지해야 한다.

5. 교사는 대화가 목적에서 벗어날 경우 목적에 맞게 진행되도록 돕는다.
6. 교사가 참여자가 될 때 교사의 대화는 최소한으로 유지해야 한다.

교사는 아동과 동일한 규칙을 따라야 한다. 다른 사람이 말할 때 경청하기, 차례대로 말하기, 수다 떨지 않기 등이다.

교사 없는 공식 대화. 구조화된 토론의 또 다른 유형은 아동이 주제에 대해 스스로 토론하는 경우와 같이 교사가 없는 공식적인 대화이다. 이러한 상황에서는 집단 리더를 선정하여 대화를 이끌고, 집단에 속한 모든 사람이 지침을 따르도록 해야 한다. 교사가 있을 때, 생산적인 대화를 위한 동일한 지침은 아동이 직접 대화를 주도할 때도 적용된다.

1. 아동은 대화할 때 다른 사람의 말을 경청해야 한다.
2. 아동은 돌아가면서 이야기해야 한다.
3. 아동은 필요한 경우 손을 들어야 한다.
4. 모든 아동이 대화의 목적과 관련 있는 대화를 유지해야 한다.

교사 없는 비공식 대화. 공식적인 대화 기회 외에도 아동은 리더나 구체적인 결과물 없이 대화할 시간이 필요하다. 이러한 유형의 대화는 자유 놀이 시간, 영역 시간 또는 바깥 놀이 시간에 이루어질 가능성이 높다. 이러한 유형의 대화를 장려하는 교실은 시끄러울 수 있지만, 아동이 학교의 사회적 환경에서 언어를 사용할 기회를 갖는 것이 중요하다.

발화 유형. 학생들은 대화를 해야 하는 조직 구조의 유형을 배우는 것 외에도 심미적 발화, 발산적 발화, 극놀이 활동에서의 발화를 포함한 다양한 유형의 비공식적 또래 간 발화를 경험해야 한다.

심미적 발화는 일반적으로 아동 문학을 중심으로 진행된다. 이 강연에서 아동은 자신이 읽거나 들은 내용을 해석할 기회를 갖게 된다. 아동은 문학에 대해 토론하고, 이야기를 들려주고, 낭독극에 참여할 때 심미적 발화에 참여할 수 있다. 이러한 활동은 교실에서의 아동 문학 활용을 다룬 9장에서 자세히 살펴본다. 심미적 발화에 아동을 참여시키는 것은 쉽게 할 수 있다. 다음 내용은 '관용'을 다루는 단원에 근거한 교실 대화와 린 선생님의 2학년 학생들이 관심 있는 주제에 대해 어떻게 토론에 참여했는지를 보여 주는 사례이다.

이번 기념 기간에는 학교 차원의 인성 교육 주제의 일환으로 관용에 대해 학습하고 있다.

이 주제는 조회 시간에 소개되었던 줌바 댄스 시연과 책『My Friend with Autism』(Bishop, 2011)에서 발췌한 내용이다. 학기 말에 학교에서는 비영리 단체의 자폐 스펙트럼 장애 연구 기금 마련을 위해 줌바 댄스타임을 개최할 예정이다.

채점 기간 내내 교사들은 토론을 중재하고 관용에 대한 활동을 진행한다. 오늘 린 선생님의 2학년 학생들은 작가이자 교육자인 존 패럴이 쓴 노래 〈How Would You Feel〉을 듣고 있다. 학생들은 둥글게 둘러앉아 각자 johnfarrell.net에서 가사의 사본을 다운로드받았다.

린 선생님: 여러분이 듣게 될 노래는 실제 사건, 즉 실제 사람들에게 일어났던 일을 바탕으로 만들어진 노래예요. 이 노래가 우리의 관용 주제와 어떤 관련이 있는지 자세히 들어 보면서 페이지를 따라가 보겠습니다.

학생들은 가사 페이지를 보면서 노래를 듣고 따라 부른다. 이를 통해 학생들은 노래의 메시지에 집중할 수 있다. 그런 다음 노래의 주요 아이디어와 세부 사항을 이야기하는 토론을 진행한다. 린 선생님이 토론을 시작한다.

린 선생님: 관용은 나와 다른 사람을 기꺼이 받아들이려는 의지로 정의해요. 공정성은 다른 사람들이 부당한 대우를 받지 않도록 옳은 일을 하는 것이에요. 노래의 어떤 부분이 이러한 정의와 일치하나요?

저반: 노래의 첫 부분은 핼러윈에 사탕을 훔친 소년의 이야기를 담고 있습니다. 그건 공평함을 위한 것이죠. 그들은 소년을 공평하게 대하지 않아요.

브래디: 네, 그들은 그를 밀어붙이죠. 그건 '다른 사람들이 부당한 대우를 받지 않도록 옳은 일을 하는 것'과는 정반대 상황입니다.

린 선생님: 네, 맞아요! 노래에서 일치하는 또 다른 세부 사항은 무엇인가요?

테라: 다음 줄 가사에서 항상 여자애가 마지막에 선택돼요. 그 여자애는 스포츠를 잘 못하는 것 같아요.

린 선생님: 좋아요, 그게 우리 주제와 무슨 관련이 있나요?

코너: 그녀가 팀에 있으면 이기기가 더 어렵다고 하네요. 그럼 왜 그녀를 원했을까요? 불공평하다는 건 알지만, 왜 그녀가 선택되지 않는지 이해가 되네요.

테라: 이기는 게 중요한 게 아니야, 코너! 재미로 게임을 하는 거야. 원하지 않는다면 결코 재미있지 않아. 그건 옳지 않아.

린 선생님: 훌륭한 관찰이네요, 테라. 마지막 예는 어떤가요?

호프: 마지막 예는 관용에 대한 좋은 사례예요. 그 소녀는 옷차림이 다르고 말투가 이상했지만, 여전히 친구가 되어 달라고 부탁했어요.

토론을 통해 린 선생님은 학생들이 노래에 대해 확실히 이해하고 있음을 알 수 있었다. 학생들은 가장 중요한 세부 사항을 이야기하고, 이를 자신의 학습 주제와 연결하였다.

발산적 발화는 정보를 제공하고 설득하는 데 사용된다. 발산적 발화는 연구 중인 주제에 대한 토론에서 발생한다. 사실, 세부 사항 및 정보에 관한 것이다. 또한 보여 주고 말하기, 구두 보고, 실생활에서 일어나는 심각한 일에 대한 대화, 면접, 토론과 같은 상황에서도 발생한다. 이러한 유형의 발화는 이전에 논의한 것보다 더 어려워 종종 아동에게 준비가 필요하다.

다음은 허셜 선생님의 1학년 학생들이 발산적 발화를 사용하여 토론한 내용이다. 아이들은 과거와 현재의 차이에 초점을 맞춰 사회 단원의 시간 개념을 구축하고 있다. 허셜 선생님은 숙제를 위해 학생들이 시청하고 댓글을 달 수 있는 VoiceThread를 만들었다. 이 온라인 슬라이드쇼는 과거에 사용된 물건과 현재 사용되는 물건을 묘사한 사진 및 동영상 모음이다. VoiceThread는 사용자가 표준 서면 댓글 외에 비디오 또는 오디오 댓글을 제시할 수 있기 때문에 어린 학습자에게 훌륭한 도구이다. 아이들은 집에서 숙제를 할 때 댓글 기능을 사용하여 슬라이드 중 하나에 질문을 녹음한다. 학생들은 과거와 현재에 대해 배우는 것 외에도 기술을 사용하고 추가 정보를 얻거나 명확히 하기 위해 질문하는 능력을 기르고 있다.

허셜 선생님은 이러한 댓글을 검토하고, 자신의 견해를 게시하여 응답한다. 영역 시간에는 학생들이 VoiceThread를 다시 보고 허셜 선생님의 댓글을 듣는다. 다음은 VoiceThread의 오디오 및 비디오 댓글의 녹취록이다.

허셜 선생님: 이건 축음기예요. 1877년 토머스 에디슨이 발명했어요. 음악을 재생할 뿐만 아니라 소리도 녹음할 수 있었어요!

비디오: [음악 재생]

나탈리: 꽃이 스피커인가요?

허셜 선생님: 네, 꽃은 소리가 나오는 '혼'이라고 불려요. 이것은 노트북이에요. 오늘날 사람들은 컴퓨터에서 Microsoft Word와 같은 워드 프로세스 프로그램을 사용하여 타이핑을 해요.

제니퍼: 이거 맥북인가요?

허셜 선생님: 아니요, HP에서 만든 제품입니다. 이제 이것은 타자기입니다. 과거에는 사

람들이 타이핑하는 데 사용했죠. 키를 누르면 종이에 바로 인쇄가 되죠.

비디오: [누군가 타이핑 중]

존: 어렸을 때 그런 게 있었나요?

허셜 선생님: 아니요, 항상 컴퓨터를 사용했어요. 하지만 아버지가 사용하시던 타자기가 있었어요.

콜린: 얼마나 오래되었나요?

허셜 선생님: 이건 1960년대에 나온 사진이에요.

제니: 타자기는 누가 발명했나요?

허셜 선생님: 최초의 타자기는 1714년 헨리 밀이 만들었어요. 다음 타자기는 1808년 펠레그리노 투리가 시각장애인을 위해 만들었어요. 오늘날의 타자기와 같은 위치에 키가 있는 최초의 타자기는 1878년에 만들어졌어요. 크리스토퍼 래덤 숄스와 카를로스 글리덴이 발명했어요.

재미있고 흥미로우며 새로운 단어 학습에 열정을 불러일으키는 어휘 발달 아이디어는 무궁무진하다. 어휘를 발달시킬 수 있는 온라인 사이트와 『Teaching Vocabulary in All Classrooms』(Blachowicz & Fisher, 2015) 및 『Word Nerds: Teaching All Students to Learn and Love Vocabulary』(Overturf et al., 2013)와 같은 여러 책이 있다.

아동의 언어 및 어휘 발달 평가

아동의 언어가 예상되는 발달 단계를 따르고 있는지 평가하는 것이 중요하다. 평가는 또한 아동이 얼마나 발달했는지를 결정한다. 평가라는 단어는 진행 상황을 판단하기 위해 몇 가지 빈번한 측정을 제안한다. 평가는 교육 목표와 전략을 반영해야 한다. 평가에는 다양한 상황에서 사용되는 광범위한 기술에 대한 평가가 포함되어야 한다. 예를 들어, 어떤 학생은 지필 시험보다 면접에서 더 좋은 성적을 거둘 수 있다. 따라서 두 가지 평가 방법을 모두 사용해야 한다. 문해력에는 다양한 기술이 포함되므로 아동의 강점과 약점을 파악하기 위해서는 가능한 한 많은 기술을 평가하는 것이 중요하다. 안타깝게도 많은 평가 도구는 측정 범위가 좁아 아동의 전체 능력을 측정하지 못하는 경우가 많다. 평가는 비공식 평가와 표준화된 언어 평가의 두 가지 주요 범주로 구분된다.

비공식 평가

언어와 어휘를 평가할 때 사용해야 할 기본 개념이 있다. 다음은 몇 가지 지침이다.

- 교사의 지도 내용을 반영하는 도구를 사용한다.
- 학생 자기 평가를 통합한다.
- 학생들이 알아야 할 단어를 평가한다.
- 어휘 평가 도구는 해당 단어를 안다는 것이 무엇을 의미하는지를 평가해야 한다.
- 어휘 평가는 체계적으로 이루어져야 한다.
- 명시적으로 배운 어휘를 평가한다.
- 아동은 혼자 또는 다른 학생이나 교사와 함께 자신의 어휘를 평가하는 데 참여해야 한다.

유아기 아동의 언어 발달을 측정하는 방법에는 2장에서 설명한 초기 문해력 발달 측정에 사용되는 방법과 유사한 여러 가지가 있다.

체크리스트는 교사에게 간결한 개요를 제공하고, 개별 아동에게 적합한 응답란을 제공하기 때문에 실용적이다. 학기 중에 주기적으로 사용하는 것이 가장 효과적이다([그림 6-5] 참조). 일 년에 3~4회 평가는 진행 상황을 판단하는 데 충분한 자료를 제공한다. 프로그램 목표는 체크리스트에 포함할 기준을 제공한다.

일화 기록은 언어 평가의 또 다른 형태이다. 시간이 많이 걸리는 경향이 있지만, 풍부한 정보를 얻을 수 있다. 낱장 노트와 파일 카드는 일화 기록을 위한 두 가지 수단을 제공한다. 이러한 기록에는 특별한 형식이 필요하지 않다. 대신 교사나 부모는 사건이나 에피소드가 발생한 날에 간단히 기록하면 된다. 체크리스트처럼 아동의 언어 샘플과 언어와 관련된 상황을 기록할 수 있다. 한 학년 동안의 성장을 확인하기 위해 주기적으로 일화 샘플이 필요하다.

오디오 및 비디오 녹화는 언어를 평가하는 또 다른 수단이다. 이 과정은 공개 면접 또는 비공개 녹음의 형태를 취할 수 있다. 자신이 오디오 또는 비디오로 녹화되고 있다는 사실을 모르는 아동은 위축되지 않고, 자발적인 태도를 보일 가능성이 높다(Genishi & Dyson, 1984; McGee, 2007; Otto, 2006).

녹음할 때는 녹음 장치(테이프 레코더, 디지털 음성 녹음기, 스마트폰 또는 태블릿)를 전사하고 분석할 만큼 선명하게 언어를 녹음할 수 있도록 배치한다. 아동과 친숙한 성인이 면접을 진행하면 아동과의 면접이 더 자연스러울 수 있다. 또는 테이프 레코더나 태블릿을 교실에서 자주 사용하여 친숙한 도구가 되도록 하는 것도 도움이 된다. 이러한 상황에서는 평가 면접

아동 이름: ______________________ 날짜: ____________

	항상	가끔	전혀	의견
음소 소리를 만든다.				
한 단어 문장으로 말한다.				
두 단어 문장으로 말한다.				
친숙한 소리를 식별한다.				
유사한 소리를 구별한다.				
다른 사람이 말할 때 다른 사람의 언어를 이해한다.				
구두 지시를 따른다.				
다른 사람과 자유롭게 대화한다.				
단어를 정확하게 발음한다.				
성숙도에 맞는 적절한 어휘를 사용한다.				
완전한 문장으로 말한다.				
다양한 구문 구조를 사용한다.				
다른 사람이 이해할 수 있다.				
교사 의견:				

[그림 6-5] 언어 발달 평가를 위한 체크리스트

에 이 장치를 사용할 때 아동이 위협을 느끼지 않는다.

자연어 샘플을 녹음하기 위해 아동의 경험에 대해 이야기한다. 가정, 좋아하는 게임이나 장난감, 좋아하는 TV 프로그램, 형제자매, 최근 다녀온 여행 또는 생일 파티에 대해 물어본다. 아동의 언어 능력에 대한 전형적인 샘플을 제공하는 자발적 언어 말뭉치를 수집하기 위해 노력한다.

1년에 서너 번 오디오 평가 샘플을 녹음한다. 아동이 직접 녹음한 자신의 목소리를 듣고 경험을 즐기도록 한다. 그런 다음 평가를 위해 녹음 내용을 전사한다. Listen N Write와 같은 무료 전사 소프트웨어를 사용하면 WAV와 MP3 파일을 변환하는 데 걸리는 시간을 줄이고, 더 많은 양의 언어를 더 쉽고 더 자주 편집할 수 있다. 발화된 단어 수와 연결된 단일 발화(예: "Tommy's cookie" 또는 "Me want water.")에서 사용된 단어 수와 같은 항목에 대한 전사 내용을 분석한다. 이러한 발화의 길이를 평균하여 평균 길이를 측정할 수 있다. 발화 길이는 복잡성의 척도로 간주된다. 아동이 "This is my cookie."와 같이 일반적인 문장으로 말하기 시작하면 t-단위의 길이를 측정한다. **t-단위**는 종속절이 있다고 가정할 때, 모든 종속절이 연결된 독립절이다. 단순하거나 복잡한 문장이 된다. 복합문은 두 개의 t-단위로 구성된다. 발화 길이와 마찬가지로 t-단위 길이는 언어의 복잡성을 나타내는 척도이다. 일반적으로 사용자의 연령에 따라 증가하고, 단위당 단어 수가 많을수록 단위가 더 복잡해진다(Hunt, 1970).

녹음된 발화와 t-단위를 추가로 분석하면 형용사, 부사, 종속절, 부정사, 소유격, 피동사, 복수형 등 아동이 사용하는 언어 요소를 확인할 수 있다. 사용된 내포 및 구문론 요소가 복잡할수록 전반적으로 언어가 더 복잡하다(Morrow, 1978). 1년에 걸쳐 여러 샘플에서 얻은 자료가 가장 잘 보여 준다.

다음은 초등학교 2학년 7세 남아의 녹음된 언어 샘플을 그대로 옮겨 놓은 것이다. 아동에게 그림책을 보여 주고, 그림을 보면서 이야기를 들려달라고 요청했다.

> He's getting up in the morning and he's looking out the window with his cat and after he gets out of bed he brushes his teeth then when he gets done brushing his teeth, he eats breakfast and then when he after he eats breakfast he he gets dressed to play some games then in the afternoon he plays with his toys then in the afternoon he plays doctor and early in the day he plays Cowboys and Indians then when it's in the afternoon close to suppertime he plays Cops and Robbers when he's playing in his castle he likes to dream of a magic carpet he's driving his ship on the waves he's uh circus uh ringmaster he's lifting up a fat lady I mean a clown is standing on a horse a clown is on a high wire somebody fell and then hurt their head the cowboy is bringing some ice cream to the hurt man that night he goes in the bathroom and gets washed and then he goes to bed then he dreams I don't know what he's dreaming I will think of what he's dreaming he's dreaming of going to play and he's playing the same things over.

샘플을 전사한 후 언어를 t-단위로 분절한다. 다음은 분절된 t-단위의 샘플이다(aaa 또는 시작 단계에서 실패한 발화는 계산되지 않는다).

1. He's getting up in the morning. (6)
2. And he's looking out the window with his cat. (9)

3. And after he gets out of bed he brushes his teeth. (11)
4. Then when he gets done brushing his teeth, he eats. (9)
5. He eats breakfast. (3)
6. And then (when he) after he eats breakfast he (he) gets dressed to play some games. (12)
7. Then in the afternoon he plays with his toys. (9)
8. Then in the afternoon he plays doctor. (7)
9. And early in the day he plays Cowboys and Indians. (10)
10. Then when it's in the afternoon close to suppertime he plays Cops and Robbers. (14)
11. When he's playing in his castle he likes to dream of a magic carpet. (14)
12. He's driving his ship on the waves. (7)
13. He's (uh) circus (uh) ringmaster. (3)
14. He's lifting up a fat lady. (6)
15. I mean a clown is standing on a horse. (9)
16. A clown is on a high wire. (7)
17. Somebody fell and then hurt their head. (7)
18. The cowboy is bringing some ice cream to the hurt man. (11)
19. That night he goes in the bathroom and gets washed. (10)
20. And then he goes to bed. (6)
21. Then he dreams. (3)
22. I don't know what he's dreaming. (6)
23. I will think of what he's dreaming. (7)
24. He's dreaming of going to play. (6)
25. And he's playing the same things over. (7)

이제 ① 각 문장의 끝에 t-단위당 단어 수를 표기한다. ② 더한다. ③ t-단위 수로 나눈다(이렇게 하면 t-단위당 평균 길이를 알 수 있다). ④ 말한 단어의 총 개수를 센다. ⑤ 다른 단어의 수를 센다. ⑥ 언어 샘플에 사용된 형용사의 수를 센다. ⑦ 결과: 아동은 129개의 단어를 말했고, t-단위당 5.16개의 단어를 사용했다.

표준화된 언어 평가

지금까지 살펴본 언어 발달 평가는 비공식적 방법에 대한 논의였다. 어린이집부터 초등학교까지 다양한 목적과 연령 수준에 따라 사용되는 표준화된 측정 방법이 있다. 다음은 몇 가지 표준화된 측정 방법이다.

- 피바디 그림 어휘력 검사, 5판(PPVT™-5)(Dunn & Dunn, 1997), 웹사이트: https://www.pearsonclinical.com/language/products/100001984/peabody-picture-vocabulary-test-fifth-edition.html?origsearchtext=100001984

  PPVT는 표준 영어의 수용 어휘를 광범위하게 측정하는 대표적인 검사이자 언어 능력 선별 검사이다. 개별적으로 시행되는 이 표준 참조 검사는 검사와 재검사를 위한 두 가지 병행 양식이 있다. 채점은 객관적이고 신속하게 이루어지며, 검사 시행에 걸리는 시간은 10~15분이다.
- 음성 언어 및 문해력 교사 평가(TROLL), 조기 읽기 성취도 향상 센터(CIERA), 미시간 대학교 교육대학원, 앤 아버, 미시간주 48109

  TROLL은 개별 아동의 언어 및 문해력 발달을 어린이집 교사가 추적하는 방법을 제공하는 평가 도구이다. TROLL은 언어 사용, 읽기, 쓰기를 측정한다. 25개 항목으로 구성되어 있으며, 5~10분 안에 검사를 진행할 수 있다.
- 우드콕-존슨 III(WjIII) NU 성취도 검사

  WjIII NU 성취도 검사는 5분 안에 시행할 수 있으며, 두 가지 형식이 병행된다. 음성 언어, 기본 기술 및 유창성 검사가 있다.

다른 검사로는 언어 발달 검사: 초등, 4~8세(TOLD)(Hresko, Reid, & Hammill, 1999)와 한 단어 그림 표현 어휘 검사, 2~18세(EOWPVT)(Brownell, 2000)가 있다. 이러한 검사는 아동의 어휘 발달과 복잡한 문장 구조 사용에 대한 정보를 교사에게 제공한다(McGee, 2007).

오늘날의 교육 환경에서는 특정 요구 사항을 충족하는 표준 평가 도구를 선택하여 말하기와 듣기 및 언어의 주정부 공통 핵심 표준을 충족하기 위해서는 학생들의 진도를 평가하는 것이 중요하다.

Chapter 07

발현적 문해력 기술 및 전략: 아동의 단어 이해 지원

사진 제공: Lord and Leverett/Pearson Education Ltd

학습 결과

이 장을 읽고 나면 다음과 같이 할 수 있다.

7.1. 초기 문해력에서 단어 이해와 관련된 이론과 연구에 대해 설명한다.

7.2. 아동이 인쇄물 개념에 대해 배워야 할 내용을 이해한다.

7.3. 알파벳을 가르치는 다양한 방법을 알아본다.

7.4. 발음 중심 교수법 이외에 단어 이해 전략을 설명한다.

7.5. 발현적 문해력 기술을 평가한다.

단어 학습 기술과 인쇄물에 대한 지식에는 아동이 단어를 이해하고 독립적인 독자가 되는 데 도움이 되는 학습 전략이 포함된다. 단어 학습 기술에는 알파벳 학습과 문맥 및 구문론을 사용하여 단어를 이해하는 방법이 포함된다. 일견 어휘의 발달에는 단어 배열의 사용 또는 단어 모양과 구조 분석(접두사, 접미사 또는 어근과 같은 단어의 다른 부분에 주의)의 사용이 포함된다. 발음 중심 교수법과 음소 인식은 가장 잘 알려진 단어 학습 전략으로 8장에서 자세히 살펴본다.

초기 문해력에서의 단어 이해: 이론과 연구

문해력은 태어날 때부터 시작하여 평생 동안 지속되는 과정이다. 아동의 문해력 성취 수준은 개인차가 있으므로 과제를 완수해야 한다는 압박을 주거나 미리 정해진 시간표에 따라 과제를 수행하도록 강요해서는 안 된다. 연구자들에 따르면 아동은 인쇄물이 읽기와 쓰기의 첫 단계로 기능한다는 사실을 안다(McGee & Morrow, 2005). 아동이 처음으로 말하고, 읽고, 쓰는 단어는 가족 이름, 식료품 명칭, 도로 표지판, 패스트푸드점 이름과 같이 생활에서 의미, 목적, 기능을 가진 단어이다.

인쇄물의 기능을 이해한 이후, 아동은 인쇄물의 형식에 관심을 가지게 된다. 글자와 단어의 이름, 소리, 구성에 대한 세부 사항은 이제 인쇄물의 기능에 대한 단순한 이해를 넘어 아동의 학습에 도움이 된다.

그런 다음 아동은 인쇄물의 관례를 배운다. 이 과정에서 왼쪽에서 오른쪽으로 읽고 쓴다는 것, 구두점이 읽고 쓰는 데 도움이 된다는 것, 띄어쓰기가 글자와 단어를 구분한다는 것을 인식한다. 인쇄물의 기능에 대한 인식이 읽기 및 쓰기 발달의 첫 번째 단계를 지배하지만, 아동은 인쇄물의 형식과 관례에 대한 관심과 개념을 동시에 습득한다.

연구자들은 아동이 초기 읽기 및 쓰기 발달의 한 단계에서 다음 단계로 체계적으로 나아가는 것이 아니라 한 걸음 앞으로 나아갔다가 다음 날 한 걸음 뒤로 물러날 수 있다고 경고한다. 예를 들어, 아동의 알파벳 지식 검사 결과 15개의 글자를 식별할 수 있다면 다음 날에는 12개만 식별할 수도 있다.

단어 인식에는 세 가지 발달 수준이 있다: 아동은 먼저 시각과 문맥을 통해 단어를 식별한 다음, 글자-소리 단서를 사용하고, 마지막으로 단어를 소리 내는 것에 의존한다(Cunningham, 2009; McCormick & Mason, 1981). 이야기를 읽는 동안 아동의 초기 질문과 의견은 그림과 이야기의 의미와 관련이 있다. 이야기 읽기에 대한 경험이 쌓이면서 질문과 의견은 글자 이름, 개별 단어 읽기 또는 단어 소리 내기 시도와 관련되기 시작한다(Cunningham, 2009; McAfee & Leong, 1997; Neuman & Roskos, 1998). 초기 반응에서는 인쇄물의 기능이 중요하고, 이후 반응에서는 인쇄물의 형식이 더 중요하다.

어떤 아동은 정규 교육을 위한 학교에 입학하기 전에 읽기와 쓰기에 대한 상당한 정보를 가지고 있다. 심지어 어떤 아동은 학교에 입학하기 전에 읽고 쓸 수 있다. 인쇄물을 거의 접하지 못하고 가정에 책이 없는 상태에서 학교에 입학하는 아동도 있다. 인쇄물을 접하고 문해력이 풍부한 환경에서 성장한 아동은 그리기와 쓰기의 차이를 알고, 책을 읽기와 연결한다. 그들은 환경 인쇄물을 읽을 수 있으며, 의미는 읽기와 쓰기의 기능이라는 사실을 깨닫는다. 이러한 환경에 노출되지 않은 아동은 책과 인쇄물에 대한 이러한 개념을 갖지 못한다.

초기 읽기와 쓰기는 실생활 경험에 내재되어 있다. 많은 가정에서 의미 있는 문해력과 관련된 활동을 함께한다. 서로에게 메모, 목록, 명절 인사말, 안내 등을 작성한다. 그러나 많은 아동은 이러한 기회를 가지지 못하고, 동일 연령에 동일한 기술을 발달시키지 못할 수 있다(Allington, 2009; Kuhn et al., 2006).

아동이 읽기와 쓰기를 기능적이고 목적이 있으며 유용하다고 생각하면 문해력 활동에 참여할 가능성이 높다. 초기 읽기 및 쓰기 행동 연구에 따르면 어린 아동은 기능적 사용을 통해 읽기와 쓰기에 대한 첫 번째 정보를 습득한다(Cook-Cottone, 2004; McGee & Morrow, 2005). 식료품 목록; 장난감, 포장지, 가전제품, 비상약품상자; 레시피; 전화 메시지; 가정통신문; 종교 자료; 메뉴; 가정 안팎의 환경 인쇄물; 우편물; 잡지; 신문; 동화책 읽기자료; TV 채널; 전화번호; 가족 구성원 간 대화; 편지 및 이름 등은 아동이 매일 접하는 기능적 문해력 정보의 샘플에 불과하다. 어린 아동은 이메일, 문자 메시지, 비디오 게임 사용법도 알고 있으며, 문해력과 기술에 관심이 많다. 아동은 이러한 형태의 문해력에 친숙하고, 여기에 참여하며, 놀이에서 사용하는 흉내를 내고, 그 목적을 이해한다. 부모와 양육자, 어린이집 및 유치원 교사는 아동이 이미 경험한 것과 유사한 읽기 경험을 제공해야 한다.

이 장에서는 책의 용도를 이해하는 과정과 단어를 파악하는 초기 전략을 시작하기 위한 발현적 문해력 기술에 대해 설명한다. 책과 인쇄물에 대한 개념 학습, 알파벳, 일견 단어 읽기, 고빈도 단어, 언어 경험 접근법, 환경 인쇄물, 문맥을 사용한 단어와 구문론 파악하기 등이 논의될 주제이다.

인쇄물 개념에 대한 학습 내용

아동이 어릴 때부터 교사는 책을 다루는 방법, 책의 구성 요소, 그림과 인쇄물의 차이점에 대해 이야기한다. 책을 일찍 접한 아동은 이러한 개념 중 많은 부분을 알고 있다. 이러한 개념은 타고난 것이 아니므로 반드시 가르쳐야 한다. 책과 인쇄물 개념에 대한 지식은 문해력을 위한 중요한 단계이다. [그림 7-1] 책에 대한 개념 및 인쇄물 관례의 체크리스트를 참조한다.

책과 인쇄물의 개념 발달을 위한 목표

책에 대해 좋은 개념을 가진 아동:

1. 책은 읽기 위한 것임을 알고 있다.
2. 책의 앞, 뒤, 위, 아래를 식별할 수 있다.
3. 책의 페이지를 올바른 방향으로 제대로 넘길 수 있다.
4. 인쇄물과 그림의 차이점을 알고 있다.
5. 페이지의 그림이 인쇄물의 내용과 관련 있다는 사실을 알고 있다.
6. 페이지에서 읽기를 시작할 위치를 알고 있다.
7. 제목이 무엇인지 알고 있다.
8. 글작가가 무엇인지 알고 있다.
9. 그림작가가 무엇인지 알고 있다.
10. 인쇄물을 왼쪽에서 오른쪽으로 읽어야 한다는 것을 알고 있다.
11. 음성 언어를 적어서 읽을 수 있다는 것을 알고 있다.
12. 글자가 무엇인지 알고 글자를 가리킬 수 있다.
13. 단어가 무엇인지 알고 인쇄된 페이지에서 단어를 가리킬 수 있다.
14. 단어 사이에 띄어쓰기가 있다는 것을 알고 있다.

아동 이름: ______________________ 날짜: ____________

안내: 굵은 글씨로 표시된 단어와 구는 아동이 보여 줄 수 있어야 하는 기술이다. 이탤릭체로 된 문장은 인쇄물의 관례에 대한 지식을 평가할 때 아동에게 제시하는 프롬프트이다. 이 평가는 교사가 책의 일부와 구두점을 여러 번 표시한 이야기를 아동에게 읽어 준 후에 실시해야 한다. 수준은 난이도를 반영하는 지침이며, 교사가 개념을 도입하고, 라벨을 붙이고, 정의하는 데 도움이 된다.

아동에게 다음 질문을 하나씩 물어본다. 아동의 응답이 정답이면 C란에 체크한다. 아동의 응답이 오답이면 IC란에 체크한다.

수준 1: 책에 대한 개념	C	IC
앞면 표지: *책 앞면을 보여 주세요.*		
뒷면 표지: *책 뒷면을 보여 주세요.*		
제목: *책 제목이 어디에 있는지 보여 주세요.*		
제목 페이지: *제목 페이지를 보여 주세요.*		
첫 페이지: *처음 읽은 페이지를 보여 주세요.*		

수준 2: 인쇄물 관례	C	IC
인쇄물에는 의미가 있다: *이야기를 전달하는 위치를 보여 주세요.*		
텍스트의 시작 부분: *어디서부터 읽어야 할지 알려 주세요.*		
왼쪽에서 오른쪽으로: *어떤 방식으로 단어를 읽을까요?*		
위에서 아래로: *단어는 거기서부터 어느 방향으로 진행되나요?*		
다음 줄로 이동: *줄 끝에서 어디로 이동하나요?*		

수준 3: 단어와 문자에 대한 개념	C	IC
일대일: *내가 읽은 단어를 가리킬 수 있나요?*		
단어 경계: *단어 주위에 손가락을 갖다 대세요.*		
첫 단어: *페이지의 첫 단어를 보여 주세요.*		
마지막 단어: *페이지의 마지막 단어를 보여 주세요.*		
문자 개념: *손가락을 글자에 올려 주세요.*		
대문자: *손가락을 대문자 위에 올려 주세요.*		
소문자: *소문자를 보여 주세요.*		

수준 4: 문장 부호에 대한 개념	C	IC
마침표: *마침표를 표시하세요. 어떤 용도로 사용하나요?*		
물음표: *물음표를 표시하세요. 어떤 용도로 사용하나요?*		
따옴표: *따옴표를 표시하세요. 어떤 용도로 사용하나요?*		
쉼표: *쉼표를 표시하세요. 어떤 용도로 사용하나요?*		

[그림 7-1] 책에 대한 개념 및 인쇄물 관례의 체크리스트

제가 읽으려는 이야기의 제목은 『Harriet, You'll Me Wild』(Fox, 2000)입니다. 책 앞 표지에 있는 제목입니다. 이 책의 글작가, 즉 책을 쓴 사람의 이름은 멤 폭스입니다. 여기 그녀의 이름이 있습니다. 그리고 그림작가, 즉 그림을 그린 사람은 마리아 프란지입니다. 여기 책에 그녀의 이름이 있습니다. 모든 책에는 제목과 글작가가 있으며, 그림이 있는 경우 그림작가도 있습니다. 다음에 책을 볼 때 제목을 찾을 수 있는지 확인하세요. 제목은 항상 앞 표지에 있습니다. 그리고 글작가와 그림작가의 이름을 찾아보세요. 이 책처럼 『No David』라는 책에서도 책을 쓴 사람이 글작가이자 그림을 그린 사람입니다. 그의 이름은 David Shannon입니다(Shannon, 1998).

책에 대한 개념 발달을 위한 활동

우리는 종종 아동이 책과 인쇄물에 대한 개념을 알고 있다고 가정한다. 그러나 많은 2~6세 아동은 이러한 개념에 친숙하지 않다. 이상적으로는 유치원에 입학하기 전에 약 1,000권의 책을 아동에게 읽어 주어야 한다. 많은 책에 노출되면 아동은 책과 인쇄물에 대한 개념을 습득하여 읽기와 쓰기에 대한 경험을 할 준비가 된다. 아동이 책에 대한 개념을 익히기 위해서는 먼저 책을 다루는 경험을 많이 제공하고, 자주 읽어 주며, 인쇄물에 대한 개념을 명시적으로 알려 주어야 한다. 이야기할 때 적절하게 가리키며 이야기를 소개할 수 있다: 이러한 대화를 반복하면 아동이 개념에 친숙해져 결국 이해하게 된다. 비슷한 대화는 다른 개념을 설명하는 데 도움이 된다. 그림을 가리킨 다음 인쇄물을 가리킨다. 각각을 확인한 다음 "그림과 글자 중 어느 것을 읽을까?"라고 물어본다.

책을 읽어 주기 전에 아동에게 책의 위쪽과 아래쪽을 가리키고, 페이지에서 어디부터 읽어야 하는지 물어본다. 아동에게 개념을 배울 기회를 줄 뿐만 아니라 동시에 어떤 아동이 개념을 이해하고 있는지, 어떤 아동이 추가 지도가 필요한지 파악할 수 있다. 이러한 토론은 소집단 또는 개별 학생에게 이야기를 읽어 주는 동안 수행할 수 있다. 다음 사례에서 볼 수 있듯이 아동이 책, 책과 인쇄물에 대한 개념에 더 많이 노출될수록 이전에는 하지 않았던 방식으로 텍스트에 더 많이 참여하기 시작한다.

네 살짜리 아이에게 『Knuffle Bunny』(Willems, 2004)를 읽어 주었더니 아이가 "트릭시가 어디에서 'Aggle Flaggle Klabble'이라고 말하는지 보여 줘요. 책에서 보고 싶어요."라고 말했어요. 제가 단어를 보여 주자 아이는 단어를 가리키며 반복해서 말하더니 책의 다른 부분에서 다시 보여 달라고 요청했어요. 그녀는 책을 뒤적거리며 "Aggle Flaggle Klabble"이라는 대사를 다시 찾으려고 노력했어요. 아이가 말하거나 제가 말할 때마다 아이는 웃고, 웃고, 또 웃었어요.

큰 책 **큰 책**은 14×20에서 24×30인치 크기의 대형 그림 동화책으로, 아동이 책과 인쇄물에 대한 개념을 발달시키도록 교사가 돕는 데 유용한 도구이다. 홀드어웨이(Holdaway, 1979)에 따르면 확대된 인쇄물과 그림은 아동이 책, 인쇄물, 텍스트의 의미에 대한 개념을 익히는 데 도움이 된다. 큰 책은 어린이집부터 초등학교 3학년까지 사용하기에 적합하다. 소집단 및 대집단 환경에서 큰 책을 사용할 때는 적극적인 참여를 권장한다. 큰 책을 사용할 때는 교사가 스탠드나 이젤에 큰 책을 올려놓아 아동이 인쇄물과 그림을 볼 수 있도록 한다. 수업용 큰 책은 구매할 수도 있고, 직접 만들 수도 있다. 큰 책을 만들 경우 아동이 책 제작에 참여하기 때문에 책의 개념을 더욱 잘 알게 된다. [그림 7-2]는 큰 책을 만드는 방법을 보여 준다.

자료

- 커버용 오크 태그 2개(14″×20″~20″×30″)
- 표지에 사용된 오크 태그와 같은 크기의 보드지 또는 신문지 10장 이상을 책의 페이지에 사용한다.
- 6개 낱장식 링(1$\frac{1}{4}$″)
- 구멍 뚫는 기구

안내

- 책 안쪽에 들어갈 표지와 종이의 위, 중간, 아래 세 곳에 구멍을 뚫는다.
- 각 구멍에 낱장식 링을 끼운다. 큰 책에는 최소 10페이지가 있어야 한다.
- 인쇄물은 1$\frac{1}{2}$~2인치 높이여야 한다.

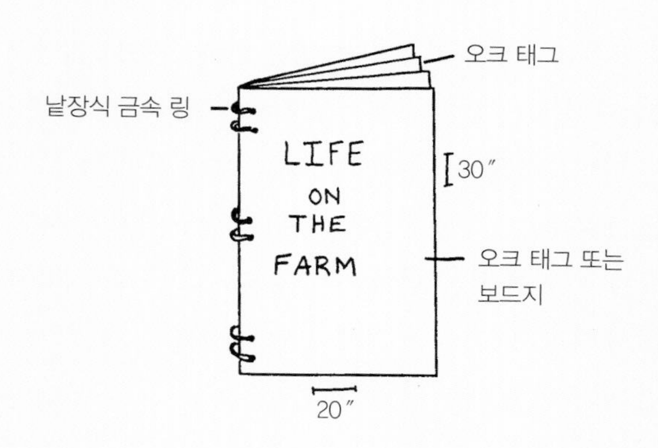

[그림 7-2] 큰 책 만들기 지침

큰 책은 책의 크기로 인해 책과 인쇄물에 대한 개념을 발달시키는 데 효과적이다. 교사가 책을 읽으며 페이지의 왼쪽에서 오른쪽으로 인쇄물을 따라가다 보면 아동은 책이 읽기 위한 것이라는 것을 알게 되고, 페이지에서 읽기 시작하는 위치를 파악할 수 있다. 또한 교사가 아동에게 글자와 단어를 가리킬 수 있는지 교사가 물어보면 아동은 글자와 그림을 구별하는 방법을 알게 된다. 교사로부터 듣는 음성 언어가 책 속 페이지의 인쇄물에서 읽히고 있다는 연결고리가 만들어진다. 아동은 읽고 있는 글자에 의미가 있고, 그것이 읽히고 있다는 것을 알게 된다.

윈 선생님의 1학년 수업에서는 아동이 본문을 읽기 전에 항상 책 제목과 글작가와 그림작가의 이름을 먼저 읽도록 권장한다. 어느 날 독립적 읽기 및 쓰기 시간에 데미안은 큰 책 『Where Is Everybody? An Animal Alphabet』(Merriam & DeGroat, 1989)을 큰 책 스탠드에 올려놓았다. 그는 세 명의 아이들을 모아 앞에 앉혀 놓고 책을 읽어 주었다. 그는 "내가 읽어 줄 책의 제목은 Where Is Everybody? An Animal Alphabet입니다."라고 말했다. 그는 첫 페이지를 넘기고 글을 읽기 시작했다. 그러자 패트릭이 갑자기 나타나서 이렇게 말했다. "데미안, 너는 아직 책을 못 읽어, 글작가와 그림작가가 누구인지 읽는 걸 잊어 버렸잖아." 데미안은 주먹으로 이마를 두드리고, 다소 짜증스러운 표정을 지으며 "어떻게 그걸 잊을 수 있겠니? 어디 보자, 여기 글작가와 그림작가의 이름이 있어. 윈 선생님 도와주실 수 있나요? 이름을 읽을 수가 없어요." 윈 선생님이 다가와서 "글작가는 이브 메리엄이고, 그림작가는 다이앤 드그로트입니다."라고 읽어 주었다.

알파벳을 가르치기 위한 전략

아직 알파벳의 개별 글자를 식별하지 못하는 많은 어린 아동도 읽을 수 있다. 어린 아동은 정지 표지판의 STOP과 같이 환경 인쇄물에서 시각으로 인식하는 단어를 읽는다. Cheerios와 같은 상품의 명칭을 읽기도 한다. 가정과 학교에서 반복적인 책 읽기와 공유된 책 경험을 통해 다른 일견 단어를 배운다. 초기 일견 읽기 어휘를 발달시키기 위해 알파벳의 글자를 식별하고, 이름을 지정할 수 있어야 하는 것은 아니다. 어린 아동은 처음에는 추상적인 글자를 배우는 것보다 구어를 통해 이미 친숙한 전체 단어를 배우는 것이 더 쉽다. 친숙한 단어는 의미를 담고 있는 반면, 고립된 글자는 그렇지 않다.

역사적으로 교육자들은 아동이 독립적으로 유창하게 읽고 쓰기 위해서는 알파벳을 배워야 한다는 것을 오랫동안 인식해 왔다. 전통적으로, 알파벳은 부모가 가정에서 자녀에게 가장 먼저 가르치려고 노력하며, 어린이집 및 유치원 교육과정의 발현적 문해력 목록에서 가장 높은 순위를 차지한다. 알파벳은 읽기 성공의 예측 요인이라는 것이 연구를 통해 입증되었다.

알파벳 글자를 소개하는 방법

알파벳은 체계적으로 가르칠 필요가 있다. 가장 일반적인 방법 중 하나는 일주일에 한 글자씩 처음부터 끝까지 알파벳을 가르치는 것이다. 이번 주의 글자가 B인 경우, 교사는 해당 글자를 강화하기 위해 다양한 활동을 한다. 해당 글자를 소개하고, 대문자와 소문자로 모두 쓰게 한다. 아동이 페이지에 있는 대문자와 소문자 B에 동그라미를 치도록 하는 활동지를 할 수도 있다. 또 다른 시간에는 문자 B 모양으로 버터 쿠키를 굽는 등의 활동을 할 수 있다. '이번 주의 글자'를 가르칠 때 글자를 한 글자씩 가르치는 것은 종종 비판받는다. 또한 일주일에 한 글자만 먼저 가르치면 알파벳의 모든 글자를 소개하는 데 26주가 걸린다. 다른 사람들은 하루에 한 글자 또는 일주일에 두세 글자를 제안하기도 한다. 이렇게 하면 알파벳을 빠르게 익힐 수 있고, 각 알파벳으로 다시 돌아가서 복습할 수 있다(Levin et al., 2006). 로이첼은 유치원생들에게 일주일에 알파벳 한 글자를 가르치는 집단과 하루에 알파벳 한 글자를 가르치는 집단으로 나누어 연구를 진행했다. 그 결과, 하루 문자 집단은 일주일 문자 집단에 비해 글자 인식 능력이 크게 향상되었다. 이러한 성장은 글자를 처음 소개한 후 일 년 내내 지속적으로 글자를 복습했기 때문이다(Reutzel & Cooter, 2009).

많은 교사는 아동이 자신의 이름에 있는 글자를 먼저 식별하도록 돕는다. 이것은 아마도 알파벳을 가르치기 시작하는 가장 효과적인 방법일 것이다. 주제별 단원을 가르칠 때는 주제와 관련된 문맥에서 사용되는 몇 가지 글자를 선택하여 가르친다. 예를 들어, 교통수단에 관한 단원에서 boat는 b, train은 t, plane은 p, car는 c를 특징으로 한다. 플래시 카드를 사용하여 아동이 어떤 글자를 알고 어떤 글자를 모르는지 개별적으로 확인한다.

친숙한 글자, 이름과 같은 소리를 내는 글자(예: b, p, d)는 더 빨리 배우고, 인쇄물에 자주 등장하는 글자(예: r, t, n)도 더 쉽게 배운다. 아동이 글자 이름 학습과 동시에 글자를 쓰는 것을 배우면 더 깊고 더 오래 강화되고 학습된다. y, w, h와 같이 소리가 나지 않는 글자와 q, x, z와 같이 자주 나오지 않는 글자는 배우기가 더 어려우므로 다른 글자를 배운 후에 배워야 한다. m, n, w; p, b, d, q; l, n, h, r; w, m, x, k, y, 마지막으로 t와 f 같이 서로 비슷하게 생긴 글자는 아동에게 혼란을 줄 수 있다(McGee, 2007; Treiman & Kessler, 2003). 배우기 어려운 글자는 가르치는 데 더 많은 시간이 필요하다. 연구자마다 글자를 가르치는 순서를 다르게 제안한다. 어떤 연구자는 가장 자주 사용되는 글자부터 시작하라고 제안하는 반면, 다른 연구자는 아동이 자신의 이름 글자를 먼저 배우도록 강하게 주장한다. 어떤 연구자는 주제별 의미 접근법을 사용한다. 예를 들어, 겨울에 대해 배우는 경우 winter, snow, cold를 뜻하는 w, s, c를 가르친다. 여러 가지 접근 방식을 사용하는 것이 가장 좋다. 아동이 같은 글자를 제대로 배우려면 여러 번 노출되어야 한다.

알파벳의 명시적 지도

문자 식별을 위해서는 명시적인 지도가 필요하다. 교사는 아동에게 글자를 배우면 읽고 쓰는 데 도움이 되므로 대문자와 소문자 N/n을 명명하고, 말하고, 쓰기를 배워야 한다고 설명한다. 교사는 칠판에 대문자 N을 쓰고 "이것은 문자 N입니다. 이 글자는 무엇일까요?"라고 말한다. 학생들은 모두 "N"이라고 대답한다. 그런 다음 교사는 소문자 n을 쓰고, "이것은 소문자 n입니다. 이 글자는 무엇일까요?"라고 말한다. 아이들은 "소문자 n"이라고 대답한다. 그런 다음 대문자 N을 가리키며 글자 이름을 묻고 아동이 대답한다. 그런 다음 각 글자를 다른 순서로 가리키며 대답을 요청한다. 이 과정을 세 번 이상 반복한다. 매일 아동이 명시적이고 자발적이며 의미 있는 맥락에서 글자를 탐색하도록 한다.

다음은 아동이 할 수 있는 알파벳 연습을 위한 다양한 항목과 활동이다.

- 알파벳 퍼즐
- 자석 대문자 및 소문자와 함께 제공되는 자석판
- 나무 대문자 및 소문자 세트
- 사포 또는 기타 질감으로 만든 촉각 문자
- 알파벳 보드 게임
- 펠트 편지와 함께 제공되는 융판
- 문자 스텐실
- 알파벳 플래시 카드
- 아동의 눈높이에 맞춰 교실 벽면에 게시된 알파벳 차트
- 다수의 알파벳 책
- 알파벳 관련 녹음된 노래
- 봉투에 담긴 아동의 이름 대문자
- 봉투에 담긴 아동의 성 대문자
- 봉투에 담긴 아동의 이름과 성 소문자

- 편지를 쓸 수 있는 분필과 칠판
- 글자를 만드는 마커와 화이트보드
- 글자 게임용 전자 화이트보드
- 컴퓨터에서 문자 입력
- 컴퓨터 알파벳 게임용 소프트웨어
- 손가락 그림 편지
- 이젤에 글자 그리기
- 글자 모양을 만들기 위한 점토
- 알파벳 수프, 알파벳 쿠키, 알파벳 프레즐
- 손가락으로 글자 모양 만들기
- 신체로 글자 모양 만들기
- 각 아동의 인형에 아동의 이름표 붙이기
- 모든 아동의 책상에 이름표 붙이기
- 교실에 있는 물건에 이름표 붙이기 및 적절한 시점에 글자 이름 언급하기("책상이라는 단어가 D로 시작하는 것을 보았나요? 누구 이름이 D로 시작하죠?" 다니엘과 데보라가 손을 들자 레너드가 "제 이름은 D로 끝나요."라고 말했다.)
- 맥도날드, 웬디스, 버거킹과 같은 환경 인쇄물의 글자

국제 문해력 협회(ILA)와 전미 영어 교사 협의회(NCTE) 모두 웹사이트에 알파벳 학습을 위한 다양한 자료를 제공하고 있다. NCTE 사이트에서 다음 책을 찾아본다.

1. A–Z: Learning about the Alphabet Book Genre
2. A Is for Apple: Building Letter Recognition Fluency
3. My Amazing ABC Book

알파벳 글자 숙련도 평가

주 정부 기준에 따르면 유아는 유치원에 가기 전에 알파벳의 절반 정도는 알아야 한다. 유치원생은 그해 말까지 알파벳 모든 글자의 이름을 부르고 인식할 수 있어야 한다. 교사는 아동의 알파벳 지식을 확인하고, 그 결과를 바탕으로 지도해야 한다. 학생들을 돕기 위해 보다 명확한 지도가 필요한 경우 일대일 또는 소집단으로 제공한다. 학생들은 매일 다양한 환경

에서 알파벳 문자에 노출되어야 한다. [그림 7-3]은 아동의 문자 지식을 평가하는 방법을 보여 준다.

교사가 첫 글자를 가리키며 아동에게 글자의 이름을 물어본다. 아동이 정답을 말하면 알파벳 응답란에 정답으로 표시된 글자를 A로 표시하고, 아동이 오답을 말하면 오답으로 표시된 글자를 오답 제목 아래에 적는다. 다른 평가 방법으로는 아동에게 물어보는 방법이 있다.

- 자신의 이름에서 첫 글자를 식별한다.
- 이름에 있는 모든 글자를 식별한다.
- 무작위 글자 모음에서 이름에 맞는 글자를 찾는다.
- 이름에 없는 글자를 식별한다.
- 자신의 이름에 있는 글자와 반 친구의 이름에 있는 글자를 일치시킨다.
- 알파벳 차트 또는 단어 벽에서 순서대로 글자를 식별한다.
- 같은 글자로 시작하는 단어를 집단으로 묶는다.
- 알고 있는 글자를 책에 표시한다.
- 대문자와 소문자를 일치시킨다.
- 대문자 카드를 순서대로 정렬하고 이름으로 식별한다.
- 소문자 카드를 순서대로 정렬하고 이름으로 식별한다.

발음 중심 교수법 이외의 단어 이해 전략

아동이 인쇄물의 기능, 형식, 구조 및 관례에 대한 발현적 문해력을 배울 수 있도록 고안된 교육 활동에는 다양한 학습 경험이 포함되어야 한다. 아동이 인쇄물에 대해 배울 때는 사회적 상호작용이 필요하고, 모방할 모델을 통한 직접적인 지도가 필요하며, 의미 있고 실생활과 연결되어 아동이 이미 알고 있는 것을 통합하는 경험이 필요하다. 아동이 읽기 기술에 대한 필요성이나 유용성을 느낀다면 그 기술은 어려움 없이 학습할 수 있다.

다음 절에서는 아동이 직접적이고 의미 있고 기능적인 방식으로 인쇄물에 대한 학습을 지원하는 전략에 대해 살펴본다. 각 전략은 어린이집부터 초등학교 3학년까지 아동에게 적합하므로 교사는 해당 연령대에 맞게 활동을 조정한다. 이러한 기술을 배우는 것은 내용 영역의 교재교구 및 기능적 활동과 연결되어야 한다. 아동에게 책 읽어 주기, 환경의 단어 지적하기, 글자와 소리 주목하기, 받아쓰기, 아동이 자신만의 방식으로 쓰도록 격려하기, 아동

문자 식별 점수 기록지

이름: ____________ 연령: ____________ 날짜: ____________

기록자: ________________________ 생년월일: ____________

	A	IR		A	IR
A			a		
F			f		
K			k		
P			p		
W			w		
Z			z		
B			b		
H			h		
O			o		
J			j		
U			u		
C			c		
Y			y		
L			l		
Q			q		
M			m		
D			d		
N			n		
S			s		
X			x		
I			i		
E			e		
G			g		
R			r		
V			v		
T			t		

혼동하는 글자:

모르는 글자:

의견:

A=알파벳 응답: (✓); IR=잘못된 응답: 아동이 말한 내용 기록

시험 점수: [ ]

[그림 7-3] 아동의 문자 지식 기록지

이 큰 책을 읽고 페이지의 왼쪽에서 오른쪽으로 따라가면서 인쇄물을 보도록 하기, 운율이 있거나 패턴이 있는 예측 가능한 책 사용하기 등의 활동이 있다. 그리고 아동이 추측하고 공유하면서 읽도록 하여 아동이 인쇄물에 대해 배우도록 돕는다(Invernizzi, 2003). 이러한 경험을 통해 아동은 인쇄물이 왼쪽에서 오른쪽으로 읽어야 한다는 것, 책 속의 단어는 기록되어 읽을 수 있는 음성 언어라는 것, 글자에는 소리가 있다는 것, 글자가 단어를 구성한다는 것, 단어는 의미를 가진다는 것, 그림에는 글의 내용에 대한 단서가 있다는 것, 텍스트의 의미에 따라 단어를 예측할 수 있다는 것을 배운다. 기술을 가르칠 때는 다음과 같이 시작한다.

- 아동에게 어떤 기술을 가르치고 있는지, 어떤 용도로 사용되는지 알려 준다.
- 기술이 무엇이고 왜 사용되는지 명시적으로 모델링하고 비계설정을 통해 설명한다.
- 교사가 안내하는 연습 시간을 허용한다.
- 독립적인 연습을 허용한다.
- 기술을 자주 복습한다.

인쇄물 사용

인쇄물은 학생들이 글자를 인식하고 단어를 파악하기 시작하는 데 필수적이다. 환경 인쇄물과 아침 메시지는 더 넓은 맥락에서 인쇄물의 의미와 중요성을 강조한다. **언어 경험 접근법**(LEA)은 아동이 구어를 문어로 전환하는 데 도움을 주며, 이를 통해 구어와 문어의 필수적인 연결을 강화한다.

환경 인쇄물. **환경 인쇄물**은 아동 주변에서 흔히 볼 수 있는 친숙한 인쇄물이다. 여기에는 가정, 거리, 식당 및 상점에서 아동이 접하는 로고, 식료품 이름, 도로 표지판 등의 인쇄물이 포함된다. 몇몇 연구자들은 2세 정도의 어린 아동도 친숙한 환경 인쇄물을 읽을 수 있다는 사실을 발견했다(Orellana & Hernandez, 1999; Strickland & Snow, 2002). 하지만 다른 경우도 있는데, 아동은 종종 글자가 아닌 표지판을 읽는 것으로 나타났다. 인쇄물이 친숙한 환경 맥락에서 분리되면 어린 아동은 때때로 더 이상 식별하지 못한다(Hiebert & Raphael, 1998). 그럼에도 아주 어린 아동이 맥도날드 로고를 맥도날드라는 단어와 연관시켜 읽으려고 할 때, 그들은 여러 글자가 모여서 읽을 수 있는 단어를 구성하고, 정보를 제공한다는 것을 학습한다. 또한 환경 인쇄물을 읽을 수 있는 능력은 아동에게 성취감을 주며, 일반적으로 양육자가 아동의 성취에 대해 긍정적인 강화를 이끌어 낸다.

부모는 생후 첫해부터 아동에게 환경 인쇄물에 대한 인식을 심어 줄 수 있다. 일상생활 중 부모는 식료품 상자, 도로 표지판, 상점, 레스토랑의 단어와 표시를 가리키고 읽을 수 있다. 세상은 환경 인쇄물로 가득 차 있다.

유치원 교실에는 외부에서 가져온 환경 인쇄물이 필요하고, 교사는 어린이집, 유치원, 초등학교 1, 2학년 교실에서 사물에 이름표를 붙여야 한다. 인쇄물을 추적하여 복사한다. 이 인쇄물은 아동의 일견 어휘의 일부가 된다.

사진 제공: Patricia Taitt

주변에서 환경 인쇄물을 촬영하고, 사진을 교실로 가져온다. 아동에게 단어를 읽고 따라 쓰고 문장이나 이야기로 써 보라고 제안한다.

아동이 가장 잘 아는 환경 인쇄물은 시리얼, 수프, 우유, 쿠키, 세제 등의 식료품과 가정에서 사용하는 기타 품목에 나타난다. 아동은 패스트푸드 로고, 도로 표지판, 교통 신호, 상점 체인, 슈퍼마켓, 주유소 이름 등을 쉽게 알아볼 수 있다. 로고와 상호를 수집하여 차트에 게시하거나, 색인 카드에 붙이거나, 환경 인쇄물을 낱장 책으로 만들어 교실에서 사용한다. 대부분의 회사에서 로고가 있는 다양한 인쇄물을 무료로 배포한다. 주변의 환경 인쇄물을 사진 찍어서 교실에 가져온다. 아동에게 단어를 읽고, 따라 써서 문장이나 이야기로 써 보라고 제안한다(Neumann, Hood, & Ford, 2013).

학기 초에 사물함에 부착한 아동 이름, 교실의 영역을 식별할 수 있는 쌓기 영역이라는 단어 등 몇 가지 표지판을 가지고 교실에 환경 인쇄물을 붙이기 시작한다. 5×8 색인 카드와 어두운 색의 펠트 마커로 이름표를 만든다. 각 단어는 대문자로 시작하고 소문자로 이어서 아동에게 구성 단서를 제공한다. 아동이 보기 쉬운 높이에 이름표를 걸어 놓는다. 아동에게 이름표를 가리키며 친구들에게 읽어 주고 따라 해 보라고 제안한다. 학년이 진행됨에 따라 교실에 새로 추가되는 물품에 이름표를 붙인다. 이름표를 일상생활의 일부로 참조하여 이름표가 아동의 일견 어휘에 추가되도록 한다. 학급에서 관심이 있고 중요한 수업 자료 및 학습 영역을 식별하는 등의 기능을 하는 항목에 이름표를 붙인다. 간식 먹기 전에 손 씻기 등 관련 메시지에 이름표를 사용한다. 이름표를 자주 언급하여 아동이 유용하고 기능적인 것으로 식별하도록 한다.

내용 영역 주제와 관련된 항목에도 이름표를 붙인다. 유아에게 인기 있는 주제인 공룡을 학습하는 경우 공룡 모형을 전시하고 각각에 이름을 붙인다. 브론토사우루스나 티라노사우루스와 같이 길고 어려운 단어도 많은 유아에게 일견 단어가 된다. 어린이집 영유아, 유치원생, 초등학교 1학년, 2학년 아동이 스스로 또는 서로에게 이름표를 읽어 주는 모습을 흔히 관찰할 수 있다. 교사가 과학 영역에 두 개의 새로운 이름표를 붙인 후, 소리를 듣고 통을 흔들어 식별하는 수업이 진행되었다.

조반나가 후안의 손을 잡고 "후안, 내가 이걸 흔들면 안에 모래가 들어 있는 것처럼 들리는데 들어 봐. 너도 해 봐. sand라고 쓰여 있잖아."라고 말하는 장면을 관찰했다. 후안은 다른 통을 집어 흔들면서 대화를 이어 갔다. "이걸 들어 봐, 조반나. 이건 돌처럼 들려. 이 표지판은 분명 돌이라고 적혀 있어. 봐, sand와 stones는 둘 다 S로 시작하잖아." 후안이 말했다. 아이들은 통을 흔들면서 적절한 이름표를 가리키며 sand 또는 stone이라고 말했다. 아이들은 이 순서를 여러 번 반복하고 통도 서로 바꿨다.

아침 메시지

인쇄된 메시지와 아동을 위한 과제를 매일 게시한다. 칠판이나 차트 용지에 계속 게시할 지점을 선택한다. 아동이 메시지를 이해할 수 있도록 인쇄물과 함께 그림이나 그림 글씨를 사용한다. 다음은 적절한 메시지의 몇 가지 예이다.

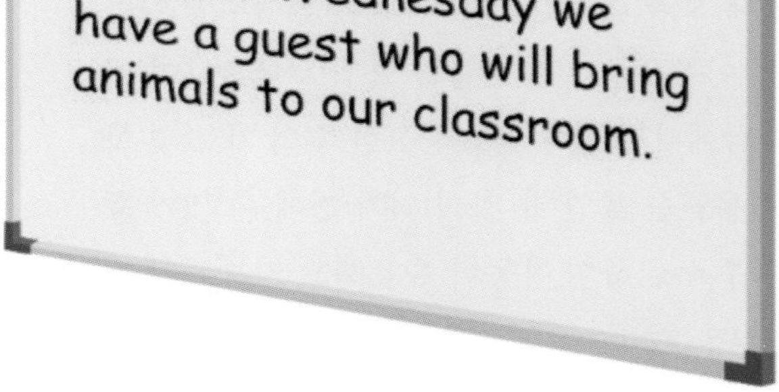

아침 메시지는 어휘와 단어 학습 능력을 키우면서 학습할 주제를 강조한다.

- 오늘은 화요일이다.
- 밖에 비가 내리고 있다.
- 오늘은 거미에 대해 좀 더 알아본다.
- 공유할 새로운 거미 책이 몇 권 있다.

이러한 일과를 통해 아동은 교사가 게시판에 남긴 매일의 메시지를 살펴볼 수 있다. 아동은 메시지를 통해 인쇄물이 흥미롭고 유용한 의미를 담고 있다는 사실을 알게 된다. 일부 교사들은 이를 **아침 메시지**라고 부르며, 학교 수업이 시작될 때 이를 수업으로 공식화하기도 한다(Morrow, 2003).

아침 메시지는 학급이 모여 그날 학교에서 일어날 일에 대해 논의할 때인 아침 회의에서 사용된다. 메시지를 쓰는 모델을 보여 준다. 메시지를 사용하여 인쇄물에 대한 다양한 개념을 발달시킨다. 특정 단어나 글자를 강조하거나, 의미에 대한 질문을 유도하거나, 아동이 원래 메시지에 문장을 추가하도록 한다. 아동이 메시지에서 자기 이름의 글자를 찾거나 비슷한 단어 어미를 찾게 한다. 예를 들어, 아침 메시지 그림에서는 단어 끝에 day라는 단어가 네 번 등장한다.

7세 및 8세 아동과 함께 작업할 때는 아침 메시지와 교실에 표시되는 환경 인쇄물의 내용이 어린 아동과 작업할 때보다 더 정교해진다. 아침 메시지는 1학년과 2학년에서 다루기에 적절한 소리-기호 관계 또는 음성 일반화를 지적하는 데 사용할 수 있다. 예를 들어, 다음과 같은 아침 메시지는 이중 글자 sh에 주목할 수 있는 완벽한 기회이다.

Shelly is wearing shiny new shoes.

다음 메시지에는 자음-모음-자음-e 패턴에서 모음이 일반적으로 길다는 음성 일반화의 다섯 가지 예가 있다.

Kate told us that her birthday cake was made in the shape of a kite.

이번 기회에 글자-소리 패턴을 관찰하고 토론할 수 있다.

교사는 편지 쓰기 지도를 위해 아침 메시지에서 일부 메시지를 편지 형식으로 작성하고, 형식의 구성 요소를 지적한다. 교사는 때때로 의도적으로 메시지에 철자나 구두점 오류를 넣고, 아동에게 오류를 찾아내도록 요청한다. 단어에서 알파벳 글자를 빼고 채우도록 하거나 완전한 단어를 빼고 문장의 문맥에서 아동이 알아내도록 한다. 일부 교사는 맞춤법이나 새로운 단어를 메시지에 포함시킨다. 장모음 또는 단모음 소리가 나는 단어, 이중 글자나 조합된 단어 등 가르치는 기술을 보여 주는 단어가 포함된다. 주요 단어, 모음 등을 식별하고 동그라미를 치도록 아동에게 요청한다. 메시지는 어휘 발달에도 활용할 수 있다. 유세프 선생님의 유치원에서는 매일 아침 메시지 시간을 가졌다. 메시지는 단어, 문자, 소리를 배우는 데 매일 비슷했다. 오늘은 이렇게 말했다.

Dear Boys and Girls,

Today is Monday January 3.

The weather is cold, and it is raining.
We are learning about reptiles. We talked about
snakes, lizards, and alligators.
Love,
Mrs. Youseff

메시지가 매일 비슷하기 때문에 아동은 그것을 읽기 시작한다. 곧 유세프 선생님은 아동이 무엇이 빠졌는지 파악할 수 있도록 단어의 일부를 생략한다.

Today is Tues _ _ _ January 4.
The weather is c _ _ d and it is rai _ i _ g again.

그녀는 today라는 단어에서 day와 같은 단어의 어미를 삭제한다. 날짜에서 연도를 삭제한다.

LEA 사용. LEA는 아동이 음성 언어와 문자 언어를 연결하여 말한 내용을 적고 읽을 수 있다는 것을 가르치는 데 도움이 된다. 이것은 문자 언어에서 왼쪽부터 오른쪽으로 진행되는 과정을 보여 준다. 실제로 글자의 형식과 단어의 조합을 보여 주고, 일견 어휘를 구축하는 데 도움을 주며, 음소-문자소 대응의 의미 있는 교육을 제시하고, 아동의 흥미와 경험을 기반으로 한다. LEA에서는 다양한 기술과 전략이 사용된다. 교사는 아동이 무엇이 빠졌는지 파악할 수 있도록 단어의 일부를 생략한다.

많은 교육자가 언어 경험 접근법을 개발하고 명료화하는 데 관여해 왔다. 앨런(Allen, 1976), 홀(Hall, 1976), 비치와 동료들(Veatch et al., 1973)이 대표적이다. LEA는 학습자의 관점에서 다음과 같은 전제를 기반으로 한다.

- 내가 생각하는 것은 중요하다.
- 내가 생각하는 것은 말할 수 있다.
- 내가 하는 말은 내가 적을 수도 있고, 다른 사람이 적을 수도 있다.
- 기록된 내용은 나와 다른 사람들이 읽을 수 있다.

LEA의 기반이 되는 흥미와 경험은 가정과 학교의 아동 생활에서 비롯된다. LEA는 특히

EL 학생들과 함께 사용하기에 적합하다. EL 학생들은 자신의 생활과 관련된 자신의 단어로 자신만의 책을 만든다. 학교에서 교사는 학급 여행, 요리 프로젝트, 인형 활용, 초청 연사, 학급 반려동물, 명절 행사 또는 공룡, 우주, 기타 문화 등 아동이 좋아하는 주제에 대한 학습과 같은 경험을 계획해야 한다. 언어 경험 수업은 보통 학급 전체적으로 진행하지만, 소집단 또는 개별 아동과 함께 진행할 수도 있다. 다음은 LEA의 기능에 대한 예시이다.

토론은 일반적으로 최근 동물원 견학이나 반려용 게루빌루스쥐의 새끼와 같이 흥미로운 수업 경험에서 시작된다. 토론을 시작하기 위해서는 예 또는 아니요로 대답하기보다는 기술적 대답을 유도하는 개방형 질문을 한다. 예를 들어, 동물원 여행이 주제인 경우 아동에게 가장 좋아하는 동물이 무엇이었는지 물어본다. 왜 가장 좋아하는 동물인가요? 그 동물은 어떻게 생겼나요? 동물을 보는 동안 그 동물은 무엇을 했나요? 아동의 모든 대답을 받아들이는 것이 중요하다. 비표준 영어를 수정하지 않고 받아들이되, 아동이 말한 내용을 표준 영어로 바꿔 말하여 언어 모델을 제공한다.

토론을 통해 몇 가지 아이디어가 떠오르면 이를 적는다. 학급 전체와 함께 줄이 그어진 큰 신문용지(약 24×36인치)에 아이디어를 적어 경험 차트를 만든다. 이 차트는 벽에 테이프로 붙이거나 이젤에 올려 둔다. 차트를 읽기 쉽도록 단어 사이와 줄 사이에 충분한 공간을 확보하여 중간 두께의 짙은 색 펠트 마커로 작성한다. 일반 인쇄물의 규칙에 따라 대문자와 소문자로 원고를 작성하여 단어를 배치한다. 단어 배치는 아동이 단어를 식별하는 데 도움이 된다.

경험 차트에 언어를 기록할 때 교사는 아동이 읽고 따라할 수 있는 좋은 원고 샘플을 제공하면서 읽기 쉽고 빠르게 써야 한다. 아동이 말하는 내용을 기록할 때는 다른 사람이 이해하기 어려운 경우가 아니라면 아동의 언어를 사용한다. 아동이 한 말을 이해하기 어려운 경우, 아동에게 아이디어를 다시 말하도록 요청하거나 필요한 경우 아동이 다시 말할 수 있도록 도와준다. 이 경우 가능한 한 많은 아동의 의견을 포함한다. 새 차트를 만들 때는 과거에 어떤 아동이 참여하지 않았는지 기억해서 그 아동이 새 차트에 참여하도록 격려한다. 누가 무엇을 말했는지 파악할 필요가 있다. 아동은 자신의 이름이 포함된 차트에 더 흥미를 가진다. 예를 들어,

> 제이콥은 "동물원에 있던 고릴라가 마음에 들었어요. 고릴라는 뛰어다니고 재미있는 표정을 지었죠." 조반나는 "아기 사슴이 마음에 들었어요. 크고 밝은 검은색 눈, 촉촉한 검은색 코, 반짝이는 갈색 털을 가지고 있었어요."

각 문장에 그림을 제공하여 아동이 차트를 읽는 데 도움을 준다.

2세와 3세 아동을 위한 경험 차트는 동물 이름과 그 옆에 그림이 있는 단순한 단어 목록이다. 단어 목록은 나이가 많은 아동에게도 적절한 차트가 될 수 있다. 학습 주제와 관련된 새로운 어휘를 기록하고 강화하는 빠른 방법이다. 차트를 작성하는 동안 인쇄물에 대한 개념에 주목할 기회를 제공한다 "이제 gorilla라는 단어를 쓰고 있어요: g- o-r-i-l-l-a. 여기서 g로 시작하고, 여기서 a로 끝나는 것을 보세요."라고 말한다. 아이들이 어떤 글자나 소리에 관심을 보이는지 기억해 둔다. 차트의 어디에서 쓰기 시작하는지를 가리키도록 아동에게 요청한다. 안내된 듣기(또는 읽기), 사고 활동, 아침 메시지와 마찬가지로 LEA 수업에는 기술 목표가 있어야 한다.

LEA 수업의 마지막 단계는 학생들과 함께 차트를 읽는 것이다. 포인터를 사용하여 왼쪽에서 오른쪽으로의 진행을 강조한다. 모든 학생이 한 목소리로 차트를 읽게 하거나, 아동에게 개별적으로 차트를 읽도록 요청한다. 교실의 눈에 잘 띄는 곳에 차트를 두고, 아동이 차트를 읽고 일부를 따라 쓰거나, 마음에 드는 단어를 따라 쓰거나, 나만의 단어 모음에 차트의 단어를 추가하도록 격려한다. 학교에서 논의된 다양한 주제를 나타내는 어휘 차트와 경험 차트는 공간이 허락한다면 교실에 걸어 두고 아이들이 학기 내내 볼 수 있도록 큰 책으로 만들 수 있다. 코팅하여 차트를 보존할 수도 있다. 아이들이 받아 적은 이야기, 책, 학급 도서는 학급 도서 코너에 비치하여 다른 아이들이 읽을 수 있도록 한다. 학급에서 만든 책은 종종 학급에서 가장 인기 있는 책이 되기도 한다.

사진 제공: Lesley Mandel Morrow

아이들이 한 말을 교사가 받아쓴 경험 차트를 통해 음성 언어를 발달시키고, 학습 내용에 대한 읽기와 쓰기를 장려한다.

포켓 차트 활동은 언어 경험 접근법과 연계되어 있다. 학급에서 경험한 것과 관련된 단어가 차트에 표시된다. 학생들이 외우는 짧은 이야기, 시, 노래는 개별 문장 띠에 인쇄할 수 있다. 아이들에게 차트를 복사하여 쓰기 연습을 하도록 한다. 또한 문장 띠를 섞어서 포켓 차트에 순서대로 배열할 수 있다. 문장 띠를 개별 단어로 잘라 학생들이 단어 수준을 확인하고, 문장에 넣는 연습을 할 수 있다.

동물 일견 단어가 등장하는 동물에 관한 단원을 가르칠 때, 맥키 선생님은 익명의 시 〈Good Morning〉을 선정하여 유치원생들에게 읽어 주며 동물 이름 읽기 능력을 강화했다. 시의 텍스트는 다음과 같다.

Good morning duck
Good morning pig
Good morning to you all
Good morning sheep
Good morning bird
A big hello to you two
Good morning goats
Good morning cows
How are you chickens and hens?

맥키 선생님은 시에 나오는 단어를 차트 종이에 쓴 다음 문장 띠에 적었다. 그리고 각 줄 끝에 각 동물의 그림을 그렸다. 그리고 두 번째 문장 띠 세트를 개별 단어로 잘랐다. 이런 방식으로 맥키 선생님은 아이들에게 네 가지 활동을 제공했다.

1. 시를 읽는다.
2. 전체 문장을 하나의 이야기로 구성한다.
3. 텍스트의 구문론과 의미론을 사용하여 개별 단어로 문장을 만든다.
4. ducks, sheep, goats, hen, chicken, birds, cows 등 일견 단어를 식별한다.

포켓 차트 활동은 개별 영역 시간 동안 기술을 연습하는 데 자주 사용된다.

유아기 이후에도 적절한 언어 경험 접근법은 아침 메시지와 나만의 단어에서 음성 일반화와 소리-기호 대응을 파악하는 데 유사하게 사용할 수 있다. 이 상황에서 인쇄물에 대한 학습은 친숙하고 의미 있는 자료로 이루어진다. 때때로 학급에서 이중언어를 사용하는 아동의 언어로 차트를 준비한다. 필요한 경우 이중언어를 구사하는 부모나 동료에게 도움을 요청한다. 이 전략은 이중언어를 사용하는 아동이 자신의 언어와 영어를 연결하도록 안내한다.

언어 경험 접근법을 위한 교재교구는 저렴하고 사용하기 편리하다. 여기에는 차트 용지,

마커, 색종이, 백지, 색인 카드, 가위, 스테이플러, 연필, 크레파스 등이 포함된다. 이 간단한 수업 자료를 가지고 아동은 교사의 지시에 따라 자신의 의미 있는 실제 경험을 통해 만든 소중한 단어와 그림을 기록한다. LEA는 초기 읽기 프로그램의 문해력 지도에서 보조가 아닌 중심적 위치에 있어야 한다(Flynn, 2016).

문맥과 그림을 사용한 단어 이해

문학 경험을 통해 아동은 문맥 단서와 그림을 사용하여 단어를 파악하고, 단어에 의미가 있다는 사실을 인식한다. 문학 경험은 학급 전체, 소집단 또는 일대일 환경에서 직접 듣기(또는 읽기) 및 사고 활동, 책 경험 공유, 반복적인 이야기 읽기 등을 통해 이루어진다. 예를 들어, 글과 그림이 밀접하게 연관되어 있는 예측 가능한 이야기를 선택한다. 아동에게 책을 읽어 주기 전에 페이지의 그림을 먼저 보도록 한다. 단어가 무엇을 말한다고 생각하는지 물어본다. 그런 다음 페이지를 읽어 주면서 글과 그림이 밀접한 관련이 있고, 그림이 이야기를 읽는 데 도움이 되는 정보를 제공한다는 것을 보여 준다.

문장의 구문론과 의미론(문법적 구조와 의미)도 아동이 단어를 식별하는 데 도움이 된다. 이야기의 예측 가능한 지점에서 구두 읽기를 멈추고 아동에게 단어를 채워 달라고 요청하여 아동이 이러한 문자 언어의 요소를 사용하도록 장려한다. 예를 들어, 아기 돼지 삼 형제를 읽을 때는 먼저 반복되는 구절 전체를 읽어 준다.

아동이 말할 때 해당 단어를 가리킬 수 있기 때문에 이 기법은 큰 책을 이용하면 가장 효과적이다. 아동이 단어 채우기의 개념을 이해하기 시작하면 좀 더 어려운 구절을 선택하여 잠시 멈추게 한다. 예측 가능한 텍스트가 있는 차트와 종이를 준비하고, 읽으면서 채워야 할 단어는 생략한다. 아동은 단어를 예측할 때 구문론과 문맥에 대한 사전 지식을 사용한다. 아동은 스스로 읽을 때 이 전략에 동화되어 사용한다.

이러한 일반적인 제안 외에도 단어를 파악하는 구체적인 경험은 다양하므로 학생들은 문맥을 사용하는 여러 전략을 활용한다. 문맥에서 단어를 파악하는 일반적인 방법은 텍스트의 의미를 통해 단어를 이해하는 것이다. 예를 들어, 다음 문장에서 누락된 단어는 Queen이 분명하다. 아동에게 텍스트의 의미를 사용하여 모르는 단어를 알아내는 방법을 보여 준다.

The King and _________ lived in the castle together.

또 다른 문맥 단서 연습에는 일련의 관련 단어가 포함된다. 이 연습이나 다른 문맥 단서

연습을 돕기 위해 초성 자음을 포함한다. 예를 들어,

My favorite kinds of fruit are apples, b________, pears, and oranges.

게임과 같은 문맥 단서 활동에는 다음 문장과 같이 뒤섞인 글자를 사용할 수 있다.

I am always on time, but my sister is always ________(alte).

문맥 단서로 활동할 때 교사는 모든 명사, 동사, 네 번째 단어 등을 생략하도록 선택할 수 있다. 이 전략을 사용할 수 있는 방법은 무궁무진하며, 아동이 모르는 단어를 이해하도록 돕는데 각각 기여한다. 이 접근법을 빈칸 메우기 절차라고 한다.

일견 어휘 발달

초보 독자에게 매우 중요한 기술은 일견 단어를 배우는 것이다. **일견 단어**는 독자가 즉시 인식할 수 있는 단어이다. 예전에는 아동을 가르치는 가장 일반적인 방법이 단어를 보고 반복하는 것이었다. 일견 단어를 통해 아동은 책을 바로 읽고, 읽기가 무엇인지 이해한다. 가능한 한 많은 일견 단어를 배우는 것이 매우 중요하다. 발음 소리와 규칙을 배울 수는 있지만, 문맥에 적용하지 못하는 아동이 많다.

나만의 단어 사용하기. 실비아 애쉬튼-워너(Ashton-Warner, 1986)는 『Teacher』라는 책에서 일견 어휘를 발달시키기 위한 방법으로 '나만의 단어(Very Own Words)'를 설명했다. 애쉬튼-워너는 아동이 이야기나 내용 영역 수업에서 가장 좋아하는 단어를 5×8 크기 카드에 각각 다른 단어로 쓰도록 권장했다. 나만의 단어는 mommy, daddy, grandpa, grandma, cookie와 같이 아동의 가정에서 사용하는 단어가 많았다. 또한 naughty, nice, good, punish 등 정서를 반영한다. 색인 카드에 나만의 단어를 기록한 후에

사진 제공: Lesley Mandel Morrow

나만의 단어는 개인 일견 어휘의 원천이다. 아동이 따라 쓰고, 쓰고, 읽도록 격려한다.

는 아동의 파일 박스나 비닐 봉투에 보관한다. 가정에서 가장 좋아하는 일이나 좋아하는 반려동물, 장난감, 친구 등에 대한 토론을 통해 나만의 단어 수집을 시작하는 것도 좋은 방법이다. 이 토론이 끝나면 아동에게 다음과 같은 대화에서 가장 좋아하는 단어의 이름을 말하도록 요청한다.

교사는 자신이 가장 좋아하는 단어가 적힌 색인 상자를 들어 보이며 이렇게 말했다.

교사: 이것은 나만의 단어(VOW) 상자입니다. 가족, 친구, 내가 좋아하는 것, 새로 배운 단어를 모아 주세요. 여기 bicycle이라고 적혀 있어요. 자전거를 좋아해서 자전거에 대한 VOW 카드를 만들었고, 이제 이 VOW 상자에 넣을 거예요. 한쪽에는 단어가 적혀 있고, 다른 한쪽에는 자전거 그림과 함께 단어가 적혀 있어요. 가장 좋아하는 사람, 사물, 반려동물, 장난감은 무엇인가요?

자말: 할머니를 사랑해요. grandma라는 단어를 갖고 싶어요.

킴: 오트밀 쿠키를 좋아해서 그 단어를 원해요.

아마드: 저는 엄마가 책을 읽어 주는 것을 좋아해요. 저는 book이라는 단어를 원해요.

교사는 카드와 마커를 준비해 자말을 위해 여성 얼굴 그림과 함께 grandma라고 썼다. 다른 쪽에는 그림 없이 그냥 grandma라고 썼다. 킴에게는 한 면에는 그림과 함께 oatmeal cookie라고 쓰고, 다른 면에는 그림 없이 단어만 썼다. 아마드에게는 그림과 함께 book을 쓰고, 반대쪽에는 단어만 적었다.

활동은 팝콘을 튀기거나 지점토를 만드는 것과 같이 흥미로운 언어를 유발하는 즐거운 활동이어야 한다. 아동은 또한 동화책에서 좋아하는 단어나 사회 및 과학 단원에서 배운 단어를 선택할 수 있다. 곧 아동은 누가 시키지 않아도 나만의 단어를 요청한다.

아동이 나만의 단어를 친구나 자신에게 읽어 주고, 따라 쓰고, 문장이나 이야기에 사용하는 등 단어로 무언가를 하도록 격려한다. 단어는 가정과 학교 상황에서 아동이 표현한 관심사를 기반으로 하기 때문에 나만의 단어 모음은 일견 어휘를 발달시키는 강력한 기술이다.

7세와 8세 아동도 나만의 단어 모으기를 즐기며 배운다. 알파벳순으로 정리하여 파일 박스에 보관한다. 교사는 아동이 나만의 단어에 있는 글자 패턴을 학습하도록 격려한다. 자음과 모음 소리, 조합, 이중 글자, 접두사와 접미사 같은 구조적 요소, 그리고 분명하게 드러날 수 있는 발음 일반화에 대해 토론할 수 있다. 아동이 직접 선택한 단어의 글자 패턴을 학습하는 것은 교사가 선택하거나 교재에 있는 단어로 같은 과제를 하는 것보다 더 큰 의미가 있다.

나만의 단어는 이중언어를 사용하는 아동에게도 유용하다. 색인 카드에는 나만의 단어가 영어로 적혀 있어야 하며, 아동의 모국어로도 단어를 적을 수 있다.

일견 단어로 고빈도 단어 학습

고빈도 단어는 아동을 위한 읽기 자료에서 자주 발견되는 특별한 일견 단어군에 해당한다. 이러한 단어는 그 자체로는 의미가 없지만, 문장에 포함될 때 의미를 가지며 빠른 인출을 위해 학습해야 한다. 철자에 불규칙한 패턴이 있기 때문에 해독하기 어려운 경우가 많다. 이러한 단어는 기억이나 시각에 의해 학습되었기 때문에 쉽게 읽을 수 있고, 아동이 읽기를 할 때 이러한 단어를 분절하는 데 시간을 할애할 필요가 없어 도움이 된다.

일견 단어는 체계적이고 직접적인 방식으로 가르쳐야 한다. 교사는 매주 아동이 배울 몇 가지 단어를 선택한다. 다음과 같은 활동을 통해 이러한 단어를 배운다.

- 단어는 큰 소리로 말하며, 문장에서 사용한다.
- 문장은 칠판이나 플립 차트에 적고, 일견 단어에 밑줄을 긋는다.
- 단어의 글자나 다른 단어와의 유사성 등 단어의 특징을 의논한다. 또한 교사는 단어의 규칙 또는 불규칙 패턴을 지적한다.
- 큰 소리로 단어의 철자를 말하고, 손가락으로 허공에 단어를 쓰고, 종이에 단어를 쓰도록 아동에게 요청한다.
- 아동은 단어 철자를 외우면서 글자를 따라 암송한다.
- 교사는 고빈도 단어 상자를 가지고 있다. 둥글게 둘러앉은 상태에서 각 아동은 자신의 차례에 단어를 선택하여 말하고 문장에 사용한 후 다른 학생들에게 보여 준다.
- 단어는 나만의 단어와 비슷한 색인 카드에 적어 아동의 다른 카드와 함께 보관한다.

유아를 위한 고빈도 단어 300개(Fry, 1996)는 유아의 일견 단어 지식을 평가하는 데 사용된다. 이러한 단어는 읽기 교재에 자주 사용되며, 해독하기 어렵고, 문장의 문맥에서 파악하기 어렵다. K, 1, 2, 3학년 교사는 이 기간 동안 이러한 단어를 아동이 눈으로 학습할 수 있도록 해야 한다. 하위 13개 단어는 아동이 초기 문해력 검사에서 발견하는 단어의 25%에 해당한다(Adams, 1990). 이 단어들은 학습해야 할 목록에 가장 먼저 포함되어야 한다.

a, and, for, he (she), in, is, it, of, that, the, to, was, you

아동이 고빈도 단어를 시각적으로 인식하고 있는지 확인하기 위해 이 단어를 읽을 수 있는 능력을 검사해야 한다. 교사는 아동에게 플래시 카드로 단어를 식별하고 읽을 구절 내에서 문맥에 맞는 단어를 찾도록 요청한다. 이 검사는 학기 중 여러 번 실시할 수 있다(Allington & Cunningham, 2007; Cunningham, 2009). 단어를 분절하고 조합할 수 없는 아동도 있으므로 효과적인 독자가 되려면 수백 개의 일견 단어가 필요하다. 아동이 발음 중심 읽기를 처음 사용할 때나 나중에 더 유창하게 읽을 때에도 학생들이 읽기가 무엇인지 이해하고 자신감을 키우며 광범위한 읽기 어휘를 구축하기 위해 일견 단어를 배우는 것이 여전히 중요하다.

단어 벽 만들기. **단어 벽**은 고빈도 단어와 어려운 단어를 알파벳 순서로 표시하는 게시판이나 기타 전시공간이다. 단어 벽은 일반적으로 아동의 눈높이에 맞춰 알파벳 글자를 벽에 게시한 것이다. 고빈도 단어는 알파벳 순서로 해당 단어가 속한 글자 아래에 게시된다. 추천 단어는 교사가 우선적으로 학습해야 할 단어로 선정한 단어이다. 다른 단어들은 아동이 읽기와 맞춤법에 어려움을 겪고 있는 단어일 수도 있다. 단어는 색인 카드에 적혀 있다. 아동은 그 단어의 철자를 소리 내어 말하고, 허공에서 따라 쓰고, 따라 해 보도록 요청을 받는다. 때로는 단어를 쓴 다음 단어 모양으로 오려서 기억할 수 있는 시각적 구성 단서를 제공하기도 한다. 단어를 붙이기 전에 발음, 철자, 글자 패턴 등 단어의 특징을 메모한다. 아동에게 단어 벽을 사전으로 사용할 수 있다고 제안한다.

단어 벽은 단어 학습 게임을 하는 데 사용할 수 있다. 예를 들어, 교사가 소리 대체 작업을 하려는 경우 went와 같은 단어를 가리키고, "이 단어는 went라고 읽어요. w를 빼고 b를 넣으면 뭐라고 읽을까요?" 또는 "이 단어는 look과 운율이 맞고 b로 시작하는데 단어 벽에서 찾을 수 있을까요?"라고 물어본다.

단어 벽 단어는 단어군, 운율 단어, 모음 소리가 같은 단어 등을 기준으로 정렬할 수 있다. 종이 또는 전자 화이트보드에서 단어를 움직이거나 종이에 적는 방식으로 할 수 있다. 벽을 독립적으로 사용하기 위한 다양한 수업이 제공되어야 한다(Cunningham, 1995; Moustafa, 1997; Xu, 2010).

단어 벽은 고빈도 단어를 가르치기 위해 고안되었지만, 교사는 주제, 읽은 책, 일상 토론에서 배운 새로운 단어에도 단어 벽을 사용한다. 아주 어린 아동의 경우 단어 벽의 첫 번째 단어는 아동의 이름이 된다. 미취학 아동의 경우 단어 벽의 단어 수는 제한되어 있다(O'Kelley Wingate, Rutledge, & Johnson, 2014).

교사가 할 수 있는 몇 가지 추가 단어 벽 활동은 다음과 같다:

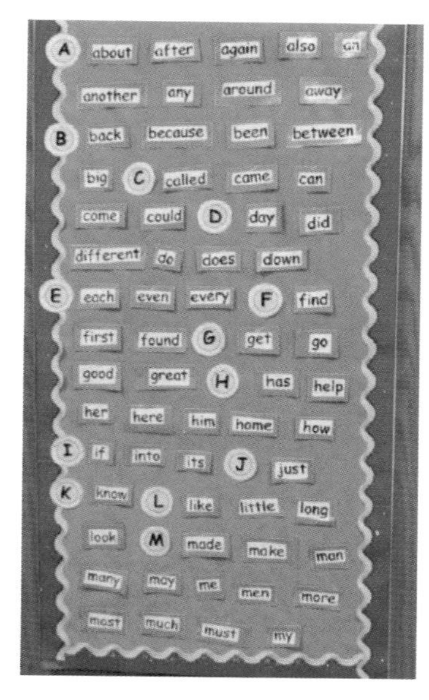

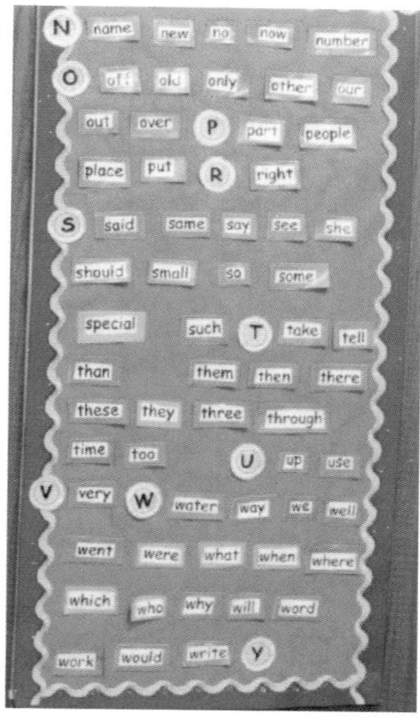

사진 제공: Lesley Mandel Morrow

이 단어 벽의 왼쪽에는 고빈도 단어가, 오른쪽에는 가을과 관련된 주제와 과학 및 사회 과목의 다른 단원 관련 단어가 있다.

- 학생들에게 패턴별로 단어를 정렬하게 한다(예: 글자 an 또는 at이 있는 단어).
- 단어를 색상, 이름, 동물 등으로 분류한다.
- 벽이라는 단어가 포함된 비밀 단어 게임은 학생에게 다음과 같은 단서를 제공한다.

  The secret word has an at pattern at the end.

  It has three letters.

  It is an animal.

  It has fur and little pointy ears.

  They live in people's houses.

  It likes milk. It is a ________ at.

글을 읽을 때 여러 가지 기술을 동시에 사용하여 인쇄된 페이지에서 의미를 해독하고 도출한다. 따라서 아동이 읽기에 접근할 때 고립된 기술보다는 여러 기술을 사용하도록 장려해야 한다. 빈칸 채우기 절차도 이 목표를 달성하는 데 사용할 수 있다. 읽다가 잠시 멈추고 아동이 채울 수 있도록 '빈칸'을 남겨 둔다. 예를 들어, "The b________ flew up to the tree and landed on a branch."라고 말한다. 소리나 시각을 통해 단어의 첫 자음을 알려 주면 발음 중심 읽기, 문맥, 구문론, 의미론에 대한 아동의 능력을 끌어낼 수 있다.

가능하면 다음 예시와 같이 아동이 인쇄물에 대해 배울 수 있도록 자연스러운 상황을 활용한다.

초등학교 1학년인 크리스토퍼는 자신이 그린 그림에 자신의 이름을 쓰면서 "와, 내 이름 중간에 STOP이라는 단어가 있네요."라고 외쳤습니다. "Christopher."

그는 자신의 이름에서 STOP이라고 쓰인 글자를 가리켰다. "하지만 그건 말이 안 되잖아요. 그럼 제 이름을 크리-스톱-허(Chri-STOP-her)라고 말해야죠."라고 그는 말했다. 교사는 즉시 기회를 포착하여 크리스토퍼의 이름에 STOP이라는 단어가 있지만, p와 h가 합쳐지면 f 소리와 같은 새로운 소리가 난다고 설명하며 photograph, phone, phantom 등 다른 단어를 언급하고 ph 소리를 설명해 주었다.

발현적 문해력에 대한 지식 평가

평가는 교사에게 지도를 안내하는 정보를 제공하기 때문에 평가는 자주, 다양한 형태로 이루어져야 한다. 어린이집과 유치원에서 가장 먼저 실시하는 평가 중 하나는 책과 인쇄물에 대한 아동의 개념을 파악하는 것이다.

알파벳 지식을 검사하기 위해 교사는 특정 글자의 이름을 말하고 아동에게 대문자와 소문자가 포함된 종이에 동그라미를 치도록 요청할 수 있다. 고빈도 단어, 환경 인쇄물, 일견 단어, 언어 경험 접근법, 단어 벽, 아침 메시지, 나만의 단어 등을 통해 기본적인 일견 단어를 확인할 수 있다. 학생들이 적절한 속도로 필요한 단어 학습 기술을 발달시키고 있는지 확인하기 위해 교육자는 학생들이 무엇을 습득했는지, 무엇을 노력하고 있는지, 무엇을 어려워하는지 평가해야 한다. 단어 이해 학습의 맥락에서 형성 평가와 총괄 평가는 수업 전후에 자주 실시해야 한다.

음운 인식 및 발음 중심 교수법

사진 제공: Lesley Mandel Morrow

학습 결과

이 장을 읽고 나면 다음과 같이 할 수 있다.

8.1. 음운 및 음소 인식을 정의하고, 이를 발달시키기 위한 활동을 식별한다.

8.2. 발음 중심 교수법을 정의하고, 발음 중심 기술을 가르치기 위한 효과적인 전략을 설명한다.

8.3. 단어 학습 기술에 대한 지식을 평가한다.

부모와 양육자가 읽기 교육에 대해 가장 먼저 떠올리는 것은 소리-기호 관계 또는 발음 중심 학습이다. 5장에서는 음운 인식 및 발음 중심 교수법에 앞서 또는 발음 중심 교수법과 함께 가르쳐야 하는 다른 많은 발현적 문해력 전략에 대해 설명했다. 음운 인식은 발음 중심 학습의 전 단계이며, 여러 연구를 통해 아동이 발음 중심 학습을 해야 할 필요성이 입증되었다. 문해력 발달에 있어 하나의 작은 기술일 뿐 전체 프로그램이 아니라는 점을 인식하는 것이 중요하다. 문해력 발달의 궁극적인 목표는 이해력이다. 이해를 위해서는 단어를 자동으로 해독할 수 있어야 한다. 또한 아동은 구절에서 어휘의 의미를 알아야 한다. 어휘의 의미를 모르면 읽고 있는 내용을 이해할 수 없기 때문이다.

발음 중심 교수법과 음운 인식을 가르칠 때는 신중하게 다뤄야 한다. 읽기의 맥락에서 가르치지 않으면 아동은 이러한 기술을 왜 가르치는지 이해하지 못할 수 있다. 아동이 읽기가 무엇이고, 무엇을 위한 것인지 이해하면 발음 중심 학습의 목적을 알게 된다. 가능하면 제임스 선생님이 교실에서 하는 것처럼 발음 중심 교육을 의미 있는 맥락과 연결한다.

제임스 선생님의 수업에서는 영양에 대해 학습한다. 유제품, 빵과 시리얼, 육류, 가금류, 생선, 과일과 채소 등 식품군별로 제품을 따로 진열한 슈퍼마켓처럼 극놀이 공간을 꾸몄다. 소리-기호 관계와 글자 이름 학습을 단원과 연결하기 위해 'meat'를 뜻하는 m, 'fish'를 뜻하는 f, 'dairy'를 뜻하는 d 등 세 글자를 등장시켰다. 아동은 파도 속을 펄럭이며 오리발을 뒤집는 것을 좋아하는 친근한 가자미인 물고기 패니와 같이 특집 글자를 사용하여 재미있는 이야기를 만드는 것 외에도 특집 글자로 시작하는 사물을 수집하여 해당 기호가 적힌 상자에 넣었다. 이러한 경험을 통해 아동은 자발적인 놀이로 글자, 소리, 단어에 대해 이야기하게 되었다. 캐시와 켈리는 극놀이 가게에서 쇼핑을 하는 척하고 있었다. 캐시는 참치 통조림을 집어 들고 "켈리, f로 시작하는 음식이 얼마나 있는지 찾아보자."라고 말했다. 둘은 주변을 둘러보았고, 캐시는 Frosted Flakes 한 상자와 French fries를 발견했다. 켈리는 fruit cocktail, Fruit Loops cereal, and a container of frozen yogurt 한 통을 찾았다. 아동은 각각 f로 시작하는 음식을 발견했을 때 신이 났고, 시작 부분의 f 소리를 강조하며 각 단어를 말했다. 제임스 선생님은 아동에게 이 단원의 다른 주요 글자, 즉 'meat'를 뜻하는 m과 'dairy'를 뜻하는 d에 대해서도 같은 활동을 하도록 안내했다. 제임스 선생님은 학급 전체와 함께 이와 같은 소규모 수업을 많이 한다. 그러나 소집단으로 아동과 함께할 때는 성취도에 따라 개별적인 요구에 초점을 맞춘다. 어떤 아동은 소리와 기호의 대응을 할 준비가 되어 있지 않고, 어떤 아동은 단어의 초성과 종성을 살펴본다.

음운과 음소 인식 정의 및 활동 식별

음소 인식과 음운 인식은 발음 중심 교수법은 아니지만, 발음 중심 학습에 필요한 전 단계로 간주되며, 성공적인 읽기 능력을 달성하는 데 중요하다. 발음 중심 교수법에 대해서는 이 장의 뒷부분에서 더 자세히 살펴본다. 그러나 음운 인식은 발음 중심 교수법을 파악하는 데 필요한 발현적 문해력이므로 음운 인식부터 시작한다. 초기 문해력에서 음운 인식과 음소 인식 지도는 학생들이 독립적인 독자가 되도록 돕는 방향으로 이어진다. 아동에게 이러한 기술을 가르치는 것은 일견 단어 습득, 문맥 단서 및 그림 단서 사용 방법 학습과 같은 읽기 학습을 위한 다른 전략과 동시에 이루어져야 한다.

음운 및 음소 인식은 읽기 학습에서 포괄적인 프로그램의 한 부분이다(National Reading Panel Report, 2000). 유능한 독자가 되기 위해서는 여러 가지 단어 학습 기술을 동시에 사용해야 한다(Reutzel & Cooter, 2009). 전미 읽기 패널 보고서에 따르면, 아동이 이 기술을 배우기 위해서는 유치원에서 총 18시간의 음소 및 음운 인식 지도를 받아야 한다. 180일 수업일 기준으로 하면 하루에 약 6분이다. [그림 8-1]에는 음소 인식 지도의 범위와 순서가 요약되어 있다.

음운 인식 지도는 교사가 이야기를 읽고, 이야기를 들려주고, 단어 게임을 하고, 운율과

음소 분리	boat에서 첫 번째 소리는 무엇인가요?
음소 식별	cake, cup, cook에서 어떤 소리가 같은가요?
음소 분류	run, ring, rope, tub에서 어떤 단어가 해당하지 않나요?
음소 조합	/p/−/ă/−/t/는 무슨 단어인가요?
음소 분절	pin이라는 단어에는 몇 개의 소리가 있나요? 이 소리를 늘려서 말해 보세요. /p/−/ĭ/−/n/. pin이라는 단어에는 몇 개의 소리가 있나요?
음소 삭제	/j/가 없는 jeep는 무엇인가요?
음소 추가	nap이라는 단어의 시작 부분에 /s/를 붙이면 무엇인가요? (snap)
음소 대체	kit라는 단어에서 /k/를 /f/로 변경하면 새로운 단어는 무엇인가요? (fit)

[그림 8-1] 음소 인식 지도의 범위 및 순서

수수께끼를 사용하는 등 놀이처럼 진행되어야 된다. 이 영역의 지도는 목적이 있고 계획적이어야 하며 우연에 맡겨서는 안 된다. 과거에는 이러한 지도가 즉흥적이고 우발적으로 이루어졌다. 물론 지금도 그러한 순간이 되면 즉흥적으로 할 수 있고 그래야 하지만, 매일의 계획에서 모든 기술을 다루는 순서에 따라 체계적으로 작성되어야 한다. 가능한 한 의미 있고 목적에 맞게 지도하도록 노력한다(Adams, 2001; Cunningham, 2009; Gambrell, Morrow, & Pressley, 2007; Callcott, Hammond, & Hill, 2015).

어린 아동은 단어의 큰 부분이나 전체 단어를 먼저 다룬 다음 작은 부분을 다루는 방법을 배우는 것이 가장 쉽다. **음소 인식**은 아동에게 단어의 음절을 듣고 세는 것과 같이 소리를 분절하도록 요구한다. 아동은 자신의 이름에 있는 소리에 맞춰 박수를 치면서 단어에서 소리를 나누는 방법을 배우도록 한다. 두 가지 어려운 음소 인식 기술은 **초성**과 종성을 사용하여 단어를 **분절**하고 조합하는 것이다. 예를 들어, 아동에게 'cat'이라는 단어에서 시작 음인 초성 c를 듣고, 이를 끝 음인 종성 at과 조합하여 'cat'이라는 전체 단어를 만들도록 한다(Yopp & Yopp, 2000; Moats, 2005-6). 분절과 조합을 배우는 데 도움이 되는 활동을 가르칠 때는 아동에게 소리 맞히기, 분리된 소리로 활동하기, 소리 대체 및 소리 삭제하기 등을 요청한다. 음운 인식에는 글자를 보는 것이 아니라 소리를 말하는 것이 포함된다는 점을 기억한다. 이 활동은 구두 연습이다. 다음 활동은 아동에게 단어에서 소리를 일치시키고, 분리하고, 대체하고, 삭제하도록 요청한다.

일치: 아동에게 소리를 맞혀 보라고 할 때 이렇게 말한다: "첫소리가 같은 단어는 무엇인가요? big and boy? house? go?"

분리: 개별 단어로 활동할 때는 아동에게 "'pen'이라는 단어의 시작 부분에 어떤 소리가 들리니?"라고 말한다(글자 이름이 아니라 소리를 묻는다).

대체: 아동에게 소리를 대체해 보라고 할 때 "bat이라는 단어를 들어 보세요. 처음에 /b/ 소리가 나요. 'bat'이라고 /b/라고 말할 수 있나요? 이제 'at'의 앞에 'mmm'을 붙이면 새로운 단어를 만들 수 있는지 알아보세요. 여러분–'mmmmat'. 좋았어요. 어떤 단어를 만들었나요? 'mat'"

삭제: 아동에게 삭제하도록 요청할 때 "'snowman'이라는 단어에서 'man'을 빼면 어떤 단어가 되는지 말해 보세요."라고 말한다. 정답은 snow이다. 수업에서는 "비가 오면 우리는 비옷을 입어요."라고 말한다. "raincoat에서 rain을 빼면 어떤 단어가 남을까요?"라고 질문한다. 아동은 "coat"라고 대답한다. 또 다른 삭제는 "만약 'pan'이라는 단어에서 /p/를 제거하면 어떤 단어가 남을까요?"라고 말한다. 정답은 an이다.

운율 맞추기는 가장 쉬운 음소 인식 과제이다. 이 영역의 초기 활동은 재미있게 진행해야 한다. 『Green Eggs and Ham』(Seuss, 1960), 『Goodnight Moon』(Brown, 1947)과 같이 운율이 있는 책을 아동에게 노출시키면 이 기술을 발달시키는 데 도움이 된다. 교사는 책에서 운율에 맞는 단어와 운율에 맞지 않는 단어를 읽어 주고, 아동에게 구별하도록 요청한다. 운율 연습을 하려면 아동에게 다음과 같이 안내한다.

자신의 이름과 운율이 맞는 단어를 떠올릴 수 있나요? 내 이름은 Ann입니다. Fan은 Ann과 운율이 맞습니다. 〈Hickory Dickory Dock〉과 같이 운율이 있는 노래를 부르고 운율이 일치하는 단어를 찾아보세요. 〈Jack and Jill〉과 같이 잘 알려진 동요를 부르고 운율이 맞는 단어를 찾아보세요. 〈I Konw an Old Lady〉와 같은 이야기에서 새로운 운율을 만들어 보세요. 할머니가 삼킬 수 있는 다른 것은 무엇이고, 삼키면 할머니에게 어떤 일이 일어날지 여러분이 결정해 주세요. 예를 들어, "I know an old lady who swallowed a frog; she began to jog when she swallowed a frog."와 같이 말해 보세요.

학급에서 반복적으로 부르는 일상적인 운율과 노래를 몇 가지 준비해 두면 좋다. 다음 노래는 아동이 운율을 구성하고, 운율을 대체하도록 도와준다.

Let's Make a Rhyme

When it's cold outside,
and you want to play,
Let's make a rhyme,
my teacher would say.
Did you ever see a dog
Pushing a log
On a freezing cold winter's day?
When it's cold outside, and you want to play,
Let's make a rhyme, my teacher would say.
Did you ever see a moose
Pushing a goose
On a freezing cold winter's day?

다음 단계는 아동이 운율을 만들 동물을 떠올리는 것이다:

Did you ever see a ___________?
Pushing a ___________?
On a freezing cold winter's day?

분절은 아동에게 운율 맞추기보다 더 어려운 중요한 기술이다. 아동이 시작 음(또는 초성)과 끝 음(또는 종성)을 구분하는 것이 더 쉽다. 예를 들어, 'man'이라는 단어로 이 활동을 수행하는 경우, 아동이 초성 /m/은 'mmm'이라고 말한 다음 종성 /an/은 'an'이라고 말하도록 안내한다.

초성 대체 수수께끼 게임을 해 본다. "head와 같은 소리가 나지만, /b/ 소리로 시작하는 단어가 생각나요." 또는 "fat처럼 들리지만 처음에 /mmm/ 소리가 나는 단어가 생각나요."라고 말한다.

음절화는 단어를 세분화하거나 음운 인식을 연습하는 방법이다. 아동은 자신의 이름과 친구의 이름에 있는 음절을 박수로 표현한다. 예를 들어, Tim이라는 이름은 한 박자, Janet은 두 박자, Carolyn은 세 박자이다.

Syllable Name Chant

If your name has a beat and the beat is one,
Say and clap your name and then run, run, run.
If your name has a beat and the beat is two,
Say and clap your name and hop like a kangaroo.
If your name has a beat and the beat is three,
Say and clap your name, then buzz like a bee.
If your name has a beat and the beat is four,
Say and clap your name and stamp on the floor.

단어를 분절한 후 아동에게 다시 단어를 조합해 보라고 한다. 아동이 단어 내의 개별 소리를 식별하고, 들리는 소리의 개수를 알고, 단어를 다시 조합하는 것이 목표이다. 고무줄처럼 단어를 늘여 보게 한 다음, 고무줄이 빠르게 되돌아가는 것처럼 단어를 다시 조합하도록 요청한다. 다음은 아동이 단어를 분절하고 조합하는 방법을 배우는 데 도움이 되는 몇 가지 활동이다.

분절 및 조합에 좋은 노래는 〈This Old Man〉의 곡조이다. 등장하는 글자의 이름을 사용하거나 글자 소리를 사용할 수 있다. 이 노래는 단어를 만들 글자의 이름을 말하지만, 보이는 글자를 소리와 일치시키는 것이 아니라 구두 활동이다.

This Old Man

This old man sings /t/ songs
He sings /t/ songs
He sings /t/ songs all day long
With a Tick, Tack, Takie Tack
He sings his silly song
He wants you to sing along
This old man sings /b/songs
He sings /b/songs all day long
With a Bick, Back, Bakie Back
He sings his silly song
He wants you to sing along

이제 새로운 소리로 나만의 구절을 만든다.

엘코닌 상자를 사용하여 아동이 분절 및 조합에 참여하도록 한다([그림 8-2] 참조). 종이에 단어를 선택하여 적는다. 각 단어 옆에 정사각형 상자를 그린다. 학생들이 사각형 안에 넣을 수 있는 칩을 준비한다. 종이에 'duck'과 같은 단어를 적고, 아동이 단어의 소리 개수를 나타내는 칩의 개수를 상자에 넣도록 한다. 'duck'이라는 단어의 경우, 단어의 ck가 하나의 소리를 내기 때문에 아동은 세 개의 칩을 상자에 넣는다(Fitzpatrick, 1997; Invernizzi, 2003; Johns, Lenski, & Elish-Piper, 1999).

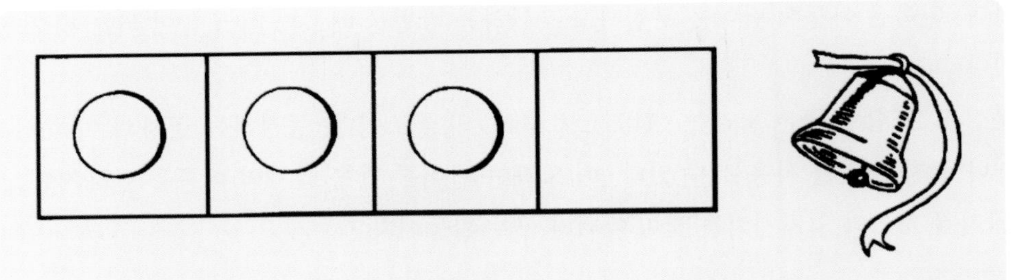

안내: bell이라는 단어에 몇 개의 소리가 있는지 알아본다. 다시 말한다. B-E-LL. bell이라는 단어에서 들리는 각 소리에 해당하는 칩을 사각형 안에 넣는다. 몇 개의 칩을 사용했는가? 이제 bell이라는 단어의 글자들을 본다. 몇 개인지 셀 수 있는가?(4개) 한 단어에는 다양한 수의 글자와 소리가 있다.

[그림 8-2] 단어 학습 게임

발음 중심 교수법의 정의 및 기술 학습의 효과적 전략 설명

발음 중심 교수법은 소리와 기호를 연결하여 가르치는 것이다. 발음 중심 교수법을 사용하려면 아동이 글자 소리와, 문자소로 불리는 문자 기호와 연결된 소리(음소)의 조합을 배워야 한다. 영어에는 26개의 알파벳 글자가 있지만, 최소 44개의 다른 소리가 있다. 영어에서는 소리-기호 대응이 항상 일치하는 것은 아니며, 많은 불규칙과 규칙에 대한 예외가 많아서 아동이 배우기 어렵다. 그렇기 때문에 발음 중심 교수법이 아동에게 해독을 가르치는 데 사용되는 유일한 교수법이 되어서는 안 된다. 발음 중심 교수법의 어려움에도 불구하고, 발음 중심 교수법은 아동이 독립적인 독자가 될 수 있도록 돕는 주요 원천이다(Cunningham, 2015).

발음 중심 교수법에는 여러 가지가 있다.

1. **분석적 접근법**은 아동이 글자 소리를 하나씩 배우는 것이다. 아동은 단어에 접근할 때 단어를 한 번에 한 글자씩 보고, 각 글자를 개별적으로 소리 내어 해독한다(McGeown & Medford, 2014).
2. **통합적 접근법**은 보다 암시적이다. 각 글자를 따로 떼어 내지 않고 전체 단어의 맥락에서 가르치므로 소리가 왜곡되지 않는다. 또한 단어를 살펴보고, 패턴이나 말뭉치를 찾

아내어 아동이 하나의 소리를 낸 다음 여러 글자를 조합하여 단어를 해독하도록 한다. 한 번에 하나의 소리씩 내는 것보다 말뭉치가 아동에게 더 쉽다.

연구자들은 발음 중심 교수법이 읽기 성공에 중요한 기술이라는 것을 발견했다. 그러나 유능한 독자를 만들기 위해서는 앞서 언급한 여러 가지 단어 학습 기술을 동시에 사용해야 한다(Bear, Invernizzi, Templeton, & Johnston, 2008; Ehri & Roberts, 2006; Reutzel & Cooter, 2009). 이해력은 독해의 궁극적인 목표이다. 발음 중심 교수법은 해독에만 도움이 된다. 아동이 해독한 단어의 의미를 모른다면 텍스트를 이해하지 못한다.

자음

발음 중심 교수법에서는 f, m, s, t, h와 같이 가장 일반적으로 사용되는 초성 자음 소리를 가르치기 시작한 다음, 같은 소리를 단어의 끝에 사용한다. 일반적으로 가르치는 초성과 종성 자음 소리의 다음 세트는 l, d, c, n, g, w, p, r, k, 그러고 나서 j, q, v, 종성 x, 초성 y, 그리고 z이다. 대부분의 **자음**은 매우 규칙적이며 하나의 소리를 표상한다. 일부 자음은 두 개의 소리를 내는데, 예를 들어 'go'와 'girl'의 g는 경음 g라고 하며, 'George', 'giraffe', 'gentleman'의 g는 연음 g라고 한다.

두 개의 소리를 가지는 다른 자음으로는 'cookie', 'cut', 'cost'에서처럼 경음 c 소리와 'circus', 'celebrate', 'ceremony'에서처럼 연음 c 소리가 있다. 글자 x는 'xylophone'에서와 같이 단어의 시작 부분에서는 z 소리가 나지만, 'next'라는 단어에서는 x 소리가 난다. 글자 w와 y는 'was'의 /w/와 'yellow'의 /y/처럼 단어의 시작 부분에 한 소리가 나며 자음으로 작용한다. 단어의 중간이나 끝에서 w와 y는 'today'와 'blow'에서와 같이 모음으로 작용한다. 자음 소리 학습은 어린이집에서 제한된 방식으로 시작되고, 유치원에서 더 많은 교육을 받고 나면 1학년 때 숙달된다.

자음 조합과 자음 이중 글자는 새로운 소리를 내는 자음의 쌍이다. 조합은 'blue', 'true', 'flew', 'string'과 같이 모든 자음의 소리가 들리지만 서로 섞여 있는 두세 개의 자음으로 이루어진 자음군이다. 자음 이중 글자는 두 자음이 합쳐졌을 때 어느 한쪽의 소리가 아닌 완전히 새로운 소리가 나는 것으로, 'three'의 th, 'shoes'의 sh, 'chair'의 ch, 'photo'의 ph, 'enough'의 gh와 같이 두 자음으로 구성된다.

모음

다음으로 가르치는 음소 요소는 모음이다. 유치원에서 모음을 가르치기 시작하여 1학년이 된 이후에도 계속 가르친다. **모음**은 a, e, i, o, u이다. 먼저, 단모음을 가르친다: 'cat'의 a, 'bed'의 e, 'hit'의 i, 'hot'의 o, 'cut'의 u이다. 다음으로 장모음을 가르친다: 'hate'의 a, 'feet'의 e, 'kite'의 i, 'boat'의 o, 'cute'의 u이다. 장모음은 글자 이름과 같은 소리를 낸다. 앞서 언급했듯이 w와 y는 단어의 중간과 끝에서 모음 역할을 한다. 문자 y는 'baby'에서와 같이 단어 끝에 올 때 긴 e의 소리를 낸다. y는 'cry' 또는 'try'에서와 같이 한 음절 단어의 끝에 올 때 긴 i의 소리를 낸다.

모음은 r의 통제를 받을 때 소리가 바뀐다. 'car'와 'for'에서처럼 길지도 짧지도 않다.

자음과 마찬가지로 모음 쌍을 가르친다. 첫 번째 모음 쌍을 이중 글자라고 한다. 모음 이중 글자에는 'pail'의 ai와 'sea'의 ea와 같이 하나의 소리를 내는 두 모음이 포함된다. 다음 모음 쌍은 이중 모음이라고 한다. 이중 모음은 'toy'의 oy와 'oil'의 oi처럼 한 모음이 다른 모음과 조합하여 미끄러지는 소리를 내는 두 모음으로 구성된다. 모음은 다양한 소리와 소리의 조합으로 소리가 변하기 때문에 배우기 어렵다.

아동은 단어를 분류하고 조작 교구로 단어를 만들며 단어 패턴에 대해 학습한다.

ack	al	ain	ake	ale	ame	an	ank	up	ush
at	ate	aw	ay	ell	eat	est	ice	ick	ight
id	ill	in	ine	ing	ink	ip	ir	ock	oke
op	ore	or	uck	ug	ump	unk			

[그림 8-3] 초기 문해력에서 사용되는 일반적인 종성

각 학년 수준에서 교사는 배운 내용을 복습하고, 중간 자음, 불규칙 자음 소리 및 조합에 대한 추가 학습을 진행해야 한다. 다음으로 다룰 요소에는 복합어, 음절화, 축약, 접두사, 접미사와 같은 몇 가지 구조적 측면이 포함된다. 그런 다음 아동은 동의어, 반의어, 동음어에 대해 배운다.

아동은 개별적인 소리보다는 단어 패턴이나 말뭉치에 대해 더 쉽게 배운다. 단어 패턴은 같은 패턴을 포함하지만, 초성과 종성이 다른 다양한 단어를 해독하는 데 도움이 된다. 교사는 학생들이 표음문자, 단어군, 말뭉치라고도 불리는 **종성**에 대해 친숙한 단어 패턴을 배우도록 도와야 한다. 일반적인 종성에는 여러 가지가 있다. [그림 8-3]에 목록이 제시되어 있다.

많은 음성 일반화 또는 규칙이 있다. 대부분은 몇 개의 단어에만 적용된다. 일관성 있는 네 가지를 나열하면 다음과 같다.

1. 한 음절 단어의 중간에 자음 두 개로 둘러싸인 모음이 하나만 있는 경우 모음은 일반적으로 짧게 소리난다. 'hot', 'cut', 'bet'은 이러한 자음-모음-자음(CVC) 단어 패턴을 따른다.
2. 한 음절 단어에 모음이 두 개 있고, 그중 하나가 단어 끝에 있는 모음인 경우, 첫 모음은 길게 소리나고, 모음 e는 묵음이다. 이를 자음-모음-자음- e(CVCe) 패턴 또는 마지막 e 규칙이라고 한다. 이러한 규칙을 보여 주는 몇 가지 단어로는 plate, cute, bone이 있다.
3. 자음 뒤에 모음이 바로 올 때는 보통 be, go, because와 같이 모음이 길게 소리난다. 이를 자음-모음 규칙(CV)이라고 한다.
4. 두 모음이 함께 있을 때 첫 번째 모음은 길게 소리나고, 두 번째 모음은 묵음이다. 이것

이 자음–모음–모음–자음(CVVC) 규칙이다. meat, boat, rain처럼 "두 모음이 함께 걸을 때는 첫 모음이 말을 한다."고 말하는 사람도 있다.

발음 중심 교수법은 통합적으로 그리고 의미 있는 맥락에서 사용된다. 학생들은 구문론과 함께 문자 중심 교수법을 사용하여 단어를 해독할 수 있다. 구문론은 문장의 구조와 단어의 의미이며, 문자 중심 교수법은 글자의 소리–기호 관계를 가르친다.

통합적 발음 중심 교수법 지도

통합적 발음 중심 교수법은 발음 중심 교육을 위해 계획된 교육과정을 사용한다. 이 계획은 체계적이며 학생들이 일 년 내내 특정 기술을 배울 수 있도록 정해진 일정을 따른다. 통합적 발음 중심 교수법 수업은 다음과 같이 진행된다.

음성 기술: 기호 f와 소리 연결하기

교구: fan, feet, fox, fish, hat, bat 그림 카드

교사: /f/라고 말하고 아이들에게 따라 하게 한다. face가 /f/로 시작한다고 설명한다. 아이들에게 자신의 얼굴을 가리키며 다음과 같이 말하라고 한다. /f/로 시작하는 단어를 들을 때마다 /f/ 말하기: The funny fish has fins.

칠판에 Ff를 인쇄하고 대문자와 소문자를 확인한 다음 아이들에게 둘 다 Ff라고 말하도록 알려 준다. Ff 소리를 말하고, 아이들에게 따라 하게 한다. 아이들에게 Ff 소리를 낼 때 입과 입술 모양을 어떻게 하는지 설명해 보라고 한다. (입을 살짝 벌리고 윗니를 아랫입술에 대고 Ff 소리를 낸다.)

그림 카드를 보여 준다. 아동이 각 카드의 그림을 식별하도록 도와준다. 아동에게 Ff 단어와 소리를 말해 보라고 하고, 보드 선반에 카드를 놓는다.

각 아동에게 추적할 대문자 및 소문자 Ff가 있는 활동지를 제공한다. 아동은 추적하면서 Ff의 소리를 말해야 한다. 페이지에는 fox, fan, bus, cat, fence, fish 그림이 상자 안에 들어 있다. 첫 번째 상자를 제외한 각 상자에는 그 아래에 노란색 원이 있다. 그 상자 안에는 여우가 있고 동그라미에는 두 눈과 입이 있는 웃는 얼굴이 있다. 아이들은 각 그림의 이름을 말하고, Ff로 시작하는 그림에 눈과 입을 올려 둔다. 웃는 얼굴이 완성되면 Ff 소리를 말해야 한다. Ff로 시작하지 않는 그림은 비워 둔다.

다른 연습 페이지에는 아이들이 각 단어를 말하도록 안내되어 있다. 단어가 Ff로 시작하면, 아이들은 대문자와 소문자 Ff를 상자에 써야 한다. 단어가 Ff로 시작하지 않으면 상자를 비워 둔다.

분석적-통합적 교수법의 통합 수업

발음 중심 수업의 또 다른 유형은 분석적-통합적 발음 중심 수업으로, 구체적인 내용은 다음과 같다.

음성 기술: Ss의 소리와 기호 연결하기

교구: sun, sand, salad, seal 그림 카드; 동화책『The Snowy Day』(Keats, 1996); 개별 알파벳 책; 각 아동에게 하나 이상의 Ss가 있는 자석 글자

교사가 전자 화이트보드에 그림 카드를 투사한다. 교사는 아동에게 그림을 보여 주면서 식별하도록 요청한다. 먼저, 태양을 투사하자 아동은 "저건 sun이에요."라고 대답한다. 교사는 다른 단어를 계속 말한다. "이 단어들에 공통점이 있나요?"라고 묻는다. 사만사는 손을 들고 "모두 S로 시작해요. 제 이름도 그래요. sun, sand, salad처럼 Samantha예요."라고 말한다. 교사는 "맞아요!"라고 대답한다. 교사는 화이트보드에 대문자와 소문자 Ss를 투사한다. 그러고는 아동에게 다시 단어를 말해 보라고 한 다음, Ss를 말할 때 혀, 이, 입의 역할에 대해 이야기한다. 화이트보드에 몇 개의 그림을 더 투사하고, 두 명의 아동을 불러서 모든 Ss 단어를 함께 움직이고, Ss로 시작하지 않는 아동은 다른 단어집단을 만든다.

교사는 아동에게 교실을 둘러보면서 Ss 소리가 나는 것이 있는지 찾아보라고 한다. 아동은 자리에서 일어나 짝을 지어 돌아다니다가 Ss가 들어간 단어를 발견하면 멈춰 서서 Ss 옆에 서 있는다. 제임스는 자신의 이름 끝에 Ss가 있기 때문에 단어 벽에 서 있었다. 모두가 그의 이름을 쳐다본다. 아동은 벽에 붙은 포스터에 있는 sink, summer 등 찾은 단어를 돌아가며 말한다. 또 다른 포스터에는 'stop'이라고 적힌 교통 표지판과『Swimmy』(Lionni, 1987)라는 책도 발견된다. 교사는 아동을 문해력 영역 매트로 오게 한 뒤『The Snowy Day』(Keats, 1996)라는 책을 읽어 주며 들을 수 있는 한 많은 Ss자 단어를 찾아 들어 보라고 한다. 이야기가 끝나면 아동이 들은 단어를 교사가 차트에 적는 대로 snow, snowy, snowsuit, snowman, snowballs, stick 등을 말한다. 아동은 다시 자리로 돌아가 원래는 빈 공책이었던 알파벳 책자의 Ss 페이지를 넘긴다. 아동은 페이지에 대문자와 소문자 Ss를 적는다. 어떤 아동은 Ss 단어를 따라 쓰고, 어떤 아동은 sun, seal, snow 그림을 그린다. 일부는 문장에 Ss 단어를 넣어 문장을 쓴다. 모두 그림을 추가한다. 간식 시간이 되면 아동은 sandwich 쿠키를 먹는다.

의미 기반 발음 중심 전략

아동이 자음과 모음의 소리-기호 관계를 의미 있는 맥락에서 인식하도록 어떻게 도울 수 있을까? 과학 및 사회 학습 주제는 단원에 등장하는 글자를 소개하는 데 적합하다. 예를 들어, 농장, 반려동물, 동물원 동물에 대해 공부할 때는 이 문맥에서 자주 사용되는 글자 p가 등장한다. 다음 유형의 활동은 다른 자음과 함께 사용할 수 있다.

1. 예를 들어, 이 단원 중에 『Pet Show』(Keats, 1974)와 『The Tale of Peter Rabbit』(Potter, 1902)을 읽고, 이 책에서 글자 p로 시작하는 단어를 찾는다.
2. 글자 p로 시작하는 책의 단어를 사용하여 단어 차트를 만든다.
3. 현장 학습을 떠날 때는 동물원에 땅콩을 가져와 동물들에게 먹이를 준다.
4. peacock, panda, pig 등 알파벳 p로 시작하는 동물의 목록을 작성한다.
5. 『Animalia』(Base, 1986)를 읽고 공작에 관한 내용이 나오는 페이지를 가리킨다.
6. 냄새 맡는 Puppy Chow, 먹는 popcorn, 만지는 peacock plumes, 듣는 purring kitten, 보고 읽는 책 『Petunia』(Duvoisin, 2002) 등 글자 p로 시작하는 동물 관련 감각 항목을 수집한다.
7. 단원에서 글자 p로 시작하는 단어를 나열한다.
8. 단원 중에 수행한 활동의 경험 차트를 작성하고, 차트에 나타난 글자 p를 강조하여 표시한다.
9. 아동에게 단원에서 알파벳 p로 시작하는 좋아하는 단어를 '나만의 단어' 수집물에 추가하도록 요청한다.
10. 단원의 사물이 등장하는 콜라주 그림을 만들고, 글자 p로 시작하는 그림에 표시한다.
11. 차트에 〈Peter Cottentail〉 노래 가사를 인쇄한다. 노래를 부르고 글자를 강조하여 표시한다.
12. 아동이 다음과 같은 무의미 운율을 만들어서 외우도록 도와준다.

    My name is Penelope Pig.

    I pick petals off of petunias.

    I play patty-cake

    and eat pretzels with pink punch.

13. 'Our Own Big Book of Letters, Sounds, and Words'라는 제목의 학급 큰 책에 글자 p를

위한 페이지를 추가한다. 큰 책을 만드는 방법은 7장 177~178페이지에 나와 있다.

14. 학생들이 글자를 추적하고, 글자를 쓰고, pig, popcorn과 같이 글자 p로 시작하는 그림에 동그라미를 치도록 하는 글자 p 활동지를 작성한다.
15. 아동이 동물원 방문, 읽은 책, 부른 노래 등 단원 중에 경험한 것에 대해 글을 쓰도록 격려한다.

아동은 글을 쓸 때 강조된 글자를 사용하며, 비록 그들의 쓰기가 관례적이지 않을지라도 발명 철자를 사용함으로써 간접적으로 음소 인식을 향상시킨다. 아동은 글을 쓸 때 음성을 문자로 매핑하는 문제에 직면한다. 이 과정을 통해 음성 언어의 구조를 이해한다. 아동이 글을 많이 쓸수록 단어의 음소를 더 잘 구분한다. 동물원의 판다 곰에 대한 저스틴의 이야기에 이러한 초점이 드러나 있다.

I saw a prte panda ber pik up her babi panda at the zooo.

아동 문학은 주제와 관련된 글자를 소개하는 훌륭한 소재이다. 등장하는 소리를 지나치게 강조하여 이야기를 남용하지 않도록 주의하되, 이 자연스러운 책 환경에서 글자를 등장시키는 기회를 놓치지 않는다. 예를 들어, 음식에 관한 단원에서 1학년 담임 교사인 피노 선생님은 글자 b를 주제로 『Blueberries for Sal』(McCloskey, 1948), 『Bread and Jam for Frances』(Hoban, 1964), 『The Berenstain Bears and Too Much Birthday』(Berenstain & Berenstain, 1987)를 읽었다.

모든 초성 자음에 대해 이와 유사한 활동을 수행할 수 있다.

주제 단원에 등장하는 글자가 언어 경험 차트나 아동 문학 작품에 등장할 때마다 아동에게 알려 준다. 알파벳 책은 일반적으로 각 글자를 소개할 때 소리-기호 관계를 사용하며, 특정 글자를 두드러지게 사용하는 그림 동화책도 마찬가지이다.

글을 읽을 때 여러 가지 기술을 동시에 사용하여 인쇄된 페이지에서 의미를 해독하고 도출한다. 따라서 아동이 읽기에 접근할 때 고립된 기술이 아닌 여러 기술을 사용하도록 장려해야 한다.

아동에게 문맥 단서와 음성 단서를 동시에 사용하도록 가르쳐야 한다. 이 목표를 달성하는 한 가지 전략은 이미 제안된 바 있는데, 바로 잠시 멈추고 아동이 채울 수 있도록 '빈칸'을 남겨 두는 문장을 읽어 주는 것이다. 예를 들어, The "b__________ flew up to the tree and landed on a branch."라고 말한다.

소리나 시각으로 단어의 첫 자음을 알려 주면 발음, 문맥, 구문론, 의미론에 대한 아동의 능력을 끌어낼 수 있다.

발음 중심 교수법의 근거-기반 교수 전략

아동은 뇌가 패턴을 찾으면서 학습한다. 뇌는 이미 알고 있는 것을 모르는 영역에 적용하려고 한다. 친숙한 단어 어미와 같은 패턴은 아동이 모르는 단어를 처리하는 데 도움이 된다. 따라서 아동이 단어의 말뭉치나 패턴에 참여하는 발음 중심 활동은 해독을 더 쉽게 만든다. 이러한 유형의 발음 중심 교수법은 종종 초성과 종성을 사용한다. 친숙한 종성으로는 ake, an, it 등이 있다. 종성은 여러 단어에서 사용된다. 단어의 시작 부분에 초성 b가 있고, 단어의 잠재적 어미로 세 개의 종성을 사용하면 'bake', 'ban', 'bit'라는 단어를 만들 수 있다. 이러한 유형의 활동은 아동이 단어나 그림의 요소를 분석하고, 단어나 소리 그림을 더미에 배치하면서 중요한 특징을 선택함으로써 글자-소리 관계를 배우는 데 도움이 된다. 분류를 통해 학생들은 소리와 철자를 기반으로 단어와 그림을 명확히 하고, 철자 체계를 이해하여 결과적으로 모르는 단어를 해독한다(Strickland & Snow, 2002; Bear et al., 2008).

다음은 아동이 초성과 종성을 사용하여 단어를 만들고, 단어를 분류하고, 큰 단어에서 작은 단어를 찾고, 글자를 조합하고, 분절하고, 대체하여 단어를 만드는 연습 활동이다. 이러한 활동에서 아동은 조작 활동을 통해 단어의 패턴을 배우고, 이는 특히 아동에게 매력적인 활동이다. 조작 활동을 할 때는 교사가 진도를 평가할 수 있도록 아동이 만든 단어를 기록하는 것이 중요하다.

단어 만들기. 이러한 활동의 대부분은 다른 목적을 위해 할 수 있다. 교사는 목적을 설정하고, 아동이 수행하기 전에 전략을 모델링한다. 이 모든 활동에는 글자와 글자 패턴을 조작하는 것이 포함된다.

아동은 자석 글자, 나무 글자, 펠트 글자, 글자 타일 또는 태그 보드에 쓴 글자를 사용할 수 있다. 한 활동에서 교사는 아동에게 'Thanksgiving'이라는 단어로 두 글자 단어, 세 글자 단어, 네 글자 단어를 여러 개 만들도록 요청한다. 교사는 발음 중심 활동을 이 교실에서 논의 중인 추수감사절이라는 주제와 연결하여 발음에 의미를 부여한다(Gunning, 2003). 아동은 짝을 지어 활동하고, 어떤 아동은 다른 아동보다 더 많은 단어를 만들어 교사가 누가 더 많은 연습이 필요한지, 누가 그렇지 않은지 파악하는 데 도움이 된다. 단어를 만들면서 아동은 교사가 준비한 활동지에 단어를 적는다. 종이 위에는 'Thanksgiving'이라는 단어가 적혀 있고, 두 글자, 세 글자, 네 글자 단어가 적힌 줄이 있다. 일반적으로 만들 수 있는 단어로는 an, it, hi; Nat, hat, nag; thin, than, hang 등이 있다. 아동은 글자가 뒤섞인 단어로 단어를 만들 수도 있으며, 글자로 작은 단어를 만드는 것 외에도 큰 단어를 만들어야 한다. 또 다른 인기 있는 단어 만들기 활동 유형은 초성과 종성을 사용하는 것이다.

어린 아동에게는 교사가 at, an, in과 같이 잘 알려진 몇 가지 종성을 제공하고, 종성의 시작 부분에 다른 초기 자음이나 자음 조합을 추가하여 아동이 생각할 수 있는 한 많은 단어를 만들도록 요청한다. 예를 들어, 'at'이라는 종성으로 아동은 cat, sat, mat, rat, hat, fat, vat, pat, bat 등의 단어를 만들 수 있다.

또 다른 단어 만들기 게임을 위해 아동에게 글자를 제공한다. 이 수업에서는 a, d, n, s, t 글자이다. 이 글자로 아동에게 다음 단어를 만들도록 요청한다.

at을 만들기 위해 두 글자를 사용한다. 한 글자를 추가하여 sat을 만든다.
at을 만들기 위해 한 글자를 삭제한다. an을 만들기 위해 글자를 변경한다.
Dan을 만들기 위해 한 글자를 추가한다. tan을 만들기 위해 한 글자를 변경한다.
an을 만들기 위해 한 글자를 삭제한다. and를 만들기 위해 한 글자를 추가한다.
sand를 만들기 위해 한 글자를 추가한다(Cunningham, 2009).

단어 분류하기. 단어 분류는 아동이 패턴을 통해 해독하는 법을 배우는 데 도움이 된다. 교사가 분류의 목적을 결정한다. 여러 가지 기술을 위해 반복해서 분류할 수 있다. 이 활동을 통해 아동은 자신에게 노출된 기술을 연습할 수 있다. 그림이나 글자와 단어로 분류할 수 있다. 열의 맨 위에 대상 카드를 배치하여 아동에게 분류의 목적을 알려 준다.

예를 들어, 장모음과 단모음을 분류하는 경우, 첫 번째 열의 상단에 있는 그림과 단어는 단모음 'sock'으로, 두 번째 열의 상단에 있는 그림은 'cake'로 설정하여 장모음을 분류한다.

'Thanksgiving'으로 단어를 만들 때 설명한 활동을 분류로 바꿀 수 있다. 예를 들어, 아동이 'Thanksgiving'이라는 큰 단어에서 thanks, giving, sing, sang, hang, king, thanking, having 등의 작은 단어를 만들면 다음과 같이 분류할 수 있다:

- 어미가 모두 –ing인 단어
- 운율이 일치하는 단어
- 자음 g로 끝나는 단어
- 자음 s로 시작하는 단어

또한 학생들이 패턴을 파악하는 데 도움이 되는 조합, 이중 글자 및 음절 수에 따라 단어를 분류할 수도 있다. 단어는 색상 및 음식의 종류와 같은 범주별로 의미를 분류할 수 있다. 종성을 사용하여 단어를 분류할 수도 있다. [그림 8-7]은 잘 알려진 몇 가지 종성을 보여 준다. 아동은 자음 Tt와 종성인 ap, on, in(tap, ton, tin)을 사용하여 만든 단어를 분류할 수 있다. 다른 열에서는 같은 종성을 사용하여 초성 자음 Ss(sap, son, sin)를 사용하여 단어를 만든다.

해독 기술을 연습하는 다른 게임으로는 Bingo, Concentration, Lotto와 같은 것들이 있다. 기술을 결정하고, 글자 카드, 조합, 이중 글자, 장모음 또는 단모음, 초성 소리 또는 종성 소리를 배포하고, 게임을 진행한다.

단어 요소 분류하기. [그림 8-4]에 표시된 학습 지침을 사용하면 아동이 분류하거나 구성하는 단어의 패턴과 요소를 더 잘 이해할 수 있다. 이 단어 학습 분류 지침은 아동이 새로운 어휘를 접할 때 사용한다.

단어 학습을 위한 활동 영역

유아 교실에는 단어 학습을 위한 교재교구가 비치된 영역이 필요하다. 앞에서 설명한 단어를 만들고 분류하는 활동은 흥미로운 조작 교구와 함께 게임으로 할 수 있다. 초성, 중성, 혼합 단어가 있는 경우 교사는 아동에게 자석 글자와 자석 보드를 사용하여 단어를 만들게 할 수 있다. 학생들은 움직일 수 있는 나무 글자, 발포 고무 글자 또는 글자가 그려진 플래시 카드를 사용할 수 있다. 플래시 카드에는 단어의 어미 또는 초성 자음이나 자음 조합을 넣을 수 있다. 모든 초성은 한 가지 색상으로, 종성은 다른 색상으로 적는다. 책상이나 포켓 차트에 단어를 만들 때 플래시 카드를 사용한다. 이 활동을 더욱 재미있게 만들기 위해서는 글자 스탬프와 매직 마커가 있는 흰색 슬레이트를 사용하여 단어를 만든다. 일부 교사는 움직이는 바퀴와 같은 조작 교구를 사용하여 단어를 만들기도 한다. Bingo, Concentration, Lotto, Candyland와 같은 보드 게임과 카드 게임은 아동이 게임 규칙 내에서 단어를 만들도록 구성할 수 있다. 마지막 장에는 발음 중심 학습을 위해 분류하기, 단어 만들기, 단어의 부분 분류하기 등을 위한 교구를 만들 수 있는 9가지 그림이 제공된다. 활동 영역용 게임은 교사가 만들거나 대형 교구 회사에서 구입할 수 있다. 교사는 소집단 수업을 진행할 때 아동이 알고 있는 내용을 강화하고 독립적으로 사용할 수 있는 다양한 단어 학습 활동을 만들 수 있다. 교사는 학부모, 보조교사, 고학년 아동의 도움을 받아 교구를 만들 수도 있다.

- 단어는 *Hat* ______
- 이 단어를 말하고 늘리면 이렇게 들린다. ______
- 단어에 표시되는 글자 수는 다음과 같다. ______
- 이 단어에서 이 많은 소리가 들린다. ______
- 단어의 철자 패턴은 다음과 같다. ______
- 이것이 단어의 모음에 대한 정보이다. ______
- 같은 소리를 내는 단어는 다음과 같다. ______
- 이 단어의 소리 박스는 다음과 같다. ______

[그림 8-4] 자신과 친구에게 말하기–단어 학습 지침

단어 학습 영역 활용. 아동이 교구 사용에 대해 소개받은 후, 로젠 선생님은 소집단을 이끌고 읽기 지도를 하는 동안 아동이 할 수 있는 단어 학습 활동을 배정한다. 다음은 영역 시간 동안 아동이 참여한 활동에 대한 설명이다.

> 네 명의 아이가 Thanksgiving이라는 단어로 최대한 많은 단어를 만들었다. Thanksgiving 글자를 잘라 비닐봉투에 넣어 아이들에게 나눠 주었다. 아이들은 글자를 조작하여 단어를 만드는 것 외에도 활동지에 단어를 적었다.
>
> 아이들은 자석 글자와 각자의 자석판을 이용해 단어 사다리를 만들었다. 아이들은 한 글자 단어로 시작해서 두 글자, 세 글자, 네 글자 순으로 사다리를 만들었다. 또한 아이들은 5×8 색인 카드를 가지고 카드 아래쪽부터 사다리 위로 단어를 적었다. 파트너가 단어를 확인했다.
>
> 네 명의 아이들로 구성된 또 다른 집단은 로젠 선생님이 말했듯이 어미 표음문자 또는 말모둠이 있는 단어를 만들어서 작업했다. 그는 어미 표음문자가 표시된 오크 나무 꼬리표와 단어를 만들기 위한 초성이 표시된 다른 꼬리표가 달린 단어 바퀴를 미리 준비했다.
>
> 아이들은 단어 wheels로 단어를 만들어 적었다. 아이들은 자신이 생각한 단어를 추가로 적었다.
>
> 마지막으로 아이들은 글자와 단어 스탬프로 문장을 만들었다. 스탬프에는 아이들이 문장을 만들 수 있도록 친숙한 단어가 들어 있었다.

이 모든 활동은 조작 활동이었다. 아동은 개별 글자부터 글자 모둠, 단어의 시작과 끝, 전체 문장에 이르기까지 단어로 활동해야 했다. 또한 아동이 함께 활동하고 서로의 활동을 확인하며 협업하도록 요청했다. 모든 활동에는 연필과 종이를 사용하여 수행한 내용을 기록하는 요소가 포함되었다. 예를 들어, 'Thanksgiving'이라는 큰 단어로 만든 작은 단어는 교사가 제공한 종이에 적었다. 이렇게 하면 교사는 교구를 사용하여 수행한 활동을 기록할 수 있고, 학생들은 과제를 완수할 책임이 있다. 모든 아동은 이 기간 동안 여러 자료를 사용할 수 있다. 교구와 함께 사용할 활동지는 연습 기회를 제공한다. 활동지는 별로 유용하지 않다고 여겨지지만, 아동이 다양한 전략을 통해 학습에 참여하는 한 가끔씩 활동지를 사용하면 연습과 보충을 할 수 있다. 활동지는 일종의 책임감도 부여한다. 앞에서 설명한 교구 외에도 더 많은 지도 아이디어를 제공하는 양질의 발음 중심 교수법 웹사이트가 있다.

- www.starfall.com
  이 웹사이트에는 학생들을 위한 훌륭한 동영상과 대화형 활동이 제공된다. 수준별로 세분화되어 있어 원하는 기술을 정확하게 찾을 수 있다.
- teacher.scholastic.com/clifford1
  이 웹사이트에는 큰 빨간 개 클리포드를 이용한 발음 중심 게임이 있다. 이 게임은 비디오, 따라 읽기, 스페인어로 이야기를 들을 수 있는 옵션까지 제공한다.
- www.netrover.com/~kingskid/phonics/phonics_main.htm
  이 웹사이트에는 아동이 단어를 실험해 볼 수 있는 대화형 연습 문제가 있다. 이 연습은 학생들에게 단어의 철자를 물어본 다음 제공된 각 글자의 소리를 들려준다.
- www.kizclub.com/phonicsactivities.htm
  이 웹사이트에는 아동에게 발음 중심 교수법으로 가르칠 수 있는 다양한 인쇄용 활동이 있다.
- www.kizphonics.com/
  이 웹사이트에는 인쇄 가능한 활동, 동영상, 게임이 제공되며, 3세부터 8세까지 수준별로 정리되어 있다.
- www.turtlediary.com/kids-games/english-topics/phonics-games.html
  이 웹사이트에는 아동이 글자 소리, 운율 단어 및 많은 새로운 단어를 배우는 데 도움이 되는 게임과 인쇄 가능한 활동이 모두 제공된다.
- 펀 포닉스: www.funfonix.com/
  발음 중심 읽기 게임과 인쇄 가능한 아동용 활동지를 제공한다.

성인 문해력 향상 프로그램도 포함되어 있다.

- 소프트 스쿨: www.softschools.com/language_arts/phonics/
  발음 중심 무료 활동지, 소리 내어 읽기 플래시카드, 아동용 게임을 제공한다.
- 리딩 베어: www.readingbear.org/
  50개의 프레젠테이션과 1,200개 이상의 어휘를 통해 기초적인 발음 기술을 가르치고, 읽기를 가르친다.

플래시카드 및 발음 중심 교수법 수업

- 읽기 A–Z
  www.readinga-z.com/phonics/
  읽기 A–Z는 책 따라 읽기, 발음 중심 수업 및 인쇄 가능한 플래시 카드
- 읽기 로켓: 교사와 부모를 위한 정보 www.readingrockets.org/teaching/reading-basics/phonics
- 부모와 교사를 위한 발음 중심 교수법 지침 및 연구 자료. 유용한 동영상 자료와 발음 중심 인식 및 이해에 어려움을 겪고 있는 독자를 위한 도움말을 제공한다.

발음 중심 교수법에 대한 교사의 우려 사항

단어 학습 기술을 익히면 아동이 독립적이고 유능한 독자가 될 수 있다. 이 기술은 2학년까지 습득해야 하며, 그 이후에는 주로 이해력 발달로 관심을 옮겨야 한다. 어린이집과 유치원, 초등학교 전 학년에 걸쳐 읽기 이해력도 가르친다. 어린이집부터 초등학교 2학년까지는 해독 학습에 중점을 둔다. 단어 학습을 가르칠 때 다음과 같은 점이 우려된다:

1. 학교 수업 중 단어 학습은 언제 가르치는가?
2. 단어 학습을 가르치는 데 얼마나 많은 시간을 할애하는가?
3. 단어 학습에서 개인의 요구에 맞게 지도를 차별화하려면 어떻게 해야 하는가?

전체 학급의 단어 학습을 다루는 표준 및 학교 교육과정에 따라 매일 수업을 진행해야 한다. 가르칠 수 있는 순간을 활용하여 가르치는 기술을 강화한다. 강조하는 기술을 과학, 사회, 수학, 놀이, 음악, 미술 활동에 의도적으로 통합한다. 예를 들어, 과학 단원에서 초성 자음 t를 배우고 계절에 따른 기온에 대해 배우는 경우, 'temperature'라는 단어의 자음 t를 지

적하고 발음 중심 읽기 수업에서 이에 대해 논의했음을 아동에게 상기시킨다. 전반적으로, 단어 학습 지도가 이루어지는 하루 동안에는 학급 전체적으로 단어 학습을 가르치는 공식적인 시간, 내용 영역 교육에 포함된 비공식적인 지도, 개인의 요구에 맞는 소집단 지도를 위한 공식적인 시간 등 여러 가지 초점이 있어야 한다.

단어 학습을 가르치는 데 얼마나 많은 시간을 할애할지는 아동의 연령에 따라 다르다. 어린 아동에게는 짧게, 나이가 많은 아동에게는 길게 수업을 진행한다. 수업을 위해 선택한 교구는 항상 아동에게 도전적이어야 하지만, 아동이 성공할 수 있을 만큼 쉬워야 한다. 예를 들어, 자석 글자와 표음문자를 사용하여 초성과 종성을 사용하는 아동은 더 빨리 따라가는 아동보다 단어는 더 적게, 단어군은 더 많이 만들 것이다. 이렇게 하면 수업 시간은 동일하게 유지하면서 동시에 학생들이 수업을 최대한 활용할 수 있다. 수업의 차별화를 위해 사용할 수 있는 교구를 활용한 소집단 수업은 영어 학습자에게 중요하다. 경우에 따라 수업의 차별화는 소집단이 너무 수준이 높거나 도전적이어서 전체 수업과는 다른 기술을 연습하고 있다는 것을 의미할 수 있다.

소집단을 통해 단어 학습에 대한 개별적인 요구 사항을 충족하는 차별화된 수업을 진행할 수 있다. 또한 학생들이 무엇을 배웠고, 무엇을 더 배워야 하는지 파악할 수 있다. 수업을 차별화할 때는 집단에 관계없이 모든 학생이 비슷한 목표를 가지고 있지만, 더 도전적이거나 더 쉬운 학습이 필요한 학생을 위해 수업을 특별히 설계한다.

단어 학습을 가르치는 것과 관련된 실용적인 문제 외에도 다른 중요한 문제가 있다. 발음 중심 교수법에 대한 가장 큰 우려는 영어의 많은 규칙에 예외가 존재한다는 것이다. 예를 들어, 'kite'라는 단어에서 k는 일반적인 소리이지만, k 뒤에 n이 오면 'knot'라는 단어에서처럼 묵음이 된다. 어린 아동은 많은 규칙을 적용하는 능력이 제한되어 있으므로 모든 규칙을 가르치는 것보다 적은 수의 규칙을 가르치는 것이 더 효과적이다. 인쇄물에서 발생하는 경우 예외로 간주될 수 있고, 흔하지 않은 경우 일견 단어로 취급할 수 있다. 유아기에는 예외가 거의 없는 소리-기호 관계와 일반화에 중점을 두어야 한다.

방언은 단어 학습 기술과 소리와 기호의 관계를 가르치는 데 또 다른 어려움을 가져온다. 뉴욕 북부 출신 교사가 사우스 캐롤라이나나 조지아에서 가르친다면 남부 출신 교사가 가르치는 것과는 다른 소리를 가진 장모음과 단모음을 가르친다.

영어 학습자는 교사의 방언이 지역사회나 TV, 라디오 같은 대중 매체를 통해 듣는 것과 크게 다를 경우 어려움을 겪을 수도 있다.

단어 학습 기술과 관련된 마지막 과제는 다양한 유형의 학습자를 가르치는 것이다. 청각 학습자는 시각 학습자와는 다른 방식으로 학습을 처리한다. 청각 변별력이 약한 아동은 발음 중심 교수법을 통해 읽기를 완성할 가능성이 낮으며, 약점보다는 강점에 맞춰 가르치는 것이 가장 좋다. 발음 중심 교수법의 결과로 아동이 습득하는 기술은 유능한 독자가 되는 데 중요하지만, 이는 문해력 발달의 전체 그림 내에서 하나의 전략일 뿐이므로 지나치게 강조할 필요는 없다.

단어-학습 기술의 지식 평가

이 절에서는 평가 정보 또는 추적 지침 및 체크리스트와 함께 다양한 단어 학습 기술에 대해 설명한다. 평가는 교사에게 수업 지침이 되는 정보를 제공하기 때문에 평가는 자주 이루어져야 하며, 다양한 형태로 이루어져야 한다. 유치원에서도 사용할 수 있는 유치원에서의 첫 번째 평가 중 하나는 [그림 8-5]를 사용하여 책과 인쇄물에 대한 아동의 개념을 파악하는 것이다.

발음 중심 교수법의 전 단계로 간주되는 음소 인식은 아동의 읽기 능력 발달에 중요하다. 이 영역에 대한 지식을 검사할 때는 아동이 단어의 음소를 구분할 수 있는지 확인하고, 단어를 다시 조합하도록 요청한다. 음운 인식 및 음소 인식 검사에서 우리는 아동이 글자가 아닌 소리를 듣고 말하는 능력에 관심이 있다. 분절과 조합 외에도 아동은 하나의 음절을 사용하고, 다른 어절을 대체하여 단어를 만들 수 있어야 한다. 그렇게 함으로써 아동은 한 소리를 다른 소리로 대체한다. 음운 인식 검사 2(The Phonological Awareness Test 2: PAT)는 앞서 설명한 대로 아동의 음운 인식 능력을 평가한다.

PAT는 음소 인식을 입증함으로써 조합, 분절 및 대체에서 아동의 청각 능력을 평가할 수 있다. 그러나 아동이 글자를 보고 반응해야 하는 소리 조합, 분절, 분리, 대체 영역을 제시하면 소리-기호 관계 또는 발음 중심 학습을 평가하는 검사가 될 수 있다. 이를 피하려면 아동이 단어를 말하고 단어의 소리를 분절하도록 한다. 그런 다음 단어의 소리를 말하고 함께 조합하여 말하도록 한다.

아동의 활동지 샘플을 수집하고 활동 습관을 설명하는 관찰 기록을 매일 남긴다. [그림 8-5]와 같은 체크리스트는 아동의 단어 학습 능력을 평가하는 데 유용하다. [그림 8-6]은 아동의 기술 지식을 빠르게 평가하는 데 사용되는 비공식 발음 중심 지도 체크리스트이다. 채점 절차가 포함되어 있지만, 가장 중요한 것은 아동이 무엇을 알고 있고, 무엇을 배워야 하는지를 파악하는 것이다.

이 검사를 진행하면서 제공된 공간에 아동의 응답을 기록한다. 그런 다음 가장 먼 칸에 아동의 응답이 정답인지 표시한다. 검사가 끝나면 최종 점수를 표로 작성한다.

음성 단어 구별

연필과 종이를 사용하여 아동과 함께 게임을 한다. 천천히 첫 문장을 말하면서 세 단어에 표시가 3개가 될 때까지 말하면서 종이에 숫자를 표시한다.

__________ 1. I like apples.

아동이 이해하면 부모가 읽는 동안 아동에게 숫자를 표시하도록 요청한다. 아동에게 문장을 말하면서 각 단어에 개수를 표시하도록 요청한다.

		읽은 내용	아동 응답
__________	2. Where is the cat?	__________	__________
__________	3. We are all friends.	__________	__________
__________	4. Dogs are brown.	__________	__________
__________	5. Today I played outside.	__________	__________
__________	합계	__________	__________

운율 이해

운율이 일치하는 단어는 끝에서 같은 소리를 낸다고 알려 주고 예를 들어 설명한다. 그런 다음 아동에게 운율이 일치하는 두 단어가 운율이 일치하는지, 운율이 일치하지 않는 두 단어가 운율이 일치하는지 물어본다. 아이가 활동을 이해하면 다음 단어 쌍을 말하며 이해도를 검사한다. 아동이 올바르게 응답한 각 문장 옆에 ×를 표시한다.

__________ 1. Map, tap ____________________
__________ 2. Food, yellow ____________________
__________ 3. Pen, men ____________________
__________ 4. Book, phone ____________________
__________ 5. Shelf, mouse ____________________
__________ 합계

운율 학습

아동에게 부모가 말하는 단어와 운율이 일치하는 단어를 말해 달라고 요청한다. 아동이 말도 안 되는 단어를 말하더라도 아동이 말한 내용을 나열한다. 이 활동의 핵심은 제공된 단어와 운율이 일치하는 단어여야 한다는 것이다.

__________ 1. Dog ____________________
__________ 2. Light ____________________
__________ 3. Sad ____________________
__________ 4. Jump ____________________
__________ 5. Eat ____________________
__________ 합계

[그림 8-5] 음운 인식 검사(계속)

음절 이해

음절 사이에 잠시 멈추면서 단어를 말하고(예: 안녕), 아동에게 단어를 식별하도록 요청한다. 아동이 말한 단어를 쓰고 정답인지 표시한다.

__________ 1. Kit-ten ____________________
__________ 2. Ta-ble ____________________
__________ 3. Cell-phone ____________________
__________ 4. Hap-py ____________________
__________ 5. Pa-per-clip ____________________
__________ 합계

음절 분해

단어를 정상적으로 말한다. 이번에는 음절 사이에 잠시 멈추고, 각 음절의 일치를 기록하면서 반복한다. 그러고 나서 아동이 각 단어를 말하고, 아동이 말한 각 음절의 일치를 기록하도록 한다. 아동이 올바르게 응답한 단어 옆에 ×를 표시한다.

__________ 1. Today ____________________
__________ 2. Keyboard ____________________
__________ 3. Hamburger ____________________
__________ 4. Water bottle ____________________
__________ 5. Funny ____________________
__________ 합계

초성 학습

아동에게 부모가 말하는 단어의 초성을 말해 달라고 요청한다(예: hello의 /h/). 아동이 들은 단어를 표시하고, 올바른 응답인지 확인한다.

__________ 1. Car ____________________
__________ 2. Silly ____________________
__________ 3. Chocolate ____________________
__________ 4. Fact ____________________
__________ 5. Shy ____________________
__________ 합계

음소 이해

각 소리 사이에 잠시 멈추면서 단어를 말한다. 아동에게 단어를 식별하도록 요청한다(예: play는 /p/, /l/, /a/, /y/, time은 /t/, /i/, /m/). 아동이 말한 단어를 표시하고, 올바른 응답인지 확인한다.

[그림 8-5] 음운 인식 검사(계속)

__________ 1. Crab ____________________
__________ 2. Green ____________________
__________ 3. Pin ____________________
__________ 4. Run ____________________
__________ 5. Actor ____________________
__________ 합계

음소 세기

부모가 말한 단어의 각 소리에 대한 일치를 기록하도록 아동에게 요청한다. 그러고 나서 아동이 각 단어를 말하도록 하고, 아동이 말한 각 소리에 대한 일치를 기록한다.

__________ 1. Him ____________________
__________ 2. Seven ____________________
__________ 3. Blue ____________________
__________ 4. Apple ____________________
__________ 5. Yes ____________________
__________ 합계

음소 전환

새로운 단어를 만들기 위해 단어의 초성을 다른 음소로 전환하도록 아동에게 요청한다(예: pain에서 /r/로 전환하여 rain을 만든다). 아동이 말한 단어를 기록하고, 올바른 응답인지 확인한다.

__________ 1. Fan and /r/ ____________________
__________ 2. Sit and /p/ ____________________
__________ 3. Trip and /g/ ____________________
__________ 4. Sew and /b/ ____________________
__________ 5. Break and /m/ ____________________
__________ 합계/45 points

[그림 8-5] 음운 인식 검사

아동 이름: ______________________ 날짜: __________

	항상	가끔	전혀	의견
인쇄물을 왼쪽에서 오른쪽으로 읽는 것을 인식한다.				
음성 언어를 쓰고 읽을 수 있다는 것을 안다.				
글자가 무엇인지 알고, 페이지에서 하나를 가리킬 수 있다.				
단어가 무엇인지 알고, 인쇄된 페이지에서 단어를 가리킬 수 있다.				
단어 사이에 공백이 있다는 것을 알고 있다.				
환경 인쇄물을 읽을 수 있다.				
시각으로 일부 단어와 빈도가 높은 일견 단어를 인식한다.				
운율이 일치하는 단어의 이름을 지정하고 식별할 수 있다.				
알파벳의 대문자와 소문자를 식별하고 이름을 지정할 수 있다.				
단어의 음소를 조합할 수 있다.				
단어의 음소를 분절할 수 있다.				
자음과 자음의 초성 및 종성(경음 및 연음 c, g 포함)을 연결한다.				
자음 조합을 소리와 연결한다(bl, cr, dr, fl, gl, pr, st).				
모음을 장음 및 단음과 연결한다(a-acorn, apple; e-eagle, egg; i-ice, igloo; o-oats, octopus; u-unicorn, umbrella).				
자음 이중 글자 소리(ch, ph, sh, th, wh)를 알고, 문맥, 구문론, 의미론을 사용하여 단어를 식별한다.				
단어의 음절을 셀 수 있다.				
그림 단서와 글자에 주의하여 읽기를 시도한다.				
소리-기호 대응에 대한 지식을 기반으로 단어를 추측하고 예측한다.				
접두사 및 접미사, 굴절 어미 -ing, -ed, -s, 축약어와 같은 단어의 구조적 요소를 식별할 수 있다.				
다음 음운 일반화에 대한 지식을 보여 준다. a. 자음-모음-자음 패턴에서 모음 소리는 일반적으로 짧은 모음이다. b. 모음-자음-e 패턴에서 모음은 일반적으로 긴 모음이다. c. 두 모음이 한 단어에서 결합될 때 첫 번째 모음은 일반적으로 길고 두 번째 모음은 묵음이다(train, receive, bean).				
an, at, it, ot와 같이 흔히 운율과 표음문자라고 불리는 단어군과 man, can, fan, ran과 같은 단어를 만들기 위해 초성 자음을 사용한다.				
교사 의견:				

[그림 8-6] 인쇄물, 단어 이해 전략, 음운 인식 및 발음 중심 읽기에 대한 개념을 평가하기 위한 체크리스트

시행 안내

자음 소리

S를 가리키며 "이 글자는 무슨 소리니?"라고 말한다. 왼쪽에서 오른쪽으로 이동하면서 이 질문을 반복한다. 아동이 프롬프트 없이 한 줄을 읽어도 괜찮다. C와 G의 경우, 아동에게 두 소리를 모두 내도록 한다[참고: 아동이 이 하위 검사를 통과하지 못하면 알파벳 목록 제공을 고려한다].

자음 이중 글자

th를 가리키며 "이 글자들은 어떤 소리를 낼까?"라고 말한다. 이 지시를 반복하면서 왼쪽에서 오른쪽으로 이동한다. 아동이 프롬프트 없이 다섯 글자를 모두 읽어도 괜찮다.

자음 조합 시작

bl을 가리키며 "이 글자들은 무슨 소리니?"라고 말한다. 아동이 지시를 받거나 받지 않고 계속하도록 한다.

종성 자음 조합

bank를 가리키며 "이 단어는 무엇이니?"라고 말한다. 아동이 지시를 받거나 받지 않고 계속하도록 한다. 끝소리를 들어 보자. 제공된 세 가지 끝소리 중 하나를 사용하여 각 시작 자음에 대한 단어를 만든다.

CVC 단어의 단모음

fit를 가리키며 "이 단어는 무엇이니?"라고 말한다. 아동이 지시를 받거나 받지 않고 계속하도록 한다.

묵음 법칙

cap을 가리키며, "이게 cap이라면 이건 무엇이니?"라고 말한다. 이 문장의 두 번째 부분을 말하면서 cape를 가리킨다. 왼쪽에서 오른쪽으로 이동하면서 각 쌍에 대해 질문을 반복한다.

모음 이중 글자, 이중 모음 및 r-통제 모음

아동에게 각 단어를 왼쪽에서 오른쪽으로 한 줄씩 읽게 한다.

문맥 단서

아동에게 단어를 채우도록 요청한다.

채점

모든 하위 검사와 전체 검사에 대해 다음 기준을 사용한다.

우수	80%+
검토 필요	60~79%
체계적인 지도 필요	60%

[그림 8-7] 비공식 발음 중심 읽기 목록(계속)

하단 표에는 이러한 비율 연령에 대략적으로 해당하는 정답 개수가 나와 있다.

하위 테스트	총점 범위	우수	검토	체계적인 지도
자음 소리	20	16~20	12~15	0~11
자음 이중 글자	5	4~5	3	0~2
자음 조합 시작	20	16~20	12~15	0~11
종성 자음 조합	12	10~12	8~9	0~7
단어 조합 및 생성	5	5	5	0~5
CVS 단어의 단모음	10	8~10	6~7	0~5
묵음 법칙	4	4	2~3	0~1
장모음 이중 글자	10	8~10	6~7	0~5
이중 모음	6	5~6	4	0~3
r-통제 모음	6	5~6	4	0~3
문맥 단서	7	7	7	0~7
합계	105	89~105	70~88	0~69

비공식 발음 중심 읽기 목록

이름: ______________

날짜: ______________

_______ /20 자음 소리

S	D	F	G	H	J
K	L	Z	P	C	V
B	N	M	Qu	W	R
T	Y				

_______ /5 자음 이중 글자

th	sh	ch	wh	ph

_______ /20 자음 조합 시작

bl	fl	fr	gl
br	gr	pl	pr
cl	sk	sl	sm
cr	sn	sp	tr
dr	st	str	sw

[그림 8-7] 비공식 발음 중심 읽기 목록(계속)

_______ /12 종성 자음 조합

bank	apt	limp
band	pact	lilt
bang	lift	lisp
bask	lint	list

_______ /5 단어 조합 및 생성

말뭉치와 운율로 B, D, F, M, P를 사용하여 단어(an, it, en 등)를 만든다.

_______ /10 CVC 단어의 단모음

fit	led	sup	lap	hug
rot	tin	rag	wet	job

_______ /4 묶음 법칙

cap	tot	cub	kit
cape	tote	cube	kite

_______ /10 장모음 이중 글자

loaf	heat	aim	weed	ray
gain	fee	coal	leaf	due

_______ /6 이중 모음

town	loud	joy	threw	oil	law

_______ /6 r–통제 모음

tar	hall	sir	port	hurt	fern

_______ /7 문맥

The boy r_______ down the h_______.

The cat drank m_______ from a bowl.

The dog p_______ a bone in the y_______.

The girl p_______ with her t_______ in the playroom.

합계: _______ /105

[그림 8-7] 비공식 발음 중심 읽기 목록

[그림 8-8] 지도 및 평가를 위한 초기 자음 그림 카드

안내: 초성 자음 그림 카드를 사용하여 가르치려면 카드를 그대로 두거나 복사기로 확대 또는 축소하여 적합한 크기로 만든다. 두꺼운 색종이에 복사한 후 코팅한다. 카드를 사용하여 알파벳순으로 배열하고, 같은 글자로 시작하는 단어에 맞추거나, 초성 자음을 식별하거나, 각 단어의 소리 개수를 알아본다.

자음 그림 카드로 평가하려면 'boat'라는 단어를 말한다. 아동에게 boat의 시작 부분에 있는 소리를 물어본다. 그림을 열로 읽는다(예: boat, girl, lamp, queen, van, zebra, circle, house 등). 이 평가 중에는 아동이 그림이나 단어를 보지 않도록 한다. 오답은 아래 상자에 기록한다.

장모음 그림

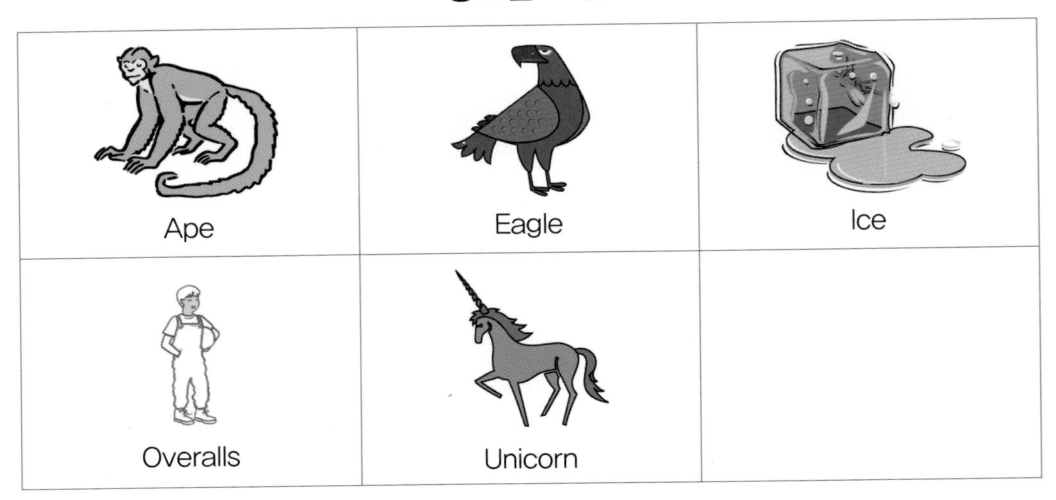

장모음에서와 마찬가지로 단모음으로 동일한 활동을 진행한다.

단모음 그림

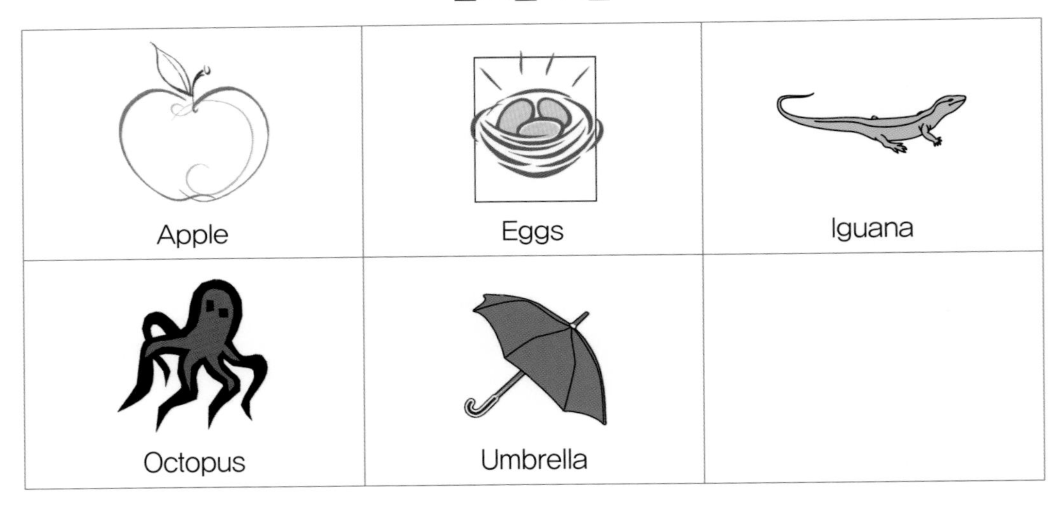

[그림 8-9] 지도 및 평가를 위한 모음 그림 카드

안내: 모음 그림 카드를 사용하여 가르치려면 카드를 그대로 두거나 복사기로 확대 또는 축소하여 적합한 크기로 만든다. 두꺼운 색종이에 복사한 후 코팅한다. 카드를 사용하여 각 단어의 소리 개수를 파악하고, 페이지에 있는 단어와 운율이 일치하는 단어를 떠올리며, 단어를 나누고 섞는 등 음소 인식을 연습한다. 모음을 식별하고 모음이 긴지 짧은지 알아본다. 모든 장모음 단어와 모든 단모음 단어를 정렬한다.

모음 그림 카드로 평가하려면 'ape'라는 단어를 말한다. 아동에게 단어에 어떤 모음이 있는지 물어본다. 그런 다음 모음이 긴지 짧은지 물어본다. 그림을 열로 읽는다(예: ape, overalls, apple, octopus, eagle, unicorn 등). 이 평가에서는 아동이 그림이나 단어를 보지 않도록 한다. 모음을 확인한 다음 모음이 긴지 짧은지 말해야 한다. 오답은 아래 상자에 기록한다.

대문자

A	B	C	D	E	F	G
H	I	J	K	L	M	N
O	P	Q	R	S	T	U
V	W	X	Y	Z		

소문자

a	b	c	d	e	f	g
h	i	j	k	l	m	n
o	p	q	r	s	t	u
v	w	x	y	z		

[그림 8-10] 알파벳 카드

안내: 필요한 경우 확대하여 두꺼운 종이에 복사한 후 코팅하여 오린다. 알파벳순으로 정렬하고, 대문자와 소문자를 일치시키고, 글자를 그림 카드와 일치시킨다.

초성

b	c	d	f	g	h	j
k	l	m	n	p	q	r
s	t	v	w	x	y	z

종성

are	ate	ake	ame
ave	ase	ain	ap
ail	ang	ear	eat
ell	end	ent	ive
est	ine	ike	ice
ime	it	ink	ing
ip	ile	in	ot
ock	oke	op	un
unk	ump	ug	uck

[그림 8-11] 기본 단어

초성 및 종성. 필요한 경우 확대하여 두꺼운 용지에 복사한 다음 코팅한다.

Pot*	Kit*	Fat*
Cat	Hot	Sit
Bit	Not	Hit
Sat	Lot	Hat
Cot	Wit	Mat
Fit	Rot	Bat

[그림 8-12] 단어 분류

안내: 두꺼운 종이에 복사한 후 코팅하여 오린다. 분류 판의 맨 윗줄에 핵심 단어를 적는다. 단어를 올바른 파일에 분류한다. *는 키워드를 나타낸다. 추가 분류를 위해 새 키워드를 만든다.

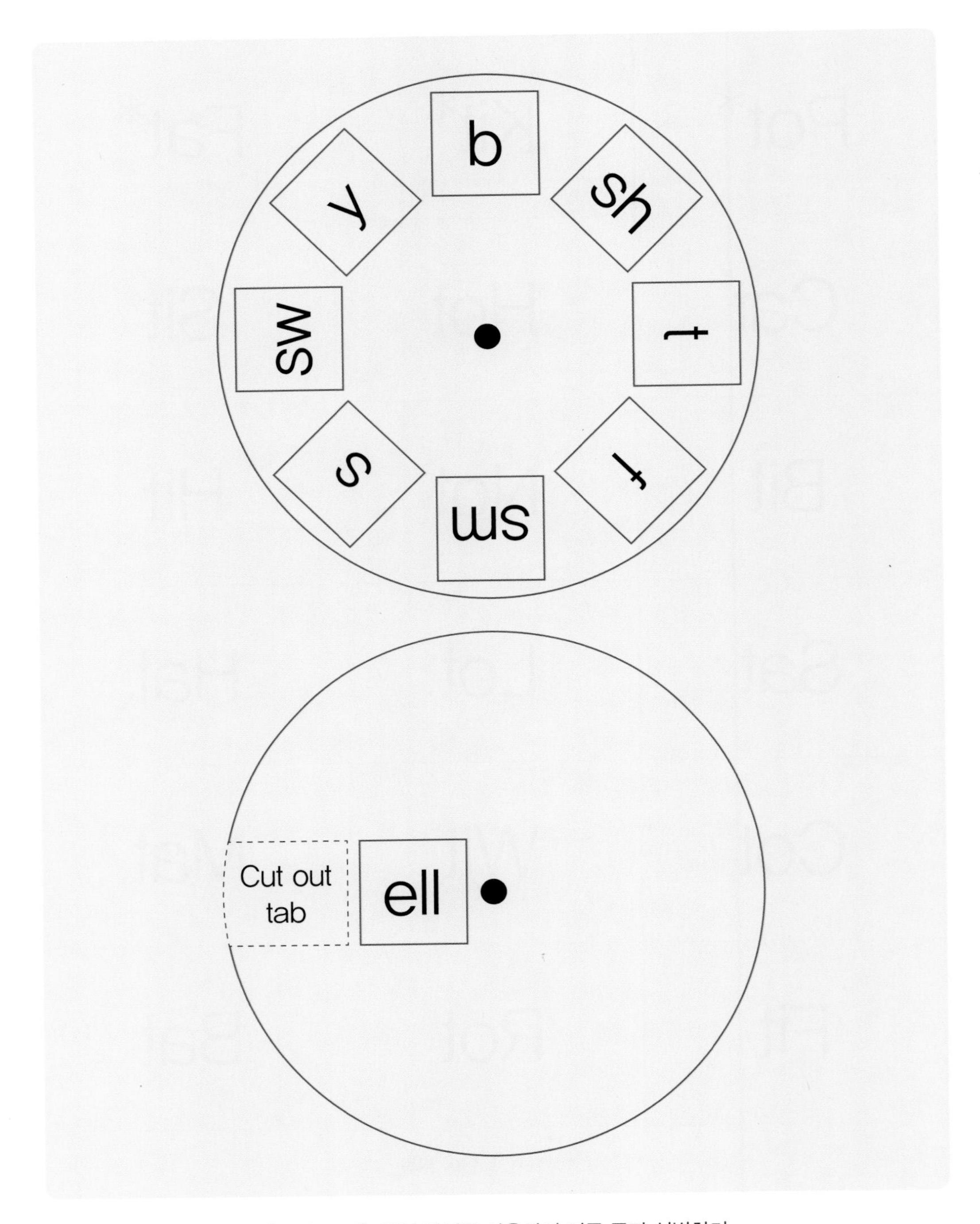

[그림 8-13] 단어 바퀴를 사용하여 이중 글자 식별하기

안내: 필요한 경우 확대하여 두 단어 바퀴를 두꺼운 종이에 복사한 후 코팅한다. 초성이 아래쪽에 있고, 종성이 위쪽에 있는 바퀴를 배치한다. 다양한 이중 글자, 조합, 말뭉치를 채운다. 정사각형 탭을 잘라 낸다. 도구를 사용하여 바퀴를 함께 고정한다. 새로운 단어가 만들어지도록 바퀴를 돌린다. 만든 단어를 분류 판에 적는다. 다음 페이지의 단어 바퀴 패턴을 사용하여 대체 이중 글자, 혼합 등을 만든다. 아동은 자신이 만든 단어를 종이에 적는다.

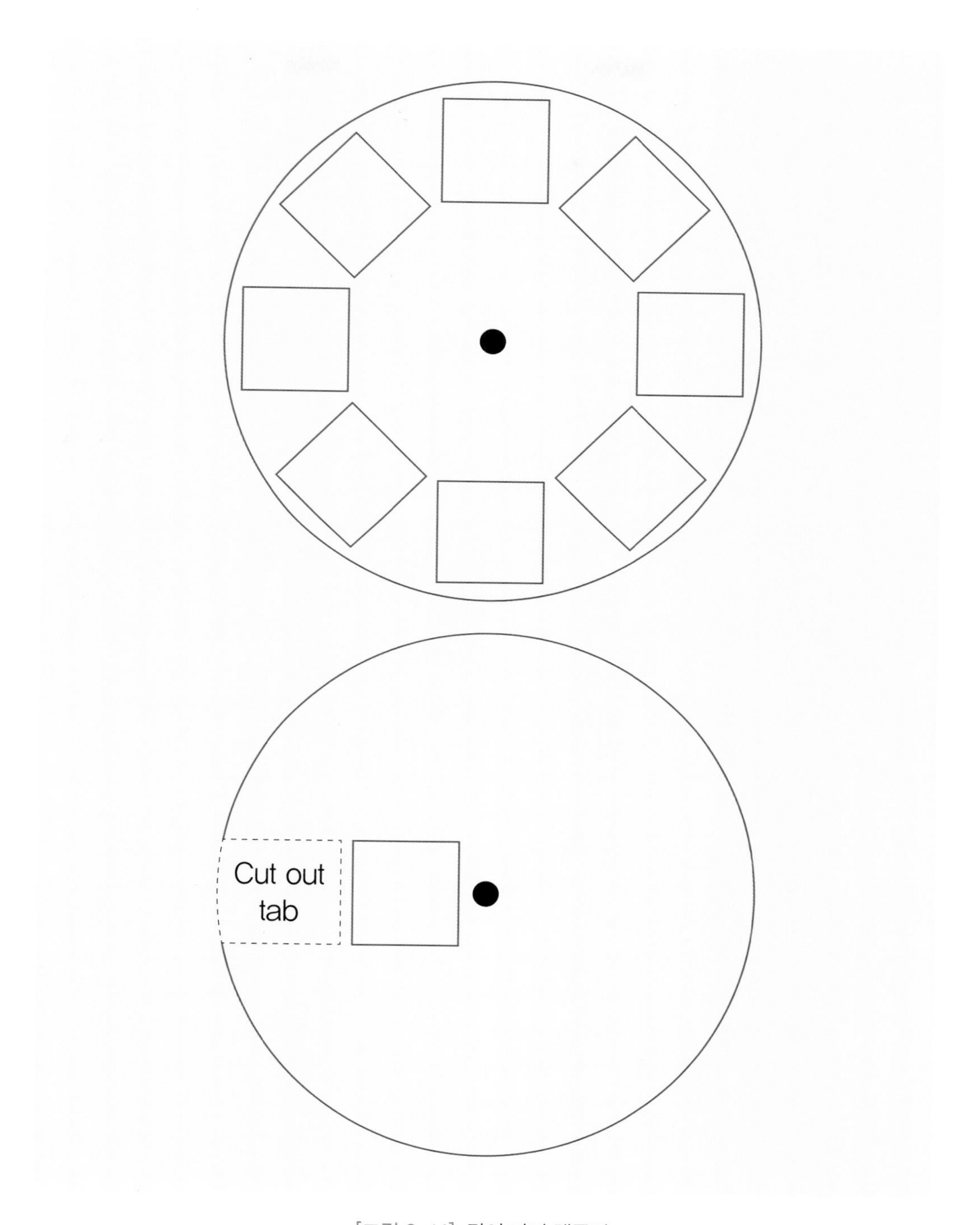

[그림 8-14] **단어 바퀴 템플릿**

안내: 필요한 경우 확대하여 첫 번째 단어 바퀴의 네모 칸에 표음 문자나 종성을 채운다. 두 번째 단어 바퀴에 초성, 이중 글자, 자음 또는 혼합을 넣는다. 두 단어 바퀴를 두꺼운 종이에 복사한 후 코팅한다. 정사각형 탭을 잘라 낸다. 그 단어 바퀴를 위에 놓는다. 도구를 사용하여 바퀴를 함께 고정한다.

[그림 8-15] **분류 판**

안내: 이 판은 글자를 알파벳순으로 분류하고, 그림과 글자 맞추기, 초성과 종성으로 단어 만들기, 장모음과 단모음으로 그림과 단어 분류하기 등에 사용할 수 있다. 두꺼운 종이에 복사한다.

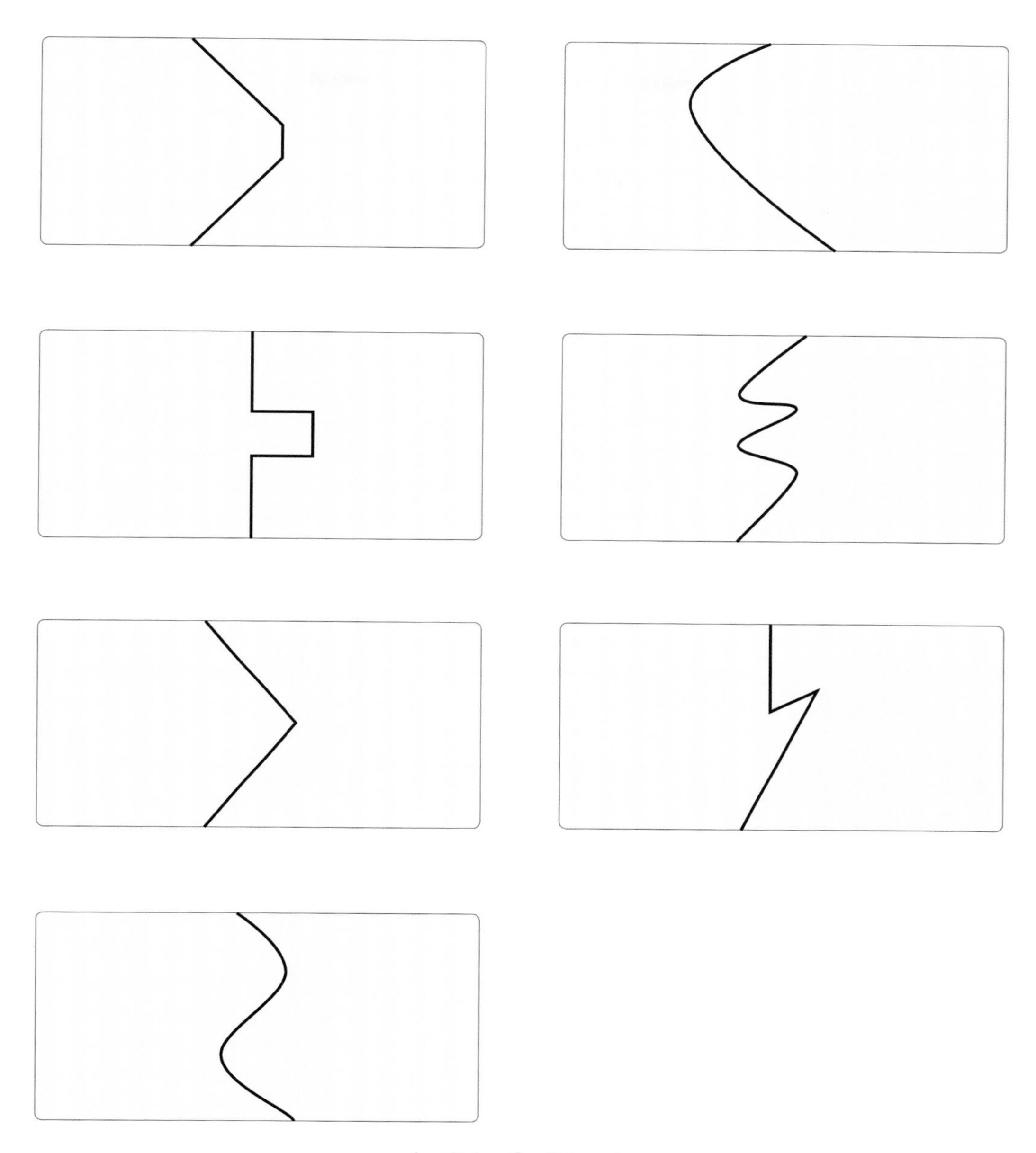

[그림 8-16] 퍼즐 조각

안내: 퍼즐 조각을 사용하여 맞춘다. 대문자와 소문자를 맞추고, 운율이 일치하는 단어와 그림을 초성 소리와 일치시킨다. 두꺼운 색종이에 복사하여 기술을 쓰거나 다른 페이지에서 글자, 운율이 일치하는 단어 그림, 초성 소리를 복사한다. 이어 붙이고 자른다.

Chapter 09

텍스트 이해력 및 유창성 발달

학습 결과

이 장을 읽고 나면 다음과 같이 할 수 있다.

9.1. 읽기 이해력에 관한 최근 이론과 연구에 대해 설명한다.

9.2. 이해력 교육을 위한 교실 구성 전략의 개요를 설명한다.

9.3. 아동의 텍스트 이해력을 향상시키는 중요한 연구-기반 읽기 전략을 요약한다.

9.4. 이해력에서 유창성의 역할과 향상 전략에 대해 논의한다.

9.5. 아동의 텍스트 이해력을 평가하는 방법을 검토하고 요약한다.

윈 선생님은 몇 달 동안 1학년 아이들과 여러 글작가와 그림작가에 대해 토론해 왔다. 그녀는 교실에 있는 차트에 아이들이 좋아하는 글작가와 그림작가를 적어 놓았다. 오늘 윈 선생님은 아이들에게 최근에 처음 읽은 이야기의 글작가와 그림작가를 목록에 추가해 달라고 부탁했다. 먼저 글작가를 물어보았고, 다음 이름이 언급되었다: 에즈라 잭 키츠, 토미 드 파올라, 레오리오니, 아놀드 로벨. 다음으로 그림작가의 이름을 말해 달라고 요청했고, 학생들은 다음과 같은 이름을 떠올렸다: 닥터 수스, 에릭 칼, 모리스 센닥. 제이미가 손을 들며 "저기, 뭔가 이상한 점이 있어요. 이름이 거론된 모든 글작가가 그림작가이고, 그림작가도 모두 글작가예요." 크리스토퍼가 손을 들며 "그렇게 이상하지 않아요. 저는 글작가이자 그림작가인 사람들을 많이 알고 있어요. 저와 조쉬, 제니퍼, 패트릭도 있죠." 크리스토퍼는 교실을 둘러보며 반 친구들의 이름을 모두 호명하고 있었다. 반 친구들의 이름을 다 부른 후 그는 계속해서 "우리는 모두 글작가이자 그림작가예요. 우리 모두 책을 쓰고 그림을 그리죠. 우리는 책을 출판하고 교실 도서 코너에 보관해요. 그걸 어떻게 잊을 수 있겠어요?"

윈 선생님은 전자 화이트보드에 두 개의 t-차트를 투사했다([그림 9-1] 참조). 한 차트에는 '글작가'라는 이름표가 붙어 있고, 다른 차트에는 '그림작가'라는 이름표가 붙어 있다. 각 차트의 한쪽에는 '닥터 수스'가, 다른 한쪽에는 '에즈라 잭 키츠'가 표시되어 있다. 윈 선생님은 아이들에게 t-차트가 정보를 정리하고 이해하는 데 도움이 되는 전략이라고 설명했다. t-차트는 글작가와 그림작가의 특징을 비교하고 대조하는 데 도움이 된다고 설명했다. 공통점과 차이점을 찾는 데 도움이 된다.

그런 다음 윈 선생님은 아이들에게 t-차트를 사용하는 방법을 모델링을 통해 안내했다. 먼저, 각 글작가의 삽화 특징을 생각하게 한 다음 각 글작가의 이름 아래에 아이디어를 기록하도록 했다. 그런 다음 아이들이 언급한 특징을 나열하면서 각 글작가의 이야기에 대해 말해 보도록 했다. 아이들이 이야기를 마치면 공통적인 특징과 다른 특징을 찾아보았다. 윈 선생님은 그림의 특징과 글작가의 이야기 특징을 설명한 t-차트에서 단어를 옮겨서 섞어 놓았다. 그리고 두 쌍의 아이들을 선정하여 다시 t-차트의 적절한 위치에 옮겼다. 다음 날, 윈 선생님은 두 명의 새로운 글작가-그림작가를 사용하여 학급 전체와 이 활동을 다시 하였다. 그런 다음 한 쌍의 아이들이 종이에 자신만의 t-차트를 만들도록 했다. 그녀는 교실을 돌아다니며 도와주었다. 마지막으로, 독립 영역 시간 동안 문해력 영역에서 아이들과 함께 t-차트 활동을 진행했다. 이 과제를 완료할 때 아이들이 t-차트 외에도 특징 목록 작성을 위해 글작가-그림작가의 책을 사용하도록 권장했다. 윈 선생님은 아이들에게 이 글작가와 그림작가가 어떤 점이 같은지 그리고 어떤 점이 다른지 그림을 그리거나 문장을 쓰도록 요청했다.

글작가		그림작가	
닥터 수스	에즈라 잭 키츠	닥터 수스	에즈라 잭 키츠
운율	운율 없음	대담한 색상	밝은 색상
생성 인물	실제 인물과 동물	수채화	콜라주
상상	실제 인생 이야기	만화	사실주의
생성 단어	실제 단어		

[그림 9-1] T-차트

지도 단계에는 다음과 같은 내용이 포함된다: ① 전략 목표 설명하기, ② 전략 사용 모델링하기, ③ 교사의 지도하에 학생의 전략 연습하기, ④ 파트너와 협력하는 환경에서 전략 사용하기. 윈 선생님은 아이들에게 그림이나 글로 유사점을 요약하는 방법을 선택하도록 했다.

텍스트 이해력에 대한 이론과 연구

아동이 성공적인 독자가 되려면 이해력이 요구된다. 아동이 독립적인 독자가 되려면 해독 능력이 필요하다. 그러나 독자가 더 정교해지면 해독에 덜 의존한다. 유창하게 이해하는 독자는 성공적인 독자이다. 알마시와 풀러튼(2013)에 따르면, 이해력이 좋은 독자는 다음과 같은 기술을 가지고 있다.

- 자료를 처음부터 끝까지 읽는다.
- 기억하고 싶은 내용과 관련된 정보에 도달하면 읽기 속도가 느려진다.
- 주제에 대한 사전 지식을 바탕으로 텍스트의 내용을 예상한다.
- 읽은 내용을 요약하여 텍스트에 아이디어를 반영한다.
- 문제를 명확히 하기 위해 중요한 정보는 텍스트를 참조한다.
- 이해력에 가장 도움이 된다고 판단하여 의도적으로 선택한 여러 가지 전략을 사용한다.
- 사용하는 전략과 전략의 사용 이유를 설명할 수 있다.

이해력은 독자나 청자가 주제에 대한 사전 지식을 바탕으로 읽거나 듣는 내용에 대한 의미를 해석하고 구성하여 이전 것과 새로운 것을 연결하는 능동적인 과정이다(Applegate,

Applegate, & Modla, 2009; Pressley & Hilden, 2002). 이 개념은 주어진 주제에 대한 사전 경험을 바탕으로 특정 정보에 대한 도식(배경지식)을 가지고 있다는 도식 이론 연구에서 비롯된 것이다. 항상 주제에 대해 더 많은 것을 배울 수 있기 때문에 도식은 결코 완전하지 않다. 예를 들어, 체험형 과학 박물관에 대한 누군가의 이야기를 통해 한 가지 정보를 얻고, 이 박물관의 사진을 보고 추가 정보를 얻으며, 박물관에 직접 가보고 더 많은 것을 알게 된다. 그런 다음 다른 과학 박물관에 가거나, 박물관에 대한 이야기를 들으면 새로운 정보를 통해 이미 알고 있는 내용을 확장하고 구체화할 수 있다. 읽거나 듣는 이야기 문학을 진정으로 이해하려면 아동은 주제에 관한 자신의 사전 지식을 새로운 텍스트와 통합하여 새로운 지식을 만들어 내야 한다(Pressley & Hilden, 2002; Hannon, 2012).

이해력 발달은 읽기 및 쓰기를 경험하는 동안 다른 사람과의 사회적 상호작용을 통해 향상된다(Rand Reading Study Group, 2002). 예를 들어, 아동은 문제 해결 상황을 제공하는 성인이 중재하는 책에 대한 초기 경험을 통해 이점을 얻는다. 아동은 응답을 요구받고, 성인은 아동이 필요할 때 정보를 제공한다. 이러한 상황에서 아동과 성인은 상호작용을 통해 인쇄된 텍스트를 통합하고, 구성하고, 관계를 형성한다. 아동이 이해하는 방법을 배우려면 매일 다양한 텍스트와 수준별 텍스트를 여러 번 경험해야 한다(Duke & Pearson, 2002).

아동에게 책을 읽어 주거나 아동이 혼자서 책을 읽으면 이해력은 다음 요소에 의해 결정된다:

- 텍스트에 포함된 내용의 친숙성
- 텍스트를 이해하는 데 필요한 배경지식
- 양질의 글
- 주제가 청자 또는 독자에게 흥미로운 정도
- 문장의 구문론적 복잡성
- 포함된 어휘의 양과 난이도
- 읽거나 듣는 선정 작품의 길이(Graves, Juel, & Graves, 1998)

상위인지 능력의 발달은 이해력을 높이는 데 도움이 된다. **상위인지**란 자신의 학습이 어떻게 진행되고 있는지에 대한 자신의 인식을 말한다(Cobb, 2017). 이해력과 관련된 상위인지는 학생들이 읽은 내용을 어떻게 이해하는지, 어떤 전략을 사용하기로 선택했는지, 그리고 그 이유를 명확하게 설명할 수 있는지를 의미한다. 또한 아동은 이해한 문제를 명확하게 표현한 다음 그 문제를 어떻게 해결할 수 있는지 분명히 표현할 수 있다. 상위인지 또는 자기 모니터링에 참여하는 학생은 텍스트에 대한 적절한 이해 전략을 선택할 수 있으며, 읽기 과정을 조절, 점검 및 수정할 수 있다(Dewitz, Jones, & Leahy, 2009; Gunning, 2003).

돌로레스 더킨(Durknin, 1978~1979)은 이해력에 관한 중요하고 고전적인 연구에서 초등학교 저학년 시기에는 이해력을 거의 가르치지 않는다는 사실을 발견했다. 일반적으로 유아기는 '읽는 법을 배우는(learn to read)' 시기이고, 초등학교는 '배우기 위해 읽는(read to learn)' 시기라고 생각했다. 1980년대에 어바나 소재 일리노이 대학교의 읽기 연구 센터에서 이해력에 대한 많은 연구가 수행되었고, 이 연구와 이후 다른 연구 결과로 인해, 초등학교에서 이해력을 가르치는 데 더 많은 관심을 기울이게 되었다. 랜드 읽기 연구 그룹(2002)에서 작성하고, 워싱턴 DC에 있는 미국 교육 연구 및 개선 사무소에서 발행한 보고서인 「이해를 위한 읽기: 읽기 이해력 연구 및 발달 프로그램을 향하여」, 그리고 「전미 읽기 패널 보고서」(National Reading Panel Report, 2000)는 학생들에게 가르쳐야 할 이해력 전략과 그 방법에 대해 논의한다. 두 보고서 모두 성공적인 이해력 연습에 대한 연구에 근거한다. 최근 알마시와 하트(2011)는 우리가 아이들에게 전략을 사용하도록 가르치지만, 전략적 독자가 되도록 가르치지는 않는다고 강조했다. 전략적 독자는 어떤 접근 방식을 사용하는 것이 적절한지 결정하고, 여러 전략을 함께 사용할 수 있다.

이야기 및 정보 텍스트의 이해력 향상을 위한 목표 및 표준

많은 단체에서 이해력 발달을 위한 표준을 마련하였다. 주정부 공통 핵심 표준은 이해력을 매우 강조한다. 읽기 지도의 궁극적인 목표는 텍스트에서 의미를 구성하는 것이다. 텍스트에서 의미를 이해하기 위해 자기 모니터링 및 자기 수정 전략에 대한 역량이 아동에게 필요하다. 아동이 자신의 읽기를 스스로 모니터링하면 전략적 독자가 된다. 아동은 의미를 어떻게 파악했는지, 어떤 전략을 사용했는지 토론할 수 있다(Brown, 2008; Park, 2012). 또한 저자가 말하는 내용에 대해 질문을 제기하기도 한다. 이해력이 뛰어난 아동은 3학년이 되면 다음을 수행할 수 있다:

- 주요 줄거리뿐만 아니라 하위 줄거리가 있는 책을 읽을 때 텍스트를 이해한다.
- 복잡하고 복합적인 문장으로 제시된 다양한 구조의 개념을 포함한 논픽션을 이해한다.
- 직유, 은유와 같은 비유적 언어에서 의미를 파악한다.
- 하나의 텍스트를 읽거나 들은 다른 텍스트와 비교한다.
- 등장인물의 동기를 설명한다(National Center on Education and the Economy and the

Learning Research and Development Center at the University, 1999). [그림 9-2]에는 이야기 텍스트와 정보 텍스트에 대한 이해력을 가르치기 위해 일반적으로 인정되는 목표가 제시되어 있다.

교육과정에 이해력 통합

어린이집부터 대학까지 이해력을 가르친다. 학교에서는 매일 표준과 학교 교육과정에 따라 이해력을 다루는 수업이 진행되어야 한다. 배워야 하는 기술을 강화하기 위해 일과 중 가르칠 수 있는 순간을 활용한다. 강조하는 기술을 과학, 사회, 수학, 놀이, 음악, 미술에 적절하게 통합한다. 예를 들어, 날씨를 주제로 비에 관한 책을 읽고 있다면, 아동이 비와 관련하여 재미있었거나 무서웠거나 흥미로웠던 자신의 생활 경험에 대해 이야기하게 하여 텍스트와 일상생활을 연결한다. 그런 다음 날씨와 관련하여 읽은 책에 대해 물어본다. 소집단으로 가르치면 교사가 학생의 개별적인 필요를 더 잘 파악하는 데 도움이 된다. 소집단을 통해 학생들이 무엇을 배웠고, 무엇을 더 배워야 하는지 파악할 수 있다. 또한 소집단을 사용하면 더 어려운 과제나 쉬운 과제가 필요한 학생을 위한 수업을 설계하여 수업을 차별화할 수 있다. 전략은 필요할 때 가르쳐야 하며, 학생들이 여러 전략을 동시에 사용하도록 장려해야 한다.

1. 잘 알려진 동화책을 읽음으로써 잘 구성된 이야기를 들려주려고 시도한다.
2. 교사가 읽어 주는 대로 단어를 말하고 이야기를 들려주며 이야기 읽기에 참여한다.
3. 협력 학습 활동에 참여하여 텍스트 이해력을 구성한다.
4. 질문에 답하고 관련된 토론 및 활동에 참여한다.
   a. 독자에게 누가, 무엇을, 언제, 어디서와 같은 세부 사항을 식별하고, 분류, 순서화 및 주요 아이디어를 찾도록 요청하는 문자 그대로의 사고
   b. 독자에게 텍스트의 증거를 가지고 예측하도록 요구하는 추론적 및 비판적 사고; 해석(예: 당신이 그 등장인물이라면 어떻게 느끼나요, 무엇을 할 건가요); 배경지식에서 도출, 텍스트와 아동의 삶 연결; 텍스트와 세상 연결; 하나의 텍스트와 다른 텍스트 연결; 평가; 비교 및 대조; 텍스트를 근거로 원인과 결과 판단
5. 질문, 토론 및 관련 활동을 생성한다.
   a. 독자에게 누가, 무엇을, 언제, 어디로 분류하고 순서를 정할지 묻는 문자 그대로의 사고

[그림 9-2] 텍스트 및 디지털 형식의 이야기 문학에 대한 이해 목표(계속)

b. 독자에게 예측을 요청하는 추론적 및 비판적 사고; 해석(예: 당신이 그 등장인물이라면 어떻게 느끼나요, 어떻게 행동하나요), 배경지식에서 도출; 텍스트와 삶 연결; 평가; 비교 및 대조; 원인과 결과 결정; 정보 적용 및 문제 해결; 텍스트를 근거로 질문에 응답하는 능력

6. 도식 조직자를 사용한다.
   a. 지도
   b. 웹
   c. K-W-L
   d. t-차트
   e. 벤다이어그램
   f. 그래프
   g. 차트
7. 다음과 같은 설명 텍스트의 특징과 구조를 인식하고 이해한다.
   a. 설명 텍스트의 기능
      (1) 목차
      (2) 제목
      (3) 용어집
      (4) 색인
      (5) 다이어그램
   b. 설명 텍스트로 학습하는 구조
      (1) 기술: 이야기 관찰을 기반으로 독자에게 주제에 대한 그림을 제공한다.
      (2) 순서: 특정 산출물이나 결과를 생성하는 단계를 설명한다.
      (3) 비교 및 대조: 비슷한 분류의 항목을 먼저 비교한 다음 대조한다. 시점별 비교는 유사점과 차이점을 번갈아 설명한다.
      (4) 원인과 결과: 인과관계는 어떤 일이 발생하는 이유를 알려 준다.
      (5) 문제 해결: 문제가 제시된 다음 해결책이 제시된다. 이 구조를 이해하려면 연대기를 이해해야 한다.
      (6) 예시(이유 및 사례): 주요 아이디어는 뒷받침하는 세부 사항과 함께 인쇄된다(Vukelich, Evans, & Albertson, 2003).
8. 다음과 같은 이야기 텍스트의 구조를 인식하고 이해한다:
   a. 배경: 시작, 시간, 장소, 등장인물
   b. 주제: 주인공의 문제 또는 목표
   c. 줄거리 에피소드: 주인공의 문제를 해결하거나 목표에 도달하게 되는 사건
   d. 해결 방안: 문제 해결, 목표 달성, 종료

[그림 9-2] 텍스트 및 디지털 형식의 이야기 문학에 대한 이해 목표(계속)

9. 활동 요약에 참여한다.
   a. 다시 말하기
   b. 결론 도출
10. 정신적 이미지에 관여한다.
11. 텍스트에서 증거를 제공한다.
12. 심층적 의미 분석을 위해 자세히 읽는다.
13. 다음과 같은 협력 활동에 참여한다.
    a. 협력 반응 집단
    b. 생각하고, 짝짓고, 공유하기
    c. 소리 내며 생각하기
    d. 문학 동아리
    e. 친구 읽기
    f. 파트너 읽기
    g. 상호 교수
14. 필요할 때 여러 전략을 사용한다.
15. 이해력을 모니터링한다(상위인지).
    a. 구절에서 이해한 내용을 안다.
    b. 구절에서 이해하지 못한 내용을 안다.
    c. 읽은 내용을 이해하기 위해 어떤 전략을 사용해야 하는지 안다.
16. 다음과 같은 참조 및 학습 기술을 사용한다:
    a. 사전
    b. 인터넷 검색
    c. SQ3R: 설문조사, 질문, 읽기, 암송, 검토
17. 유창성 훈련에 참여한다.
    a. 뒤따라 읽기
    b. 합창 읽기
    c. 테이프 지원 읽기
    d. 대화형 읽기
    e. 짝 읽기
    f. 낭독 극장
    g. 반복 읽기
18. 적합한 모든 기술을 위해 디지털 문해력을 사용한다.

[그림 9-2] 텍스트 및 디지털 형식의 이야기 문학에 대한 이해 목표

수업 시간에 문학 활용하기. 3학년을 마칠 때까지 아동이 유창한 독자가 되려면 하루 종일 문해력 교육이 이루어져야 한다. 3학년 말까지 학년 수준만큼 읽지 못하는 학생은 이후에도 학년 수준에 도달하지 못하고, 학교를 중도 탈락할 위험이 있다(학년 수준 이하로 읽는 학생 중 10%만이 3학년 말에 학년 수준에 도달한다). 초등학교에서 아동에게 읽기를 가르치는 것보다 더 중요한 것은 없다.

명시적인 읽기 지도를 위해 지정된 시간 동안 교사는 표준을 기준 목표로 사용해야 한다. 즉, 교사는 해독 능력, 이해력, 쓰기, 말하기, 듣기 및 언어 발달을 지도할 때 표준에 의존한다. 이러한 표준과 기법은 음악, 미술, 수학, 과학, 사회, 체육 과목 지도에도 적용할 수 있다. 교사는 이해력 표준을 다른 내용 영역의 수업과 연결한다. 예를 들어, 좋은 시민 의식의 의미와 타인을 돕는 것의 가치에 대한 사회 단원에서는 학생들이『The Lion and the Rat』(Wildsmith, 1995)과 같은 이야기의 세부 사항을 알면 학습 효과가 향상된다. 겨울에 관한 과학 단원에서는 겨울과 눈을 주제로 한 내러티브 픽션(예: The Mitten, 1989)을 통해 과학적 사실을 학습하는 데 도움을 받을 수 있다. 아이들이 이야기를 들은 후, 교사는 따뜻해지기 위해 벙어리 장갑에 들어간 동물들을 떠올려 보라고 한다. 미술 시간에 교사는 겨울 콜라주 만들기의 동기를 부여하기 위해 에즈라 잭 키츠의『The Snowy Day』(Keats, 1996)를 읽을 수 있다. 키츠는 자신의 모든 책에서 수채화와 콜라주 재료를 사용한다. 아이들은 이 책을 통해 콜라주 재료를 찾아 눈 콜라주에 대한 아이디어를 얻을 수 있다.

이러한 방식으로 이야기 텍스트를 작업하면 아이들은 이야기 텍스트를 이해하고, 학습 주제에 대한 지식을 향상시키는 데 도움이 되는 기술을 연습할 수 있다. 읽기 기술을 주제에 통합함으로써 읽기 기술은 학생들에게 적절하고 유용하게 활용되며, 학생들이 더욱 발전하도록 동기를 부여한다.

이해력 지도를 위한 교실 조직 전략

이해력 지도를 위한 기본 수업 계획

전략을 학습할 때 아동은 다양한 방식으로 문학에 반응하면서 능동적인 역할을 담당해야 한다. 잘 구조화된 이야기 및 정보 문학 작품을 선택한다. **이야기 문학**은 배경, 주제, 에피소드, 결말이 명확하게 묘사되어 있다. 양질의 정보 문학 또는 **정보 텍스트**는 기술, 순서, 비교 및 대조, 원인 및 결과, 문제 해결, 사례와 같은 구조로 논픽션 내용 영역 정보를 아동에게 제공한다.

대부분의 이해력 전략은 이야기 및 설명(논픽션) 텍스트 모두에 유용하다. 이해력 전략에 대한 안내된 지도는 다음 기술을 사용할 때 가장 효과적인 것으로 밝혀졌다.

- **설명**: 교사가 전략이 무엇인지, 왜 중요한지, 언제 사용하는지 설명한다.
- **모델링**: 교사가 모델링을 통해 전략의 사용을 시연하고, 아동을 위해 비계설정을 한다.
- **안내된 연습**: 교사는 학생이 전략 사용을 연습할 기회를 제공한다. 교사는 학생에게 전략을 사용하는 방법과 시기를 안내한다. 안내된 연습은 학생이 협력하여 서로 학습을 돕는 시간이다.
- **독립적 적용**: 교사는 학생이 지도 없이 연습할 시간을 제공하여 도움 없이 실행하도록 한다.
- **성찰**: 아동은 이 전략을 다른 상황에서 어떻게 사용할지 생각한다. 아동은 자신이 그 전략을 얼마나 잘 사용하는지 생각한다(McLaughlin, 2010).

이 기본 계획은 소리 내어 읽기, 공유된 읽기, 읽기 워크숍, 안내된 읽기에서 사용되며, 읽기 지도를 위한 가장 교육적 접근 방식이다.

사진 제공: Annie Fuller/Pearson Education

지시적 듣기 및 사고 활동은 읽기 또는 듣기의 목적을 설정하고, 학생들의 생각을 집중시키는 데 도움이 된다.

지시적 듣기/읽기 및 사고 활동

이해력 증진의 중요한 구조는 **지시적 듣기/읽기 및 사고 활동**(DLTA/DRTA)이다. 이 전략은 아동이 책을 처음 읽거나 교사가 아동에게 책을 읽어 줄 때 사용된다. 이 전략의 핵심 요소는 읽기 목적을 설정하고 학생과 그 목적을 공유하는 것이다. 목적을 미리 알면 학생의 생각을 유도하고, 읽기 또는 듣기에 어떻게 접근해야 하는지 이해하는 데 도움이 된다. 목표는 아동이 독립적으로 읽을 때 이 전략을 적용하고 이해력을 돕기 위해 구조를 사용하는 것이다. 읽기 맥락을 자주 제공하는 교사는 아동이 이 전략을 내면화하여 새롭고 낯선 자료를 읽을 때 이 전략을 사용하도록 한다(Morrow, Gambrell, & Freitag, 2009). DRTA 또는 DLTA의 목표는 다양하지만, ① 책에 대한 토론으로 읽기 준비하기, ② 아동에게 듣기 또는 읽기의 목적 및 목표를 제공하고, 그 행동을 비계설정하기, ③ 아동이 이야기를 읽거나 교사가 읽어 주는 이야기를 듣게 하기, ④ 읽기 후 목적에 중점을 두고 이야기 토론하기라는 틀은 항상 유사하다. 이 체계는 독자에게 텍스트에 대한 정보를 정리하고, 검색하고, 토론하기 위한 전략을 제공한다.

DRTA/DLTA 전략은 다양한 유형의 이해를 촉진하는 데 사용한다. 다음은 잘 알려진 『The Little Red Hen』(Izawa, 1968) 이야기로 이 전략의 적용을 설명하는 수업이다. 이 수업의 목표 또는 표준은 이야기 속 등장인물을 묘사하고, 사건의 순서를 기억하여 다시 이야기할 수 있는 능력을 보여 주는 것이다.

토론을 통해 아동의 듣기나 읽기 준비하기. "오늘은 'The Little Red Hen'이라는 제목의 이야기를 읽거나 들을 거예요. 그림을 보고 어떤 이야기인지 알 수 있는지 살펴봅시다." 아이들에게 페이지를 넘기며 등장인물이나 내용에 대한 단서를 찾아보는 간단한 책 산책을 하도록 한다. 이 시간은 1~2분 이상 걸리지 않아야 한다. 아이들이 책장을 넘기면서 반응하도록 격려한다. 아이들이 자신의 생각을 말한 후에 "이 이야기는 빵을 굽고 싶어 하는 암탉이 친구들에게 도움을 요청하는 이야기예요. 여러분도 누군가에게 도움을 요청한 적이 있나요? 어떤 종류의 도움이었나요? 친구들이 도와줬나요? 이야기를 듣거나 읽으면서 이야기 속 등장인물을 모두 기억해 보세요. 등장인물 중 한 명은 Little Red Hen이에요. 책을 보고 거기에 나오는 다른 등장인물을 말해 줄 수 있나요?"라고 물어본다. 등장인물이 누구인지 아이들이 알 수 있도록 이 질문을 반복한다. 그런 다음 처음, 다음, 마지막에 대해 이야기한다. 아이들에게 비계설정을 해 주면 아이들이 무엇을 하길 원하는지, 무엇을 배우길 원하는지 더 잘 이해할 수 있다. 또한 처음, 다음, 마지막에 무슨 일이 있었는지 기억하도록 한다. 텍스트에서 순서에 대한 증거를 제시한다. 즉, 순서대로 읽은 후 책을 다시 살펴보고, 아동이 맞았는지 확인한다. "이야기에 대한 설명을 들었단다. 이제 이 책을 읽으면서 무엇을 알아보길 원하니?"라고 물어본다. 아이들의 질문을 적는다.

이야기 읽기. 아이들이 이야기를 읽을 때 그림을 보면서 읽은 내용을 이해하도록 안내한다. 아이들이 책을 끝까지 읽도록 한다. 도움이 필요하면 말로 도와준다.

읽기 후 토론하기. DLTA/DRTA 전략에서는 수업의 목적 또한 토론의 초점이 된다. 이러한 유형의 수업에서는 사실 기억하기, 순서 맞추기 등의 문자적 반응; 등장인물의 정서 해석하기, 결과 예측하기, 이야기와 실제 경험 연결하기 등의 추론적 반응; 평가하기, 문제 해결하기, 판단하기 등의 비판적 반응에 초점을 맞춘다. 구체적으로, 지시적 이야기 읽기 수업은 이야기 구조의 요소를 파악하는 데 초점을 맞추고, 아이들이 학습 중인 텍스트의 증거로 자신의 대답을 뒷받침하도록 요구한다. 목표가 무엇이든, 지시적 이야기 읽기 수업은 아이들이 글에서 의미를 이끌어 내는 데 도움이 된다. 연구에 따르면 이 모델은 어린 청자의 이야기 이해력을 높이는 것으로 나타났다(Baumann, 1992; Pearson, Roehler, Dole, & Duffy, 1992).

따라서 『The Little Red Hen』의 사례에서 독후 토론은 독서의 목표 또는 목적에 따라 진행해야 한다: 먼저 등장인물을 나열하고, 그런 다음 처음, 다음, 마지막에 누가 나왔는지 이야기를 다시 들려준다. 같은 책으로 다른 이야기를 할 때는 추론을 목표로 삼고, 아이들에게 "만약 여러분이 빨간 암탉이고, 농장 동물들이 아무도 여러분을 도와주지 않는다면 어떻게 했을까요? 암탉이 동물들에게 빵을 나눠 주지 않았을 때 옳은 일을 했다고 생각하세요? 그 이유는 무엇인가요? 이 이야기에서 우리는 어떤 교훈을 얻을 수 있나요? 여러분이 알고 싶어 하는 것을 모두 적었나요?"라고 물어본다.

정보 텍스트를 활용한 지시적 읽기 및 사고 활동. 정보 문학을 사용할 때는 토론이 정서보다는 사실 위주로 이루어질 가능성이 높다. 일련의 과학적 아이디어 또는 개념 간 관계를 설명하고, 원인과 결과 또는 문제 해결과 관련된 언어를 사용한다.

[그림 9-3]은 정보 텍스트 『The Red-Eyed Tree Frog』(Cowley & Bishop, 2005)를 사용하는 3학년 수업의 한 장면이다. 관련된 표준은 시간, 순서, 원인 및 결과와 관련된 언어를 사용하여 텍스트의 과학적 아이디어 또는 단계 간 관계를 설명하는 것이다. 새로운 정보 텍스트에 대해 토론하는 것은 어떤 면에서는 새로운 이야기 문학 작품에 대해 토론하는 것과 매우 유사하지만, 어떤 측면에서는 매우 다르다. 정보 텍스트에 대해 지시적 읽기/듣기 전략을 사용하는 경우:

양서류에 대해 배우고 있던 수업 시간에 여러 종류의 개구리에 대한 논의가 있었습니다. 에린 선생님은 학생들이 스스로 읽을 수 있도록『Red-Eyed Tree Frog』(Croley, 2005) 복사물을 가져왔습니다. 읽기의 목적은 이야기 속 사건의 순서와 책 속 개구리와 관련된 원인과 결과 또는 문제와 해결방안을 설명하는 것이었습니다. 그녀는 아이들에게 책을 훑어보고 문제가 제기된 페이지에 스티커 메모를 부착하여 책에 대한 생각을 적으라고 요청했습니다. 그리고 이야기를 읽을 때 개구리가 겪은 사건의 순서와 문제, 그리고 그 문제를 어떻게 해결했는지 나열하라고 말했습니다. 에린 선생님은 아이들이 읽을 내용에 대해 몇 가지 예측을 해 보라고 했고, 조쉬는 "개구리가 도중에 만나는 여러 동물들과 대화를 나누었기 때문에 어떤 동물이나 곤충을 찾고 있는 것 같아요."라고 말했습니다. 엘레나는 "어딘가로 가고 싶어서 길을 묻고 있는 것 같아요."라고 말했습니다. 에린 선생님은 아이들의 대답이 좋은 아이디어이지만, 책을 읽어 봐야 알 수 있을 것 같다고 제안했습니다.

그녀는 시작하기 전에 "아직 읽지는 않았지만, 책을 살펴봤으니 책 자체에 대해 언급하고 싶은 것이 있니?"라고 말했습니다. 잭은 "목차가 있고 사진도 있고 뒷부분에 '알고 있었나요'라는 섹션이 있어서 정보 책이에요. 개구리에 대한 더 많은 정보가 있을 것 같아요.", "그래, 맞아, 잭. 이제 책을 읽고, 다 읽으면 사건의 순서와 개구리가 가졌던 문제와 그 문제를 어떻게 해결했는지 적어 보자. 다 읽고 나면 파트너에게 돌아가서 전체 집단과 공유하기 전에 함께 토론해 보자." 모두가 읽기를 마치고 돌아가서 파트너와 이야기할 시간이 생기자 에린 선생님은 대화를 이어 갔습니다. "여러분의 예측이 맞았나요?" 요한나는 개구리가 다른 생물로 이동하게 된 원인을 알아낸 다른 몇몇 아이들과 마찬가지로 손을 들었습니다. 개구리는 안내나 정보를 찾는 것이 아니라 먹이를 찾고 있었어요. 제레미는 손을 들고, "개구리가 왜 이구아나와 독이 든 애벌레를 먹지 않았는지 알아요. 그러나 나방을 먹은 이유와 개미나 베짱이를 먹지 않은 이유가 궁금해요."라고 말했습니다. 잭이 손을 들고 "저는 '알고 있었나요?'라는 마지막 부분을 읽었어요. 거기에 보면 개구리는 개미가 물고, 애벌레는 삼키기에는 크고 가시가 있어서 개미와 애벌레로부터 떨어져 있어요. 개구리가 가장 좋아하는 먹이는 나방, 파리, 거미, 작은 메뚜기예요."라고 말했습니다. 에린 선생님은 "지금 이 내용을 찾아볼 필요는 없을 것 같아요. 다른 유형의 개구리에 대해 계속 읽어 보고, 여러분이 개구리에 대해 발견한 흥미로운 내용을 목록으로 정리해 보아요."라고 말했습니다.

[그림 9-3] 설명 중심의 지시적 읽기 수업 예시

- 아동에게 주제에 대해 무엇을 알고 있는지 물어본다.
- 목차, 그림, 도표, 제목을 통해 책을 미리 살펴본다.
- 제목을 검토하고 아동에게 학습할 정보에 대해 예측하도록 유도한다. 학생에게 질문 형식으로 예측을 적도록 지도한다.
- 아동에게 직접 텍스트를 읽어 보게 한다.
- 아동에게 자신의 예측이 맞았는지 검토하도록 지도한다.

- 주요 아이디어를 식별하고, 텍스트의 세부 사항에 대한 학생의 선택을 지원한다.
- 특정 산출물이나 결과를 생성하는 단계를 순서화한다.
- 텍스트에서 행동의 원인과 결과에 대해 생각한다.
- 문제를 파악하고 해결방안을 논의한다(Templeton & Gehsman, 2014; Vukelich, Evans, & Albertson, 2003).

읽기 이해력 워크숍

읽기 이해력 워크숍은 설명 및 이야기 텍스트 모두에 사용할 수 있는 조직 구조이다. 워크숍은 다음과 같이 시작된다:

1. 이해력 기술을 가르치는 소규모 수업이다.
2. 아동은 혼자 또는 파트너와 함께 선택한 책을 읽음으로써 방금 배운 기술을 연습한다.
3. 교사는 아이들 사이를 돌아다니거나 테이블에 앉아 아이들과 함께 본문에 대해 토론하는 회의를 진행한다.
4. 아이들이 읽은 책에 대해 북 토크를 할 수 있는 공유 시간을 마련한다.

시작하기 전에 워크숍이라는 용어는 교사의 일정에 따라 특정 시간 내에 이루어지는 일련의 활동을 의미한다는 점을 인식할 필요가 있다. 워크숍의 구성 요소와 시간은 다음과 같다:

1. 이해력 기술을 가르치는 양질의 소규모 수업. 소리 내어 읽기(배정된 시간의 30%) 포함
2. 학습한 이해력 전략을 연습하기 위한 독립적/파트너 읽기(배정된 시간의 50%)
3. 기술 향상을 위한 독립적 읽기 동안 교사와 몇몇 아동의 회의(회의는 독립적으로 책을 읽는 동안 진행되므로 시간이 별도로 배정되지 않음)
4. 읽은 내용에 대한 정보를 공유하고, 이해력 기술에 대한 토론으로 이해력 워크숍 마무리(배정된 시간의 20%)

읽기 워크숍을 소개할 때는 먼저 교실의 어디에서 진행할 것인지에 대해 이야기한다. 보통 교사는 문해력 영역의 카펫에 앉아 아이들과 함께 소규모 수업을 진행한다. 아이들이 소리 내어 책을 읽은 후, 배운 기술을 연습하기 위해 서로 짝을 지어 함께 책을 읽는다. 음악가와 마찬가지로 독자도 연습할 기회가 많이 필요하다. 아이들은 독립적으로 읽는 방법을 배

워야 한다. 교사는 다음과 같이 해야 한다:

- 학생들이 목적을 가지고 '페이지를 응시하고(eyes on the page)' 읽기에 참여하도록 한다.
- 이 기간 동안 학생들과 상의하여 목표를 설정한다.
- 아이들이 읽을 책을 선택하도록 한다. 아이들에게 선택권이 주어지면 책을 읽을 가능성이 높다.

아이들은 종종 책 선택에 도움이 필요하다. 아이들에게 도움을 제공한다.

'딱 맞는' 책 선택하기

- 교사가 소리 내어 읽은 책 중 마음에 들었던 책을 선택한다.
- 읽고 있는 시리즈의 책을 선택한다.
- 표지와 제목을 확인한다.
- 몇몇 페이지를 살펴본다.
- '다섯 손가락 규칙'을 사용한다.

책 가운데를 편다. 각 손가락이 단어에 닿도록 한 손을 인쇄물 위에 올려놓는다. 손가락이 닿은 다섯 개의 단어를 읽는다. 다섯 단어 중 네 단어를 읽을 수 있다면 이 책은 자신에게 딱 맞는 책이다.

파트너 읽기. 이 독립적인 시간에는 파트너 독서를 권장한다. 아이들은 함께 활동할 때 서로를 책임지고, 결과적으로 더 많은 것을 성취하게 된다. 능력 수준이 다른 학생들이 함께 활동하도록 허용하되, 아이들이 서로를 지원하도록 '딱 맞는' 파트너십이 필요하다. 학생들이 함께 활동하기 전에 성공적인 파트너십의 모범을 보이면서 함께 활동하는 모습을 보여준다. 아이들에게 과제를 완료해야 할 책임이 있고, 파트너는 서로에게, 그리고 교사에게 책임이 있다는 사실을 알려 준다. 파트너십을 모니터링하여 학생들이 서로를 존중하며 활동하고 있는지 확인한다.

회의 목적. 아이들이 책을 읽는 동안 교사는 회의를 진행한다. 회의의 목적은 다음과 같다:

- 학생의 읽기 이해력 강점 알아보기
- 읽기 이해력 목표 설정하기
- 가치 있는 대화 장려하기

아이들이 과제를 수행하고 있는지 확인하기 위해 회의를 간결하게 진행한다.

공유 목적. 공유는 존중, 라포, 학습 문화 강화의 분위기를 조성한다. 공유는 독립적 읽기 동안 학생들이 과제에 집중하도록 책임을 부여한다. 공유 시간은 학생들이 읽기 전략을 적용하거나, 읽기 기술을 발달시키거나, 목표를 달성하거나, 도전을 극복하는 등 자신의 성취에 대해 토론하는 기회를 제공한다.

다음은 읽기 이해력 워크숍이다: 교사는 수업의 목적에 대해 이야기하면서 소규모 수업을 시작한다. 이 수업의 표준 목표는 아동이 유도와 지원을 통해 텍스트의 주요 세부 사항을 적절한 순서로 다시 말하는 것이다. 또한 자신의 응답에 대한 텍스트의 증거를 보여 줄 수 있다. 토론으로 시작한 교사는 소리 내어 읽는다. 이야기가 끝나면 더 많은 토론이 이어진다. 토론은 이야기의 세부 사항과 주제를 결정하기 위한 목표에 관한 것이다. 수업이 끝나면 아이들은 책을 선택하고 읽으면서 자신이 선택한 책의 세부 사항과 주제에 대해 사고하는 연습을 한다. 다음은 소규모 수업으로 진행된 1학년 읽기 이해력 워크숍 사례이다:

> 모나코 선생님은 "독자 여러분, 우리는 정보 책을 읽고, 주요 아이디어로 이어질 세부 사항을 파악하고 있습니다. 우리는 『The Cricket』이라는 정보 책을 읽었습니다. 귀뚜라미에 대해 무엇을 알게 되었나요?" 자스민이 손을 들고 "귀뚜라미는 식물을 먹어요."라고 말했습니다. "맞아요." 모나코 선생님이 말했습니다. "또 무엇을 알았나요?" 제레미는 "귀뚜라미는 쓰레기나 다른 귀뚜라미도 먹는데, 제 생각에는 역겨워요."라고 말했습니다. "다른 학생은 어떻게 생각하나요?" 모나코 선생님이 물었습니다. 사리나는 "야행성이라 밤에 먹어요."라고 말했습니다. "아주 좋아요." 모나코 선생님이 말했습니다. 아이들이 말하는 동안 그녀는 아이들의 생각을 차트 종이에 적었습니다. 그녀는 다시 읽어 주며 "독자 여러분, 작가는 귀뚜라미가 다른 귀뚜라미를 포함해 많은 것을 먹고, 야행성이기 때문에 밤에 먹는다는 사실이 주요 아이디어임을 독자가 알기를 바라는 것 같아요."라고 말했습니다.

이 수업은 정보 문학에 대한 1학년 표준에 근거한다: 아동은 주요 주제를 식별하고, 텍스트의 주요 세부 사항을 다시 이야기하는 방법을 배워야 한다.

읽기 이해력 워크숍은 파트너와 함께 책을 읽은 후 세부 사항과 주요 아이디어에 대해 토론하는 시간으로 이어진다. 공유 시간에는 아이들이 발견한 내용을 보고한다.

아동의 텍스트 이해력 향상을 위한 읽기 연구-기반 전략

학생들은 이해력 증진 기술에 대한 공식적인 지도 이외에도 다양한 유형의 읽기를 경험해야 한다. 개별 읽기도 중요하지만, 집단 읽기와 협력 읽기도 중요하다. 이 두 가지를 종합하면 읽기는 개인적일 뿐만 아니라 사회적 추구라는 사실을 알 수 있다. 또한 텍스트를 면밀히 검토하고 동일한 텍스트를 여러 번 경험할 수 있는 기회도 읽기 경험에 포함되어야 한다.

집단 읽기 경험

집단 읽기 경험은 아동이 공식적인 교육에서 배운 내용을 스스로 연습하는 기술과 이해를 강화하는 데 도움이 된다. 일반적으로 전체 학급 수업이나 소집단 수업이 여기에 해당한다. 소리 내어 읽기, 공유된 책 경험, 소집단 읽기는 중요한 집단 읽기 경험이다.

소리 내어 읽기. 소리 내어 읽기는 모든 학년 수준의 아동이 즐길 수 있다. 교사는 아동에게 문자 및 정보 텍스트를 유창하게 읽을 기회를 제공한다. 소리 내어 읽기에서 교사는 새로운 책을 소개하며, 특정 이해력 전략, 새로운 어휘 등을 사용할 수 있다.

동물이나 식물 등 학습 주제와 관련된 책이 선정되는 경우가 많다. 아동이 독립적으로 읽기에는 너무 어렵지만, 이해 가능한 텍스트이고, 비판적 토론이 가능하다면 소리 내어 읽기에 그 책을 선정한다. 교사는 종종 깊이 있는 토론이 이루어진다는 사실에 놀라곤 한다. 이 형식은 앞서 설명한 지시적 읽기 수업과 유사하다(동화책 읽기 중 교사의 행동 지침은 [그림 9-4]에 포함되어 있다). 이야기 책에는 다음과 같은 유형의 접근법을 사용할 수 있다:

> 소리 내어 읽기는 빠른 책 산책을 통해 책을 소개하는 것으로 시작한다. 아이들에게 이야기의 내용이 무엇인지 물어본다. 책 읽기가 시작되면 계속 이어 간다. 특정 아이디어에 대해 토론하기 위해 잠시 멈추는 것은 허용되지만, 읽기의 흐름을 방해할 수 있으므로 한두 번 이상은 멈추지 말고, 읽기가 끝난 후에 토론한다.

1. 운영
   a. 이야기를 소개한다.
   b. 책에 대한 배경 정보를 제공한다.
   c. 관련 없는 토론은 다시 이야기에 집중시킨다.
2. 이야기 및 설명 텍스트가 포함된 즉각적인 응답
   a. 자연스럽게 멈추면 아이들에게 이야기에 대해 질문하거나 의견을 말하도록 유도한다.
   b. 반응이 없는 경우 아동이 모델링할 수 있도록 비계설정을 한다("저 동물들은 나빠. 작은 빨간 암탉을 도와주지 않을 거야.").
   c. 응답을 실제 경험과 연결한다(예: "파티 준비를 위해 도움이 필요해서 가족들이 일을 분담했어요. 도움을 요청했는데 도와줄 사람이 없었던 적이 있나요? 무슨 일이 있었나요?").
   d. 아동이 대답하지 않으면 예 또는 아니요 이외의 대답이 필요한 질문을 한다("만약 여러분이 빨간 암탉이고 아무도 빵 굽는 것을 도와주지 않았다면 어떻게 했을까요?")
   e. 설명 텍스트를 사용하면 순서, 기술, 비교 및 대조, 원인 및 결과에 집중할 수 있다.
3. 지원 및 정보 제공
   a. 질문을 받으면 질문에 답한다.
   b. 의견에 반응한다.
   c. 응답을 실제 생활 경험과 연결한다.
   d. 아동의 응답에 정적 강화를 제공한다.

[그림 9-4] 동화책 읽기 중 교사의 행동 지침

출처: L. M. Morrow, Young children's responses to one-to-one story readings in school settings, *Reading Research Quarterly, 23*(1), 89-107. Copyright 1988 by the International Reading Association.

교사는 이해력 증진을 위해 다양한 방법으로 소리 내어 읽기를 사용한다. 이야기 텍스트를 읽을 때, 교사는 다른 텍스트, 아동의 삶, 세상과 연결하도록 아동에게 요청한다. 아동은 등장인물의 특성과 정서 및 생각에 대해 토론한다. 또한 등장인물의 관점과 작가의 대화, 단어, 문구 사용이 어떻게 특정 양식을 만들어 내는지에 대해 토론한다. 반대로 정보 텍스트를 읽을 때 교사는 문체보다는 책에 나오는 새로운 어휘 발달에 더 집중한다. 이러한 유형의 텍스트에 대한 토론에는 기술, 사건 또는 단계의 순서, 원인 및 결과의 식별, 문제 및 해결방안의 식별, 비교가 포함된다(Santoro, Baker, Fien, Smith, & Chard, 2016).

공유된 책 경험. 공유된 책 경험은 소집단에서도 사용할 수 있지만, 일반적으로 전체 학급 환경에서 진행된다. 형식은 소리 내어 읽기 및 지시적 이야기 또는 정보 제공 읽기 수업과 유사하다. 이러한 유형의 수업은 아동에게 새로운 책을 읽어 주는 것과 함께 사용되는 반면, 공유된 책 읽기는 일반적으로 과거에 아동이 읽었던 책으로 진행한다. 이 활동을 하는 동안 아동에게 어떤 방식으로든 참여하도록 요청한다. 아동은 책에서 자주 사용되는 문구를 반복할 수 있다. 교사는 유창하게 읽는 기회를 통해 훌륭한 읽기 모델을 제공한다.

공유된 책 읽기를 할 때는 집단의 모든 아동이 이야기를 읽는 동안 그림과 단어를 명확하게 볼 수 있도록 큰 책을 읽는 경우가 많다. 두 번째(또는 그 이상) 책을 읽을 때는 이미 텍스트가 친숙하므로 즉각적인 참여를 권장한다. 교사는 책을 읽는 동안 포인터를 사용하여 어린 아동에게 왼쪽에서 오른쪽으로의 진행, 그리고 구어와 문어의 대응을 강조한다(Morrison & Wlodarczuk, 2009).

이야기에서 반복되는 구절을 함께 외우거나 특별한 핵심 단어를 읽도록 하는 등 아동의 참여를 유도한다. 마찬가지로 교사는 예측 가능한 부분에서 멈추고, 아동에게 단어와 구를 채우도록 요청한다. 교사가 한 줄을 읽으면 아동이 따라 읽는 뒤따라 읽기를 통해 책을 공유하는 경험을 한다. 먼저, 큰 책으로 이야기를 읽은 후, 교사는 아동에게 큰 책과 일반 크기의 이야기 복사물을 모두 제공한다.

공유된 책 읽기를 향상시키는 한 가지 방법은 녹음하여 듣기 영역에서 사용하는 것이다. 녹음은 아동이 따라 할 수 있는 억양을 구사하는 친숙하고 유창한 읽기 모델을 제공한다. 교사가 함께 책을 읽거나 테이프로 녹음하면 참여도가 높고 즐거운 소리 내어 읽기 행사가 된다. 또한 아동이 주요 세부 사항을 찾고, 다음 요소가 포함된 잘 구조화된 이야기를 듣도록 돕는다.

1. 배경(시작, 시간, 장소, 등장인물 소개)
2. 주제(주인공의 문제 또는 목표)
3. 줄거리(주인공이 문제를 해결하거나 목표를 달성하기 위해 시도하는 일련의 사건)
4. 결말(목표 달성 또는 문제 해결 및 결말)

아동은 잘 구조화된 이야기를 많이 들으면 그 구조에 대한 인식을 바탕으로 낯선 이야기에서 다음에 어떤 일이 일어날지 예측할 수 있다. 줄거리가 잘 구조화된 이야기를 들으면 아동이 자신의 이야기를 쓰고 말하는 데도 도움이 된다. 책의 언어는 음성 언어와는 다르며, 쓰기와 말하기의 모델을 제공한다.

예측 가능한 이야기는 아동이 다음에 무슨 일이 일어날지 추측할 수 있어 참여를 유도할 수 있기 때문에 공유된 책 경험의 전형이다. 예측 가능성은 다양한 형식을 취한다. 이러한 유형의 텍스트에 대해 알아보기 위해 잘 알려진 명작을 샘플로 선택했다. 『The Little Red Hen』(Izawa, 1968)에서 "'Not I' 개가 말했다.", "'Not I' 고양이가 말했다." 등과 같은 유행어를 사용하면 아동이 따라 말하도록 유도할 수 있다. 예측 가능한 운율은 『Green Eggs and Ham』(Seuss, 1960)에서처럼 아동이 단어를 채우도록 돕는다. 누적 패턴은 예측 가능성에 기여한다. 예를 들어, 『Are You My Mother?』(Eastman, 1960)에서처럼 각 에피소드마다 새로운 사건이 추가되고, 다음 에피소드에서 반복된다. 이 책은 주인공인 아기 새가 여러 동물에게 다가가 "Are You My Mother?"라는 같은 질문을 하며 엄마를 찾는 과정에서 문구와 에피소드 패턴이 반복된다.

『Three Billy Goats Gruff』(Brown, 1957)나 『The Three Little Pigs』(Brenner, 1972)에서처럼 대화는 예측 가능성을 높이는 데 기여한다. 아동이 책에 친숙해지면 모든 책이 예측 가능해지므로 반복되는 이야기는 공유된 책 경험을 위한 목록을 구축한다. 요일, 월, 문자, 숫자와 같이 친숙한 순서를 가진 책은 예측 가능하다. 『The Very Hungry Caterpillar』(Carle, 1969)가 좋은 예이다. 좋은 줄거리 구조와 아동에게 친숙한 주제를 통해 책은 예측 가능성을 높인다. 페이지마다 그림이 텍스트와 일치하는 책은 특히 집단의 모든 아동이 이야기를 읽으면서 그림을 볼 수 있는 경우 아동이 예측하기 쉽다.

예측 가능한 책은 공유된 책 경험은 물론 독립적인 읽기에 있어서도 발현적 및 관례적 독자에게 훌륭한 경험이다. 최소한의 노력으로 즐겁고 성공적인 읽기를 아동이 처음 경험하도록 돕는다. 이러한 즉각적인 성취는 아동이 읽기에 대한 노력을 지속하도록 격려한다.

아동이 스스로 책을 읽기 시작하면 책 읽어 주기를 중단하는 경우가 많다. 하지만 아동의 연령이 증가해도 계속해서 책을 읽어 주는 것이 중요하다. 책을 함께 읽으면 이미 배운 기술을 향상시키고, 교실에 있는 책에 대한 흥미를 유발한다.

연구에 따르면 공유된 책 읽기는 읽기 및 쓰기 습득에 도움이 된다. 배경 정보를 향상시키고, 이야기 구조에 대한 감각을 제공하며, 아동이 책의 언어에 익숙해지도록 한다(Beauchat, Blamey, & Walpole, 2009; Bus, 2001; Morrow, 1985). 정보 및 이야기 문학 모두 공유된 책 읽기에 사용 가능하다.

소집단 및 일대일 이야기 읽기. 소집단 읽기와 개인 읽기의 중요성과 장점을 집단 읽기 경험이라고 간과해서는 안 된다. 학교 환경에서 실용적이지 않다고 여겨지는 일대일 및 소집단 읽기는 학교 프로그램에 반드시 포함시켜야 할 만큼 엄청난 장점을 제공한다. 흔히 무릎기법(lap technique)이라고 불리는 가정에서의 일대일 이야기 읽기의 가장 두드러진 장점은 아동이 정보에 즉각적으로 접근할 수 있다는 점과 함께 상호작용 행동이 포함된다는 점이다. 또한 성인에게는 아동이 이미 알고 있고, 알고 싶어 하는 내용을 파악하는 통찰력을 제공한다. 아주 어린 아동이 소집단 및 일대일 책 읽기에 가장 적합한데, 이들에게 이러한 환경이 제공하는 주의 집중이 필요하기 때문이다.

관찰과 조사(Morrow, 1988) 결과에 따르면, 학교 환경에서의 일대일 읽기는 위기 상황의 미취학 아동이 이 시기에 동화책을 읽거나 성인과 상호작용한 경험이 거의 없음에도 불구하고 긍정적인 결과를 보였다. 교사는 읽기 전 실제적인 배경 정보를 제공하여 이야기를 소개하고, 읽는 동안 상호작용 행동을 사용했다(Meller, Ricardson, & Hatch, 2009). [그림 9-4]에 설명된 지침에 따라 교사가 자주 책을 읽어 주자 아동의 반응 빈도와 복잡성이 증가했다. 아동은 의미에 초점을 맞춘 많은 질문과 의견을 제시했다. 처음에는 그림에 이름표를 붙였다. 나중에는 세부 사항에 더 많은 주의를 기울였고, 의견과 질문이 해석적이고 예측 가능하게 되었으며, 자신의 경험을 바탕으로 그림을 그렸다. 아동은 또한 이야기 들려주기를 시작했다: 교사와 함께 이야기를 '읽기' 또는 입으로 말하기 시작했다. 프로그램이 지속되면서 일부 아동은 제목, 배경, 등장인물, 이야기 사건에 대해 언급하며 구조적 요소에 집중했다. 여러 번 읽은 후, 아동은 글자에 집중하고 단어를 읽고 글자와 소리에 이름을 붙이기 시작했다(Barone & Morrow, 2003; Morrow, 1987; Xu & Rutledge, 2003). 일대일 읽기보다 소집단 읽기가 더 많은 참여를 유도한다. 아동은 서로의 말을 반복하는 경향이 있으며, 또래가 한 말에 반응하고 자세히 설명하려는 동기가 생성된다. 소집단 및 일대일 정보 텍스트 읽기에 관한 연구에 따르면, 아동은 이야기 텍스트와 비슷한 방식으로 반응하였다(Duke, 2004).

소집단 동화 읽기 전사본의 다음 부분은 아이들이 활동에 참여할 때 하는 다양한 질문과 의견, 그리고 응답하는 성인으로부터 받는 풍부한 지식과 정보를 보여 준다. 또한 전사본은 아이들이 이미 알고 있는 내용과 관심사를 보여 주므로 교사가 수업을 설계하는 데 도움이 된다. 마지막으로, 전문가는 소집단 및 일대일 이야기 읽기가 학생들이 핵심 아이디어와 세부 사항 사용, 기술과 구조 이해, 지식과 아이디어 통합, 다양한 읽기 및 복잡성 수준 경험, 단어 학습과 같은 여러 필수 표준을 충족하는 데 어떻게 도움이 되는지 보여 준다. 또한 텍스트 구조와 인쇄물 개념에 대한 이해를 보여 준다.

이야기: 『The Very Hungry Caterpillar』(Carle, 1969) (아동이 책의 개념에 대해 질문한다.)

제리: 책 앞면의 그림을 가리키며 "왜 거기에 그림이 그려져 있나요?"라고 말합니다.

교사: 책 표지에 그림이 그려져 있어서 무슨 이야기인지 알 수 있을 거예요. 그림을 보세요. 책의 내용을 알려 주나요?

제리: 음, 저건 애벌레인 것 같아요. 애벌레에 관한 건가요?

교사: 맞아요, 아주 좋아요. 이 책은 애벌레에 관한 이야기예요. 책 제목은 아주 배고픈 애벌레예요. 책에서 그림을 보면 단어가 무엇을 말하는지 알 수 있어요.

이 부분에서는 아동이 텍스트에서 모르는 단어에 대해 질문하고 대답한다.

이야기: 『Caps for Sale』(Slobodkina, 1947) (아동이 정의를 질문한다.)

교사: 오늘은 'Caps for Sale'이라는 이야기를 읽어 줄게요.

제이미: caps란 무엇인가요?

교사: cap은 머리에 쓰는 작은 모자예요. 그림에 모자가 있어요.

제이미: 전에는 몰랐어요. hats에 대해서는 알고 있었지만 cap에 대해서는 들어 본 적이 없어요.

이 부분에서는 아동이 텍스트에서 모르는 단어에 대해 질문하고 대답한다.

이야기: 『Chicken Soup with Rice』(Sendak, 1962) (아동이 인쇄물에 주의를 기울인다.)

크리스: 잠깐만요, 그만 읽으세요. 다시 보려고요. (그는 6월에 관한 페이지로 다시 넘긴다.) 왜 똑같을까요? (그가 6월과 7월이라는 단어를 가리킨다.)

교사: 무슨 뜻인가요?

크리스: J-U, J-U 글자를 봐요. 비슷하게 생겼어요.

교사: 단어의 끝 부분을 자세히 살펴보세요. 같은 단어인가요?

크리스: 아니요, 앞부분만요.

이 토론에서 아동은 텍스트의 주요 세부 사항에 대해 질문하고 답변하면서 유도와 지원을 받는다.

이야기: 『Caps for Sale』(Slobodkina, 1947) (아동이 예측한다.)

콜린: 원숭이들이 왜 모자를 가져갔나요?

교사: 모르겠네요. 이유를 생각해 볼 수 있나요?

콜린: 글쎄요, 판매원이 자고 있었는데 원숭이들이 모자를 보고 자신들을 위한 것이라고 생각했을 수도 있어요. 그럴 수도 있죠! 원숭이들이 추워서 모자를 원했을 수도 있죠.

교사: 좋은 생각이에요, 콜린.

이 부분에서는 친숙한 이야기 속 등장인물의 모험과 경험을 비교하고 대조한다.

이야기: 『Madeline's Rescue』(Bemelmans, 1953) (아동이 텍스트를 실제 경험과 연관시킨다.)

제이미: 경찰관은 어떻게 할 건가요?

교사: 매들린을 도울 거예요. 경찰관은 친절해서 항상 우리를 도와줘요.

제이미: 경찰관은 친절하지 않아요. 아빠가 도미닉을 때려서 경찰관이 와서 데려간 다음 감옥에 보냈어요. 아빠는 울었어요. 경찰관이 싫어요. 경찰관은 친절하지 않아요.

아동의 의견과 질문은 문자 그대로의 의미와 관련이 있거나, 이야기를 자신의 생활과 연결시켜 해석적이고 비판적인 문제를 제기하거나, 이야기에서 다음에 일어날 일을 예측하거나, 등장인물의 행동에 대한 판단을 표현한다. 이 사례에서 아동의 의견과 질문은 글자, 단어, 소리의 이름과 같은 인쇄물과 관련된 문제와 연결되어 있다. 교사 없이 소집단 아이들이 함께 책을 읽을 때도 같은 유형의 질문과 의견이 나온다. 일대일 및 소집단 이야기 읽기를 기록한 다음 분석하면 아동이 무엇을 알고 있고, 무엇을 알고 싶어하는지 파악할 수 있다(Morrow, 1987). [그림 9-5]의 코딩 시트는 이러한 분석에 도움이 된다.

학교에서는 시간 제한과 아동의 인원수 때문에 일대일 또는 소집단 동화책 읽기를 제공하기 어렵다. 보조교사, 자원봉사자, 고학년 아동에게 일대일 또는 소집단으로 동화책 읽기를 도와달라고 요청하여 문제를 해결할 수 있다.

협력 읽기

소리 내어 읽기, 공유된 책 경험, 소집단 동화 읽기 등 집단 독서 경험은 모두 교사가 주도적인 역할을 한다. 그러나 협력 읽기에서는 교사와 무관하게 학생들이 서로 협력하여 참여한다.

아동은 파트너와 함께 책을 읽는 동안 이해력을 연습한다.

전국 읽기 패널(National Reading Panel)은 협력이 이해력 발달을 위한 중요한 전략이라고 제안했다(National Reading Panel, 2000). 이러한 전략은 아동이 텍스트에 대해 주도적이고 개인적인 대화에 참여하도록 하기 때문에 종종 **반응 집단**이라고도 한다. 반응 집단을 통해 학생들은 아이디어를 교환

아동 이름: ______________________________ 날짜: ______________
이야기 제목: ____

한 명 또는 몇 명의 아동에게 한 편의 이야기를 읽어 준다. 아동이 질문과 의견으로 응답하도록 격려한다. 세션을 녹음한다. 녹음한 내용을 전사하거나 들으면서 각 아동의 응답을 적절한 범주에 체크 표시를 하여 기록한다.

한 범주에 두 개 이상의 체크를 받을 수 있으며, 하나의 응답이 두 개 이상의 범주로 인정받을 수 있다. 각 범주에 있는 체크 표시의 수를 합산한다.

1. 스토리 구조에 집중 ________
   a. 배경(시간, 장소) ________
   b. 문자 ________
   c. 주제(문제 또는 목표) ________
   d. 줄거리 에피소드(문제 해결 또는 목표 달성으로 이어지는 사건) ________
   e. 결말 ________

2. 의미에 집중 ________
   a. 이름 붙이기 ________
   b. 세부 사항 ________
   c. 해석(연상, 정교화) ________
   d. 예측 ________
   e. 자신의 경험으로 그리기 ________
   f. 단어의 정의 찾기 ________
   g. 이야기 행동 사용(교사와 함께 책의 일부 소리 내어 읽기) ________

3. 인쇄물에 집중 ________
   a. 글자에 대한 질문 또는 의견 ________
   b. 소리에 대한 질문 또는 의견 ________
   c. 단어에 대한 질문 또는 의견 ________
   d. 단어 읽기 ________
   e. 문장 읽기 ________

4. 삽화에 집중 ________
   a. 삽화에 관련된 응답과 질문 ________

합계 ________

[그림 9-5] 이야기 읽기 중 아동의 반응 코딩하기

하고, 서로의 의견을 듣고, 아이디어를 구체화하고, 듣거나 읽는 것과 관련된 문제에 대해 비판적으로 생각할 수 있다. 어린 아동은 또래와 함께 반응 집단에 참여하기 전에 교사의 행동 모델을 필요로 하기 때문에 교사-주도적 환경에서 반응 집단을 먼저 소개한다. 일반적인 유형의 반응 집단에는 문학 동아리, 상호 교수, 친구 읽기 및 파트너 읽기가 포함된다. 생각하기, 짝짓기, 공유하기와 시각화하기는 두 가지 추가적인 공동 읽기 전략이다.

문학 동아리. **문학 동아리**는 같은 책을 읽은 아동 집단으로 구성되며, 교사와 독립적으로 책에 대해 토론한다. 교사는 아동이 독립적으로 문학 동아리 활동을 수행할 수 있도록 모범을 보여야 한다. 문학 동아리는 다음과 같이 구성된다:

1. 교사가 소집단을 구성한다. 각 집단은 교사가 제공한 목록에서 한 권의 책을 선택하여 책을 읽고 토론한다.
2. 교사는 책에 대한 대화를 유도하는 방법을 다룬 이전 절에서 검토한 것과 유사한 프롬프트를 사용하여 학생들의 토론을 돕는다.
3. 학생들에게는 집단 내에서 역할이 주어진다. 일반적인 역할에는 다음 내용이 포함된다.
   a. 토론 진행자는 개회사와 마무리 발언을 담당하며, 회원들에게 자신의 의견을 뒷받침할 자료를 찾기 위해 책을 참고하도록 상기시키고, 모든 학생이 참여하도록 한다. 토론 책임자는 집단이 토론할 질문을 한다.
   b. 단어 발견자는 책에서 중요한 단어를 선택한다. 해당 단어를 나열하면 해당 단어에 대한 토론이 진행된다.
   c. 그림작가는 읽기와 관련된 그림을 그린다.
   d. 창의적 연결자는 읽고 있는 책과 외부 세상 사이의 연결점을 찾는다. 자신, 같은 반 학생, 친구, 가족 또는 다른 책과 연결한다.
   e. 요약자는 읽은 내용에 대한 요약문을 작성한다. 짧고 간결하게 작성해야 한다 (Daniels, 1994).

아동은 토론할 문제를 기억하기 위해 페이지에 스티커 메모를 붙인다. 집단의 아동이 해당 페이지를 참조할 때 페이지를 넘기도록 요청한다. 아동은 문제에 대해 의견을 말하거나, 다른 사람에게 질문하거나, 이해를 돕기 위해 설명을 요청할 수 있다. 이 활동은 교사의 지도와 아동의 연습이 필요하다. 재미있거나 슬프거나 흥미로운 구절을 골라 집단의 아동에게 읽어 주는 구절 선정자와 같이 논의한 것 외에 다른 활동도 할 수 있다. [그림 9-6]~[그림

9-9]는 문학 동아리의 다양한 역할별 활동지 예시이다.

문학 동아리는 유치원과 초등학교 1학년의 어린 아동과도 함께 사용할 수 있다. 그러나 교사는 문학 동아리를 이끌고 토론 진행자 역할을 하며 다음과 같은 질문을 해야 한다:

- 책의 어떤 부분이 마음에 들었나요?
- 이 책에서 가장 흥미로운 정보는 무엇인가요?
- 책에서 어떤 부분이 마음에 들지 않았나요?
- 여러분이 작가라면 이야기를 어떻게 끝낼 건가요?

이해력 상호 교수. **상호 교수**는 협력적인 환경에서 이루어지는 안내된 이해력 전략이다. 아동에게 역할을 할당하고, 전략을 학습한 후 독립적으로 수행하게 한다. 먼저, 교사는 절차 및 네 가지 전략(예측, 질문, 명료화, 요약)이 무엇인지, 왜 중요한지, 읽은 내용을 이해하는 데 어떻게 도움이 되는지 설명한다. 그런 다음, 교사는 문학 작품을 사용하여 전략을 모델링한다. 마지막으로, 교사는 학급 전체 아동을 전략에 참여시킨다. 아동을 네 집단으로 나눈다. 집단의 각 개인에게는 네 가지 상호 전략 중 하나에 집중하도록 한다. 각 집단에는 읽기 수준에 적합한 읽기 자료가 있다(Pilonieta & Medina, 2009; Pratt & Urbanowski, 2016). 상호 전략은 다음과 같다(McLaughlin, 2003):

1. 결말 이전의 내용을 예측한다.
   책의 내용은 …에 관한 것 같다.
   이 책은 …에 관한 책일 것이다.
   이 책의 내용이 …에 관한 것인지 궁금하다.
   이 책이 …에 관한 책이라고 상상한다.

2. 읽은 후 스스로에게 질문한다.
   누가? 어디서? 언제? 무엇을? 어떻게?
   만약에?
   어떻게? 왜 그랬을까?
   여러분의 의견은 무엇이며, 그 이유는 무엇인가?

토론 진행자

여러분은 북클럽의 토론 진행을 맡게 됩니다. 아래에 첫 번째, 두 번째 등의 발언을 요청할 사람을 나열하세요. 각 구성원의 역할에 따라 주제를 소개할 준비를 하세요.

1. ____________________

2. ____________________

3. ____________________

4. ____________________

5. ____________________

6. ____________________

7. ____________________

[그림 9-6] 문학 동아리 토론 진행자

단어 발견자

단어 발견자는 텍스트에서 흥미롭고 도전적인 단어를 선택하여 집단에 맞게 정의합니다.

단어: ____________________

정의: ____________________

____

____

단어: ____________________

정의: ____________________

____

____

단어: ____________________

정의: ____________________

____

____

단어: ____________________

정의: ____________________

____

____

[그림 9-7] 문학 동아리 단어 발견자

그림작가

좋아하는 책의 한 부분을 그림으로 표현합니다. 북클럽 회원들과 토론합니다. 그림에서 무슨 일이 일어나고 있는지 설명하는 문장을 몇 문장으로 작성합니다.

[그림 9-8] 문학 동아리 그림작가

요약자

요약자는 이야기를 간결하게 다시 들려줍니다. 각 사각형에 주요 주제와 사건을 포함하세요. 결말을 잊지 마세요.

1.	2.
3.	4.

[그림 9-9] 문학 동아리 요약자

3. 이해가 되지 않는 부분은 명확히 설명한다.
   … 부분을 이해하지 못했다.
   …에 대해 더 알고 싶다.
   이것은 …에 대한 내 생각을 바꾼다.

4. 요약한다.
   이 부분은 …에 대한 내용이다.
   내가 읽은 내용에서 가장 중요한 아이디어는…
   내가 배운 새로운 사실은…

친구 읽기. **친구 읽기**는 일반적으로 고학년 아동과 유치원 또는 초등학교 1, 2학년 아동이 짝을 이루어 진행한다. 고학년 아동은 저학년 아동에게 책 읽어 주는 방법을 지도받는다. 학기 중 지정된 시간에 친구들이 함께 모여 동화책을 읽고 토론한다 (Christ, Chiu, & Wang, 2014).

협력 전략(파트너 읽기에서처럼 아이들이 함께 읽고 생각하고 짝을 지어 공유하는 경우)은 이해력을 향상시킨다.

파트너 읽기. **파트너 읽기**는 또래가 함께 책을 읽는 것을 말한다. 이는 단순히 아이들이 서로 돌아가며 책을 읽어 주거나 나란히 앉아 책을 읽는 것을 의미한다. 교사는 문학 동아리와 유사하게 파트너 읽기를 구성하여 파트너가 서로 책을 읽은 후 토론할 수 있는 주제를 제시한다.

생각하기, 짝짓기, 공유하기. **생각하기, 짝짓기, 공유하기** 전략은 교사가 질문을 던지고 학생들이 대답하기 전에 생각하도록 하는 것이다. 그런 다음 학생들은 동료와 짝을 이루어 질문에 대한 답을 토론한다. 그런 다음 더 큰 집단으로 돌아가서 토론한 답을 공유한다 (Gambrell & Almasi, 1994).

소리 내어 생각하기

시각화하기. 심상과 소리 내어 생각하기는 혼자서, 함께, 교사와 함께 또는 교사 없이 여러 가지 전략으로 아동을 참여시킨다. **심상**(mental imagery)은 아동에게 구절을 읽어 주거나 직접 읽은 후 아동이 본 것을 시각화하는 것이다. 아동에게 "자신이 읽은 내용이나 읽어 준 내용을 기억하고, 이해하도록 돕기 위해 마음속에 그림을 그려 보자."라고 요청한다. 마음속으로 그림을 그린 후에는 아동에게 **소리 내어 생각**(think aloud)하고 친구나 교사에게 자신의 그림에 대해 이야기하도록 요청한다. 또한 이야기에서 다음에 무슨 일이 일어날지 아동이 예측해 보도록 한다. 아동에게 이야기에 대해 스스로 질문하고, 아이디어를 명확히 하거나 잊어버린 세부 사항을 기억해야 할 때 다시 읽도록 한다. 또한 비슷한 상황에 처한 적이 있는지, 어떻게 대처했는지 물어봄으로써 텍스트를 개인화하도록 요청한다. 아이디어를 시각화하고, 그 시각화된 내용을 구두로 이야기하면 정보를 명확히 하고 이해력을 높이는 데 도움이 된다(Gambrell & Koskinen, 2002; Seglem & Witte, 2009).

자세히 읽기

자세히 읽기(close reading)는 짧은 텍스트 구절을 선택하여 자세히 읽거나 주의 깊게 분석하는 것이다. 텍스트를 자세히 살펴봄으로써 학생들은 비판적 읽기 기술을 연습한다. 비판적 읽기가 무엇인지 이해한다. 자세히 읽기는 매일 하는 활동이 아니며, 2학년과 3학년의 경우 일주일에 한 번 정도 하는 것이 적당하다. 2, 3, 4학년에게 더 적합하지만, 비계설정이 많은 유치원과 1학년에서도 자세히 읽기를 사용할 수 있다. 자세히 읽기는 아동이 읽기 어려운 경우 매우 천천히 해야 한다는 것을 이해하는 데 도움이 된다. 자세히 읽기는 텍스트를 분석하는 방법을 배우는 데 도움이 된다. 자세히 읽기 구절은 세 번 읽는다. 교사가 먼저 읽고 아동이 따라 읽는다. 두 번째 읽기는 파트너와 함께, 세 번째 읽기는 혼자서 한다. 자세히 읽는 동안 상자에 있는 'Readers Annotate to Show Their Thinking'과 같은 활동지를 사용하여 아동이 알 수 있는 부분과 도움이 필요한 부분을 이해하도록 돕는다.

다음은 1학년 학급에서 교사의 세심한 지도를 받으며 자세히 읽기를 하는 모습을 보여 주는 사례이다.

켄트 선생님은 카펫에 앉아 있는 1학년 학생들 앞의 의자에 앉았다. 그는 학생들에게 자세히 읽기 수업을 한다고 설명했다. 학생들이 짧은 구절을 읽을 책의 제목은 'Helping Out a Friend'였다. 그는 학생들이 읽은 다른 책도 우정을 다루는 비슷한 내용이라고 이 책과 연결

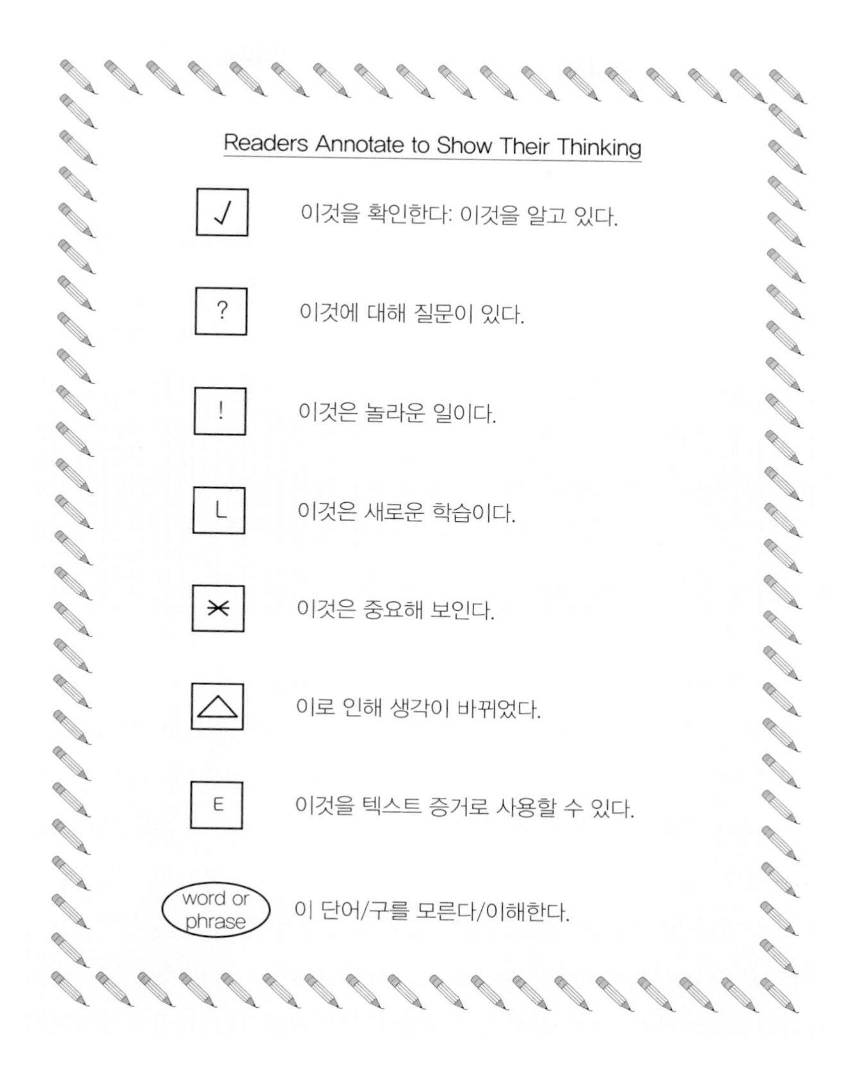

했다. 그는 학생들에게 이 책이 도전적인 설명 텍스트이기 때문에 이 책을 선택했다고 말했다. 그는 아이들에게 "우리가 설명을 어떻게 정의했는지 기억하나요?"라고 물었다. 아이들은 리듬에 맞춰 함께 반응하면서 머리를 가리키며 "설명 텍스트는 실제 정보에 관한 거예요."라고 말했다. 교사는 "강낭콩에 대해 다들 알고 있을 텐데 강낭콩은 이렇게 생겼어요."라고 말했다. 그러고는 화이트보드에 강낭콩을 하나 그렸다. "하지만 이 신장은 여러분 안에 있어요." 그런 다음 엄지손가락 중 하나를 다른 엄지손가락에 대고 포인터로 같은 동작을 반복하여 '신장'이라는 단어를 기억하는 데 사용할 신장 기호를 만들었다.

"신장은 피를 깨끗하게 하는 신체 부위예요." 그는 신장 사인을 하고, 자신의 신장 근처에 손을 대며 "신장은 피를 깨끗하게 하는 신체 부위예요."라고 다시 말했다. 그는 아이들에게 자신이 말한 것을 따라 해 달라고 요청했고, 아이들은 그 사인을 따라 했다. "오늘 읽기의 목적인 '아이들이 모르는 단어의 뜻을 알기 위해 명확한 질문을 할 수 있다'는 내용을 합창으로 읽어 보자."

교사는 아이들에게 지문을 두 번 다 읽을 때까지 어휘 문제에 대해 걱정하지 말라고 말하며, 아이들과 함께 낭독할 지문을 한 권씩 나눠 주었다. 학생들은 교사와 함께 책을 읽다가 모르는 단어가 나오면 중도에 그만두기도 했다. 학생들은 손가락이나 연필로 따라 읽었다. 아이들은 모르는 단어에 동그라미를 쳤다.

교사는 아이들에게 지문을 다시 읽은 다음 파트너에게 돌아가서 동그라미로 표시한 단어의 정의에 대해 토론하라고 말했다. 아이들은 서로가 단어의 의미를 명확히 하도록 도와야 했다. 교사는 아이들에게 어려운 단어가 있으면 손을 들라고 지시하여 도움을 받을 수 있도록 했다. 몇 분 후 교사는 아이들이 새로 배운 단어의 정의를 말해 줄 지원자를 요청했다. 조슈아는 일어서서 단어의 정의를 말했다. 동의하지 않는 학생은 손을 들고 일어서서 "저는 정중하게 동의하지 않습니다."라고 말하며 그 이유를 설명했다.

그런 다음 교사는 학생들에게 파트너에게 돌아가서 설명이 필요한 어휘를 더 논의해 보라고 요청했다. 교사는 각 짝에게 어떤 단어에 동그라미가 표시되어 있는지 확인하고 필요한 경우 도움을 제공했다. 아이들이 짝을 지어 몇 분 동안 토론한 후, 대집단으로 다시 모여 추가 설명을 들었다.

교사는 구절을 다시 읽기 전에 학생들에게 질문이 있는지 물었다.

호세는 "어떻게 다른 사람에게 신장을 기증할 수 있나요?"라고 물었다.

"아주 명쾌한 질문이에요. 다시 읽어 보고 알아보죠." 처음 몇 문장을 읽은 후 교사는 멈췄다. 찰리와 니나가 손을 들었고, 찰리가 "이식(transplant)을 명확하게 설명해 주시겠어요?"라고 물었다. 교사는 모두에게 이식에 동그라미를 치고, 어휘 시트에 적으라고 지도했다. 그런 다음 교사는 학생들에게 구절에 이식의 의미를 파악하는 데 도움이 되는 단서가 있는지 읽어 보라고 말했다. 학생들은 몇 문장을 읽었지만, 의미를 찾지 못했다.

"또 어디를 볼 수 있을까요?" 교사가 물었다. 학생들은 "사전!"이라고 외쳤다.

로저는 "설명 텍스트의 끝에서 사전이나 용어집을 찾을 수 있어요."라고 말했다. 학생들은 용어집을 찾아 '이식'이라는 단어의 뜻을 찾았다. 교사는 아이들에게 이야기 속 단어를 다시 한번 가리킨 다음 어휘 시트에 그 뜻을 적으라고 지도했다. 아이들은 계속 읽었고, 이식이 다시 나타났다. 교사는 학생들을 멈추고 파트너에게 돌아가서 이식의 뜻을 다시 말하라고 지도했다.

마지막 자세히 읽기를 마친 후 학생들은 모르는 어휘에 대해 궁금한 점을 질문했다. 자세히 읽기를 마무리하기 위해 학생들은 자발적으로 수업 시간에 배운 단어를 학급에서 발표했다. 교사는 학생들에게 그 단어를 말하고 정의를 읽게 했다.

반복 읽기

아이들은 반복을 즐긴다. 친숙한 경험은 잘 알려진 노래를 부르는 것처럼 편안하다. 반복되는 이야기는 친숙함의 즐거움을 제공할 뿐만 아니라 단어, 인쇄물, 책에 대한 개념을 발달시키는 데 도움이 된다. 또한 같은 텍스트를 반복해서 읽으면 아이들은 텍스트에 대한 반응의 수, 종류, 복잡성이 증가한다. 예를 들어, 4세 아동 집단은 같은 이야기를 세 번 읽었다. 각 읽기 후에는 토론이 있었다. 아이들의 반응은 더욱 해석적이 되었고, 결과를 예측하고 연상, 판단, 정교한 설명을 하기 시작했다(Morrow, 1987; Sipe, 2008). 그들은 또한 교사가 읽기(처음 시도하는 읽기)와 글자와 단어의 이름을 물어보는 등 인쇄물의 요소에 집중하도록 이야기를 들려주기 시작했다. 이해력에 어려움을 겪는 아동도 한 번 읽을 때보다 반복해서 읽을 때 더 많은 반응을 보였다(Ivey, 2002; Beauchat, Blamey, & Walpole, 2010).

반복 읽기는 아동이 스스로 활동에 참여할 수 있어 중요하다. 스스로 책을 읽거나 흉내 내어 읽는 행동에 참여하는 아동은 종종 같은 책을 선택해 반복해서 보거나 읽는다. 교사는 아이들에게 이야기를 반복해서 읽어 주고, 아이들이 한 번 이상 이야기를 읽도록 격려한다. 이전에 읽고 토론한 책에 대해 토론을 진행한다.

다음 대화는『The Little Red Hen』을 세 번째 읽은 후 아동이 응답한 내용을 전사한 것이다. 이 전사 기록에는 주로 아동의 의견과 질문, 교사의 답변이 포함되어 있으며, 대부분의 이야기 텍스트는 생략되었다.

교사: 오늘은『The Little Red Hen』이야기를 읽어 줄게요. 이 이야기는 빵을 구울 때 도움이 필요한 암탉에 관한 이야기예요. (교사가 이야기를 읽기 시작한다.) 이 밀을 자르는 데 누가 도와줄래요?

멜로니: "난 안 돼." 고양이가 말했다. "난 안 돼." 개가 말했다. "난 안 돼." 쥐가 말했다.

교사: 잘했어, 멜로니. 읽고 있구나. (교사가 계속 읽는다.) 누가 이 밀을 방앗간으로 가져가서 밀가루로 만들래요?

멜로니: "난 안 돼." 고양이가 말했다. "난 안 돼." 개가 말했다. "난 안 돼." 수염을 기른 생쥐가 말했습니다.

교사: 아주 좋아, 멜로니. (교사가 계속 읽는다.)

멜로디: 그 부분을 읽고 싶은데 방법을 모르겠어요.

교사: 해 보자. 할 수 있을 거야. 내가 도와줄게. 고양이가 냄새를 맡았어요.

멜로니: 고양이가 냄새를 맡고는 냄새가 좋다고 했고, 쥐도 냄새를 맡고는 냄새가 좋다고 했어요.

교사: (교사가 계속 읽는다.) 이 빵은 누가 먹을래요?

멜로디: 쥐, 강아지, 고양이!

교사: 또 네 말이 맞구나, 멜로니. (교사가 이야기를 끝까지 읽어 준다.) 이야기에 대해 더 하고 싶은 말이 있나요?

멜로니: 그는 나빠서 빵을 못 먹었어요. (멜로니가 페이지를 뒤적인다.) 그건 잘못된 부분이에요.

교사: 어느 부분인지 보여 줄래?

멜로디: 거의 끝났어요. 빵을 만들려고 하는데 "누가 이 빵을 구워 줄래요?"라고 말하죠. 고양이가 "난 안 돼.", 개가 "난 안 돼.", 쥐가 "난 안 돼."라고 말하죠. 그러고 나서 요리할 때 좋은 냄새가 나서 먹고 싶었는데 밀을 심지 않아서 밀이 없었어요.

교사: 맞아. 그들은 일을 돕지 않았기 때문에 빵을 먹지 못했어.

멜로디: "난 안 돼."라고 쓰여 있는 곳이 어디죠? 책에 있는 단어를 보여 줘요.

교사: 여기 있어. 다시 찾을 수 있니?

멜로니: (페이지를 넘기며) 어디에서 빵을 굽는지 찾고 있어요. 여기 있네요. 좋아요. 그리고 냄새를 맡았어요. 냄새를 맡았어요. 쥐도 냄새를 맡았어. (책장을 넘긴다.) 부엌으로 들어갔어요. 그리고 그녀가 말했어요. "혼자 밀을 자르고, 혼자 밀을 밀가루로 만들기 위해 방앗간으로 가져갔어요. 혼자 빵을 구웠어요. 이제 혼자 먹을 거예요."

교사: 대단하구나, 멜로니. 암탉이 그렇게 말했어.

멜로니: (개를 가리키며) 개는 행복하지 않았어요. 어디에 개라고 쓰여 있나요?

교사: 그래, 맞아. 그는 행복해 보이지 않아요. 여기 개라고 쓰여 있어요(가리키며).

멜로니: 저기 개, 개, 개, 개라는 단어가 있어요. 저 개는 어떻게 생겼어요?

교사: 빵을 못 먹어서 배고프고 화가 난 것 같아.

멜로디: 네. 맞아요. 하지만 그의 잘못이에요. 그는 도와주지 않았어요. 그리고 그게 끝이에요(Morrow, 1987).

이러한 유형의 정교한 반응은 아동이 반복된 이야기를 여러 번 들었을 때만 일어난다.

성인은 반복을 지루해하지만, 아동은 같은 책을 반복해서 읽어 주는 것을 좋아한다. 그렇기 때문에 반복은 초기 읽기 발달에 큰 가치가 있다. 가정과 학교에서 아동에게 반복해서 읽어 줄 수 있는, 아동이 좋아하는 책으로 구성된 목록을 마련한다. 초기 읽기 행동을 연구하기 위해 슐츠비(1985a)는 2세에서 6세 아이들이 좋아하는 동화책을 읽으려고 시도하는 것을 관찰했다. 아이들은 이야기를 너무 잘 알고 있었기 때문에 활동에 참여할 수 있었다. 아이들은 아직 관례적인 의미의 독자는 아니지만 "책을 읽어 주세요."라는 질문을 받았다. 슐츠비는 아이들이 '읽기'를 할 때 실제로 독서의 첫 번째 행위로 분류할 수 있는 말을 산출하고, '읽기'를 할 때 사용하는 말이 일반적인 대화와는 구조와 억양에서 분명히 다르며, 이러한 '구두 읽기'에서 다양한 발달 수준을 관찰할 수 있다는 것을 발견했다.

아동의 동화책 읽기 시도를 통해 읽기 행동의 독특한 특징을 파악하고 발달시킨다. 이 활동은 발달 과정이며, 문해력으로 이어지므로 교사는 아동의 발현적 문해력 행동을 장려하고 평가하기 위해 아동에게 이 활동에 참여하도록 요청해야 한다.

완전한 이해력은 단순히 읽는다고 해서 얻어지는 것이 아니며, 학생들은 자료에 대한 이해와 텍스트에 대한 몰입을 심화시키는 생산적인 방식으로 텍스트에 적극적으로 참여해야 한다. 대화형 토론, 도표 조직자 만들기, 텍스트 요약하기는 이해력을 높이기 위해 적극적으로 텍스트 관련 활동을 하는 방법이다.

대화형 토론

학교 환경에서 수행된 연구에 따르면, 문해력 경험에 적극적으로 참여하면 텍스트 구조에 대한 이해와 감각이 향상되었다(Morrow, 1985; Pellegrini & Galda, 1982).

아동은 다른 사람과 텍스트에 대해 토론할 때 먼저 그림에 관심을 갖고, 그림의 사물에 이름을 붙이거나, 읽어 주는 성인이 말한 단어를 반복한다(Bowman, Donovan, & Burns, 2000). 이러한 상호작용을 통해 아동은 질문과 의견으로 반응하고, 질문과 의견은 시간이 지남에 따라 더 복잡해지며, 인쇄물에 대해 더 정교한 사고를 보여 준다. 결국, 텍스트 내용에 대한 아동의 의견은 정보를 해석하고, 연결하고, 예측하고, 정교하게 표현하는 능력을 보여 준다. 아동의 의견은 때로는 제목, 배경, 등장인물, 이야기 사건에 초점을 맞추고(Morrow, 1988; Roskos, Christie, & Richgels, 2003), 때로는 글자 이름, 단어, 소리 등 인쇄물의 특징에 초점을 맞춘다. 교사는 학생들이 토론하고, 텍스트에 반응하도록 도와준다.

- 아동이 혼자서 하기 전에 아동의 응답을 유도한다.
- 아동이 스스로 응답하지 않을 때 모델이 되는 응답을 비계설정한다.
- 응답을 실제 경험과 연결한다.
- 아동의 질문에 답변한다.
- 아동에게 질문한다.
- 아동의 반응에 정적 강화를 제공한다.

질문 생성하기. 생산적인 토론은 좋은 질문에서 출발한다. 토론 질문은 정답이 하나만 있는 것이 아니라 아동의 관심사를 반영하고 적절한 대답이 많아야 한다. 질문으로 촉발된 토론은 참가자들이 몇 마디 이상의 말을 만들어 내야 한다. 이를 위해 여러 가지 유형의 질문을 하면 더 풍부하고 다양한 토론이 이루어진다. 교사는 토론 주제와 책에 따라 문자 그대로의 질문, 추론적 질문, 비판적 질문, 심미적 질문, 발산적 질문을 혼합하여 사용한다. 또한 교사는 학생들로 하여금 명확히 하고, 설명하고, 예측하고, 정당화하도록 유도하는 질문을 한다.

문자 그대로의 질문(literal questions)은 누가, 무엇을, 언제, 어디서와 같은 세부 사항을 파악하므로 토론을 시작하기 위한 워밍업으로 사용하기 좋다. 문자 그대로의 질문은 학생이 다음과 같이 해야 하는 질문이다:

- 아이디어 식별
- 텍스트 순서화
- 주요 아이디어 찾기

문자 그대로의 질문으로 기초를 다지고 나면, 학생들은 추론적이고 비판적인 질문에 더 잘 응답할 준비가 된다.

- 배경지식에서 정보 도출하기
- 텍스트와 생활, 텍스트와 세상, 텍스트와 다른 텍스트 연결하기
- 결과 예측하기(다음에 어떤 일이 일어날 것 같나요?)
- 텍스트 해석하기(등장인물 대신 자신을 대입해 보세요.)
- 비교하기
- 원인과 결과를 파악하기
- 정보 적용하기
- 문제 해결하기
- 텍스트에서 증거를 제시하여 질문에 응답하기

아동 이름: ____________________

이야기 제목: ____________________

날짜: ____________________

아동에게 텍스트를 읽어 준 후 또는 아동이 텍스트를 읽은 후에 이야기 또는 설명 텍스트에 대해 다음과 같은 유형의 질문을 구성한다. 텍스트에 적합한 질문만 한다. 어떤 질문은 이야기 질문이고, 어떤 질문은 설명 텍스트에 해당한다. 질문을 하고 각 질문 옆에 응답을 기록한다.

문자 그대로의 질문은 누가, 무엇을, 언제, 어디서와 같이 세부 사항을 식별한다. 아동에게 대답을 요청한다.

1. 문자 그대로의 질문 ________
   a. 누가, 무엇을, 언제, 어디서 ________
   b. 아이디어 분류하기 ________
   c. 텍스트 순서화 ________
   d. 주제 주요 아이디어 찾기 ________

2. 추론적 및 비판적 질문은 학생에게 다음을 수행하도록 요청한다: ________
   a. 아동의 배경지식에서 정보 이끌어 내기 ________
   b. 텍스트와 생활, 텍스트와 세상, 텍스트와 다른 텍스트 연결하기 ________
   c. 결과 예측하기(다음에 어떤 일이 일어날 것 같나요?) ________
   d. 텍스트 해석하기(여러분이 주인공이라면 어떤 기분이 드나요? 어떻게 행동했을까요?) ________
   e. 비교하고 대조하기(여러분의 삶에서 방금 읽은 이야기와 비슷한 점은 무엇인가요? 여러분의 삶에서 이 이야기와 다른 점은 무엇인가요?) ________
   f. 원인과 결과 파악하기 ________
   g. 이 책에 대해 궁금한 점이 있나요? ________
   h. 읽은 내용에서 무엇을 배웠나요? ________
   i. 어떤 아이디어가 가장 흥미로웠나요? ________
   j. 저자와 이야기를 나눌 수 있다면 어떤 질문을 하고 싶은가요? ________
   k. 이 책과 비슷한 다른 책을 읽었나요? 책 이름을 말해 보세요. ________

[그림 9–10] 이야기 또는 설명 텍스트를 들은 후 또는 읽은 후의 문자 그대로의 사고와 추론적 사고에 대한 이해력

[그림 9-10]은 문자 그대로의 이해력과 추론적 이해력을 다루는 질문에 대한 간편 이해력 검사이다.

일부 질문은 토론을 자극하고 아동이 읽은 내용에 대해 생각하고 느끼는 것을 반영하는 반응을 이끌어 낸다. 즉, 교사는 아동이 아이디어, 감각, 느낌, 이미지를 종합하도록 요구하는 심미적 질문도 해야 한다. 심미적 질문은 토론의 범위를 넓힐 뿐만 아니라 학생들이 다른 유사한 텍스트 및 자신의 생활 경험과 비교하도록 장려한다. (나열된 마지막 두 질문은 텍스트와 세상 및 텍스트와 텍스트의 연결을 다루는 방식에 유의한다.)

아동의 심미적 반응을 이끌어 내고 미학적 토론을 장려하려면 다음과 같은 유형의 질문을 한다:

- 이 이야기에 대해 어떻게 생각하는가?
- 이 이야기가 여러분에게 어떤 의미가 있는가?
- 이야기 속 등장인물이 한 행동에 동의하는가? 이유는 무엇인가? 동의하지 않는가?
- 여러분의 생활에서 방금 읽은 이야기와 비슷한 점은 무엇인가?
- 방금 읽은 책과 비슷한 다른 책을 읽었는가?
- 방법을 설명한다(Gambrell & Almasi, 1994).

마지막으로, 발산적 자세는 설명 텍스트와 이야기 텍스트 모두에 사용되며, 내용 정보를 다루는 질문 원형이다. 발산적 반응을 요구하는 질문은 학생이 세부 사항과 기술, 순서, 원인과 결과를 기억하고 분석하도록 요청한다.

발산적 반응을 이끌어 내기 위한 몇 가지 질문과 프롬프트(Gunning, 2003; Rosenblatt, 1988)는 다음과 같다:

- 이 책에 대해 궁금한 점은 무엇인가?
- 여러분이 학습한 가장 중요한 내용을 나열한다.
- 이 책의 정보가 얼마나 유용한가?
- 사실을 순차적으로 정리할 수 있는가?
- 책에 대한 세부 정보를 입력한다.
- 원인은 무엇이며 그 효과는 무엇인가?
- 저자가 말하고자 하는 주요 내용은 무엇인가?
- 어떤 점이 가장 흥미로웠는가?

- 주제에 대한 자세한 정보는 어떻게 찾을 수 있는가?
- 저자와 대화할 수 있다면 무엇을 물어보고 싶은가?

학생들이 명시적인 답, 즉 텍스트에 명확하고 명시적으로 언급된 답을 어디서 찾을 수 있는지 알아내도록 도와야 한다. 또한 학생은 정답이 정확히 명시되어 있지는 않지만, 텍스트의 몇 문장 내에서 찾을 수 있는 질문에 대한 암시적 정답도 발견해야 한다. 학생은 암시적 답과 명시적 답 두 가지 유형 모두에 대해 자신의 주장을 뒷받침하는 증거를 제시해야 한다. 학생들이 심미적 또는 발산적 질문을 받을 때도 마찬가지이다. 학생들은 미적이든 경험적이든 자신의 주장을 뒷받침하는 텍스트 증거를 인용할 수 있어야 한다. 증거를 제시하는 능력은 이해력이 높음을 증명할 뿐만 아니라 주정부 공통 핵심 표준에도 명시된 내용이다.

도표 조직자

도표 조직자(graphic organizers)는 이야기 또는 설명 글에서 독자가 개념이나 사건 간의 관계를 파악하는 데 도움이 되는 시각적 삽화 또는 텍스트 정보의 표상이다. 어휘, 원인과 결과, 문제 해결 등 이해력에 필요한 여러 요소를 가르치는 데 도움이 된다. 도표 조직자는 읽기 행위를 가시화하기 때문에 교사와 아동이 좋아한다. 하지만 도표 조직자는 너무 많이 사용된다. 적절하게 사용하고, 과도하게 사용하지 않아야 한다. 다음은 잘 알려진 도표 조직자 유형과 그 사례에 대한 설명이다.

매핑 및 웨빙. 지도와 웹은 정보를 분류하고 구조화하기 위한 그래픽 표현 또는 다이어그램이다. 학생들이 단어와 아이디어가 서로 어떻게 연관되어 있는지 파악하는 데 도움이 된다. 웹은 거미줄 같은 효과를 사용하여 그리는 경향이 있으며, 지도에는 이름표가 있는 상자가 여러 위치에서 연결된다. **매핑**(mapping)과 **웨빙**(webbing) 전략은 아동의 사전 지식에 근거한다. 이는 아동이 주제에 대해 알고 있는 정보를 인출하고, 텍스트 읽기와 듣기에 정보를 사용하도록 돕는다. 웨빙과 매핑 전략을 사용하면 어휘력과 이해력이 발달한다는 연구 결과가 있다. 매핑과 웨빙은 어려움이 있는 독자, 배경이 다양한 아동, 영어 학습자에게도 도움이 된다(Pittelman, Heimlich, Benglund, & French, 1991).

단어와 관련된 어휘 개념과 정의를 개발하기 위해 웨빙 또는 매핑을 사용할 때는 칠판이나 차트 용지에 해당 단어를 적는다. 아동에게 단어와 관련된 아이디어를 브레인스토밍하도록 요청한다. 예를 들어, 『The Snowy Day』(Keats, 1996)를 읽은 후 교사는 아동에게 눈이 무엇인지 설명하는 단어를 제시하도록 요청한다. 차트나 칠판의 중앙에 snow라는 단어를 적고, 아동이 제시한 단어를 그 위에 붙인다. [그림 9-11]은 유치원생의 '눈' 웹 사례이다.

같은 이야기를 다룬 다른 웹을 사용하여 눈 속에서 할 수 있는 활동에 대한 아이디어를 확장한다. [그림 9-12]에서 1학년 학급은 이야기에서 피터가 눈 속에서 한 일과 눈 속에서 할 수 있는 다른 일을 만들었다.

지도는 책을 듣거나 읽기 전과 후에 자료를 그래픽으로 표현하는 다른 형식이다. 지도는 복잡한 표현을 다루기 때문에 아이디어를 그래픽으로 표현하려면 다양한 범주의 상자가 필요하다. 이야기 구조를 매핑하여 아동이 텍스트의 구조적 요소에 대해 학습하도록 돕는다. 사건의 순서나 개별 등장인물에 대한 연구도 매핑할 수 있다. [그림 9-13]은 2학년 학급에서 만든 『Mr. Rabbit and the Lovely Present』 이야기의 지도이다. 이 지도는 이야기의 구조적 요소를 보여 준다.

K-W-L. K-W-L은 이해력 향상을 위한 인지 전략이다. 주로 설명 텍스트에 사용된다. K-W-L은 알고 있는 것(know), 알고 싶은 것(want), 배운 것(learned)의 약자이다(Ogle, 1986). 이 기법을 통해 학생들은 사전 지식을 사용하여 읽어야 할 내용에 대한 흥미를 유발한다. 이는 읽기의 목적을 설정하여 사고를 유도하고 아이디어 공유를 장려하는 데 도움이 된다. K-W-L 토론에서 생성된 항목을 나열한 K-W-L 차트([그림 9-14] 참조)는 주제별 수업을 위해 자료를 읽을 때 특히 유용하다(Sampson, 2002). 다음은 전략을 실행하는 단계이다:

1. 설명 텍스트를 읽기 전에 아동은 주제에 대해 알고 있는 내용을 브레인스토밍한다. 예를 들어, 읽을 책이 『Volcanoes』(Branley, 1985)라면 학급에서는 화산에 대해 알고 있는 내용을 나열한다.
2. 아동은 책을 읽기 전에 화산에 대해 궁금한 점을 나열한다.
3. 텍스트를 읽은 후 아동은 화산에 대해 배운 내용의 목록을 작성한다.

책을 읽은 후 아동은 텍스트에서 배운 정보와 책을 읽기 전에 이미 알고 있던 정보를 비교할 수 있다. 텍스트를 읽은 결과 무엇을 배웠는지, 마지막으로 책에 포함되지 않아 아직 배우고 싶은 내용이 무엇인지 확인할 수 있다.

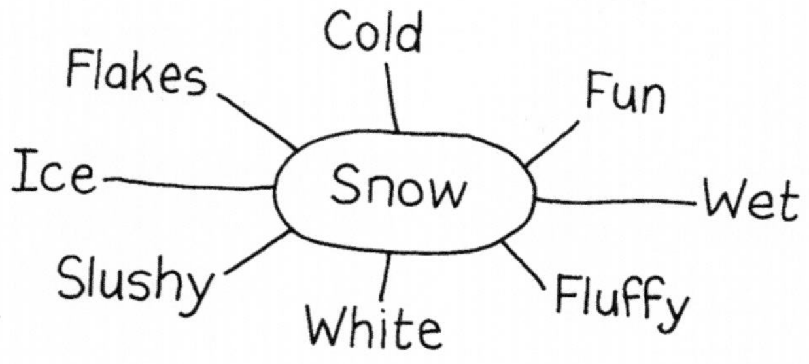

Cold
Flakes
Fun
Ice
Snow
Wet
Slushy
White
Fluffy

[그림 9-11] 어휘 확장을 위한 웹

[그림 9-12] 아이디어 확장을 위한 웹

벤 다이어그램. 벤 다이어그램(venn diagram)은 두 개의 겹치는 원을 사용하여 아이디어 간 관계를 보여 주는 도표 조직자이다. 벤 다이어그램은 텍스트의 두세 가지 개념을 비교하는 데 도움이 된다(Nagy, 1988). 두 개념을 비교할 때는 바깥쪽 원에 각각의 주요 특징을 나열하고, 사이 공간에 공통된 특징을 배치한다. 설명 텍스트를 사용하여 북극곰에 관한 책과 흑곰에 관한 책을 비교한다. 벤 다이어그램은 설명 또는 이야기 텍스트와 함께 사용할 수 있다([그림 9-15] 참조).

캐논 선생님은 『Fogs and Toads and Tadpoles, Too!』(Fowler, 1992)를 학급 아동에게 읽어 주었다. 이 정보 이야기는 개구리와 두꺼비의 유사점과 차이점을 강조한다. 캐논 선생님은 차트 용지에 두 개의 큰 교차 원을 그려서 하나는 '개구리', 다른 하나는 '두꺼비'라고 표시했다. 그리고 교차하는 원이 만든 공간에 '유사한 특성'이라는 이름을 붙였다. 그리고 아동에게 책에 나온 개구리와 두꺼비의 공통적인 특징을 말해 보도록 했다. 아동이 대답하자 교사는 도표의 해당 영역에 설명을 적었다. 그런 다음 아동에게 유사한 특성이 있는지 물었다. 유사한 특성이 있으면 '유사한 특성'이라고 표시된 칸에 적었다. 캐논 선생님은 아동과 함께 텍스트를 다시 들여다보며 유사점이나 차이점을 알 수 있는 단어를 찾았다. 예를 들어, similarly, likewise, as, nevertheless와 같은 단어는 유사점을 나타내는 반면, in spite of, still, but, even though, however, instead, yet과 같은 단어와 구는 차이점을 나타낸다(Vukelich, Evans, & Albertson, 2003). 확장 활동으로 캐논 선생님은 학생들이 파트너와 협력하여 비교하고 대조할 아이디어가 포함된 다른 설명 텍스트를 사용하여 벤 다이어그램을 만들도록 했다.

정보 텍스트를 위한 도표 조직자. 도표 조직자는 아동이 설명 텍스트의 특징적인 구조적 요소를 배우는 데 도움이 된다. 완전한 도표는 아니지만 다음 일련의 문장은 설명 텍스트 구조에 도움이 되는 텍스트와 도표를 혼합하여 제공한다. 각 문장은 설명 텍스트 구조의 특정적이고, 일반적인 유형을 나타내며, 일련의 문장 프롬프트는 다양한 주제에 대해 반복해서 사용할 수 있다.

설명: A(n) _______ is a kind of _______ that _______

An apple is a kind of fruit that is red and juicy and sweet.

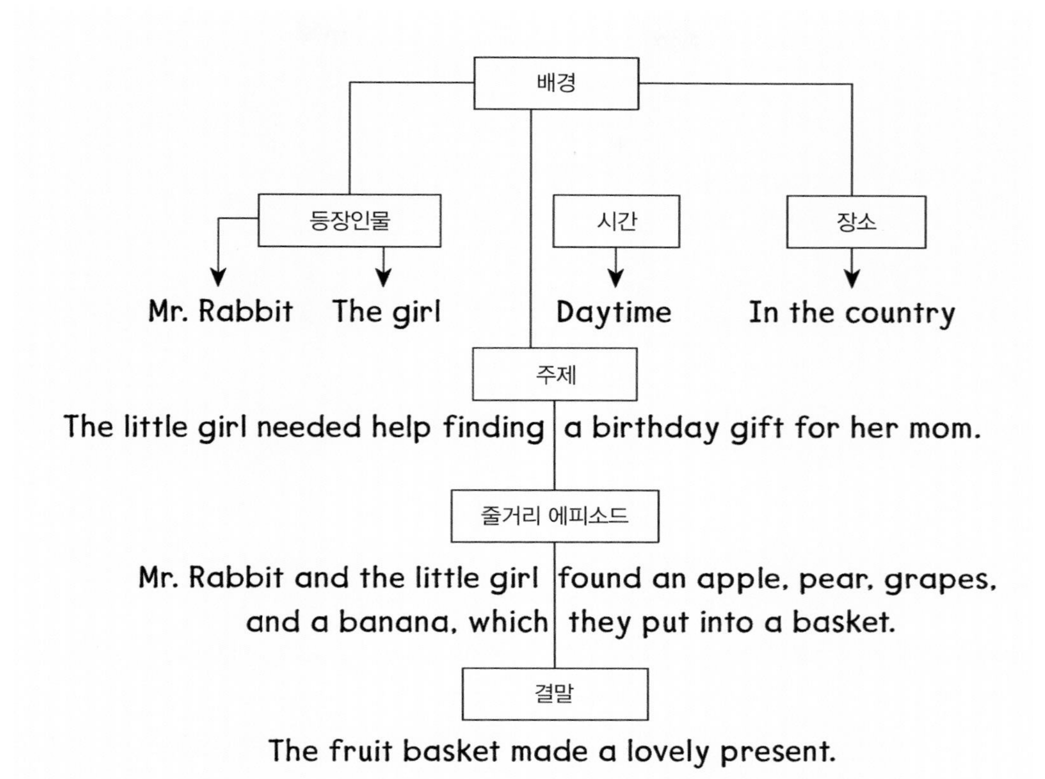

[그림 9-13] 이야기 구조 지도

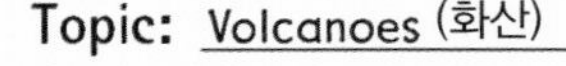

What We Know (알고 있는 것)	What We Want to Know (알고 싶은 것)	What We Learned (배운 것)
What they look like. Where some are. They are dangerous.	Why do they erupt? Where are all of the volcanoes? Can we stop them from erupting?	Where there are other volcanoes. Why they erupt. How hot the lava is.

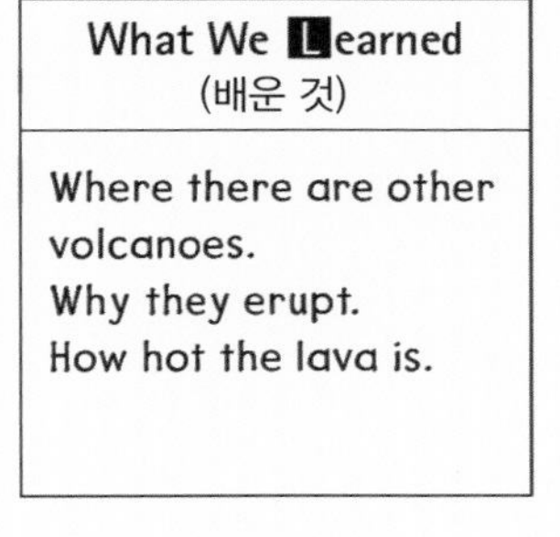

[그림 9-14] K-W-L 차트

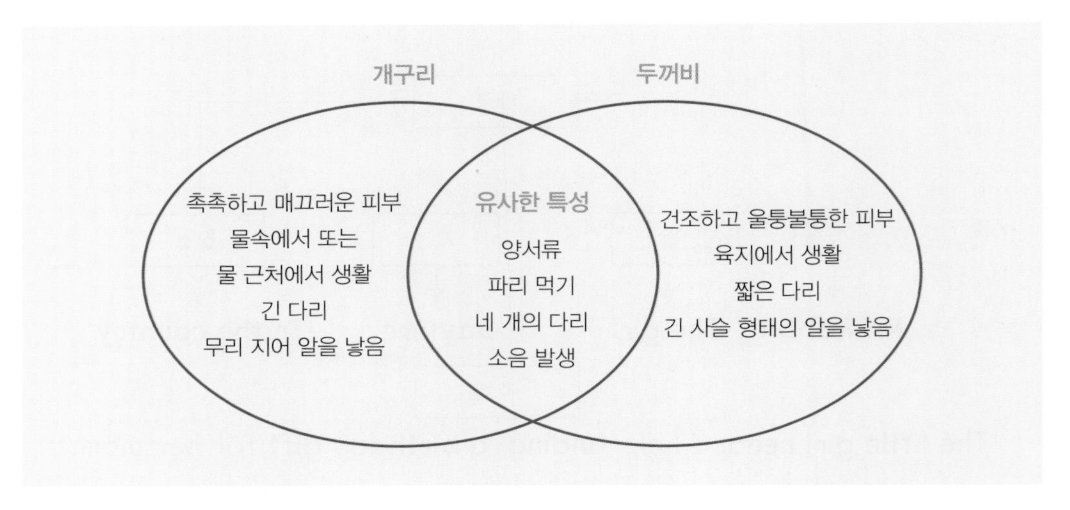

[그림 9-15] 벤 다이어그램

비교 및 대조: X and Y are similar in that they both _______, but X, whereas Y

Rain and snow are similar in that they both fall from the sky and they are both wet, but rain doesn't stick to the ground and has no color, whereas snow does stick to the ground and is white.

순서: _______ begins with _______, continues with _______, and ends with

Flowers begin as seeds, we water them, and they will grow; they continue to grow a stem and leaves, and end with the flower.

문제 해결: _______ wanted _______, but _______, so _______

The children wanted to play outside but couldn't because of the rain, so they played in the school gym instead.

원인과 결과: _______ happens because _______

The car got stuck and wouldn't go because it was out of gasoline.

다음 정보 텍스트 구와 단어는 이전 텍스트 구조와 연결되어 있으며, 아동에게 가르쳐야 한다:

기술: for example, for instance, most important
비교 및 대조: however, on the other hand, either … or, although, unless
순서: before, after, when, first, second …, next
문제 해결 및 원인과 결과: therefore, because, as a result, if … then

이 문장을 이용해 완전한 도표 조직자를 만들 수 있다. 예를 들어, [그림 9-16]과 [그림 9-17]은 설명 텍스트의 사건 순서와 인과 관계 구조에 대한 도표 조직자 개요를 제공한다.

연구에 따르면 유아 교실에는 이야기 텍스트보다 논픽션 텍스트가 더 적은 것으로 나타났다. 또한 어린 아동은 이야기 텍스트보다 정보 텍스트를 다루는 데 더 적은 시간을 소비한다(Duke, 2000; Duke & Kays, 1998). 그러나 성인이 되면 이야기보다 정보 텍스트를 읽는 데 더 많은 시간을 소비한다. 아동에게 두 가지 유형의 텍스트를 모두 잘 읽도록 가르치는 것은 중요하다(Stahl, 2008).

다시 말하기를 통한 요약

주요 주제를 파악하고 텍스트의 주요 세부 사항을 다시 말한다. 학생이 텍스트를 요약하게 하면 교사는 학생의 이해력을 파악할 수 있는 독특한 창을 갖게 되며, 학생이 잘 이해할수록 그 이해력을 잘 표현하게 된다. 유아 교실에서 학생들에게 텍스트를 요약하게 하는 간단하고 효과적인 방법은 학생들에게 이야기를 다시 들려달라고 요청하는 것이다.

듣는 사람이나 읽는 사람에게 이야기를 다시 말하거나 다시 쓰도록 장려하는 것은 언어 구조, 이해력, 이야기 구조 감각을 발달시키는 데 도움이 되는 문해력 경험에 적극적으로 참여하도록 한다(Paris & Paris, 2007). 구연이든 글이든 다시 말하기는 아동이 전체적인 이해와 사고의 조직에 참여하게 한다.

아동은 자신의 생활 경험을 이야기 속에 녹여 내면서 독창적 사고가 발달한다. 다시 말하기 연습을 통해 아동은 이야기 또는 설명 텍스트 구조의 개념에 동화된다. 아동은 시작과 배경이 있는 이야기의 소개 방법을 배운다. 주제, 줄거리 에피소드, 결말에 대해 이야기한다. 이야기를 다시 들려줄 때 아동은 이야기 세부 사항과 순서를 이해하고, 일관성 있게 구성하는 능력을 보여 준다. 또한 등장인물의 목소리와 표정을 유추하고 해석한다. 설명 텍스트를 다시 이야

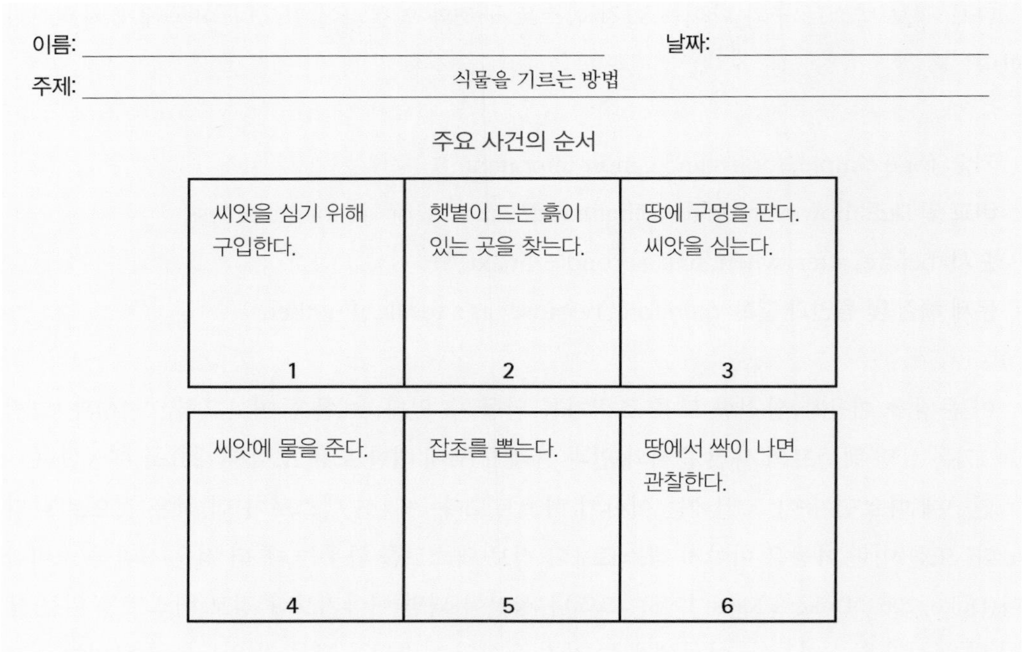

이름:
날짜:
주제: 식물을 기르는 방법
주요 사건의 순서
씨앗을 심기 위해 구입한다.
1
햇볕이 드는 흙이 있는 곳을 찾는다.
2
땅에 구멍을 판다. 씨앗을 심는다.
3
씨앗에 물을 준다.
4
잡초를 뽑는다.
5
땅에서 싹이 나면 관찰한다.
6

[그림 9–16] 사건 순서용 도표 조직자

이름:
날짜:
물의 형태를 변화시키는 것
물은 변화 가능한 액체이다.
① 어는 온도가 32°F라면
② 어는 온도 이상이라면
③ 물이 끓으면
④ 물이 흙과 혼합되면
원인
① 얼음이 된다.
② 액체가 된다.
③ 수증기가 된다.
④ 진흙이 된다.
결과

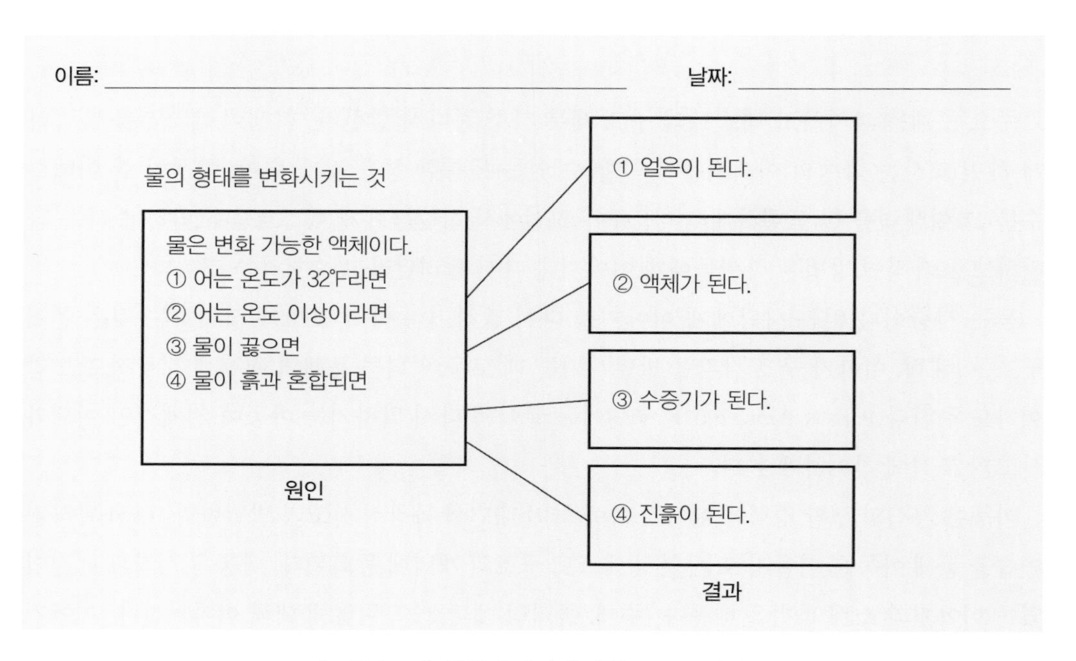

[그림 9–17] 원인과 결과에 대한 도표 조직자

기할 때 아동은 배운 내용을 복습하고, 사건을 순서대로 나열하고, 새로운 개념을 설명하고, 원인과 결과를 회상한다. 요컨대, 아동은 자신이 무엇을 어떻게 알고 있는지 설명한다.

다시 말하기는 아동에게 쉬운 일은 아니지만 연습을 통해 빠르게 향상된다. 아동이 다시 말하기 연습을 할 수 있도록 텍스트 또는 이야기를 읽거나 듣기 전에 다시 말하거나 다시 써야 한다는 것을 알려 준다(Morrow, 1996). 추가 지침은 교사의 구체적인 다시 말하기 목적에 따라 달라진다. 예를 들어, 순서를 가르치거나 검사하는 것이 즉각적인 목적이라면 아동에게 먼저 일어난 일, 다음에 일어난 일 등에 집중하도록 지도한다. 정보를 통합하고 텍스트로부터 추론하는 능력을 가르치거나 평가하는 것이 목표라면, 아동이 읽은 다른 책에서 유사

1. 아동에게 이야기를 다시 들려달라고 요청한다. "조금 전에 [이야기 이름] 이야기를 읽었어요. 이 이야기를 처음 듣는 친구에게 이야기하는 것처럼 다시 들려줄래요?"

2. 필요한 경우에만 다음 프롬프트를 사용한다.
   a. 아동이 이야기를 시작하는 데 어려움을 겪는다면 "옛날 옛적에" 또는 "옛날에 …이 있었어요."로 시작하도록 제안한다.
   b. 아동이 이야기가 끝나기 전에 이야기를 중단하면 "다음에는 무엇이 나올까요?" 또는 "그럼 어떻게 되었나요?"라고 질문하여 계속 이야기를 이어 가도록 유도한다.
   c. 아동이 다시 말하기를 멈추고 일반적인 프롬프트를 계속할 수 없는 경우, 아동이 이야기를 멈춘 지점에서 관련된 질문을 한다. 예를 들어, "이야기에서 제니의 문제는 무엇이었나요?"와 같이 질문한다.

3. 아동이 이야기를 다시 말하지 못하거나 다시 말하기의 순서와 세부 사항이 부족하면 단계별로 다시 말하도록 유도한다. 예를 들어,
   a. "옛날 옛적에" 또는 "옛날에 …이 있었어요."
   b. "누구에 대한 이야기였나요?"
   c. "이야기는 언제 일어났나요?"(낮, 밤, 여름, 겨울)
   d. 이야기는 어디서 일어났나요?
   e. 이야기 [주인공의] 문제는 무엇이었나요?
   f. [주인공은] 문제를 어떻게 해결했나요? [주인공은] [처음, 다음, 마지막에] 무엇을 했나요?
   g. 문제 해결 방식은 무엇이었나요?
   h. 이야기는 어떻게 끝났나요? (Morrow, 1996)

[그림 9-18] 이야기 다시 말하기 지도 지침

한 내용을 생각하도록 지도한다. 융판 캐릭터나 텍스트의 그림과 같은 소품을 사용하여 학생들의 다시 말하기에 도움을 준다. 텍스트에 대한 토론 전후에 교사가 아동을 위해 다시 말하기를 모델링해 주는 것도 다시 말하기의 향상에 도움이 된다. 이야기 다시 말하기 지도에 대한 지침은 [그림 9-18]에 제시되어 있다.

다시 말하기 검사. 다시 말하기는 다양한 유형의 이해력을 발달시키고, 성인이 아동의 진도를 평가하도록 해 준다. 다시 말하기를 평가할 계획이라면 선택지를 소개할 때 아동에게 책을 읽은 후 다시 말하도록 요청할 것이라고 알려 준다. 다시 말하기를 평가하는 동안 "그럼 어떻게 되었나요?" 또는 "선택 작품에 대해 다른 생각이 있나요?"와 같은 일반적인 질문 이외의 프롬프트는 제공하지 않는다. 이야기 텍스트의 다시 말하기는 주로 문자 그대로의 기억에 초점을 맞춘 아동의 이야기 구조 감각을 보여 주지만, 아동의 추론 및 비판적 사고 능력도 반영한다. 이야기에서 아동의 이야기 구조 감각을 평가하려면 먼저 이야기의 사건을 배경, 주제, 줄거리 에피소드, 결말의 네 가지 범주로 분석한다. 안내 시트와 구문 분석된 텍스트의 개요를 사용하여 순서에 관계없이 다시 말하기에서 각 범주에 포함된 아이디어와 세부 사항의 수를 기록한다. 아동이 부분적으로 회상하거나 사건의 요점을 이야기한 경우 아동의 성취를 인정한다(Wasik & Bond, 2001; Whitehurst & Lonigan, 2001). 아동이 다시 말하는 사건의 순서를 배경, 주제, 줄거리 에피소드 및 결말의 적절한 순서와 비교하여 아동의 순서화 능력을 평가한다. 분석은 아동이 포함하거나 생략한 요소, 아동이 순서를 얼마나 잘 지키는지, 따라서 교육이 어디에 집중될 수 있는지를 나타낸다. 1년 동안의 재구성을 비교하면 아동의 진도를 알 수 있다.

구문 분석된 이야기와 축어적 전사본은 교육자가 아동이 이야기나 읽기를 얼마나 잘 이해했는지 평가하는 데 사용하는 두 가지 도구이다. 다음 사례에서는 이야기 『Jenny Learns a Lesson』(Fujikawa, 1980)의 구문 분석된 개요를 사용한다. 구문 분석된 개요에는 아동이 이야기를 다시 말하는 전사본이 함께 제공된다. [그림 9-19]의 다시 말하기 안내 시트는 베스(Beth)라는 아동의 첫 번째 전사본에 대한 정량적 분석을 보여 준다(Morrow, 1996).

구문 분석된 이야기

배경

1. 옛날 옛적에 가상 놀이를 좋아하는 소녀가 있었습니다.
2. 등장인물: 제니(주인공), 니콜라스, 샘, 메이 수, 강아지 섀그스

아동 이름: Beth 연령: 5
이야기 제목: Jenny Learns a Lesson 날짜:

안내: 요점뿐만 아니라 포함된 각 요소에 대해 1점을 부여한다. boy, girl, dog와 같은 단어뿐만 아니라 각 등장인물의 이름에도 1점을 부여한다. 복수형(예: friends)은 등장인물 아래에 2점을 부여한다.

이야기 구조 감각

배경

a. 이야기 소개로 시작하기		1
b. 주인공 이름 말하기		1
c. 이름이 지정된 다른 등장인물의 수	2	
d. 다른 등장인물의 실제 수	4	
e. '다른 등장인물'에 대한 점수(c/d)		.5
f. 시간 또는 장소에 대한 설명 포함하기		1

주제

주인공의 주요 목표 또는 해결해야 할 문제 언급		1

줄거리 에피소드

a. 회상한 에피소드 수	4	
b. 이야기 내 에피소드 수	5	
c. 줄거리 에피소드 점수(a/b)		.8

결말

a. 문제 해결/목표 달성 말하기		1
b. 이야기 종결		1

순서

배경, 주제, 줄거리 에피소드, 결말 등 구조적 순서로 이야기 다시 말하기(적절한 경우 2점, 부분적인 경우 1점, 순서가 분명하지 않은 경우 0점) 1

가능한 최고 점수: 10 아동 점수: 8.3

[그림 9-19] 이야기 다시 말하기 및 다시 쓰기의 정량적 분석을 위한 평가 지침 시트

출처: From L. M. Morrow, Story Retelling: A Discussion Strategy to Develop and Assess Comprehension. In *Lively Discussions!: Fostering Engaged Reading*, ed. L. B. Gambrell & J. F. Almasi, pp. 265-285. Reprinted by permission of Linda B. Gambrell.

주제

제니는 친구들과 놀 때마다 친구들에게 거만하게 굴었어요.

줄거리 에피소드

첫 번째 에피소드: 제니는 여왕 놀이를 하기로 결심했어요. 그녀는 친구들에게 연락했어요. 친구들이 놀러 왔어요. 제니는 친구들에게 해야 할 일을 모두 말하고, 거만하게 굴었어요. 친구들은 화를 내며 자리를 떠났어요.

두 번째 에피소드: 제니는 댄서 놀이를 하기로 결심했어요. 제니는 친구들에게 연락해서 놀러 오라고 했어요. 제니는 친구들에게 어떻게 해야 하는지 알려 줬어요. 친구들은 화를 내며 자리를 떠났어요.

세 번째 에피소드: 제니는 해적 놀이를 하기로 결정했어요. 친구들에게 연락해서 놀러 왔어요. 제니는 친구들에게 어떻게 해야 하는지 알려 줬어요. 친구들은 화를 내며 자리를 떠났어요.

네 번째 에피소드: 제니는 공작부인 놀이를 하기로 결정했어요. 친구들에게 연락해서 놀러 왔어요. 제니는 친구들에게 어떻게 해야 하는지 알려 줬어요. 친구들은 화를 내며 자리를 떠났어요.

다섯 번째 에피소드: 제니의 친구들은 제니가 너무 거만해서 함께 놀기를 거부했어요. 제니는 외로웠고, 친구들에게 자신이 거만했던 것에 대해 사과했어요.

결말

1. 친구들은 모두 함께 놀았고, 각자가 하고 싶은 일을 했어요.
2. 모두 즐거운 하루를 보냈고, 너무 피곤해서 잠이 들었어요.

구문 분석된 이야기는 아동에게 텍스트의 흐름에 대한 발판을 제공한다. 학생들이 이야기의 본질을 얼마나 잘 이해했는지 확인하려면 학생들에게 이야기를 다시 들려달라고 요청하고, 그 표현을 그대로 전사한다. 다음은 5세 베스가 유치원 첫 학기 때 다시 들려준 이야기를 전사한 것이다.

옛날 옛적에 제니라는 소녀가 있었는데 친구들을 불러서 여왕 놀이를 하고 궁전에 갔어요. 친구들은 제니가 시키는 대로 해야 했는데 그게 싫어서 집에 가서 지루하다고 말했어요. 여왕 놀이를 하면서 여왕이 시키는 대로 하는 건 재미없다고요. 그래서 7일 동안 같이 놀지 않았고, 제니는 자신이 이기적이라는 생각이 들자 친구들을 찾아가서 못되게 굴어서 미안하다고 말했어요. 그리고 해적 놀이를 하자고 말했고, 친구들은 해적 놀이를 하며 밧줄을 타고 올라갔어요. 그러고는 소꿉놀이하는 멋진 여인인 척 놀았어요. 그리고 차를 마셨어요. 그리고 그들은 원하는 것을 연주하고 행복했어요. 끝.

연습과 시간을 통해 다시 말하기가 어떻게 더 정교해지고 향상될 수 있는지 보여 주기 위해 유치원 학년이 끝날 때 아이들에게 다시 한번 다시 말하기를 하도록 요청한다. 유치원 2학기에 베스는 『Under the Lemon Tree』(Hurd, 1980)라는 이야기를 다시 들려주었다. 이 이야기는 농장의 레몬 나무 아래에서 다른 동물들을 돌보며 사는 당나귀에 관한 이야기이다. 밤에 여우가 들어와 닭이나 오리를 훔쳐가자 당나귀는 그들을 보호하기 위해 큰 소리로 울어 댄다. 당나귀는 여우를 쫓아내지만 여우를 보지 못한 농부와 그의 아내를 깨운다. 농부가 더 이상 소음을 견디지 못해 당나귀를 농가에서 멀리 떨어진 나무로 옮길 때까지 이런 일이 자주 일어난다. 당나귀는 그곳에서 매우 불행했다. 여우는 다시 돌아와 농부의 상품인 붉은 수탉을 훔쳐갔다. 다른 동물들이 꽥꽥거리며 여우를 쫓는 농부를 마침내 깨운다. 여우가 농부를 지나가자 당나귀는 다시 큰 소리를 내어 여우를 놀라게 하고, 여우는 붉은 수탉을 떨어뜨린다. 농부는 당나귀가 동물들을 보호했다는 사실을 깨닫고, 당나귀가 다시 행복하게 지내도록 레몬 나무로 돌려보냈다.

5세 베스가 4월에 다시 말하기를 한 『Under the Lemon Tree』를 읽으면서 같은 해 9월에 쓴 『Jenny Learns a Lesson』을 떠올려 본다. 베스의 변화를 주목한다.

옛날 옛적에 당나귀 한 마리가 농장에 있었어요. 당나귀는 농장의 동물들과 가까운 레몬 나무 아래에서 살았어요. 아침이면 모든 벌이 레몬 나무 아래 꽃에서 윙윙거렸어요. 그는 오리, 닭, 수탉 옆에 있었어요. 밤이 되었어요. 붉은 여우가 먹을 것을 구하러 농장에 들어왔어요. 당나귀는 "hee-haw, hee-haw" 하고 닭은 "cluck, cluck" 하고 오리는 "quack, quack" 하고 울었죠. 그러자 농부 부부는 잠에서 깨어나 창밖을 내다봤지만 아무것도 보이지 않았어요. 그들은 그날 밤 농장에 누가 들어왔는지 알지 못했어요. 그들은 "시끄러운 당나귀가 왔구나. 어두워지면 멀리 데려가야겠다."라고 생각했어요. 그래서 날이 점점 어두워지자 그들은 당나귀를 무화과나무로 데려갔어요. 그리고 당나귀는 그곳에 머물러야 했어요. 혼자서는 잠들 수 없었거든요. 그날 밤 붉은 여우는 먹을 것을 구하려고 다시 농장에 들어왔어요. 오리는 모두 "quack-quack" 하고 칠면조는 "gobble-gobble" 소리를 냈어요. 농부 부부는 잠에서 깨어나 "저 시끄러운 당나귀가 또 돌아왔나?"라고 물었어요. 부부는 창문으로 달려가 붉은 수탉을 입에 물고 있는 여우를 보고 "도둑놈아, 돌아와."라고 소리쳤어요. 여우가 당나귀를 지나치자 당나귀가 "hee-haw, hee-haw"라고 외쳤어요. 붉은 여우는 그 소리를 듣고 수탉을 떨어뜨리고 도망쳤어요. 농부 부부는 "세상에서 가장 시끄러운 당나귀가 있으니 운이 좋지 않나요?"라고 말했어요. 그리고 수탉을 집어 들고 한 손으로 당나귀 키를 감싸고 모두 함께 집으로 가서 당나귀를 레몬 나무 아래에 묶어 두었죠.

다양한 이해력 과제에서 다시 말하기 능력을 평가할 수 있다. 다시 말하기 전에 학생에게 제시하는 지시 사항과 분석 방법은 목표와 일치해야 한다. [그림 9-20]은 구두 및 서면 이야기 재구성을 평가하기 위한 질적 분석 양식으로, 아동이 포함한 요소에 대한 일반적인 감각을 파악하고, 시간에 따른 진도를 파악하기 위해 숫자 대신 체크 표시가 사용된다. 이 양식에는 해석 및 비판적 반응에 대한 질적 평가도 제공된다. [그림 9-20]을 사용하여 아동은 교사의 도움을 받고, 다음과 같이 단어를 변경하여 자기 평가를 할 수 있다: 나는 이야기를 소개하면서 시작했고, 주인공의 이름을 지었고, 다른 등장인물을 나열할 수 있었다 등으로 변경할 수 있다.

이해력을 위한 유창성

유창한 독자의 표준이나 목표에는 여러 가지가 있다. 예를 들어, 이해력을 뒷받침하기 위해서는 충분한 정확성과 유창성으로 읽는다.

a. 목적과 이해를 가지고 눈높이에 맞춰 읽는다.
b. 눈높이에 맞춰 정확하게 말로 읽는다. 연속해서 읽을 때 적절한 속도와 표현을 사용한다.
c. 문맥을 사용하여 단어 인식과 이해를 확인하거나 스스로 수정하고, 필요에 따라 다시 읽는다.

문해력 지도에서 더욱 강조해야 할 기술은 유창성이다. 전국 읽기 패널 보고서(National Reading Panel Report, 2000)에 따르면, 아동이 유창한 독자가 되도록 돕는 것은 문해력 발달에 매우 중요하다.

유창성(fluency)은 읽을 때 정확성, 자동성, 운율의 조합을 의미한다. 간단히 말해, 유창하게 읽는 아동은 텍스트를 자동으로 정확하게 해독할 수 있다. 모든 소리에 대해 노력할 필요

아동 이름: ______________________ 날짜: ______________
이야기 제목: ______________________________________

배경	예	아니요
a. 이야기 소개로 시작하기	□	□
b. 주인공 이름	□	□
c. 다른 등장인물 이름 나열: ____________ ____________		
d. 시간 및 장소에 대한 설명 포함	□	□
주제		
a. 주인공의 주요 목표 또는 해결해야 할 문제 언급	□	□
줄거리 에피소드		
a. 에피소드 회상	□	□
b. 회상 에피소드 목록	□	□
결말		
a. 문제 해결책 또는 목표 달성 포함	□	□
b. 이야기 결말 넣기	□	□
순서		
a. 순차적으로 제시된 이야기	□	□

해석 및 비판적 의견: 다시 말하기 또는 다시 쓰기를 통해 읽고, 학생의 해석적 또는 비판적 의견을 목록으로 정리한다.

[그림 9-20] 이야기 다시 말하기 및 다시 쓰기의 질적 분석을 위한 평가 지침 시트

가 없다. 또한 아동은 적절한 속도와 표현으로 글을 읽는다. 언어의 이러한 측면을 운율이라고 한다. 운율은 학생이 적절한 표현과 속도로 읽고 있기 때문에 텍스트를 이해하고 있다는 것을 의미한다(Kuhn & Stahl, 2003; Kuhn, Schwanen-flugel, & Meisinger, 2010). 읽기 교육의 궁극적인 목표는 학생들이 유창한 독자가 되는 것이다.

이 목표를 달성하기 위해 아동은 매일 유창한 읽기 활동에 참여해야 한다. 유창한 읽기 활동은 쉽고, 시간이 많이 걸리지 않으며, 재미도 있다. 유창성은 빠르면 유치원 때부터 연습할 수 있다. 미취학 아동은 모든 유창성 활동에 참여할 수 있지만 읽기보다는 듣기 활동으로 참

여할 수 있다. 유창한 읽기와 관련된 리듬, 속도 및 표현에 노출된다. 미취학 아동은 뒤따라 읽기 대신 뒤따라 말하기를 할 수 있다. 교사가 낭독하면 아동이 따라 한다. 합창 말하기는 암기한 시를 가지고 할 수 있다. 또래 아동과 짝을 지어 듣거나, 훌륭한 동화책 읽기 모델을 테이프로 듣고, 반복해서 읽을 수 있다.

유창성 연습 방법

연구에 따르면 뒤따라 읽기, 합창 읽기, 짝 읽기, 낭독 극장, 응답식 읽기, 테이프 보조 읽기, 반복 읽기 등 여러 가지 전략이 유창성을 기르는 데 도움이 된다.

뒤따라 읽기. **뒤따라 읽기**(echo reading)는 교사나 유능한 리더가 한 줄의 텍스트를 읽으면 아동이 같은 줄을 읽는 방식이다. 아동의 읽기 실력이 향상됨에 따라 읽는 줄의 수가 늘어난다. 읽을 때는 적절한 정확성, 속도, 표현으로 모범을 보여야 하며, 또한 아동이 단순히 듣고 따라 읽는 것이 아니라 단어를 보고 읽는지 확인해야 한다. 손가락을 페이지에 올리고 글자를 보면서 따라 읽도록 한다. 일주일에 몇 번씩 반복해서 읽어 준다.

합창 읽기. **합창 읽기**(choral reading)를 할 때는 학급 전체 또는 소수의 아동이 교사와 같이 전체 구절을 함께 읽는다. 교사는 속도와 표현에 대한 모범을 제시한다. 짧은 구절과 시는 합창 읽기에 좋다. 합창 읽기를 할 때 아동은 유창하게 읽는 데 필요한 정확한 속도와 표현을 '느낀다(feels)'. 일주일에 몇 번씩 합창 읽기를 시도한다.

짝 읽기. **짝 읽기**(paired reading)에서는 같은 교실 또는 다른 교실의 더 유창한 독자가 덜 유창한 독자를 위한 유창한 읽기 모델로 참여한다. 함께 읽을 때는 더 유창한 독자가 튜터 역할을 한다. 아동은 유창하지 않은 아동에게 쉬운 자료를 읽어 준다. 예를 들어, 튜터가 한 페이지를 읽은 다음 유창하지 않은 아동이 같은 페이지를 반복해서 읽는 방식으로 교대로 읽는다. 한 페이지씩 번갈아 읽을 수도 있다. 튜터는 정확성, 속도, 표현력이 떨어지는 독자를 도와준다.

낭독 극장. **낭독 극장**(Reader's Theater)은 짧은 희곡을 구두로 읽는 것이다. 아이들은 역할을 배정받고, 발표를 위해 그 역할을 연습한다. 이는 유창한 읽기가 어떤 것인지에 대한 모델을 제공한다. 학부모를 학교로 초대하여 학급에서 낭독 극장 공연을 듣도록 하여 유창성의 개념을 소개하는 기회를 가진다. 학부모와 자녀가 함께 참여하도록 하여 몇 가지 전략을 가르친다. [그림 9-21] 및 [그림 9-22]에 낭독 극장 대본이 제공된다. 활동 진행을 안내하는 손인형도 있다(Young & Rasinski, 2009).

응답식 읽기. **응답식 읽기**(antiphonal reading)는 집단별로 파트를 나누어 읽는 합창 읽기이다. 대화가 있는 시는 이 활동에 적합하다. 학급을 두 집단, 세 집단 또는 네 집단으로 나눈다. 각 집단에 읽을 부분을 다르게 할당한다. 각 부분을 연습한 다음 함께 읽는다(Johns & Berglund, 2002). 때로는 응답식 읽기를 통해 어느 집단의 표현과 속도가 가장 좋았는지 판단할 수 있다.

테이프 보조 읽기. CD에 담긴 유창한 읽기 샘플을 들으며 글을 따라 읽는 것은 아이들에게 훌륭한 모델이 된다. 이 CD는 교사, 학부모, 그리고 유창한 읽기 모델을 제시하는 다른 학생들이 직접 만들거나 추려서 사용할 수 있다.

반복 읽기. 같은 이야기를 일주일에 3~4회 읽는다. 이야기를 반복하면 친숙해지기 때문에 유창하게 읽는 기회를 제공한다. 아이들이 글을 잘 읽을 수 있게 되면 유창한 읽기가 무엇인지 이해하게 된다. 짧은 이야기를 선정하고 첫째 날에는 아이들이 따라 읽을 수 있도록 텍스트를 읽어 준다. 둘째 날에는 뒤따라 읽기를 한다. 셋째 날에는 합창 읽기를 하고, 넷째 날에는 파트너 읽기를 한다. 텍스트 읽기 지원을 돕고, 어휘가 풍부한 도전적인 책을 사용한다.

유창성 훈련을 위한 교재

기초 선정 도서나 수준별 도서와 같은 읽기 교육용 교재는 유창성 훈련에 도움이 된다. 새로운 텍스트를 소개할 때 지도 과정의 일부로 뒤따라 읽기 및 합창 읽기를 사용한다. 우화와 같이 대화가 있는 책은 등장인물이 아동이 읽을 부분을 제공하기 때문에 낭독 극장에 적합하다. 짧은 글과 시는 합창, 뒤따라, 반복, 짝 읽기에 가장 적합하다. 메리 앤 호버먼의 시집 『You Read to Me, I'll Read to You』(2001)의 모든 시에는 최소한 두 명의 등장인물이 서로 이야기를 나눈다. 시는 등장인물마다 다른 색으로 인쇄되어 있다. 낭독 극장과 뒤따라 읽기, 합창 읽기, 대화식 읽기, 짝 읽기, 반복 읽기에 적합하다. 'I like'라는 제목의 시는 한 글자는 보라색, 다른 글자는 분홍색으로 인쇄되어 있고, 파란색은 모두 함께 읽는 것을 나타내는데, 일반, 이탤릭체, 굵은 글씨로 인쇄되어 있다.

등장인물: 내레이터, 작은 빨간 암탉, 소, 돼지, 개

내레이터: 작은 빨간 암탉은 밀 씨앗 자루를 발견하고, 친구들에게 서둘러 알렸어요. 아마 친구들이 씨앗 심는 걸 도와줄 거예요.
작은 빨간 암탉: 소, 내 씨앗 심는 거 도와줄래?
소: 난 안 돼, 난 안 돼. 그런 일을 하기엔 너무 더워.
작은 빨간 암탉: 돼지, 내 씨앗 심는 거 도와줄래?
돼지: 난 안 돼, 난 안 돼. 그런 일을 하기엔 너무 더워.
작은 빨간 암탉: 개, 내 씨앗 심는 거 도와줄래?
개: 난 안 돼, 난 안 돼. 그런 일을 하기엔 너무 더워.
내레이터: 그래서 빨간 암탉은 혼자서 씨앗을 심었어요. 몇 주가 지나자 씨앗이 자라기 시작했어요. 빨간 암탉은 친구들에게 정원을 가꾸고 잡초를 뽑는 일을 도와달라고 부탁하기로 했어요.
작은 빨간 암탉: 소, 정원 잡초 뽑는 거 도와줄래?
소: 난 안 돼, 난 안 돼. 그늘이 너무 시원해서 떠나기 싫어.
작은 빨간 암탉: 돼지, 정원 잡초 뽑는 거 도와줄래?
돼지: 난 안 돼, 난 안 돼. 진흙이 너무 시원해서 떠나기 싫어.
작은 빨간 암탉: 개, 정원 잡초 뽑는 거 도와줄래?
개: 난 안 돼, 난 안 돼. 개집이 너무 멋져서 떠나기 싫어.
내레이터: 그래서 작은 빨간 암탉은 혼자서 잡초를 뽑고 정원을 가꾸었어요. 몇 주가 지나자 밀은 수확할 준비가 될 때까지 햇볕에 익어 갔어요. 빨간 암탉은 친구들에게 밀 수확을 도와달라고 부탁하기로 했어요.
작은 빨간 암탉: 소, 밀 수확하는 거 도와줄래?
소: 난 안 돼, 난 안 돼. 오늘은 너무 더워.
작은 빨간 암탉: 돼지, 밀 수확하는 거 도와줄래?
돼지: 난 안 돼, 난 안 돼. 오늘은 너무 더워.
작은 빨간 암탉: 개, 밀 수확하는 거 도와줄래?
개: 난 안 돼, 난 안 돼. 오늘은 너무 더워.
내레이터: 다시 한번 빨간 암탉은 모든 일을 직접 해야 했어요. 그녀는 밀을 수확했어요. 수확이 끝나자 친구들에게 밀을 밀가루로 빻는 것을 도와달라고 부탁했어요.
작은 빨간 암탉: 소, 밀을 밀가루로 빻는 걸 도와줄래?
소: 난 안 돼, 난 안 돼. 착유 시간이 너무 가까워.
작은 빨간 암탉: 돼지, 밀을 밀가루로 빻는 걸 도와줄래?
돼지: 난 안 돼, 난 안 돼. 저녁 식사 시간이 너무 가까워.

[그림 9-21] Little Red Hen: 유창성을 위한 낭독 극장(계속)

작은 빨간 암탉: 개, 밀을 밀가루로 빻는 걸 도와줄래?

개: 난 안 돼, 난 안 돼. 저녁 식사 시간이 너무 가까워.

내레이터: 그래서 작은 빨간 암탉은 혼자서 밀을 갈아서 밀가루를 만들었어요. 그러다 빨간 암탉은 밀가루를 빵으로 만들기로 결심했어요. 그리고 친구들에게 도움을 요청하기로 했어요.

작은 빨간 암탉: 소, 이 밀가루를 빵으로 만드는 걸 도와줄래?

소: 난 안 돼, 난 안 돼. 너무 뜨거워서 굽기 힘들어.

작은 빨간 암탉: 돼지, 이 밀가루를 빵으로 만드는 걸 도와줄래?

돼지: 난 안 돼, 난 안 돼. 너무 뜨거워서 굽기 힘들어.

작은 빨간 암탉: 개, 이 밀가루를 빵으로 만드는 거 도와줄래?

개: 난 안 돼, 난 안 돼. 너무 뜨거워서 구울 수 없어.

내레이터: 작은 빨간 암탉은 혼자서 빵을 구웠어요. 다 구워지자 잠시 식혔어요. 어느새 빵을 잘라서 먹을 시간이 되었어요. 주위를 둘러보았지만 아무도 보이지 않았어요.

작은 빨간 암탉: 흠, 누가 이 빵을 먹게 도와줄까?

소: (달려가면서) 그럴게!

돼지: (달려오며) 그럴게!

개: (달려오며) 그럴게!

작은 빨간 암탉: 아니, 넌 씨앗 심는 걸 도와주지 않았어. 씨앗에 물 주는 것도 도와주지 않았어. 잡초를 뽑는 것도, 밀을 수확하는 것도, 빵을 굽는 것도 도와주지 않았어. 이제 빵을 먹는 것도 도와주지 않아도 돼. 내가 직접 할 거야.

내레이터: 그리고 그녀는 해냈어요!

[그림 9-21] Little Red Hen: 유창성을 위한 낭독 극장

교사는 아이들이 연습할 수 있도록 낭독극의 역할을 배정한다. 연극이 진행되는 동안 다른 5명의 아동이 손인형을 사용하여 동물 역할을 맡는다([그림 9-22] 참조).

유창성 평가

아동의 지도 수준에 맞는 구절 읽기를 들어 본다. 아동이 여러분에게 읽어 주거나 여러분이 구절을 녹음하고, 나중에 평가할 수 있다.

1. 아동의 학년 수준에서 기대치와 비교하여 분당 읽은 단어 수를 확인한다.
2. 수행 기록을 통해 유창성을 방해하는 오류의 유형을 파악한다.

[그림 9-22] Little Red Hen 얼굴 마스크

안내: 그림을 확대하거나 두꺼운 색종이에 복사한다. 아동이 사용할 때 잡을 수 있도록 막대를 붙인다.

3. 다음과 같이 읽기를 기술하는 비공식적 유창성 도구를 사용한다.
   a. 단어별로 읽는다.
   b. 단어 사이에 긴 멈춤이 있다.
   c. 많은 단어가 누락된다.
   d. 문장 부호의 사용이나 텍스트 이해 없이 단조로운 목소리로 읽는다.
   e. 속도가 느리고 힘이 든다.

다음은 초등학교 1, 2, 3학년에 적절한 읽기 속도이다.

초등학교 1학년의 분당 평균 읽기 단어 수는 12월에는 54개, 2월에는 66개, 5월에는 79개이다.

초등학교 2학년의 일반적인 평균 읽기 단어 수는 가을에 53개, 겨울에 78개, 봄에 94개이다.

초등학교 3학년의 분당 평균 읽기 단어 수는 가을에 79개, 겨울에 93개, 봄에 114개이다.

1년에 네 번 정도 학생이 자신의 유창성을 평가하게 한다. 학생은 녹음된 읽기 내용을 듣고, 다음과 같이 자신의 읽기를 평가할 수 있다:

적절해요(Okay): 단어별로 읽고, 느리고, 끊어지며, 일부 단어를 놓치고, 텍스트에 대한 이해를 보여 주는 표현이 충분하지 않다.

좋아요(Good): 읽기 속도는 느리지만 끊어지지 않는다. 대부분의 단어가 제대로 발음되고, 텍스트에 대한 이해를 보여 주는 표현이 충분하다.

유창해요(Fluent): 읽기가 적절한 속도로 원활하게 진행된다. 모든 단어가 제대로 해독되고, 읽기 이해를 보여 주는 표현을 사용한다.

텍스트 이해력 평가

이 장에서 설명하는 기술은 설명 및 이야기 텍스트를 사용하여 책에 대한 개념과 이야기 이해력을 발전시키도록 고안되었다. [그림 9-23]의 체크리스트에 나열된 기술은 다양한 맥락에서 사용되는 광범위한 전략에 의해 개발 및 평가할 수 있다: 앞, 뒤, 위, 아래; 어느 부분이 글이고 어느 부분이 그림인지; 페이지를 넘기는 방법; 읽기가 시작되는 부분; 제목, 글작가, 그림작가 등 책에 대해 아동이 얼마나 알고 있는지 파악하려면 아동이 책을 다루는 방식을 정기적으로 관찰하거나 아동과 일대일 면담을 하거나 대집단, 소집단 또는 개별 상호작용에서 질문하고 대답을 유도하거나 이 장에서 설명한 다른 여러 기법 중 하나를 사용할 수 있다. 아동은 문자 그대로, 해석적으로, 비판적으로 대답한다. 단순한 회상, 세부 사항, 순서, 연결, 예측, 판단, 평가 등을 반영할 수 있다. 아동의 이야기 이해력은 이야기 다시 말하기, 이야기 다시 쓰기, 좋아하는 동화책 읽기 시도, 역할극, 그림 순서 맞추기, 손인형이나 융판을 사용하여 이야기 재연하기, 동화책 읽기 중 질문과 의견 등을 통해 입증하고 평가할 수 있다. 가능하면 이야기 다시 쓰기, 다시 말하기의 오디오 또는 비디오 테이프와 같은 활동 샘플을 주기적으로 보관한다.

이 장에서는 전략을 평가할 수 있는 평가 도구를 제공했다. 이러한 자료는 책에 대한 개념과 텍스트 이해력을 평가할 수 있도록 아동의 포트폴리오에 넣어 둔다. 학기 초에 아동의 기본 데이터를 수집하고 6~8주마다 평가 측정을 반복한다.

아동 이름: ______________________________ 날짜: ______________

책에 대한 개념	항상	가끔	전혀	의견
책이 읽기 위한 것임을 알고 있다.				
책의 앞, 뒤, 위, 아래를 식별할 수 있다.				
페이지를 제대로 넘길 수 있다.				
인쇄물과 그림의 차이점을 평가한다.				
페이지의 그림이 인쇄물의 내용과 관련이 있는지 파악한다.				
어디서부터 읽어야 할지 알고 있다.				
제목이 무엇인지 알고 있다.				
글작가가 누구인지 알고 있다.				
그림작가가 누구인지 알고 있다.				
텍스트 이해				
잘 형성된 이야기로 이어지는 동화책 읽기를 시도한다.				
교사가 읽는 동안 내레이션을 통해 이야기 읽기에 참여한다.				
이야기 다시 쓰기				
이야기 다시 말하기에 이야기의 구조적 요소를 포함한다.				
배경				
주제				

[그림 9-23] 책에 대한 개념과 텍스트 이해력 평가를 위한 체크리스트(계속)

줄거리 에피소드
결말
문자 그대로의 의견이나 질문으로 읽거나 들은 후 텍스트에 응답한다.
읽은 내용을 요약할 수 있다.
읽거나 들은 후 해석적 의견 또는 질문으로 텍스트에 응답한다.
읽거나 들은 후 비판적 의견이나 질문으로 텍스트에 응답한다.
문자 그대로, 의도적이고 비판적인 질문을 생성한다.
텍스트에서 증거를 보여 주는 질문에 응답한다.
의미를 파악하기 위해 자세히 읽는다.

참여 및 응답
도표 조직자 사용
파트너 읽기
친구 읽기
문학 동아리
심상
소리 내어 생각하기
토론
생각하고, 짝짓고, 공유하기

어휘 발달
매일 새로운 단어를 구두로 학습한다.
새로운 단어를 쓰기에 사용한다.
설명 텍스트의 특징을 인식하고 이해한다:
목차
용어집
색인
다이어그램, 차트
기술, 순서, 비교 및 대조, 원인과 결과, 예시와 같은 설명 구조

교사 의견:

[그림 9-23] 책에 대한 개념과 텍스트 이해력 평가를 위한 체크리스트

Chapter 10

쓰기, 맞춤법 및 문해력 발달

학습 결과

이 장을 읽고 나면 다음과 같이 할 수 있다.

10.1. 초기 쓰기 발달을 뒷받침하는 이론을 설명한다.

10.2. 출생부터 pre-K까지 아동의 쓰기 발달에 사용되는 전략을 설명한다.

10.3. 유치원부터 3학년까지 아동의 쓰기 발달에 사용되는 전략을 설명한다.

10.4. 유아기에 가장 적합한 쓰기 유형에 대해 토론하고, 각 유형의 발달 사례를 살펴본다.

10.5. 아동이 학습해야 하는 쓰기의 중요한 기제를 입증한다.

10.6. 아동의 쓰기를 평가한다.

도널드 그레이브스(1983)에 따르면, 아동은 읽기 전에 쓰기를 배운다. "아이들은 글을 쓰고 싶어 합니다. 아이들은 학교에 처음 등교하는 날부터 글을 쓰고 싶어 합니다. 이것은 우연이 아닙니다. 아이들은 학교에 가기 전에 크레파스, 분필, 펜, 연필 등 표시 가능한 모든 것으로 벽, 포장 도로, 신문에 표시를 합니다. 아이들의 흔적은 '나는 나다(I am)'라고 말합니다."

브라이스 선생님의 교실에서 대화형 쓰기 수업이 진행되고 있다. 그녀는 〈I Know an Old Lady〉 이야기를 사용하고 있다. 읽고 노래하는 난센스 이야기이고, 그림책 형태로 여러 버전이 있다. 이야기는 운율에 맞춰 구성되어 있으며, 각 부분은 예측 가능하도록 반복된다. 수업의 목적은 아이들이 개방형 문제 해결에 참여하고, 어휘를 발달시키며, 운율을 사용하는 것이다. 쓰기 양식은 멘토 텍스트로서 완벽한 이야기를 만든다. 아동은 자신의 쓰기에 사용할 수 있는 일종의 패턴화된 쓰기 유형을 보여 준다.

이야기가 끝난 후, 브라이스 선생님은 2학년 아이들에게 할머니가 삼킨 것들을 생각하고, 그 결과로 할머니가 어떤 행동이나 말을 했는지 생각해 보라고 했다. 타샤는 "하나 있어요. 뱀을 삼킨 할머니가, 뱀을 삼키고 크게 아팠어요."라고 말했다. 브라이스 선생님은 플립 차트 앞으로 와서 차트 용지에 자신의 아이디어를 적어 보라고 제안했다. 제이슨은 "뱀을 삼킨 것이 얼마나 큰 실수인지 말하는 것이 더 좋은 생각이에요."라고 덧붙였다. 브라이스 선생님은 다른 변경 사항이 있는지 물었다. 타샤는 "뱀을 삼킨 할머니가 뱀 때문에 배가 아파서 뱀을 삼킨 것이 얼마나 큰 실수였는지 알고 있어요."라고 말했다. 반 아이들은 타샤의 제안에 동의했다. 선생님은 타샤에게 문장을 수정할 흰색 수정 테이프를 주면서 학급 아이들이 원하는 방식으로 다시 쓰도록 했다.

크리스토퍼가 손을 들고 "할머니가 개구리를 삼켰어요. 개구리를 삼키다니 정말 돼지 같아요."라고 말했어요. 몰리가 "그건 아니에요. 실제 이야기에서는 개를 삼키다니 정말 돼지 같다고 하거든요."라고 말했어요. 크리스토퍼는 생각하다가 "개구리를 삼킨 할머니가 개구리를 삼키고 뛰기 시작했어요."라고 말했다. 몰리가 "대단하네요."라고 말했다. 브라이스 선생님은 크리스토퍼에게 다가와서 차트 용지에 운율을 써 달라고 요청했다.

많은 아이가 아이디어를 적었다. 몇몇 아이디어는 학급 아이들에 의해 개선되었다. 수많은 새로운 단어가 등장했고, 철자와 그 의미에 대한 토론이 이어졌다. 학급 아이들은 10줄로 이야기를 구성하기로 합의했다. 각 아동은 클립보드 위의 종이에 대화형 이야기를 따라 썼다. 차트가 완성되자 학급 아이들은 시를 외우기 시작했다. 활동이 끝나자 마이클은 "원본보다 우리가 쓴 게 더 좋은 것 같아요."라고 말했다. 모두가 고개를 끄덕이며 동의했다.

쓰기 발달의 다양한 이론

많은 연구자는 아동이 문자 언어 역량을 발달시키는 방식을 탐구해 왔다. 그들은 읽기와 쓰기 사이에 밀접한 연관성이 있으며, 문자 언어 발달이 뚜렷한 단계로 이루어진다는 사실을 발견했다.

읽기와 쓰기의 관계

읽기와 쓰기의 목적은 비슷하다. 우리는 의미를 구성하기 위해 읽고 쓴다. 독자는 읽은 내용에 반응함으로써 의미를 처리한다. 작가는 텍스트를 구성함으로써 의미를 다룬다 (Bromley, 2011). 읽기와 쓰기를 할 때 아동은 비슷한 활동을 한다. 독자와 작가는:

- 아이디어를 생성한다.
- 아이디어를 정리한다.
- 독자의 생각을 모니터링한다.
- 문제를 해결한다.
- 아이디어에 대한 사고 방식을 수정한다.

아동은 비슷한 방식으로 읽기와 쓰기를 배운다. 아동은 읽기와 쓰기를 실험하고, 흉내 내며, 자신이 배운 문해력 기술을 연습하면서 시행착오를 겪는다. 아동은 읽고 쓰는 법을 배울 때 문자, 기호, 단어를 꾸미고, 그림과 글을 혼합하고, 다양한 형태와 모양으로 메시지를 발명하는 등 창의력을 발휘한다([그림 10-1] 참조). 마찬가지로 아동은 글을 읽을 때 그림을 보고 텍스트의 내용을 추측하고, 등장인물의 목소리를 만들고, 이야기 결과를 예측한다. 우리는 아동에게 발음 중심 기술을 가르치므로 아동이 독립적으로 텍스트를 해독할 수 있다. 아동이 글을 쓸 때도 동일한 발음 중심 기술을 사용하여 글을 만들어야 한다. 읽기와 쓰기가 얼마나 비슷한지 깨닫고, 아동이 매일 두 가지 모두에 참여하도록 하는 것이 중요하다. 아동이 글을 읽으면 쓰기 기술이 강화되고, 아동이 글을 쓰면 읽기 기술이 강화된다.

초기 쓰기 습득

아동은 가정과 지역사회의 친숙한 상황과 실제 생활 경험을 통해 초기 문해력을 경험한다(Ritchie, James-Szanton, & Howes, 2003). 서로에게 메모를 쓰고, 할 일 목록을 작성하고, 연하장을 보내고, 안내문을 작성하고, 그림을 그리는 등 가족 구성원이 일상적으로 하는 많은 일이 문해력과 관련이 있다(Schickedanz & Casbergue, 2009; Soderman & Farrell, 2008).

초기 쓰기 발달의 특징은 아동이 장난으로 종이에 표시하는 것에서 종이에 메시지를 전달하고 텍스트를 만드는 단계로 나아간다는 것이다. 아동은 처음에는 자신의 '쓰기(writing)' 결과물에 대해 관심이 없으며, 쓰기에 대한 흥미를 잃는다. 그러나 일단 자신이 만든 표시가 의미 있고 재미있다는 것을 이해하기 시작하면 쓰기 방법을 배우게 된다(Tompkins, 2000).

아동은 문자 언어의 형식을 배우기 전에 용도를 먼저 배운다(Bromley, 2007; Gundlach, McLane, Scott, & McNamee, 1985). 연구자들은 아동이 원시적인 '텍스트'를 끼적이고 발명하는 것을 관찰한 결과, 아동이 관례적 문자 쓰기에 대해 많이 알기 전에 쓰기가 무엇을 위한 것인지 알고 있다는 점에 주목했다. 아동이 친구나 친척에게 보내는 편지, 연하장, 표지판 등은 관례적 형태의 쓰기가 아니다. 하지만 아동은 글의 기능을 이해하고 있는 것으로 보인다([그림 10-2] 참조).

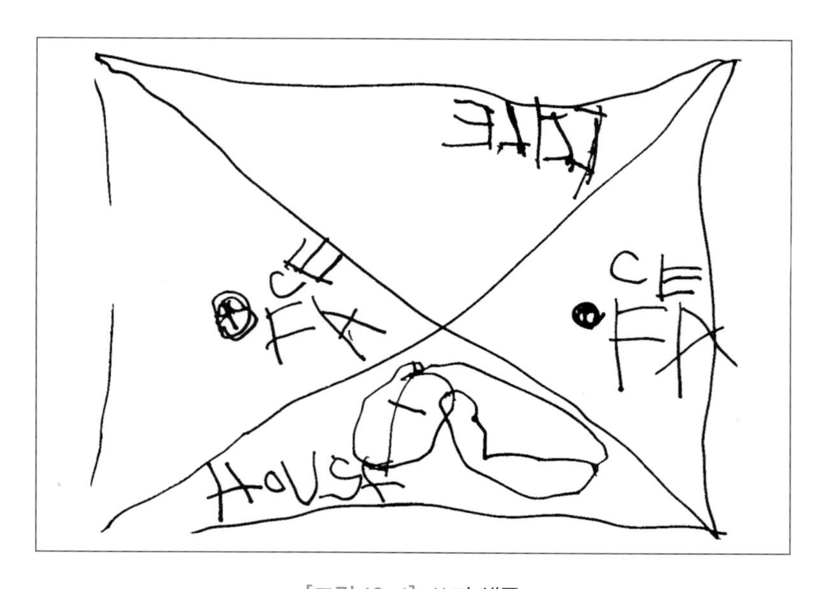

[그림 10-1] 쓰기 샘플

이 쓰기 샘플에서는 4세 아동이 그림의 일부로 쓰기를 사용하고 있다.

[그림 10-2] 기능적 쓰기

5세 아동이 친구에게 보내는 편지에서 기능적 쓰기를 시도한다.

그리기는 발현적 문해력에서 중요한 단계일 뿐만 아니라 예술적 창의력, 발성, 현실과 상상을 모두 다룰 수 있는 능력을 제공하기 때문에 초기 문해력 실제에서 필수적인 역할을 담당해야 한다. 라이트(2010)는 이 연구의 중요성을 다중양식(multimodality), 즉 다양한 소통 방식과 새로운 문해력에 대한 최근 연구의 광범위한 맥락에서 설명한다. 이러한 연구들은 무엇이 '텍스트'로 간주되는지에 대한 논쟁을 불러일으켰다. 그림 그 자체를 텍스트로 간주함으로써 문해력 행위의 개념이 확장되었다. 대부분의 아동은 자연스럽게 그림 그리는 행위를 즐긴다. 하지만 오늘날의 유아 교실에서는 그림 그리기의 특권이 점점 줄어들고 있다. 유아의 충분한 그림 그리기 시간은 향후 문해력 연습을 위한 디딤돌 역할을 하며, 시각적 문해력 발달을 지원한다. 유아교사는 아동이 그리는 그림과 상위인지, 즉 아동이 그림을 그리는 동안 소리 내어 사고하는 것에 주의를 기울여야 한다.

아동의 쓰기는 문자 언어의 형태를 끊임없이 발명하고 재창조하면서 발달한다(Calkins, 1994; Dyson, 1986; Graves, 1994; Spandel, 2008). 아동은 글자, 단어, 텍스트를 만드는 방법을 발명하여 원시적인 형태에서 관례적인 형태에 가까운 근사치로 나아간다(Hansen, 1987; Jalongo, 2007). 미취학 아동의 부모와 교사는 아동의 초기 쓰기에 관심을 보이고, 아동의 원시적 산출물을 수용하고 지원해야 한다. 아동은 환경 인쇄물을 관찰하고, 글을 잘 쓰는 사람을 관찰하고, 모방하며, 상호작용을 통해 쓰기 양식을 발명한다.

[그림 10-3] 유사한 글자 패턴의 반복

미아(3세 반)는 페이지의 왼쪽에서 오른쪽으로 비슷한 글자 패턴을 반복하며 쓰기 연습을 한다.

학생들은 교사의 명시적인 지도, 자신보다 더 숙달된 다른 사람의 쓰기를 관찰하고, 연습을 통해 쓰기에 대해 배운다. 또한 쓰기를 지지하는 성인의 지도와 가르침을 받아야 하며, 성인이 쓰기에 참여하는 모습을 관찰해야 한다. 쓰기에 능숙한 사람들은 아동의 쓰기 발달에 중요한 모델링 역할을 한다(Jalongo, 2007; Temple, Nathan, Burris, & Temple, 1988; Tompkins, 2007).

아동이 독립적으로 글을 쓸 때는 글자의 형태, 그림과 글의 유사점 또는 차이점, 맞춤법, 구두법 등 쓰기의 여러 측면을 연습한다. 아동은 독립적으로 쓰기를 할 때 이전에 해 보지 않았던 새로운 쓰기를 시도한다. 아동은 자신이 알고 있는 것을 더 의식하게 된다([그림 10-3] 및 [그림 10-4] 참조). 또한 독립적 쓰기를 통해 아동은 의미를 가진 단어를 쓰고, 자신의 생각을 종이에 기록하는 실험을 한다.

아동은 사회적 환경에서 글을 써야 배울 수 있다. 아동은 교사 또는 더 글을 잘 쓰는 다른 사람과 함께 글을 쓸 때 자신이 쓴 글에 대해 이야기하고, 서로의 글을 공유하며, 글을 더 잘 쓰는 다른 사람을 모방한다. 사회적 상호작용은 쓰기를 배우는 데 매우 중요하다.

아동의 쓰기 발달은 문해력 발달을 위한 여정의 일부이다. 문해력 학습은 그리기, 쓰기, 읽기 순으로 진행된다(Vygotsky, 1978). 아동의 문해력 학습을 위한 주요 자원은 경험을 상징화하고, 그 상징을 통해 의사소통하는 방법에 대한 지식이다. 이 이론적 틀은 다음과 같이 요약할 수 있다.

1. 문해력 발달에는 읽기, 쓰기, 듣기, 말하기, 보기 발달이 포함된다.
2. 문해력 발달에는 읽기, 쓰기, 듣기, 말하기, 보기와 관련된 기호를 사용하는 방법을 배우는 것이 포함된다.
3. 읽기, 쓰기, 듣기, 보기의 문해력 발달은 아동이 정보를 얻고 사회적, 문화적 의미에 참여하는 데 도움이 된다.

대부분의 아동에게 쓰기 발달 과정은 연속적인 과정이다. 정상적인 상황에서 아동의 초기 문해력 발달은 먼저 비언어적 의사소통을 배우고, 그다음에 말하기, 상징 놀이, 마지막으로 그림 그리기로 이어진다. 각각의 새로운 단계는 이전 단계에 근거하고 있으며, 의사소통 자원의 새로운 네트워크를 형성한다.

[그림 10-4] 쓰기 대 그리기

로버트(4세)는 자기 주도적 연습을 할 때 각각 원으로 둘러싸서 그림에서 쓰기를 분리한다.

아동은 문자를 가지고 노는 것에서 의사소통을 위해 문자를 사용하는 단계로 넘어가면서 새로운 형태를 발명하고 재창조한다. 아동이 처음 종이에 표시를 하기 시작할 때, 대부분은 문자 언어의 기호 체계에 대한 자모 지식이 없는 상태에서 표시를 한다. 얼마 지나지 않아 아동은 문자를 실제 사람이나 사물을 가리키는 것으로 간주한다. 아동은 꽤 늦은 시기에 글자가 언어를 나타낸다는 것을 깨닫는다(Spandel, 2001).

쓰기 능력의 발달

아동은 놀이를 통해 문해력에 대해 많은 것을 배우며, 특히 문자를 읽고 쓸 수 있는 사회에서는 가상 놀이를 하면서 종이 위에 표시를 만들어 성인 모델을 모방한다. 곧 그 표시는 아동이 자신과 다른 사람들의 눈에 정체성을 확립하는 문자 메시지가 된다. 그리기 및 쓰기 놀이에서 문자 메시지를 통한 의사소통, 이야기 및 설명 텍스트 쓰기까지 이어지는 연속성은 초기 문해력 발달의 기본 이론을 반영한다(Dyson, 1993; Schickedanz & Casbergue, 2009; Turbill & Bean, 2006).

연구자들은 유아기 쓰기 발달 단계에 대한 다양한 설명을 기록해 왔다(Dyson, 1985; Soderman & Farrell, 2008; Sulzby, 1985b; Tompkins, 2007). 대부분 단계가 있더라도 잘 정의되어 있지 않거나 반드시 순차적이지는 않다는 데 동의한다. 다이슨(1986)은 아동의 쓰기 발달을 크게 두 단계로 나누어 설명한다. 출생부터 약 3세까지 아동은 끼적이기를 통해 쓰기의 형태를 탐색하기 시작한다. 그런 다음 3세에서 6세로 넘어가면서 조절된 끼적이기가 점차 이름을 붙일 수 있는 인식 가능한 사물로 발달하고, 마찬가지로 끼적이기가 직선, 수평 방향, 글자와 비슷한 모양의 배열 등 인쇄물의 특징을 보인다.

슐츠비(1985a)는 유치원생의 쓰기를 크게 여섯 가지 범주로 구분하고, 이를 발달 순서를 반영하는 것으로 간주해서는 안 된다고 경고했다. 그러나 이 범주들은 아동의 초기 쓰기 시도를 설명한다.

1. **그리기를 통한 쓰기**: 아동은 그리기를 쓰기의 대체물로 사용한다. 그런 다음 아동은 그리기와 쓰기의 관계를 알기 시작하면서 둘을 혼동하지 않는다. 아동은 그리기-쓰기를 구체적이고 목적이 있는 메시지 전달로 간주한다. 그리기를 통해 쓰기에 참여하는 아동은 자신의 그림을 마치 글자가 있는 것처럼 읽는다(Li-Yuan, 2009)([그림 10-5] 참조).
2. **끼적이기를 통한 쓰기**: 아동은 끼적이기를 하지만 이를 쓰기로 의도한다. 종종 아동은 글자를 쓰는 것처럼 보이면서 왼쪽에서 오른쪽으로 끼적인다. 아동은 성인처럼 연필

[그림 10-5] 그리기를 통한 쓰기

무언가를 써 달라는 요청에 일라이(4세)는 그림을 그리고 몇 글자를 적었다. 일라이는 선생님에게 '아빠와 나'라고 적었다고 말했다.

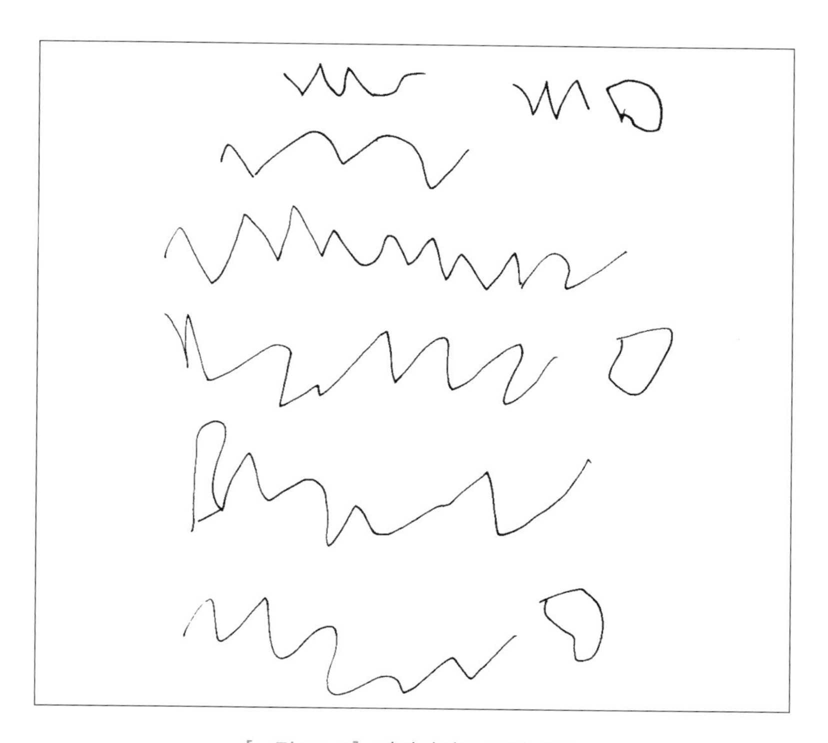

[그림 10-6] 끼적이기를 통한 쓰기

나탈리(3세)는 글을 쓰라는 요청을 받자 아무렇게나 끼적이기를 했다. 나탈리는 결국 왼쪽에서 오른쪽으로 끼적이기를 하다가 문장을 끝내기 위해 마침표가 될 수 있는 의도적인 표시를 하기도 했다.

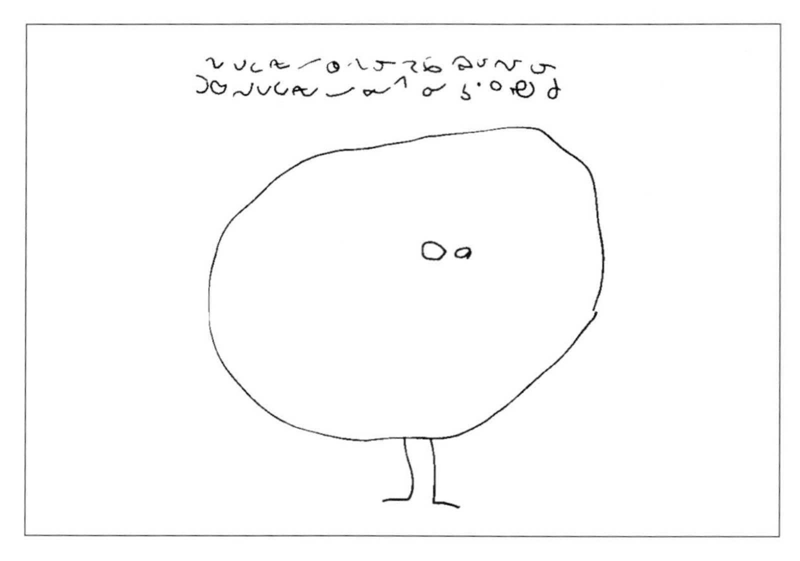

[그림 10-7] 글자와 비슷한 형태 만들기를 통한 쓰기

제임스(4세)는 왼쪽에서 오른쪽으로 글자와 비슷한 형태를 썼다.

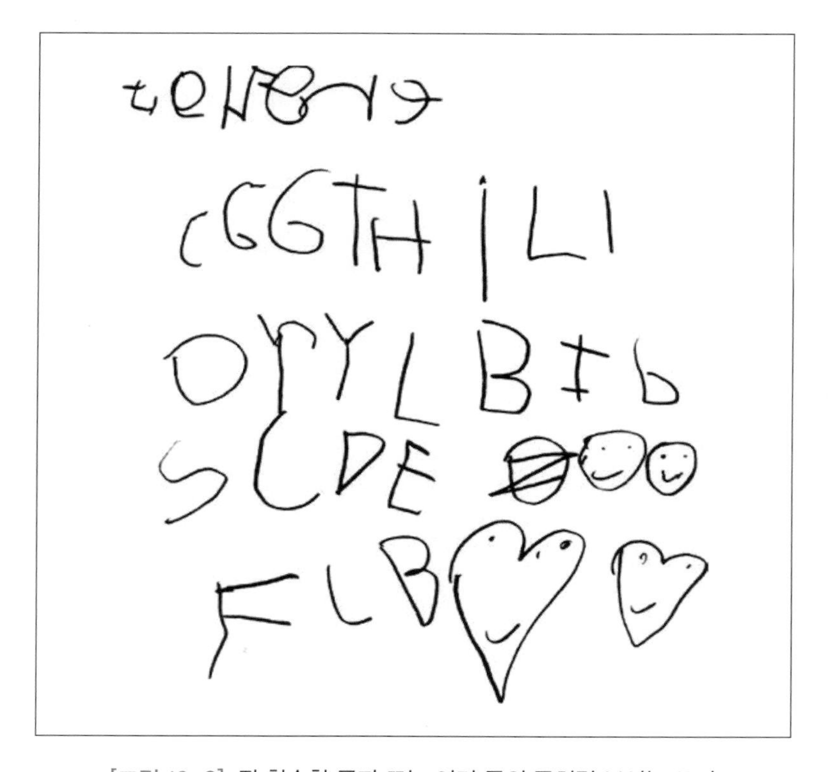

[그림 10-8] 잘 학습한 글자 또는 여러 줄의 글처럼 보이는 쓰기

브라이언(4세)이 쓴 이 글자들은 페이지 왼쪽에서 오른쪽으로 이어진다.

을 움직이고 연필로 글자를 쓰는 것과 같은 소리를 낸다. 끼적이기는 글자를 쓰는 것과 비슷하다([그림 10-6] 참조).

3. **글자와 비슷한 형태 만들기:** 아동이 쓴 글의 도형은 언뜻 보면 글자와 비슷하다. 자세히 살펴보면 그 모양은 제대로 형성되지 않은 글자가 아니라 일련의 글자 모양을 한 창작물임을 알 수 있다([그림 10-7] 참조).
4. **잘 학습한 글자 또는 여러 줄의 글처럼 보이는 쓰기:** 아동은 자신의 이름과 같은 출처에서 배운 글자 순서를 사용한다. 아동은 때때로 글자의 순서를 바꾸어 같은 글자를 여러 가지 방법으로 쓰거나, 긴 글자 줄 또는 임의의 순서로 글자를 재현한다([그림 10-8] 참조).
5. **발명 철자를 통한 쓰기:** 아동이 사용하는 다양한 종류와 수준의 발명 철자법은 아동이 기존의 철자를 모를 때 단어의 철자를 직접 만들어 쓰는 것을 말한다. 발명 철자를 사용하면 한 글자가 단어 전체를 나타내기도 하고, 단어가 겹치거나 띄어쓰기가 제대로 되지

Little Red Riding hood

Once upon a time there
was a little girl named
little red riding hood.
No one knew why she always
walked, she should be riding
something. The next morning
Mrs. Shobert asked little Red
riding hood why are you always
walking? Then she walked
away and she was thinking
"hmm" that gave her an idea
to buy something. She went to
a toyota deler, she didn't like
anything. Then she went to
a bike place and said, "I
think I like that one." Now
Red riding hood rides.

[그림 10-9] 관례적 철자법

이 이야기는 초등학교 3학년 학생이 쓴 글이다.

않는 경우도 있다. 아동의 쓰기가 성숙해짐에 따라 단어는 한 글자만 발명하거나 생략하는 등 기존 쓰기와 더 비슷하게 나타난다.

6. **관례적인 철자를 통한 쓰기:** 아동의 쓰기는 성인의 쓰기와 비슷하다([그림 10-9] 참조).

초기 쓰기에 대한 이 일반적인 설명은 교사와 부모가 아동의 쓰기를 관찰하고 설명할 때 도움이 된다. 이러한 범주가 반드시 순차적인 것은 아니다. 어떤 아동은 한 범주를 건너뛰거나, 여러 범주를 왔다 갔다 하기도 한다(Hullinger-Sirken & Staley, 2016).

쓰기의 목표 및 표준

쓰기 발달에 대한 생각은 1970년대에 크게 변화되었다. 우리는 항상 아동이 쓰기 준비를 위해 크레파스와 종이를 사용하여 운동 협응력을 기르도록 권장했지만, 의미를 전달하는 쓰기가 2세 정도의 어린 아동을 위한 초기 문해력 프로그램의 핵심적인 부분이라고 생각하지는 않았다. 이제 영아, 걸음마기 아동, 유아, 유치원생, 초등학교 1학년의 일상에 쓰기 전략을 통합하고 있다. 우리는 가장 어린 아동이 종이에 쓴 글자도 무작위로 쓴 것이 아니라 초기 쓰기 시도로 간주한다. 이러한 인식은 초기 문해력 발달을 위한 프로그램에서 필요하다(Horn & Giacobbe, 2007).

일반적으로 유아의 언어 및 문해력 발달을 돕는 가장 좋은 방법은 명시적인 지도를 제공하고, 의미 있는 상황을 조성하는 것이다. 이 원칙은 가정, 어린이집, 유치원, 1학년, 2학년, 3학년에서 모두 동일하게 적용된다. 쓰기 발달을 촉진하기 위한 다음 목표는 아동이 쓰기와 읽기를 포함한 언어를 여러 상황(예: 놀이 또는 의사소통)에서 의도적으로 사용함으로써 언어를 학습한다는 관점에서 도출되었다:

쓰기 발달의 목표

1. 아동에게 정기적으로 다양한 종류의 인쇄물을 접할 수 있는 환경을 제공한다.
2. 아동은 인쇄물을 즐거움과 기쁨의 원천으로 경험한다.
3. 아동은 정기적으로 성인이 업무와 여가를 위해 글을 쓰는 모습을 관찰한다.
4. 아동에게 쓰기의 기회와 교재를 제공한다.
5. 아동의 쓰기 시도에 대해 형식에 상관없이 의미 있는 의사소통(예: 그림, 끼적이기, 글자와 비슷한 형태, 임의 글자, 발명 철자 등)으로 반응한다.

6. 학생들은 유치원부터 3학년까지 매일 글을 쓰면서 규칙적으로 글을 쓰고 싶은 욕구와 필요성을 키운다.
7. 아동은 스스로 주제를 선택하고, 쓰기를 실험한다.
8. 이야기 만들기, 정보 텍스트, 설득적 쓰기, 설명적 쓰기, 저널 쓰기, 그리고 목록, 글자, 표지판, 이야기, 발표와 같은 기능적 쓰기 등 다양한 목적으로 쓰기를 사용하도록 아동을 지도한다.
9. 쓰기는 교육과정 전반에 통합한다.
10. 아동은 학교에서 쓰기를 할 때 준비된 구성주의 활동과 쓰기 기술에 대한 명시적 지도를 경험한다.
11. 아동에게 필사본과 필기체 쓰기를 가르친다.
12. 아동은 키보드를 이용하여 컴퓨터로 글을 쓸 수 있다.
13. 교사는 아동의 쓰기를 통해 음성 언어가 문자 언어로 변환되는 과정에서 소리와 기호의 대응을 지적할 수 있는 기회를 가진다.
14. 아동은 마침표, 쉼표, 따옴표 등 문장 부호의 몇 가지 측면에 노출되고, 그 사용법을 배운다.
15. 아동의 발명 철자는 기존 철자법을 따르는 것으로 인정된다.
16. 교사는 맞춤법 교육을 제공한다.
17. 아동에게 공동으로 글을 쓸 수 있는 기회를 제공한다.
18. 아동은 또래의 작품을 읽고 피드백을 제공한다.
19. 아동에게 **형성 평가 피드백**(과제를 하는 동안의 피드백)과 **총괄 평가 피드백**(과제가 끝난 후의 피드백)을 모두 균형 있게 제공한다.
20. 학생은 자신의 글을 다른 학교 구성원, 가정 및 지역사회와 공유할 수 있는 정기적인 기회를 가진다.
21. 어린 학습자는 교사의 도움을 받아 학급 위키 또는 웹사이트에 답안을 게시하고, 블로그에 저널을 작성하는 등의 디지털 쓰기 연습을 접하고, 이에 참여한다(디지털 문해력은 12장에 자세히 설명되어 있다).

주정부 표준에는 유치원부터 3학년까지 학년별 쓰기 표준이 제시되어 있다. 이 표준은 매우 구체적이고 명시적이며, 앞서 나열한 목표와 많은 부분이 중복된다. 또한 쓰기 표준은 아동이 다음과 같은 경험을 하도록 권장한다:

- 쓰기의 다양한 유형과 목적
- 근거가 있는 의견과 설득력 있는 쓰기
- 대화 쓰기
- 쓰기를 위한 결론 문장 제공
- 정보 및 이야기 텍스트 쓰기
- 아동의 쓰기 모델을 위한 다양한 유형의 멘토 텍스트 사용
- 세부 사항을 포함하여 글의 사건 순서를 지정할 수 있는 능력 입증
- 글의 산출 및 배포 시 성인의 지도, 협업, 디지털 도구 사용 안내
- 지식을 구축하고 제시하는 지침과 함께 연구 및 쓰기 수행

초기 쓰기 발달을 위한 전략

아동의 쓰기 능력 발달을 돕는 기술은 연령에 따라 다르다. 따라서 출생부터 2세까지 쓰기 발달을 위한 전략은 유치원 교실에서 이루어지는 것과는 다른 요구 사항을 해결해야 한다.

출생부터 2세까지 쓰기 발달을 위한 전략

앞 장에서는 가정과 어린이집에서 아동의 음성 언어 발달과 초기 읽기를 돕기 위해 사용할 수 있는 전략에 대해 설명했다. 아동 발달에서 말하기, 읽기, 쓰기는 역동적으로 연결되어 있다는 점을 기억해야 한다. 아동의 언어 경험을 확장하여 음성 언어 발달을 지원하면 문해력 발달에도 간접적으로 기여한다. 마찬가지로 읽기 발달은 말하기와 쓰기에, 쓰기 발달은 말하기와 읽기에 기여한다. 이러한 이해는 통합적인 언어 접근법의 기초를 형성한다.

아동의 초기 쓰기 시도를 지원해야 한다. 생후 18개월에서 24개월 사이에 처음으로 끼적이기를 하는 아동도 있지만, 2세 반이나 3세가 되어서야 시작하는 아동도 있다. 아동이 끼적이기를 시작하면(일부는 생후 18개월부터) 필기구로 종이를 두드리며 글자를 쓴다. 쓰기에 친숙해지면 더 부드럽고 신중하고 계획적인 동작을 사용하여 표시하기 시작한다. 아동이 처음 끼적이기를 하는 원시적인 단계에 있을 때는 마커나 크레파스를 잡는 방법을 알려 준다. 대신 표시를 해 주는 것이 아니라 종이가 글자를 쓰는 곳이라는 것을 이해하도록 도와주면서 손을 종이로 이끌어 준다. 아동 옆에 앉아 직접 글자를 쓰고, 그림을 그리면서 쓰기 행동의 모범을 보이는 것이 가장 중요하다.

아동의 초기 끼적이기에 대한 반응이 중요하다. 아동에게 특정 내용을 쓰도록 강요하지 않아야 한다. 아동은 자발적으로 표시를 하고, 그 표시가 무엇을 나타내려는 것인지 스스로 결정해야 한다. 표시가 무엇을 의미하거나 나타내는지 말하라고 강요하지 않아야 한다. "뭘 그리니?"라고 묻는 것보다 "잘했어요."라고 말하는 것이 좋다. "좀 더 그려 볼래?"라고 대답하는 것도 도움이 된다. 하지만 아동이 응답을 원하지 않는다면 응답을 강요하지 않는다. 아동의 초기 표시가 쓰기와 비슷하든 그렇지 않든 진심으로 기쁨을 표현하고, 이를 긴 발달 과정의 중요한 단계로 보는 것은 아동이 계속하도록 격려하는 긍정적인 반응이다. '쓰기'를 계속함으로써 아동은 일상적인 문해력 사건에서 인쇄물에 대해 배운 내용을 여기에 통합한다.

또한 성인이 편지, 목록, 이메일, 문자 메시지, 메모를 하는 모습을 아동에게 보여 주고, 그 과정에서 아동과 상호작용함으로써 아동에게 쓰기 모델을 제공한다. 예를 들어, "부모님을 학교에 초대하기 위해 편지를 쓰고 있어요. 뭐라고 써야 할지 아이디어가 있나요? 종이에 뭔가를 써 볼래요?"와 같다. 글을 쓸 때는 교사와 함께 앉아서 아동이 질문하고 직접 써 보도록 초대한다. 이를 통해 아동은 쓰기를 어떻게 해야 하는지 알 수 있고, 표시가 의미를 전달한다는 것을 이해하는 기회를 가진다.

아동의 쓰기 발달을 지원하는 중요한 방법은 식료품 캔과 상자, 도로 표지판에서 볼 수 있는 환경 인쇄물에 대한 경험을 영상으로 보여 주는 것이다. 아동과 함께 환경 인쇄물에 대한 경험을 이야기하고, 질문하고, 일반적인 맥락에서 표지판, 문자, 인쇄물 조각(예: 맥도날드 표지판이 아닌 다른 곳에서 사용된 M)을 식별하고 기억하도록 격려한다.

아동은 전단지, 브로셔, 광고, 안내문, 양식에 글자를 쓰거나 표시를 하는 것을 좋아한다. 아동은 인쇄물 위와 빈 공간에 글자를 쓴다. 아동은 자신만의 표시를 만들 수 있는 모델과 영감을 인쇄물을 통해 얻는다.

운율을 반복하고 노래를 부르는 것도 아동의 초기 쓰기에 도움이 되며, 손인형을 사용하거나, 분해 및 조립이 가능한 퍼즐과 같은 놀잇감을 가지고 노는 것도 도움이 된다. 손재주가 필요한 조작 놀잇감은 글자 모양을 만드는 데 필요한 소근육 발달을 돕는다. 지점토, 핑거 페인팅, 칠판 사용, 이젤에 그리기 등의 놀이는 운동 협응력을 키우는 데도 도움이 된다. 디지털 도구 사용은 이제 아동의 생활에서 없어서는 안 될 부분이기 때문에 어린이집에서 키보드를 접할 수 있어야 한다. 물론 아동에게 책을 읽어 주는 것은 앞서 설명한 것처럼 음성 언어를 발달시키고, 초기 읽기 시도를 촉진할 뿐만 아니라, 처음 시도하는 것이 아무리 조잡하더라도 아동이 글자를 모방하거나 자신만의 책을 만들도록 동기를 부여한다. 부모와 양육자는 아동의 초기 쓰기를 벽, 문, 가전제품에 전시하여 판단하거나 교정하지 않고 즐긴다(Rowe & Neitzel, 2010; Schickedanz & Casbergue, 2009).

4세 교실에서의 쓰기

유아는 어린 아동과 마찬가지로 결과물보다 쓰기 과정에 더 큰 즐거움을 느낀다. 점차 결과물에 대한 관심이 증가하긴 하지만, 쓰기 행위가 관심의 중심이다. 예를 들어, 웨이터나 웨이트리스 놀이를 하면서 '주문(order)'을 받으면 다른 사람이 '읽을 수 있을지(read)' 걱정할 수 있다. 친척이나 친구에게 보내는 쪽지나 연하장도 마찬가지이다. 아동은 받는 사람이 자신의 메시지를 읽을 수 있는지, 즉 답장을 보낼 수 있는지에 대해 우려를 표하기 시작한다. 글자를 쓰는 척해 본 경험이 거의 없는 아동은 종이에 끼적이는 것을 원하지 않을 수 있는데(유치원생이라도), 이는 자신의 끼적이기가 관례적 쓰기가 아니므로 받아들여지지 않을 수 있다는 것을 알게 되었기 때문이다. 따라서 비관례적 쓰기도 인정된다는 사실을 알려 주어야 한다. 일부 아동은 관례적인 철자를 요구하고, 그것이 맞다는 것을 알지 못하면 쓰지 않으려 할 수 있다. 이들에게는 필요한 도움을 제공해야 한다.

쓰기 학습은 의미를 전달하는 텍스트의 구성 방법을 배우는 것을 포함한다. 아동은 쓰기 경험을 쌓으면서 연습과 지도를 통해 쓰기의 기술과 기제를 배운다. 대문자와 소문자를 쓰는 법을 배우는 것은 구두법에 대해 논의하는 것과 마찬가지로 4세 교실에 적합하다. 기술을 익히기 시작해야 하지만, 어린 아동은 발명 철자를 사용하는 등 비관례적 방식으로 자유롭게 써야 한다. 이를 통해 음소 인식을 향상시키고, 발음 중심 지도에 대한 기초적 이해를 확립할 수 있다. 아동이 글을 쓸 때는 음성을 문자로 변환해야 한다. 이 과정을 통해 음성 언어의 구조, 그리고 음성 언어와 문자 언어의 관련성에 대한 이해력을 키울 수 있다. 아동이 글을 많이 쓸수록 소리를 분절하고, 단어를 조합하는 능력이 향상되어 쓰기 능력뿐만 아니라 독립적 읽기 능력도 발달한다(Horn & Giacobbe, 2007).

어린 아동은 어떤 상황이 자신에게 의미가 있다면 쓰기를 선택한다. 성인이 아동에게 항상 어떤 글을 써야 한다고 강요한다면 긍정적인 결과를 기대하기 어렵다. 아동은 초기 문해력에서 서로 다른 방식으로 자신을 표현하므로, 그들의 접근 방식을 이해하는 것이 중요하다(Zecker, 1999). 이를 알면 아동의 쓰기를 돕기 위한 전략과 적절한 환경을 조성할 수 있다. 그러한 전략 중 하나가 받아쓰기이다.

받아쓰기. 많은 4세와 5세의 아동은 할 말이 많지만, 아직 글을 충분히 잘 쓰지 못하기 때문에 받아쓰기를 하는 경우가 많다. 아동의 받아쓰기는 어린 아동이 자신만의 독특한 방식으로 글을 쓸 수 있고, 또 그래야 한다는 사실을 깨닫기 전에 흔히 사용했던 언어 경험 접근법(LEA) 전략이었다. 하지만 받아쓰기는 쓰기 발달에 중요한 역할을 한다. 성인은 아동이 관례적인 방식으로 읽기 전에 읽기의 모델이 되고, 받아쓰기를 통해 아동에게 쓰기의 모델이 되어야 한다. 교사가 받아쓰기를 할 때 아동은 성인이 그 과정을 모델링하는 것을 보면서 쓰기 능력이 더 성장할 수 있는 기회를 갖게 된다(Shannahan, 2006). 교사가 받아쓰기를 할 때는 다음과 같은 아이디어가 중요하다(Morrow, 2007):

1. 아이디어를 장려하는 토론으로 시작한다.
2. 표준 철자를 사용하여 아동이 말하는 내용을 정확하게 쓴다.
3. 성인이 글을 쓰는 것을 아동이 볼 수 있도록 한다.
4. 읽기 쉽게 쓴다.
5. 받아쓰기가 끝나면 아동에게 받아쓴 내용을 다시 읽어 주고, 인쇄물을 읽을 때 왼쪽에서 오른쪽으로 글씨를 추적한다.
6. 아동이 혼자서, 다른 아동에게, 또는 성인에게 받아쓰기를 읽도록 격려한다.

아동이 한 글자라도 스스로 쓰도록 격려하는 것이 중요하다. 아동이 쓰기에 관심을 보이기 시작하면 받아쓰기를 하지만, 받아쓰기를 너무 많이 하면 교사, 보조 교사 또는 부모에게 의존하게 된다.

유치원부터 3학년까지 쓰기 전략

지금까지 설명한 전략은 대부분 4세를 위한 것이지만, 이러한 전략은 유치원부터 초등학교 3학년까지 계속해서 사용해야 한다. 교사는 아동이 한 수준의 쓰기 능력에서 다른 수준으로 또는 비관례적 쓰기에서 관례적 쓰기로 어떻게 이동하는지 알고 싶어 한다. 이는 모든 아동에게 개별적이지만 경향성이 나타난다. 아동이 글을 쓸 수 있는 분위기를 조성하는 것이 중요하다.

따라서 유아기의 쓰기 프로그램은 학기 초에 시작해야 한다. 교사는 아동이 스스로를 작가와 글쓴이로 인식할 수 있도록 아동을 작가와 글쓴이로 지칭해야 한다. 교사는 게시판의 메시지, 부모님께 보내는 메모, 아동에게 보내는 감사 메모, 학급의 경험 차트 등을 통해 쓰기 모델링을 제공한다. 이러한 모델링은 아동이 글자를 쓰고 싶도록 동기를 부여한다.

마찬가지로 흥미로운 경험은 아동의 쓰기에 대한 관심을 불러일으킨다. 한 초등학교 2학년 교사는 자연이 아동에게 쓰기 동기를 부여한 방법에 대해 이야기했다. 그녀는 가을에 자연을 관찰하기 위해 아이들을 데리고 밖으로 나갔다. 좋은 관찰자가 되는 법을 배우는 것은 좋은 작가가 되기 위한 첫걸음이다. 바깥을 산책하는 동안 돌풍이 불고, 나뭇잎이 주위에 휘날렸다. 아이들과 교사는 자연스럽게 나뭇잎을 모방하여 소용돌이치기 시작했다. 뛰고, 다이빙하고, 빙글빙글 돌고, 돌진했다. 아이들은 돌풍이 불 때마다 노래를 외치기 시작했다: "바람아, 바람아, 바람아, 불어와!" 바람이 거세지고, 나뭇잎이 사방으로 떨어지자 흥분은 더욱 고조되었다. 마당은 기쁨의 비명소리로 가득 찼다(Freedman, 2007). 이 경험은 진정성 있고 의미 있는 쓰기를 위한 매개체 역할을 했다. 교실에 돌아왔을 때, 교사는 아이들을 이끌고 시를 쓰게 했는데, 결국 다음과 같이 끝이 났다: "바람아, 바람아, 나무야, 나뭇잎을 떨어뜨려라, 나에게 내려와!" 아이들은 무슨 일이 일어났는지에 대한 자신의 해석을 쓰고 소리 내어 읽었다. 한 쌍의 학생들은 자신이 쓴 시를 읽으며, 나뭇잎처럼 춤을 추기도 했다. 학생들이 자신이 경험한 흥미진진한 사건에 대해 어떤 반응을 보일지 스스로 선택할 수 있었기 때문에 표현력이 풍부하고 의미 있는 읽기였다.

모든 아동이 쓰기에 흥미를 느끼는 것은 아니다. 따라서 교사는 쓰기를 원하지 않는 어린 학생들과 함께 활동할 때 특히 쓰기를 격려함으로써 지원해야 한다(Bromley, 2003; Martinez & Teale, 1987; Sulzby, 1985b). 아동은 자신의 글이 꼭 성인의 글처럼 보일 필요는 없다는 것을 알아야 한다. 그림, 끼적이기, 임의 글자, 발명 철자 등 다른 아동의 쓰기 샘플을 보여 주면 주저하는 아동이 자신도 같은 활동을 할 수 있다는 것을 알 수 있다. 성인은 아동이 스스로 글을 쓸 수 없거나, 쓰지 않으려는 경우 받아쓰기를 통해 어린 작가의 시도를 도와주어야 한다. 필요한 단어의 철자를 알려 주고, 글자를 어떻게 써야 하는지 알려 주며, 쓰기 중에 발생하는 질문에 대답해 준다. 다른 문해력 영역과 마찬가지로 쓰기는 사회적 상호작용을 통해 발달이 촉진된다. 교사는 어린 작가들에게 피드백, 격려, 정적 강화를 제공해야 한다.

제이미는 쓰기를 싫어했지만 자신에게 의미 있는 쓰기 주제와 장르를 선택하고, 또래 친구들 및 선생님과 자신의 관심사에 대해 이야기할 기회가 주어지자 쓰기 동기가 높아졌다. 제이미가 쓰기가 '멍청하다'고 반복해서 말하는 것을 듣고, 제이미의 선생님은 '멍청한 목록'을 고안했다(Lassonde, 2006). 제이미의 선생님은 제이미가 모든 사람에게 불쾌감을 주는 말을 쏟아내는 대신 부정적인 감정을 적기 시작한다면, 나중에 이야기할 자신의 생각을 보존할 수 있기를 바랐다. 선생님은 종이 위에 큰 글씨로 '멍청한 목록'이라고 적고, 제이미에게 자신을 괴롭히는 글이 떠오를 때마다 목록에 적고 나중에 선생님과 이야기하라고 말했다. 제이미가 쓰기에 대한 부정적인 생각을 털어놓을 수 있게 해 줌으로써 쓰기에 필요한 동기를 부여할 수 있었다. 제이미는 자신의 생각을 글로 써서 선생님과 공유할 수 있었다. 이 활동

> 은 제이미가 쓰기 활동에 더 개방적으로 다가갈 수 있는 길을 열어 주었다. 따라서 쓰기에 어려움을 겪거나 저항하는 학생의 경우 교사는 학생의 흥미와 의견을 파악하고, 이러한 요소에 맞게 쓰기 활동을 조정해야 한다. 놀랍게도 제이미의 멍청한 쓰기 목록은 시간이 지날수록 점점 줄어들었다. 결국 그는 쓰기와 관련하여 친구들에게 이렇게 말했다: "쓰기는 사적이고 내 감정이고 아무도 볼 수 없기 때문에, 좋지 않더라도 생각하고 있는 모든 것을 종이에 적을 수 있기 때문에 정말 좋은 거야."
>
> (Lassonde, 2006, p. 5)

성인은 아동이 쓰기를 시도할 수 있도록 수용성을 키워야 한다. 아동은 음소–소리 대응에 대해 더 많이 배우면서 발명 철자가 관례적 철자가 아니라는 것을 깨닫기 시작한다. 이 시점에서 아동은 관례적 쓰기 단계로 넘어가면서 올바른 철자를 요구한다. 갑자기 과거처럼 즉흥적으로 글을 쓰지 않게 되므로 마치 한 걸음 뒤로 물러나는 것처럼 보인다. 올바르게 글을 쓰는 것에 대한 관심은 그들의 성취에 영향을 미친다. 그러나 이러한 퇴보는 단기간 지속된다. 철자 어휘가 늘어남에 따라 학생들은 사전을 사용하는 방법을 배우고, 친구나 교사에게 도움을 요청한다. 관례적 쓰기는 완전히 관례적 쓰기로 간주될 만큼 충분한 숙련도를 얻을 때까지 아동이 관례적 쓰기와 비관례적 쓰기를 왔다 갔다 하는 점진적인 과정이다.

1~3학년 아동도 4세나 유치원생과 비슷한 수준의 쓰기 경험이 필요하지만, 고학년 아동에게는 보다 명확하고 목표 지향적인 지도가 필요하다. 이러한 학년에서는 아이디어를 형식화하고, 다른 사람이 읽을 때 쉽게 이해할 수 있는 맥락에서 의미와 목적이 있는 텍스트를 구성하는 것으로 쓰기를 이해해야 한다. 쓰기는 대부분 다른 사람이 읽을 수 있도록 작성되므로 사회적 활동에 해당한다. 다음 목록은 교사가 아동이 좋은 작가가 되기 위해 무엇을 가르쳐야 하는지 이해하는 데 도움이 된다. 좋은 작가는:

- 아동이 아는 것을 쓴다.
- 아동이 관심 있는 주제에 대해 쓴다.
- 학교 밖 사람들에게 쓰도록 요청한다.
- 지정된 시점을 사용하여 쓴다.
- 구체적인 목적을 염두에 두고 쓴다.
- 많은 단어를 쓰기보다는 적은 단어를 쓴다.
- 흥미롭고 다양한 어휘와 문장 구조를 사용한다.
- 직유와 같은 감각적인 세부 사항과 비유적인 언어를 사용한다.

- 한 단락에서 다음 단락으로 이어지는 문단을 작성한다.
- 논리적인 사건의 순서가 있는 글을 작성한다.
- 작품의 시작, 중간, 끝이 있는 글을 작성한다.
- 독자가 작성한 내용을 믿게 만든다.
- 작업을 수정 및 편집한다.
- 맞춤법, 구두법, 문법, 손 글씨로 중요한 글을 편집한다.

아동은 교사가 명시적으로 가르치고, 모델링하고, 제공하는 다양한 경험을 통해 안내, 공유, 상호작용, 독립적 쓰기 등 좋은 쓰기의 자질을 보여 준다(Kissel, 2008). 이러한 전략은 다음 절에서 소개한다.

쓰기 환경 제공을 위한 쓰기 영역 구성

가정, 어린이집, 교실은 쓰기를 위한 풍부한 환경을 제공해야 한다. 가정이나 교실의 문해력 공간에 쓰기를 위한 장소를 지정한다. 이 공간은 쉽게 접근할 수 있고, 매력적이어야 한다. 이 공간은 도서 코너의 일부가 될 수 있다. 이 공간에는 책상과 의자가 있어야 하며, 바닥에 누워 글을 쓰고 싶어 하는 아동을 위한 매트가 있어야 한다. 아동이 스스로 자료를 선택하고, 정리하는 방법을 배우도록 쓰기를 위한 장소에 교재교구를 일관되게 보관해야 한다. 쓰기 영역에는 필기 도구와 학용품, 책 만들기 재료, 앵커 차트, 게시판 등이 있어야 한다.

사진 제공: Pearson Education
케이틀린은 쓰기 워크숍에서 학급 책에 사용할 페이지를 작업한다.

필기 도구 및 학용품. 필기 도구로는 다양한 색상의 펠트 마커, 크고 작은 크레파스, 크고 작은 연필(일반 및 색연필 모두), 일반 화이트보드와 전자 화이트보드, 아동이 필기할 수 있는 다양한 종류의 종이, 줄이 있거나 줄이 없는 일반 흰색 또는 신문용지가 준비되어 있어야 한다. 쓰기 영역에는 워드 프로세싱과 웹 사이트, 블로그 등을 만들 수 있는 컴퓨터가 구비되어 있어야 한다(Sylvester & Greenidge, 2009-2010). '나만의 단어'를 기록

사진 제공: Lesley Mandel Morrow

나탈리는 기능적인 방학 위시리스트를 작성한다.

할 수 있는 색인 카드와 아동의 '나만의 단어' 모음집도 쓰기 영역에 보관해야 한다. 각 아동은 자신의 샘플을 수집할 수 있는 필기 폴더를 가지고 있어야 한다.

보기 쉬운 알파벳 차트는 아동이 글자를 쓰는 동안 필요한 글자를 식별하고 모양을 만드는 데 도움이 된다. 플라스틱, 자석, 나무, 펠트 글자는 언어 조작 도구에 속한다. 이러한 교구를 사용하면 아동이 눈과 손의 협응력을 기르고 글자를 인식하고 모양을 만드는 데 도움이 된다. 작은 흰색 판은 새로운 단어를 연습하고, 그 단어를 표현하는 문장을 쓰는 데 좋다. 공지사항을 게시하거나 비공개 메시지를 주고받을 수 있는 공간과 함께 아동이 자신의 글을 표시할 수 있는 게시판이 있어야 한다. 쓰기 영역에는 아동이 주고받는 '우편물'을 보관할 '우편함'을 설치한다. 쓰기 영역에는 '작가의 장소'라는 표지판이나 아동이 선택한 이름을 붙인다. 주제별 단어가 적힌 단어 벽과 학년 수준의 일견 단어는 맞춤법에 도움이 된다.

쓰기 영역에 필기구와 학용품을 비치하는 것 외에도 교실 주변의 다른 학습 영역에 일부 필기도구를 비치한다. 이러한 교재교구의 접근성은 쓰기를 장려한다(Bromley, 2003). 과학 영역의 차트에 외부 온도를 기록하거나, 블록 쌓기 구조물을 보호하기 위해 "만지지 마세요."라고 표시하거나, 사회 또는 과학 영역에서 고유한 단어를 따라 쓰기를 원할 수 있다. 극놀이 영역을 치과 진료실로 바꾸기로 결정할 경우 날짜, 시간, 고객 이름을 기록할 수 있는 예약부, 예약 카드, 고객 명단, 약 처방 패드와 같은 필기 자료가 필요하다.

책 만들기 및 출판 재료. 쓰기 영역에 책 만들기 재료가 있으면 아동은 자신의 작품을 출판할 수 있다. "왜 출판하는가?"라는 질문은 "왜 글을 쓰는가?"라는 질문과 유사하다. 그레이브스에 따르면 "쓰기는 많은 청중과 공유하기 위한 공적인 행위이다"(1983, p. 54). 자신의 작품이 출판된다는 사실을 알게 되면 아동은 진정한 목적을 위해 글을 쓰게 되고, 이는 쓰기에 대한 동기를 부여한다. 출판 예정인 작품은 특별하게 여겨지고, 아동은 더 많은 정성과 세심한 주의를 기울이게 된다.

아동은 다양한 방법으로 자신의 작품을 출판할 수 있다. 가장 인기 있는 방법은 다른 친구들이 볼 수 있도록 글을 책으로 제본하여 문해력 영역의 개방형 책꽂이에 비치하는 것이다. 책을 제본하기 위한 재료는 문해력 영역에 비치한다([그림 10-10], [그림 10-11], [그림 10-12]

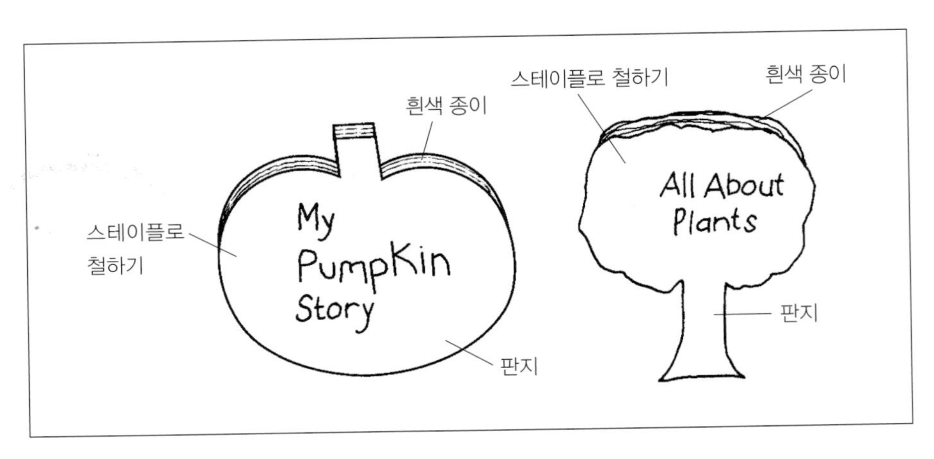

[그림 10-10] **스테이플북**

색지와 흰색 종이를 원하는 모양으로 자른다. 측면에 스테이플로 철한다.

에 빈 책을 만드는 세 가지 방법이 설명되어 있다). 다른 출판 방법으로는 펠트 판 이야기나 롤 영화 만들기, 학급 친구에게 이야기 들려주기, 쓴 글을 역할극으로 연기하기, 인형극으로 발표하기 등이 있다.

학생들이 책을 만들 수 있도록 책 표지를 위한 색지, 내부 페이지를 위한 일반 흰색 종이, 스테이플러, 가위를 준비한다. 교사는 아동이 사용할 수 있도록 모든 유형의 쓰기를 위한 빈 책을 준비한다. 예를 들어, 눈사람 모양의 일반 흰색 종이를 5~6장씩 스테이플러로 찍어 만든 빈 책은 아동이 겨울에 관한 이야기, 시, 경험, 가족에게 보내는 인사말을 쓸 수 있는 매력적인 공간을 제공한다. 책 제본 도구는 플라스틱 링 제본기 등 저렴하고 사용하기 쉬운 제품이 많다. 특별한 프로젝트를 위한 베어북(표지는 딱딱하지만 내부에 인쇄물이 없는 책)이나 시험에 사용하는 시험 답안지는 어린 아동의 쓰기에 적합하다. 학용품 회사에서 저렴하게 구입할 수 있다. 보통 12페이지 또는 16페이지로 구성되어 있어 어린 아동의 독창적인 이야기를 쓰기에 적합하다. 학교와 가깝거나 학생들이 잘 아는 대학교의 이름이 적힌 시험 답안지를 구입한다. 아동은 이런 책에서 특별한 쓰기를 공감한다. 흥미로운 그림, 포스터, 잡지, 신문 등은 아동의 쓰기를 자극하고, 꾸미고, 설명할 수 있다.

사진 제공: Lesley Mandel Morrow

스테파니가 자신이 쓴 책의 표지에 마무리 작업을 하고 있다.

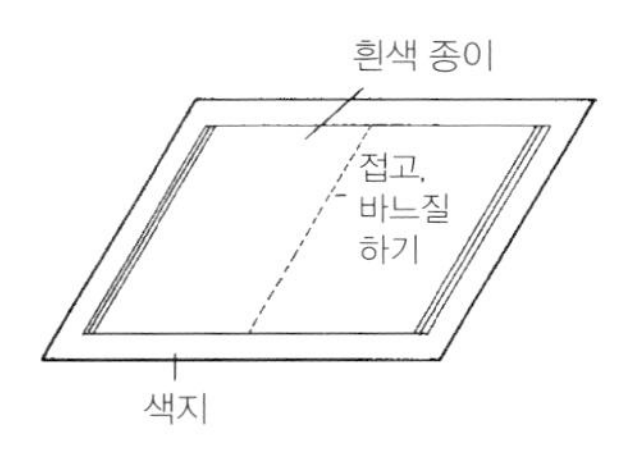

a. 9×12 색지 한 장을 뒤에 대고 $8\frac{1}{2}$×11 흰색 종이 8~10장의 가운데에 홈질을 한다.

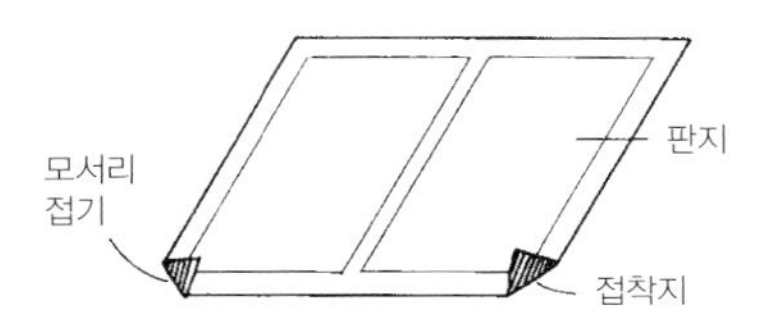

b. 11×14 접착지 또는 벽지 한 장을 접는다. 끝에서 1인치를 남기고 6×9 두꺼운 종이 또는 판지 2장을 서로 $\frac{1}{4}$인치 띄워서 접착지 위에 부착한다.

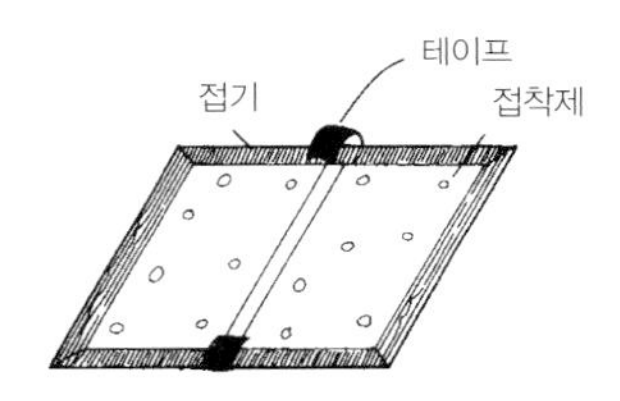

c. 접착지 가장자리를 두꺼운 종이 위로 접는다. 12인치 테이프를 접착지 가장자리에서 가운데로 부착한다. 두꺼운 종이의 노출된 두 부분에 접착제를 바른다.

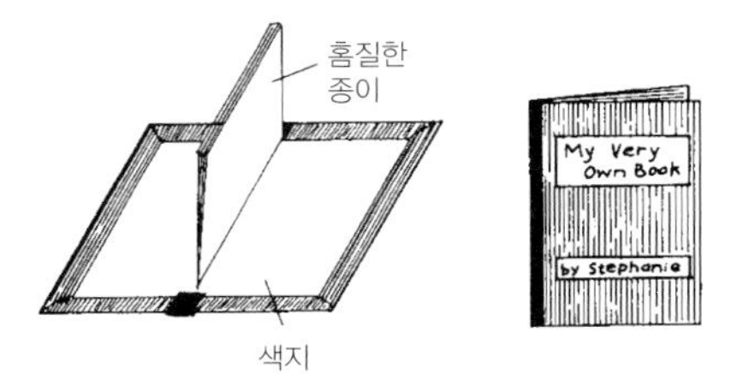

d. 접착제를 바른 $\frac{1}{4}$인치 공간에 가장자리를 접어서 홈질한 색지와 흰 종이를 위치시킨다. 안쪽 표지를 만들기 위해 접착지 가장자리와 두꺼운 종이 위에 색지를 부착한다.

[그림 10-11] 접고, 바느질하고, 풀로 붙인 책

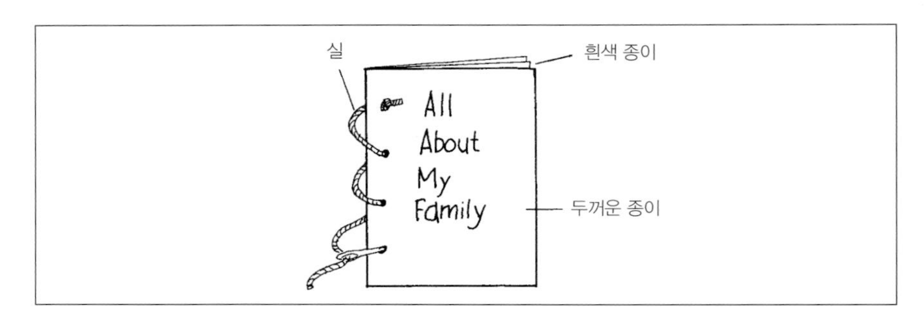

[그림 10-12] 바느질한 책
두꺼운 종이와 흰색 종이에 구멍을 뚫는다. 실로 함께 꿰맨다.

학생과 교사는 종이 책 만들기 재료 외에도 컴퓨터 프로그램을 사용하여 출판사에서 전문적으로 제작한 것처럼 보이는 책을 만들 수 있다. 학생들은 원하는 경우 그림과 음악 배경을 통합할 수 있는 스토리 북 프로그램을 사용하여 디지털 방식으로 쓰기를 향상시킬 수 있다(Miller, 2010). Shutterfly는 잘 알려진 책 만들기 프로그램이다. 컴퓨터를 사용하여 더 세련된 책을 만들고 인쇄하는 것 외에도 아동은 자신의 글을 학급 웹사이트나 블로그에 디지털 방식으로 게시하는 데 사용할 수 있다. 워드 프로세스 프로그램을 접하는 것만으로도 학생들은 현대의 쓰기 및 책 제작의 기본 도구에 익숙해진다.

앵커 차트. 학생들이 글을 쓸 때 오감을 사용하도록 상기시키는 다양한 앵커 차트를 쓰기 영역에 제시한다(차트에 각각의 감각에 대한 명확한 기호가 있다). 쓰기를 시작하기 전에 아동에게 준비 중인 글의 주제와 관련된 감각 목록을 만들도록 제안한다. 예를 들어, 공원에서 여름을 보낸 경험에 대해 글을 쓰는 아동에게 감각 목록을 살펴본 다음 눈을 감고 공원으로 되돌아왔다고 가정하고 가정하고, 보고, 듣고, 냄새 맡고, 맛보고, 느낀 점을 생각해 보라고 유도한다. 글을 쓸 때 감각 단어를 사용하도록 격려한다. 예를 들어, 모래의 색깔에 대해 생각해 보도록한다. 발 아래에 어떤 촉감이 느껴졌나요? 해변에 관한 책을 준비하여 쓰기에 도움을 준다(Blau, Elbow, Killgallon, & Caplan, 1998). 각 문장을 '해변에서(At the beach…)'로 시작하는 것과 같은 프롬프트를 제공한다. 다음은 두 아동의 쓰기 샘플이다:

> 해변에는 사방이 모래예요. 모래는 부드럽고 황갈색이었고, 발가락 사이로 눌려 있었어요. 모래 위에 물을 뿌리면 밝은 황갈색에서 진한 황갈색으로, 부드러운 모래에서 진흙처럼 변하고, 진흙 모양이 되기도 했어요.

해변에서 저는 바다를 보았어요. 바다는 거의 검은색에 가까운 짙은 파란색이었어요. 크고 작은 파도가 해안까지 밀려와 물보라 소리를 냈어요. 물은 차갑고 짠맛이 났어요. 물속에는 조개껍질과 해초가 보였어요. 바다에서는 비린내와 짭짤한 냄새가 났어요.

다른 앵커 차트를 사용하여 글을 쓸 때 비유적인 언어 사용을 강화할 수 있다(예: 'is like'라고 표시된 차트). 차트 용지에 열쇠, 고무줄, 연필, 종이 클립, 칫솔과 같은 생활용품을 그리고, 실제 물건을 차트 옆의 용기에 넣는다. 아동에게 차트를 소개한 후, 아동이 조작하고 만져 볼 수 있도록 사물 중 하나를 제공한다. 각 학생은 사물을 만져 보면서 그 사물이 '어떤 느낌(is like)'이라고 생각하는지 이야기한다. 예를 들어, 종이 클립을 돌리면서 한 학생이 "꼬불꼬불해서 스파게티 같아요."라고 말한다. 이 활동은 어린 학생들이 직유와 같은 비유적인 언어를 실험하는 데 도움이 된다.

예를 들어, as cold as, as bright as, as hard as 등과 같은 다른 연상을 장려하기 위해 추가 앵커 차트를 만든다. 학생들은 비유적 언어를 탐구하고 발달시킬 때, as cold as ice와 같이 진부하고 많이 사용되는 이미지로 시작할 수밖에 없다. 그러나 학생들은 결국 as cold as a scary-looking person, as cold as an igloo in the North Pole과 같은 보다 창의적인 직유를 개발한다.

게시판. 쓰기 영역에는 메시지를 주고받을 수 있는 게시판이 있어야 한다(McGee & Morrow, 2005; Newman, 1984). 아이들은 시작 메시지로 서로에게 그림을 붙인다. 교사는 개별 학생과 학급 전체를 위한 메시지를 남김으로써 모범을 보인다. 학교 또는 학급 행사에 대한 공지가 적절하다. 학급 메시지를 게시할 때나 개인 메시지를 남길 때 게시판을 주목하게 하여 아이들이 메시지를 찾고 다른 사람을 위해 메시지를 남기는 습관을 기르도록 한다. 비공개 메시지를 위한 공간도 만든다. 예를 들어, 비공개 메시지는 봉투에 넣어 게시판에 부착하거나 학생 우편함에 넣을 수 있다. 일부 교사는 학생들이 비공개 메시지를 받을 수 있도록 각 학생의 책상에 갈색 봉투를 테이프로 붙인다. 때때로 교사는 아이들이 무엇을 쓰고 있는지 알기 위해 쪽지를 확인해야 한다. 한 교사는 [그림 10-13]에서 1학년 여학생인 아시아가 1학년 남학생인 안드레에게 쓴 쪽지를 발견했다.

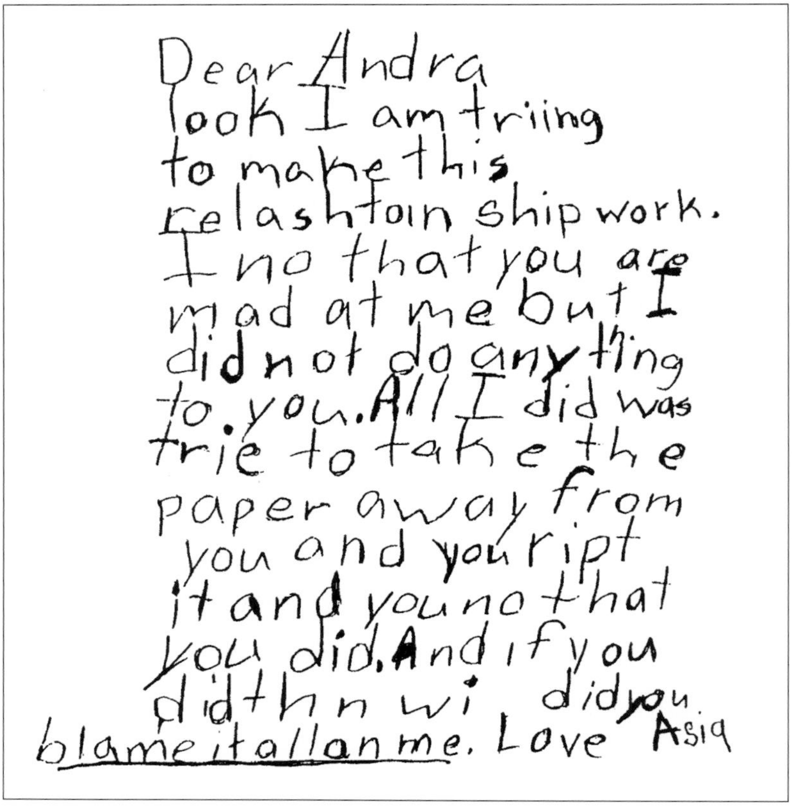

Dear Andra
look I am triing
to make this
relashtoin ship work.
I no that you are
mad at me but I
did not do any thing
to you. All I did was
trie to take the
paper away from
you and you ript
it and you no that
you did. And if you
didthn wi did you
blame it all on me. Love Asia

[그림 10-13] 1학년 여학생이 1학년 남학생에게 보낸 비공개 메시지

쓰기 워크숍

쓰기 워크숍(writing workshop)은 의견서, 정보 제공 글, 저널 쓰기 또는 독립적 쓰기 등 모든 종류의 명시적인 쓰기 지도를 위해 별도로 마련된 시간이다. 쓰기 워크숍을 위해 워크숍의 목적을 설정한다. 그런 다음 교사는 소규모 수업에서 쓰기 기술을 가르치고, 아이들에게 소규모 수업에서 배운 기술을 사용할 시간을 제공한다. 교사는 아이들과 회의를 통해 쓰기에 대한 피드백을 제공하고, 아이들은 자신의 글을 공유하는 시간을 가진다. 쓰기 워크숍에서는 전체 시간의 30%는 소규모 수업에, 50%는 쓰기에, 20%는 공유 시간에 할애한다. 회의는 쓰기 시간 중에 진행된다.

목적. 쓰기 워크숍에는 쓰기 목적과 청중이 필요하다. 목적은 아이들에게 의미 있고 관

련성이 있어야 한다. 교사는 학생들이 본받아야 할 쓰기 유형의 모범이 되는 샘플 텍스트를 학생들과 공유해야 한다. 예를 들어, 학생들이 가족에 대해 글을 쓰게 하려면 가족에 대해 발표된 작품이나 다른 아이들의 작품을 공유하는 것이 좋다. 학생들은 또래 아이들의 글에서 영감을 받기 때문에 과거 학생들의 글 샘플은 공유하기에 좋은 텍스트이다. 아이들은 교사의 글도 좋아한다. 교사가 자신의 글을 공유하고, 쓰기의 즐거움과 어려움에 대해 학생들과 진지하게 공감할 때, 교사가 동료 작가임을 보여 주고, 교실 내에서 쓰기 공동체 의식을 키울 수 있다.

소규모 수업. 워크숍의 목적을 명확히 설명한 후, 교사는 편지 쓰기, 정보 쓰기, 사설(설득적) 쓰기, 읽은 책을 모델로 한 정형화된 쓰기 등 특정 유형의 쓰기 기술에 대한 짧은 수업을 진행한다. 수업목표인 쓰기 유형을 설명하는 예시, 교사의 글, 학생의 글 또는 앞의 모든 것을 포함하는 샘플 텍스트가 수업에 포함되어야 한다. 이렇게 하면 아이들이 새로운 기술로 쓰기를 연습할 준비를 할 수 있다. 또한 아동 또는 교사가 작성한 목표 쓰기 유형의 샘플이 필요하다. 수업을 구성하는 한 가지 방법은 교사와 학생 간 대화형 쓰기 경험을 공유하는 것이다. 소규모 수업은 특정 쓰기 기술에 대한 명시적인 수업이기 때문에 안내된 쓰기(guided writing)라고도 한다.

전체 학급이나 소규모 집단에서 이러한 소규모 수업을 진행할 수 있다. 교육과정에 명시된 쓰기 기술을 가르칠 때는 전체 학급 수업을 선택한다. 소규모 수업에서는 소수의 학생에게 필요한 쓰기 기술을 다루어야 한다.

쓰기 시간. 소규모 수업이 끝나면 학생들이 또래와 함께 약 30분 동안 혼자서 글을 쓰도록 한다. 아이들이 글을 쓰는 동안 교사는 개별 아동 또는 쌍으로 만나서 비공식적으로 안내하고, 그들의 쓰기에 대해 토론하고, 연습 중인 새로운 기술에 대해 도움을 준다. 교사와의 만남을 회의라고 한다. 회의에 대해서는 다음 글에서 자세히 설명한다.

아이들이 협력적으로 활동하는 경우, 아이들이 함께 무엇을 쓸지 또는 실제로 무엇을 쓸지 서로 토론하도록 격려한다. 또래 피드백의 기회를 제공하는 것은 매우 중요하다. 또래 피드백은 정서 및 행동 장애 학생을 포함한 모든 아동에게 도움이 된다. 학생들이 초안을 작성하고 수정하는 데 협력할 시간이 주어지면 쓰기가 더 창의적이고 설명적이 된다. 학생들은 종종 교사보다 친구의 제안을 더 개방적으로 받아들이고 통합한다(Kindzierski, 2009).

회의. 독립적으로 글을 쓰는 동안 교사는 일부 아동을 만나 질문에 답하고, 작품을 읽고,

과정을 개선하는 피드백을 제공한다.

- 칭찬으로 회의를 시작한다.
- 작가에게 작업한 내용을 설명해 달라고 요청한다.
- 아동의 쓰기 목표에 대해 논의한다.
- 작가를 추적하여 다음 사항을 확인한다.
  - 아동은 쓰기에 필요한 일정 시간 동안 집중할 수 있는 체력이 있다.
  - 아동이 쓰기에서 가장 중요한 부분에 집중하도록 도와준다. 다음 지도 단계를 결정한다.

수정. 회의가 끝나면 각 아동은 친구와 교사의 의견을 바탕으로 자신의 작품을 수정해야 한다. 쓰기 워크숍 중 글이 완성되지 않는 경우가 많기 때문에 아이들은 며칠 동안 계속 수정해야 한다. 어떤 쓰기 워크숍에서는 완성된 작품이 나오기도 하지만, 그렇지 않은 경우도 있다.

이러한 융통성은 쓰기가 하나의 과정이며, 작품이 '완성(done)'되더라도 여전히 개선될 수 있음을 강조한다. 다양한 쓰기 능력의 발달이 필요하므로 교사는 소집단 아이들과 함께 쓰기 워크숍을 진행한다. 이러한 유형의 구성은 13장에 설명된 안내된 읽기 수업과 유사하다.

공유. 학생이 쓰기 과제를 완료하면 파트너, 소집단 또는 학급 전체와 완성한 과제를 공유하는 것이 중요하다. 학생들은 "이야기에서 말을 묘사한 방식이 정말 마음에 들어요. 실제로 머릿속에 말이 그려졌어요."와 같은 피드백을 공유하거나, "말의 크기와 부위를 잘 묘사했어요."와 같은 건설적인 의견을 나눌 수 있다. "말을 더 잘 시각화할 수 있도록 말의 색깔에 대한 설명을 추가해 줄 수 있나요?"와 같은 의견도 있다. 모든 의견은 소규모 수업에서 강조한 기술과 관련이 있어야 한다. 가능하면 학교 공동체 구성원과 가족을 초대하여 쓰기에 대한 학생들의 기쁨을 함께 나눈다. 진정성 있는 청중은 쓰기 동기를 높이는 데 도움이 된다. 일부 교실에는 학생들이 자신의 작품을 다른 사람들과 공유할 때 앉는 작가 의자가 있다. 9장에서는 읽기 이해력 워크숍에 대해 설명한다. 읽기 이해력 워크숍의 구성 요소는 이 장에서 정의한 쓰기 워크숍의 구성 요소와 매우 유사하다. 소규모 수업, 독립적 쓰기, 파트너 쓰기, 회의 및 공유 시간과 같은 활동이 잘 정의되어 있다.

유아기 쓰기에 대한 과정 접근법

쓰기에 대한 과정 접근법(process approach to writing)을 통해 아동은 글을 완성하기 전에 생각하고, 정리하고, 다시 쓰는 과정이 필요하다는 것을 깨닫는다. 첫 번째 초안이 완성된 작품이 되는 경우는 드물다는 것을 알게 된다. 이 접근법의 일반적인 단계는 사전 쓰기 또는 브레인스토밍, 초안 작성, 회의, 수정, 편집 및 출판으로 구성된다(Calkins, 1986; Fletcher & Portalupi, 2001; Tompkins, 2007; Turbill & Bean, 2006).

아동은 이 진행 과정의 단계가 반복되거나 이전 단계로 돌아갈 수 있다는 사실을 어릴 때 배워야 한다. 예를 들어, 한 학생이 여러 번 사전 쓰기를 시도하여 초안을 완성할 수 있다. 또 다른 학생은 초안을 작성하던 중 초안에서 더 생생하게 표현하고 싶은 중요한 순간에 대한 관찰 차트를 작성하기 위해 일시적으로 쓰기를 중단할 수도 있다. 학생은 쓰기 과정이 유동적이고 유연하다는 사실을 배워야 한다. 각 작가는 자신만의 관점으로 접근하며, 과제가 달라질 때마다 그 과정이 달라질 수 있다(Blanch, Forsythe, Roberts, & Van Allen, 2017).

다음의 모든 전략은 학급의 전체 학생을 대상으로 하는 쓰기 워크숍을 소규모 수업으로 먼저 가르치거나, 소집단을 대상으로 하는 안내된 쓰기 수업으로 가르칠 수 있다(Fletcher & Portalupi, 2001).

사전 쓰기. 사전 쓰기(prewriting)는 브레인스토밍 또는 계획 세우기라고 한다. 사전 쓰기는 학생들이 글을 쓸 주제를 선택하고, 글의 목적을 파악하고, 누구를 위해 글을 쓸지 결정하는 데 도움이 된다. 미리 글을 쓰는 동안 학생들은 시, 편지, 이야기 등 어떤 형식으로 글을 쓸지 결정해야 한다. 또한 사전 쓰기에는 쓰기에 필요한 정보를 수집하고, 글의 조직 구조를 만드는 작업도 포함된다(Tompkins, 2003). 사전 쓰기에는 주제와 관련된 아이디어를 브레인스토밍하고, 도표 조직자, 관찰 차트, 목록 또는 개요를 사용하여 아이디어를 정리하는 작업이 포함된다(Blau et al., 1998). 사전 쓰기는 학급 전체, 친구, 교사와 함께 또는 혼자서 할 수 있다. 아동의 눈길을 끄는 몇 가지 쓰기 아이디어는 가족 생활, 친구, 휴가, 반려동물, 휴일, 사진, 기념일, 스포츠 이벤트, 과외 활동, 취미, 영화, TV, 대중문화/미디어, 비디오게임, 시사, 특별한 소유물, 학교 행사 등과 관련된 주제이다.

초안 작성. 이 과정의 두 번째 단계에서는 작가가 종이나 컴퓨터의 워드 프로세스 파일에 단어를 적어서 글을 쓰는 첫 번째 시도를 한다. 앞서 작성한 사전 쓰기는 초안 작성 단계에서 안내 역할을 한다. 이 단계에서는 맞춤법, 구두법, 정확한 문법, 손글씨보다 더 중요한 것은 아이디어를 적는 것이다.

회의 진행. 회의는 교사 또는 학생 파트너와 함께 진행된다. 회의는 작성된 내용을 검토하고 변경이 필요한지 여부를 결정하는 시간이다. 주로 내용 변경을 위해 토론한다. 교사 또는 또래는 회의를 진행하기 위해 많은 진술이나 질문을 사용할 수 있다. 예를 들어:

- 쓰기가 어떻게 진행되고 있는지 알려 달라고 한다.
- 조금 읽어 줄 수 있는지 질문한다.
- 이 글의 다음 글은 어떤 내용으로 작성하는가?
- 이야기 속 등장인물을 묘사하는 다른 방법이 있는가?
- 도와줄 수 있는 질문이 있는가?

아동에게 자신의 작품과 또래 친구들의 작품에 대해 성찰하도록 가르쳐야 한다. 이러한 질문 중 일부를 서로에게 사용하도록 가르친다.

수정. 수정은 아이디어를 실질적으로 변경하고, 글을 더 설명적이거나 유익하게 만들 수 있는 방법을 찾는 과정이다. 수정(revising)에는 서론 다시 쓰기, 문장 추가 또는 삭제하기 등과 같은 활동이 포함된다. 이 단계에서는 글의 구조가 아니라 정보 및 정보 제공 방식을 수정하는 데 중점을 둔다. 일관되고 응집력 있는 글의 흐름을 만드는 것이 이 단계의 목표이다.

편집. 과정 접근법의 마지막 부분은 구두법, 문법 수정, 맞춤법, 필체 등 쓰기의 기제와 관련된 편집(editing)이다. 학생들은 종종 수정과 편집이라는 용어를 혼동하는 경우가 많으므로 이 둘을 구분하는 것이 중요하다. 의미 있는 쓰기 첨삭은 표면적인 오류를 찾는 것이 아니라는 사실을 어려서부터 학생들에게 가르쳐야 한다. 1학년 후반 이후의 학생에게는 미리 쓰고 고치는 자기 계획표가 도움이 된다([그림 10-14] 및 [그림 10-15] 참조).

작가: ______________________________

누구를 위해 이 글을 쓰나요?

이 글을 쓰는 이유는 무엇인가요?

설명하는 내용은 무엇인가요?

무슨 일이 일어나나요?

- 첫 번째
- 두 번째
- 세 번째
- 그다음에
- 마지막

[그림 10-14] 사전 쓰기 안내 양식

출처: Gunning, *Creating Literacy Instruction for All Children*, 4th edition. © 2003. Pearson Education의 허가를 받아 수정됨.

작가: ______________________________

내 글의 어떤 점이 마음에 드나요?

- 그 이유는 무엇인가요?

나는 이렇게 했어요.

- 설명하는 내용은 무엇인가요?
- 변경이 필요한 부분을 변경하였나요?

변경된 사항은 무엇인가요?

- 목록을 작성하세요.

[그림 10-15] 수정 안내 양식

출처: Gunning, *Creating Literacy Instruction for All Children*, 4th edition. © 2003. Pearson Education의 허가를 받아 수정됨.

공유 또는 출판. 아동은 자신의 글을 청중과 공유해야 한다. 자신의 작품을 공유한다는 것을 알면 그 청중을 위해 글을 쓰게 되고, 쓰기의 목적이 명확해진다. 공유(sharing)란 쓴 글을 학급 웹사이트에 올려 많은 사람이 읽도록 하거나, 다른 아동, 교사 또는 학급 전체 앞에서 소리 내어 읽는 것을 의미한다(Tompkins, 2007). 하루 중 정해진 시간, 보통 학급 전체가 모여 그날 있었던 일을 복습하는 마지막 시간에 한 명의 아동을 오늘의 작가로 선정하여 아동이 쓴 글을 공유한다(Graves & Hansen, 1983; Rog, 2007; Routman, 2005). 한 명 이상의 아동이 오늘의 작가가 될 수 있다. 특정 주에 자신의 글을 읽은 작가는 자신의 사진과 함께 쓰기 영역의 게시판에 글을 게시해야 한다. 작품을 공유할 때 아동은 작가의 의자로 명명된 의자에 앉는다. 반 친구들은 "네가 쓴 글이 마음에 들어." 또는 "나도 넘어져서 무릎을 다친 적이 있어."와 같은 말로 친구의 작품에 대해 건설적인 의견을 제시하도록 권장한다. 처음에는 아이들이 쉽게 의견을 제시하기가 어려우므로 교사가 청중을 위해 의견을 모델링하면, 어린 구성원은 곧 그 행동을 모방하게 된다(McElveen & Dierking, 2001). 다음은 공유의 예시이다:

> 스티븐이 작가 의자에 앉을 차례였다. 그는 자리에 앉아 자료를 정리한 후 말했다. "저는 일련의 이야기를 작업하고 있습니다. 모두 같은 등장인물에 관한 이야기이며, 각 이야기마다 또 다른 모험이 펼쳐집니다. 'Clifford the Big Red Dog'를 모방해서 만들었어요. 제 이야기는 고양이에 관한 이야기인데, 첫 번째 이야기는 'The Cat Named Buster'입니다. 저는 이 이야기를 파트 1이라고 부르며, 이미 파트 2와 파트 3이 있습니다. 파트 2는 'Buster Meets Pretzel'입니다. 프레첼은 개입니다. 파트 3은 'Buster Gets Lost'입니다. 파트 1을 읽어 드리겠습니다."
>
> 스티븐이 이야기 시리즈의 파트 1을 읽은 후 필립은 "저도 하나 읽어도 되나요?"라고 물었다. 스티븐은 "물론이죠, 하지만 다 읽어야 해요. 함께 읽어야 하거든요." 필립은 계속해서 "두 번째 이야기인 'Buster Meets Pretzel'만 읽고 싶어요."라고 말했다. 스티븐은 "알았어, 하지만 다 읽지 않으면 무엇을 놓치고 있는지 모를 거야."라고 말했다.

또한 학생들에게 더 정당한 방식으로 자신의 작품을 게시할 수 있는 기회를 제공해야 한다. 다음 교실 사례는 학생들이 디지털 도구를 사용하여 자신의 작품을 게시하는 방법을 보여 준다. 쓰기 경험은 주정부 또는 교육과정의 표준을 충족하는 데 초점을 맞춰야 한다. 이 사례에서 충족해야 할 기준은 교사의 지도와 지원을 받아 학생들이 다양한 디지털 도구를 사용하여 친구들과 협력하여 글을 작성하고 게시하는 것이다.

사노 선생님의 1학년 반 학생들은 교실 앞 의자에 일렬로 앉아 여러 가족을 바라보았습니다. 학생들은 학년 내내 많은 쓰기 축하 행사에 참여했지만, 오늘은 1학년 학생들이 9월부터 작가로서 얼마나 성장했는지를 보여 주는 날입니다. 학생들은 각자 올해의 마지막 글을 발표하고 있습니다. 학생들은 몇 주 동안 과학 영역에서 날씨와 계절에 대해 공부하며, 각 학생이 가장 좋아하는 계절, 이 시기에 일어나는 활동, 이 계절의 날씨 관련 사실에 대한 정보를 제공하는 최종 작품을 완성했습니다. 학생들은 사노 선생님과 함께 교실의 컴퓨터에서 정보 글을 수정하고, 편집하고, 타이핑하는 작업을 했습니다. 각 학생이 이 과정을 마친 후, 사노 선생님은 공동으로 타이핑한 작품을 웹 사이트 StoryJumper.com에 옮겼고, 보조금 지원을 통해 각 학생이 가정에 가져갈 수 있도록 'Wild About Weather'라는 제목의 수업 교재를 하드커버로 구입했습니다. 학생들은 자신이 맡은 부분을 유창하게 큰 소리로 읽는 연습을 했고, 가족과 함께 나눌 준비가 되어 있었습니다.

가족 쓰기 행사에서 사노 선생님은 StoryJumper.com 웹사이트를 통해 날씨 정보로 구성된 학급 도서를 보여 주고, 각 학생의 부분을 클릭하면 해당 1학년 작가가 교실 앞에 설치된 마이크를 향해 걸어가 웃고 있는 청중 앞에서 자신의 글을 큰 소리로 읽었습니다.

레아: 제가 가장 좋아하는 계절은 겨울이에요. 겨울에는 썰매를 타고, 핫초코를 마시고, 눈싸움을 할 수 있어요. 겨울에는 눈이 많이 내리고, 눈송이는 얼음 결정으로 만들어져요.

줄리아: 제가 가장 좋아하는 계절은 가을이에요. 가을에는 호박을 따러 갈 수 있고, 핼러윈 데이에 사탕 받으러 가는 것도 좋아해요. 가을에 대한 사실 중 하나는 나뭇잎의 색이 변하고 나무에서 떨어진다는 것이고, fall의 또 다른 이름은 autumn이에요.

제이슨: 제가 가장 좋아하는 계절은 여름이에요. 수영장에 가고, 해변에 가고, 심지어 바다에 들어가는 것도 좋아해요. 여름에는 낮이 길고 밤이 짧다는 것을 알게 되었어요. 다른 계절보다 기온이 높기 때문이죠.

모든 학생이 자신의 작품을 발표한 후 사노 선생님은 학생들에게 양장본 책을 나눠 주었고, 학생들은 각자 흩어져 가족들과 수업 책을 공유했습니다. 교실 전체에서 학부모와 자녀들이 함께 앉아 각 반 친구들의 글을 소리 내어 읽고 '실제 책을 출판한 작가가 된 기분'에 대해 가족들과 이야기를 나누었습니다. 학생들이 책을 공유할 기회를 가진 후, 사노 선생님은 프로젝터를 사용하여 교실에서 'Wild About Weather' 제작에 참여한 학생들의 슬라이드쇼를 상영하여 학부모들이 이야기를 쓰고 디지털로 출판하는 과정을 엿볼 수 있도록 했습니다.

과정 접근법에 대한 우려 사항. 방금 설명한 과정 접근법(미리 쓰기, 초안 작성, 회의, 수정, 편집, 공유 또는 출판)은 유아기 아동에게 가끔씩 신중하게 사용해야 한다. 사전 쓰기 단계는 아주 어린아이들과 토론 및 단어 목록을 통해 수행할 수 있는데 그 이후에도 계속된다. 사전 쓰기는 자주 할 수 있으며, 글을 쓸 주제를 선정하는 것도 사전 쓰기에 포함된다. 아이들이 가능한 한 자주 주제를 선택할 수 있도록 해야 한다. 많은 아동이 그런 선택을 하지 못하는 것 같다. 쓰기 활동의 목적이 있으면 주제를 선택할 때 도움이 된다. 예를 들어, 쓰기 활동은 두문자어 시 쓰기와 같이 특정한 형식이 있거나, 잘 구성된 논설문 쓰기에 대해 배우는 것과 같이 특정한 초점이 있어야 한다. 쓰기 유형을 파악하면 주제를 선택하기가 더 쉬워진다. 학생들이 주제를 떠올리는 데 어려움을 겪는다면 '열대우림'과 같이 이전 수업에서 학습한 일반적인 주제와 쓰기 활동을 연결하는 것도 고려해 볼 필요가 있다. 그러면 학생들은 특정 주제를 더 쉽게 선택할 수 있다. 이러한 유형의 지원을 통해 학생들은 결국 스스로 주제를 선택하는 능력이 향상된다.

초안 작성은 아주 어린 아동부터 전 학년에 걸쳐 할 수 있지만, 아동의 발달 단계에 따라 초안 작성의 결과물은 달라질 수 있다. 초안은 전체 이야기일 수도 있고, 일련의 문자열일 수도 있다. 교사가 아동의 작업에 대한 토론을 요청하는 회의는 모든 연령과 단계에서 가능하다. 나이가 많은 아동에게는 작품을 개선하기 위해 어떻게 수정할 수 있는지 물어본다. 어린 아동에게는 모든 글을 수정하도록 요구해서는 안 된다. 연령, 수준, 능력에 따라 수정 과정이 너무 지루할 수도 있다. 교사는 함께 수업하는 아동의 발달 수준을 염두에 두고 이해해야 한다.

어떤 아동은 수정과 편집, 특히 자신의 작업을 복사해야 하는 것에 좌절감을 느낄 수 있다. 과정 접근법을 함께 사용할 학생을 신중하게 선택해야 한다. 처리할 수 있는 학생들만 참여시킨다. 과정의 단계 중 한두 단계만 시도해 본다. 아동의 실력이 향상되면 더 많은 단계를 사용한다. 그러나 모든 쓰기를 수정하거나 편집해야 하는 것은 아니다.

교사와 아동 간 쓰기 회의는 아동이 쓴 글에 대해 토론하고, 아동을 격려하며, 아동의 폴더에 모인 쓰기 결과물을 관찰하고 검토하여 진도를 평가하는 시간이다. 상담하는 동안 교사는 아동의 이야기를 받아쓰거나 단어, 자막, 그림 또는 출판 활동을 도와줄 수 있다. 이 시간은 쓰기 과정의 모든 단계를 다룰 수 있는 학생과 함께 작업하고, 쓰기를 꺼리는 학생을 격려하기에 특히 좋은 시간이다.

대화형 쓰기

대화형 쓰기(interactive writing)는 아동에게 모델을 제공하므로 스스로 글을 쓸 때 어떻게 해야 하는지 알 수 있다. 교사는 수업을 안내하고, 전체 또는 소집단 환경에서 대형 차트 용지에 글을 쓴다. 때로는 아동이 개인 화이트보드나 대형 차트 용지에 텍스트를 작성하면서 글을 쓰기도 한다. 화이트보드는 일반적으로 과정 중에 쉽게 수정할 수 있기 때문에 대화형 쓰기 활동에 적합하다.

대화형 환경에서는 편지 쓰기, 이야기 쓰기, 정보 쓰기 등 모든 유형의 쓰기를 수행할 수 있다(McCarrier, Pinnell, & Fountas, 2000). 대화형 쓰기의 목적은 수업을 지원하는 것이므로 내용과 형식이 잘 구성된 텍스트를 작성하는 것이 목표이다. 교사는 학급 전체의 의견을 수렴하여 쓰기 주제를 결정한다. 수업의 목적이 있고, 쓰기 교육과정의 일부가 포함된 쓰기를 선택하는 것이 좋다. 예를 들어, '물'에 대해 학습하는 학급에서는 물의 용도를 목록으로 작성하여 단원을 요약할 수 있다. 아동은 배운 내용의 기록 외에도 목록 작성에 대해 배운다. 대화형 쓰기 과정에서 학생이 제안한 아이디어를 교사가 받아 적는다. 그런 다음 교사는 학생이 아이디어를 기록하는 동안 거의 한 단어씩 안내한다. 학급 전체가 대화에 참여하여 쓰기를 개선할 수 있다. 수정 테이프는 대화형 쓰기 중에 발생한 오류를 가리기 위해 사용한다. 교사는 철자가 틀렸거나 단어의 형태가 틀린 부분을 지우는 대신 수정 테이프로 오류를 가리면 된다. 아동이 글에서 오류를 발견하면 수정 테이프를 사용할 수 있다. 수정 테이프를 사용하면 수정이 가능하고, 학생들이 깔끔하고 오류 없는 최종 공동 결과물을 만들 수 있다.

다음은 젠킨스 선생님 수업의 대화형 쓰기에 대한 사례이다.

> 이 수업의 목표는 아이들이 글을 쓸 때 대문자, 구두법, 맞춤법 등 표준 영어의 규칙을 잘 이해하도록 하는 것입니다.
>
> 젠킨스 선생님은 1학년 학생들에게 예절과 감사 노트 작성에 대해 가르치기로 결심했습니다. 그녀는 학생들에게 감사 노트의 내용과 형식에 대해 가르치고 싶었습니다. 그녀는 구두법과 정확한 철자법에 집중했습니다. 좋은 건강 습관에 대한 연구의 일환으로 간호사였던 학생의 어머니를 초청 연사로 초대했습니다. 젠킨스 선생님은 이 강연을 계기로 간호사에게 감사 편지를 쓰기로 했습니다. 젠킨스 선생님은 전체 학급을 대상으로 감사 편지 쓰기 체험을 통해 수업을 진행했습니다. 편지를 쓰는 동안 단락의 첫 단어 들여쓰기에 대한 토론이 있었습니다. 학생들은 감사 편지에 상대방에 대한 감사 외에 다른 내용을 넣을 수 있는지에 대해 논의했습니다. 그들은 발표에서 마음에 들었던 점을 말하고, 다시 오실 수 있는지 여쭤볼 수 있다고 생각했습니다. 편지를 끝낼 때 사랑한다는 표현을 사용할지, 진심으로라는 표현을 사용할지, 언제 사용할지 등 다양한 방법을 논의했습니다. 이 활동을 통해 예의 바른 행동을 가르칠 필요성, 감사 편지의 내용과 형식에 대해 배울 필요성 등 세 가지 과제를 달성할 수 있었습니다.

독립적 쓰기 및 읽기

독립적으로 읽고 쓰는 동안 아동은 활동을 선택하는 다양한 기회를 가지며, 혼자서 또는 다른 사람과 협력하여 작업할 수 있다. 독립적 쓰기를 통해 아동은 자신이 선호하는 쓰기를 연습할 수 있다. 아이들에게 독립적 읽기 및 쓰기 시간이 주어지면 협동 작업을 하는 경우가 많다. 이 기간 동안 아동은 다음과 같은 문해력 활동 목록에서 선택할 수 있다:

- 혼자 또는 친구와 함께 책, 잡지 또는 신문을 읽는다.
- 인터넷을 사용하여 디지털 이야기 읽기, 뉴스의 사건 찾기, 쓰기 주제에 대한 정보를 찾기 위해 웹 사이트 검색하기 등 디지털 문해력을 탐색한다.
- 듣기 영역에서 오디오 이야기를 듣는다.
- 융판과 이야기 등장인물을 사용하여 이야기를 읽거나 말한다.
- 인형을 사용하여 이야기를 읽거나 말한다.
- 교사가 아동을 모델로 책을 읽어 주는 오디오 이야기 녹음을 듣는다.
- 혼자 또는 친구와 함께 이야기를 쓴다.
- 이야기를 작성하고 융판 이야기로 만든다.
- 이야기를 작성하고 듣기 영역에서 녹음한다.
- 이야기를 작성하고 인형극으로 공연한다.
- 자신이 쓰거나 읽은 이야기를 바탕으로 연극을 공연한다.
- 쓴 이야기를 책으로 묶어 다른 사람들이 읽을 수 있도록 도서 코너에 비치한다.
- 읽기 및 쓰기와 관련된 내용 영역 활동에 참여한다.
- 문해력 게임 및 활동에 유용한 컴퓨터 소프트웨어 프로그램을 사용한다.

2학년 교실에서 독립적 읽기 및 쓰기 시간에 있었던 다음 사례는 읽기와 쓰기가 얼마나 밀접하게 연결되어 있는지를 보여 준다. 아이들이 선택한 활동의 대부분은 자신이 읽은 책이나 읽어 준 책에서 출발하였다. 글을 쓸 때는 다른 출처에서 더 많은 정보를 읽음으로써 추가 정보를 찾는 경우가 많았다.

독립적 쓰기에 관한 이 사례에서 교사는 아이들이 다양한 분야, 목적 및 청중을 위해 짧게 또는 길게 글을 쓰도록 하는 데 관심이 있다.

스테파니, 제이슨, 케빈, 니키는 선생님이 읽어 준 『My Cat, the Silliest Cat in the World』(Bachelet, 2006)를 들은 후, 주요 그림에 설명을 붙인 책 광고 포스터를 만들기로 했습니다. 아이들은 포스터의 제목을 '세상에서 가장 멍청한 고양이, 내 고양이의 장면들'이라고 지었습니다. 아이들은 이야기에 나오는 에피소드를 그리고, 그림에 직접 설명을 썼습니다. 며칠 후 포스터가 완성되었고, 아이들은 학급에서 자신들의 작품을 발표했습니다. 스테파니와 제이슨이 포스터를 들고, 케빈과 니키가 대변인을 맡았습니다. 케빈은 본인들이 어떻게 이야기를 특이한 방식으로 표현하고 싶었는지 설명하고 포스터를 결정했습니다. 케빈과 니키는 자신이 그린 그림을 번갈아 가며 가리키면서 각각에 대해 쓴 설명을 읽었습니다. TV 쇼, 록 스타, 시사 뉴스는 세 명의 여아가 유명 가수 그룹의 각 멤버에 대한 전기를 세 편씩 만들도록 동기를 부여했습니다. 학생들은 쓰기 워크숍에서 배운 매우 묘사적인 언어를 사용했습니다.

현재 사건과 아이들이 읽은 책은 쓰기에 동기를 부여했습니다. 조이는 미국 남북전쟁에 관한 책을 읽고 있었습니다. 그는 선생님께 학급에서 읽어 달라고 부탁했고, 선생님은 읽어 주었습니다. 조이는 남북전쟁에 관한 책을 직접 쓰기로 결심했고, 크리스토퍼도 동참했습니다. 크리스토퍼는 책 제목을 'U.S. Saratoga'라고 지었습니다. 그림을 그리는 동안 폭격 소리가 났습니다. 갑자기 조이가 "잠깐만요. 이거 이상해요. 남북전쟁에서 싸우는 항공모함을 만들고 있잖아요."라고 말했습니다. 두 명의 남아는 자신의 생각을 바꾸고, 현재 발생 가능한 전쟁에 관한 책을 쓰기로 했습니다. 이들은 정보 텍스트 쓰기에서 배웠던 기술을 사용하여 아이디어를 분류, 수집, 조직하였습니다.

줄리아와 케이티는 다른 친구들과 함께 배우가 되기 위해 대본을 썼습니다. 주제는 결혼식이고, 텍스트는 [그림 10-16]에 제시되어 있습니다. 저널 쓰기와 이야기 쓰기에서 학생들이 학습한 대화는 여기서 연습할 또 다른 기술입니다.

우리는 오늘 이 멋진 두 사람의 성스러운 결혼식을 축복하기 위해 이 자리에 모였습니다. "실비아, 짐을 법적인 남편으로 맞이하시겠습니까?", "네.", "짐은 실비아를 법적인 아내로 맞이하겠습니까?", "네.", "반지를 주시겠습니까?" 실비아는 이 반지를 짐의 손가락에 끼워 주었습니다. 나는 이제 당신들을 부부로 선언합니다. 이제 신부에게 입을 맞춰도 좋습니다.

[그림 10-16] 줄리아와 케이티가 독립적 쓰기 단계에 쓴 대본

독립적으로 책을 읽고 글을 쓰는 동안 이러한 에피소드처럼 아동의 흥미와 관심을 끄는 다양한 주제가 있다. 아마 아동에게 그중 일부에 대해 글을 쓰라고 요청할 생각은 하지 못했을 것이다. 아동은 주제를 스스로 선택했기 때문에 열정을 가지고 있다. 학생들의 관심사를 모두 알지는 못한다. 아동이 글을 쓰기 위해 선택하는 주제 중 일부는 매우 정교하다. 아동은 다양하고 풍부한 삶의 경험에서 끌어낼 수 있는 독창적인 아이디어를 가지고 있다. 아동이 선택한 주제는 자신에게 의미가 있으므로 자유롭고 열정적으로 글을 쓴다.

독립적 쓰기 활동은 특별한 도움이 필요한 아동에게도 적용할 수 있다. 아동은 자신의 문

제를 공유할 수 있는 다른 아동에게 글을 쓸 수 있다. 많은 교사들이 알고 있듯이, 영재 아동, 기초 기술 수업에 참여하는 아동, 영어 학습자인 아동 등 독립적 읽기와 쓰기에는 모두를 위한 무언가가 있다.

저널 쓰기

유아 교실에서 **저널 쓰기**(journal writing)를 발달시키기 위한 또 다른 성공적인 전략은 매일 또는 적어도 일주일에 몇 번씩 저널을 쓰는 것이다. 저널은 노트에 쓰거나, 한 권의 책으로 만들기 위해 여러 페이지를 스테이플러로 찍거나, 컴퓨터로 작성할 수 있다. 아동은 때때로 저널에 자유롭게 글을 쓰고, 자신의 발달 수준에 맞게 글을 쓰도록 권장된다. 따라서 일부 아동의 저널에는 그림만 있고 글이 없거나, 끼적이기, 아무 글자나 쓰기, 발명 철자가 포함된다. 교사는 "오늘 매우 기분이 좋아요."와 같은 개인적인 메시지로 저널 쓰기의 모델을 제공한다. "제 딸이 오늘 밤 연극에 출연할 예정이어서 보러 갈 거예요."와 같은 개인적인 메시지로 저널 쓰기를 모델링한다. 이러한 사례를 통해 아동은 적절한 항목의 종류에 대한 아이디어를 얻을 수 있다. 어떤 아동은 저널에 그림을 그리거나 글을 쓰기도 한다. 개인적인 경험에 대해 쓰는 학생도 있고, 배운 정보에 대해 쓰는 학생도 있다. 저널 항목에는 씨앗의 성장 과정에 대한 관찰 기록, 일일 온도 차트 작성, 읽은 이야기에 대한 반응과 같이 학습 주제와 관련된 내용이 포함된다. 때때로 저널은 대화 형식을 취하기도 하고, 교사는 아동의 저널 항목에 댓글로 응답할 수 있다. 아동이 "소풍을 갔어요."라고 쓰면 교사는 "재미있었겠네. 무엇을 먹었니?"라고 답할 수 있다. 해당 학년 내내 정기적으로 활동을 지속하면 저널 항목의 질이 향상된다(Gunning, 2003).

저널 쓰기는 학생들이 더 유창한 작가가 되도록 도와준다.

저널의 이름이 다양하기 때문에 어떤 것을 사용해야 할지 헷갈리는 경우가 있다. 중요한 것은 저널 쓰기의 개념이다. 즉, 자신의 생각을 정리하고, 쓰기 기술에 대한 걱정 없이 종이 위에 초기 쓰기를 시도한다. 저널은 다양한 형태가 있고, 가장 널리 사용되는 유형으로는 개인 저널, 대화 저널, 독서–반응 저널, 학습 저널이 있다.

개인 저널(personal journals)은 아동이 자신의 생활이나 특별히 관심 있는 주제에 대해 글을 쓰는 사적인 저널이다. 개인 저널은 아동이 원할 경우에만 공유한다. 맞춤법이나 구두법 교정을 받거나 문법이나 형식에 대해 점수화하지 않는다.

대화 저널(dialogue journals)은 모든 주제에 대해 작성할 수 있지만, 교사 또는 또래와 공유한다. 대화 저널은 대화와 비슷하지만, 대화가 말 대신 글로 이루어진다는 점이 다르다. 대화 저널은 작성된 저널 항목에 대한 교사 또는 또래 반응을 공유한다. 한 사람이 다른 사람에게 글을 쓰고, 다른 사람이 응답하는 실제 대화이다.

대화 저널에서 교사가 학생에게 응답하는 시간은 학생의 쓰기를 장려한다.

읽기–반응 저널(reading-response journals)은 아동이 읽은 이야기나 정보 텍스트에 반응하는 저널이다. 아동은 이야기나 정보에 대한 반응과 관련된 자신의 감정을 적는다. 교사는 읽기–반응 저널을 검토한다.

학습 저널(learning journals)에는 사회나 과학과 같은 내용 영역이 포함된다. 아동은 학습 진행 상황을 차트로 표시하는 등 학습한 정보를 기록한다. 아동이 내용 영역 주제에 대해 더 많이 배울수록 더 많은 글을 써야 한다. 쓰기는 차트 작성이나 정보 요약 등 다양한 형태로 이루어진다.

저널 쓰기는 학생이 더 유창한 작가가 되고, 발전시킬 주제를 선택하고, 쓰기 기술을 배우고, 아이디어를 성찰하고 표현하는 데 도움이 된다. 저널의 명칭에 관계없이 학생은 앞서 설명한 네 가지 주요 저널 유형에 정기적으로 참여할 기회를 가져야 한다.

쓰기 유형

가장 최근의 표준은 다양한 형식과 목적의 쓰기를 강조하는 것이다. 유아 수준에서 적합한 주요 텍스트 유형은 정보, 이야기, 시이다. 이러한 유형에 대해 자세히 살펴본다.

정보 및 설명 텍스트와 쓰기

다음 사례는 아동이 표준을 달성하도록 돕는다. 아동은 주제를 소개하고, 사실과 정의를 사용하여 요점을 전개하고, 결론이나 단락을 제시하는 정보/설명 텍스트를 쓸 수 있어야 한다.

정보 쓰기(informational writing)는 논픽션이며, 사회 또는 과학과 같은 내용 영역 과목의 정보를 사용한다. 이러한 유형의 쓰기에서 아동은 정보를 수집하고 요약해야 한다. 글에는 개인적인 견해가 포함되지 않으며, 사실에 기반한다. 정보 텍스트에는 목차, 용어집, 그림 대신 사진, 차트, 그래프 등 이야기 텍스트와는 다른 특징이 있다.

아동에게 설명 쓰기에 참여하도록 요청할 때, 누군가와 인터뷰를 하거나 정보 텍스트에 대한 보고서를 준비하거나, 학습 단원을 요약하도록 요청한다(Read, 2005). 아동의 쓰기 지도 및 연습에 필요한 설명 텍스트 구조는 다음과 같다:

- **기술**: 이 구조는 관찰을 바탕으로 글의 주제에 대한 그림을 독자에게 제공한다.
- **순서**: 특정 산출물이나 결과를 생성하는 단계를 설명한다.
- **비교**: 유사한 분류를 가진 항목을 먼저 비교한 다음 대조하는 비교가 포함된다. 항목별 비교는 유사점과 차이점을 설명한다.
- **원인과 결과**: 인과관계는 어떤 일이 일어나는 이유를 알려 준다.
- **문제 해결**: 문제가 제시되고 그다음에 해결책이 제시된다. 이 구조를 이해하려면 시간의 흐름을 이해할 필요가 있다.
- **예시**: 이것은 이유와 예시라고도 불린다. 주요 아이디어는 뒷받침하는 세부 사항과 함께 미리 제시된다(Vukelich, Evans, & Albertson, 2003).

도표 조직자는 아동이 설명 텍스트를 읽고, 이해하고, 쓰는 데 도움이 된다. 예를 들어, K-W-L 차트는 '거미'에 관한 보고서를 작성하려는 아동에게 도움이 된다. 첫 번째 부분에서는 학생들이 거미에 대해 이미 알고 있는 내용을 쓸 수 있는 기회를 제공한다. 다음 부분에서는 학생들이 알고 싶은 내용을 다루고, 책이나 인터넷에서 조사해야 할 내용에 대한 지침을 제공한다. 학생들은 정보를 찾으면 그 정보를 적는다. 아이들이 차트의 처음 두 열을 작성하면 거미에 관한 글의 초안을 작성할 정보를 얻는다. 차트의 마지막 부분에는 "무엇을 배웠나요?"라고 적는다. 여기서 아이들은 자신이 확인했다고 생각하는 가장 중요한 점을 요약한다. 벤 다이어그램은 차이점과 공통점을 파악하는 데 도움이 된다. '곰'에 대해 공부하는 경우, 아이들은 북극곰과 흑곰의 비슷한 점과 다른 점을 비교한다. 그리고 겹치는 공간에서 두 종류의 곰이 공통적으로 가지고 있는 특징을 파악한다. 예를 들어, 둘 다 털을 가지고 있지만, 털의 색깔이 다르다는 것을 알 수 있다. 학생들이 읽은 텍스트를 정리하여 정보를 이해하는 데 도움이 되는 도표 조직자 샘플은 9장의 [그림 9-13], [그림 9-14], [그림 9-15], [그림 9-16] 및 [그림 9-17]에 제시되어 있다. 수업의 강력한 구조는 아동이 처음 경험하는 쓰기를 안내한다(Bromley, 2006).

기능적 쓰기(functional writing)는 정보 제공 텍스트이다. 이는 분명하고 실제적인 목적에 부합하는 쓰기이다. 특히 목적이 분명한 쓰기 수업 프로젝트에는 부모, 조부모, 형제자매, 친구 및 친척의 생일, 명절 및 기타 기념일에 대한 축하 카드가 포함된다. 기능적 쓰기의 또 다른 예로는 수업에 참여한 초청 연사, 현장 학습을 도와준 성인, 방문한 동물원의 원장님, 공공 도서관에서 수업과 함께 시간을 보낸 사서 선생님에게 보내는 감사 메모를 들 수 있다. 또한 파티, 특별 프로그램 또는 수학여행을 준비할 때 기억해야 할 일의 목록을 작성하고, 주소록과 전화번호부를 작성할 수도 있다. 학급 구성원의 의견을 듣고, 학부모에게 학교 활동에 대한 메모를 작성한다.

일부 어린이집과 유치원, 초등학교 교실에서는 우편 서비스 및 펜팔 프로그램을 운영한다(Edwards, Maloy, & Verock-O'Loughlin, 2003; Teale & Gambrell, 2007). 아동에게 정기적으로(한 달에 한 번 정도가 적당함) 편지를 쓸 수 있는 펜팔 기회를 제공한다. 교사나 보조교사가 아동의 편지 작성을 도와주거나 받아쓰기를 해야 할 수도 있다. 관례적 쓰기를 할 수 없더라도 아동이 가지고 있는 쓰기 능력을 사용하도록 격려한다. 교사는 아직 관례적인 방식으로 글을 읽지 못하는 학생들에게 오는 편지를 읽어 줘야 할 수도 있다. 펜팔(key-pals라고도 함)을 위한 이메일 사용은 기능적인 이유로 아이들이 다른 사람들과 소통할 수 있는 또 다른 방법이다. 이메일은 아이들이 전 세계의 다른 사람들에게 편지를 쓸 수 있는 기회를 제공하며, 메시지 송수신이 즉각적으로 이루어진다(Pole, 2015).

정보 쓰기의 또 다른 형태는 '방법(how-to)', 즉 작업이나 절차를 수행하는 방법에 대한 정보를 작성하는 것이다. '방법' 쓰기는 요리책, 자전거 타기, 반려견 돌보기, 수영 등에 적용할 수 있다. 또한 더 큰 설명이나 정보 쓰기 과제의 일부로 포함될 수도 있다. 켈리 선생님은 아이들에게 도표 조직자를 활용하여 'How-to Books'를 작성하는 방법을 가르쳤다. 아이들은 네 명씩 팀을 이루어 활동했고, 각 팀은 네 장의 페이지를 책으로 만들었다. 켈리 선생님은 한 페이지를 만드는 방법을 비계설정하고, 아이들에게 그 페이지 작성을 모방하게 한 다음, 아이들이 스스로 다음 페이지를 만들도록 했다.

첫 번째 페이지는 'Different Kinds of Dogs'라는 제목이었다. 페이지에는 네 개의 직사각형이 있고, 각 직사각형 아래에 두 줄이 있다. 아이들은 네 가지 종류의 개를 생각해 낸 다음 팀별로 한 명이 각 직사각형 아래에 개의 종류를 쓰고, 그 개의 그림을 그렸다. 두 번째 페이지는 'Parts of a Dog'라고 불렀다. 이 페이지에는 개의 그림이 있다. 아이들은 개의 부위에 대해 토론하고, 한 아동이 개의 부위를 나타내는 단어를 채우는 역할을 맡았다. 세 번째 페이지는 'How to Care for a Dog'이었다. 이 페이지에는 네 개의 직사각형과 그 옆에 선이 그려져 있다. 아이들은 이 페이지에 대한 아이디어를 생성했고, 한 아동은 주제에 대한 글을 쓰고 그림을 그렸다. 마지막 페이지는 'How to Walk a Dog'이었다. 아이들은 다시 한번 함께 아이디어를 생성했다. 이 페이지를 담당한 아동은 직사각형 옆에 제공된 선에 텍스트를 쓰고 그림을 그렸다. 교사는 책의 목차를 준비했다. 아이들은 다음과 같은 정보 글을 만들었다.

All About Dogs

Table of Contents

Chapter 1: Different Kinds of Dogs

The different kinds of dogs we know about are poodles that have curly hair, terriers that have short, rough hair, a Dalmatian that has black and white spots, and a mutt that is more than one kind of dog.

Chapter 2: Parts of a Dog

A dog has the following parts. A dog has a head, ears, eyes, a nose, teeth, lips, legs, toes, feet, hips, a tail, and a back.

Chapter 3: How to Care for a Dog

If you want a healthy dog, you need to take care of him. You should have fresh water at all times for the dog. You should have a nice cozy bed for your dog to sleep in. Select good dog food for your dog to eat and don't give him candy. Take him for regular checkups.

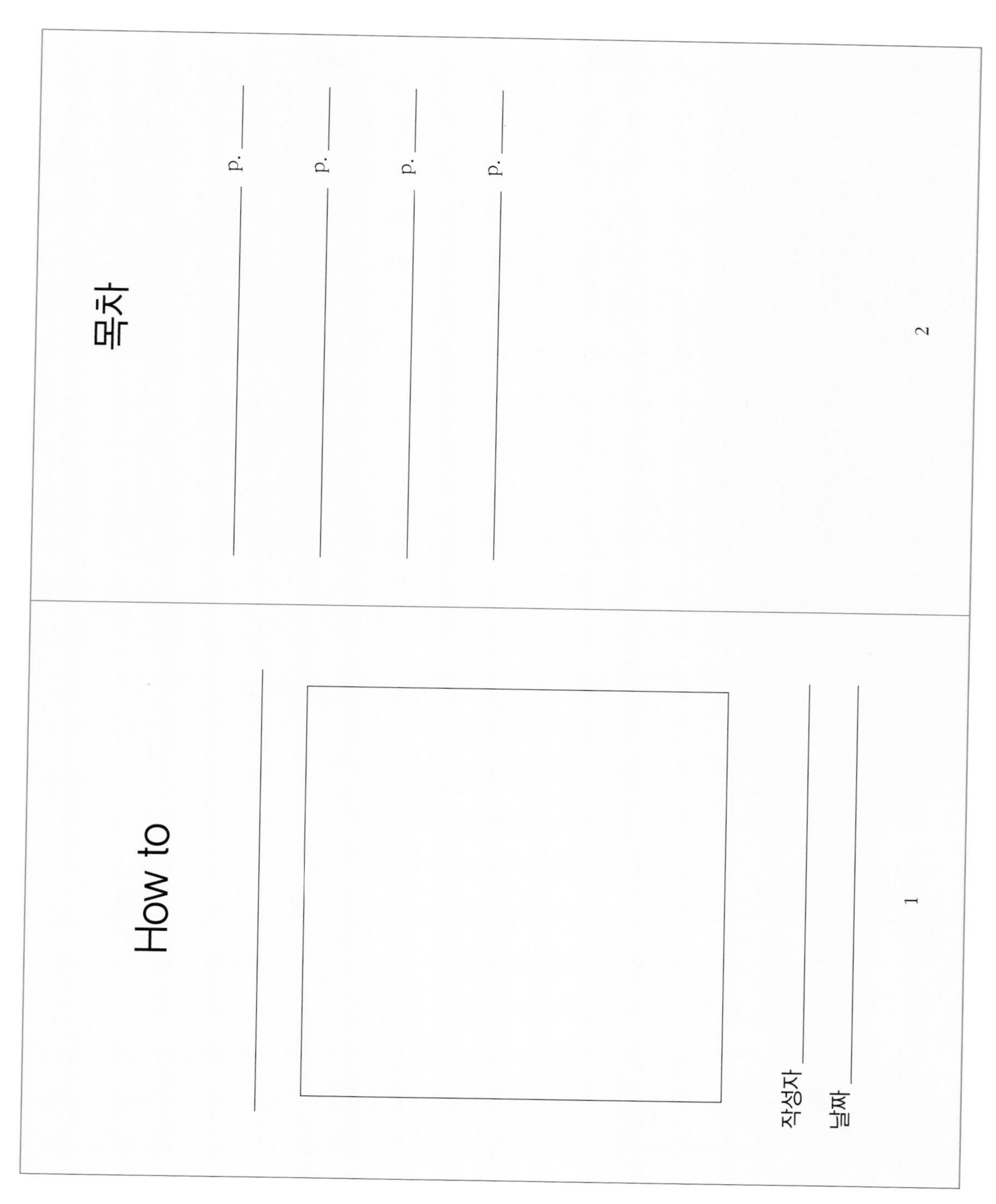

[그림 10-17] 소책자 제작 방법(계속)

안내: 과일 샐러드나 공예 프로젝트와 같이 무언가를 만드는 방법에 대해 적는다. 3페이지에는 재료를, 4페이지에는 만드는 단계를 나열한다. 5페이지에는 무엇을 만드는지 그림을 그린다. 6페이지에는 새로운 단어의 용어집을 작성한다. 그런 다음 2페이지로 돌아와 목차를 작성한다. 필요한 경우 확대한다.

자료

이 How to 활동을 완성하는 데 필요한 자료를 나열한다.

____

____

____

____

____

____

____

____

____

____

____

____

3

단계별 순서

이 How to 활동을 완성하기 위한 단계와 세부사항을 작성한다.

단계	세부 정보

4

[그림 10-17] 소책자 제작 방법(계속)

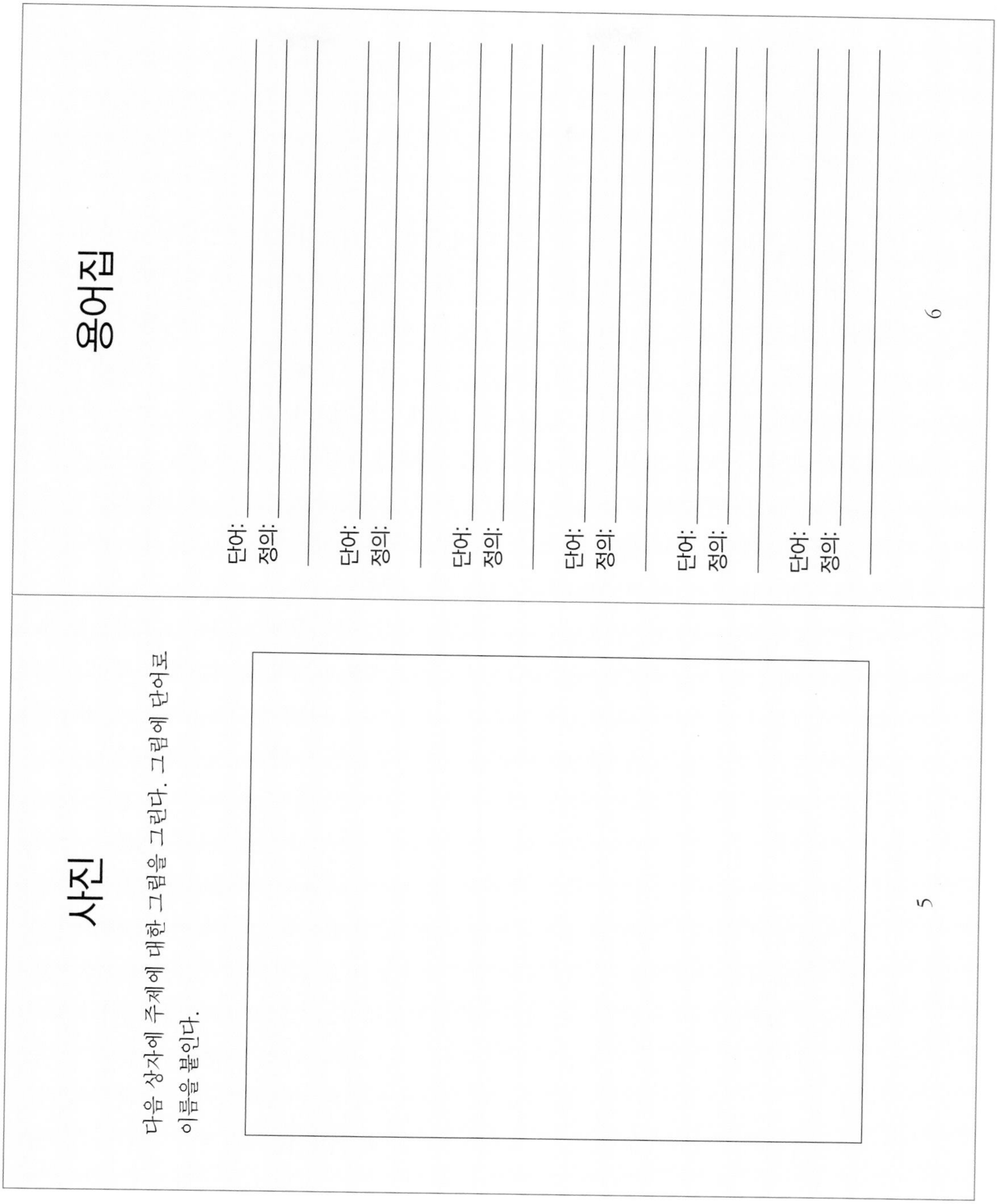

사진

다음 상자에 주제에 대한 그림을 그린다. 그림에 단어로 이름을 붙인다.

5

용어집

단어: ______________________
정의: ______________________

단어: ______________________
정의: ______________________

단어: ______________________
정의: ______________________

단어: ______________________
정의: ______________________

단어: ______________________
정의: ______________________

단어: ______________________
정의: ______________________

6

[그림 10-17] 소책자 제작 방법

Chapter 4: How to Walk a Dog

Dogs need to be walked. The best way to walk a dog is to attach the leash to the dog's collar. Put a coat on your dog if it is cold outside. Take the dog outside and let him do his business. Give your dog a treat after the walk.

'how-to' 소책자를 만드는 것은 학생들이 정보 텍스트를 경험하는 간단한 방법이다. 아동이 어떤 내용을 쓸지 스스로 선택하게 한다. 개에 관한 동화책에는 두 개의 'how-to' 장이 포함되어 있다. 여기서는 'How to Walk a Dog'를 예로 들었지만, 모든 내용 영역의 주제 대부분을 사용할 수 있다. 첫 페이지에는 개를 산책시키는 데 필요한 자료가 나열되어 있다. 다음 페이지에는 개를 산책시키는 데 필요한 4단계의 순서가 나와 있다. 세 번째 페이지에는 개를 산책시키는 방법과 같은 이름표가 있는 그림이 제시된다. 개 목줄을 잡고 있는 사람과 개를 그린다. 마지막 페이지는 책에 나오는 단어와 정의가 있는 용어집이다. 아동이 책을 다 쓴 후에 되돌아가서 목차를 넣는다. 이러한 구조화된 형식은 아동의 성취에 도움이 된다. [그림 10-17]은 how-to 책 작성을 위한 가이드를 제공한다.

교사는 이와 같은 다양한 정보 형식의 다른 책을 만들어 아동이 쓰기를 구조화하는 데 도움을 준다. 예를 들어, 설명 텍스트를 쓰는 방법을 가르칠 때는 방금 살펴본 것과 비슷한 형식의 구조화된 수업을 아동에게 제공한다(Calkins, 1994). 안내된 수업이 끝나면 학생들은 혼자서 할 수 있다. 다음 수업 사례는 설명 텍스트가 포함된 또 다른 쓰기 활동이다.

아이들은 주제를 소개하고, 사실과 정의를 사용하여 요점을 전개하고, 결론이나 단락을 제시하는 유익하고 설명적인 글을 쓸 수 있어야 한다. 터커 선생님의 2학년 수업에서 이 기준을 충족하기 위해 학생들은 여러 권의 정보 책이 놓인 교실 회의 장소인 카펫 중앙에 둥글게 모여 앉았다. 학생들은 논픽션 텍스트의 규칙을 배우고 있었고, 배운 내용을 활용하여 자신만의 정보 텍스트를 만들 계획이었다. 터커 선생님은 꽃잎, 암술, 수술 등 각 부분의 명칭이 표시된 꽃 다이어그램을 가지고 계셨다. 한 아동이 『From Seed to Plant』라는 책을 들고 자신이 읽었던 책에도 비슷한 도표가 있다는 것을 학급 아이들에게 보여 주었다. 아이들은 정보 텍스트를 탐색하고 있었고, 선생님은 아이들에게 도표와 같은 책 속의 다양한 요소를 살펴보도록 요청했다.

안젤리나: Baby Dolphin 이야기에서 목차를 찾았어요! 그리고 모든 제목이 책에 나오는 이름과 일치해요!
라이언, 카펫에서 구조견을 잡고 있는: 이 설명이 맞나요?
다른 학생도 그렇다고 확인했고, 터커 선생님도 고개를 끄덕이며 동의했다.

2학년 학생들은 주제를 소개하고, 사실과 정의를 사용하여 요점을 전개하고, 결론이나 단락을 제시하는 정보 텍스트를 작성하기 위해 이러한 텍스트를 탐구하고 있었다. 학생들은 관심 있는 주제를 스스로 선택할 수 있었고, 주제는 개에서 꽃, 축구에 이르기까지 다양했다. 터커 선생님은 교실에서 책을 수집하고, 학교 도서관에서 각 학생의 주제에 관한 책을 대출했으며, 학생들은 완성된 글에 다양한 정보를 포함하기 위해 꼼꼼히 조사했다. 또한 학생들에게 목차, 쓰기 방법, 흥미로운 사실, 도표, 용어집 등 논픽션의 여러 규칙을 텍스트에 포함하는 다양한 쓰기 템플릿을 제공했다. 학생들이 활동하는 동안 터커 선생님은 책에 Interesting Facts 페이지를 추가하는 데 도움이 필요한 몇몇 학생들과 만났다.

터커 선생님: 브리아나, 말에 대해 글을 쓰고 있구나. 주제에 대해 추가할 수 있는 몇 가지 재미있는 사실을 생각해 보자.
브리아나: 아기 말에는 특별한 이름이 있다는 건 알지만 생각이 안 나요.
나디아: 브리아나, 내가 알아. 망아지라고 해.
터커 선생님: 흥미로운 사실이네. 여기 트루 애니멀 도서함에 있는 '말의 생애 주기'라는 책의 사본이 있어요. 흥미로운 사실을 찾는 데 도움이 되는지 살펴보자. 나디아, 테니스 라켓에 대한 흥미로운 사실을 알고 있구나. 또 어떤 사실을 추가할 계획이니?
나디아: 엄마가 비너스 윌리엄스가 훌륭한 테니스 선수라고 말씀하셨어요. 저도 추가하고 싶지만, 그 외에 비너스 윌리엄스에 대해 뭐라고 말할 수 있을까요?
터커 선생님: 인터넷에서 정보를 찾을 수 있는지 알아보고 인쇄해 줄게.

아이들은 흥미로운 사실 외에도 책을 읽으며 만난 단어들을 나열하고, 책에 글로 적어 넣었다.

Glossary of Words to Know

- **Whiskers**: The little lines coming out from the fur
- **Fences**: A fence is like a gate. It could be made out of wood
- **Pet**: An animal you keep
- **Claw**: A claw is sharp. Some pets have claws
- **Cage**: A pet cage is used for taking a pet out to the vet
- **Love**: Love is something you like, and love is needed to take care of a pet.

학생들의 정보 텍스트가 완성되면 교실 노트북을 사용하여 제목과 주제를 나타내는 사진, 그리고 저자로 자신을 소개하는 저자 이름을 적는 부분을 포함한 책 표지를 디자인하고 인쇄했다. 터커 선생님은 학생들의 책 표지를 직접 제본했다. 쓰기 축하 행사에서는 가족들을 초대하여 읽기나 완성된 책에 대한 이야기를 나누었다.

이야기 텍스트와 쓰기

학생들은 정보 및 설명 텍스트를 이해하고 작업하는 것 외에도 이야기 텍스트에 익숙해져야 한다. 이야기 텍스트는 복잡하고, 멘토 도서는 아동에게 이야기 텍스트 작성의 모델을 제시해 준다. 아동 문학은 음성 언어와 읽기를 장려하는 것만큼이나 쓰기를 장려하는 자연스러운 매개체이기 때문에 완벽한 멘토 텍스트가 된다(Tompkins, 2000; Vukelich, Evans, & Albertson, 2003). 동일한 글작가나 그림작가의 책을 여러 권 읽으면 아동이 다양한 양식을 파악하고, 글을 쓰고 그림을 그리는 데 도움이 된다. 『Madeline』(Bemelmans, 2000), 『Curious George』(Rey, 1941), 『Harold and the Purple Crayon』(Johnson, 1981)과 같이 여러 책에서 같은 등장인물을 사용하는 인기 도서와 시리즈 도서는 아동이 직접 책을 쓰거나 등장인물에 관한 학급 책을 쓰도록 동기를 부여한다. 『Swimmy』(Lionni, 1964), 『Alexander and the Terrible, Horrible, No Good, Very Bad Day』(Viorst, 1972) 같은 책은 이야기가 진행되면서 주인공이 다양한 모험이나 사건에 참여한다. 아동에게 등장인물을 위한 또 다른 에피소드나 모험을 쓰도록 요청할 수 있다. 이러한 이야기는 개인적인 경험 쓰기에 적합하다([그림 10-18]은 이 과제에 대한 한 아동의 반응을 보여 준다)(Shubitz, 2016).

책에 대한 공유 경험과 소집단 이야기 읽기는 모두 쓰기 경험으로 이어진다. 예측 가능한 책은 『I Know an Old Lady』(Hoberman, M. A., 2006)에서처럼 누적된 패턴, 『Are You My Mother?』(Eastman, 2005)에서처럼 친숙한 순서, 『The Very Hungry Caterpillar』(Carle, 2007)에서처럼 친숙한 문구 또는 『What Cried Granny: An Almost Bedtime Story』(Lum & Johnson, 2002)에서처럼 기발한 문구를 통해 아동이 자신의 쓰기에서 모방할 수 있는 패턴을 제공한다.

방금 설명한 정보 문학뿐만 아니라 이야기 문학에 대한 표준도 있다. 텍스트 유형과 목적에 대한 일반적인 쓰기 표준은 다음과 같다: 아동은 "잘 구성된 사건이나 짧은 사건의 순서를 이야기하고, 행동, 생각, 감정을 묘사하는 세부 사항을 포함하며, 시간 단어를 사용하여 사건의 순서를 알리고, 결말을 알리는 서사를 쓸 수 있어야 한다."라고 되어 있다.

이야기 쓰기(narrative writing)는 일반적으로 허구인 창작 이야기를 쓰거나, 아동에게 읽어 주거나, 아동이 직접 읽은 이야기를 다시 들려주는 것을 포함한다. 좋은 이야기에는 시작, 중간, 끝이 있다. 기본적인 이야기 구조를 따른다.

- 등장인물, 시간, 장소를 소개하는 시작 부분의 배경
- 주인공의 문제 또는 목표인 주제
- 주인공이 문제를 해결하거나 목표를 달성하는 데 도움이 되는 줄거리 에피소드 또는 사건
- 문제 해결 또는 목표 달성과 이야기의 결과를 다루는 결말

이야기 쓰기를 연습할 수 있는 활동은 다음과 같다:

1. 아동에게 이야기 구조에 도움을 주는 도표 조직자를 제공한다. 창의적인 이야기를 쓰기 전에 이 양식을 작성하게 한다. 이야기가 완성되면 아동은 모든 요소가 포함되었는지 확인한다(9장의 [그림 9-13]에 있는 이야기 구조 도표 조직자를 참조한다).
2. 아동에게 읽히거나 아동이 스스로 읽은 이야기를 다시 쓰도록 지도한다. 아동에게 다시 쓰기에 모든 이야기 구조 요소가 포함되었는지 확인하게 한다.
3. 아동이 함께 토론하고 이야기를 쓰게 한다. 아이디어가 완성되면 각 아동은 이야기 구조의 다른 부분을 가져와 완전히 발달시킨다. 이야기를 공유한 다음 학생들은 개선을 위한 건설적인 피드백을 제공한다.
4. 아동에게 다른 배경, 주제, 에피소드, 결말 등 잘 알려진 이야기에 대한 새로운 구조 요소를 만들게 한다.

아이들이 파트너와 함께 글을 쓰면 서로 도와줄 수 있다.

기술적 쓰기(descriptive writing)는 정확하게 묘사하는 언어로 글을 쓰는 것이다. 아동의 묘사를 돕기 위해 듣기, 보기, 냄새 맡기, 만지기, 맛보기 등 감각을 사용하도록 한다. 같은 사

물을 설명하기 위해 다양한 단어를 사용하는 연습을 한다. 아동에게 꽃을 묘사하거나 두 가지를 비교하거나 특정 주제에 대해 글을 쓸 때 오감을 사용하도록 요청하면 묘사적인 쓰기에 도움이 된다.

설득적 쓰기(persuasive writing)에서는 독자가 주어진 주제에 대한 저자의 관점을 채택하도록 유도한다. 설득적 쓰기 활동의 예로는 저자가 다른 사람에게 책을 읽도록 설득하는 서평이 있다. 다른 활동으로는 제품 포스터나 광고를 만들거나 영화 리뷰를 작성하는 것도 포함된다. 학생들은 창의적 쓰기를 통해 다른 관점을 취할 수 있다는 사실을 발견한다. 기회는 무한하며, 아동은 글을 통해 개, 나무, 심지어 양탄자와 같은 무생물까지 자신이 아닌 것을 '가장(pretend)'할 수 있다는 사실을 깨닫고 흥분한다.

아동이 관점을 이해하고 실험하도록 독특한 관점의 멘토 텍스트를 읽게 한다. 한 가지 예로 '크고 나쁜 늑대'의 관점에서 들려주는 『The True Story of the Three Little Pigs』(Scieszka, 1996)를 들 수 있다. 텍스트를 읽은 후 학생들에게 다른 관점에서 The Three Little Pigs 이야기를 쓰게 하거나, 다른 동요, 동화 또는 일반적으로 알려진 이야기를 선택하게 한다. 아동은 That Terrible Cinderella, Grow Up, Peter Pan, and Nasty Little Red Riding Hood에 대해 글을 썼다.

양질의 구조를 갖춘 이야기를 작성하는 것은 중요한 목표이다. 아동은 확실한 등장인물, 배경, 중요한 주제, 해결 방법이 있는 정형화된 멘토 텍스트를 사용하여 이 방법을 배울 수

[그림 10-18] 아동 문학에서 영감을 받은 쓰기 예시

있다. 예를 들어, 에반스 선생님은 좋은 이야기 구조를 가진 이야기 작성 과제를 위한 멘토 텍스트로 『Franklin in the Dark』(Bourgeois, 1986)를 사용했다. 너무 어두워서 껍데기 속으로 들어가기를 두려워하는 거북이의 이야기이다. 어미 거북이는 새끼 거북이에게 문제를 해결하기 위해 세상을 탐험해 보라고 제안한다. 날기를 두려워해 낙하산을 사용하는 새, 수영을 두려워해 오리발을 사용하는 오리, 포효 소리를 두려워해 귀마개를 착용하는 사자를 만난다. 집에 돌아와 어미 거북이에게 자신의 모험을 이야기하자, 어미 거북이는 조개 껍데기에 야간 조명을 달아 문제를 해결한다.

이야기 텍스트의 구조와 멘토 텍스트의 패턴에 대해 논의한 후, 에반스 선생님과 1학년 학생들은 여러 가지 쓰기 주제에 대해 토론했다. 그녀는 학생들에게 배경, 주제, 에피소드, 결말을 설명하는 도표 조직자를 제공했다. 아동은 세 명씩 팀으로 활동했다. 교사는 아동이 쓰기 양식에 대해 도움을 받도록 패턴이 있는 책을 나눠 주었다. 에반스 선생님은 아동의 학습 주제인 건강과 영양에 관한 글을 쓰기를 원했다. 자나와 이람은 『Frog and Toad Are Friends』(Lobel, 1974)의 등장인물에 관한 이야기를 쓰기로 결정했다. 개구리와 두꺼비는 친구를 위해 생일 파티를 계획하고 있었다. 생일 케이크와 아이스크림을 먹고 싶었지만, 건강에 좋은 음식도 함께 먹어야 한다고 생각했다. 한 가게에 가 보니 사탕만 있었고, 다른 가게에 가 보니 과자만 있었다. 마침내 그들은 과일과 채소 시장을 찾았다. 이곳에서 맛있는 블루베리, 라즈베리, 복숭아, 달콤한 체리를 발견했다. 가게의 다른 곳에서는 당근, 스위트 스냅 완두콩, 신선한 브로콜리를 찾았고, 마지막으로 향이 나는 요구르트와 아몬드를 찾았다. 그들은 생일 케이크와 아이스크림에 이것들을 추가했다. 파티에 참석할 때 마을의 개구리와 두꺼비들이 맛있는 건강식과 달콤한 간식으로 멋진 메뉴를 선택했다고 말했다.

쓰기 양식을 알리기 위해 멘토 텍스트 사용하기. 모델링은 가장 좋은 학습 방법 중 하나이다. 아동에게 특정 쓰기 양식에 대해 알려 주기보다는 훌륭한 작가의 작품을 활용하여 아동이 배우도록 하였다. 아동에게 다양한 쓰기 양식을 보여 주고, 이를 쓰기의 일부로 활용하기를 바라는 마음에서이다. 어떤 책은 양식이 매우 분명하기 때문에 다른 책보다 더 좋은 멘토 텍스트가 된다. 미국의 위대한 도시에 관한 사회 단원에서 아동은 글을 쓸 도시를 선택해야 했다. 학생들은 그 도시가 유명한 이유를 보고서에 포함시켜야 했다. 교사는 아동에게 보고서의 쓰기 양식을 알려 주기 위해 멘토 텍스트를 제공했다. 멘토 텍스트는 『Brown Bear Brown Bear What Do You See』(Carle, 2009)였다. 이 책의 내용은 나를 바라보는 빨간 새가 보인다. 이 모델을 따라 한 아동이 '새로운 나의 도시'에 대해 쓴 보고서의 일부를 소개한다.

New York, New York what do you see?
I see the Statue of Liberty looking at me
Lady Liberty what do you see?
I see Broadway looking at me (etc.).

시 쓰기

아동이 좋아하는 또 다른 형태의 쓰기는 시이다. 아주 어린 아동과 함께 차트 용지에 시 쓰기 경험을 통해 **시 쓰기**(poetry writing)를 즐길 수 있다. 운율이 있는 시가 가장 잘 알려진 유형이지만, 운율이 없는 시도 있다. 아동은 다양한 유형의 형식적인 시를 즐긴다. 일부 교육자들은 형식적 시를 안내를 따르는 연습이라고 생각하며, 아동은 의미보다는 정확한 방법으로 쓰는 것을 더 중요하게 생각한다. 그러나 형식적 시는 아동에게 동기를 부여하고, 아동에게 좋은 시 쓰기를 소개한다.

두문자시는 인기가 많다. 페이지에 세로로 쓰여진 주제 단어로 시작한다. 이 단어는 아동의 이름, 계절, 장소 또는 사물이 될 수 있다. 시는 쓰인 주제의 글자를 사용한다. 단어나 구 또는 문장만 사용할 수 있다. 예를 들어, 다음은 손자 제임스에 대해 쓴 삼행시이다.

James
Jolly
Adorable
Magnificent
Enthusiastic
So sweet, so silly, so special

삼행시는 특정 공식을 따른다. 첫 줄은 명사 한 단어, 두 번째 줄은 형용사 두 단어, 다음 줄은 'ing' 단어 두 개, 네 번째와 마지막 줄은 문장으로 구성된다. 다음은 봄에 대한 삼행시이다.

Spring
New, pretty
Dancing, playing
It's so nice to be outdoors.

오행시는 각 행이 (1, 2, 3, 4, 1)의 패턴을 따르는 다섯 줄로 이루어진 시이다. 첫 번째 줄은 제목, 두 번째 줄은 제목에 대한 형용사 설명, 세 번째 줄은 제목의 동작, 네 번째 줄은 기술 또는 감정, 다섯 번째 줄은 첫 번째 줄의 동의어이다. 엄격한 규칙과 적은 단어로 구성된 신조어는 젊은 시인들에게 매력적인 요소이다. 또한 품사를 가르치는 훌륭한 수단이다. 다음 오행시는 휴가에 관한 것이다.

Vacation

Fun, relaxing

Laughing, playing, talking

Great time for all

Retreat

디아만테는 다이아몬드처럼 생긴 시로, 상반된 것 사이의 대비를 표현하는 시이다. 이 시 형식은 고학년 학생에게 가장 적합하고, 저학년의 경우 교사의 도움이 필요하다. 첫 번째 줄에는 첫 번째 주제, 두 번째 줄에는 첫 번째 주제를 설명하는 형용사 두 개, 세 번째 줄에는 첫 번째 주제를 설명하는 동사 세 개, 네 번째 줄에는 두 번째 주제를 설명하는 대조적 명사 네 개, 다섯 번째 줄에는 두 번째 주제를 설명하는 동사 세 개, 여섯 번째이자 마지막 줄은 두 번째 주제의 명칭이다. 여기 계절 디아만테가 있다.

Summer

Hot, sticky

Swimming, sunbathing, skateboarding

Snow, hot chocolate, mittens, hats

Shoveling, bundling, shivering

Winter

시 활동은 학생들의 어휘 발달과 구문론 발달에도 도움이 된다. 학습 주제(예: 비)를 선택한다. 이를 시의 주제 단어로 정한다. 비는 무엇이고, 어떤 역할을 하는지 브레인스토밍하고 나서 아이디어를 적는다. 그런 다음 각 단어 뒤에 비라는 단어를 넣어 시를 외운다.

Rain	Rain
Heavy, Light	Heavy rain
Cold, Warm	Light rain
Falling, Blowing	Cold rain
	Warm rain
	Falling rain
	Blowing rain

어린 아동과 함께 시를 읽고 쓰기 위한 조언. 아주 어린 아동에게 시를 쓰는 것은 어려운 일처럼 보이지만, 지침을 활용하면 충분히 시를 쓸 수 있다.

- 아동에게 친숙한 시를 선택하여 읽는다.
- 좋아하는 시를 선택하여 읽는다.
- 지나치게 추상적인 시는 선택하지 않는다.
- 반복적이고 예측 가능한 시를 선택한다.
- 운율이 있는 시와 운율이 없는 시를 읽는다.
- 읽기 전에 시에 대해 토론하고, 새로운 어휘를 소개하고, 교사가 읽을 때 학생이 고려할 수 있도록 안내 질문을 한다.
- 이젤에 큰 글씨로 쓴 시의 사본을 준비한다.
- 아동에게 시 한 편을 나눠 준다.
- 아동에게 시 폴더를 만들어서 보관하게 한다.
- 시를 설명한다.
- 다른 날 시를 다시 읽는다.
- 시를 읽은 후 시에 대해 토론한다.
- 일주일에 한 편씩 시를 소개한다.
- 학급 도서 코너에 시집을 구비한다.
- 시 책갈피와 인사말 카드를 만든다.
- 시 엽서를 보낸다.
- 시 팟캐스트를 만든다.
- 학급 시 웹사이트를 만든다.
- 오후에 차와 쿠키를 곁들인 시 낭송회를 열고 청중을 초대한다.

쓰기 기술

이 장에서는 쓰기에 대한 아동의 관심을 높이고, 즐거운 쓰기 기회를 제공하는 것이 중요하다는 점을 강조했다. 여기서 말하는 쓰기는 아동이 창조하는 것이다. 이 절에서는 쓰기의 또 다른 부분, 즉 쓰기 기술을 다룬다. 유아기 쓰기에 관한 대부분의 표준에 따르면, 아동은 글을 쓸 때 표준 영어 대문자, 구두법 및 맞춤법을 준수해야 한다.

필체

쓰기는 손재주가 필요하다. 미취학 아동과 유치원생은 퍼즐, 크레파스, 바느질 카드 등을 가지고 놀면서 소근육 협응력을 강화해야 한다. 아동이 적절한 운동 협응력이 있다면 글자 형성을 가르칠 수 있다. 앞서 문해력 영역에 대한 논의에서 자석 글자, 추적 및 복사 가능한 글자 양식, 문자, 단어 및 문장 쓰기 연습을 위한 화이트 보드판 등 글자를 쓰고 식별하는 데 도움이 되는 다른 교재교구에 대해 언급했다. 알파벳 글자는 아동의 눈높이에 맞춰 표시되어야 하며, 교사는 대문자와 소문자의 올바른 형태를 모델링할 수 있다([그림 10-19] 참조).

필체는 가독성을 주된 목표로 삼아야 한다. 단어와 단어가 서로 부딪히지 않도록 단어 사이의 공백에 대해 배우는 것이 중요하다. 원고를 작성할 때 배워야 할 선과 모양은 몇 가지 뿐이다. 수직선, 수평선, 대각선, 왼쪽, 오른쪽, 위쪽 또는 아래쪽이 열려 있는 반원, 그리고 완전한 원이 여기에 해당한다([그림 10-20] 참조). 원고에서 직선을 막대(sticks)라고 한다. 모든 선은 위에서 아래로 쓴다. 모든 원과 반원은 위에서 아래로 쓴다. 글자 h, m, n, r, u는 막대로 시작하여 페이지에서 연필을 떼지 않고 쓴다. h를 만들려면 막대의 위쪽에서 시작하여 선으로 내려갔다가 다시 막대의 절반을 위로 올라가서 아래쪽의 구멍이 있는 반원을 만든다. 문자 b, d, g, p, q는 먼저 원을 만든 다음 막대를 붙인다.

아동에게 글자와 단어 사이에 공백을 두는 것에 대해 가르친다. 한 손가락 간격으로 단어를 구분하는 것이 좋은 규칙이다. 아동은 자신만의 필체 양식을 개발할 수 있고, 또 개발할 것이지만, 어떤 양식이든 깔끔한 필체는 자신이 쓴 글을 읽는 사람에 대한 예의라는 것을 배워야 한다. 또한 깔끔한 필체는 읽는 사람이 전달하고자 하는 메시지를 해독할 수 있도록 돕는다. 처음에는 줄이 없는 종이에 글을 쓴다. 아동의 손재주가 충분히 발달하면 줄이 그어진 종이를 사용한다. 유치원을 졸업하고 초등학교 1학년에 입학하면 이 수준에 도달한다 (Shubitz, 2016).

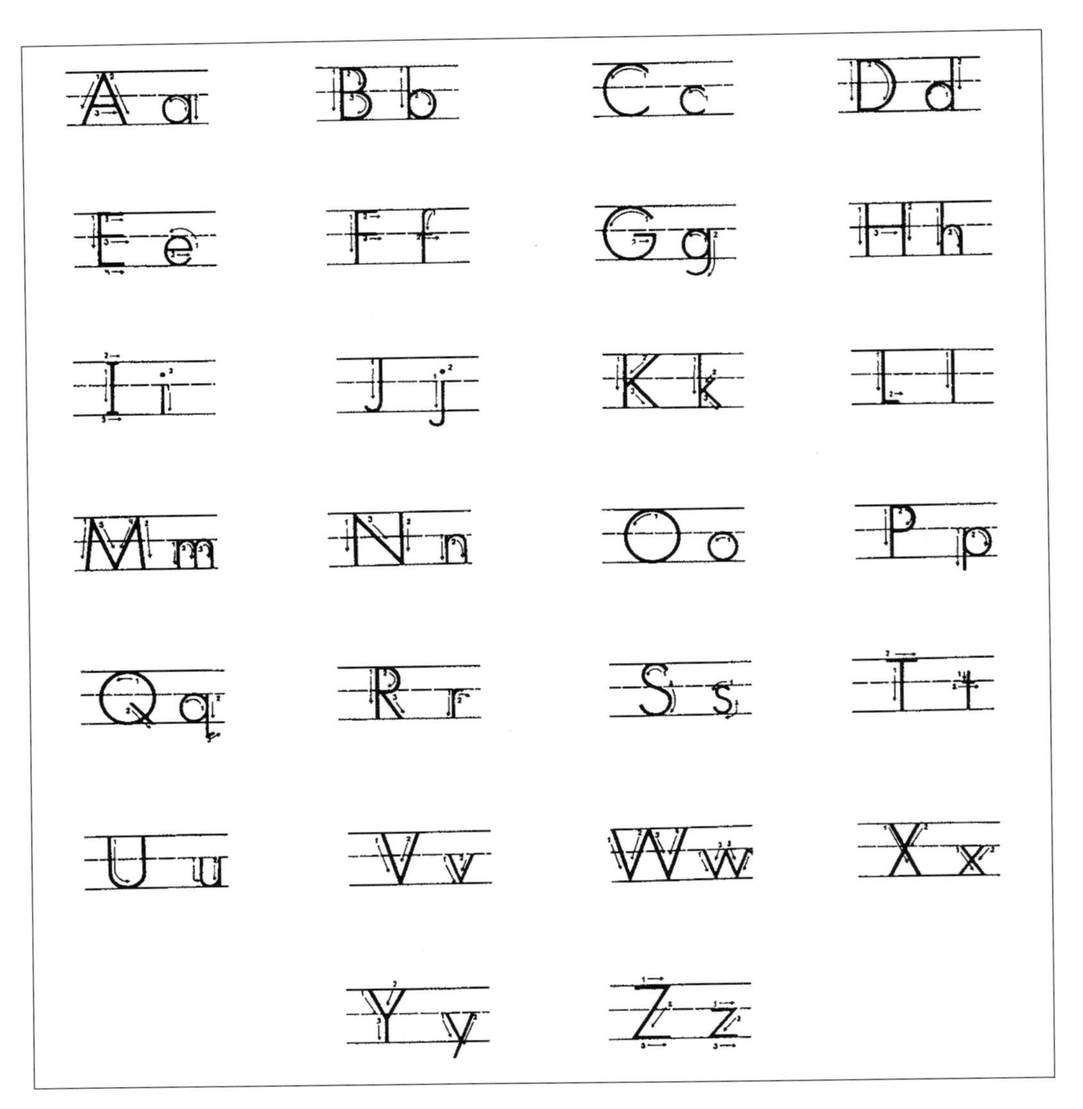

[그림 10-19] 알파벳 글자 형성하기

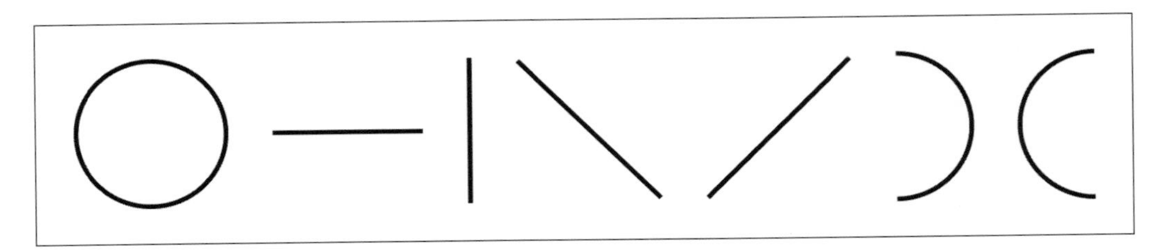

[그림 10-20] 원고 양식

미취학 아동과 유치원 아동도 키보드를 탐색하고 실험할 필요가 있다. 취학 전에 이미 키보드를 접해 본 경험이 있을 수도 있지만, 초등학교 저학년이 되면 컴퓨터를 사용하게 되므로 일찍부터 키보드 사용법을 배워야 한다. 유치원이나 초등학교 1학년 때 배우지 않으면 바꾸기 어려운 비효율적인 방식인 독수리 타법을 스스로 배우게 된다.

맞춤법 및 구두법

맞춤법과 구두법은 필요할 때, 소규모 수업에서 체계적으로 가르쳐야 한다. 예를 들어, 아침 메시지를 읽을 때 쉼표, 물음표, 마침표, 대문자를 다룰 기회가 생기면 자연스럽게 쓰기 기술에 대해 논의할 수 있다. 맞춤법과 구두법은 관심 영역이다. 많은 교사는 맞춤법, 구두법, 발명 철자의 수정에 대한 공식적인 지도를 언제부터 시작할지 잘 모른다. 아동이 처음 시도할 때 가능한 모든 방식으로 글을 쓰도록 격려해야 한다. 하지만 '성인의 쓰기가 아닌 아동의 쓰기 방식'이라는 점을 알려 준다. 아동이 자신만의 스타일로 자유롭게 글을 쓰는 데 친숙해지면 교사는 철자와 문장 부호의 요소를 지적하여 발명 철자와 문장 부호에서 관례적인 형태로 전환하도록 도와야 한다(Moats, 2005-2006). [그림 10-21]은 맞춤법 발달의 단계를 간략하게 보여 준다.

관례적 형태의 맞춤법과 구두법을 장려하기 위한 몇 가지 제안 사항이 있다. 아동의 말을 받아쓰기할 때 특이한 단어의 맞춤법과 적절한 구두법에 대해 언급한다. 아동이 쓰기에서 특정 맞춤법과 구두법의 발명 형태를 일관되게 사용할 때 3×5 크기 나만의 단어 카드에 올바른 형태를 적어 다음에 그 단어나 구두점을 사용할 때 따라 쓰도록 한다. 아동이 특정 단어의 철자를 물어보면 색인 카드에 정확한 철자를 적는 습관을 길러 자신만의 철자 단어 목록을 만들도록 도와준다. 큰 책을 사용하여 구두법과 맞춤법을 언급한다.

맞춤법과 문장 부호를 가르칠 때 아침 메시지를 사용한다. 메시지에 새로운 철자 단어를 적어 아동이 글에 따라 쓰도록 한다. 아동이 이번 주의 새로운 새 철자 단어를 채우도록 빈칸을 남겨 둔다. 또한 잘못된 철자와 구두점을 사용할 수 있으므로 아동이 탐정 역할을 하여 오류를 바로잡을 수 있다. 또는 메시지를 모두 소문자로 작성하여 아동이 적절한 위치에 대문자를 넣어 수정하도록 할 수도 있다. 단어와 문장 사이의 잘못된 띄어쓰기를 사용하면 이러한 쓰기 기술에 대해 대화할 기회를 제공한다. 이 활동은 단어 사이에는 손가락 한 칸, 문장 사이에는 손가락 두 칸을 사용하는 방법을 알려 줌으로써 아동이 쓰기에서 스스로 띄어쓰기를 하도록 도와준다. 아동이 워드 프로세스 프로그램을 사용하도록 허용하면 맞춤법이 틀린 단어가 강조 표시되고 적절한 철자를 클릭하여 찾을 수 있으므로 맞춤법 교육에 도움

의사소통 이전 맞춤법

- 아동은 끼적이기를 사용한다.
- 아동은 끼적이기를 통해 방향 감각을 키운다.
- 아동은 몇몇 글자를 쓴다.
- 아동은 글자, 표시 또는 숫자를 소리와 연관하지 않고 무작위로 글자와 숫자를 섞어 쓴다(예: house에 대한 L4TZMP).

반음성 맞춤법

- 자음은 단어를 표상하기 시작하며, 단어의 소리와 관련이 있다(예: TIMTAK-Today I am going to the park).
- 초성 자음과 종성 자음이 포함된다(bug의 경우 bg, bed는 bd).
- 한 단어에서 한두 개의 소리가 올바르다.

음성 맞춤법

- 아동은 단어의 철자를 소리 나는 대로 쓴다(예: soccer를 sokar).

전환 맞춤법

- 아동은 철자가 정확한 단어의 비율이 높고, 나머지 단어는 맞춤법 일반화(예: afternoon을 afternewn)를 통해 철자를 사용한다.

관례적 맞춤법

- 아동은 영어의 기본 규칙을 맞춤법에 적용하여 자신이 쓰는 단어의 90%의 철자를 정확하게 쓴다.

[그림 10-21] 맞춤법 발달 단계

출처: J. Johns, S. D. Lenski, & Elish-Piper, *Early Literacy Assessments and Teaching Strategies*, pp. 139-140. Copyright © 1990, Kendall/Hunt.

이 된다. 아동이 자유롭게 글을 쓰도록 장려하면 맞춤법과 구두법이 향상된다.

단어군과 소리-기호 관계에 대해 가르치는 발음 중심 수업은 맞춤법에 도움이 된다. 아동에게 단어 철자를 쓸 때 소리-기호 관계에 대한 지식을 사용해야 한다는 것과 표음문자, 말뭉치, ch, sh와 같은 이중 글자가 학습해야 할 철자 패턴임을 알려 준다.

아동과 쓰기 회의를 할 때 올바른 맞춤법을 포함한 편집 과정에 대해 알려 준다. 다음은 몇 가지 추가 제안 사항이다:

- 아동에게 사전과 같은 맞춤법 자원을 알려 준다.
- 아동에게 컴퓨터에서 맞춤법 및 문법 검사 도구를 사용하는 방법을 가르친다.

- 아동이 암기하도록 the, this, but과 같이 철자가 어려운 일반적인 단어 목록을 사용한다. 일주일에 몇 개의 단어는 철자 목록에 포함하여 학습시킨다. 아동의 연령이 높을수록 일주일에 배울 단어 수는 더 많아진다.
- 아동에게 자신만의 단어 철자 사전을 보관하게 한다. 새로운 단어를 배우면 철자 노트에 적어 두고, 계속 참고하도록 한다.
- 주제 단위의 단어를 철자 목록에 추가한다.
- 아동이 단어 철자와 문장 부호를 서로 도와주도록 격려한다.

아동이 쓰기 기술에 신경 쓰지 않고, 자신의 생각을 종이에 자유롭게 써 보도록 하는 것이 중요하다. 아동이 준비가 되었을 때 기술적으로 올바른 쓰기에 대해 인식하게 하는 것도 중요하다. 자유롭게 글을 써야 할 때와 편집된 글을 써야 할 때가 있으므로, 모든 쓰기 활동을 완성품으로 만들어야 한다고 아동에게 강요해서는 안 된다. 아동에게는 각 유형의 쓰기가 허용되지만, 서로 다른 환경에서 발생한다는 것을 알아야 한다. 8장의 발음 중심 읽기에 대한 논의에서는 단어 만들기를 통해 철자를 익히는 데 도움이 되는 활동을 제공한다. 다음은 교실에서 가르치는 단어의 철자를 강화하기 위해 쉽게 사용할 수 있는 철자 게임이다 (Rosencrans, 1998):

- **편지 상자:** 한 주의 철자 단어에 해당하는 5~6개의 글자를 상자에 넣는다. 학생들은 글자를 배열하여 철자 단어를 만든다.
- **뒤섞인 단어:** 글자가 뒤섞인 철자 단어를 쓰고, 아동에게 각 단어를 올바르게 써 보도록 요청한다.
- **맞춤법 콜라주:** 아이들에게 9×12 크기의 종이에 철자 단어를 무작위로 써서 가능한 한 많은 면적을 단어로 덮도록 한다. 학생들에게 마커와 크레파스를 사용하여 철자 단어 위에 다양한 색으로 따라 그리게 한다. 맞춤법 콜라주를 게시판에 표시한다.
- **맞춤법 탐정:** 단어 벽, 아침 메시지, 영역 활동 안내, 일과 설명 등 다양한 의사소통 과정에서 단어 철자 오류를 발견할 수 있다. 매일 오류를 찾아내는 것이 아동의 임무이다.
- **단어 찾기:** 학생들이 수학 책, 과학 책, 신문, 재미로 읽는 책, 가정의 음식 목록 등 학교와 가정 생활에 등장하는 철자 단어를 정기적으로 찾게 한다.
- **단어 추적:** 학생에게 손가락 포인터를 사용하여 파트너의 등에 철자 단어를 '쓰게' 한다. 파트너는 단어를 맞혀야 한다.
- **숨겨진 단어:** 다른 글자로 둘러싸인 철자 단어 목록을 준비한다.

• 학생들에게 그 안에 포함된 철자 단어를 찾아 동그라미를 치거나 색칠하게 한다(예: ovisrm mxtheuv qrbutzi).

다음 사례에서는 아동이 글을 쓸 때 대문자, 구두법, 맞춤법 등 표준 영어 규칙을 익히는 데 도움이 되는 교실을 소개한다.

리차드 선생님의 2학년 학생들은 미국의 상징에 관한 사회 단원에 맞춰 정보 글을 쓰는 활동을 하고 있었다. 학생들은 글을 완성하는 다양한 단계에 있었고, 이 사회 단원에서는 몇몇 학생이 노트북을 이용하여 웹사이트 Brain Pop Jr.에서 정보를 조사하는 한편, 소집단이 원탁에 앉아 며칠 전에 리차드 선생님이 낭독한 책인『O, Say Can You See?』를 읽고 있었다. 다른 학생들은 독립적 쓰기를 연습했고, 리차드 선생님은 학생들과 개별적으로 만났다. 교실의 특수교육 교사인 레빗 선생님은 문해력 영역 근처의 책상에서 소수의 학생들과 함께 작업했다. 학생들은 글을 완성하고, 정보 텍스트를 편집할 준비가 되었다.

레빗 선생님: 어젯밤에 선생님이 책을 집에 가져가서 읽었는데, 와! 우리가 공부해 온 미국의 상징에 대한 훌륭한 정보가 정말 많이 담겨 있었어요. 다들 편집할 준비가 된 것 같네요. 글을 편집할 때 확인해야 할 사항을 누가 기억하고 있나요?

루크: 단어 사이에 띄어쓰기를 하고, 단어 벽에 적힌 단어의 철자가 올바른지 확인해야 해요.

레빗 선생님: 네, 맞아요! 또 뭐가 있나요?

코리: 대문자가 필요해요.

코리: 아, 마침표와 물음표도!

레빗 선생님: 맞아요! 문장의 시작 부분에는 대문자가, 마지막 부분에는 구두점이 있는지 확인해야 해요. 오늘은 구두점에 대한 활동을 해 볼게요. 구두점 없이 글을 큰 소리로 읽어 볼게요. 여러분은 구두점이 어디에 위치해야 하는지 결정하는 데 도움이 되도록 주의 깊게 들어 주세요. 목소리가 멈추는 지점을 귀 기울여 주세요.

그녀는 대화형 화이트보드에 투사된 자신의 글을 큰 소리로 읽기 시작했다: "The Statue of Liberty is an important American symbol it can be found in New York City the statue holds a torch in one hand."

레빗 선생님: 문장 부호가 없으면 글을 이해하기 어렵죠? 구두점이 필요한 부분을 발견한 사람 있나요?

앤서니: 'symbol' 이후인 것 같아요. 뉴욕에 있다는 부분이 나오기 전이에요.

레빗 선생님: 맞아요. 다음 단어의 첫 글자는 새 문장을 시작할 때 대문자여야 한다는 것을 잊지 마세요.

앤서니는 대화형 화이트보드 마커를 가져다가 정확한 위치에 구두점을 추가하고, 'it'의 'i'를 대문자로 바꿨다. 아이들은 누락된 구두점과 대문자가 모두 추가될 때까지 이런 방식으로 계속했다.

레빗 선생님: 모두 수고했어요. 이제 여러분의 글도 똑같이 해 보세요. 혼자서 소리 내어 읽어 보면서 문장이 끝날 때 목소리가 멈추는 지점을 찾아보세요. 바로 그 지점에 구두점을 추가해야 해요. 혼자서 작업해야 하지만, 작업하는 동안 선생님이 옆에서 도와줄게요.

사회 수업이 끝날 무렵, 2학년 학생들은 주 후반에 작업할 정보 텍스트를 사회 폴더로 옮겼다. 학생들은 그달 말에 열리는 학교 문화 박람회에서 글과 함께 발표하기로 한 미국의 상징 모델이나 포스터를 제작할 예정이다.

쓰기 평가

다른 문해력 영역과 마찬가지로 아동의 쓰기 평가는 학기 내내 이루어져야 한다. 이를 통해 교사는 아동의 발달 수준을 파악하고, 진행 상황을 모니터링하고, 그에 따라 프로그램을 계획한다. 이야기를 읽거나 들은 후 이야기를 다시 쓰는 것에 대한 양적 및 질적 평가 방법은 [그림 10-22]와 [그림 10-23]에서 확인할 수 있다. [그림 10-22]는 아동이 직접 쓴 이야기를 평가하는 또 다른 방법을 제시한다. 음성 녹음한 이야기와 글로 쓴 원작 이야기를 읽고, 해석적, 비판적 사고를 보여 주는 의견과 반응을 기록한다. 아동의 정보 쓰기에 대한 평가는 [그림 10-23]에 나와 있다.

[그림 10-24]의 평가 체크리스트는 일 년 동안 수집한 개별 쓰기 샘플을 분석하여 측정 항목에 명시된 특성을 분석하는 데 사용된다. [그림 10-25]의 체크리스트는 교사가 교실 쓰기 환경을 평가하는 데 필요한 자원을 제공한다.

이 장의 쓰기 평가 방법과 체크리스트는 아동이 사용하는 언어, 글에 포함된 개념, 쓰기 목적 및 쓰기 기법에 대한 정보를 교사에게 제공한다. 체크리스트는 쓰기 규칙에 대한 정보를 제공한다. 여기에는 쓰기 단계 또는 철자법과 대문자 및 구두점 등 학생의 쓰기 기술이 표시된다. 이야기 다시 쓰기 및 창작 이야기 쓰기에 대한 측정은 아동이 글에서 의미와 구조를 얼마나 잘 사용하는지를 결정한다. 이러한 모든 평가 도구는 쓰기 발달을 진전시키기 위해 아동에게 필요한 적절한 지도와 연습을 결정하는 데 도움이 된다(Bromley, 2007).

아동 이름: ______________________ 날짜: ____________

이야기 제목: ______________________________

	예	아니요
배경		
a. 이야기 소개로 시작한다.	____	____
b. 한 명 이상의 주인공이 등장한다.	____	____
c. 다른 등장인물도 화제를 모은다.	____	____
d. 이야기 시간이 언급된다.	____	____
e. 이야기가 진행되는 장소가 언급된다.	____	____
주제		
a. 주인공에게 문제를 일으키거나 목표를 달성하기 위해 시작 사건이 발생한다.	____	____
b. 주인공이 문제에 반응한다.	____	____
줄거리 에피소드		
주인공이 문제를 해결하거나 목표를 달성하는 것과 관련된 사건이 언급된다.	____	____
결말		
a. 주인공이 문제를 해결하거나 목표를 달성한다.	____	____
b. 이야기는 마무리 의견으로 끝난다.	____	____
순서		
이야기 구조의 네 가지 범주는 일반적인 순차적 순서 (배경, 주제, 줄거리 에피소드, 결말)로 표시된다.	____	____

해석 및 비판적 의견: 음성 녹음된 이야기와 글로 쓰여진 원본 이야기를 읽고, 해석적, 비판적 사고를 보여 주는 의견과 반응을 기록한다.

[그림 10-22] 구어 및 서면 원본 이야기 평가하기

설명 텍스트에는 이러한 특징 중 일부가 포함되어 있다.	예	아니요
1. 비교 및 대조 유사점과 차이점에 주목한다.	______	______
2. 순서 발생한 사실 정보를 적절한 순서로 나열한다.	______	______
3. 원인과 결과 어떤 일이 어떻게 일어났고 왜 일어났는지 설명한다.	______	______
4. 예시 이유와 예시를 제공한다.	______	______
5. 기술 특정 정보가 어떻게 보이는지 잘 파악한다.	______	______

[그림 10-23] 정보 텍스트 평가하기

아동 이름: ______________________ 날짜: ____________

교사가 아동에 대한 체크리스트를 작성한다.	항상	때때로	전혀	의견
쓰기 도구를 탐색한다.				
원하는 이야기, 문장 또는 단어 받아쓰기 기록				
문자와 단어 복사				
쓰기 수준에 관계없이 독립적으로 의미 전달을 위한 쓰기를 시도한다.				
자신의 이름을 쓸 수 있다.				

[그림 10-24] 쓰기 발달 평가를 위한 체크리스트(계속)

아동의 쓰기 수준에 체크(✓) 표시를 한다.

_______ 쓰기 및 그리기에 그림 사용
_______ 쓰기와 그리기 구분
_______ 쓰기에 끼적이기 사용
_______ 쓰기에 편지 양식 사용
_______ 학습한 글자를 무작위로 쓰기에 사용
_______ 쓰기에 발명 철자 사용
_______ 기존 철자를 사용하여 관례적으로 쓰기

쓰기 경험에서 다른 사람과 공동 작업하기

다양한 장르의 쓰기:				
이야기				
설명				
기능적 목적으로 쓰기				
주제에 집중하기				
청중을 생각하기				
의견을 명확하게 전달하기				

교사가 아동에 대한 체크리스트를 작성한다.

세부 정보 및 예시 제공하기				
순서 또는 순서대로 정리하기				
시작, 중간, 끝 포함 다양한 단어와 문장 사용하기				

쓰기 기제	항상	때때로	전혀	의견
읽기 쉬운 형태의 대문자				
읽기 쉬운 형태의 소문자				
왼쪽에서 오른쪽으로 쓰기				
단어 사이에 띄어쓰기				
필요시 대문자 사용하기				
문장 부호를 올바르게 사용하기				

[그림 10-24] 쓰기 발달 평가를 위한 체크리스트(계속)

맞춤법 발달

아동의 맞춤법 수준에 체크(✓) 표시를 한다.

_______ 의사소통 이전 맞춤법

_______ 반음성 맞춤법

_______ 음성 맞춤법

_______ 전환 맞춤법

_______ 관례적 맞춤법

교사 의견:

[그림 10-24] 쓰기 발달 평가를 위한 체크리스트

	예	아니요
쓰기 영역을 위한 공간 제공		
영역에 책상과 의자 제공		
아동이 직접 글을 쓸 수 있는 포스터와 게시판		
필기 도구(펜, 연필, 크레파스, 매직, 마커, 색연필 등)		
타자기 및/또는 컴퓨터		
필기 자료(모든 크기의 다양한 종이, 소책자, 패드)		
아동이 교사와 다른 학급 구성원에게 메시지를 남길 수 있는 메시지 보드 또는 비공개 메시지 영역		
나만의 단어를 저장할 수 있는 공간		
아동이 쓰기 샘플을 넣는 폴더		
책을 만들기 위한 자료		

[그림 10-25] 교실 쓰기 환경 평가를 위한 체크리스트

이름: ____________________ 날짜: ____________

이 글의 좋은 점은 다음과 같다:

제거해야 할 부분은 다음과 같다:

~라면 이 글을 더 잘 쓸 수 있다:

정확한 철자를 사용했다:

최고의 필체를 사용했다:

쓰기가 어려운가, 쉬운가?

쓰기는 (가) 재미있다, (나) 그다지 재미있지 않다.

쓰기가 더 나아질 수 있다면 더 나은 방법을 찾기 위해 다음과 같은 노력을 기울일 것이다.

[그림 10-26] 작가를 위한 자가 평가

교사는 아동이 글을 쓰는 동안의 관찰 기록, 일정 기간 동안 아동의 쓰기 샘플, 아동과 면담 기록, 아동 부모와의 면담 기록, 작성된 체크리스트 등 아동의 쓰기 발달과 관련된 자료를 포트폴리오에 보관해야 한다. 포트폴리오에는 아동의 가장 우수한 작품과 개선이 필요한 부분을 보여 주는 샘플이 포함되어야 한다. 이 포트폴리오는 학부모 회의에서 사용할 수 있으며, 다음 담임 교사에게 전달한다. 아동은 일 년 내내 자신의 쓰기 샘플을 보관할 수 있는 자신만의 쓰기 폴더를 가져야 한다.

아동도 학부모와 교사가 함께하는 회의나 교사와의 단독 회의에 참여하여 평가 과정에 참여한다. [그림 10-26]은 아동이 자신의 쓰기 홍미와 능력을 평가할 수 있는 일반적인 방법을 보여 준다. 유치원생과 어린 아동의 경우 더 간단한 방법으로 자기 평가를 할 수 있다. 아동은 친구나 교사와 함께 자신의 작품이 Wow, Good, Okay인지 평가할 수 있다. 교사는 매우 열정적인 목소리로 Wow라고 말하고, Good은 훨씬 톤 다운된 목소리로, Okay는 그냥 Okay라고 말한다. 평가할 때는 왜 그 글이 Wow, Good, Okay였는지에 대해 논의한다. 평가는 아동의 성취 수준을 기준으로 한다. 함께 평가할 때는 아동이 그림을 그리는 데 시간을 할애했는지 확인한다. 아동이 최선을 다해 글을 썼는지 살펴본다.

이러한 모든 제안은 ① 아동의 쓰기 능력에 대한 교사의 이해를 높이고, ② 프로그램 계획에 도움을 주며, ③ 평가의 목적을 뒷받침한다. 아동과 부모가 아동의 진행 상황과 관련 과

	부적절 1	제한적 2	부분적 3	적절한 4	강력한 5	우수한 6	점수
메시지에 명확하고 적절하게 응답했는가?							
글에 적절한 세부 사항이 지원되었는가?							
소개가 있는가?							
적절한 전환이 있는가?							
결론이 있는가?							
다양한 문장 구조가 사용되었는가?							
다양한 어휘가 사용되었는가?							
인쇄 기법(맞춤법, 구두점, 대문자 사용)이 올바르게 사용되었는가?							

[그림 10-27] 유아기 쓰기 루브릭

정을 이해하여 쓰기 능력을 키우도록 돕는다.

쓰기 평가는 교실에서만 이루어지는 것이 아니라 여러 주정부에서 정한 표준에 따라 이루어진다. 아동의 쓰기를 평가하기 위해 주정부에서는 종종 루브릭을 만든다. 루브릭은 채점 가이드이며, 학생과 교사가 쓰기에서 학생들이 노력해야 할 부분을 파악하는 데 유용한 도구이다. 루브릭 평가는 우수한 쓰기 샘플을 보고 자신의 과제에 도움이 된다. 주정부 표준 쓰기 검사를 위해서 교사는 4세부터 준비를 시킨다. 표준 검사에서는 30분 안에 쓰기 과제를 완성하라는 프롬프트를 그림과 함께 아동에게 제공한다. "그림에서 일어나는 일에 대한 이야기를 만들고, 작성한 내용을 바탕으로 자신의 관점을 청중에게 설득하시오."라는 메시지가 제시된다. 글은 [그림 10-27]과 같은 루브릭에 따라 평가된다.

[그림 10-27]의 루브릭은 New Jersey Registered Holistic Scoring Rubric을 수정한 것이다. 루브릭의 각 항목은 1에서 6까지의 척도로 아동을 평가한다. 아동의 글이 부적절하면 1점, 제한적이면 2점, 부분적이면 3점, 적절하면 4점, 강력하면 5점, 우수하면 6점을 받는다. 따라서 학생이 프롬프트에 얼마나 명확하고 적절하게 응답했는지에 따라 샘플을 평가하면 평가자로부터 1에서 6까지 점수를 받을 수 있다.

어린 작가가 자신의 능력을 최대한 발휘할 수 있도록 돕는 한 가지 방법은 [그림 10-28] (New Jersey State Department of Education, 1998)에 나와 있는 것과 같이 자신의 작업을 점검할 수 있는 체크리스트를 제공하는 것이다. 이러한 평가 전략은 아동의 자기 성찰을 돕고, 쓰기를 평가하는 데 사용되는 루브릭에 친숙해지도록 하여 향후 성공적인 쓰기를 촉진할 수 있다.

다음 사항을 기억하는가?

______ 주제에 충실한가?

______ 청중을 생각하는가?

______ 자세한 내용과 예를 들고 있는가?

______ 정리가 필요한가?

______ 다양한 단어와 문장을 사용하는가?

______ 의견을 명확하게 말하였는가?

______ 대문자와 구두점을 올바르게 사용하였는가?

[그림 10-28] 쓰기 자가 평가를 위한 체크리스트

작성자 이름: ______________________ 날짜: __________

편집자 이름: ______________________ 날짜: __________

동료 평가

(1) 다른 학생과 첫 번째 초안을 교환한다. 서로의 글을 읽어 본다. 읽으면서 마음에 드는 점을 생각하고, 제안 사항을 고려하고, 궁금한 점을 기록한다. 여기에 평가를 기록한다.

(2) 이 양식을 사용하여 읽은 이야기에 대한 이해력을 연습한다. 이 이야기에서 내가 정말 마음에 들었던 점은……. 작가가 …라면 이야기가 더 좋을 것 같아요. 내가 읽을 때… 아쉬웠던 점이 몇 가지 있어요.

칭찬

작가의 다음과 같은 방식이 정말 마음에 들어요. ______________________

제안

작가가 다음과 같이 작성하면 더 좋은 글이 될 것 같아요. ______________________

질문

이야기를 읽었을 때 잘 몰랐던 몇 가지 사항이 있어요. ______________________

[그림 10-29] 서로의 쓰기 평가하기

쓰기를 발달시키는 또 다른 유용한 도구는 서로의 글을 평가하는 것이다. 이렇게 하면 교사가 모든 평가를 해야 하는 부담을 덜 수 있고, 아동에게 협력 및 독립적으로 작업하는 방법을 가르칠 수 있다. [그림 10-29]는 학생들이 서로의 글을 평가하는 양식을 제공한다.

Chapter 11

교실에서의 아동 문학 활용

사진 제공: Annie Fuller/Pearson Education

학습 결과

이 장을 읽고 나면 다음과 같이 할 수 있다.

11.1. 잘 설계된 문해력 영역의 특징을 파악한다.

11.2. 교실에 비치할 아동 문학의 종류에 대해 토론한다.

11.3. 아동 문학으로 할 수 있는 활동을 파악한다.

11.4. 동화구연 기법을 설명하고, 독립적 읽기를 장려한다.

11.5. 책에 대한 아동의 태도를 평가한다.

우리는 아이들이 읽기를 좋아하기를 바란다. 아이들이 읽고 쓰는 것을 즐겁게 느끼기를 바란다. 교실에 문해력 영역을 만들면 아동 문학 작품을 보관하는 공간을 마련하고, 아이들에게 읽기 동기를 부여할 수 있다. 아이들이 초등학교를 졸업할 때까지 즐겁게 책을 읽고, 정보를 찾기 위해 책 읽기를 바란다.

2학년 트리샤와 제시카는 독립적으로 책을 읽고 글을 쓰는 기간 동안 막대 인형을 이용해 이야기할 책으로『Are You My Mother?』(Eastman, 1960)를 선택하였다. 다음은 이야기를 함께 읽고 인형을 가지고 놀이하는 사례이다.

제시카: 이야기를 읽어도 되니?

트리샤: 그래.

제시카: (트리샤가 막대 인형을 움직이면서 열심히 책을 읽기 시작한다.) 아기 새가 소에게 "당신이 내 엄마예요?"라고 묻는다.

트리샤: (트리샤는 한 손에는 아기 새 막대 인형을, 다른 한 손에는 소 막대 인형을 들고 있다.)

제시카: 무우우우우(제시카가 책을 계속 읽는다.)

트리샤: 이 사진을 보세요. (트리샤가 아기 새를 가리킨다. 둘 다 킥킥 웃기 시작한다.)

제시카: 저 왔어요, 엄마! (그녀는 높은 목소리로 읽는다.) 엄마, 엄마, 저 여기 있어요?

트리샤: 트랙터에게 "넌 우리 엄마야, 킁킁, 킁킁"이라고 말할 때 정말 좋아요.

제시카: 킁킁, 킁킁! 엄마가 있는 줄 알았어요. (이렇게 말하면서 손을 머리에 대고 아기 새 소리를 내고 우는 시늉을 하며 앞뒤로 몸을 흔들어요.)

트리샤: (머리에 손을 얹고 제시카 흉내를 낸다.) 엄마가 있는 줄 알았어요!

제시카: (인형을 가리키며) 이제 내가 하면 네가 읽어 줄래? (둘이 자리를 바꾸고, 트리샤가 읽기 시작한다. 그녀는 엄마 새와 아기 새에 대해 극적이고 다른 목소리로 말한다. 트리샤가 너무 빨리 읽고 있어요.)

제시카: 잠깐, 잠깐만. 잠깐만 기다려 줄래, 트리샤? (강아지 막대기를 들고, 트리샤가 계속 한다.) 잠깐, 잠깐, 잠깐만! (어미 새를 집어 든다.)

이 대화는 2학년 학생 두 명이 교실 문해력 영역에서 독립적으로 책을 읽는 동안 참여도를 보여 준다. 아이들은 동기를 부여하는 문해력 교구를 사용하여 읽고 쓰고자 하는 욕구를 촉진하는 분위기에서 문해력 기술을 연습하였다.

문해력 영역 구성: 좋은 읽기 및 쓰기 습관 형성

좋은 읽기 및 쓰기 습관을 기르는 것도 문해력 친화적인 분위기를 조성하는 데 중요한 요소이다. 전국 교육 및 경제 센터와 피츠버그 대학의 학습 연구 및 발달 센터(1999)는 유치원생부터 초등학교 3학년생까지 좋은 읽기 및 쓰기 습관을 형성하는 데 도움이 되는 표준 실제를 명확히 제시하였다.

좋은 읽기 습관은 아동이 스스로 선택한 텍스트를 읽을 기회를 자주 가질 때 형성된다. 문학적 수준과 흥미가 높고, 다양한 장르를 대표하며, 아동이 혼자서 읽을 수 있는 것보다 난이도가 높은 책을 읽도록 한다. 아동은 자신이 읽을 수 있는 것보다 더 어려운 텍스트를 들으면서 이해하고 토론할 수 있으며, 새로운 어휘를 배울 수 있다. 유아기에는 아동이 올바른 읽기 습관을 기르도록 다음과 같은 기회를 제공해야 한다:

a. 시와 이야기, 디지털 텍스트, 기능적 텍스트(예: 표지판, 메시지, 이름표), 이야기 및 설명 텍스트 등 다양한 장르의 문학 작품을 읽는다.
b. 학교에서 하루에 20분 이상 즐겁게 책을 읽는 기회를 가진다.
c. 학교에서 매일 책을 읽고, 텍스트와 삶을 연결하여 토론한다. 부모와 함께 책을 듣고 읽는다.
d. 아동이 선택한 주제에 대해 독립적으로 글을 쓸 기회를 자주 가질 때 좋은 쓰기 습관이 형성된다.
e. 아동은 서로의 글을 낭송하는 것을 들어야 한다.
f. 기능적 쓰기, 정보적 쓰기, 서술적 쓰기 등 다양한 형태의 쓰기를 연습해야 한다.

사진 제공: Annie Fuller/Pearson Education

아이들은 독립적인 파트너 읽기에 참여한다.

좋은 쓰기 습관을 기르고, 쓰기 동기를 강화하기 위해 초등학교 저학년 아동은 다음과 같이 해야 한다:

a. 글을 자주 쓰고, 다른 사람의 글에 주의를 기울인다.
b. 독립적으로 또는 공동으로 글을 쓴다.
c. 시와 이야기, 기능적 텍스트(표지판, 메시지, 이름표), 디지털 텍스트, 이야기 텍스트, 정보 텍스트 등 다양한 장르로 글을 작성한다.
d. 또래와 쓰기를 공유하고, 서로의 작품에 대해 토론한다.
e. 가정에서 글을 쓴다.

건강을 유지하기 위해 어릴 때부터 좋은 개인 위생 습관을 기르는 것이 중요한 것처럼, 좋은 읽기 및 쓰기 습관을 초기에 확립하는 것은 문해력을 위한 탄탄한 기반을 구축하는 데 매우 중요하다(Short, Lynch-Brown, & Tomlinson, 2018).

풍부한 문해 환경을 조성하는 문해력 영역

학생들의 읽기 동기를 지원하는 문해력이 풍부한 환경을 조성하기 위해 교사는 읽기 및 쓰기에 대한 흥미를 키우는 공간을 갖춘 교실을 만든다. 실제로 교실에는 아이들이 독립적으로 기술을 연습할 수 있는 여러 개의 영역이 필요하다. 교실 **문해력 영역**(literacy station)은 도서 코너와 쓰기 공간으로 구성된다. 문해력 영역에서 아동은 선택권을 갖고 협력하며, 도전적인 과제에 직면하고, 서로 도우면서 성취한다. 이 장에서는 문해력 영역에 대해 설명한다.

교실 문해력 영역은 아동이 문학을 경험하는 데 필수적인 공간이다. 문학 전집이 있는 교실의 아동이 문학 전집이 없는 교실의 아동보다 50% 이상 더 자주 책을 읽었다. 교실 문해력 영역의 분위기 조성을 위한 노력의 결과로 책에 대한 관심이 증가한다(Guthrie, 2002). 모로(1987)는 잘 설계된 교실 문해력 영역은 자유 놀이 시간에 문학 활동에 참여하기로 결정한 아동의 수를 크게 증가시킨다는 사실을 발견했다. 반대로, 제대로 설계되지 않은 문해력 영역은 유아 교실에서 자유 놀이 시간에 인기가 없는 공간 중 하나였다(Morrow, 1982; Short, Lynch-Brown, & Tomlinson, 2018). 따라서 교실 문해력 영역의 물리적 특징은 아동이 이 공간을 사용하도록 동기를 부여하는 데 중요한 역할을 한다.

잘 설계된 문해력 영역은 자유 놀이 시간에 학생들에게 인기 있는 공간이다.

잘 설계된 문해력 영역의 특징

이 공간은 교실에 들어오는 모든 사람이 바로 볼 수 있어야 한다. 조용하고 안정된 공간을 제공하기 위해 책장, 피아노 또는 파일 캐비닛으로 2면 또는 3면의 칸막이를 만든다. 문해력 영역의 크기는 교실 크기에 따라 달라진다. 일반적으로 5~6명의 아동이 편안하게 이용할 수 있을 만큼 충분히 커야 한다. 문해력 영역([그림 11-1] 참조)에는 다음과 같은 물품이 구비되어 있어야 한다.

- 러그
- 베개 또는 빈백 의자
- 작은 책상과 의자
- 헤드셋 및 오디오 이야기
- 'Literacy Chair of Honor'라고 불리는 흔들의자(교사가 아이들에게 책을 읽어 주고, 아이들이 반 친구들에게 책을 읽어 주고, 초대 손님이 학급에 책을 읽어 주는 용도로 사용)
- 동물 인형과 같은 부드러운 물품
- 『The Tale of Peter Rabbit』(Potter, 1902)과 토끼 인형을 같이 제공하는 등 동물 인형과 관련된 책
- 이야기 등장인물 피규어가 있는 융판 또는 자석 달린 피규어가 있는 자석판
- 인형판(손인형, 막대 인형, 손가락 인형)
- 미국 아동 도서 협의회(12 West 37th Street, 2nd Floor, New York, NY 10018, www.cbcbooks.org) 및 미국 도서관 협회(50 East Huron Street, Chicago, IL 60611, www.ala.org)에서 제공한 포스터
- '작가 의자' 또는 쓰기 영역

사진 제공: Annie Fuller/Pearson Education

교실 문해력 영역은 아이들이 책을 즉시 접하게 하는 데 매우 중요하다.

아동은 학교에서나 가정에서 개인 생활이 거의 없는 경우가 많다. 많은 아동이 혼자 있는 것을 좋아하고, 때로는 옷장이나 선반 아래에서 책을 읽기도 한다. 문해력 영역은 다른 공간과 부분적으로 분리되어 있기 때문에 독자의 개인 생활을 보호한다. 헤

[그림 11-1] 교실 문해력 영역

드셋으로 이야기를 듣는 것도 독자가 개인 생활을 가질 수 있는 또 다른 방법이며, 대형 상자를 페인트칠하거나 접촉지로 덮으면 아늑한 별도의 독서실을 만들 수 있다.

'작가의 자리'는 문해력 영역의 필수적인 부분이다. 일반적으로 다음과 같이 구성된다.

- 책상과 의자
- 컬러 마커, 연필, 크레파스
- 다양한 크기의 줄이 있는 흰 종이 및 줄이 없는 용지
- 여러 대의 컴퓨터
- 책 만들기 자료
- 컬러 구성 용지
- 스테이플러와 가위

아동은 문해력 영역의 계획과 디자인에 참여해야 한다. 아동은 문해력 영역의 사용 규칙을 정하고, 깔끔하게 유지하는 일을 담당하며, '책 구석(The Book Nook)'과 같은 이름을 정한다.

도서 코너. **도서 코너**(library corner)는 문해력 영역에서 가장 중요한 부분으로 책을 보관하는 데 사용된다. 여러 가지 방법 중 가장 일반적인 방법은 책등이 바깥쪽을 향하도록 서가에 꽂는 것이다. 또 다른 유형은 책 표지가 바깥쪽을 향하도록 하는 개방형 선반이다. 교실 문해력 영역은 아이들이 책을 즉시 볼 수 있는 매우 중요한 장소이다. 이 방법은 책에 대한 특별한 관심을 불러일으키는 데 중요하다.

추천 도서는 정기적으로 교체하고 서점에서 흔히 볼 수 있는 개방형 선반이나 원형 와이어 선반에 배치하여 아동이 쉽게 접근할 수 있도록 해야 한다. 이러한 개방형 선반과 서가는 학습 주제 관련 책을 돋보이게 한다. 바구니는 책을 보관하는 데 매우 인기가 있다. 전집 책은 주제별로 구분하여 선반에 배치한다. 책의 종류에 따라 색깔로 구분한다. 예를 들어, 모든 동물 책은 책등에 파란색 점을 찍고, '동물'이라고 표시된 선반의 이름표 옆에 파란색 점으로 구분한다.

가장 많이 사용되는 방법은 플라스틱 바구니에 장르별로 보관하는 것으로, 바구니 앞면에 책의 종류를 표시한 이름표를 붙인다.

교실 도서 코너에는 3~4개 학년에 걸쳐 아동 1명당 5~8권의 책이 있어야 한다. 이야기책과 정보 책을 포함한다. 책의 절반은 정보 텍스트, 나머지 절반은 이야기 텍스트로 구성해

야 한다(Moss, Leone, & Dipillo, 1997; Marinak, Gambrell, & Mazzoni, 2012).

책을 구입하기는 어렵지 않다. 야드 세일이나 플리마켓에서 저렴하게 구입할 수 있다. 대부분의 공공 도서관에서 교사는 한 달에 최대 20권의 책을 대출받을 수 있으며, 학부모에게 도서 기증을 요청하고, 도서 구입을 위한 모금 행사를 열 수도 있다. 또한 아동용 문고판 읽기 클럽에서는 저렴한 도서와 대량 구매 시 무료 보너스 도서를 제공한다. 어린이 잡지와 신문도 최신이 아니더라도 교실 도서 코너에 비치한다. 일부 출판사와 지역 잡지사는 배송비를 받고 오래된 정기 간행물을 학교에 기증하기도 한다. 광고, 메뉴판, 비행기표 및 기차표, 기업, 단체의 브로셔, 기타 학생들이 흥미를 가질 만한 자료 등 교실 도서 코너에 비치할 기타 서면 자료를 수집한다.

인쇄된 책 외에도 아동이 읽고 체험할 수 있는 디지털 도서를 구비한다. 여러 출판사에서 학생들이 다양한 장르와 수준의 책을 읽을 수 있는 사이트를 제공한다. Scholastic(www.scholastic.com/home/)은 그러한 서비스 중 하나이다. 일부 구독 요금제에 가입하면 학교 건물의 모든 디지털 기기에서 동시에 책을 볼 수 있다. 디지털 도서는 아동에게 책을 소리 내어 읽어 주는 등의 대화형 기능을 제공한다(오디오 내레이션). 터치스크린에서 사용하는 디지털 도서의 일반적인 기능은 강조 표시 도구이다. 아동이 책을 읽을 때 화면의 인쇄물에서 손가락으로 밀면 텍스트가 동시에 강조 표시된다. 이 기능을 사용하면 너무 어려운 책도 아동이 쉽게 읽을 수 있다.

지속적인 관심을 유도하기 위해 교사는 새로운 책과 자료를 소개하고, 도서 코너의 책을 다른 책으로 교체한다. 3주마다 약 25권의 새 책을 소개하여 기존의 25권을 대체한다. 이런 방식으로 '오래된' 책은 몇 달 후 새로운 친구로 다시 소개된다. 도서의 재순환은 한정된 예산에도 도움이 된다.

도서 코너의 책은 학생들이 한 번에 일주일 동안 대출하여 가정으로 가져갈 수 있다. 대출 시스템은 간단해야 한다. 아동은 정해진 시간에 빌리고 싶은 책을 골라 교사에게 가져와 날짜, 아동 이름, 책 제목을 기록한다. 미취학 아동과 유치원생은 자신의 이름으로 된 5×8 크기의 카드에 제목을 따라 쓰고, 날짜를 기록하여 스스로 책을 대출하도록 가르친다. 다른 아이들은 열쇠고리와 함께 색인 카드에 제목과 날짜를 기록하여 빌린 책과 읽은 책을 추적하도록 한다. 책을 대출하는 또 다른 방법은 아동이 대출 및 반납한 책을 기록하는 노트이다. [그림 11-2]는 대출 노트의 샘플이다.

Name: Talmika Jones

Name of book	Date out	Date in
Green Eggs and Ham	Feb 10	Feb 17
Carrot Seed	Feb 20	Feb 26
Curious George	March 3	March 9
Where the Wild Things Are	March 15	March 21

[그림 11-2] 도서 대출을 위한 낱장 노트

교실의 아동 문학

아동의 다양한 관심사와 여러 학년을 아우르는 도서와 기타 자료를 도서 코너에 비치한다. 인기 있는 도서는 여러 권 구비한다. 아동은 때때로 친구가 읽고 있어서 책을 읽고 싶어 한다(Morrow, 2002; Pressley, Allington, Wharton-McDonald, Block, & Morrow, 2001; Roskos, Tabors, & Lenhart, 2009). 여러 종류의 아동 문학을 구비해 둔다.

그림 동화책(picture storybooks)은 가장 친숙한 유형의 아동 문학이다. 그림 동화책의 텍스트는 그림과 밀접하게 연관되어 있다. 그림 동화책은 다양한 주제를 다루고 있으며, 많은 그림 동화책이 그 우수성을 인정받고 있다. 칼데콧 상은 매년 가장 우수한 그림 동화책의 그림 작가에게 수여된다. 닥터 수스, 에즈라 잭 키츠, 토미 드 파올라, 존 시스카, 모리스 센닥, 얀 브렛 등 많은 그림작가의 책이 고전이 되었으며, 그 작가들도 유명해졌다. 모든 아동은 이러한 책 중 일부를 소리 내어 읽어 주는 혜택을 누려야 한다. 그러나 발현적 독자는 어휘와 구문론이 너무 어려워서 혼자서 읽기 어려운 경우가 많다. 양질의 그림 동화책은 배경, 잘 정의된 주제, 주제와 밀접하게 연관된 에피소드, 이야기의 결말로 구성된다.

정보 도서(informational books)는 독자에게 논픽션을 제공한다. 한동안 교육자들은 어린 아동이 이야기를 선호한다고 생각하여 교실 도서 코너에 정보 또는 설명 텍스트를 거의 비치하지 않았다. 또한 어린 아동에게 적합한 정보 텍스트도 많지 않았다. 성인이 되면 대부분 논픽션 자료를 읽게 되므로 정보 텍스트에 많이 노출될 필요가 있다. 정보 텍스트는 태양계, 다른 나라, 유명인, 공룡 등에 관한 내용일 수 있다. 이러한 텍스트는 아동의 지식을 넓히고, 새로운 아이디어를 탐구하고, 새로운 어휘를 소개하며, 특정 주제에 대한 깊은 관심을 자극하는 데 도움이 된다. 오늘날에는 훌륭한 정보 텍스트가 많이 있다. 양질의 정보 텍스트에는 명확한 구조가 있다. 설명 텍스트에서 발견되는 좋은 구조에는 기술, 순서, 비교 및 대조, 원인과 결과, 문제와 해결책, 예시 등이 있다. 아동은 이야기 텍스트에 50%, 정보 텍스트에 50%의 시간을 할애해야 한다.

그림 개념 책(picture concept books)은 아주 어린 아동에게 적합하다. 대부분 이야기의 줄거리가 없지만, 동물, 색깔, 숫자 또는 알파벳과 같은 주제가 있는 경우가 많다. 각 페이지에는 일반적으로 인쇄된 단어로 식별되는 하나의 그림이 있다. 많은 그림책은 어린 아동이 거칠게 다루어도 견딜 수 있도록 보드지, 천 또는 비닐로 만들어진다.

고전 문학(traditional literature)에는 동요와 동화가 포함되며, 동요와 동화는 문화유산의 일부이자 구전 전통에서 비롯된 친숙한 이야기이다. 『Goldilocks and the Three Bears』(Daley & Russell, 1999)와 『The Three Little Pigs』(Zemach, 1991)에 친숙한 아동도 있지만, 이러한 고전 이야기를 경험하지 못한 아동도 많다. 고전 문학에는 우화와 민담도 포함된다. 이러한 이야기의 대부분은 다른 나라와 다른 문화권에서 유래한 것으로, 아동의 경험과 지식 기반을 넓혀 준다.

사실주의 문학(realistic literature)은 현실 문제를 다루는 그림 동화책의 한 범주이다. 예를 들어, 바바라 헤이젠의 『Tight Times』(1983)는 아버지의 실직으로 인해 가족이 겪는 문제를 어떻게 해결하는지를 묘사한다. 아버지는 아들에게 상황을 설명하여 아들이 '힘든 시기'라는 말을 이해할 수 있도록 노력한다. 이 범주의 책은 잠자리에 대한 두려움이나 새 아기가 가족에 들어올 때 발생하는 문제와 같이 많은 아동이 직면하는 문제를 다룬다. 이 책은 이혼, 마약, 알코올 중독, 죽음과 같은 매우 민감한 문제를 다룬다. 모두가 공감할 수 있는 문제를 다룬 책이라면 학급 전체 아동에게 읽어준다. 교사는 학급 전체 아동에게 어떤 책을 읽어 줄지 결정할 수 있다. 어려운 문제에 직면한 아동의 가족에게는 특정 책을 추천할 수 있다.

글 없는 그림책(wordless books)은 그림 안에 명확한 이야기 줄거리가 있지만, 글은 없는 책이다. 이야기 줄거리가 복잡하기 때문에 아주 어린 아동에게는 적합하지 않다. 이 책은 5세 이상의 아동에게 적합하다. 아동은 그림을 읽으며 이야기를 만들어 간다.

아동 문학 전집에서 **시**(poetry)는 종종 잊히곤 한다. 아동을 위한 주제가 있는 시 전집은 도서 코너에서 중요한 부분을 차지한다.

소설(novels)은 챕터가 있는 긴 책이다. 어린 아동에게 소설을 읽어 주면서 이 장르에 노출시킨다. 어린 아동은 소설이 나이 많은 아동을 위한 책임을 알기 때문에 소설에 매력을 느낀다. 아동은 소설을 챕터 북이라고 부른다.

전기(biography)는 아동에게 적합한 또 다른 장르이다. 역사적 인물, 유명 운동선수, TV 출연자 등에 대한 간단한 전기가 있다.

디지털 텍스트에는 학생이 컴퓨터, 태블릿에서 읽는 모든 텍스트가 포함된다. 여기에는 디지털 이야기, 이메일, 웹사이트, 컴퓨터 게임 등이 포함된다. 이제 인쇄본과 종이책뿐만 아니라 디지털 텍스트와 글로벌 텍스트가 널리 사용되고 있으므로 유아 교실에서도 디지털 텍스트를 도입하고 통합할 필요가 있다.

만화 소설은 고학년 아동에게 인기가 있다. 이 책은 아동의 관심을 끌기 위해 글과 그림이 적절히 섞여 있다. 만화 소설은 길고 심도 있는 줄거리로 상당히 정교하다.

수준별 도서(leveled books)는 문해력 영역에 비치되어 있다. 수준별 도서는 상업용 출판사에서 제공하며, 유치원, 1학년, 2학년, 3학년에 적합한 학년 수준에 따라 선정 또는 집필된 도서를 말한다. 수준은 서로 다른 단어의 수, 문장 길이, 구문론, 단어의 음절 등에 따라 결정된다. 수준별 도서는 주로 안내된 읽기 집단에서 교육 목적으로 사용된다. 아동은 독립적으로 책을 읽을 때나 선택권이 주어졌을 때 원한다면 수준별 책을 선택하여 읽을 수 있다. 이 시기에는 아동이 책의 수준에 대해 걱정할 필요가 없다. 이 시기에는 난이도에 관계없이 아동이 흥미를 느끼는 문학을 선택하는 것이 좋다.

이러한 종류의 책 외에도 농담과 수수께끼 책, 공예 책, 만화책, 요리책, 참여 책(만지고 냄새 맡고 조작하는 책), 단일 등장인물을 중심으로 구성된 시리즈 책, 연령에 맞는 TV 프로그램 및 대중문화 관련 책과 같은 비전통적 텍스트도 아동이 좋아하는 책이다. 잡지와 신문도 도서 코너에서 읽을 수 있는 책으로 선택한다. 위협적이지 않은 형식, 다양한 주제와 수준에 맞는 읽을거리를 제공한다. 도서 코너의 정기간행물 자료는 새로운 호가 정기적으로 도착하기 때문에 매번 새롭다. 메뉴, 안내문, 지도도 읽을 수 있다.

아동은 이야기를 이해하는 데 도움이 되는 예측 가능한 문학을 좋아한다. 또한 아동이 따라 읽을 수 있게 해 준다. 예측 가능한 문학에는 운율, 반복, 기발한 문구, 대화, 친숙한 순서(요일이나 숫자 등), 누적 패턴(이야기가 계속되면서 사건이 반복되거나 추가되는 경우), 친숙한 주제에 대한 이야기, 글과 어울리는 깔끔한 삽화, 이야기 구조가 잘 발달한 이야기 등이 포함된다.

사진 제공: Lesley Mandel Morrow

아동 문학 자료는 범주별로 이름표가 붙은 바구니에 보관되어 있다.

아동 도서상은 매년 수여된다. 두 가지 중요한 상은 미국 도서관 협회에서 그림 동화책 중 가장 우수한 일러스트레이션에 수여하는 칼데콧 상과 책이나 소설의 뛰어난 이야기를 위해 미국 도서관 협회에서 수여하는 뉴베리 상이다.

문해력 영역의 기타 자료. 문해력 영역에 기술 발달을 위한 언어 자료를 제공한다. 아동이 알파벳 자모, 운율, 자음, 이중 글자, 장모음과 단모음의 소리–기호 관계를 배우는 데 도움이 되는 조작 교구는 영역의 특별 공간에 비치한다. 이러한 교구는 자석 글자, 퍼즐, 빙고 게임, 보드 게임 등의 형태로 제공된다. 교사가 만든 교구도 사용할 수 있다. 이해력을 높이기 위한 교구도 문해력 영역에서 사용한다. 이 장의 뒷부분에서 설명하는 기법(예: 동화구연을 위한 융판과 이야기 등장인물 사용 및 인형극 구성)을 통해 아동은 이야기 순서, 구조, 세부 사항 분류, 결과 예측, 텍스트 해석에 대한 지식을 보여 준다. 이러한 활동은 이해력을 높이는 동시에 학생들에게 동기를 부여한다.

헤드셋과 오디오 이야기도 문해력 영역에서 인기 있는 자료이다. 아동은 따라 읽는 동안 오디오 이야기를 들을 수 있다. 이 기술은 올바른 영어 모델을 제공하기 때문에 영어 학습자에게 특히 유용하다. 오디오 이야기는 유창한 독자의 목소리를 들으면서 텍스트를 따라 읽으려고 노력하는 학습자에게 적합하다. 오디오 도서를 구입하거나 학부모, 고학년 학생, 교장, 교사, 간호사, 교육감 등이 듣기 영역의 이야기를 녹음할 수 있다. 또한 학교 건물의 모든 디지털 기기에 수백 권의 책을 다운로드하여 강조 표시하거나 읽을 수 있는 텍스트를 제공하는 프로그램이 있다.

아동 문학 활동

문해력 영역은 교실에서 읽기 및 쓰기의 동기를 부여하는 중요한 부분이다. 아동은 책을 읽고, 이야기를 쓰고, 자신이 쓰거나 읽은 내용을 인형극으로 발표하는 등의 프로젝트에 참여한다. 대부분의 활동은 두세 명으로 구성된 집단에서 이루어지며, 또래 협력과 또래 튜터링이 포함된다. 집단은 동성 및 이성으로 구성된다. 아동은 학습을 주도하며 구두 읽기, 조용히 읽기, 쓰기를 사용하고, 문자적 및 추론적 토론에서 텍스트에 대한 이해력을 입증한다

(Morrow, Sharkey, & Firestone, 1994). 문해력 영역 활동은 아동에게 다양한 형태의 읽기와 쓰기를 경험하게 하고, 선택의 기회를 제공한다. 이러한 활동은 읽기와 쓰기에 대한 흥미를 활성화하고, 기술을 연습하고 배울 수 있는 시간을 제공하는 긍정적인 접근법이다.

이 교재는 성취 수준에 관계없이 모든 아동에게 적합하도록 설계되었으므로 영재 아동, 일반 아동, 특별한 도움이 필요한 아동 등 모든 아동이 사용할 수 있다. 언어 장애가 있는 아동도 인형극과 융판 이야기를 하는 집단의 일원으로 환영받으며 참여할 수 있다. 정기적으로 교사들과 협력하여 여기에 설명된 것과 유사한 프로그램을 실행한다. 린치 선생님은 도시 지역의 2학년 학급을 담당하였다. 아이들과 작별 인사를 나누기 위해 학교 마지막 날 린치 선생님의 교실을 방문했다. 린치 선생님과 함께 문해력 영역 시간 동안 아이들을 관찰하면서 뿌듯함을 느꼈다. 문해력 영역의 매트에 웅크리고 있거나 베개에 기대어 자신이 직접 고른 책을 읽고 있는 아이들을 보았다. 루이스와 라몬은 흔들의자에 꼭 붙어 책을 읽고 있었다. 동물 인형으로 가득 찬 '개인 공간'인 선반 아래에서 마르셀, 패트릭, 로상젤라가 서로 껴안고 있었다.

아이들은 번갈아 가며 책을 읽었다. 테샤와 티파니는 바닥에 융판과 『The Gingerbread Boy』(Galdone, 1983)의 등장인물 도안을 놓고 교대로 그림을 읽고 조작하고 있었다: "달려, 최대한 빨리 달려! 넌 날 못 잡아, 난 진저브레드맨이야!"라고 외쳤다.

네 명의 아동이 모리스 센닥의 『Pierre』(1991) 오디오테이프를 들으며 아동이 책 한 권씩 들고 내레이터와 함께 "난 상관없어, 난 상관없어."라고 외쳤다. 타이론은 큰 책을 가지고 있었고 같은 이야기를 작은 크기로 만든 책을 다른 여러 아이들에게도 나눠 주었다. 교사는 역할극을 하며 다른 아이들에게 책을 읽어 주고 가끔씩 멈춰 서서 누가 읽고 싶은지 물어본다.

교사 주도적 문학 활동

문학 활동은 교사가 모범을 보이면서 시작하여 아동의 흥미를 유도해야 한다. 다음 목록은 정기적으로 사용할 수 있는 몇 가지 동기 부여 제안사항이다.

매일 수행하기

1. 아동에게 이야기와 정보 텍스트를 읽어 주거나 들려준다.
2. 읽은 이야기에서 문자 그대로의 문제와 해석상의 문제에 대해 토론한다.
3. 아동이 교실 도서 코너에서 책을 대출하도록 허용한다.
4. 아동이 읽은 책을 기록하게 한다.

5. 아동에게 도서 코너를 깔끔하게 정리하게 한다.
6. 디지털 문해력을 문해력 수업 경험의 필수 요소로 만든다.

매주 수행하기

1. 교장, 관리인, 간호사, 보조교사 또는 학부모가 학교에서 아동에게 책을 읽어 준다.
2. 글작가와 그림작가에 대해 토론한다.
3. 나이 많은 아동이 나이 어린 아동에게 책을 읽어 준다.
4. 아동에게 서로 책을 읽어 주도록 한다.
5. 아동에게 이야기 DVD를 보여 주고, 헤드셋과 DVD를 영역에 비치한다.
6. 내용 영역 수업에서 교육과정 전반에 걸쳐 문학을 활용한다.
7. 미술을 사용하여 책에 반응한다(예: 특정 그림작가의 이름을 딴 미술 기법을 사용하여 이야기 벽화 그리기).
8. 책으로 만들어진 노래를 부르고, 책을 손에 든다(예: I Know an Old Lady).
9. 아동에게 이야기를 들려주게 한다.
10. 아동에게 이야기를 연기하게 한다.
11. 이야기와 관련된 요리책을 준비한다(예: 돌 수프를 읽은 후 돌 수프 만들기).
12. Clifford the Big Red Dog와 같은 TV 관련 이야기를 읽는다.
13. 학급 도서와 개인 도서를 만들고 제본하여 도서 코너에 보관한다.
14. 융판과 같은 창의적인 기법을 사용하여 이야기를 전달한다.
15. 책과 관련된 게시판을 만든다.
16. 아동에게 자신이 읽은 책에 대한 광고를 쓰게 한다.
17. 책을 관리하고 다루는 적절한 방법에 대해 토론한다.
18. 시를 읽고, 암송하고, 써 본다.
19. 일주일에 몇 번씩 10~20분간 독립적인 책 읽기 시간을 가진다.
20. 대중문화, 스포츠, 디지털 자료, 시사 이슈를 활용하여 진정성 있고 관련성 있는 읽기 경험을 만든다.
21. 만화 소설, 만화책 등 관례적인 텍스트 이외의 텍스트를 포함하여 학생들이 학교 밖에서 읽고 있는 내용에 대해 토론하고 통합한다.

정기적으로 수행하기

1. 개방형 서가에 새 책을 추천하고 소개한다.

2. 도서 코너에 추가된 새 책을 소개한다.
3. 3주마다 25권의 새 책을 도서 코너에 배치한다.
4. 학교 내에 아동이 정기적으로 책을 구입할 수 있는 서점을 마련한다.

1년에 몇 번 수행하기

1. 아동에게 책갈피를 선물한다.
2. 각 아동에게 책을 한 권씩 선물한다.
3. 아동 작가 회의(아동이 쓴 책 공유, 책 제본, 글작가, 그림작가, 동화작가, 시인 초청)를 개최한다.
4. 아동이 책을 구입하도록 도서 박람회를 개최한다.
5. 책을 축하하는 날을 정한다(예: 책 속 등장인물로 분장하고 서로에게 이야기 들려주기).
6. 아동에게 북클럽에서 책을 주문하게 한다.
7. 글작가나 그림작가를 초대하여 아동에게 자신의 작품에 대해 이야기하게 한다.
8. 미술 교사, IT 교사, 음악 교사 등과 협력하여 문학 주제를 교육과정 전반에 걸쳐 다양한 방식으로 활용한다.

문해력 영역 활동에 대한 반응

문해력 영역에 대한 정보는 유치원부터 초등학교 2학년까지 교실을 관찰하고 중재한 연구 결과이다. 이 교실의 아동은 이 장에서 설명하는 활동이 포함된 문해력 프로그램에 참여했다.

이러한 프로그램의 일환으로 문해력 영역 활동에 대한 교사와 아동의 태도를 파악하기 위해 인터뷰를 실시했다. 교사는 아동이 문해력 영역에서 많은 것을 배웠고, 아동이 문해력 영역을 좋아한다고 답했다.

- 아동은 자신이 읽고 싶은 책을 선택할 수 있다.
- 인형이나 융판 이야기와 같은 교구를 사용하여 활동할 수 있다.
- 서로 협력하여 함께 또는 혼자 활동할 수 있다.
- 독립적으로 의사 결정을 내릴 수 있다.
- 이야기 및 정보 제공 텍스트의 이야기 구조에 대해 배운다.
- 새로운 어휘를 배운다.

- 아동은 자신이 읽은 내용이나 읽어 준 내용을 잘 이해한다.
- 책을 좋아하고 다양한 장르의 문학에 대한 지식을 쌓는다.
- 아동은 또래가 기꺼이 자신을 가르치고 도와준다는 사실을 안다.
- 아동은 문해력 영역 활동에 참여함으로써 학습을 지원하는 사회적 분위기가 조성된다는 것을 안다.
- 아동은 모두에게 중요한 것이 문해력 영역에 있다는 것을 배운다. 대부분의 교재는 잘하는 아동과 느린 아동 모두를 위한 것이다.

학생 인터뷰에서 아동에게 문해력 영역에서 무엇을 배웠는지 물었고, 이에 대해 다음과 같이 대답했다.

- 많이 읽으면 읽고 쓰는 방법을 더 잘 배울 수 있다.
- 읽고 있는 내용을 이해하는 방법을 배우고 새로운 단어를 많이 배우게 된다.
- 책을 잘 읽을 줄 아는 아동이 도와주기 때문에 더 잘 읽을 수 있는 방법을 배우게 된다.
- 글작가와 그림작가에 대해 배우고, 그들이 자신과 같은 사람이라는 것을 알면 자신도 작가가 될 수 있다고 생각하게 된다(Morrow, 1992).
- 독서가 재미있다는 것을 알게 된다.

이러한 문해력 프로그램에 참여한 학생은 읽기 준비도 검사에서 훨씬 더 높은 점수를 받았다. 특히 이야기를 다시 말하고 다시 쓰는 능력과 이야기 구조의 요소를 포함하여 독창적인 구두 및 서면 이야기를 만드는 능력에서 프로그램에 참여하지 않은 교실의 아동보다 더 높은 점수를 받았다. 실험 집단 아동은 어휘 사용과 언어 복잡성에서 유의미한 향상을 보였다(Morrow, 1990, 1992; Morrow, O'Connor, & Smith, 1990). 가장 중요한 것은 이러한 문해력 활동이 학생들에게 즐겁고 의미 있는 활동이기 때문에 아동이 본질적으로 동기를 갖고 참여했다는 점이다. 이 아이들은 독자와 작가가 되기 위한 길을 평생 잘 따라갈 것이다.

문해력 흥미 유발을 위한 교사의 역할

교사는 아동의 문해력 읽기에 대한 태도와 자발적인 읽기에 중요한 영향을 미친다. 읽기 실패에 대한 연구에서 분명하게 드러난 사실 중 하나는 읽기와 즐거움 사이에는 연관성이 없다는 것이다. 아동과 청소년의 자발적 읽기를 자극하는 교사의 역할은 잠재적으로 성인이 청소년에게 미치는 영향 중 가장 강력할 수 있다(Irving, 1980, p. 7).

즐거운 문학적 경험을 통합한 프로그램은 책에 대한 흥미와 열정을 불러일으켜 아동의 자발적인 책 사용을 증가시킨다(McKenna, 2001; Marinak, Gambrell, & Mazzoni, 2012). 교사는 매일 아동에게 책을 읽어 주거나 이야기를 들려주어야 한다. 특히 이야기를 읽기 전과 후에 이야기를 토론할 때, 특히 아동의 실제 생활 경험이나 현재 학습 주제에 관한 문제와 관련이 있는 경우 흥미가 높아진다. 유치원 수준에서도 문자 그대로의 토론과 추론 토론을 도입할 수 있다. 다음 사례는 『Goldilocks and the Three Bears』에 대한 토론에서 4세 아동이 추론 및 비판적 이해력을 키우는 과정이다.

『Goldilocks and the Three Bears』를 읽은 후 이야기에서 어떤 등장인물이 착하고, 어떤 등장인물이 착하지 않았는지 물어봤다. 제니퍼는 손을 허공에 흔들며 “골디락스는 착하고, 곰들은 나빴어요.”라고 대답했다. 제니퍼에게 왜 그렇게 생각하냐고 물었더니 “곰들이 골디락스를 무서워해서요.”라고 대답했다.

다른 아동이 손을 들자 팀이 “아니요, 그건 옳지 않아요. 곰은 착하고 골디락스는 나빠요. 골디락스는 곰들이 집에 없을 때 곰들의 집에 들어갔어요. 그녀는 물어보지도 않고 곰들의 음식을 먹었어요.”라고 말했다.

메간은 “맞아요.”라며 “의자를 부수고 침대에서 잠을 자면서 괜찮냐고 묻지도 않았어요.”라고 말했다.

크리스는 “네, 골디락스는 정말 나빴어요. 그녀는 해도 되는지 묻지 않고 나쁜 짓을 많이 했어요.”라고 말했다.

“낯선 사람의 집에 들어가서 골디락스처럼 행동할 건가요?”라고 물었다. 학급 전체 아동이 일제히 “아니요.”라고 외쳤다. 아이들에게 왜 안 되냐고 물었다. 사라는 “그건 나쁜 짓이니까요. 도둑질이나 마찬가지예요. 그녀는 나빴어요. 경찰이 알게 되면 체포할 거예요.”라고 말했다.

글작가와 그림작가에 대한 토론도 흥미를 불러일으켰다. 『Frog and Toad Are Friends』(Lobel, 1979), 『Amelia Bedelia』(Parrish, 1970) 등 동일 글작가의 이야기나 같은 등장인물에 관한 일련의 책을 함께 읽으면 흥미를 더 높일 수 있다. 학급 아이들에게 다양한 종류의 문학 작품을 읽어 주고, 가능하면 학급 주제와 관련된 이야기를 함께 읽는다. 고학년 아동, 교장, 관리인, 사서, 학부모, 조부모를 모집하여 다양한 학급, 소집단, 개인에게 책을 읽어 주도록 한다.

『Old MacDonald Had a Farm』(Quackenbush, 1972)과 같이 많은 인기 민요가 그림 동화책으로 각색되었다. 이 책들은 아동이 단어에 친숙하고, 스스로 책을 읽거나 읽는 척하고 싶어

할 가능성이 높기 때문에 아동에게 읽어 주기에 특히 좋다. 요리는 문학과 관련될 수 있는 또 다른 즐거운 활동이다. 『Bread and Jam for Frances』(Hoban, 1964)와 같이 음식을 소재로 한 그림 동화책이 많이 있다. 이야기를 읽은 후 빵과 잼 또는 적절한 음식을 만들어 볼 수 있다. 미술 활동도 동화 읽기를 통해 동기를 부여할 수 있다. 『The Snowy Day』(Keats, 1996)를 읽은 후 아동에게 파란색 도화지, 흰색 면, 양모, 그릇받침, 분필, 은박지로 겨울 콜라주를 만들게 한다.

『Where the Wild Things Are』(Sendak, 1963)를 읽은 후 유치원생과 초등학교 1학년에게 야생 동물에 대해 생각해 보고, 그림을 그려 보라고 한다. 아동의 그림을 학급 책에 모은다.

즐거운 이야기 읽기 만들기

성인이 동화책을 읽어 줄 때 느끼는 따뜻함은 경험 그 이상으로 지속된다. 여기에는 의식, 공유, 상호 간의 좋은 감정이 포함된다. 어떤 책은 반복해서 읽고, 소장품이 되거나, 교사와 아동 또는 부모와 아동 사이에 특별한 의미가 형성된다. 딸 스테파니와 나는 『Alexander and the Terrible, Horrible, No Good, Very Bad Day』(Viorst, 1972)라는 책과 특별한 인연이 있다. 스테파니가 4세 때 처음 이 책을 읽어 줬는데, 일이 잘 안 풀릴 때마다 "너는 지금 끔찍하고, 안 좋고, 아주 나쁜 하루를 보내고 있는 것 같아."라고 말하곤 했다. 곧 일이 잘 풀리지 않을 때면 딸아이도 저에게 같은 말을 하곤 했다. 스테파니가 7학년이던 어느 날, 운동화 하나만 신고 학교에서 집으로 돌아온 스테파니는 정신 없는 표정이었다. "뭐가 문제니?"라고 물었다. "누가 제 운동화 하나를 훔쳐 갔고, 수업 시간에 친구가 질문을 해서 대답했다가 혼났고, 숙제가 산더미처럼 쌓여 있고, 과제 노트를 잃어버렸어요."라고 대답했다. "정말 끔찍하고, 안 좋고, 아주 나쁜 하루를 보내고 있는 것 같네."라고 말했다. 그녀는 웃으며 "네, 말이 맞아요, 그럼 호주로 이사를 가야겠어요."라고 말했다. "호주에서도 그런 날이 있지."라고 대답했다.

우리 둘 다 웃었다.

보다 최근의 의식은 손자 제임스와 책 『What Cried Granny: An Almost Bedtime Story』(Lum & Johnson, 2002)에서 시작되었다. 이 책에서 패트릭은 처음으로 할머니 집에서 하룻밤을 자게 된다. 할머니는 잠잘 시간이 되었다고 말하지만, 패트릭에게는 침대가 없었고, 할머니는 나무를 베어 패트릭에게 침대를 만들어 주었다. 베개가 없으니 할머니는 양계장에 있는 암탉의 깃털을 모아서 침대를 만드는 등 같은 시나리오가 계속된다. 할머니가 잠잘 시간이 되었다고 말할 때마다 패트릭은 "할머니, 저 담요가 없어요."라고 말하며 빠진 것을 찾는다. 할머니는 "뭐!"라고 외친다. 그래서 잠자리에 들기 전에 제임스(손자)는 "할머니, 오늘 밤은 추운데 양말을 안 주셨어요."라고 말한다. 그래서 뜨개질 바늘을 꺼내 양말을 뜨는 시늉을 하자 순식간에 양말이 만들어졌다. 제임스는 킥킥거리며 웃었다. 이야기 읽기를 통해 얻은 좋은 감정은 읽기 행위 자체로 이어진다(Dickinson, De Temple, Hirschler, & Smith, 1992; International Reading Association, 2006).

이야기(story)라는 단어는 이야기 텍스트와 정보 텍스트를 모두 사용하는 것을 의미한다. 이야기는 사건이나 일련의 사건을 읽고, 말하거나, 보고하는 것을 의미한다. 오랫동안 이야기는 어린 아동이 거의 독점적으로 사용해 왔고, 정보 텍스트는 거의 노출되지 않았다. 아동은 저학년 때 이야기 텍스트를 먼저 읽은 후 고학년 때 설명 텍스트로 정보를 습득해야 한다는 개념이 있었다. 이러한 일방적인 분리는 4학년이 되어 설명 텍스트로 초점이 옮겨 가고 아동이 이 장르에 친숙하지 않을 때 아동이 어려움을 겪었다. 또한 이러한 분리는 3~8세 아동이 정보 책을 이해하고 즐기기에는 너무 어리다는 오해를 만들었다.

이야기 읽기를 최대한 즐겁고 유쾌하게 하려면 다음의 내용이 포함된 좋은 이야기 문학 작품을 선택한다.

- 등장인물, 시간, 장소가 잘 묘사된 **배경**
- 주인공의 문제 또는 목표와 관련하여 잘 디자인된 **주제**
- 주인공이 문제를 해결하거나 목표를 달성하는 데 도움이 되는 일련의 줄거리 관련 사건인 **에피소드**
- 문제에 대한 해결 방법 또는 목표 달성을 의미하는 **결말**

양질의 설명 텍스트는 이야기 텍스트만큼 자주 읽을 수 있도록 선정되어야 하며, 명확한 구조를 포함해야 한다. 아동이 노출되어야 하는 정보 텍스트 유형은 다음과 같다:

- **기술**: 이야기 관찰을 기반으로 독자에게 주제에 대한 그림을 제공한다.
- **순서**: 특정 제품이나 결과를 생성하는 단계를 설명한다.
- **비교 및 대조**: 비교는 일반적으로 두 가지 방식으로 이루어진다. 블록 비교에서는 분류가 비슷한 두 항목을 비교한 후 대조한다. 개별 비교에서는 유사점과 차이점을 번갈아 가며 비교한다.
- **원인과 결과**: 인과관계는 어떤 일이 발생하는 이유를 알려 준다.
- **문제 해결**: 문제가 제시된 다음 해결책을 제시한다. 이 구조를 이해하려면 연대기 순서

에 대한 이해가 필요하다.

- 예시(이유 및 예시): 주요 아이디어는 이를 뒷받침하는 세부 사항과 함께 제시한다(Vukelich, Evans, & Albertson, 2003).

교사는 읽기에 적합한 장소의 편안한 분위기에서 아동에게 책을 읽어 준다. 매일 한 명씩 아동을 가까이 앉히고, 다른 아이들은 한 명 또는 두 명씩 반원 모양으로 둘러앉아 책을 읽게 한다. 흔들의자가 있다면 그 의자를 책 읽을 때 앉는 곳으로 활용한다. 아동은 이야기를 읽는 동안 책 속의 그림 보기를 좋아하므로, 집단을 향하도록 책을 들고 읽거나 적절한 휴식 시간에 책을 돌려서 그림을 볼 수 있도록 한다. 집단에게 이야기를 읽어 주기 전에 혼자서 소리 내어 읽는 연습을 한다. 다른 등장인물이 말할 때 목소리와 표정을 바꾸고, 특별한 사건을 강조하는 등 표현력을 발휘하며 읽어 준다. 이야기 읽기는 극적인 프레젠테이션과 같다. 천천히 그리고 생동감 있게 읽는다. 낭독을 녹음하거나 비디오로 녹화하여 자신의 기술을 평가하고 개선한다. 다음과 같은 소개로 이야기를 시작한다.

오늘은 엄마를 위해 생일 선물을 받고 싶어 하는 어린 소녀의 이야기를 읽어 줄게요. 아무것도 생각나지 않아 토끼에게 도움을 요청해요. 이야기의 제목은 『Mr. Rabbit and the Lovely Present』(Zolotow, 1977)예요. 글작가의 이름은 샬롯 졸로토우, 그림작가는 모리스 센닥입니다. 책을 읽으면서 내가 가장 좋아하는 선물은 무엇인지 생각해 보면 좋겠어요.

이야기를 다 읽은 후 질문으로 토론을 시작한다. "선물의 어느 부분이 가장 마음에 드는지 누가 말해 볼까요?"라고 물어본다. 이러한 평가용 질문 시간을 가지면 학생들의 이해력을 어느 정도 파악할 수 있다.

동화구연과 독립적 읽기

동화구연(storytelling)은 아동을 책으로 강하게 끌어당긴다(Ritchie, James-Szanton, & Howes, 2003). 이러한 매력을 강화하기 위해 동화구연가는 창의적 기법을 자유롭게 사용할 수 있어야 한다. 그렇게 함으로써 동화구연가는 청중과 친밀감을 유지할 수 있다. 이야기를 들려주면 청중의 즉각적인 반응을 이끌어 낼 수 있다. 아주 어린 아동도 한 번에 전체 이야기를 들을 수 있도록 긴 문학 작품을 잘 다듬어야 한다. 예술로 간주되는 동화구연은 대부분의 사람이 완전히 익힐 수 있다. 동화구연은 다양한 배경을 가진 아이들이 모인 교실에서 매우 중요한 기술이다. 이 아이들 중 상당수는 동화책 읽기가 아닌 동화구연이 더 일반적인 문화권에서 성장했다. 이 전략은 모두에게 즐거운 경험을 제공하는 동시에 이 아이들이 교실에서 가정과 같은 편안함을 느끼도록 한다.

이야기를 외울 필요는 없지만 잘 알고 있어야 한다. 이야기에 중요한 기발한 문구와 인용구를 모두 사용한다. 동화 구연 시 해당 표현을 사용하되 극적인 기법이 이야기 자체를 가리지 않도록 한다. 청중을 직접 바라보고 그들의 관심을 집중시킨다. 아이들의 주의 집중력이 떨어질 경우 이야기를 짧게 줄일 수 있다. 이야기를 마쳤을 때 아이들이 그림과 인쇄된 텍스트를 통해 다시 보고 즐길 수 있도록 원본 책을 아이들 가까이에 둔다.

창의적 기법은 동화구연에 생동감을 불어넣는다. 상상력을 자극하고, 청중의 참여를 유도하며, 아이들이 직접 동화구연을 시도하도록 동기를 부여한다. 자신만의 기술을 만들어 본다. 이야기에서 창의적 기술을 위한 단서를 얻는다. 어떤 이야기는 인형을 활용하고, 어떤 이야기는 융판을 활용하며, 다른 이야기는 칠판을 사용하여 이야기한다. 정보 책도 이러한 기법을 사용하여 다시 들려줄 수 있다.

인형(puppets)은 대사가 풍부한 이야기와 함께 사용한다. 손가락 인형, 손인형, 막대 인형, 얼굴 인형 등 다양한 종류의 인형이 있다. 수줍음이 많은 아이들은 강아지 인형과 함께 이야기를 나누며 안정감을 느낀다. 『The Gingerbread Boy』(Galdone, 1983), 『The Little Red Hen』(Pinkey, 2006)과 같은 이야기는 길이가 짧고, 등장인물이 적으며, 반복되는 대화가 많기 때문에 인형을 이용하는 것이 적절하다.

사진 제공: Mark Bassett/Pearson Education

아이들이 가면을 쓰고 이야기를 연기한다.

소리-이야기(sound-story) 기법을 사용하면 청중과 동화구연가 모두 책에서 요구하는 음향 효과를 제공할 수 있다. 효과음은 목소리, 리듬 악기 또는 음악으로 만들 수 있다. 이러한 동화구연을 준비할 때는 먼저 이야기에서 음향 효과를 사용할 부분을 선택한다. 그런 다음, 어떤 소리를 낼지, 누가 소리를 낼지 결정한다. 이야기가 진행되면 학생과 동화구연가는 지정된 소리로 이야기를 들려준다. 발표 내용을 녹음한 다음 CD를 원본 책과 함께 문해력 영역에 비치한다. 소리-이야기 기법을 쉽게 적용할 수 있는 책으로는 『Too Much Noise』(McGovern, 1992), 『Mr. Brown Can Moo! Can You?』(Seuss, 1998)가 있다.

소품 이야기(prop stories)는 쉽게 만들 수 있다. 이야기 속 등장인물과 사물을 표현하는 인형, 놀잇감, 기타 물품을 수집하기만 하면 된다. 동화구연 중 적절한 시점에 소품을 보여준다. 곰 인형 세 개와 금발 머리 인형은『Goldilocks and the Three Bears』(Daley & Russell, 1999)를 이야기하는 데 도움이 된다. 여러 대의 장난감 기차는『The Little Engine That Could』(Piper, 1990)를 들려주는 데 도움이 된다.

분필 이야기(chalk talks)는 청중을 끌어들이는 또 다른 기법이다. 동화구연가가 이야기를 하면서 그림을 그리는 방식이다. 분필 이야기는 큰 칠판에서 이야기를 처음부터 끝까지 순서대로 이어 갈 수 있도록 할 때 가장 효과적이다. 동화구연가는 분필 대신 크레파스나 펠트 마커를 사용하여 벽면의 용지에서도 동일한 기법으로 이야기를 진행할 수 있다. 분필 이야기 기법은 이젤과 차트 용지 또는 오버헤드 프로젝터에도 적용할 수 있다. 간단한 삽화가 있는 이야기를 선택한다. 이야기를 전달할 때 몇 개의 그림만 선택해서 그린다.

『Harold and the Purple Crayon』(Johnson, 1981) 시리즈 전체를 포함하여 일부 이야기는 분필 이야기 형식으로 쓰였다. 해롤드 책에서 해롤드는 이야기가 일어나는 순서대로 그린다.

이야기 등장인물을 활용한 융판과 자석판은 교실에서 인기 있는 중요 도구이다. 등장인물을 직접 만들거나 구매할 수 있다. 나만의 등장인물을 투명 접착지가 덮인 도화지로 만들거나 코팅한다. 오려 낸 종이의 뒷면에 펠트나 사포 조각을 붙여 융판에 달라붙도록 한다. 융판 이야기에 적합한 이야기 및 설명 텍스트는 아이디어의 수가 제한적이거나 이야기 전체에 등장하는 등장인물의 수가 제한적인 텍스트이다.

디지털 기술(digital techniques)은 이야기 경험을 향상시킨다. 이야기를 극적으로 재연하는 장면을 동영상으로 촬영한 아이들은 이 영상을 스스로 보는 것을 즐긴다. 아이들이 이야기를 연기하는 모습을 동영상으로 촬영하는 방법에는 여러 가지가 있다. 휴대폰으로 촬영한 후 컴퓨터로 전송하여 시청할 수 있다. 아이들과 교사는 책을 스캔하여 파워포인트 프레젠테이션으로 만들고, 소리나 배경 음악을 추가할 수도 있다. 학급 웹사이트를 통해 학급 전체 아이들과 공유하고 학부모에게 제공할 수 있다. 이야기를 녹음하는 데 유용한 사이트에는 Voice Thread(http://voicethread.com)와 Animoto(http://animoto.com)가 있다(Kesler, Gibson, & Turansky, 2016).

이것은 동화구연 기법의 전체 목록은 아니다. 그러나 교사는 아이들이 스스로 동화구연가가 될 수 있도록 동기를 부여하기 위해 언급된 모든 기법을 모델링해야 한다. 모델링 후 아이들은 다음과 같이 할 수 있다:

- 교사가 사용한 기법 중 하나를 사용하여 교사가 모델링한 이야기를 들려준다.

- 교사가 선정한 잘 아는 문학 작품을 발표하는 기술을 만든다.
- 완성된 프로젝트를 학급 아이들에게 발표한다.
- 독창적인 이야기를 쓰고 발표할 수 있는 기법을 만들어 본다. 완성되면 아이들은 학급에서 발표하고, 다른 친구들이 사용할 수 있도록 문해력 영역에 배치할 수 있다.

동화구연 활동을 위해서는 이야기의 순서, 세부 사항 및 요소를 알아야 하므로 글자 그대로 이해해야 한다. 아이들은 자료를 만들면서 문제를 해결하고, 이야기에서 어떤 부분을 포함하거나 삭제할지 결정해야 한다. 아이들은 자신의 프로젝트를 학급에서 발표할 때 등장인물의 목소리를 해석한다.

특정 기술을 가르치는 것은 교사의 동화구연 기술 프레젠테이션에 포함된다. 예를 들어, 편지 쓰기 기술을 가르쳐야 하는 경우 『A Letter to Amy』(Keats, 1998) 이야기가 훌륭한 선택이다. 이 이야기는 생일 파티에 여자아이를 초대하고 싶지만, 친구들이 비웃을까 봐 걱정하는 한 남자아이의 이야기이다. 그는 그녀에게 초대장을 보내고 그녀가 올지, 무슨 일이 일어날지 궁금해한다. 이 책에는 초대장에 대한 많은 논의가 담겨 있다. 초대장 쓰기에 대해 가르칠 수 있는 완벽한 기회이다. 에이미에게 보내는 편지의 등장인물이 그려진 융판을 사용하여 이야기를 들려준다. 이야기의 항목 중 하나는 잘 쓰인 초대장이 들어 있는 봉투이다. 편지에는 적절한 제목, 형식 등이 포함되어 있다. 아이들은 이 모델을 사용하여 다른 사람에게 초대장을 쓸 수 있다.

독립적 읽기 장려

연구에 따르면 학교 안팎에서 아이들의 자유 독서량은 읽기 동기 및 성취도와 상관관계가 있는 것으로 나타났다. 초등학생을 대상으로 한 대규모 조사에 따르면 학교 밖에서 하루에 2분씩 책을 읽는다고 응답한 학생은 표준화된 읽기 검사에서 30번째 백분위수 점수를 받은 것으로 나타났다. 하루에 5분씩 읽는 아동은 50번째 백분위수 점수를 받았다. 하루에 10분씩 읽는 아동은 70번째 백분위수, 하루에 20분씩 읽는 아동은 90번째 백분위수를 기록했다(Anderson, Fielding, & Wilson, 1988; Taylor, Frye, & Maruyama, 1990). 자발적으로 읽기를 하는 아동은 평생 읽기에 대한 긍정적인 태도를 갖게 된다.

교사는 독립적 읽기 시간을 최대화하고, 아동이 즐겁게 책을 읽도록 진정으로 격려한다. 생산성을 높이기 위해 독립적 읽기 시간은 파트너와 함께 또는 혼자 할 수 있다. 교실에서 학습하는 내용 영역의 주제, 글작가나 그림작가 또는 특정 장르의 아동 문학에 초점을 맞출 수 있다. 예를 들어, 아동이 동물에 대해 학습하는 경우 교사는 독립적 읽기를 위해 선택한 책이 모두 동물에 관한 주제여도 된다고 설명한다.

교사는 이 책들을 책꽂이에 있는 다른 책들과 분리한다. 독립적으로 책을 읽을 수 있는 특별한 장소나 바구니가 있다. 책 수를 제한하면 아동이 책을 더 쉽고 빠르게 선택할 수 있다 (Ritchie, James-Szanton, & Howes, 2003).

아이들이 과제를 계속할 수 있도록 책임감을 부여하기 위해 교사는 아이들이 독립적으로 책을 읽는 동안 읽은 페이지 수를 기록하거나 읽은 내용에 대해 한 문장을 쓰거나 좋아하는 책의 한 문장을 따라 쓰도록 할 수 있다. 아주 간단하고, 시간이 거의 걸리지 않는 과제로 정한다. 과제가 간단하면 아이들은 안정적으로 독립적 읽기에 집중할 가능성이 높다. 교사는 다음에 제시된 것과 유사한 규칙을 설정하고, 독립적 읽기를 시작하기 전에 이를 검토해야 한다:

- 책을 빠르게 선택한다.
- 한 주기에 한 권의 책만 읽는다.
- 일지에 책 이름과 읽은 날짜를 기록한다.
- 책의 어떤 점이 마음에 들었는지 작가에게 한 문장짜리 쪽지를 작성한다. 날마다 다른 과제를 제공한다.

이야기 읽기 및 동화구연 사례

아이들에게 책을 읽어 주고 이야기를 들려주는 교사들은 정기적으로 중요한 의견을 공유한다.

"아이들은 책 읽어 주는 것을 좋아하고, 이 활동에 질리지 않아요. 2학년이 되면 아이들에게 책을 읽어 주는 것이 더 이상 중요하지 않다고 생각했지만, 아이들이 점점 더 많이 참여하면서 책 읽어 주기 시간의 장점이 분명해졌어요. 이야기를 통해 수준 높은 토론이 이루어졌고, 학생들 각자 삶의 경험과도 연결할 수 있었죠. 작가, 일러스트레이션, 이야기 구조의 요소에 대해 토론했습니다." 이러한 이야기 읽기와 토론을 통해 학생들이 문학을 더 좋아하고, 아동 문학의 다양한 장르에 대해 더 잘 알게 되었으며, 어휘력과 이해력도 향상되었음을 발견했다. 아이들에게 다양한 방식으로 읽기의 모범을 보이는 것이 얼마나 중요한지 깨달았다. 융판용 등장인물과 분필 이야기를 사용하여 책을 읽었다. 아이들이 읽기에 더 흥미를 느낄 수 있도록 하는 방법을 배웠다. 그 결과, 아이들이 내가 읽어 준 책을 읽고 이야기 소품을 사용하는 나의 행동을 따라 하면서 읽기에 대한 욕구가 높아지는 것을 보았다.

한 2학년 아동의 토론은 다음과 같았다: 타미카는 "Peter's Chair에서 삽화는 그림처럼 보여요. 진짜처럼 만들어졌어요. 에즈라 잭 키츠는 그림을 아주 잘 그린다고 생각해요. 그가 사용하는 색감이 마음에 들어요."

페이튼 선생님은 키츠 작가가 그림을 그릴 뿐만 아니라 콜라주 기법도 사용한다고 설명했다. 그의 그림을 자세히 보면 벽지, 신문, 천 등이 그림에 섞여 있는 것을 볼 수 있다.

페이튼 선생님은 다른 책의 양식에 대해 설명해 줄 사람이 있는지 물었다. 마르셀이 손을 들고 "닥터 수스는 키츠와 매우 달라요. 선과 환상적인 작은 모양을 많이 사용해요. 그는 우리가 일반적으로 기대하는 것과는 다른 색을 사람과 사물에 사용해요. 어떤 그림은 만화처럼 보이고 어떤 그림은 실제 사물처럼 보여요."라고 말했다.

아이들에게 어려운 글을 읽어 주면 어휘를 익히고 심도 있는 토론을 하며 스스로 어려운 책을 읽고 싶다는 동기를 부여할 수 있다.

책에 대한 아동의 태도 평가

이야기를 듣거나 조용히 책을 읽거나 책을 보는 동안 아동의 행동을 직접 관찰하는 것은 책에 대한 태도를 평가하는 데 효과적인 방법이다. 아동이 보거나 읽고 있는 책에 얼마나 주의를 기울이고 있는가? 단순히 훑어보기만 하는가? 글이나 그림에는 거의 주의를 기울이지 않고 페이지를 빠르게 넘기는가? 책 전체에 걸쳐 그림과 글에 지속적으로 주의를 기울이는가(Martinez & Teale, 1988)? 또한 다른 선택 기회가 제공되었을 때 아동이 얼마나 자주 책을 보는지 주목해야 한다. 가끔 개별 아동과의 인터뷰에서 학교와 가정에서 가장 좋아하는 것이 무엇인지 물어보면 읽기에 대한 관심을 알 수 있다. 회의 중에 부모에게 아동이 자발적으로 책을 보거나 책을 읽어 줄 때 주의를 기울이는지 물어본다. 동시에 부모에게 아동에게 얼마나 자주 책을 읽어 주는지 물어본다. 책에 대한 아동의 태도를 이해하는 데 도움이 되는 가정 문해 환경에 대한 정보를 수집한다.

아동 이름: ______________________________ 날짜: ______________

교사가 아동을 평가한다.	항상	가끔	전혀	의견
학교에서 자발적으로 책을 보거나 읽는다.				
책을 읽어 달라고 요청한다.				
책을 읽어 주는 동안 주의 깊게 듣는다.				
독서 토론 중에 읽어 준 이야기에 대한 질문과 의견으로 응답한다.				
자발적으로 책을 집에 가져가서 읽는다.				
가정에서 자발적으로 글을 쓴다.				
학교에서 자발적으로 글을 쓴다.				

교사 의견:

[그림 11-3] 읽기 및 쓰기에 대한 태도와 자발적 읽기 및 쓰기 양을 평가하기 위한 체크리스트

Chapter 12

문해력 발달을 위한 동기 부여 환경 조성: 긍정 마인드셋, 기술, 통합 및 놀이

학습 결과

이 장을 읽고 나면 다음과 같이 할 수 있다.

12.1. 문해력 친화적인 교실을 조성한다.

12.2. 독자와 작가에게 동기를 부여하기 위한 전략을 수립한다.

12.3. 교실에서 긍정적 성장 마인드셋을 조성한다.

12.4. 읽기 및 쓰기 활동에 기술을 통합한다.

12.5. 아동이 극놀이를 통해 읽기와 쓰기에 어떻게 참여할 수 있는지 설명한다.

12.6. 문해력 학습을 주제별 단원 및 프로젝트 기반 수업에 통합한다.

해거티 선생님은 교실을 수의사 사무실처럼 꾸몄다. 아이들이 극놀이와 문해력에 몰두하는 모습을 지켜보면서 다음과 같은 것을 보고 들었다.

> 크리스토퍼가 곰 인형을 들고 수의사 사무실에 들어왔다. 그는 의사 프레스턴에게 곰 인형이 매우 아프다고 말했다. 의사 프레스턴은 크리스토퍼의 곰 인형을 진찰하고 환자 폴더에 보고서를 작성했다. 그는 끼적인 내용을 큰 소리로 읽으며 "이 곰 인형의 혈압은 29점입니다. 나아질 때까지 한 시간에 62알의 약을 복용하고, 몸을 따뜻하게 하고, 잠자리에 들어야 합니다."라고 적었다. 그는 글을 읽는 동안 크리스토퍼가 무엇을 해야 하는지 이해할 수 있도록 자신이 쓴 내용을 보여 주었다. 그는 간호사에게 전할 메모를 컴퓨터에 입력하고, 크리스토퍼를 위해 출력해 달라고 부탁했다.

교실에서 동기 부여 촉진

담임 교사를 대상으로 연구를 위한 우선순위를 설문조사한 결과에 따르면, 아동이 읽고 쓰고 싶어 하도록 동기를 부여하는 것이 제안 목록에서 높은 순위를 차지했다(O'Flahavan, Gambrell, Guthrie, Stahl, & Alverman, 1992; Melekoglu & Wilkerson, 2013). 읽기에 대한 동기나 욕구가 없다면 아동이 읽기를 잘 배울 가능성은 거의 없다. 아동은 왜 읽기를 배워야 하는지, 그리고 읽기를 통해 나중에 어떤 이점을 얻을 수 있는지 알아야 한다. 공동체 학습 교실에서 '나는 할 수 있다(I Can)'는 태도를 장려하는 긍정적 마인드셋을 형성하는 것은 동기 부여에 도움이 된다.

동기(motivation)는 특정 활동을 시작하고 지속하는 것으로 정의된다. 동기는 지속적인 몰입을 통해 과업에 복귀하고, 계속 작업하려는 경향으로 간주된다(Brophy, 2008; Gambrell, Palmer, Codling, & Mazzoni, 1996; Guthrie, 2004; Wentzel, 2009). 동기는 일반적으로 외재적 동기와 내재적 동기의 두 가지 영역으로 구분된다.

외재적 동기(extrinsic motivation)는 개인이 목적에 대한 수단으로 어떤 활동에 참여하는 영역을 나타낸다. 명성, 칭찬, 좋은 성적과 같은 외적 보상을 강조한다. 아동이 잘한 일에 대해 스티커나 연필과 같은 외적 보상을 주는 것은 때때로 괜찮을 수 있다. 그러나 이러한 보상의 매력은 곧 사라진다.

즐거움, 도전, 기쁨 또는 상호작용을 위한 행동에 참여하려는 욕구인 **내재적 동기**(intrinsic

motivation)를 키우는 데 중점을 두어야 한다. 아동의 문해력에 대한 내재적 동기의 수준은 성취를 돕거나 방해할 수 있다(Lepper, Corpus, & Iyengar, 2005).

정보를 얻기 위해 또는 의무감 때문에 읽기를 하는 아동뿐만 아니라 즐거움을 위해 선택적으로 읽기를 하고 싶어 하는 아동도 키워야 한다. 즉, 교육자는 아동의 읽기 및 쓰기에 대한 내재적 동기를 개발하기 위해 노력해야 한다. 이를 위해 다음과 같은 기법을 적용할 수 있다:

1. 도전적인 문해력 자료를 선택하여 아동이 문해력이 풍부한 환경에 몰입하도록 한다.
2. 아동이 모방할 수 있는 문해력 행동을 모델링한다.
3. 협력적이고 독립적인 읽기 및 쓰기 활동 기회를 제공한다.
4. 문해력 활동을 선택할 때 아동에게 선택권을 제공한다.
5. 쾌적하고 편안한 분위기에서 아동에게 책을 읽어 준다.
6. 토론, 인형을 이용한 역할극, 다시 말하기 등을 통해 읽은 이야기에 대해 응답하는 시간을 마련한다.
7. 아동이 교실 도서 코너에서 가정으로 책을 가져갈 수 있도록 허용한다.
8. 여러 장르의 아동 문학으로 다양한 경험을 제공한다.
9. 읽기 및 쓰기 동기 부여의 원천으로 기술을 활용한다.
10. 놀이, 수학, 과학, 사회, 미술, 음악 등 모든 내용 영역에서 문해력을 제공한다. 이는 주제별 단원을 사용하여 수행할 수 있다.
11. 교실에서 '할 수 있다(I Can)'는 긍정적 마인드셋을 심어 주고, 배우고자 하는 아동이 모인 교실을 만든다.
12. 학교 도서관 개선, 군인과 펜팔하기 등 아동과 관련이 있고, 아동이 흥미를 가질 수 있으며, 실제 목적이 있는 활동을 제공한다.

독자와 작가에게 동기를 부여하기 위한 전략

읽기와 쓰기의 진정한 목적을 제공하는 문해력 활동은 아동에게 동기를 부여한다. 연구자들은 선택, 도전, 관련성, 진정성, 사회적 협력, 성공을 제공하는 경험이 아동이 읽고 쓰고자 하는 동기를 강화한다는 사실을 발견했다(Guthrie, 2004).

선택

선택은 아동이 교육 경험에서 능동적인 역할을 할 수 있을 뿐만 아니라 개인적인 관심 주제를 탐구할 수 있기 때문에 내재적 동기를 심어 준다(Gaskins, 2003; Guthrie, 2002, 2011). 아동이 문해력 과제를 선택하도록 장려하고, 읽고 쓸 자료를 선택하게 하면 아동은 책임감과 상황에 대한 통제력, 자신감을 가진다. 연필과 종이를 사용하는 전통적인 활동과 기술, 드라마 또는 그래픽 아트를 사용하는 방식을 결합하는 등 문해력 기술을 학습하기 위한 다양한 방식을 선택해야 한다. 한 번에 여러 가지 선택지를 제공하면 아동이 압도되어 결정을 내리지 못할 가능성이 높다.

도전 과제

학생은 활동에 약간의 어려움이 있어도 성취할 수 있는 과제라는 것을 인식해야 한다. 과제는 너무 어렵지도 않고, 너무 쉽지도 않은 것으로 간주되어야 한다. 과제가 너무 쉬우면 아동은 흥미를 느끼지 못한다. 과제가 너무 어렵다면 아동은 좌절한다(McKenna, 2001; Stahl, 2003). 문해력 활동은 모든 학생에게 기준을 맞춰 차별화되어야 한다.

좌절을 최소화하기 위해 교사는 학생이 새로운 기술을 습득할 수 있도록 모델링과 지원을 제공하는 전략인 비계설정에 참여해야 한다. 교사가 **비계설정**(scaffolding)을 적절히 사용하면 도전이 좌절감을 주는 것이 아니라 활력을 불어넣어 준다. 따라서 교사는 새로운 자료가 제시될 때 명시적인 지시와 안내를 제공하고, 아동이 새로운 개념을 익히고 독립적으로 과제를 수행하기 시작하면 점차 뒤로 물러나야 한다. 이러한 점진적인 책임감의 해방으로 인해 아동은 숙달되고 자존감을 쌓고 동기를 키운다. 학생은 과제를 해결할 수 있다고 믿으면 과제를 완수하는 데 더 많은 노력을 기울인다(Brophy, 2004; Guthrie, 2011; Marinak, Gambrell, & Mazzoni, 2012).

관련성 및 진정성

관련성과 진정성은 유사하며, 동기를 부여하는 특징이 있다. 연구에 따르면 아동이 주어진 수업에 대한 관련성을 이해하지 못하면 동기가 부여되기 어렵다(Brophy, 2008; Marinak, Gambrell, & Mazzoni, 2012). 문해력 수업은 교실 밖에서 학생의 문해력을 향상시키는 데 도움이 되어야 한다. 아동은 특정 기술을 배우는 이유와 실생활에서 유용하게 사용하는 방법을 알아야 한다. 예를 들어, 아동이 읽고 자신의 삶과 연관시킬 수 있는 메뉴판이나 신문 기사를 가져와서 음식 주문에 대해 토론한다.

마찬가지로, 아동은 가능한 한 자주 진정한 목적을 위해 읽고 쓰기를 해야 한다. 예를 들어, 학생이 공감할 수 있는 시사적인 사건에 대해 읽게 한 다음 토론을 하는 것은 진정한 읽기 경험이다. 쿠키를 굽는 방법을 읽은 다음 실제로 쿠키를 구워 먹는 것도 진정한 문학 체험이다. 장난감을 만들라는 지시를 따르고, 실제로 조립하는 것도 마찬가지이다. 그리고 가능하면 교사는 평가자를 넘어서서 아동의 청중이 되어야 한다. 아동은 자신의 문해력 창작물을 반 친구들 및 학교 공동체 구성원들과 공유할 수 있는 기회를 가져야 한다. 이렇게 하면 아동은 학습을 단순히 성적을 달성하는 것 이상으로 훨씬 더 포괄적인 것으로 이해하게 된다(Gignoux & Wilde, 2005).

학생의 학교 안팎 문해력 경험이 명확하게 연결되지 않기 때문에 아동은 자신이 배우는 내용과 관련성이나 진정성을 거의 느끼지 못하는 경우가 많다. 아동은 다양한 이유로 읽기와 쓰기를 볼 필요가 있다. 아동은 부모가 감사 편지와 비즈니스 편지를 쓰는 것을 보아야 한다(Wilson, 2008). 읽기와 쓰기가 교실 밖의 목적에 도움이 된다는 것을 알게 되면 동기가 더 크게 부여된다.

사회적 협력

학습에는 사회적 협력이 수반되며, 이는 동기 부여를 증가시킨다. 아동이 노는 모습을 관찰해 보면 대화와 상호작용을 통해 서로 어떻게 배우는지 알 수 있다. 아동이 교사나 또래와 협력하는 사회적 상황에서 학습할 기회를 갖게 되면 혼자서 할 수 있는 것보다 더 많은 것을 성취할 가능성이 높다. 학습은 집단적 과정이 되므로 학습에 대한 책임이 학생 간 공유되어 실패에 대한 두려움이 감소한다. 성인과 마찬가지로 아동도 사회적 상호작용을 통해 서로 배울 수 있는 기회를 즐긴다(Guthrie, 2002; Marinak, 2012). 이러한 환경에서 아동은 서로를 존중하고 공감하며, 서로를 돕는 법을 배운다.

성공

학생이 과제를 완료하면, 이를 성공으로 간주해야 한다(Ritchie, James-Szanton, & Howes, 2003). 아동이 'read'라는 단어의 철자를 'reed'로 읽는 등 어느 정도(전부는 아니지만) 성공한 경우, 올바른 철자에 대해 인정해 주어야 한다. 결국 네 개의 글자 중 세 글자가 맞으므로 아동의 성공에 주목해야 한다. 그러나 동시에 단어의 정확한 철자에 대한 도움이 필요하다. 어떤 아동에게 성공은 프로젝트의 2단계에서 얻는 것이고, 다른 아동에게는 과제를 완료하는 것이다. 성공을 느끼지 못하고, 정적 강화를 받지 못하면 앞으로 나아가지 않고 그만두고 싶은 마음이 드는 경우가 많다.

교실에서 긍정적 성장 마인드셋 조성

긍정적 성장 마인드셋을 조성하면 아동의 동기 부여에 도움이 된다. 무엇을 가르칠지 생각하기 전에 학습이 이루어지는 문화를 고려하는 것이 중요하다. 아동이 위험을 감수하고 어려움을 극복하도록 장려하는 교실 문화는 성장에 필수적이다. 교사와 아동이 협력하고, 서로 돕고, 따뜻하고 지지적인 관계를 나눌 수 있는 환경을 조성한다. 학생과 상호작용하는 방식은 학생이 자신과 타인, 문해력에 대해 배우는 내용에 영향을 미친다.

교사가 아동에게 사용하는 언어와 전달 방식이 교실의 분위기를 결정한다. 첫째, 목소리 톤이 매우 중요하다는 것을 기억한다. 같은 말이라도 긍정적인 격려 또는 비꼬는 말처럼 느껴질 수 있다. 예를 들어, "와, 정말 좋은 책을 골랐구나."라는 말은 어떻게 말하느냐에 따라 선택한 책에 대해 아동의 기분이 좋아질 수도 있고, 정말 나빠질 수도 있다. 비꼬는 말과 비판은 특히 어린 아동에게는 상처를 줄 수 있으므로 항상 피해야 한다. 또한 많은 아동이 관심을 요구하더라도 개별 아동에게 주의를 기울이는 것도 중요하다. 비언어적 행동과 언어를 일치시킨다. 아동이 자신의 문제에 대해 이야기할 때는 교사의 주의와 시선을 아동에게 집중한다. 또한 바람직한 행동에 대한 정적 강화와 과업을 벗어난 행동이나 바람직하지 않은 행동의 방향 전환은 부적 강화보다 훨씬 효과적이며, 훨씬 더 쾌적한 환경을 조성한다.

바람직한 행동을 정적 강화하는 언어는 특정 아동을 호명하기보다는 학급 전체 아동에게 초점을 맞출 때 가장 효과적이다. 예를 들어, "티파니와 데이먼이 도서 코너를 청소하는 모습이 참 보기 좋아요."라고 말하는 대신 "많은 학생이 도서 코너 청소 규칙을 기억하고 있네요."라고 말한다. 마찬가지로, 원하는 행동을 구체적으로 지적하는 언어를 사용한다. 예를 들어, "잘했어요."라고 말하는 대신 "오늘 이야기를 정말 잘 들었구나."라고 과제의 이름을 말한다. 특정 행동의 효과에 대해 생각하도록 유도하는 질문을 하면 아동은 주인의식과 자부심을 갖게 된다. 예를 들어, "작가 스팟이 멋져 보이네요. 종이, 연필, 마커를 제자리에 깔끔하게 놓아 둔 것을 기억하고 있는 것 같네요. 이게 왜 중요한가요?"와 같다.

교육 목적으로 아동과 상호작용할 때는 모든 아동에게 발언권과 참여 기회를 제공하는 기술을 사용한다. 질문을 할 때는 대답할 학생을 선택하기 전에 충분한 대기 시간(약 5초)을 가진다. 이렇게 하면 참여도가 높아지고 아동이 대답하기 전에 생각할 기회를 가질 수 있다. 또한 아직 가르치지 않은 내용을 알고 있는 아동에게만 보상을 주는 질문은 피한다. 예를 들어, "매우 따뜻하고 습한 숲을 뭐라고 부르나요?"라고 질문하는 것으로 열대 우림에 대한 학습을 시작하지 않는다. 이 질문은 열대 우림에 대해 배우는 3일 또는 4일째에는 적절할 수 있지만, 첫날에는 적절하지 않다. 구체적인 답이 있는 질문을 할 때는 단순히 정답을 반복하지 말고, 그 답이 왜 정답인지 설명하는 언어적 강화를 제공해야 한다. 아동의 대답을 확장하는 단어를 사용하는 것이 적절하다. 구체적인 정답을 제시하지 않고, 아동이 자신의 생각을 이야기하고 설명할 수 있는 기회와 교사가 주도하는 토론의 균형을 맞춘다. 예를 들어, 열대 우림에 사는 원숭이 종의 비디오 클립을 시청한 후 아동에게 원숭이가 나무에서 나무로 이동하기 위해 여러 신체 부위를 어떻게 사용하는지 생각해 보도록 요청한다. 아동에게 원숭이가 나무 사이를 잘 이동하는 데 도움이 되는 신체 부위에 대해 서로 이야기할 기회를 준다(예: "친구에게 돌아가서 눈에 띄는 것이 무엇인지 말해 보자……."). 그런 다음 학급 전체 토론으로 돌아가서 아이들에게 토론 내용을 공유하도록 요청한다. 예를 들어, "여러분이 이야기하는 동안 여러 집단이 원숭이 꼬리에 대해 이야기하는 것을 들었어요. 호세, 원숭이가 꼬리를 어떻게 사용했는지에 대해 너와 마이클이 이야기한 내용을 모두에게 말해 줄 수 있니?"라고 말한다.

최근 영향력 있는 저서인 『Mindset』을 쓴 심리학자 캐롤 드웩(2007)의 연구는 어린 학습자에게 가장 도움이 되는 학습 환경의 특성에 대한 생각에 영향을 미쳤다. 교사는 기술을 가르치고 학습 전략을 모델링하는 것이 필수적이기는 하지만, 아동이 '나는 성공할 수 있다(I can succeed)'는 마음가짐을 키우는 데 도움이 되는 메시지가 필요하다는 사실을 인식하게 되었다. 어린 아동이 학습을 고정된 마인드셋(예: 사람들은 선천적으로 무언가를 잘하거나 못한다고 믿는 것)이 아닌 노력을 통한 성장(예: 도전을 극복하기 위해 열심히 일하는 것)이라는 렌즈를 통해 바라보기를 바란다. 교사는 아동이 성장 마인드셋을 갖도록 돕는 언어를 사용할 수 있다. 어려운 과제에 대한 반응을 명시적으로 이야기하고, 아동이 계속 노력하도록 격려하며, 시간이 지남에 따라 개선사항을 알게 된다(Carol Dweck, 2006). 다음은 성장 마인드셋을 촉진하는 언어의 사례이다:

- 청개구리 보고서를 위해 모든 자료를 수집하는 모습을 지켜보았어요. 책을 찾고 온라인에서 사진을 찾기 위해 열심히 노력했어요. 보고서를 작성할 때 가장 어려운 부분은 무엇이었나요? 가장 쉬운 부분은 무엇인가요?

- 지난주에는 이름의 첫 글자를 만드는 방법을 기억했어요. 오늘은 처음 세 글자를 만드는 방법을 기억했어요! 곧 다섯 글자를 모두 쓸 수 있게 될 거예요.
- 어제보다 더 오래 앉아서 책을 읽을 수 있다고 생각했어요. 목표에 도달할 수 있어요.
- 아직 프로젝트를 완료하지 못해서 상당히 답답한 것 같네. 무엇이 어려운지 말해 주겠니? 다시 시작하도록 돕는 몇 가지 방법을 생각해 볼 수 있니?

문해력을 가르치는 동안 교사는 새로운 단어를 해독하고, 이해하고, 새로운 어휘를 배우고, 글을 쓰는 등 학생의 성장 마인드셋을 키우고 전략을 개발하기 위해 동시에 노력할 수 있다. 이는 학생들이 문해력 관련 과제를 수행하는 동안 직면하는 어려움에 대해 직접 이야기하고, 학생들이 다양한 도전에 어떻게 접근하고, 이를 극복했는지 이야기하도록 장려함으로써 달성할 수 있다. 예를 들어, 학생은 자동으로 인식하지 못하는 단어를 해독하기 위한 다양한 전략을 배운다. 교사는 각 전략을 어린 독자와 공유하고, 연습할 기회를 제공하면서 텍스트에서 새로운 단어가 제기하는 어려움에 대해 직접 이야기하고 자신에게 가장 적합한 전략과 이러한 전략을 성공적으로 사용한 방법을 학생이 결정하도록 초대할 수 있다. 안내된 읽기 수업이 끝나면 교사는 "에밀리, 네가 몇 번의 시도 끝에 careful이라는 단어를 알아냈구나. 포기하지 않고 계속 노력해서 정말 기뻤어. 몇 달 전 같았으면 한 번 시도하고 그만뒀을 것 같은데. 동의하니? careful이라는 단어를 알아내기 위해 어떤 전략을 사용했는지 얘기해 주겠니?"라고 말한다. 해독에 사용된 전략에 초점을 맞추고 학생들이 자신감을 갖고 전략을 사용하려는 의지가 높아지는 것에 집중함으로써 교사는 어린 독자들의 성장 마인드셋을 장려한다. 교실 환경이 지지적이고 위험을 감수하도록 장려하고 교사가 성장 마인드셋을 갖도록 도울 때, 문해력과 전략의 학습 기회는 극대화된다.

읽기 및 쓰기에 기술 통합

기술의 발전은 학생들의 문해력 학습 방식을 바꾸고 있다. 종이나 책의 인쇄물에만 의존하던 방식에서 인쇄물과 디지털 자료를 모두 활용하는 방식으로 극적 전환하는 한가운데에 있다. 그리 멀지 않은 과거에는 교육자들이 문해력 교육에 컴퓨터를 보조적으로 사용했지만, 오늘날 컴퓨터와 디지털 기기는 문해력 교육의 필수 요소로 자리 잡았다. 이러한 변화는 교사와 학생에게 새로운 요구 사항을 만들었다(McKenna, Labbo, Conradi, & Baxter, 2010).

이제 문해력 연구에는 다중 양식, 즉 학습, 의사소통, 의미 생성을 위한 대체 양식의 개념이 포함된다. 예를 들어, 어린 아동이 휴대폰, 태블릿, 전자책 리더 또는 컴퓨터에서 교육용 비디오 게임을 할 때 텍스트는 이해를 위한 시각적 요소를 사용한다. 또한 아동은 항목을 클릭하고, 손가락으로 밀거나 넘기고, 글자와 소리를 듣고, 다양한 텍스트를 입력해야 한다. 기기 및 게임 또는 텍스트의 내용과 상호작용하는 각 양식은 서로 다른 기술을 필요로 하는 서로 다른 반응을 이끌어 낸다(Rowsell & Lapp, 2010).

학문적 문해력이 관련성 있고, 진정성 있으며, 동기를 부여하기 위해서는 문해력 교실이 이러한 변화를 수용하고, 이를 반영하도록 교육적 실천을 바꿔야 한다. 교사는 일반적으로 자신이 배웠던 방식으로 가르치는 것이 가장 편하지만, 그 방식이 오늘날 아동이 배우는 방식과 반드시 같은 것은 아니다. **새로운 문해력**(new literacies)을 반영하여 교육을 재설계하려면 먼저 문해력 습득이 인쇄물, 미술, 음악, 기술 등 다양한 방면에서 이루어진다는 점을 인정해야 한다. 즉, 문해력 지도의 목적을 위해 기술과 기술 양식을 활용하고, 기술을 통해 제공되는 새로운 기회와 영향을 반영하기 위해 변경하려면 시간과 용기가 필요한다.

교사는 새로운 문해력이나 기술을 통합할 때 열린 마음을 유지해야 하며, 성공하지 못하는 것도 학습 과정의 일부임을 인식해야 한다(Sheridan & Rowsell, 2010). 학생들이 교사로부터 배울 수 있는 훌륭한 교훈이다! 또한 많은 학군과 교사 평가 모델에서 관찰 프로토콜에 기술 사용을 고려하고 있으며, 기술이 의도적인 교육을 대체할 수는 없지만, 교사는 이러한 도구의 사용이 문해력 전략과 기술을 가르치는 데 어떤 도움이 되는지 고려하도록 권장한다.

학생들이 교사보다 이러한 새로운 문해력에 더 친숙한 경우가 많다는 점에 유의할 필요가 있다. 학생들은 디지털 원어민이지만, 교사는 디지털 이민자일 수 있다(Prensky, 2001). 다시 말해, 아동은 "평생을 컴퓨터, 비디오 게임, 디지털 음악 재생기, 비디오 캠, 휴대폰 및 기타 디지털 시대의 모든 장난감과 도구에 둘러싸여 사용하며 살아왔기 때문에" 이러한 기술은 자연스럽고 삶에서 필수적이다(Prensky, 2001, p. 1). 오늘날의 아동은 과거 세대의 아동과는 다르게 사고하고 정보를 처리한다. 디지털 시대에 태어나지 않았지만, 기술을 활용하고 통합하려는 우리는 의식적으로 삶과 교육에 기술을 포함시키도록 선택해야 한다(Prensky, 2001).

우리는 기술을 교실 교육에 효과적으로 통합해야 한다. 컴퓨터 관련 활동은 ① 교사의 대화형 시연과 ② 학생과 교사 간 협력과 같은 계획된 활동을 통해 일상적인 교실

문해력 영역 시간 동안 아동은 DVD로 책을 듣도록 선택할 수 있다.

일과에 통합되어야 한다(McKenna et al., 2010). 교사가 기술을 문해력 지도에 통합하는 데 도움이 되도록 교사 주도 수업 및 학생 프로젝트에서 기술을 사용하기 위한 실제적 아이디어와 도구에 대해 논의한다.

또한 기술을 교실에 통합하기 위해 의도적으로 노력해야 한다. 예를 들어, 아동이 디지털 문해력 도구를 정기적으로 사용하기 때문에 교사는 아동에게 키보드 사용법을 적극적으로 가르쳐야 한다. 많은 아동이 학교에서 키보드를 보지 않은 채 타이핑하기를 배우기 전에 스스로 독수리 타법을 익힌다. 일단 독수리 타법을 배우면 키보드를 보지 않고 타이핑하는 습관으로 변경하기 어렵다.

따라서 1학년과 2학년 때 키보드를 보지 않고 하는 타이핑을 가르치는 것이 현명하다. 교사가 아동과 함께 컴퓨터를 사용하는 일반적인 방법은 인터넷 프로그램을 사용하는 것이다. 학생들이 인터넷을 학습 도구로 사용하도록 허용할 때는 이러한 일반적인 규칙을 따라야 한다(Wepner & Ray, 2000).

아동을 위한 지침은 간결하고 명확하며 따라 하기 쉽다. 활동은 흥미를 유발하고, 적극적인 참여를 촉진하며, 아동의 관심과 흥미를 유도한다.

- 내용은 아동이 학교 교육과정에서 배우는 내용과 일치하고 확장된다.
- 이 프로그램은 학습하는 개념에 대한 연습을 제공한다.
- 아동이 독립적으로 활동하도록 텍스트에 내레이션과 강조 표시가 되어 있다.
- 교사가 사이트에 대한 지침을 제공하기 위한 정보가 있다.
- 평가를 제공한다.

음소 인식, 발음 중심 지도, 이해력, 쓰기 및 어휘력 발달과 같은 모든 유형의 문해력 기술에 대해 양질의 웹 사이트를 사용할 수 있다. 웨프너와 레이(2000)에 따르면 발음 중심 지도 및 음소 인식과 같은 읽기 능력을 발달시키기 위한 양질의 프로그램을 선택하려면 다음과 같은 기준을 사용해야 한다: 예측 가능한 순서로 ① 기술을 소개하고, ② 피드백이 집중적이고 즉각적으로 이루어지며, ③ 반복적인 피드백 기회가 있고, ④ 아동이 능동적인 방식으로 참여한다.

아동 문학 전자책은 아동에게 다양한 방식으로 이야기를 들려준다. 화면에서 이미지가 움직이고, 책을 소리 내어 읽어 주며, 텍스트가 선명하게 표시된다. 이러한 이야기는 애니메이션이 가능하기 때문에 아동에게 동기를 부여한다. 전자책의 또 다른 장점은 K-W-L과 같은 기술 발달 기법, 이야기 구조 발달 강조, 직접 읽기 및 사고 활동 포맷 사용(Wepner

& Ray, 2000)이 책에 내재되어 있다는 것이다. 일부 전자책은 starfall.com 및 PBSkids.org와 같은 웹 사이트에서 무료 또는 약간의 비용으로 이용할 수 있다(McKenna et al., 2010). 또 다른 잘 알려진 자원으로는 난독증 학생과 학습장애 학생을 돕기 위해 고안된 청각 도구인 learningally.org가 있다. 선호하는 도구에 관계없이 이러한 전자책의 대부분은 학교의 여러 디지털 도구에서 동시에 여러 개 또는 모든 전자책을 다운로드할 수 있다. 전자책은 아동에게 읽기 동기를 부여하고, 단어 분석, 이야기 세부 사항 기억, 이야기 구조에 대한 감각의 성취도를 향상시키는 것으로 밝혀졌다(Kinzer & McKenna, 1999; Labbo & Ash, 1998; Stine, 1993; Siegle, 2012).

인터넷은 무한한 가능성을 제공하는 일반적인 수업 도구가 되었다. 펜팔 친구들은 이메일을 통해 전 세계에서 즉시 연락을 주고받는다. 인터넷은 아동이 학습 주제와 관련된 정보를 얻을 수 있는 무한한 자원이다. 예를 들어, 학급에서 '우주'에 대해 배우는 경우 교사는 인터넷에서 픽션 및 논픽션 도서의 제목 모음과 교실에서 해당 도서를 찾을 수 있는 위치에 대해 찾을 수 있다. 이러한 책은 전자 형식으로 되어 있어 아동이 인터넷에서 읽거나 들을 수 있다. 교사는 아동이 우주에 관한 정보를 얻을 수 있는 적절한 웹사이트(예: 아동에게 읽기 및 상호작용 기회를 제공하는 NASA 웹사이트)를 찾도록 도와야 한다. 교사는 신뢰할 수 있는 출처를 사용하여 주석 달기 및 자세히 읽기 전략을 통해 학생에게 논문을 분석하도록 가르친다. 사용 가능한 정보가 너무 많기 때문에 교사는 교육과정 지침과 주제 단원을 참조하여 텍스트 세트 또는 동일한 주제와 관련된 텍스트 모음을 개발해야 한다. 이러한 접근법을 사용하면 교육과정 전반에 걸쳐 미리 전달된 복잡한 주제와 내용을 학생이 더 잘 이해하게 된다.

인터넷은 이해력을 키우고 궁금증을 통해 학생의 흥미를 유발하는 것 외에도 상호 활동적인 방식으로 쓰기를 경험하는 기회를 제공한다. Pbskids.org에서는 어린 이야기 작가를 위한 쓰기 대회를 개최한다. 온라인 도구를 통해 학생은 이미 작성한 이야기의 일러스트레이션과 텍스트를 업로드하거나, 사이트에 저장된 일러스트레이션과 그리기 도구를 사용하여 이야기를 만들 수 있다.

학교와 교실에서는 상업용 웹사이트나 단체 웹사이트에 접속하는 것 외에도 다양한 이유로 자체 웹사이트를 만들 수 있다. 아동의 작품을 웹사이트에 게시하고, 전자 뉴스레터를 학부모에게 보낼 수 있으며, 웹사이트는 학교 밖에서 학습 내용에 대해 토론하는 공간을 제공한다.

마찬가지로 많은 교사가 수업용 블로그를 만든다. 블로그(blog)는 개인이 자신의 생각과 감정을 게시하거나 주제에 응답하는 인터넷 포럼이다. 블로그는 저널이나 일기와 비슷하지만, 작성자가 공개하여 인터넷에서 사용할 수 있다는 점만 다르다. 블로그는 관심 있는 주제에 대한 개인 블로거의 사적 응답이다. 블로그는 연필과 종이로 쓴 일기를 대체하거나, 시사적인 사건에 대한 반응을 기록할 때 훌륭한 대안이 될 수 있다. 블로그를 만들 수 있는 사용자 친화적인 무료 사이트는 www.blogger.com이며, 현재 이 사이트는 Google 온라인 도구의 일부이다.

교실에서 다양한 방법으로 디지털 문해력을 활용하고 있는 문해력 교사 크리스티나 휴스는 초기 문해력 블로그에서 교실 웹사이트의 기술 활용에 대한 다음과 같은 아이디어를 제안한다. 다음과 같은 다양한 수업 활동을 저장하기 위한 탭을 만들 수 있다:

- 서평
- 책의 절에 대한 풍자극 녹화
- 비디오 클립의 주제 관련 활동
- 교실 뉴스 블로그
- 성찰 블로그
- 부모 업데이트/의사소통
- 이야기 공유(텍스트 또는 오디오를 통해 학생 이야기 게시)
- 시

다음 블로그 웹사이트는 블로그를 문해력 지도를 지원하는 도구로 활용할 수 있는 다양한 방법을 보여 준다:

- 3학년 교사 블로그: http://yollisclassblog.blogspot.com
- EL 교사 블로그: http://rosenglish.blogspot.com
- 교사 공개 행사 블로그: http://creativevoicepbs.blogspot.com

웹사이트는 모든 교실에서 필수적인 부분이어야 한다. **위키**(wiki)는 수업 활동을 기록하고 활동에 참여할 수 있는 온라인 공간이므로 학급 웹사이트가 될 수 있다. 학생은 위키에 의견을 게시할 수 있다. 위키가 특히 유용한 이유는 비용을 지불하거나 특정 소프트웨어 없이도 만들 수 있다는 점이다. 웹사이트 구축용 프로그램을 가지고 있는 교사는 이를 사용할 수 있다. 웹사이트나 위키를 통해 학생들은 교사 또는 서로가 게시한 토론 질문이나 활동에 응답할 수 있다. 시각 자료, 팟캐스트 및 웹사이트 링크를 위키에 추가할 수 있다. 위키를 설정하기 위한 사용자 친화적인 사이트는 www.wikispaces.com이다. 누구나 비용이나 특별한 프로그램 설치 없이도 자신만의 공간을 만들 수 있다. 초기 문해력 교실에서 웹사이트 또는 위키 공간을 사용하기 위한 더 많은 아이디어에는 다음과 같은 게시글이 포함된다.

- 협력적 쓰기
- 학급 이야기
- 프로젝트에 대한 아이디어 브레인스토밍
- 주제에 대한 동영상, 이미지 및 링크
- 학생 공개 행사(학생은 콘텐츠를 업로드할 수 있는 자신의 페이지를 가짐)
- 수업 주제에 대한 토론
- 다른 학급과 공유할 수 있는 자원 도서관이다.

패들렛(http://padlet.com)은 위키에 추가할 수 있고, 공지 사항을 게시하고, 사람들에게 안부를 전하고, 메모를 남기는 등의 작업을 하기에 적합한 온라인 게시판이다. 학생들이 디지털 포스트잇 메모를 '붙일(stick)' 수 있는 온라인 게시판이라고 생각하면 된다. 예를 들어, 교사가 오늘의 단어 게시판을 만든 다음 해당 단어가 포함된 문장을 학생들이 게시판에 게시하도록 할 수 있다.

또한 많은 교사가 게시 내용과 공유 방법을 교사가 통제할 수 있는 디지털 앱인 SeeSaw를 사용한다. 예를 들어, 교사는 읽기 워크숍에서 전략 수업에 학생들을 참여시키고, 나중에 학생들에게 가장 잘한 주석의 스냅숏을 찍어 달라고 요청할 수 있다. 학생들은 학급 코드를 사용하여 로그인하고, 자신의 작업을 공유하고, 다른 사람의 내적 대화와 사고에 댓글을 달 수 있다. 디지털 협력을 위한 기회는 무궁무진하며, 모든 학생이 목소리를 낼 수 있다. 학생 과제와 관련된 게시판 디스플레이도 사용할 수 있다. SeeSaw를 사용하면 학부모가 스마트폰으로 QR 코드를 스캔하여 자녀의 작업물로 바로 이동할 수 있다. 디지털 자원의 많은 기본 기능은 무료이지만, 디지털 문해력 포트폴리오 생성과 같은 더 복잡한 도구 사용은 추가 기능을 구매하여 접근할 수 있다.

인터넷에 업로드할 수 있는 오디오 및/또는 시각적 녹음이 포함된 디지털 미디어 파일인 **팟캐스트**(podcast)는 수업에 널리 사용되는 또 다른 기술이다. 팟캐스트는 학급 웹사이트에도 게시할 수 있다. 예를 들어, 교사가 학급 위키 웹사이트를 만든 경우 위키의 시작 페이지에 팟캐스트를 업로드할 수 있다. 그러면 학생들은 팟캐스트를 클릭하고, 교사의 이야기를 듣거나 볼 수 있다. 새롭고 신나는 한 해를 맞이하는 학생들을 환영할 수 있는 멋진 방법이다! 또한 팟캐스트는 모든 컴퓨터에서 볼 수 있기 때문에 가족 구성원들이 팟캐스트를 클릭하고 교사와 친해질 수 있다. 소개 팟캐스트를 통해 학생은 물론 가족들과도 즉각적인 관계를 형성할 수 있다. 팟캐스트는 학생 및 가족과 효과적이고 흥미진진한 소통을 할 수 있는 훌륭한 장소이다. 이러한 기술 활용은 반복 읽기를 통해 학생들의 읽기 유창성을 더욱 발전시키는 데에도 사용된다. 자신의 작품이 공개된다는 것을 알기 때문에 학생들은 자신의 유창한 읽기 능력을 뽐내기 위해 다시 읽도록 동기 부여와 격려를 받는다.

교사의 성공적인 팟캐스트 모델을 본 학생들은 교사의 도움을 받아 학급 프로젝트 및 활동을 위한 팟캐스트를 만들 수 있다. 이러한 디지털 파일은 학급 웹사이트에 업로드하여 학부모가 가정에서 시청하도록 할 수 있다. Audacity는 교사가 다운로드하여 사용할 수 있는 오디오 팟캐스팅용 무료 오픈 소스 프로그램이다. 비디오 팟캐스트의 경우 교사는 외부 웹캠을 사용할 수 있다(컴퓨터에 웹캠이 내장되어 있지 않은 경우). Mac 사용자를 위한 iMovie 또는 Windows 사용자를 위한 Windows Movie Maker와 같은 컴퓨터 프로그램은 비디오 녹화, 편집 및 저장을 지원한다. 다음 웹사이트에서 팟캐스트에 대한 자세한 정보를 확인할 수 있다:

- 학생 녹화 인터뷰: www.podkids.com.au
- iPod 플래시카드: www.mrcoley.com/flashcards/index.htm
- 수천 개의 교육 관련 팟캐스트: http://tinyurl.com/66grdx
- 교실용 포켓 비디오 카메라 사용의 흥미로운 43가지 방법: http://tinyurl.com/ 234bdqf
- Podomatic.com

블로그와 위키는 모두 문해력 동기를 촉진할 수 있는 온라인 협력 커뮤니티이다. 두 형식 모두 사회적 담론에 크게 의존하고 있는데, 이는 참여 동기를 높이는 요인들 중 하나이다(Boling, Castek, Zawilinski, Barton, & Nierlich, 2008; Morgan & Smith, 2008). 또한 많은 고학년 학생은 여가 시간에 이미 디지털 협력 기술을 사용하고, 저학년 학생들은 형제와 부모, 기타 친척이나 학교에서 디지털 협력 기술을 경험했을 가능성이 높기 때문에 이러한 공간은 학생에게 적절하고 진정한 공간이다. 수업 시간에 의사소통을 잘하지 못하는 학생은 온라인 포럼에서 더 편안하게 소통할 수 있다. 이러한 담론의 최신 형태에는 학생들이 협력하고, 동료와 교사로부터 피드백을 받고, 디지털 방식으로 과제를 제출할 수 있는 Google classroom의 사용이 포함된다. Google 문서 도구를 통해 완성된 작업의 디지털 기록을 유지함으로써 학생들은 학년의 주요 시점(예: 매 분기)에 독자와 작가로서 어떻게 성장했는지 성찰할 수 있다. 학생의 작업에 대한 성찰은 교사와의 보다 의미 있는 읽기 및 쓰기 회의를 유도하고, 교사는 학생들이 일 년 동안 달성할 추가 목표를 선택하도록 유도한다. 디지털 학습 환경을 사용하여 이러한 목표를 모니터링하면 학생들이 새로운 성공을 경험할 수 있는 긍정적인 태도로 학습 계획을 수행하는 성장 마인드셋을 키울 수 있다.

그러나 교사는 특히 어린 아동의 인터넷 사용에 대한 학군의 정책도 숙지해야 한다. 또한 교사는 학생들이 블로그나 위키와 같은 온라인 커뮤니티에 가입하기 위해 학부모의 허가를 받아야 한다. 교사는 학생들에게 다양한 웹사이트를 찾고, 탐색하고, 사용하는 방법을 명시적으로 가르치는 데 시간을 투자해야 한다. 교사는 디지털 자료 사용에 대한 규칙, 책임 및 기대치를 설명해야 한다.

교사는 아동에게 유익한 웹사이트의 교육적 용도를 소개한다. 학생들이 자신에게 유용한 웹사이트를 찾도록 돕고, 스스로 다른 웹사이트를 찾는 방법을 배우도록 돕는 것은 교사의 책임이다. 안전을 위해 교사는 학생들이 인터넷에 접속하는 동안 적극적으로 모니터링하고, 가정에서도 부모가 모니터링하도록 권장해야 한다. 유용한 참고 도서로는 아동을 위한 최고의 웹사이트 1001(Kelly, 2004)이 있다. 웨프너와 레이(2000)는 아동용 웹사이트를 선택할 때 다음과 같은 사항을 고려하도록 권고한다:

- 웹사이트가 빨리 로딩된다.
- 콘텐츠에 대한 전체적인 개요가 제목 페이지에 표시된다.
- 웹사이트의 콘텐츠가 여러분의 목적에 부합한다.
- 필요한 사이트의 페이지로 연결되는 아이콘과 관련 사이트로 연결되는 아이콘이 있다.
- 그래픽이 매력적이고, 개념을 더욱 돋보이게 한다.
- 내레이션은 명확하고, 학습할 개념을 향상시킨다.
- 학부모와 공유하기 전에 추천 사이트의 URL을 확인하여 해당 사이트가 여전히 사용 가능하고 안전한지 확인한다.

교사는 문해력 동기를 강화하기 위해 새로운 문해력을 수업에 통합할 수 있다. 교육과정에 해당하는 YouTube(www.youtube.com)의 비디오 클립을 보여 준다. Discovery Education(streaming.discovereducation.com)에는 주제 및 학년별로 정리된 교육용 비디오 클립이 포함되어 있다. YouTube는 무료로 접속할 수 있지만, Discovery Education은 구독해야 한다. 학습을 향상시키기 위한 다른 유명한 동영상 자원으로는 watchknowlearn.org, ted.com/talks, brainpop.com 같은 사이트가 있다. 학생들에게 머리를 식히고, 스트레칭을 하며 에너지를 발산할 기회를 제공한다. gonoodle.com을 확인해 보자. 클립의 위치에 관계없이 교사는 항상 클립 전체를 미리 보고, 학생 시청자에게 관련성과 적절성을 확인한다.

초등학교 1학년 선생님이 만든 웹사이트이다.

PowerPoint 프레젠테이션과 Google 슬라이드 프레젠테이션도 수업과 정보 공유를 위한 또 다른 방법을 제공한다. 이러한 유형의 활동에는 소리, 움직임, 색상 및 시각 자료를 포함하여 학습 내용을 향상시킨다. 프레지(www.prezi.com)는 교실 수업의 역동적인 프레젠테이션을 향상시키는 또 다른 디지털 프레젠테이션 도구이다.

특히 신입 교사는 교실에서 사용 가능한 모든 기술적 가능성에 압도당하기 쉬우며, 이 장에서 설명하는 교재교구는 계속 발전하는 수많은 새로운 문해력 중 일부에 불과하다. 이 책을 손에 쥐거나 디지털 버전을 다운로드할 즈음에는 더 많은 자원이 수업 개선에 활용될 것이다. 그럼에도 교사들은 두려움 때문에 이러한 자원을 학생들이 사용하지 못하도록 해서는 안 된다. 어떤 교사는 한 가지 기술을 선택하여 장기간에 걸쳐 학습하기도 한다. 가능하면 같은 기술을 배우는 데 관심이 있는 동료 교사와 협력하는 것이 좋다. 교사는 습득하고자 하는 새로운 기술에 대한 전문성 개발 기회를 모색한다.

창의력, 의사소통, 정보 검색을 위한 모든 기능을 갖춘 새로운 문해력 교재교구는 학습을 위한 일상생활에 포함되어야 한다. 아동은 매일 이러한 기술을 활용해야 한다. 모든 학년에 필요한 거의 대부분의 아이디어가 포함된 우수한 웹사이트의 짧은 목록은 다음과 같다:

- Annenberg Learner
- Read, Write, Think
- Reading Rockets
- Read Works
- Teaching Channel
- Thinkfinity
- Doug Fisher and Nance Frey's YouTube Teaching Channel

기술은 실시간으로 변화한다. 오늘 존재하는 기술은 내일 다른 활동을 할 수 있는 기술로 대체될 수 있다. 이 영역에 발을 들여놓으면 계속해서 더 많은 것을 배우고, 계속해서 더 쉬워진다. 이는 새로운 아이디어, 새로운 소재, 새로운 가능성 등 새로운 문해력의 세계를 살짝 엿보는 것에 불과하다. 우리가 가능성이라고 생각했던 것이 이미 현실이 되었다. 일부 학교에서는 아동이 교과서를 사용하지 않고, 이음새가 터질 것 같은 책가방을 메지 않는다. 대신 태블릿과 전자책을 들고 다니며, 과학, 사회, 수학, 읽기 등 필요한 모든 텍스트를 다운로드한다. 학군은 또한 온라인 텍스트에 대한 접근 권한을 구매하여 교재 비용을 절약한다. 교사는 자신이 근무하는 학교의 디지털 환경을 평가하고, 이를 지도 기술 사용과 관련된 목표 설정의 출발점으로 삼아야 한다.

디지털 도구

오늘날의 교육 환경에서 교사와 학생은 수많은 신기술과 웹사이트를 수업에 통합해야 할 뿐만 아니라 이러한 소프트 기술과 함께 사용할 수 있는 다양한 디바이스를 지속적으로 늘려야 하는 상황에 직면해 있다. 거의 20년 동안 교실의 방어자였던 개인용 컴퓨터와 노트북 기술은 이제 휴대폰, 태블릿, 디지털 화이트보드가 결합되어 고유한 기능을 갖추고 있으며, 일부 중복되는 기능도 있다. 태블릿은 개인적인 디지털 경험을 가능하게 하고, 디지털 화이트보드는 집단적인 디지털 문해력 경험을 지원한다.

태블릿. 태블릿은 현대 교실의 일부가 되었으며, 각 태블릿 플랫폼에서 사용할 수 있는 수많은 교육용 애플리케이션(앱)이 있다. 그러나 태블릿 유형과 운영 체제가 확산됨에 따라 교사는 교실에서 사용하려는 앱이 해당 플랫폼에서 사용 가능한지 고려해야 한다. 이는 특히 지배적인 플랫폼이 심각한 경쟁을 벌이기 시작할 때(예: Apple의 iPad가 Google의 Android 플랫폼을 사용하는 태블릿에 시장 점유율을 잃은 경우) 고려해야 할 사항이다. 교육용 앱은 하나 또는 두 개의 플랫폼에서만 사용할 수 있으므로 학생에게 앱 사용을 요청하기 전에 학생이 사용 중인 장치에서 앱에 접근 가능한지 확인해야 한다. 여러 플랫폼을 사용할 수 있는 교실의 경우 모든 학생이 교재를 활용하는 것이 특히 중요하다.

대화형 화이트보드. 전자/대화형 화이트보드는 대형 태블릿으로 변환할 수 있는 소프트웨어가 포함된 디스플레이 보드이다. 디스플레이의 기술력으로 인해 디지털 화이트보드의 기술을 올바르게 사용하면 교육 효과를 크게 높일 수 있다. 컴퓨터에 연결하고 LCD 프로젝터를 연결하기만 하면 필요한 모든 것을 갖추게 된다. 이 보드에는 관련 정보를 쓰고, 클릭하고, 끌어서 강조 표시할 수 있는 터치스크린 기능이 있다.

문해력 교육 측면에서 대화형 화이트보드는 다양한 용도로 활용할 수 있다. 예를 들어, 학생들은 보드를 사용하여 철자 단어를 터치하고 정렬할 수 있다. 칠판의 문맥 단서를 사용하여 숨겨진 미스터리 어휘 단어를 추측할 수 있다. 수업내용을 저장하고, 다시 보고, 인쇄할 수 있다. 전자 화이트보드가 인터넷에 연결되어 있기 때문에 교사는 여러 대화형 멀티미디어 웹사이트 중 하나를 대집단 및 소집단 수업에 쉽게 통합할 수 있다. 전자칠판은 PowerPoint 슬라이드를 표시하고, TeacherTube 및 YouTube에 연결할 수 있다. 베르네로 선생님의 교실에서는 학생들이 American Idol TV 쇼에서 영감을 받아 자신만의 버전인 Fluency Idol을 만들고 플레이하며 읽기 기술을 연습한다. 타피아 선생님의 교실에서는 복잡한 텍스트가 대화형 화이트보드에 업로드되어 학생들이 함께 정보를 자세히 읽고 주석을 달 수 있다. 대화형 화이트보드는 대집단 수업을 위한 자료 탑재 공간을 제공하지만, 교사는 나중에 소집단 수업이나 개별 연습을 위해 이 도구를 활용할 수도 있다.

가상 현장 학습. 교육자로서 우리는 전 세계의 모든 학생이 교실에서 학습 관련 장소와 사물을 직접 체험하기를 바란다. 이는 기술 덕분에 가능하다. 가상 현장 학습의 인터랙티브 동영상을 통해 학생들은 박물관, 건축물, 국립공원 등을 탐험할 수 있다. Google 지도/스트리트뷰와 Google 어스를 통해 학생들은 외국 도시를 방문하여 거리를 걷고 있는 느낌을 받는다. 이 링크를 사용하여 학생들과 공유할 수 있는 다양한 무료 현장 학습 정보를 검색한다 (www.internet4classrooms.com/vft.htm).

한 영유아교사가 아이들을 데리고 이스라엘로 여행을 떠났다. 아이들은 비행기를 타고 조종사와 승무원이 되는 상황을 연출했다. 아이들은 표지판을 읽고, 안전 규칙을 준수하며, 비행을 즐겼다. 이스라엘에 도착하자 인터넷을 통해 통곡의 벽(wailing wall)을 방문하고, 사랑하는 사람들에게 메시지를 남겼다. 인터넷을 통해 가상으로 마사다에 올라 수천 년 전 마사다(Masada)에서 일어난 일에 대한 이야기를 들었다. 아이들은 인터넷에서 벗어나 여행에 대한 그림을 그리고 사진을 인쇄하였다. 학부모는 아동의 지식과 경험에 대한 설명에 큰 감동을 받았다. 많은 사람이 체험이 얼마나 생생했는지, 아동이 가정에서 얼마나 많은 이야기를 나눴는지에 대해 언급했다. 한 아동에게 여행에 대해 물었더니 "아직 집에 도착하지 않았어요, 도착하면 말씀드릴게요."라고 대답했다.

디지털 동화구연. 디지털 이야기는 학생들에게 오디오, 비디오 및 정지 이미지를 조합하여 개인적인 이야기를 공유하거나 좋아하는 이야기를 다시 들려줄 수 있는 기회를 제공한다. 이러한 이야기는 학급 웹사이트에 블로그 형식으로 게시하여 학생들이 서로 공유할 수 있다. 다음 링크에서는 학생들과 함께 디지털 동화구연을 사용하기 위한 자원, 예시 및 아이디어를 제공한다(www.techteachers.com/digitalstorytelling.htm).

기술의 고유한 기능 활용

문해력 학습에 대한 흥미를 유발하기 위해 기술을 사용할 때는 기술의 고유한 기능을 활용하는 것이 중요하다. 기술을 최대한 활용하면 학생의 경험을 극대화하고, 콘텐츠와 이를 제시하는 데 사용되는 도구에 대한 흥미를 유발할 수 있다.

극놀이를 통한 아동의 읽기와 쓰기 참여방법

우리가 지속적으로 구현해야 하는 교육과정 영역은 놀이를 통해 문해력 학습에 동기를 부여하는 것이다. 놀이 환경에서 아동은 소집단으로 상호작용하고 협력한다. 문해력 행동을 촉진하기 위해 설계된 극놀이 영역은 학습 중인 사회 또는 과학 주제와 연계하여 경험에 의미를 부여한다. 놀이 주제를 지원하기 위해 읽기 및 쓰기 자료가 제공되며, 놀이 중에 아동은 기능적인 방식으로 문해력을 사용하여 서로 읽고, 쓰고, 말하고, 듣는다.

유아교육자들은 사회, 정서, 신체 발달을 위한 놀이의 가치를 알고 있었으나, 과거에는 놀이를 문해력 동기 부여의 수단으로 간주하지 않았다. 최근에는 놀이가 반복적이고 의미 있으며 기능적인 사회적 환경을 제공하기 때문에 문해력 행동을 연습하는 매개체로서 놀이의 중요성이 더욱 커지고 있다. 아동의 놀이를 관찰하다 보면 아동이 놀이 주제에 문해력을 통합하는 기능적 활용을 볼 수 있다. 아동은 다른 사람들과 협력하여 관례적 읽기 및 쓰기를 시도하고 수행한다(Morrow, 1990; Neuman & Roskos, 1992; Roskos & Christie, 2000; Cavanaugh, Clemence, Teale, Rule, & Montgomery, 2016).

놀이 경험의 목표

극놀이는 구어와 문어의 사용과 읽기를 통해 문해력 발달의 무한한 가능성을 제공한다. 극놀이 영역의 전형적인 교재교구와 활동은 상당한 언어 자극을 제공하며, 새로운 소품과 자료를 추가하면 지속적인 성장의 기회를 제공한다. 극놀이는 사실적인 배경과 인쇄물을 사용하는 기능적인 이유를 제공한다. 사회와 과학의 새로운 단원은 읽기, 쓰기, 음성 언어를 자극하는 인쇄물 교재교구를 추가하는 기회를 제공한다. 유아교사에게 친숙한 주제인 지역사회 인적 자원에 관한 단원에서는 소방관, 경찰관, 슈퍼마켓 직원, 의사, 간호사, 우편 배달원, 회사원에 대한 토론으로 이어진다. 이러한 지역사회 인적 자원에 대한 언급은 극놀이 영역에 문해력 교재교구를 추가하는 기회이다.

슈퍼마켓 역할 놀이는 식료품 및 세제 용기, 장난감 금전 등록기, 놀이용 화폐, 메모장, 전화 및 전화번호부, 상점 간판, 영업 시간표, 광고, 식료품 및 기타 제품의 포스터를 추가하면 도움이 된다. 교사나 보조교사가 가까운 슈퍼마켓을 방문하여 인쇄물을 확인하고, 오래된 간판과 포스터를 가져올 수 있다. 매장 관리자는 이러한 자료가 더 이상 필요하지 않은 경우 기꺼이 기부한다.

슈퍼마켓에 관한 극놀이를 위한 자료 중에는 '판매용' 잡지와 책으로 가득 찬 책꽂이가 반드시 있어야 한다. 이러한 모든 자료는 아동이 점장, 직원 또는 고객 역할극을 하면서 대화에 참여하도록 도와준다. 포스터, 책, 간판, 잡지를 읽고, 필요한 경우 쇼핑 목록, 주문서, 새 간판을 작성한다.

많은 주제가 극놀이와 문해력 자료 통합에 적합하다. 의료진에 대한 연구는 진료실을 만드는 것으로 이어진다. 대기실에는 환자들이 읽을 수 있는 건강 관련 잡지와 팸플릿을 비치한다. 금연 표지판, 진료 시간 안내문, 좋은 건강 습관에 관한 포스터를 벽에 부착한다. 간호사용 예약부, 환자용 예약 알림 패드, 처방전 작성 패드, 작성할 양식이 들어 있는 환자 폴더, 환자 주소와 전화번호부 등이 필요하다.

교통기관에 대해 학습할 때는 여행사를 만들 수 있다. 여기에는 지도, 여행 포스터, 방문 장소에 대한 팸플릿, 비행기 및 기차 티켓, 해외 여행용 모의 여권 신청서 등이 있다.

아이들은 이러한 상황에서 역할 놀이를 즐기는데, 활동에 의미 있는 경험이 포함되기 때문이다. 극놀이에서 아이들은 자발적으로 읽기와 쓰기에 참여한다. 극놀이는 어린이집과 유치원에서는 적절한 활동이지만, 1, 2학년에서는 극놀이 시간이 없거나 학습 영역으로 간주하지 않는다. 6~8세 아이들과 함께 내용 주제를 극놀이로 통합하는 수업에서는 읽기, 쓰기, 구어의 매우 정교한 결과물이 만들어진다. 1학년과 2학년 교사는 교육과정에 놀이를 통합하는 것이 좋다. 유아기의 놀이 경험은 다음과 같은 기회를 제공한다:

1. 문제 해결하기
2. 역할놀이 실제 경험하기
3. 공유 및 협력이 필요한 상황에 대처하기

4. 놀이를 통한 언어 및 문해력 발달시키기

여행이나 다른 주제 관련 정보의 역할놀이를 할 때 2학년과 3학년이 인터넷에서 기차나 비행기 노선을 검색하는 극놀이를 하는 것은 기술 덕분에 더 쉽게 받아들여진다(Manning, Manning, & Long, 1994; McGee & Morrow, 2005; Purcell-Gates, Duke, & Martineau, 2007; Walmsley, 1994).

극놀이에서 문해력 행동 관찰

문해력 발달의 사회적, 협력적, 상호작용적 중요성을 보여 주기 위해 하트 선생님이 '동물' 주제에 맞춰 수의사 진료실을 디자인한 교실을 방문해 보자. 극놀이 공간은 대기실, 의자, 잡지와 책으로 가득 찬 테이블, 그리고 반려동물 관리에 관한 팸플릿, 반려동물 관련 포스터, 진료 시간 안내문, 금연 표지판, '도착 시 간호사에게 확인'을 안내하는 표지판 등으로 디자인되었다. 간호사 책상에는 환자 양식 클립보드, 전화기, 주소 및 전화번호부, 예약 카드, 달력, 예약 및 환자 기록용 컴퓨터가 있다. 사무실에는 환자 폴더, 처방전 패드, 흰 가운, 마스크, 장갑, 면봉, 장난감 의사 키트, 환자 역할용 인형이 있다.

예를 들어, 하트 선생님은 아이들에게 대기실에서 반려동물에게 책을 읽어 주고, 처방전이나 예약 시간이 적힌 양식을 작성하거나 동물의 상태와 치료에 대한 정보를 담은 양식을 작성하도록 알려 주는 등 수의사 사무실의 자료 사용법을 안내한다. 하트 선생님은 지시를 내리는 것 외에도 처음 자료를 소개할 때 아이들과 함께 놀이에 참여하여 행동의 모범을 보인다.

다음 사례는 이 놀이에서 목격된 행동 유형과 관련된 일화이다. 책과 쓰기 자료가 있었고, 교사는 아이들이 관찰한 읽기와 쓰기를 모델링했다. 또한 의미와 기능이 포함된 실제 상황에서 문해력을 연습하는 기회가 제공되었다. 아이들은 협력하며 책을 읽고, 친구들과 함께 글을 쓰고 있었다.

제시카는 의사의 진찰을 기다리고 있었다. 그녀는 강아지 인형 샘에게 걱정하지 말라고, 의사 선생님은 샘을 해치지 않을 거라고 말했다. 그녀는 고양이 인형 머핀과 함께 기다리고 있던 제니에게 고양이의 문제가 무엇인지 물었다. 두 소녀는 반려동물의 질병에 대해 걱정했다.

잠시 후 두 사람은 대화를 멈추고, 제시카는 테이블에서 책을 집어 들고 반려 강아지인 샘에게 『Are You My Mother?』를 읽어 주었다. 제시카는 책을 읽으면서 샘에게 그림을 보여 주었다.

제니는 "제 강아지가 차에 치였어요!" 라고 외치며 병원으로 뛰어 들어왔다. 의사 선생님은 강아지의 다리에 붕대를 감아 주었고, 두 아이는 이 사건을 경찰에 신고해야겠다고 결심했다. 두 아이는 컴퓨터로 구글에 지역 경찰을 검색해 전화번호를 알아냈다. 그러고는 개가 공격당한 지점을 구글에 검색했다. 그리고 장난감 전화기로 경찰에 전화를 걸어 사건을 신고했다.

또 다른 환자가 주인과 함께 내원했다. 크리스토퍼가 곰 인형과 함께 온 환자였다. 프레스턴 의사 선생님은 크리스토퍼의 곰 인형을 진찰하고, 환자의 폴더에 보고서를 작성했다. 그는 끼적인 내용을 큰 소리로 읽으며 "이 곰 인형의 혈압은 29점입니다. 나아질 때까지 한 시간에 62알의 약을 복용하고 몸을 따뜻하게 하고, 잠자리에 들어야 합니다." 라고 적었다. 그는 글을 읽는 동안 크리스토퍼가 무엇을 해야 하는지 이해할 수 있도록 자신이 쓴 내용을 보여 주었다. 그는 간호사에게 메모를 컴퓨터에 입력해 달라고 부탁했다. [그림 12-1]은 동물 관련 단원을 학습할 때 수의사 사무실로 설계된 극놀이 영역에서 사용할 수 있는 양식을 보여 준다.

예약 카드

이름: ______________________

다음 날짜에 예약되어 있습니다. __________

□ 월 □ 화 □ 수 □ 목 □ 금 □ 토

날짜: __________ 시간: __________

처방전

환자 이름:

처방:

리필: 지침:

프랭클린 A.모로, 수의학 박사

환자 기록 양식

환자 이름: ______________________ 동물 유형: ______________________

소유자 이름: ______________________ 방문 날짜: ______________________

주소: ______________________ 전화번호: ______________________

병력 및 신체적 소견: 치료:

[그림 12-1] 극놀이 영역의 수의사 사무실에서 사용할 양식

웰컴 투

우리 ____________________

레스토랑

[그림 12-2] 교실 레스토랑 만들기(계속)

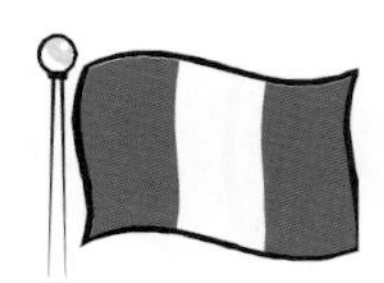

이탈리안 가든 메뉴

음료	메인 코스	디저트
우유 $1.00	스파게티 $10.00	이탈리안 쿠키 $3.00
물 무료	피자 $2.00	치즈케이크 $3.00

멕시칸 레스토랑 메뉴

음료	메인 코스	디저트
우유 $1.00	콩 부리또 $5.00	아이스크림 $2.00
주스 $1.00	치킨 퀘사디아 $5.00	라이스 푸딩 $2.00

[그림 12-2] 교실 레스토랑 만들기(계속)

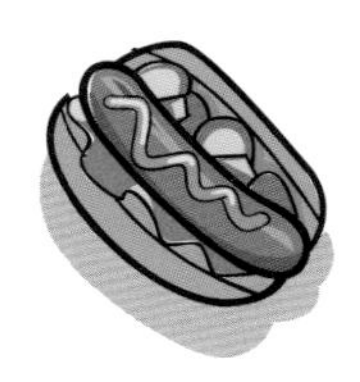

Bob의 바비큐 메뉴

음료

주스 $1.00
물 무료

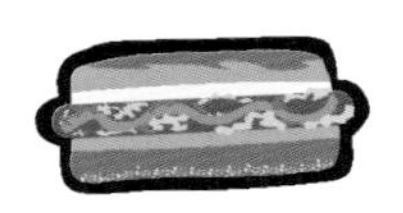

메인 앙트레

햄버거 $3.00
핫도그 $2.00

디저트

오트밀 쿠키 $1.00
아이스크림 $1.00

다른 레스토랑의 메뉴를 만듭니다. 그림을 그리고 단어를 적습니다.

음료 **메인 앙트레** **디저트**

[그림 12-2] 교실 레스토랑 만들기(계속)

레스토랑: ____________________

레스토랑 주문 양식 및 테이블 청구서 ____________________

음료: ____________ $ ______

____________ $ ______

메인 코스: ____________ $ ______

____________ $ ______

디저트: ____________ $ ______

____________ $ ______

합계: $ ______

방문해 주셔서 감사합니다.

____________ 레스토랑

합계: $ ______

다시 방문해 주세요!

웨이터 또는 웨이트리스가 감사 양식을 작성한다(위쪽).

고객이 설문조사를 완료한다(아래쪽).

레스토랑 설문조사

음식은 어땠나요? ☺ ☹

직원은 친절했나요? ☺ ☹

서비스는 얼마나 빨랐나요? ☺ ☹

[그림 12-2] 교실 레스토랑 만들기

이러한 유형의 극놀이는 EL 학생과 다양한 배경을 가진 학생들에게 기회의 장을 마련해 준다. 학생들은 다른 아이들과 함께 실제 상황에서 활용하는 방법을 배운다. 소품과 비공식적인 경험의 특성으로 인해 학생들은 편안하게 참여할 수 있다. 다양한 학년 수준에서 읽기와 쓰기를 장려하는 추가 놀이 설정이 이어진다.

문해력 자료를 최대한 활용하려면 자료가 자연스럽고 아이들의 환경에서 나온 것이어야 하며 실제 기능을 수행해야 한다. 극놀이 영역이 학습 주제와 일치하는지 확인한다. 새로운 주제를 학습하기 시작하면 영역을 변경한다. 처음에는 교사가 놀이 영역에서 자료를 사용하는 방법에 대한 모델을 제공해야 한다(Barone, Mallette, & Xu, 2004; Neuman & Roskos, 1997).

극놀이 영역의 자료는 접근이 용이해야 한다. 모든 수준의 문해력 발달을 인정해야 하며, 읽기 또는 쓰기 시도를 정당한 문해력 행동으로 인정해야 한다. 아동이 참여한 문해력 활동에 대한 일화를 교사가 기록하는 것은 유용하다.

문해력 학습을 주제 단원 및 프로젝트-기반 학습에 통합

이 책에서는 이해력을 바탕으로 자동적이고 유창하게 읽을 수 있는 기술을 개발하는 방법에 대해 논의했다. 학교 수업 시간에는 주로 오전에 명시적인 기술 지도가 이루어진다. 이 시간을 흔히 언어블록(language arts block)이라고 한다. 명시적 지도에는 약 1시간 30분에서 3시간이 소요된다. 이 활동 시간은 매우 중요하다. 아동에게 동기를 부여하려면 흥미를 유발하는 활동으로 자신과 관련이 있고 진정성 있는 내용을 읽고 쓰게 해야 한다는 사실을 잊지 말아야 한다.

초등학교 교사는 하루 종일 의도적으로 읽기를 가르쳐야 한다. 이 지도의 명시적인 부분은 이미 설명했다. 소집단 차별화 지도는 주로 하루의 초반에 이루어지며, 나머지 시간 동안 교사는 내용 영역 과목에 의도적으로 문해력을 포함시켜야 한다. 이러한 활동을 통해 문해력이 살아나고 의미와 목적을 갖게 되며, 아동은 스스로 읽기 선택의 경험에 참여하게 된다. 아동은 다양한 문화, 유명한 시민, 곤충, 공룡, 동물 등과 같은 주제에 대한 사회 및 과학의 내용 영역 주제를 가지고 읽고 쓰기에 참여한다. 교사는 실험과 탐구가 포함된 프로젝트를 계획해야 한다.

존 구드리(2004)는 읽기 교육을 보완하기 위해 개념 중심 읽기 교육(Concept-Oriented Reading Instruction: CORI)이라는 동기 부여 접근법을 만들었다. CORI의 목적은 과학을 사용하여 동기를 활성화함으로써 문해력 발달을 제공하는 것이다. 그의 근거-기반 연구에 따르면, CORI 프로그램에 참여한 학생들은 새로운 지식으로 배경지식을 활성화하고, 질문에 답하기 위해 질문하고, 정보를 검색하는 방법을 배우는 데 있어 다른 학생들보다 더 높은 점수를 받았다. CORI 학생들은 자료를 정리하고 요약하였다. CORI 프로그램에 참여한 학생들에게 읽기 관련 연습 활동을 제공하고, 학습 과정에서 학생들에게 선택권을 제공하며, 흥미로운 문헌을 교육에 사용하고, 협력이 필요한 프로젝트를 만들어 참여하고자 하는 동기를 부여함으로써 더 많이 참여하거나 동기 부여가 되었다는 점이 가장 중요하다(Guthrie, 2004).

CORI 프로그램은 여러 과학 단원으로 구성되어 있다. 이 단원에서 아이들에게 '새'와 같은 주제에 대한 정보를 관찰하도록 요청한다. 일부 관찰 활동에는 학급 친구들과 함께 산책을 하며 주변에서 볼 수 있는 새를 관찰하고 토론하는 활동이 포함된다. '새는 어떻게 생겼고, 무엇을 먹고, 어디서 잠을 자나요?'라고 물어보거나 새장이나 조류 구역이 있는 박물관 또는 지역 동물원을 방문하여 다양한 종을 관찰하고 설명할 수도 있다. 동물원의 초청 연사에게 새에 대해 설명하도록 요청한다. 동물원이나 학교에서 살아 있는 새를 경험할 수 있다. 다음으로, 아이들은 새에 대해 궁금한 점을 토론하고, 학교 밖에 새 모이통 여러 개 만들기, 교실에서 새를 반려동물로 키우기, 올빼미 깃털 해부하기 등의 실습 활동을 한다. 이러한 체험 활동은 학생들에게 질문을 던지고 가르치도록 유도한다. 학생들은 어떤 질문에 답하고 싶은지 결정하고, 같은 질문에 관심이 있는 다른 학생들을 찾는다. 학생들이 서로 협력하도록 권장한다. 질문에 대한 답을 찾기 위해 학생들은 이야기 책 및 정보 책을 포함한 모든 읽기 수준에 제공되는 책을 읽는다. 인터넷에서 정보를 검색하고, 온라인 동영상을 시청하고, 조류연구소에 연락한다. 서면 요약과 함께 아이들은 미술, 음악, 실험, 파워포인트 또는 프레지 프레젠테이션을 사용하여 발견한 내용을 요약할 수 있다.

듀이(1966)는 교육에 대한 학제간 접근법이라는 개념으로 교육자들의 관심을 끌어모은 장본인이다. 통합 수업(integrated school day)이라고 하는 이 접근법은 학습 주제 내에서 모든 내용 영역의 기술을 가르친다. 학교의 학습 주제는 아동의 실제 경험과 아동의 관심 주제에서 출발한다. 학습 경험은 사회적으로 상호작용하고 과정 지향적이며, 아동이 다양한 자료를 탐색하고 실험하는 시간을 제공한다. 예를 들어, 한 학급에서 '공룡'에 대해 학습하는 경우 학생들은 공룡에 대해 이야기하고, 읽고, 쓰고, 공룡과 관련된 미술 프로젝트를 하고, 주제와 관련된 노래를 부른다. 듀이에 따르면 아동이 이런 방식으로 교육을 받으면 문해력과 내용 영역(이 경우 공룡에 관한)에서 기술을 발달시킬 수 있다.

문해력 활동은 주제 학습과 학교 수업의 모든 내용 영역에 통합된다(Morrow, 2004; Pappas, Kiefer, & Levstik, 1995).

학제간 학습과 내용 영역에 문해력을 포함시키는 데 있어 중요한 작업은 프로젝트–기반 수업(PBI)이다. 한 학기 동안 여러 가지 주제를 다루는 것과 달리 PBI는 한두 가지 주제에만 집중한다. 아동은 뉴스, 지역, 국가에서 일어나는 일을 바탕으로 프로젝트 기반 주제를 선택한다. 주제와 마찬가지로 아동은 내용 영역에서 함께 활동하고 정보 텍스트를 사용한다. 또한 읽고 쓰며 동기를 부여하는 마무리 활동을 한다. PBI는 학교뿐만 아니라 외부에서도 해결해야 할 실제 문제를 다루기 때문에 주제와는 다르다. PBI에서 아동은 무언가를 만들거나, 무언가를 창조하거나, 실제 문제를 해결하거나, 실제 요구사항을 해결하기 위해 오랜 시간 동안 활동한다(Duke, 2004).

넬슨 선생님의 3학년 학급은 올해 PBI 주제가 무엇일지 조사하고 있었다. 제임스는 TV에서 미국의 기아, 특히 아동 기아에 관한 광고를 시청하였다. 그는 이 사실을 보고 정말 놀랐고 정보를 공유했다. 광고에서는 도움을 주고 싶다면 FeedingAmerica.org에 연락하라고 안내되어 있었다. 제임스는 학생들에게 "우리나라에 식량이 부족한 아이들이 있다는 사실을 믿을 수 없어요. 제가 가는 곳마다 먹을 게 있고, 보통 많이 남아요. 카페테리아에는 점심을 먹고 남은 음식이 있고, 저녁 식사 후에도 음식이 남아서 버리기도 해요. 학교 파티를 할 때도 음식이 남아요. 이 아이들을 어떻게 도울 수 있을까요?" 학급 아이들과 선생님은 이것이 올해 프로젝트의 훌륭한 주제라는 데 동의했다. 학생들은 이 문제를 해결하기 위해 무엇을 하고 싶은지 목록을 만들었다. 학생들은 다음과 같은 아이디어를 생각해 냈다:

인터넷을 검색하여 식량이 부족한 아이들이 있는 곳을 찾아본다. FeedingAmerica.org에서 어떤 일을 하는지 자세히 알아본다.

지역의 학부모와 사업체에 배포할 팸플릿을 만들어 Feeding America.org에 대한 정보와 우리나라의 기아 아동 수, 그리고 그들이 어디에 거주하는지 대한 정보를 제공한다. 아이들은 자신들이 직접 텃밭을 가꾸고 수확하면 지역 푸드 팬트리에 음식을 기부할 수 있다고 생각했다. 아이들은 음식을 낭비하지 않는 방법에 대한 가이드북을 만들어 도움을 줄 수 있다. 이 프로젝트는 학교뿐만 아니라 지역 전체를 위한 프로젝트였다. 아이들은 당장 시작하고 싶어 했고, 무엇을 먼저 해야 할지, 어떻게 책임을 분담할지 결정했다.

프로젝트가 진행되는 동안 교사는 내용뿐만 아니라 정보 읽기 및 쓰기 기술을 가르쳤다. 이러한 기술은 아이들이 인지하지 못했지만, 의도적으로 가르쳤다. 예를 들어, 교사는 학생들에게 수집한 정보를 정리하고, 계획도를 사용하여 글을 계획하는 방법을 가르쳤다. 교사는 이 전략이 3학년 학생들이 글을 쓸 때 '관련 정보를 함께 집단화'하는 데 도움이 된다는 것을 알고 있었지만, 학생들은 자신이 참여하고 있는 프로젝트에 도움이 되는 전략을 배우는 데 집중했다(Duke, 2016).

아이들은 프로젝트 주제에 대한 내용을 학습한다. 프로젝트에는 많은 양의 읽기와 쓰기가 포함되는데, 예를 들어 설문지 작성, 설문조사 결과 읽기, 분석 및 작성, 문서 읽기 및 종합, 관찰 기록, 결과 작성 등이 있다. 학생들은 보통 교실 밖의 외부인과 구두 및 서면으로 의사소통을 해야 한다. 교실 내에서 학생들이 프로젝트 목표를 달성하기 위해 함께 작업할 때 상당한 말하기와 듣기가 필요하다. 학생들은 적극적인 좋은 시민이 되기 위해 기술, 창의성, 비판적 사고, 협력, 학습과 같은 21세기 기술을 사용한다(Duke, 2000).

연구에 따르면 기본 기술을 습득하고, 특정 학교 요건을 충족하는 것 외에도 특정 목적을 위한 읽기와 쓰기가 더 강력한 읽기 및 쓰기 성장과 관련이 있었다. PBI에는 교실 구성원 이외의 다양한 관객을 위한 쓰기가 포함된다. 연구에 따르면 학생들은 이러한 상황에서 실제로 더 많은 글을 쓴다. 아동이 선택한 프로젝트와 성취하고자 하는 활동을 통해 아동은 실제 해결해야 할 문제가 있기 때문에 읽고 쓰게 된다. 아동은 목표에 더 가까이 다가가는 데 도움이 되기 때문에 프로젝트와 관련된 과제를 할 가능성이 더 높다. 학생들은 주제에 대해 더 많이 알고 싶어 하기 때문에 더 많이 읽으려고 한다. 학교와 지역 구성원이 작품의 상당 부분을 읽게 되므로 학생들은 열정적으로 자신의 작품을 수정하고 편집하며 배운 것을 공유한다.

내용 영역 분야의 문해력 기술

미술 활동과 문해력 발달

미술 경험을 통해 아동은 핑거 페인트, 수채화, 인쇄, 현악기 그림, 스펀지 그림, 색연필, 펠트 마커, 크레파스, 색종이, 휴지, 호일, 랩, 풀, 가위, 실, 천 조각, 파이프 클리너, 점토, 지점토 등 흥미로운 재료를 탐색하고 실험한다. 아동이 이러한 재료를 사용하면서 토론하도록 장려하면 언어 발달이 활발하게 이루어진다. 예를 들어, 핑거 페인팅에 몰두하는 아이들은 mushy, slushy, gushy, squiggle 등의 단어를 사용한다. 반죽이나 점토를 가지고 놀면 pound, squeeze, roll, press, fold 등의 단어를 사용한다. 수채화는 "와, 물방울이 흐르네.", "물감이 물줄기처럼 페이지 아래로 흐르네.", "색이 어떻게 어우러지는지 봐.", "빨간색이 파란색을 보라색으로 만들었네.", "내 그림이 하늘에 무지개처럼 보여." 등의 표현을 자극한다. 교사는 미술 활동에서 생성된 언어로 단어 목록을 만들고, 아동은 자신이 하고 있는 활동에 대해 공유하고 이야기하는 기회를 가진다. 아동 개개인이 생성한 단어는 '나만의 단어'

에 포함된다.

아동은 종종 자신이 만든 작품을 전시하고 싶어 한다. 이러한 실제는 아동이 서로에게 어떻게 프로젝트를 만들었는지 물어보는 결과로 이어진다. 결과물에 대한 설명은 문해력 발달을 촉진하는 기회가 된다. 아동은 때때로 자신의 작품에 대한 문장과 이야기를 받아쓰거나 직접 써 달라고 요청하기도 한다. 비슷한 주제의 개별 미술 작품을 설명, 제목 또는 이야기가 포함된 책으로 묶을 수 있다. 예를 들어, 보라색과 분홍색 물감(purple and pink paint), 종이(paper), 지점토(play dough)를 사용하여 문자 p와 같은 개념을 강조하는 미술 활동도 할 수 있다.

유아기 미술 경험은 아동에게 다음과 같은 내용을 제공한다:

1. 다양한 미술 재료에 노출시키기
2. 이러한 재료를 탐색하고 실험하기
3. 미술을 통한 감정 표현하기
4. 다양한 미술 형식에 대한 이해력 높이기
5. 선, 색, 질감, 모양 등 미술 내용에 이름을 붙이고 토론하기
6. 다양한 미술 프로젝트와 재료를 사용하여 새로운 어휘 학습하기
7. 미술 활동에서 문해력 학습 경험하기: 학습 주제의 미술 관련 책 읽기, 학습 주제의 미술 관련 어휘 학습, 미술에 대한 반성적 저널 작성하기

음악 경험과 문해력 발달

음악은 문해력 발달의 수단을 제공한다. 아동은 노래에서 새로운 단어를 발견하여 어휘를 늘릴 수 있다. 노래는 단어 패턴과 음절 패턴을 강조하므로 아동의 주의를 집중시킨다. 노래는 차트에 적어서 부를 수 있으며, 교사는 페이지의 왼쪽에서 오른쪽으로 인쇄물을 추적하면서 개별 단어를 가리킬 수 있다. 『Old MacDonald Had a Farm』(Quackenbush, 1972)과 같이 노래를 각색한 그림 동화책은 어린 아동에게 예측 가능한 읽기 자료를 제공한다. 클래식 음악을 들으면 이미지가 떠오르면서 설명적인 언어의 풍부한 자원이 된다. 아동은 음악에 대한 이야기를 만들거나 자신의 감정을 묘사하거나 다양한 악기의 소리를 묘사할 수 있다.

유아기 음악 경험에는 다음과 같은 내용이 포함된다:

1. 음악에 집중적으로 참여하고 반응하며 감정 표현하기
2. 다양한 형태의 음악(악기, 노래, 음악의 종류)에 노출되고, 구별하며, 다양한 형태에 대한 감상 발달시키기
3. 듣고, 노래하고, 움직이고, 연주하고, 창작하는 음악 경험하기
4. 노래하는 음악의 종류나 작곡가에 관한 책 읽기, 음악 어휘 토론하기 등 음악 활동에서 문해력 학습 경험하기

사회 및 과학 경험과 문해력 발달

대부분의 경우 사회 및 과학 주제는 문해력 학습에 의미와 기능을 제공한다. 주제는 관심사에 대해 읽고 쓰게 하는 이유를 제공한다. 기술은 기술 발달을 위한 고립된 수업이 아니라 맥락 안에서 학습된다.

유아기에는 다음과 같은 사회 과목 경험이 포함되어야 한다:

1. 공유, 협력, 타인과의 소통과 같은 기능을 위한 사회적 기술 배우기
2. 타인의 유사점과 차이점을 인정하고 존중하기
3. 다른 문화, 민족 및 인종 집단에 대한 지식 향상시키기
4. 비교 및 대조, 설명, 요약 등을 통해 내용을 읽고, 쓰고, 듣고, 보고, 말하면서 문해력 발달을 촉진하는 사회 학습 활용하기

유아기의 과학 경험에는 다음과 같은 활동이 포함되어야 한다:

1. 관찰, 가설 설정, 데이터 기록, 분석, 결론 도출하기
2. 이해력 향상시키기
   a. 생물학, 생물을 연구하는 학문
   b. 물리학
   c. 지구/우주과학

과학과 사회 과목을 읽고, 쓰고, 듣고, 보고, 말하는 능력을 향상시키기 위해 과학의 내용을 활용하는 것은 아마도 문해력 발달에 가장 큰 기회를 제공하는 두 가지 내용 영역일 것이다. 이러한 내용은 일반적으로 문해력 전략을 사용하기 위한 열정, 의미, 목적을 생성한

다. 농장에 관한 단원은 농장 일, 다양한 유형의 농장, 농장 동물에 대한 토론을 통해 음성 언어 발달로 이어질 수 있다. 농장 동물, 농작물, 농장에서 하는 일에 대한 단어 목록을 만들 수 있다. 농장 장면 사진, 농장 여행 또는 농부 방문은 모두 토론, 읽기 및 쓰기를 유발한다(Kesler, Gibson, & Turansky, 2016).

책에 대한 긍정적인 태도를 길러 주기 위해 교사는 농장에 관한 좋은 아동 문학 작품을 엄선하여 반 아이들에게 읽어 준다. 『Petunia』(Duvoisin, 2002) 시리즈는 농장에 사는 유쾌한 거위를 다루고 있다. 『The Little Red Hen』(Pinkney, 2006), 『The Tale of Peter Rabbit』(Potter, 1902), 『Barnyard Banter』(Fleming, 2001), 『Chicken or the Egg?』(Fowler, 1993)는 농장과 관련된 좋은 아동 문학의 몇 가지 사례일 뿐이다. 교사는 다문화 무역 관련 도서도 몇 권 선정해야 한다. 이 책들은 아이들이 스스로 책을 집어 들고, 다시 이야기하고, 역할극을 하고, 서로 공유하도록 동기를 부여한다. 농장 방문을 이야기나 그림으로 다시 들려주거나, 학급 책으로 제본하거나, 언어 경험 차트에 다시 담거나, 나만의 단어에 반영할 수 있다. 교사는 농장 단어의 글자와 소리를 아이들의 이름이나 환경 인쇄물에 있는 글자 및 소리와 연결할 수 있다.

과학 실험과 음식 준비는 흥미로운 어휘를 교환하고 토론할 수 있는 기회이다. 쌓기 영역은 문해력 활동을 자극한다. 예를 들어, 교통수단에 관한 단원을 소개할 때 교사는 쌓기 영역에 장난감 트럭, 기차, 자동차, 보트, 비행기와 함께 항공권, 수하물 및 화물 태그, 지도, 여행 안내 책자, 여행 포스터, 게이트 번호, 항공사 이름, 도착 및 출발 표지판 등 공항, 기차역, 버스 차고지에 흔히 볼 수 있는 표지판을 추가할 수 있다(Kersten, 2017).

수학 경험과 문해력 발달

수학은 내용 영역 단원에서 다룰 수 있는 것보다 더 많은 주의가 필요한 전문 영역이다. 하지만 단원 주제를 통해 수학에 의미를 부여하고, 문해력도 포함할 수 있는 활동은 많다. 숫자와 관련된 이야기를 읽고, 간식 시간에 포장된 과자의 수를 세어 학급 아이들에게 충분한지 확인하고, 우유 급식비를 모으고 계산하는 일을 아이들이 담당할 수 있다. 날씨를 공부할 때는 일별 기온 차트를 그래프로 만들어 매일의 기온 변화를 관찰할 수 있다.

유아 수학 활동에는 다음의 내용이 포함되어야 한다:

1. 수학 자료와 아이디어 다루기
2. 구체적 아이디어에서 추상적 아이디어로 전환하기

3. 분류, 비교, 서열화, 측정, 그래프, 계산, 식별, 숫자 쓰기 및 숫자 연산 수행하기
4. 수학 어휘 사용하기
5. 단순한 숫자 계산이 아닌 단어 문제로 쓰인 수학 문제 읽기

주제별 단원 준비

단원 주제는 교사와 학생이 함께 선택할 수 있다. 학생들에게 학습할 내용에 대한 선택권을 주는 것이 중요하다. 주제가 선택되면 아이들이 무엇을 알고 싶은지 브레인스토밍할 시간을 준다. 집중할 범주를 제안하고 소제목을 채우도록 하는 것으로 시작할 수 있다(Katz & Chard, 2000; Rand, 1993; Tompkins, 2003). 영양 단원을 준비하면서 유치원생들에게 무엇을 배우고 싶은지 물어보았다. 영양을 주제로 한 웹을 만들었다. 네 가지 초점 범주(음식은 왜 중요한가요? 어떤 음식이 몸에 좋은가요? 음식은 어디에서 얻을 수 있나요? 다양한 음식은 어떻게 조리해서 먹을 수 있나요?)와 아이들에게 아이디어를 공유하도록 초대하여 차트에 추가했다. [그림 12-3]의 웹은 아이들의 반응과 이 단원에서 학습할 내용을 보여 준다.

단원을 계획할 때 교사는 다양한 활동을 사용하여 하루 종일 내용을 통합하는 데 주의를 기울여야 한다. 다음은 1학년 교사인 응가이 선생님이 작성한 소규모 단원이다. 제시된 바와 같이, 그녀는 하루 종일 주제에 초점을 맞춘 내용 영역 활동을 통합하고 있다.

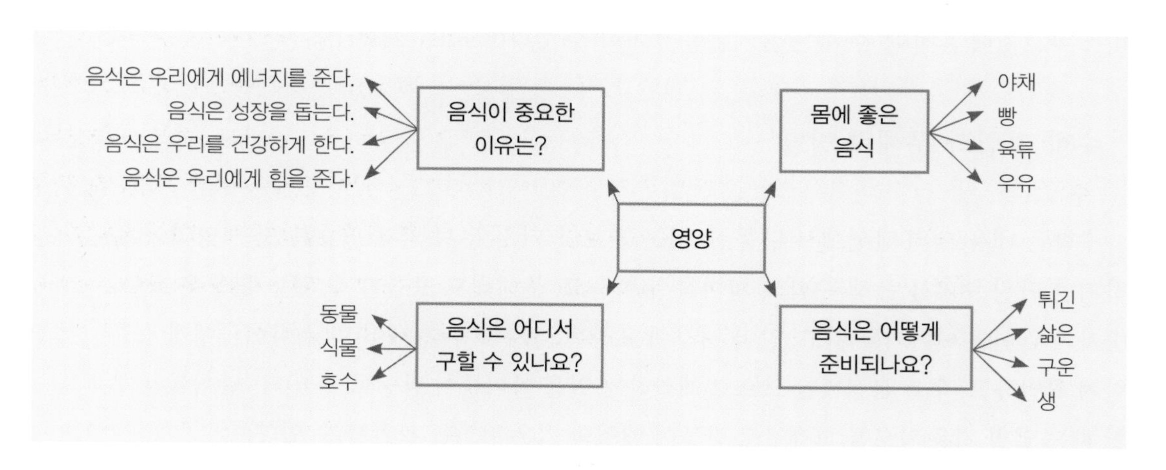

[그림 12-3] 영양 주제 단원의 교육과정 웹

주제별 교육: 좋은 음식

흥미로운 주제는 아이들의 학습에 생동감을 불어넣는다. 음식을 주제로 정하고, 팝콘을 일주일 동안 집중적으로 다루면서 1학년 교실은 정말 '톡톡' 튀었다!

다음은 내용 영역 지도와 연계하여 팝콘에 대해 재미있게 학습할 수 있는 몇 가지 흥미로운 방법이다.

이전 주 금요일: 종이 타월을 깔아 놓은 베이킹 통에 팝콘 알갱이를 심었다. 팬에 팝콘을 뿌리고, 씨앗에 물을 뿌린 다음 비닐 랩으로 팬을 덮었다. 며칠 후 싹이 트기 시작했다(과학).

월요일: 일지를 사용하여 주말 동안 모종의 성장을 기록했다. 토미 드폴로의 『The Popcorn Book』(1978)을 읽었다. 아메리카 원주민이 식민지 개척자들에게 팝콘을 소개한 것에 대해 토론했다. 'popcorn'이라는 합성어를 사용하여 'cupcake', 'milkshake'와 같은 다른 음식 합성어 목록을 차트에 작성했다. 학생이 합성어를 생각하거나 경험할 때마다 차트에 적었다. 주말이 되자 차트 용지가 가득 찼다(과학, 언어, 사회).

화요일: 팝콘을 만들기 위한 실험 차트를 설정했다. "무엇을 알아내고 싶은가요?"라고 스스로에게 물었다. "무슨 일이 일어날까요?"(옥수수 알갱이가 어떻게 팝콘으로 변할까요?), "어떻게 알 수 있을까요?", "실제로 무슨 일이 일어났나요?" 및 "무엇을 배웠나요?" 처음 두 질문에 대한 답을 찾았다. 팝콘 기계를 사용하여 옥수수를 터뜨린 다음 나머지 질문에 답하면서 실험 차트를 완성했다. 간식으로 팝콘도 맛있게 먹었다. 흙이 담긴 종이컵에 모종을 심었다(과학).

수요일: 수학 추정치 수업을 위해 팝콘을 더 많이 만들었다. 각 아동은 큰 그릇에 담긴 팝콘을 한 줌씩 집어 들고 손에 든 팝콘 알갱이가 몇 개인지 추측했다. 그런 다음 간단한 기록지를 사용하여 추정치를 기록했다. 그런 다음 실제 개수를 찾기 위해 세어 보았다. 더 정확한 추정치에 도달했는지 확인하기 위해 다시 한번 시도했다(수학).

목요일: 아메리카 원주민이 옥수수를 터뜨리는 방법 중 하나는 말린 옥수수 이삭을 막대기에 꽂고 알맹이가 터질 때까지 불 위에 올려놓는 것이었다. 또 다른 방법은 알갱이가 사방에서 터질 때까지 불에 던지는 것이었다. 또 다른 방법은 뜨거운 모래로 채워진 항아리를 사용하여 알갱이가 냄비 꼭대기에서 터질 때까지 섞는 것이었다. 우리는 가장 좋다고 생각한 방법을 설명하고, 왜 그렇게 생각했는지에 대해 몇 문장으로 설명했다. 아메리카 원주민이 팝콘으로 목걸이를 만든 방법에 대해 논의했다. 수요일에 먹은 팝

콘을 사용하여(신선하지 않은 팝콘은 끈으로 묶기가 더 쉽다.) 한번 시도해 보았다. 우리는 크고 무딘 바늘과 두꺼운 실을 사용하여 목걸이(쓰기, 미술, 사회)를 만들었다.

금요일: 마지막 수업으로 학부모 자원봉사자들이 교실에 와서 팝콘 볼을 만들도록 했다(옥수수를 더 많이 터뜨렸다). 우리는 옥수수 식물의 성장을 확인하고, 과학 일지에 정보를 기록했다(과학, 요리).

Chapter 13

문해력 교육 조직 및 관리

학습 결과

이 장을 읽고 나면 다음과 같이 할 수 있다.

13.1. 아동의 학교 내 행동 관리를 돕는 방법을 설명한다.

13.2. 문해력이 풍부한 물리적 환경을 조직한다.

13.3. 차별화된 지도를 위해 조직한다.

13.4. 안내된 읽기를 위해 조직한다: 소집단의 명시적 기술 지도

13.5. 일일 문해력 일정을 조직하고 관리하는 방법을 설명한다.

What is honored in a country will be cultivated there.

플라톤

문해력 지도에 적용할 때, 교사는 아동이 교실 운영 방식에 대한 기대치, 규칙, 구조를 알고 있어야 성공할 수 있다는 점에 유의해야 한다. 교사가 문해력 지도의 가치를 특별히 강조한다면 아동은 읽고 쓰는 법을 배우는 것이 얼마나 중요한지 인식하게 된다. 예를 들어, 존슨 선생님은 개학 후 첫 몇 주 동안 2학년 아이들이 다양한 환경에서 사용할 수 있는 정리 및 관리 전략을 모델링한다. 그런 다음 아이들에게 이를 연습하게 한다.

영역별 활동 시간이 끝나면 존슨 선생님이 박수를 세 번 치고 잠시 멈추기 때문에 아이들은 수학을 준비할 때라는 사실을 알 수 있다. 아이들은 정리를 하고 수학 책을 올려놓고 책상에 앉는다. 선생님은 계속해서 박수를 세 번 치고 잠시 멈춘다. 준비가 된 아이들은 모두가 자리에 앉을 때까지 박수를 친다. 존슨 선생님은 시간이 얼마나 걸리는지 확인하고, 교실 앞쪽 화이트보드에 시간을 기록하며, 다음 날 학급 아이들은 누가 가장 빨리 앉을지 경쟁한다.

청소 시간이 되자 존슨 선생님은 타이머가 3분으로 설정되었다고 말하고, 타이머가 울리면 아이들이 다음 활동을 위해 자리에 앉도록 한다.

아이들이 문 앞에 줄을 서자 존슨 선생님이 외치고, 아이들이 따라 외친다: "1, 준비, 2, 일어나서, 3, 의자를 밀어 넣고, 4, 줄을 서."

이야기 나누기 시간이 되면 러그 위에서 존슨 선생님은 이렇게 랩을 한다: "모두 발끝으로, 모두 발끝으로, 모두 발끝으로 러그, 러그, 러그." 아이들은 바닥에 깔아 놓은 밝은 노란색의 미스틱 테이프 길을 발끝으로 걸으며, 줄을 설 때도 같은 랩을 한다. 아이들은 마시멜로 발로 걷고, 바닥에 앉을 때는 '십자형 애플소스(다리를 꼬고 앉으라는 뜻)'라고 말한다. 다른 아이들은 동료 학생들의 행동을 관찰하는 역할을 맡는다. 그들은 좋은 전환과 경청을 보았을 때 좋은 시민 차트에 있는 개별 주머니에 '아이스바' 막대(공예 막대기)를 넣는다.

존슨 선생님은 "여러분 대부분이 십자 자세로 앉아 있네요. 대단해요."와 같이 긍정적인 행동을 지적할 때 칭찬을 사용한다. 존슨 선생님은 다양한 챈트, 랩, 노래, 시와 함께 영역 활동 시간, 안내된 읽기 등의 규칙과 일과를 가지고 있다. 그녀는 아이들이 종이에 이름을 적는 것을 기억하도록 〈Happy Birthday to You〉라는 곡에 맞춰 노래를 부른다. "종이에 이름 써, 종이에 이름 써, 종이에 이름 써, 종이에 이름 써, 제출하기 전에." 구조적 일과가 중단되면 그녀는 그것을 바꾼다.

아동의 학교 내 행동 관리 지원 방법

문해력 프로그램의 성공 여부는 프로그램을 어떻게 구성, 설계, 관리하는지에 달려 있다. 창의적이고 지식이 풍부한 교사라도 환경을 신중하게 계획하여 준비하고, 수업을 구성하고, 일상을 관리하지 않으면 어려움을 겪을 수 있다. 이 장에서는 포괄적인 문해력 프로그램을 성공적으로 실현하기 위한 모델을 제공한다. 이 책 전체에서는 아동이 읽고 쓰고 싶어 하도록 동기를 부여하면서 동시에 기술을 가르치는 방법을 강조한다. 모든 아동의 요구를 충족하는 명시적인 지도를 포함한 모범적인 일과를 구성하여 기술을 가르치는 방법을 파악해야 한다. 문해력 지도와 아동에게 동기를 부여하는 흥미로운 과학 및 사회 주제를 함께 통합하여 모범적인 일과를 구성한다. 그 결과 하루 종일 문해력을 가르칠 수 있다. 이 목표를 달성하는 데 도움이 되는 제안 목록은 다음과 같다.

1. 아동이 한 활동에서 다른 활동으로 전환하는 방법을 이해하도록 일과운영을 가르친다.
2. 아동에게 자료 관리 방법을 가르친다.
3. 아동이 언제 어디로 가야 하는지 알 수 있도록 한다.
4. 학교에 적합한 행동을 스스로 조절하도록 한다.
5. 교재 선택과 교실 내 배치 등 물리적 환경을 준비한다.
6. 모든 내용 영역의 수업 시간에 문해력 활동을 통합한다.
7. 소규모 집단을 만나 개별 요구 사항에 따라 지도를 차별화한다.
8. 대집단과 소집단 지도에서 기대 행동에 대한 규칙과 일과를 제공한다.

교실에서 수업을 잘 진행하려면 교사는 아이들이 자신의 행동을 조절할 수 있도록 다양한 전략이 필요하다. 예를 들어, 아이들이 교사와 독립된 영역에서 활동할 때는 다른 학생을 방해하지 않고 교실을 돌아다니는 방법을 배워야 한다. 학기 초에 교사는 학습이 이루어지도록 운영 기술에 많은 시간을 할애해야 한다. 아이들이 정리 정돈과 일과를 따라갈 수 있을 때 최적의 학습이 이루어진다(Morrow, Reutzel, & Casey, 2006). 유아 교실은 바쁘고 활동적인 공간이어야 한다. 교사는 주의를 끌기 위한 기술이 필요하다. 주의를 끌기 위한 기술 목록의 개발이 가장 좋다. 여러 가지 기법이 있으면 이전에 사용하던 기법이 더 이상 효과적이지 않을 경우 새로운 방법으로 전환한다. 관찰을 통해 주의를 잘 끄는 것으로 확인된 몇 가지 기법은 다음과 같다:

- 벨 울리기
- 박수 리듬 사용하기
- 다섯부터 세는 동안 손가락을 펴서 손을 들고 한 번에 한 손가락씩 접기
- "호커스, 포커스, 집중할 시간이야." 또는 "1, 2, 3, 나를 봐."(아이들이 "1, 2, 너를 봐."라고 대답하는 문구)와 같이 눈에 띄는 문구 사용하기

문해력이 풍부한 물리적 환경 준비

역사적으로 유아 발달을 연구한 이론가와 철학자들은 학습과 초기 문해력 발달에서 물리적 환경의 중요성을 강조했다. 페스탈로치(Rusk & Scotland, 1979)와 프뢰벨(1974)은 유아의 학습이 번성할 수 있는 실제 환경을 설명했다. 두 사람 모두 문해력 발달을 촉진하는 조작 교구의 준비에 대해 설명했다. 몬테소리(1965)는 독립적인 학습을 촉진하기 위해 세심하게 준비된 교실 환경을 묘사했으며, 환경의 모든 교구에 구체적인 학습 목표를 세우도록 권장했다.

피아제와 인헬더(1969)는 아동이 세상 또는 주변 환경과 상호작용을 통해 지식을 습득한다는 사실을 발견했다. 이상적인 환경은 실제 상황을 지향하며, 아동이 탐구하고 실험할 수 있는 기회를 제공하기 위해 교구를 선택한다. 듀이(1966)는 내용 영역의 통합을 통해 학습이 이루어지는 학제 간 접근법을 믿었다. 그는 주제별 영역에 교구를 보관하는 것이 흥미와 학습을 촉진한다고 말했다.

이러한 논의를 바탕으로 문해력이 풍부한 환경과 최적의 문해력 발달을 제공하도록 설계된 모든 교실은 읽기, 쓰기, 음성 언어에 관한 풍부한 교재교구 제공한다. 이러한 교재교구는 문해력 영역에 보관된다. 문해력 발달은 내용 영역 학습 공간에서 제공되는 교재교구에 반영된 내용 영역 교육과 통합된다. 교실 전체의 교재교구 및 환경은 실제 경험을 모방하고 아동에게 문해력을 의미 있게 만들도록 설계한다. 아동이 이미 가지고 있는 정보를 기반으로 하며, 아동이 문해력의 필요성과 목적을 알 수 있도록 기능적으로 설계되어야 한다. 교실의 시각적, 물리적 디자인에 세심한 주의를 기울여야 교육 프로그램이 성공한다.

그러나 교실의 물리적 환경 준비는 수업 계획에서 간과되는 경우가 많다. 교사와 교육과정 개발자는 교수와 학습이 이루어지는 시각적, 공간적 맥락을 거의 고려하지 않고, 교수법과 대인관계 요소에 집중하는 경향이 있다. 그들은 다양한 교수 전략에 에너지를 쏟지만 환경은 변하지 않는다. 환경이 조율되지 않으면 교육이 성공적으로 이루어질 수 없다

(Weinstein & Mignano, 2003).

교사가 교실 환경을 의도적으로 배치할 때, 교사는 물리적 환경이 자신의 활동과 태도뿐만 아니라 교실 내 아동의 활동과 태도에도 적극적이고 광범위한 영향을 미친다는 점을 인식한다. 가구의 적절한 물리적 배치, 교재교구의 선택, 공간의 시각적 미적 품질은 교수와 학습에 기여한다(McGee & Morrow, 2005, 1990; Morrow & Tracey, 1997; Morrow & Weinstein, 1986; Tompkins, 2003, 2007). 예를 들어, 공간 배치 설계만으로도 교실에서 아동의 행동에 영향을 미친다. 작은 공간으로 분할된 교실은 넓은 개방형 공간의 교실보다 또래 간 언어적 상호작용, 상상력, 협동 놀이를 더 촉진한다. 세심하게 배치된 교실의 아동은 무작위로 배치된 교실의 아동보다 생산성이 높고, 언어 관련 활동을 더 많이 활용한다(Moore, 1986; Reutzel & Cooter, 2009).

교실에서 사용되는 주제를 바탕으로 문해력이 풍부한 극놀이 영역의 역할을 조사한 연구에 따르면 이러한 영역은 언어 및 문해력 활동을 증가시키고, 문해력도 향상시키는 것으로 나타났다(Morrow, 1990; Neuman & Roskos, 1993, 1997). 또한 이 연구자들은 이야기 소품을 활용한 극놀이가 세부 사항의 기억, 순서와 해석 능력 등 이야기 산출과 이해력을 향상시킨다는 사실을 발견했다.

교실의 물리적 디자인은 아동이 활동에서 선택하는 것에 영향을 미친다(Jalongo, 2007; Morrow & Tracey, 1997; Morrow & Weinstein, 1986; Otto, 2006). 교실의 디자인은 그곳에서 이루어지는 교육의 조직과 전략을 조절한다. 초기 문해력 향상 프로그램에는 문해력이 풍부한 환경, 문해력 발달에 대한 학제 간 접근, 개인차와 발달 수준에 대한 인식이 필요하다.

연구 조사에 따르면 교실의 물리적 디자인은 교사가 공간과 교재교구를 의도적으로 배치함으로써 수업에 적극적이고 긍정적이며, 널리 영향을 미치는 물리적 환경을 조성할 수 있음을 강력하게 시사한다. 교사는 교실을 확실한 메시지를 전달하는 시각적 분위기를 투사하는 장소로 생각해야 한다. 다음 절에서는 이전 장에서 논의한 연구를 바탕으로 읽기 및 쓰기에 동기를 부여하기 위한 문해력이 풍부한 물리적 환경의 시각적 표현에 대해 설명한다.

교실의 인쇄물

문해력이 풍부한 교실은 눈에 잘 띄는 기능성 인쇄물로 가득하다. 교실 물품에는 조용히 해 주세요, 사용 후에는 교구를 정리해 주세요 등 기능적인 정보와 지시 사항을 안내하는 이름표 및 표지판이 있다. 도우미, 하루일과, 출석, 달력 등의 이름표가 붙은 차트가 있다(McGee & Morrow, 2005). 이름표는 학습 영역과 각 아동의 사물함에 표시한다. 학급에 다양한 배경을 가진 아동이 있는 경우 두 가지 이상의 언어로 이름표를 붙이는 것이 좋다.

교실에서 눈에 잘 띄는 게시판은 아동과 서면으로 소통하는 데 사용한다. 경험 차트와 아침 메시지는 주제에서 생성된 새로운 단어, 교실에서 사용한 레시피, 수행한 과학 실험을 표시하는 데 사용된다. 단어 벽에는 고빈도 단어, 새로운 맞춤법 단어, 일견 단어, 발음 중심 지도 요소를 가르치는 단어가 표시된다. 단어 벽은 앞서 살펴보았다. 교실에 여러 개의 단어 벽이 있어야 한다. 각 단어 벽은 다른 용도로 사용한다. 아동은 철자를 모르는 새로운 단어를 찾기 위해 단어 벽을 사용한다. 교사가 수업에서 단어 벽을 사용해야 학생들이 단어 벽을 사용한다. 교실에서 단어 벽이 눈에 띄도록 하기 위해 교사는 아동과 함께 교실에서 단어 벽에 대해 토론하고 사용한다. 아동에게 인쇄물의 단어를 읽고 쓰기에서 사용하도록 권장한다(Axelrod, Hall, & McNair, 2015; Ritchie, James-Szanton, & Howes, 2003).

교실 영역

교실의 영역은 중요한 역할을 한다. 다른 장에서 설명했지만, 영역의 교재교구 사용에 대해 이야기하는 것이 중요하다. 영역에는 아동이 혼자 또는 다른 친구들과 함께할 수 있는 활동이 하나 또는 여러 개 포함되어 있다. 영역은 특정 활동에 대한 지침이 있는 폴더, 몇 가지 활동이 들어 있는 선반 또는 과제에 대한 지침이 있는 차트가 될 수 있다. 영역 활동은 교실에서 배우는 기술과 관련이 있으며, 사용하기 전에 교사가 소개한 것이다.

1. 영역 활동은 아동이 학교에 도착하자마자 생산적 문해력 작업에 참여하는 데 사용된다.
2. 아동이 일찍 과제를 끝내면, 영역은 학생들이 생산적으로 학습에 참여할 수 있는 활동 공간이 된다.
3. 교사는 영역에서 소집단 학생들과 함께 차별화된 읽기 지도, 일대일 교육 및 평가를 진행한다.
4. 영역은 학생이 즐거움과 정보를 얻기 위해 별도의 정해진 기간 동안 사회적 환경에서 읽고 쓰는 문해력 활동을 선택하고 즐기도록 한다. 이러한 활동의 목적은 평생 자발적인 독자와 작가를 육성하는 것이다.

모든 영역에는 해당 학년 모든 아동의 성취 수준과 흥미를 충족시키는 교재교구가 필요하다. 따라서 도서 코너에는 여러 주제와 다양한 장르의 문학에 대한 서너 가지 읽기 수준의 책이 있다. 이러한 방식으로 교사는 모든 아동이 동일한 활동에 참여하여 성공하도록 차별화된 지도에 참여한다. 예를 들어, 단어 학습 영역에 큰 단어로 작은 단어를 만드는 교구가 있다고 가정하자. 이 교구를 사용하면 학습에 어려움을 겪는 아동이 두 글자와 세 글자 단어만 알아낼 수 있는 반면, 우수한 아동은 더 많은 단어와 긴 단어를 찾을 수 있다. 따라서 정글의 동물에 대해 학습하는 수업에서 큰 단어가 elephant인 경우, 아동에 따라 at, ant, hat, let, pet, tape, pant, heap, heat, heal 등의 단어를 찾을 수 있다. 모든 아동이 동일한 활동에 참여하고 즐기며 발전하고 성공하도록 모든 영역의 교재교구는 차별화된 지도를 위해 제공된다.

다음 사례는 읽기와 쓰기를 자극하는 교재교구와 공간으로 준비된 교실 환경에서 기능적 문해력 활동에 참여하는 아동의 모습을 보여 준다.

> 샤퍼 선생님의 유치원 수업에서는 지역사회의 근로자에 대해 배우고 있다. 뉴스 기자에 대해 토론하던 중 아이들은 극놀이 공간에 신문사를 만들어 직접 신문을 발행하고 싶다고 결정했다. 교사의 도움으로 기자실에는 필기 용지, 전화기, 전화번호부, 타자기, 컴퓨터가 배치되었다. 스포츠, 여행, 날씨, 일간 뉴스 등 신문의 각 섹션에 맞는 팸플릿, 지도, 기타 읽을거리도 준비되어 있었다. 수업에서 첫 번째 신문을 완성했고, 야신은 첫 달에 신문 배달을 담당했다. 야신에게는 신문 배달 가방이 있었고, 신문마다 한 아이의 이름이 적혀 있었다. 야신은 배달원으로서 신문에 적힌 이름을 아이들의 이름과 일치시켜야 했다. 그는 또한 교장선생님, 간호사, 비서, 관리인 및 학교의 모든 교사에게도 서류를 전달했다. 나중에 유치원생들이 신문을 읽을 때, 아이들은 매우 열정적으로 공유했다. 각 아동은 그림, 이야기, 단체 시 등 신문에 무언가를 기고했다. 신문을 가정으로 가져가서 부모님과 함께 공유했다.

문해력 영역. 문해력 영역은 도서 코너와 쓰기 코너로 구성되며 교실의 중심이 되어야 한다. 아동이 문학과 쓰기 교구에 즉시 접근할 수 있으면 수업 시간 동안 문해력 활동에 참여하는 아동의 수가 증가한다. 문해력 영역의 읽기 및 쓰기 영역은 모두 눈에 잘 띄고 매력적이어야 하지만, 사생활을 보장하고 명확하게 정의되어야 한다. 이 공간은 4~5명의 아동이 편안하게 이용할 수 있어야 한다. 이 영역은 아동에게 문해력을 교실의 중요한 부분으로 삼아 교사로서 문해력을 소중히 여긴다고 알려 준다. 교재교구는 아동의 개별적인 요구와 다양한 발달 수준을 충족시키기 위해 다양한 난이도로 제공한다. 각 교재교구 세트의 위치는 지정되어 있어야 한다. 문해력 영역에는 읽기, 쓰기, 말하기, 듣기 및 단어 학습 기술 발달을 위한 교재교구가 포함되어 있다. 영역의 다른 부분은 이미 다른 장(11장의 도서 코너, 10장의 쓰기 영역, 6장의 음성 언어 영역 자료, 8장의 단어 학습 발달 자료)에서 논의한 바 있다.

사진 제공: Lesley Mandel Morrow

문해력 영역은 교실의 중심이 되어야 한다.

문해력 영역의 도서 코너는 아동이 책과 함께 오래 머물면서 휴식을 취할 수 있도록 편안하게 꾸며야 하며, 읽기를 장려하는 포스터로 장식해야 한다. 아동이 가정에 가져갈 책을 대출할 수 있도록 하고, 동화책 읽기와 동화구연에 적극적으로 참여할 수 있는 교구를 비치해야 한다. 좋아하는 책을 여러 권 비치하여 다른 친구들과 함께 읽도록 장려한다.

쓰기 영역(writing station)에는 책상과 의자, 각종 쓰기 도구와 종이가 필요하다. '나만의 단어'를 위한 색인 카드가 준비되어 있어야 하며, 각 아동에게는 개인 쓰기 폴더가 있어야 한다. 컴퓨터, 책 만들기 재료, 빈 책도 쓰기 영역에 비치한다. 아동이 쓴 글을 게시판에 전시한다. 반 친구나 교사와 메시지를 주고받을 수 있는 게시판도 유용하다. 문해력 영역을 디자인하고 관리하는 데 아동을 참여시킨다. 아동은 문해력 영역의 사용 규칙을 정하고, 깔끔하고 정돈된 상태를 유지하는 데 도움을 줄 수 있다.

문해력 영역 활동

도서 코너

1. 책, 잡지 또는 신문을 읽는다. 아동이 읽은 내용을 친구가 읽어야 하는 이유를 적는다.
2. 파트너 읽기를 한다. 아동이 논의한 내용을 적는다.

듣기 및 이해력 영역

1. 녹음된 이야기를 듣고 책에 나오는 단어를 따라 말하기. 이야기에 대한 그림 그리기
2. 읽거나 쓴 이야기를 묘사한 융판에 그림을 그려 이해력 표시하기
3. 읽은 이야기를 그림으로 그리기
4. 이야기를 파워포인트 슬라이드쇼로 만들기

쓰기 영역

1. 이야기 작성하기
2. 아동이 쓴 이야기를 책으로 만들기
3. 인형극을 만들어 친구들을 위해 공연하기
4. 펜팔 친구에게 편지 쓰기
5. 레시피 작성하기
6. 농담이나 수수께끼 작성하기
7. Animoto를 사용하여 동영상을 만들고 작성한 이야기 연기하기
8. 다른 친구들이 아동의 이야기를 읽어야 하는 이유를 설명하는 이야기 광고 작성하기

단어 학습 영역

1. 단어 학습 게임을 사용하여 알파벳 학습하기. 연습한 글자 쓰기
2. 초성과 종성 타일로 단어 만들기. 종이에 만든 단어 쓰기
3. 큰 단어로 작은 단어 만들기. 종이에 쓰기
4. 서로 다른 단어에 대해 단어 분류하기

교실의 학제 간 영역

초기 문해력 발달에 동기를 부여하는 프로그램에는 문해력 학습에 대한 통합적 접근과 개인차 및 발달 수준에 대한 인식의 필요성을 파악하는 문해력이 풍부한 환경이 필요하다. 이러한 교실은 특정 내용 영역을 위해 설계된 영역으로 배치된다. 영역에는 현재 학습 중인 교과와 관련된 교재교구와 일반 용품 및 자원이 비치되어 있다. 교재교구는 일반적으로 조작 및 활동 중심이다. 또한 아동이 독립적으로 또는 소집단으로 사용하도록 설계되었다. 영역은 교구를 보관하는 가구에 의해 부분적으로 분리되어 있다. 영역에는 이름표를 붙이고 책상이나 선반, 상자 또는 게시판에 교재교구를 보관한다. 교사가 아동을 안내하고 아동이

물품을 쉽게 찾고 반납할 수 있도록 영역의 각 설비는 지정된 장소에 비치한다. 학기 초에는 영역에 소수의 물품만 비치한다. 학년이 올라감에 따라 새로운 교재교구가 점차 추가된다. 교사는 새로 추가되는 각 항목의 목적, 용도 및 배치를 소개한다.

사회, 과학, 미술, 음악, 수학, 문해력, 극놀이, 쌓기 놀이를 위한 **내용 영역 공간**(content-area stations)을 만들 수 있다. 해당 주제와 관련된 교재교구가 영역에 비치되어 있으며, 영양이나 동물 등 학습 주제와 관련된 자료가 추가될 수 있다. 주제-특정적 영역에는 읽기 자료, 쓰기 자료, 듣기 자료, 이야기 자료 등 문해력 자료도 포함되어 있다. 이러한 자료는 새로운 어휘, 문해력 활동에 참여해야 하는 이유와 흥미를 제공한다. 새로운 주제를 학습할 때마다 책, 포스터, 유물, 음악, 미술 프로젝트, 극놀이 자료, 과학적 사물을 추가하여 새로운 흥미를 유발한다. 6장에서는 각 내용 영역 공간에 대한 일반적인 교재교구를 설명한 다음 특정 주제를 학습하기 위해 추가할 교재교구에 대해 논의한다. [그림 13-1]과 [그림 13-2]의 교실 평면도는 유치원부터 초등학교 5학년까지 학습 환경을 보여 주며, 모범적인 프로그램을 지원한다. [그림 13-1]의 유치원부터 초등학교 1학년 평면도에서 미술 영역은 물을 쉽게 이용하도록 싱크대 옆에 배치된다. 같은 공간에 개인 결과물을 보관할 수 있는 아동용 수납장이 있다. 유아 교실의 활동은 책상보다 테이블 표면에서 더 잘 충족되므로 테이블의 수납 한계를 해결하기 위해 아동에게 이러한 수납 공간을 제공한다. 각 영역에는 모든 교재교구 외에도 책과 필기도구의 비치도 중요하다. 예를 들어, 음악 영역에는 『Chicken Soup with Rice』(Sendak, 1962)와 같은 노래를 각색한 그림 동화책을 비치한다. 책을 보는 것 외에도 아동은 이야기에 나오는 단어를 따라 쓸 수 있다. 물론 사회 및 과학 영역에는 학습 주제와 관련된 정보 도서와 아동 문학이 비치되어 있어야 한다. 미술 영역에는 방향과 도표를 포함한 만들기 아이디어가 담긴 책이 제공된다. 극놀이 영역에도 책을 비치하는 것이 좋다. 수업에서 우주에 대해 토론하는 경우, 이 공간에는 양육자 역할을 하는 아동이 자신의 '자녀'에게 읽어 주는 척하는 우주 및 우주 이야기에 관한 책이 있어야 한다. 쌓기 영역에는 건축 아이디어를 개발하는 데 도움이 되는 책을 비치한다. 지역사회의 지도나 계획이 담긴 책은 아동이 쌓기 놀이에서 그러한 지역사회를 만들도록 동기를 부여한다.

풍부한 문해력 분위기와 학제 간 접근법을 조성하는 것 외에도 다양한 교수법, 조직 전략 및 집단화 절차를 수용하도록 설계하여 아동 간 차이를 쉽게 조절할 수 있다. 영역은 독립적 또는 사회적 학습, 탐구, 자기 주도적 학습을 위한 공간을 제공한다. 교실 평면도([그림 13-1])에 표시된 책상은 아동이 앉을 수 있는 러그가 있는 음악 영역의 열린 공간과 마찬가지로 전체 수업을 위한 장소를 제공한다. 교사의 회의용 책상은 개별 학습이나 소집단 수업을 위한 공간이다. 물론 모든 교구장은 이동이 가능하기 때문에 필요에 따라 다른 교수법을 조절할 수 있다. 영역은 비교적 조용한 학습 공간과 보다 활동적인 놀이 공간을 모두 만들 수 있도록 배치되어 있다. 예를 들어, 도서 코너와 쓰기 및 음성 언어 영역이 있는 문해력 공간은 수학 영역 옆에 있다. 이러한 영역은 상대적으로 조용한 활동과 가까운 곳에 배치한다. 극놀이, 목공놀이, 쌓기놀이 등은 시끄러운 활동이기 때문에 조용한 공간과는 반대편에 배치하는 것이 좋다. 미술 공간도 시끄러운 공간이 될 수 있으므로 조용한 공간과 분리하여 배치한다. 명시적인 소집단 읽기 및 쓰기 지도를 위한 교사의 회의용 책상은 조용한 공간에 위치

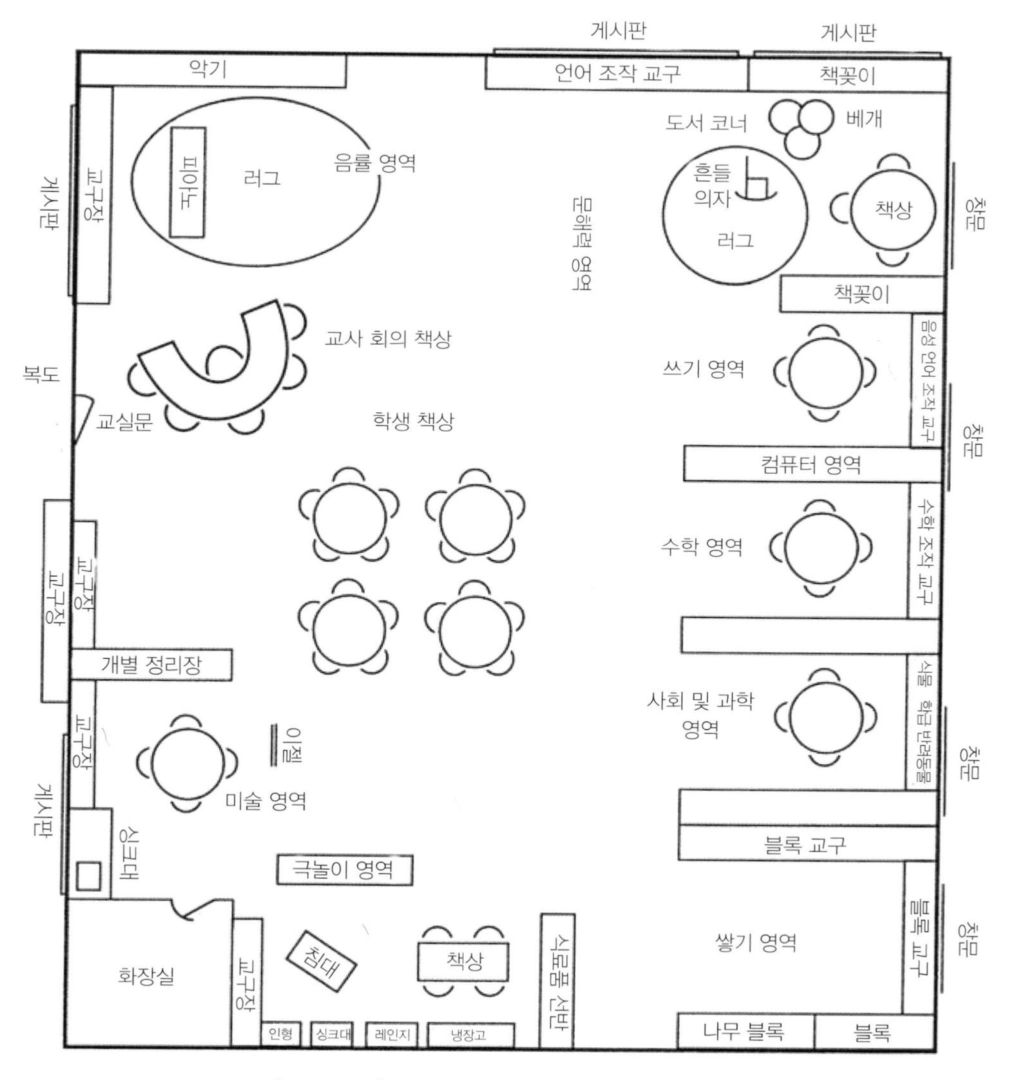

[그림 13-1] 유치원부터 1학년까지 교실 평면도

하지만, 교사가 나머지 교실을 볼 수 있도록 한다. 교사가 회의용 책상에서 소집단 또는 개별 지도를 하는 동안 나머지 학생들은 독립적으로 수업을 진행한다. 책상의 위치 덕분에 교사는 소수의 학생과 함께 작업하는 동안에도 모든 학생을 볼 수 있다. [그림 13-1]에 표시된 물리적 환경 계획은 많은 어린이집과 유치원, 일부 초등학교 1, 2학년에서 사용되며, 아동을 위한 설계 계획이라는 가정을 전제로 한다. 1, 2학년 교사는 연령별 문해력 학습을 장려하기 때문에 이러한 설계를 고려해야 한다([그림 13-2] 참조).

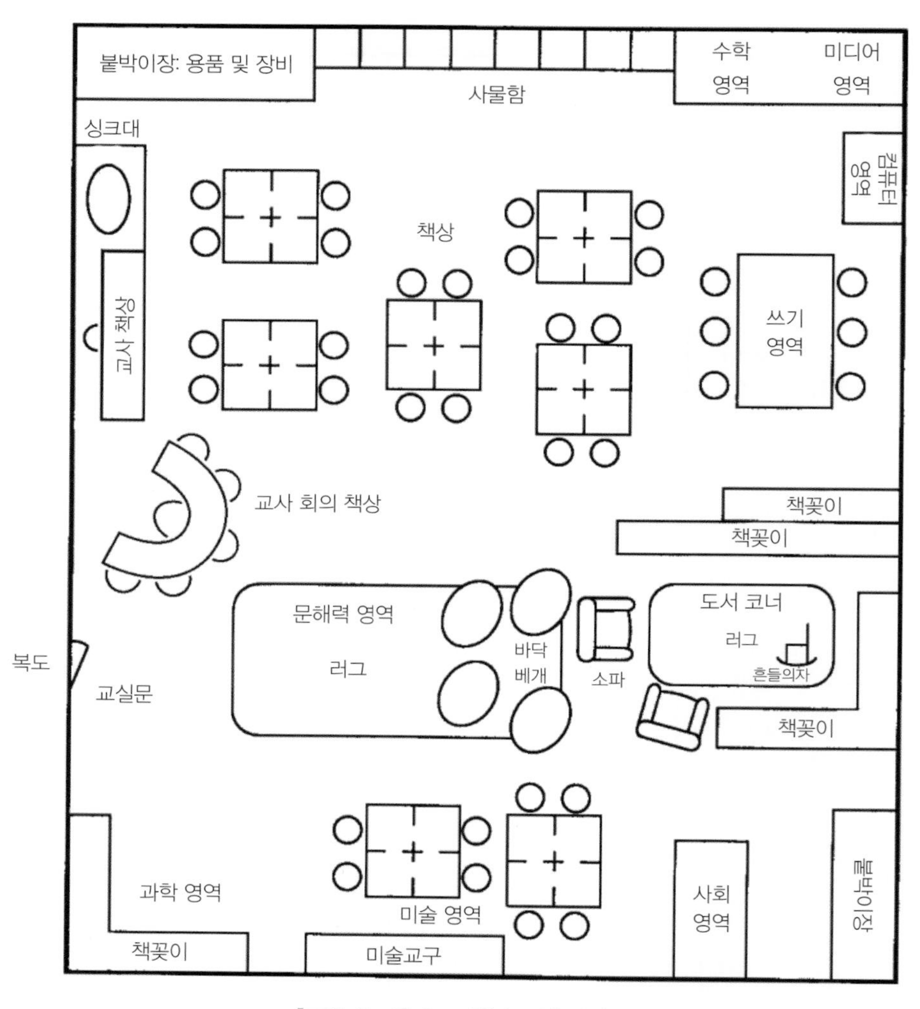

[그림 13-2] 2~5학년 교실 평면도

[그림 13-3]은 공간의 일반 교재교구와 특정 주제에 맞는 추가 교재교구를 작성하는 계획서이다. [그림 13-4]의 체크리스트는 공간과 문해력 환경의 풍부함을 평가하기 위한 평가 양식이다(Worthy et al., 2015).

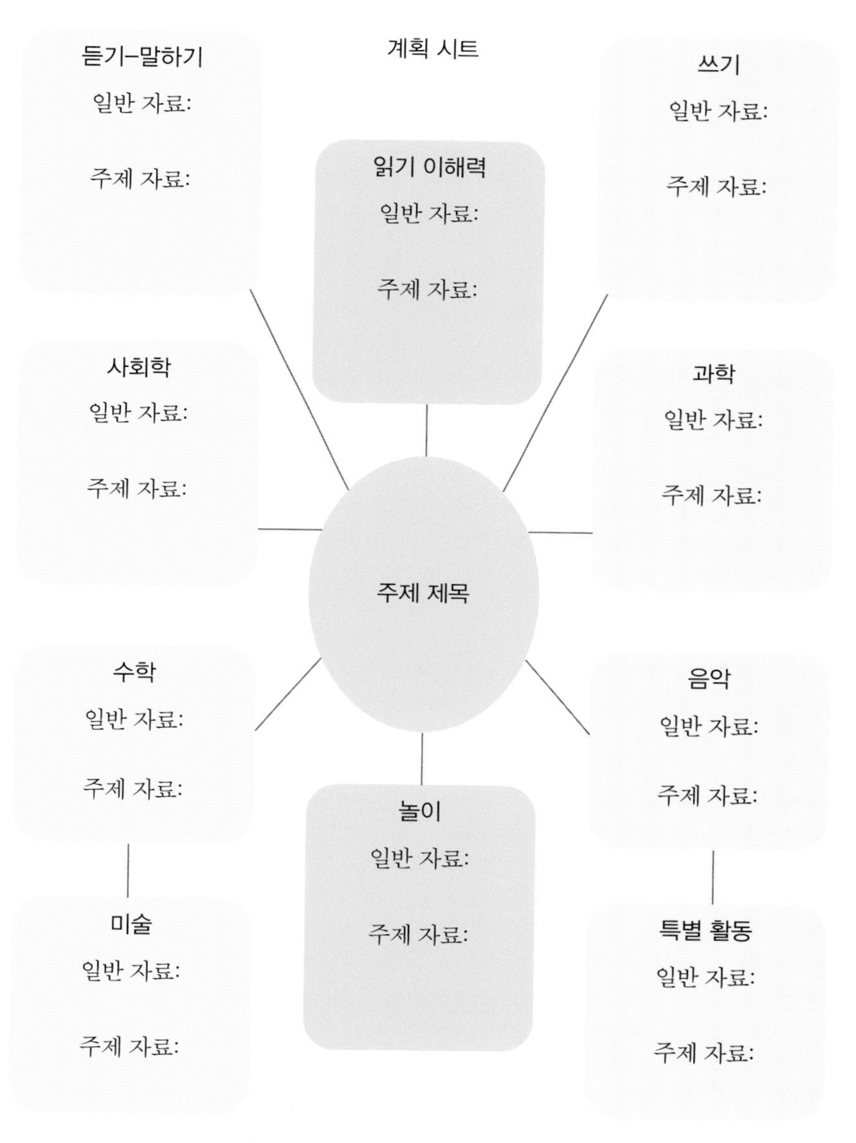

[그림 13-3] 일반 영역 교재교구 및 영역 주제별 교재교구

교사는 체크리스트를 사용하여 교실을 평가한다.

문해력 영역	예	아니요
아동이 영역 디자인에 참여한다(예: 규칙 개발, 영역 이름 선정, 교재교구 개발).		
영역은 교실의 조용한 구역에 배치한다.		
시각적, 물리적으로 접근이 가능하지만 교실의 나머지 영역과 분리된 공간이다.		
러그, 베개, 흔들의자, 빈백 의자, 인형이 있다.		
기어 들어가서 책을 읽는 상자 같은 사적 공간도 구석에 있다.		
영역은 교실 공간의 약 10%에 해당하고, 5~6명의 아동을 수용한다.		

도서 코너	예	아니요
책등이 바깥쪽을 향하도록 책을 보관하는 책꽂이		
책을 꽂기 위한 정리 시스템		
a. 장르별로 정리된 책 b. 읽기 수준별로 정리된 책	a. b.	
특별한 책을 위한 개방형 책꽂이		
아동 한 명당 5~8권의 책 제공		
3~4학년 수준의 유형별 도서 (a) 그림책, (b) 그림 동화책, (c) 전통 문학, (d) 시, (e) 사실주의 문학, (f) 정보 책, (g) 전기, (h) 챕터 책, (i) 읽기 쉬운 책, (j) 수수께끼 및 농담 책, (k) 참여 도서, (i) 시리즈 도서, (m) 텍스트가 없는 도서, (n) TV 관련 도서, (o) 브로슈어, (p) 잡지, (q) 신문		
2주마다 20권의 신간 도서 배포		
아동이 매일 책을 꺼낼 수 있는 체크아웃/체크인 시스템		
헤드셋과 녹음된 동화책		
융판 및 관련 도서와 융판 및 관련 책의 이야기 등장인물		
융판 이야기 만들기 재료		
기타 이야기 조작교구(예: TV 영화, 인형, 관련 책과 함께)		
책 읽기 녹음 시스템		
같은 책의 여러 사본		

[그림 13-4] 문해 환경 평가 및 개선을 위한 체크리스트(계속)

쓰기 영역(작가 의자)

책상 및 의자		
아동이 직접 글을 쓸 수 있는 포스터와 게시판		
필기도구(예: 펜, 연필, 크레파스, 매직 마커, 색연필)		
필기 재료(다양한 크기의 종이, 책자, 패드)		
컴퓨터		
이야기를 작성하고 책으로 만들기 위한 재료		
아동이 교사와 학생에게 메시지를 게시하는 게시판		
'나만의 단어'를 저장하는 공간		
아동의 쓰기 샘플을 보관하는 폴더		
아동이 서로에게 비공개 메시지를 보내는 공간		

교실의 나머지 공간을 위한 문해력이 풍부한 환경

교실에는 모든 영역에 문해력 자료가 포함되어야 한다. 예를 들어, 과학 영역에는 단원 주제에 관한 책이 있어야 하고, 음악 영역에는 주제와 관련된 노래 포스터가 있어야 하는 등 학습 단원을 반영하여 자료를 자주 변경해야 한다. 놀이 영역에는 주제가 있는 놀이 및 문해력 자료가 있는 단원이 반영되어야 한다. 모든 영역에는 다음 내용이 포함되어야 한다:

교사는 체크리스트를 사용하여 교실을 평가한다.

학습 주제, 방향, 규칙 및 기능적 메시지와 관련된 표지판과 같은 환경 인쇄물		
달력		
시사 게시판		
관련 책, 잡지, 신문		
필기도구		
다양한 종류의 용지		
아동의 문해력 작품 전시 공간		
교사와 아동이 서로 메시지를 남기는 공간		
단어 벽		
교실의 다문화 집단을 대표하는 인쇄물		
내용 영역 공간: □ 음악 □ 미술 □ 과학 □ 사회 □ 수학 □ 극놀이		

[그림 13-4] 문해 환경 평가 및 개선을 위한 체크리스트

차별화된 지도를 위한 구성

교사는 교실 공간을 구성하고 **차별화된 지도**를 통해 개별 요구를 충족시키고자 다양한 전략을 사용해야 한다. 인구가 다양하기 때문에 '모든 아동에게 맞는 획일적인' 교육과정으로는 모든 아동의 요구를 충족시킬 수 없다(Walpole & McKenna, 2007). 교사가 모든 아동의 요구에 부응하는 교육을 제공하려면 학생의 성취도를 평가한 다음 다양한 요구에 맞는 교육을 실시해야 한다.

개별 또는 소집단 지도를 통해 차별화할 수 있으며, 전체 학급 아동을 대상으로도 차별화할 수 있다. 집단 과제의 경우 성취도와 관심사에 따라 아동을 동질 집단 또는 이질 집단에 배치할 수 있다. 어떤 아동은 한 환경에서 다른 환경보다 더 많은 혜택을 받기 때문에 다양한 조직화 전략을 사용하는 것이 중요하다. 마찬가지로, 같은 교실 내에서 여러 가지 다른 집단화 체계를 만들면 단일 집단화 체계에 따른 낙인을 제거할 수 있다. 가변 집단화는 아동이 한 집단 또는 다른 집단에 속한 모든 학생과 상호작용하도록 한다.

대집단, 소집단 및 일대일 학습

학급 전체 아동에게 정보를 함께 소개하는 **대집단 지도**(whole-group instruction)는 아주 어린 아동이 장시간 앉아서 집중하는 데 어려움을 겪기 때문에 유치원에서는 거의 사용되지 않는다. 공유된 경험(shared experiences)이라고도 불리는 대집단 수업은 모든 아동에게 정보를 소개하고, 발표 내용을 모두가 이해할 때 적합하다. 대집단 지도는 교실에서 공동체 의식을 제공하고 구축한다. 유아 초기 문해력 발달에는 성인의 동화책 읽어 주기, 노래 부르기, 짧은 학급 토론이 적절한 대집단 활동이다. 기술을 가르치려면 소집단을 사용해야 한다.

소집단 지도(small-group instruction)는 교사와 소수의 아동이 긴밀하게 상호작용하며, (요구와 흥미에 기반한) 명시적인 지도와 평가를 진행한다. 소집단은 교사와 독립적으로 작업하는 아동과의 공동 프로젝트에도 사용된다. 교사는 명시적인 기술 지도를 위해 읽기 집단과 같은 다양한 유형의 소집단 구성을 사용해야 한다. 집단은 우정이나 관심사 및 학업 성취도에 따라 구성할 수 있다. 이 장의 마지막에 있는 언어 영역에 대한 설명에는 다양한 유형의 집단 구성이 포함되어 있다. 교사는 다양한 유형의 집단을 계획하여 아동이 다양한 또래와 함께 활동하는 경험을 하도록 해야 하며, 이를 통해 집단 구성과 관련된 낙인이나 능력 분류를 피할 수 있다. 집단을 사용할 때는 집단 구성원이 순환해야 할 뿐만 아니라 집단 배치도 수시로 변경해야 한다.

연구자들은 소집단 수업에서 교사가 학생들의 주의를 더 잘 유지한다는 사실을 발견했다. 소집단은 더 많은 학생이 참여할 기회를 제공한다(Combs, 2009; Lou et al., 1996; Slavin, 1987; Sorenson & Hallinan, 1986). 또한 교사는 소집단에 속한 각 학생의 필요에 따라 교수법과 교재교구를 변경할 수 있다. 집단이 동질적일 때 교사는 적절한 수준에서 보다 개별화된 지도를 제공한다(Jalongo, 2007; Slavin, 1987). 소집단에서는 아동의 성취 수준에 맞게 수업을 계획할 수 있고, 다양한 학습 양식에 맞게 교수법을 수정할 수 있다(Combs, 2009; Hallinan & Sorenson, 1983).

그러나 집단화에는 몇 가지 단점이 있다. 예를 들어, 집단이 융통성이 없는 경우 한 학생이 특정 집단에 배치되면 학교 생활 내내 그 배치가 변경되지 않을 수 있다. 이러한 관행은 자존감과 학생이 받는 교육 유형에 영향을 미친다(Antonacci & O'Callaghan, 2003; Slavin, 1987). 집단화의 또 다른 단점은 하나의 척도만으로 아동의 집단 배정이 결정되는 경우가 많다는 점이다. 모든 아동이 반드시 속해야 하는 집단 수(예: 3개)가 정해져 있는 경우가 많다. 또한 교사는 하위 집단 학생에 대한 기대치가 낮기 때문에 이러한 학생의 성취 수준이 계속 낮아질 수 있다(Gambrell & Gillis, 2007; Hallinan & Sorenson, 1983).

마지막으로, 학생과 일대일로 활동하는 것은 차별화를 강화하는 방법이다. 아동과 일대일로 활동하고, 독립적으로 활동하도록 하는 것은 개별화된 지도의 한 형태이다. 아동은 또래 및 성인과 협력하여 작업해야 하지만, 스스로 문제를 해결하고 과제를 완수해야 한다. **일대일 지도**는 개별화된 지도이다. 따라서 교사가 개인적인 관심을 기울이고, 아동에 대해 많은 것을 배울 수 있는 기회를 제공한다. 예를 들어, 교사가 한 아동과 단둘이 활동할 때는 수행 기록을 측정하고, 동화구연 지도와 평가를 할 수 있다. 이러한 개별 상담을 통해 필요한

사진 제공: (왼쪽) Jules Selmes/Pearson Education, (오른쪽) Annie Pickert Fuller/Pearson Education

대집단 및 소집단 설정은 문해력 지도에 대한 다양한 접근법에서 사용된다.

교육 유형을 결정하고, 아동에게 제공할 수 있다. 일대일 회의는 일반적으로 짧고 많은 양의 작업을 수행할 수 있다(Porath, 2014).

안내된 읽기를 위한 구성: 소집단 명시적 기술 지도

안내된 읽기는 교사의 소규모 집단에서 진행되는 명시적인 지도의 한 형태이다.

> 안내된 읽기에서 교사는 소집단과 함께 작업한다. 집단에 속한 아동은 비슷한 수준의 문해력 발달을 보이며, 비슷한 기술을 필요로 한다. 지도를 위한 읽기 수준도 비슷한 아동이 포함된다. 기술과 읽기 수준을 향상시키는 데 중점을 둔다. 아동은 지속적인 관찰과 평가를 바탕으로 집단화 및 재집단화된다(Fountas & Pinnell, 1996, p. 4).

또한 안내된 읽기 지도의 전반적인 목적은 개인의 요구를 충족시키기 위한 방법이다. 안내된 읽기 지도는 달성해야 할 기술과 목표의 범위가 있는 체계적인 교육이다. 활동은 목표를 달성하도록 설계된다. 기술 지도는 우연에 맡기지 않고 확실하게 이루어진다. 체계적인 계획이 있긴 하지만, 안내된 읽기 지도는 필요할 때 즉흥적으로 지도할 수 있어야 한다.

문해력 지도는 반응-대처-개입(RTI) 모델과 관련하여 성취 수준의 단계로 구분된다. 1단계 지도는 학년 수준에 맞게 이루어지며, 일반적으로 학급 전체 아동을 대상으로 진행한다. 2단계인 읽기 지도 단계는 학생의 성취 수준에 맞게 교사가 주도하는 소집단 수업으로 이루어지며, 개인차를 고려한다. 3단계 지도는 읽기나 쓰기에 어려움을 겪고, 더 집중적인 지도가 필요한 학생을 위한 것이다. 이 모델에서 읽기 부진 학생은 하루에 세 번 읽기 지도를 받는다.

대부분의 아동에게 교사는 개별 학생의 요구를 충족하도록 설계된 명시적인 지도를 제공해야 한다. 이는 전체 학급에 대한 소개와 함께 소집단 또는 일대일 방식의 명시적인 지도를 통해 가장 잘 이루어진다. 명시적인 문해력 지도가 없으면 일부 아동은 중요한 기술을 배우지 못할 수 있다. 교사는 학생의 개별 요구를 인식하고, 명시적 및 개방형 지도 전략의 적절한 균형을 통해 이러한 요구를 조절해야 한다.

안내된 읽기 집단에 참여할 아동 선정하기. 읽기 및 쓰기 기술 교육에 대한 명시적인 지도를 위해 소집단은 요구와 성취 수준이 비슷한 아동으로 구성한다. 이 집단은 교사가 선택한다. 지도를 차별화할 때는 집단에 가장 적합한 다양한 자료와 활동으로 가르칠 집단을 구성한다.

명시적인 읽기 및 쓰기 집단 선택을 위해 많은 정보를 선택하여 학생의 요구와 능력을 파악한다. 이 책 전체적으로 집단 배정의 결정에 도움이 되는 아동의 종합적인 그림을 그리기 위해 몇 가지 유형의 평가에 대해 논의했다. 가장 중요한 정보 중 하나는 교사의 판단이다. 집단 배정의 결정에 도움이 되는 다른 유형의 평가는 다음과 같다:

- 텍스트 읽기 수준, 단어 분석, 이해력, 유창성 및 자기 모니터링의 강점과 약점 유형을 결정하기 위한 수행 기록
- 문자 인식 검사
- 고빈도 단어 검사
- 이해력 평가
- 표준화 검사 점수
- 비공식 읽기 목록

교사는 대체 순위 순서를 사용하여 아동을 집단에 배정한다. 이 방법은 주로 교사의 판단에 근거하여 이루어진다. 교사는 학급의 모든 아동을 나열하고, 문해력이 가장 높은 아동을 맨 위에 배정하고, 문해력이 가장 낮은 마지막 아동까지 순위를 매긴다. 집단 배정을 위해

일대일 수업을 진행하는 동안 교사는 수시로 수행 기록을 통해 아동의 강점, 요구, 읽기 수준을 파악한다.

맨 위와 맨 아래 아동을 선택하여 두 개의 다른 집단을 구성한다. 맨 위 아동의 다음 아동을 최상위 아동이 있는 집단에 배정하고, 맨 아래에 있는 아동의 다음 아동을 최하위 아동이 있는 집단에 배정한다. 이 절차를 반복하면서 매번 이 아동의 읽기 성취 수준이 동일한 집단에 속할 만큼 유사한지 스스로에게 물어본다. 이 질문에 대한 답이 '아니요'라면 새 집단을 구성한다. 한 집단당 약 5명의 아동으로 구성된 4~6개의 집단으로 학급 아동을 구분한다. 몇 번의 회의 후 해당 아동에게 집단이 적합하지 않다면 집단 배정을 변경한다. 정기적으로 아동을 평가하기 때문에 집단 배정은 변경될 수 있다. 유아기 안내된 읽기의 경우, 유아를 교육 수준에 따라 집단화하여 해당 집단의 유아는 동일한 수준의 책을 읽는다. 때때로 교사는 더 많은 단어 학습 기술이 필요한 것처럼 동일한 어려움을 겪는 아동을 위한 전략 집단을 구성하기도 한다.

안내된 읽기 중 소집단 활동 관리하기. 교사가 안내된 읽기 집단과 함께 활동할 때 나머지 아동은 영역에서 독립적으로 활동한다. 따라서 아동은 독립적으로 또래와 함께 사회적 환경에서 활동하는 법을 배워야 한다. 아동이 이미 배운 기술을 연습할 수 있는 시간이다. 영역에서 활동하는 법을 처음 배울 때 교사는 질문에 답하고, 필요한 경우 아동이 활동을 계속하도록 도와주는 촉진자 역할을 담당한다.

안내된 읽기 및 쓰기 시간에는 교사가 소집단 지도에 집중하고, 방해받지 않아야 하므로 해당 공간에 있는 아동이 무엇을, 언제, 어디서 해야 하는지 정확히 알고 있어야 한다. 교사가 이 시간을 어떻게 관리하는지 설명하기 위해 시어 선생님의 교실을 살펴본다. 시어 선생님이 학급에서 독립적인 작업을 위해 모델링하는 활동은 주로 기술 및 주제 관련 활동이다. 학기 초에 그녀는 아이들에게 교실의 영역과 영역에 포함된 활동 유형을 소개하는 데 시간을 할애한다. 그녀는 학급 아이들에게 다양한 활동을 연습하게 한다. 이때 시어 선생님은 영역 시간 동안 소집단과 함께 활동하지 않고, 아이들이 독립적으로 활동하도록 도와준다. 아이들에게 과제를 부여하고 경우에 따라 필수 활동을 완료할 때 선택권이 주어진다. 이러한 과제는 아이들의 읽기 및 쓰기 능력 발달에 도움이 된다. 영역 시간에 아이들이 참여할 활동이 부족해서는 안 된다. 다른 책을 선택해 읽거나 일기를 쓰는 등 항상 다른 활동에 참여할 수 있어야 한다. 영역 집단은 이질적이며, 시어 선생님이 종을 울리면 아이들은 새로운 영역 활동으로 이동한다. 다음 사례에서는 모든 아동이 활동 1, 2, 3, 4를 수행한다.

1. 파트너 읽기의 경우, 아이들이 짝을 지어 같은 책을 함께 읽는다. 한 명이 한 페이지를 읽으면 다른 한 명이 다음 페이지를 읽는다. 또한 서로 다른 책을 읽은 다음 읽은 이야

기에 대해 서로 이야기할 수도 있다. 이 수업에서는 동물에 대해 학습하기 때문에 아이들은 책장에 펼쳐진 책 중에서 동물에 대한 이야기와 설명이 포함된 책을 선택한다. 읽은 내용에 대한 토론을 권장한다. 각 아동은 읽은 책의 이름과 이야기에 대한 문장이 적힌 색인 카드를 작성한다.

2. 쓰기 활동은 시어 선생님이 아침 회의에서 읽은 『Ugly Fish』(LaReau & Magoon, 2006) 이야기를 다시 쓰는 것이다. 아이들은 다시 쓸 때 배경, 주제, 줄거리 에피소드, 결말 등 이야기에서 논의한 요소를 포함시켜야 한다. 필요한 경우 교실에 있는 책 사본을 참고한다. 읽은 이야기와 관련된 다른 쓰기 활동이 매일 진행된다.
3. 단어 활동에서는 단어 카드에 접두사를 추가하여 새로운 단어를 만든다. 아이들은 종이에 단어를 써서 교사가 자신의 활동을 확인하도록 한다.
4. 듣기 영역에는 동물에 관한 이야기를 녹음한 테이프가 있다. 각 이야기마다 해당 이야기에 대한 질문이 적힌 종이가 있다. 테이프의 두 가지 제목은 『Is Your Mama a Llama?』(Kellog, 1989)와 『Arthur's pet Business』(Brown, 1990)이다. 학생들은 텍스트에서 증거를 찾고, 우리가 알기를 작가가 원했던 주요 아이디어라고 말해야 한다. 학생들은 자신이 선택한 동물에 대한 정보 텍스트를 작성하고, 동물의 사진과 배경 음악을 포함해야 한다.
5. 모든 영역 활동이 완료되면 아이들은 동물 콜라주 만들기에 사용 가능한 동물 사진이 많은 잡지가 비치된 미술 영역으로 이동한다. 그다음에는 학생들이 콜라주에 사용될 동물 목록을 만든다.

사진 제공: Amanda Baker

아동은 생산적 활동에서 독립적으로 작업한다.

시어 선생님은 아이들이 자신의 영역 과제를 볼 수 있도록 조직도를 가지고 있다. 소집단 지도를 시작하기 직전에 그녀는 영역에 있는 모든 학생이 무엇을 해야 하는지 알고 활동에 참여하고 있는지 확인한다. 그런 다음 그녀는 소집단과 함께 안내된 읽기를 시작한다. 시어 선생님은 첫 번째 집단의 활동이 끝나면 종을 울려 아이들을 다음 영역으로 이동시키고, 다음 집단의 아이들을 불러서 안내된 읽기를 시작한다. 이 순환은 그녀의 소집단 회의와 일치한다. 아이들은 15분 또는 20분마다 이동하는데, 이는 안내된 읽기 집단이 모이는 시간이다. 모든 영역에서 완성된 작품을 제출해야 한다. 완성된 작품을 위한 바구니가 있다. 영역 시간 관리는 성취에 매우 중요하다. 학생들은 지정된 규칙을 알고 있어야 한다([그림 13-5] 참조).

문해력 영역이 잘 운영되려면 교사는 아동이 영역에 참여하기 전에 문해력 활동의 사용법을 모델링하여 아동이 무엇을 해야 하는지 알려 준다. 교사는 아동이 활동을 시작하도록 돕고, 도움이 필요할 때 안내한다.

아동이 문해력 영역을 이용할 때 독립적으로 활동하면 나중에 교사가 소집단 읽기 지도를 할 때 큰 도움이 된다. 아동은 문해력 영역에서 교사의 도움 없이도 독립적인 문해력 활동에 생산적으로 참여할 수 있어야 한다. 교사는 방해받지 않고 소집단을 지도하기 위해 교실에서 몇 명의 아동에게 질문에 답하도록 지정하고, "1번, 2번, 3번 그리고 선생님에게 물어보세요."라고 말한다. 한 교사는 "안내된 읽기 중에는 방해하지 마세요: 화재가 발생했을 때, 피가 나거나 구토할 때, 다른 종류의 응급 상황일 때를 제외하고는 방해하지 마세요."라고 적힌 앵커 차트를 가지고 있었다.

문해력 영역 시간의 주요 관심사는 과제를 수행하지 못하는 아동을 돕는 것이다. 일반적으로 한 학급의 약 90%는 독립적으로 학습에 참여한다. 대집단을 지도할 때 교사는 누가 듣고 있는지 아닌지 알 수 없다. 영역 시간에는 누가 과제를 하고 있는지 안 하고 있는지 쉽게 확인할 수 있다. 과제에 집중하지 못하는 학생에게 영역 시간에 무엇을 해야 하는지 이해시킨다. 학생을 안내할 친구와 짝을 지어 주는 것도 좋은 방법이다. 활동에 완료해야 할 과제가 있음을 확인하고, 교사가 책임지도록 한다.

교사는 활동의 일화를 기록하고 작업 샘플을 수집한다. 교사는 작업 중인 집단을 기록하고, 완료된 과제를 기록한다. 문해력 영역 시간을 평가할 때 아동을 참여시킨다. 아동과 교사가 협력하는 방법과 영역에서 과제를 완료하는 방법에 대해 토론한다. 학생들에게 영역 활동을 개선하기 위한 제안사항을 요청한다.

교사는 더 크고, 더 밝거나, 더 조용한 공간을 찾기 위해 교실의 한 구역에서 다른 구역으로 영역을 옮긴다. 아동에게 더 많은 선택권을 제공하기 위해 책과 조작 교구를 추가한다. 아동이 사용할 수 있도록 영역에 교구를 배치하기 전에 교구 사용법을 모델링한다. 아동은 영역 활동 시간에 5번 이하로 선택해야 한다.

교사가 아동이 이동할 영역을 지정하는 방법에는 여러 가지가 있다. 영역 차트는 이질적으로 집단화된 3~4명의 아동을 위한 여러 가지 선택지를 제공한다. 포켓 차트를 사용하여

1. 교사가 활동을 배정한다.
2. 교사가 소집단과 안내된 읽기 수업을 할 때 도움이 필요한 경우 '세 명에게 물어본 다음 선생님에게 물어보기' 규칙을 활용한다. 즉, 지정된 세 명의 학생에게 도움을 요청하는 것이다. 학생에게 도움을 요청한 후에도 여전히 도움이 필요하면 교사에게 요청할 수 있다.
3. 교재교구를 지정된 장소에 반납한다.
4. 부드러운 목소리로 말한다.
5. 교재교구를 공유한다.
6. 도움이 필요한 다른 사람을 돕는다.
7. 완료된 활동을 공유할 준비를 한다.
8. 제공된 용지에 완료된 작업을 기록한다([그림 9-9] 참조).
9. 영역의 교재교구를 조심스럽게 다루어 양호한 상태를 유지한다.
10. 완성한 작품을 영역 바구니에 넣는다.

[그림 13-5] 문해력 영역 시간의 집단 협력 규칙

영역 활동을 나타내는 그림을 넣을 수 있다. 각 행의 맨 위에는 아동의 이름을 입력하는 공간이 있다. 그림은 이름 카드와 마찬가지로 이동 가능하다(Reutzel & Cooter, 2009; Fontas & Pinnell, 1996). 교사가 사용하는 그림이 있는 추가 영역 활동은 [그림 13-6]에 제시되어 있다. 이 규칙은 질문이 있는 아동이 교실에서 자신의 질문에 대한 답을 알고 있는 다른 아동을 찾아야 함을 의미한다. 다른 학생 3명에게 물어봐도 여전히 문제를 해결하지 못한 경우 교사에게 질문할 수 있다.

학생이 영역으로 이동하는 대신 교사가 교재교구를 가져와 학생에게 제공한다. 교사는 책상 네 개를 서로 붙여 큰 면적을 만들어 아동을 곡선 부분에 앉히고, 이 작업을 수행한다. 교사는 소집단을 지도하지 않을 때 비공식적인 영역 시간을 가지며, 아동은 자신이 가고 싶은 영역을 선택한다. 목걸이를 사용하는 것도 교사가 영역 시간을 구성하는 또 다른 방법이다. 목걸이는 두꺼운 실과 합판 재질의 별 또는 원으로 만든다. 각 영역마다 목걸이의 색깔을 다르게 한다. 각 영역에는 5개의 목걸이가 있다([그림 13-7] 참조). 또한 영역 시간이 끝나면 아동이 완료한 과제를 확인하기 위해 활동 일지([그림 13-8] 참조)를 작성한다.

안내된 읽기 수업 실행

아동이 영역에서 독립적으로(그리고 자신감을 가지고) 작업할 수 있게 되면 교사는 집단의 읽기 수준과 도움이 필요한 기술을 반영한 소집단 읽기 지도 수업을 진행할 수 있다. 교실의 소집단 수업은 체계적인 기술 순서에 초점을 맞춰야 한다(Reutzel & Cooter, 2009).

오늘날 교실에서 이루어지는 소집단 읽기 지도는 다음과 같은 특징이 있다:

1. 학생은 정기적으로 평가를 받아 읽기 능력의 변화에 따라 집단 배정이 이루어지며, 한 집단에 고정되지 않는다.
2. 교사는 하루일과 중 다른 유형의 집단을 의도적으로 사용하여 학생이 안내된 읽기 집단과만 어울리지 않도록 지도한다. 쓰기, 관심사 등을 위한 집단이 있을 수 있다.
3. 이상적인 집단 수는 정해져 있지 않고, 해당 교실에서 나타나는 다양한 능력 수준에 따라 집단 수를 결정한다. 일반적으로 4~6개이다.
4. 지도를 위해 선택한 도서는 학년 수준에 관계없이 학생의 요구 사항을 충족하여 차별화할 수 있다.
5. 소집단 수업은 아동이 독립적으로 유창한 독자가 되는 전략을 제공하기 위해 고안되었다.
6. 안내된 읽기 집단에 배정되지 않은 아동을 위한 활동은 영역에서 제공된다. 아동은 흥미롭고 생산적이며 능동적으로 학습한 기술을 연습하는 활동에 적극적으로 참여한다. 교사는 독립적인 작업을 위해 일부 활동지 페이지를 사용할 수 있지만, 실제 조작해 보는 것이 더 흥미롭다.
7. 영역 활동은 상급 독자 또는 어려움을 겪는 독자에게 적합한 다소 복잡한 방식으로 완료될 수 있으므로 아동의 성취 수준 차이를 고려한다.
8. 안내된 읽기 수업은 15분에서 20분 이내로 진행한다.

안내된 읽기 수업은 신중하게 계획하고, 특정 집단 아동에게 필요한 기술을 다루어야 한다. 이러한 구성 요소는 다음과 같다:

1. 수업은 아동이 쉽고 친숙한 내용을 읽는 것에서 시작한다. 이렇게 하면 좋은 발음, 억양, 유창하고 부드러운 구어 읽기를 할 수 있다.
2. 교사는 새 책을 읽기 전에 1~2분 정도 '책 산책'을 통해 아동에게 책을 소개하여 책

[그림 13-6] 영역 카드(계속)

[그림 13-6] 영역 카드

[그림 13-7] **영역 목걸이**

안내: 상단의 구멍에 실이나 끈을 끼워 영역 목걸이를 만든다.

에 대한 배경지식을 쌓게 한다. 이렇게 하면 아동이 책의 주제에 대한 사전 지식을 쌓고, 읽은 내용을 이해하는 데 도움이 된다(Anderson & Pearson, 1984; Jalongo, 2007; Tompkins, 2007). 책을 읽으면서 교사는 다음과 같은 활동을 할 수 있다:

a. 아동에게 이야기에서 어떤 일이 일어날지 예측하도록 요청하고, 교사는 아동의 생각을 기록한다.
b. 교사는 새로운 어휘를 소개하고, 아동이 책을 읽기 전에 책에 나오는 단어를 살펴보게 한다.
c. 교사가 단어의 새로운 패턴을 소개한다.

3. 유치원생과 초등학교 1학년 아동은 속삭이듯 책을 읽고, 초등학교 2학년과 3학년 아동은 조용히 읽는다. 학년에 관계없이 모든 아동이 큰 소리로 책을 읽는 것을 자주 듣는다.
4. 아동이 책을 읽는 동안 모르는 단어가 나오면 교사는 귀를 기울여 지도하거나 비계설정을 해 준다. 또한 교사는 아동의 읽기 강점과 약점에 대해 메모한다.
5. 교사는 수업시간에 각 집단의 아동을 옆에 앉힐 수 있다. 이 학생은 교사가 가장 많은 메모를 하게 되므로 기록하기가 더 쉽다. 다음 날에는 집중력이 높은 다른 아동이 안내된 읽기 시간에 교사 옆에 앉는다.

활동 일지

내가 참여할 활동 및 영역 시간에 완료한 활동

이름: ______________________ 날짜: ______________

참여할 활동	특정 활동	완료
	파트너 읽기	
	쓰기 프롬프트	
	음성 언어	
	단어 학습 조작 교구	
	이해력	
	컴퓨터	
	읽기 유창성	
	독립적 읽기	
	기타 활동	

[그림 13-8] 활동 로그

아동은 활동을 완료하면 사각형에 별표(*)를 표시하여 자신이 할 일을 지정하고, 완료 상자에 체크(✓) 표시를 한다.

6. 교사는 안내된 읽기 수업 중에 부모에게 메모를 작성하여 아동이 가정에 가져가도록 한다. 이 메모에는 자녀의 숙제와 부모가 도울 수 있는 방법이 제시되어 있다.
7. 일반적으로 수행 기록은 개별적으로 이루어진다. 아동은 수업이 끝난 후에도 남아서 구절을 읽고 평가를 진행한다. 교사는 적어도 1년에 3~5회 이상 아동의 수행 기록을 남겨야 한다.
8. 어려움을 겪고 있는 아동은 매일 안내된 읽기에 참여한다. 학년 수준에 맞는 아동은 일주일에 3~4회, 잘하고 있는 아동은 일주일에 한 번씩 만나서 안내된 읽기 수업에 참여한다.

안내된 읽기 수업이 있을 때마다 교사는 옆에 앉을 다른 아동을 선택한다. 교사는 그 아동이 집단과 함께 책을 읽는 동안 수행 기록을 작성할 수 있다. 또한 교사는 아동의 포트폴리오를 위해 쓰기 샘플을 수집하고, 읽기 행동에 대한 관찰 메모를 작성한다.

또한 교사는 이 책의 각 장에서 제공하는 문해력 발달의 다양한 측면을 다루는 체크리스트를 활용한다.

안내된 읽기 수업

메드 선생님은 안내된 읽기 수업을 할 준비가 되었다. 먼저, 그녀는 아동이 독립적인 과제를 하도록 한다. 학생이 스스로 잘 해내고 나면, 그녀는 첫 번째 집단을 대상으로 안내된 읽기 수업을 시작한다. 그녀는 각 아동이 가방에 가지고 있는 친숙한 텍스트로 소집단 읽기 수업을 시작한다. 그녀는 이것을 '가방 속 책'이라고 부르고, 아동은 매일 이 책을 읽기 집단에 가져온다. 그녀는 친숙한 텍스트를 사용하여 친근감을 주고 성취감을 느끼게 한다. 아동은 이 오랜 친구를 쉽게 읽을 수 있다는 사실에 즐거워한다.

안내된 읽기 수업은 신중하게 계획한다. 안내된 읽기 수업의 구성 요소는 다음과 같다:

읽기 전(3~5분). 교사는 수업 중에 학습 목표 또는 기술의 이름을 지정한다. 교사는 소규모 수업 기술과 관련된 읽기 목적을 설정한다. 이전에 배운 기술과 전략을 복습하기 위해 준비활동을 사용한다.

읽기 중 (10분). 초등학교 1학년 아동은 속삭이듯 책을 읽는다. 이것은 여러 명이 돌아가면서 소리 내어 읽는 읽기도 아니고 합창 읽기도 아니다. 속삭이면서 읽을 때 아동은 부드러

사진 제공: Julies Selmes/Pearson Education Ltd.

교사는 일주일에 3~5회 안내된 읽기 집단을 만나 기술을 직접 지도한다. 교사는 성취 수준에 따라 안내된 읽기 집단을 구성하고, 아이들의 읽기 수준에 따라 읽을 책을 선정한다.

운 목소리로 자신의 속도에 맞춰 읽는다. 나이가 많은 아동은 조용히 읽도록 격려해야 한다. 아동이 읽는 동안 모르는 단어가 나오면 교사는 귀를 기울여 안내하거나 비계설정을 해 준다. 교사는 아동의 읽기 강점과 약점에 대해 메모한다. 교사는 집단의 초점 아동을 옆에 앉혀 두고, 그 아동 한 명에 대해 더 주의 깊게 메모한다. 다음 날에는 다른 초점 아동이 안내된 읽기 시간에 교사 옆에 앉게 된다. 두 명 이상 학생의 이야기를 듣기로 선택한 교사는 양보다 질이 더 중요하므로 일화 메모는 두 명 이하로 제한한다.

읽기 후(5분). 읽기 목적 또는 목표를 다시 살펴본다. 학생은 이해력 중심 질문에 대해 토론할 기회를 가진다. 이전 대집단 수업에서 가르친 기술 또는 전략을 사용하여 간단한 활동에 학생을 참여시킨다. 학생이 해당 기술 또는 전략을 사용하여 연습하도록 도와준다. 오늘 수업이 독자에게 어떤 도움이 되는지 학생들에게 물어본다.

다음은 키프 선생님의 1학년 교실에서 진행한 안내된 읽기 수업이다.

키프 선생님은 개별 아동이 무엇을 알고 있고, 무엇을 배워야 하는지 파악하기 위해 소집단 수업의 필요성을 강하게 믿는다. 그녀는 4~5명의 아동으로 이루어진 5개의 집단으로 학급을 구분했다(각 집단은 비슷한 읽기 요구 사항을 가지고 있고, 읽기 수준이 거의 같음). 그녀는 아동의 진도 평가에 근거하여 아동을 한 집단에서 다른 집단으로 이동시킨다. 전형적인 수업은 ① 유창성 발달을 위한 반복 읽기, ② 단어 분석 기술 연습, ③ 이해력 전략 개발, ④ 교사의 도움을 받아 새 책 읽기와 같은 문해력 기술이 될 수 있다.

키프 선생님은 안내된 읽기 수업을 위해 첫 번째 집단을 불러 모았다. 그녀는 안내된 읽기 수업을 위해 개요를 따라간다.

읽기 전. 키프 선생님은 학생들이 앞으로 읽게 될 새 책에 나오는 네 가지 새로운 어휘를 익히는 것이 학습 목표라고 설명한다. 그녀는 화이트보드에 네 개의 문장을 쓰고, 각 문장에 한 단어를 빈칸으로 남겨 둔다. 그리고 아이들에게 빈칸에 어떤 단어가 들어갈지 예측해 보라고 한다. 그런 다음 아이들에게 화이트보드에 그 단어를 써 보라고 한다. 아이들은 새로운 단어와 문장의 문맥에서 그 의미를 어떻게 알아냈는지 토론한다. 키프 선생님은 수준별 책 중 동물에 관한 새 책을 소개하고, 아이들에게 속삭이듯 읽으며 새로운 어휘를 찾으라고 한다. 아이들이 단어를 찾으면 스티커 메모에 적고, 읽기를 마치면 '나만의 사전'에 단어를 옮겨 적는다. 또한 단어 중 하나와 관련된 이해력 문제를 집단에 제시하여 학생들의 텍스트 이해력을 평가하도록 세심하게 배려한다.

읽기 중. 키프 선생님은 아이들에게 책의 첫 페이지를 읽어 준 다음 각자의 속도에 맞춰 속삭이듯 읽어 달라고 요청한다. 키프 선생님은 도움이 필요한 아이들의 이야기에 귀를 기울인다. 그리고 그날의 초점 아동을 선정하여 아동이 읽은 이야기를 들으면서 수행 기록을 남긴다. 다음에 이 집단과 만날 때는 다른 아동이 옆에 앉아 평가를 받는다.

읽기 후. 아이들과 교사가 이야기에 대해 토론한다. 키프 선생님은 새로운 어휘와 관련된 질문을 통해 학생들이 텍스트를 이해하는지 확인한다. 키프 선생님은 새로운 어휘가 빈칸으로 남겨진 문장이 네 개 더 있는 다른 활동지를 준비했다. 그녀는 아이들에게 빈칸에 단어를 채워 달라고 요청한다. 학생들이 읽기를 할 때 문맥 단서를 활용하도록 돕는 전략이 소개된다. 수업이 끝나자 키프 선생님은 집단의 아이들 부모 중 한 명에게 아동의 진도, 학습 내용, 도움이 필요한 부분, 숙제 등에 대해 짧은 메모를 쓴다.

안내된 읽기는 아동의 눈높이에 맞춰 지도하는 것이다. 그러나 안내된 읽기의 또 다른 형태는 아이들이 어려움을 겪고 있는 특정 전략을 가르치는 것이다. 다음 수업에서는 전략 집단이 어떤 모습인지 강조한다. 전략 집단은 모든 학년 수준에서 사용할 수 있다. 안내된 읽기 수업과 전략 집단 수업의 읽기 전/중/후 구조에는 차이가 있다.

읽기 전. 집단이 작업할 내용에 대한 명확한 목표와 우선 순위를 설정한다. 메드 선생님

은 다음과 같이 수업을 시작한다:

> 우리는 추론 질문과 답변에 대한 작업을 해 왔어요. 추론이란 무엇이며, 어떻게 찾을 수 있는지 살펴보세요. 추론은 저자가 우리에게 주는 단서이지만, 그냥 대놓고 알려 주지는 않아요. 예를 들어, 이 그림을 살펴보세요(공원에서 자전거를 타다 넘어진 아동의 사진을 들어 보세요). 이 아동은 지금 어떤 기분인가요?

아이들은 손을 들고 '슬퍼요' 또는 '화가 나요'라고 말한다. 메드 선생님은 "아동이 이런 기분인지 어떻게 알 수 있나요?"라고 묻는다. 한 학생은 자전거를 타다 넘어진 것을 관찰했다고 말한다. 반면, 다른 학생은 그림작가가 아동 얼굴에 눈물이 보이게 그렸다는 것을 알아챈다. 그러나 한 학생이 "부모님이 지켜보지 않아서 화가 났어요."라고 말하자 메드 선생님은 "부모님이 지켜보지 않았을 가능성이 있지만, 그림이나 글의 단서만으로는 그런 결론을 내릴 수 있는 정보가 충분하지 않아요."라고 말한다.

"다른 그림으로 다시 해 볼까요, 그림에서 이 아동이 바라는 것에 대해 어떤 단서를 찾을 수 있을까요?" 메드 선생님이 그림을 들어 보인다. 아이들에게 그림을 보고 추론하게 한다.

그런 다음 여러 책에서 발췌한 2~3개의 문장을 읽기 시작한다. 다음은 이를 수행하는 방법의 사례이다:

> 메드 선생님은 "이제 그림이 없는 문장을 읽으면서 단서가 있는지 확인해 보세요. 이것은 단서를 볼 수 있는 그림과는 달라요. 이번에는 우리를 돕기 위해 단어를 사용해야 해요. 이 예시를 살펴보세요. 눈을 감고 선생님이 읽고 있는 내용을 시각화해 보세요. 두 번 읽을게요:
>
> '아빠는 도끼 들고 어디 가세요?' 아침 식탁을 차리던 편이 엄마에게 물었다. '돼지 우리로.' 메드 선생님이 대답했다. '어젯밤에 돼지가 몇 마리 태어났거든.'
>
> 그녀는 잠시 멈추고 '편의 기분이 어떨 것 같나요?'라고 묻는다." "텍스트에서 편이 속상해하고 있다는 것을 암시하지만, 말로 말하거나 그림으로 보여 주지 않은 정보는 무엇인가요?"

교사는 추론에 기반한 질문을 이어서 한다. 예를 들어, 학생들에게 등장인물에 대한 추가적인 맥락과 내용을 편에게 제공하기 위해 더 읽은 후 메드 선생님은 "편에게 세 가지 소원이 주어진다면 무엇일까요?"라고 묻는다. "이러한 결론을 내리기 위한 증거가 책에 있나요?"라고 질문한다.

이를 통해 학생들이 텍스트 증거를 사용하여 자신의 주장을 뒷받침하고, 저자가 단순히 독자에게 말하지 않고 등장인물의 인성 발달을 탐색하도록 지시한다. 이 5분짜리 소규모 수업은 추론에 대해 배울 수 있는 길을 열어 준다.

읽기 중. 메드 선생님은 "이제 이 책을 읽기 시작하면, 이 페이지에 붙은 스티커 메모를 볼 수 있을 거야. 바로 여기서 읽기를 멈추면 좋겠어요. 다른 친구들보다 먼저 읽었다면 그 부분을 다시 읽거나 그림을 보면 돼요. 그림이나 페이지를 다시 읽다 보면 탐정처럼 단서를 찾을 수 있을 거예요."라고 말한다. 지정된 멈추기 장소에 스티커 메모를 붙이고, 스티커 메모에 추론 질문을 적는다. 이렇게 하면 아이들이 나중에 토론을 준비할 수 있다.

읽기 후. 토론의 진행자인 메드 선생님은 필요한 만큼 추론에 관한 대화를 계속 이어 간다. 그녀는 아이들에게 추론 질문을 만들어 서로에게 물어보게 하고, 추론의 의미와 추론이 독자로서 학생들에게 어떻게 도움이 되는지 설명해 보도록 요청한다.

메드 선생님은 학교에서 일어나는 일에 대한 메모를 가정의 부모에게 보낸다. 하루일과를 마치면 모든 구성원은 숙제 노트와 함께 책을 비닐 봉투에 넣는다. 학생들은 하교할 시간이 될 때까지 창문턱에 놓인 자신의 상자에 교재교구를 넣는다.

앞에서 설명한 지도법에 관한 논의에는 스노우, 번즈, 그리핀이 편집한 책『Preventing Reading Difficulties in Young Children』(1998)에서 제안한 방법이 포함되어 있다. 안내된 읽기 수업은 참여 아동의 성취 수준에 따라 수업을 차별화하거나 개별 요구 사항을 충족하기 위해 변경된다.

안내된 읽기를 위한 수준별 책

명시적 지도와 차별화를 논의할 때 읽기 교육을 위한 출판 자료에 대해 이야기하는 것은 당연한 일이다. 기초 읽기 교재, 문집, 보충 자료, 활동지 등과 같은 출판 자료는 수년 동안 사용되어 왔으며, 문해력 지도에서 중요한 역할을 계속 담당하고 있다. 오늘날 이러한 자료는 인쇄물에서 전자책, 소프트웨어, 클라우드 기반에 이르기까지 다양한 형식으로 제공된다.

교사는 소집단 읽기 지도를 위한 자료를 아동의 기술 요구 사항에 맞추어 선택한다. 읽기 프로그램이나 아동 문학 등 다양한 텍스트를 선택할 수 있다. 흔히 작은 책이라고 불리는 수준별 읽기 책은 필요에 따라 소집단 명시적 지도에 사용되는 자료이다. 이러한 책은 난이도가 평준화되어 있어 교사가 특정 집단에 적합한 항목을 쉽게 선택할 수 있다. 텍스트는 아동의 교육용 읽기 수준에 맞춰 선정해야 한다(특정 텍스트가 학생에게 얼마나 어려운지 결정하는 방법에 대한 정보는 3장 참조).

표준에 따르면 아동의 읽기 능력을 향상시키기 위해 교육 수준보다 더 복잡한 텍스트에 노출하도록 제안한다. 아동을 위해 텍스트를 모델링하고 비계설정을 통해 수행할 수 있다. 교사는 아이들이 혼자 읽기 전에 아이들에게 이야기를 읽어 주고, 뒤따라 읽으며, 파트너와 함께 읽도록 한다.

교사는 어려운 글을 읽고, 그 내용을 유치원에서 3학년까지 학생에게 토론시킬 수 있지만, 2학년 학생까지는 읽기 능력이 아직 유창하지 않으므로 복잡한 텍스트를 읽게 해서는 안 된다. 복잡한 텍스트 읽기는 매일 해서는 안 된다.

일주일에 몇 번 아이들에게 노출하는 것으로 충분하다. 흔히 기초 읽기 교재라고 불리는 출판사 자료에는 항상 학년이 지정되어 있다. 그러나 학년 지정의 한 가지 문제점은 대부분의 아동을 가르치는 데 적합한 교재일지라도 모든 교실에는 지정된 학년 수준 이상의 책을 읽는 학생과 그 수준 이하의 책을 읽는 학생이 있다는 점이다. 수준별 책은 평가에서 학년 구분을 배제한다. 학년 지정을 무시함으로써 각 아동의 진정한 읽기 수준을 파악하고, 지도에 적합한 도서를 선택할 수 있다. 수준별 수업이 유용하려면 자료의 수준이 중요하다.

상업적으로 출판된 수준별 도서는 일반적으로 작은 문고판으로 A, B, C 또는 색상별 또는 1, 2, 3으로 구분된 다양한 수준의 책이다. 렉사일 체계(Lexile frameworks)를 사용하면 독자와 텍스트를 함께 평가할 수 있다. 난이도에 대한 렉사일 체계는 여러 기준에 따라 결정된다. 양적, 질적, 독자 및 과제에 대한 고려사항이 있다(Morrison & Wilcox, 2013: Fountas & Pinnell, 1996). 몇 가지 정량적 척도에는 다음과 같은 내용이 포함된다:

사진 제공: Lesley Mandel Morrow

상자나 포켓 차트에 책을 보관하는 것은 아동 문학을 보관하는 이상적인 방법이다.

- 페이지 수와 단어 수를 포함한 책의 길이
- 단어 길이 및 사용 빈도
- 서로 다른 단어 수
- 단어의 음절 수

인쇄물의 크기와 레이아웃에 대한 질 측정에는 다음과 같은 내용이 포함된다:

- 의미 또는 목적의 수준
- 텍스트 및 장르의 구조
- 언어의 관례성 및 명확성
- 구문론적 복잡성
- 추상적 개념
- 일러스트레이션이 텍스트를 지원하는 정도
- 독자 및 과제 고려사항(Morrison & Wilcox, 2013)

교사는 자신의 지도 프로그램에서 자료 사용에 대해 중요한 결정을 내려야 한다. 교사는 게시된 자료를 통제해야 하며, 자료가 교사에게 지시하지 않도록 해야 한다. 예를 들어, 자료에서 가장 적절해 보이는 순서를 선택하여 사용한다. 책의 첫 페이지부터 시작해서 마지막 페이지까지 한 페이지씩 따라갈 필요는 없다. 아동에게 부적절하다고 생각되는 부분은 삭제한다. 필요한 경우 자료를 반복한다. 출판된 단일 프로그램이 모든 유아의 문해력 발달의 성공 또는 실패를 결정하지는 않는다. 교재를 어떻게 사용하는지에 따라 차이가 나타난다.

교재와 함께 지도 계획을 제공하기 때문에 대부분의 학군에서는 출판된 프로그램을 사용한다. 상업용 교재의 선택 및 사용을 위해 몇 가지 일반적인 규칙을 적용해야 한다.

1. 출판된 프로그램의 목표를 살펴보고, 초기 문해력 향상 전략에 대한 최신 연구 결과를 반영하고 있는지 확인한다.
2. 학군에서 정한 표준 목표와 프로그램 목표가 일치하는지 확인한다.
3. 해당 학군의 관점에서 프로그램이 발달에 적합한 실제를 포함하고 있는지 확인한다.
4. 가르치는 아동의 요구에 맞는 교재인지 확인한다.
5. 도시 및 농촌 지역 아동에게는 교외 지역 아동과는 다른 교재가 필요하다. 영어를 제2언어로 사용하는 아동에게 적합한 교재가 있는가?

6. 교재의 선명도, 아동의 관심을 끄는지, 내구성이 있는지 확인한다.
7. 교사용 교재를 분석하여 목표의 명확성, 계획에 대한 설명, 수업 내용의 적합성, 교재 사용에 대한 유연성 등을 확인한다. 교사가 교재에 대한 책임을 지고, 교재가 교사에게 받아쓰도록 해서는 안 된다.
8. 모든 아동의 다양한 요구를 충족하도록 모든 학년에 적합한 수준의 책이 있는가? 또한 출판된 교재에 대해 다음과 같은 질문을 한다.
   1. 기술 구성 요소를 사용할 수 있는가?
   2. 연습 교재가 있는가?
   3. 책에 포함된 다문화적 표현이 적절한가?
   4. 책에 설명 및 이야기 텍스트, 우화, 민담, 시 등 다양한 장르가 풍부하게 제시되어 있는가?
   5. 이야기가 다른 내용 영역과 연결되는가?
   6. 영역과 독립적인 작업을 위한 조작적이고 독립적인 활동이 있는가?
   7. 평가 구성 요소가 학군의 요구 사항을 충족하는가?
   8. 프로그램 제공을 조직하고 관리할 계획이 있는가?
   9. 교사는 반드시 대본을 따라야 하는가, 아니면 학급의 요구를 충족하는 교재를 사용할 수 있는가?
   10. 어려움을 겪고 있는 독자를 위한 중재 프로그램이 있는가?
   11. 출판사가 적절한 전문성 발달 프로그램을 제공하는가?

이러한 질문에 신중하게 답하면 출판사 프로그램이 수업에 적합한지 판단하는 데 도움이 된다.

출판사 프로그램이 전체 문해력 프로그램이 아니라는 점을 기억한다. 아동은 기초 읽기 교재에 포함된 것 외에도 많은 양의 문학 작품을 읽고, 출판된 활동지 이상의 발음 중심 읽기 연습을 해야 한다. 아동은 여러 장르와 다양한 수준의 책을 읽어야 한다. 아동은 자신이 읽을 내용을 스스로 선택해야 한다. 출판된 프로그램이 없으면 교사는 읽기를 가르칠 때 방향성이 충분하지 않다고 느낄 수 있다. 이러한 프로그램은 너무 규범적으로 느껴진다. 교사는 성공적인 문해력 발달을 위해 적절한 균형을 찾아야 한다.

일일 문해력 일정 조직 및 관리

어린이집, 유치원, 초등학교 1, 2, 3학년의 하루일과를 계획할 때는 아동의 사회적, 정서적, 신체적, 인지적 수준을 고려해야 한다. 또한 피아제, 프뢰벨, 듀이, 몬테소리, 비고츠키 등 유아교육 이론가의 유아교육 모델에서 가장 좋은 점을 반영해야 한다. 학습이 자연스럽게 이루어지도록 환경을 조성하고, 아동이 잠재력을 최대한 발휘하도록 지도하고 교육해야 한다.

어린 아동은 오래 앉아 있지 못하므로 일정에 변화를 주어야 한다. 앉아서 들어야 하는 전체 수업은 최소한으로 짧게 진행한다. 아동은 환경을 탐색하는 데 오랜 시간이 필요하다. 놀이 상황, 조작 교구, 학습 영역, 실외 공간이 필요하다. 앉아서 들어야 하는 활동 다음에는 움직이는 활동이 뒤따라야 한다. 조용한 시간 뒤에는 반드시 시끄러운 시간이 이어져야 한다. 문해력을 키우려면 교사는 하루 종일 풍부한 문해력 경험, 즉 모든 형태와 기능의 언어를 사용하고 즐기는 경험을 하도록 해야 한다.

문해력 지도를 계획할 때는 대집단, 소집단, 독립적 읽기 및 쓰기로 나누어 진행한다는 점을 염두에 둔다. 아동은 대화형 읽기 및 쓰기, 독립적 읽기 및 쓰기, 안내된 읽기 및 쓰기에 참여한다. 학생은 큰 소리로 읽고 조용히 읽는다. 교사는 명시적인 지도가 포함된 수업을 준비하고, 아동이 자기 주도적 활동을 할 수 있는 기회를 제공해야 한다. 때때로 아동이 읽을 내용에 대한 선택권을 갖고, 사회적, 협력적 환경에서 작업을 하도록 허용한다. 이러한 활동 중 일부만 성공해도 된다. 때때로 아동은 친구 앞에서 읽기와 쓰기를 수행한다. 이러한 모든 경험을 매일 할 수는 없지만, 매주 빈번하게 이루어져야 한다.

유치원부터 3학년까지 아동은 ① 음운 인식, ② 발음 중심 읽기, ③ 어휘, ④ 이해력, ⑤ 유창성 지도 등의 영역에서 기술 발달에 참여해야 한다(National Reading Panel Report, 2000). 읽기 능력을 위한 워크숍 외에도 쓰기 워크숍이 필요하다. 연방 정부는 유치원부터 초등학교 3학년까지 하루에 최소 90분 이상을 언어 능력과 문해력 발달에 투자해야 한다고 규정하고 있다. 이 시간에는 특별 활동을 위해 아동을 제외할 수 없다. 각 기술에 소요되는 시간은 학년과 아동의 요구에 따라 다르다. 때로는 여러 기술을 혼합하여 동시에 가르치기도 한다. 1, 2, 3학년보다 어린이집과 유치원의 수업 시간이 짧다. 1시간 30분이 권장되기 때문에 교사는 여기서 멈출 필요가 없다. 유아기에 배우는 가장 중요한 것은 유창하게 읽는 것이다. 문해력 지도는 하루 종일 이루어져야 한다.

표준에서는 문해력을 사회, 과학, 미술, 음악, 놀이, 수학에 통합하도록 권장한다. 교사는 적절한 문학 작품, 쓰기 프로젝트, 토론 주제를 선택하여 이러한 내용 영역에 언어를 통합하도록 의도적으로 계획해야 한다. 유아기에는 하루 종일 읽기를 가르쳐야 하며, 하루 중 한 시간은 기술을 명시적으로 가르친 다음 다른 시간에는 이러한 기술을 더 의미 있는 상황에 포함시킨다.

예를 들어, 음성 언어 발달은 하루 종일 이루어져야 하지만, 아침 회의는 특정한 음성 언어 발달 수업을 계획하기에 좋은 시간이다. 아침 회의 시간에는 날씨, 가정에서 일어난 일, 시사 이슈 또는 학습 주제에 대해 토론을 진행한다. 아침 메시지를 사용하여 이야기를 읽기 전과 후에 토론과 대화를 장려한다. 또한 이 시간에 새로운 어휘를 소개한다. 하루 중 최소 15분을 음성 언어에 할애해야 한다. 의미 있는 어휘가 많지 않으면 아동이 이해할 수 없으므로 교사는 매일 어휘 회의를 해야 한다.

아침 회의 시간에 읽은 이야기는 아동에게 다시 말하거나 사건을 순서대로 말하도록 요청하여 이해력 발달을 강조한다. 교사가 읽을 때 사용한 표현을 아동이 듣게 하여 유창성을 키운다. 아동에게 합창 읽기를 요청하고, 교사의 소리를 흉내 내도록 한다.

해독하거나 단어로 활동하는 시간을 약 20분 정도 가져야 한다. 예를 들어, 해독을 다루는 소규모 수업, 이후에는 조작 교구를 통해 연습한다.

소집단의 안내된 읽기는 집단별로 약 5분에서 15분 정도 진행한다. 안내된 읽기를 위해 교사는 단어 활동, 이해력 발달, 어휘 지도, 유창성 또는 쓰기가 포함된 수업을 계획한다. 소집단으로 진행되는 동안 아이들은 해독, 어휘, 이해력, 쓰기, 유창성 등의 기술을 연습하는 활동 영역에 참여한다. 아이들은 하루에 약 세 개 영역에 참여한다.

아침 회의나 영역에서 쓰기 활동을 할 때도 있지만, 교사는 쓰기 워크숍에 매일 40분씩 할애한다. 감사 노트 쓰기와 같은 쓰기 기술을 가르치는 소규모 수업으로 시작한다.

일정표를 통해 문해력을 증진시키는 구체적인 기회가 언제 어디서 발생할 수 있는지 알 수 있다. 일정표는 아이들이 편안하게 참여하는 하루일과 또는 구조를 제공한다. 모든 교실에 적합한 일정이 하나만 있는 것은 아니라는 점에 유의한다. 모든 기술 영역에 주의를 기울여야 하지만, 반드시 매일 모든 것을 할 필요는 없으며, 기술 발달 순서가 적합하지 않은 경우 변경할 수 있다.

1. 유치원생부터 초등학교 3학년 아동을 위한 프로그램
2. 미취학 아동(3, 4세)을 위한 종일 프로그램
3. 유치원생을 위한 종일 프로그램
4. 미취학 아동(3, 4세)을 위한 반일 프로그램
5. 유치원생을 위한 반일 프로그램
6. 어린이집: 영아 및 걸음마기 아동을 위한 종일제 프로그램

Chapter 14

가정 문해력 연계:
가정과 학교의 협력

사진 제공: Lesley Mandel Morrow

학습 결과

이 장을 읽고 나면 다음과 같이 할 수 있다.

14.1. 문해력 발달에 있어 가정의 역할에 대해 토론한다.

14.2. 문해력 지도에 학부모를 참여시키기 위한 체계를 설명한다.

14.3. 풍부한 가정 문해 환경을 조성하기 위한 자료와 활동을 파악한다.

14.4. 가정 연계와 문해력에 영향을 미치는 문화적 이슈에 대해 설명한다.

14.5. 문해력 지도에 가정 연계를 유도하는 방법을 나열한다.

스트릭랜드 길릴란은 다음과 같이 잘 알려진 시를 썼다.

You may have tangible wealth untold:
Caskets of jewels and coffers of gold.
Richer than I you can never be—
I had a Mother who read to me.

—Strickland Gillilan, "The Reading Mother" from
Best Loved Poems of the American People

이 장에서는 학교와 가정이 어떻게 협력하여 문해력 발달을 향상시킬 수 있는지에 초점을 맞춘다. 교사는 일주일에 약 30시간, 즉 하루 중 15%의 시간 동안 아동과 함께한다. 아동은 나머지 138시간, 즉 85%를 가정에서 보낸다. 학교 밖 가정에서 일어나는 일은 아동의 읽기 학습 성취에 큰 영향을 미친다. 모든 아동에게는 대화하고, 책을 읽어 주고, 어휘력을 키울 수 있는 경험을 제공하고, 아동의 읽기를 돕는 중요한 역할을 인식하고 있는 가족이 필요하다. 워터스 부인은 어떻게 해야 하는지 정확히 알고 있는 가족 중 한 명이다.

워터스 부인은 두 손녀 티아라(6세)와 아니아스(4세)가 종이 위에 지점토를 올려놓자 신문지를 바닥에 펼쳤다. 그녀는 아이들이 지저분한 행동을 할 때 항상 바닥을 보호하기 위해 신문지를 사용했다. 그녀는 종이를 펼치면서 "오늘은 어떤 신문 기사가 바닥에 있는지 보자."라고 말했다. 티아라는 "저기 봐요, 음식 기사예요. 여름용 건강식을 소개하고 있어요." 워터스 부인은 "과일과 채소는 여름에 가장 맛있고, 하루에 여러 번 먹어야 해."라고 읽었다. 워터스 부인은 항상 손녀들에게 바닥에 놓인 신문의 내용을 살펴보게 했다. 아이들은 종종 신문을 계속 들여다보다가 지점토나 물감을 거의 잊어버리곤 했다. 때로는 방금 읽은 내용을 그림으로 그리기도 했다. 워터스 부인은 아이들의 생활에 친숙한 환경 인쇄물을 활용하여 아이들의 문해력을 풍부하게 하는 즐거운 경험으로 만들고 있다.

대학원 과정에 재학 중인 리안나가 이 가족의 이야기를 공유했다:

어렸을 때 누군가 책을 읽어 준 기억이 없다. 기억나는 것은 동화구연이다. 부모님, 조부모님, 친척들이 가족에 관한 재미있고 슬픈, 하지만 모두 실제 있었던 일과 관련된 개인적인 이야기를 반복해서 들려주셨던 기억이 난다. 모두가 이야기에 참여하여 부족한 부분을 추가하면서 이야기를 들려주었다. 이것은 매주 일요일 교회가 끝난 후 할머니의 부엌에서 식탁에 둘러앉아 점심을 먹으면서 하는 특별하고 좋아하는 가족 전통이었다. 그 시간을 고대했던 기억이 난다. 이야기는 종종 같았지만, 몇 번이고 반복해서 듣고 싶었다.

가정 문해력

가정 문해력이란 가족 구성원이 일상생활에서 문해력을 사용하는 다양한 방식을 말한다. 가정 문해력은 복잡하다. 다음은 여러 출처에 근거한 가정 문해력에 대한 몇 가지 설명이다 (Donahue, Finnegan, Lutkus, Allen, & Campbell, 2001; Dunsmore & Fisher, 2010; Melzi, Paratore, & Krol-Sinclair, 2000; Morrow, Paratore, & Tracey, 1994).

1. 가정 문해력은 가족, 아동, 대가족 구성원이 가정과 지역사회에서 문해력을 사용하는 방식을 포괄한다.
2. 가정 문해력은 '해야 할 일' 목록과 같이 일상생활에서 자연스럽게 발생하며, 성인과 아동이 '일을 완수'하는 데 도움이 된다.
3. 가정 문해력의 예로는 그림이나 글을 사용하여 아이디어 공유, 메모나 편지를 작성하여 메시지 전달, 기록 보관, 목록 작성, 서면 지침 따르기, 대화, 읽기, 쓰기를 통한 이야기와 아이디어 공유 등을 들 수 있다.
4. 가정 문해력은 가족 구성원이 의도적으로 시작할 수도 있고, 가족과 아동이 일상생활을 하면서 자연스럽게 발생할 수도 있다.
5. 가정 문해력 활동은 해당 가족의 민족적, 인종적, 문화적 유산을 반영한다.
6. 가정 문해력 활동은 학교에서 시작한다. 이 활동은 아동과 가족의 학교 문해력 습득과 발달을 지원하기 위한 것이다. 이 활동에는 동화책 읽기, 쓰기, 숙제 돕기 등이 포함된다.
7. 가정 문해력에는 부모가 학교에 와서 개학 행사의 밤에 참여하고, 자녀가 참여하는 프로그램과 회의를 진행하는 것이 포함된다.
8. 가정 문해력은 부모가 자녀의 교실에 와서 관찰하고, 책을 읽어 주고, 유산, 취미, 직업을 공유하고, 영역 시간을 도와주는 것을 포함한다.
9. 가정 문해력은 부모가 학교에서 진행하는 워크숍에 참여하여 자녀를 돕기 위해 가정에서 할 수 있는 일에 대해 배우고 이해하도록 돕는 것이다.

가정 문해력이 중요한 이유

아동을 돌보는 가족은 아동의 첫 번째 교사이다. 또한 가장 오랜 시간 동안 아동의 교사이기도 하다. 태어나면서부터 아동의 경험은 문해력 향상에 영향을 미친다. 학교 문해력 프로그램의 성공 여부는 가정 문해 환경에 따라 달라지는 경우가 많다. 가정에서 수행된 연구는 새로운 초기 문해력 전략의 주요 촉매 역할을 해 왔다. 일부 아동은 공식적인 교육 없이도 이미 읽고 쓰는 능력을 갖추고 학교에 오기 때문에 연구자들은 이러한 아동과 가정의 특성을 연구하기 시작했다.

이 연구는 두 가지 관점에서 매우 유용했다. 첫째, 연구 결과를 통해 학교 환경에서 성취할 수 있는 가정의 실천 방법을 알 수 있다. 둘째, 아동의 문해력 발달에 있어 가정이 수행하는 중요한 역할과 가정이 어떻게 도울 수 있는지에 대한 정보를 제공한다.

저자는 초기 문해력 발달에 있어 가정이 얼마나 중요한 역할을 하는지 잘 알고 있다. 손자 제임스와 손녀 나탈리가 태어난 날부터 부모와 조부모는 아이들이 누군가의 무릎에 앉거나 편안한 소파에 앉아 있는 동안 매일 책을 읽어 주었다. 아이들에게는 책을 볼 기회가 주어졌다. 그림에 대해 이야기하고 이야기를 읽었다. 생후 5개월이 되자 제임스와 나탈리는 책을 읽어 줄 때 귀를 기울였다. 주로 각 페이지에 몇 개의 단어만 있는 보드북 그림 동화책을 선택했다. 아이들의 눈은 밝은 색상의 그림에 집중했다. 아이들은 진지하거나 멋진 미소를 짓기도 했다. 때로는 손을 뻗어 책을 두드리거나 입에 넣기도 했다. 책 읽는 목소리를 따라 하려는 듯 기분 좋은 소리를 내기도 했다. 일상적이고 긍정적인 경험이었기 때문에 아이들은 동화책 읽어 주기에 친숙해졌고 이를 환영했다.

제임스와 나탈리는 연령이 증가하면서 책 읽기에 대한 반응이 더 빨라졌다. 말을 하기 전에는 그림을 가리키며 사물이나 등장인물의 이름을 부르는 것처럼 소리를 냈다. 표현 언어를 익히면서 책을 읽어 주면 책에 있는 사물에 이름을 붙이기도 했다. 우리는 항상 즐겁게 반응하며 아이들의 주의력과 개념에 대한 이해를 강화했다. 책에 나오는 단어 이상의 것들을 설명했다. 책 나눔은 편안하고 따뜻하며 즐거운 시간이었다.

동화책을 읽는 동안 부모, 조부모, 아동 간 상호작용에는 글자와 관련된 의미 구성이 포함된다.

두 아이는 각각 생후 14개월 정도 되었을 때 바닥에 앉아 책을 읽는, 즉 14개월 된 아이가 할 수 있는 수준의 읽기를 할 수 있었다. 책을 오른쪽으로 잡는 방법도 알고, 책의 시작과 끝이 어디인지도 알고, 책장을 넘기는 방법도 알고 있었다. 그림을 보고 책 읽는 소리와 비슷한 톤으로 노래를 부르기도 했다. 몇 가지 단어를 제외하고는 아이들이 하는 말은 거의 이해할 수 없었다. 그러나 멀리서 보면 그들이 책을 읽고 있다고 생각할 수도 있다. 사실, 아이들은 관례적인 방식이 아니라 발현적 문해력 행동을 보여 주었다. 그들은 좋아하는 책을 몇 번이고 반복해서 보았고, 선호하는 책을 자주 읽어 달라고 요청했다.

이와 달리 조셉에게는 6명의 형제가 있고, 부모 모두 직장에 다니며, 가정에는 아동용 책이 없었다. 게다가 조셉의 부모는 영어를 유창하게 구사하지 못하고, 정규교육을 거의 받지 못했으며, 모국어에 대한 문해력도 제한적이었다. 조셉이 유치원에 다닐 때 한 번도 이야기를 읽어 준 적이 없었다. 조셉은 책의 목적도 몰랐고, 앞, 뒤, 위, 아래도 몰랐고, 인쇄물이 무엇인지도 알지 못했다. 분명히 아이들은 완전히 다른 문해력 배경을 가지고 학교에 입학한다. 저자의 손주들은 유치원에 입학할 때 글을 읽고 싶어 할 것이고, 조셉은 학교에 갈 준비가 거의 되어 있지 않을 것이다.

문해력을 장려하는 가정

문해력을 장려하는 가정에서는 집안 곳곳에 책이 있다. 아이 방의 손이 닿는 선반에 놓여 있거나, 장난감과 함께 상자에 담겨 있다. 부엌, 욕실, 심지어 차 안에도 책이 있다. 이러한 가정의 아이들은 부모의 책을 보며 소설, 잡지, 신문과 같은 오락용 읽기 자료와 업무 관련 읽기 자료를 모두 경험한다. 아이들은 가족 구성원이 책을 읽는 모습을 자주 보고, 때때로 자신의 책을 가지고 함께 읽는다. 가족은 Kindle, Nook, Surface, iPad 또는 컴퓨터를 사용하여 독서를 할 수 있다.

출생 시부터 침대, 유아용 침대 및 놀이 공간에서 아동이 책을 이용할 수 있어야 한다. 욕조용 방수 책도 있다.

아이들은 책 외에도 연필, 크레파스, 마커, 다양한 종류의 종이가 있는 문해력이 풍부한 환경에서 생활한다. 2세가 되면 크레파스와 종이를 집어 들고 그림을 그리고 '끼적이기(scribble write)'를 하는 것은 자연스러운 일이다. 성인은 유아가 무엇을 그렸는지 알아볼 수는 없지만, 함께 이야기를 나눈다. 아이들은 그림과 글의 차이를 알고 있으며, 끼적이기 한 그림과 '인쇄물'의 그림이 다르게 보인다. 관례적인 의미의 그리기와 쓰기를 모두 할 수는 없지만, 두 가지를 모두 시도하고 구분하려고 한다.

가정에서나 슈퍼마켓, 우체국에 갈 때 환경 인쇄물은 가족을 둘러싸고 있다. 초기 문해력 발달의 중요성을 인식한 부모는 길모퉁이에서 정지 표지판을 가리키며, 운전할 때 자녀가 가능한 한 많은 표지판을 읽게 한다. 가정에서는 시리얼 상자, 새 장난감 조립 설명서, 우편으로 오는 편지, 이메일 등을 읽게 한다. 그 결과 아이들은 주변의 인쇄물과 그 기능에 대한 인식이 향상된다. 아이들은 이름표의 내용을 묻고, 정보를 찾기 위해 인쇄물에 주의를 기울인다. 이러한 부모들은 항상 아이들과 언어 놀이를 한다(예: "Car와 운율이 맞는 단어는 무엇일까?" 또는 "snowman처럼 S가 들어가는 다른 단어는 무엇일까?"). 환경 인쇄물은 아동에게 친숙한 항목으로 문해력 경험을 제공하는 자연스러운 읽기 자료이다(Clay, 2000; Neuman & Roskos, 1997; Vukelich & Christi, 2009). 문해력에 중점을 둔 가정은 아이들에게 의미 있는 환경 인쇄물을 가리키고, 아이들도 그렇게 하도록 격려한다.

3세가 되면 이러한 환경의 아이들은 대화형 이야기 시간을 갖는다. 아동은 그림과 에피소드에 대해 질문하고, 의견을 제시하기 시작한다. 성인은 질문에 답하고 의견을 제시하면서 토론의 언어를 확장한다. 성인이 이야기를 읽어 주면 아이들은 친숙한 이야기를 내레이션으로 들려주기 시작한다. 때때로 아이들은 그림뿐만 아니라 글자에 점점 더 집중하면서 특정 단어가 무엇을 의미하는지 물어본다.

이런 가정에서는 아이들이 갑자기 책을 집어 들고 단어를 읽기 시작한다. 저자는 딸 스테파니와 함께 이 멋진 순간을 경험했다. 어느 날 도서관에서 집으로 돌아오는 길에 스테파니는 우리가 고른 책을 읽는 소리를 들었다. 『Ten Apple up on Top』(LeSieg, 1961)이라는 책이었다. 이 책은 제한된 수의 단어와 반복적인 어휘, 운율을 사용했다. 매력적인 그림에 텍스트가 반영되어 있었다. 처음에 이 책이 예전에 함께 읽었던 책이라고 생각했다. 그런데 갑자기 그렇지 않다는 것을 깨달았다. 길가에 차를 세우고 흥분된 마음으로 생각했던 것이 사실임을 확인했다. 스테파니가 혼자서 책을 읽고 있었다! 그녀는 이야기를 부분적으로 읽고 부분적으로 이야기하는 것에서 단어 하나하나를 읽는 것으로 전환했다. 스테파니의 문해력 발달은 서서히 이 지점에 도달했다. 가족이 비공식적으로 지도한 것이다. 태어날 때부터 책과 인쇄물을 지속적으로 경험한 덕분에 스테파니는 많은 일견 어휘와 다양한 읽기 기술을 발달시켰다. 그녀의 읽기 능력은 그냥 생긴 것이 아니라 지지적인 성인의 지도와 격려를 통해 문해력을 장려하는 환경 속에서 발전한 것이다(Hindin, Steiner, & Dougherty, 2017).

반응적인 성인의 역할

초기 문해력 학습자의 가족은 책과 인쇄물에 대한 아동의 질문에 답하고, 정보를 제공하고, 문해력 발달을 향상시키는 경험을 제공하고, 문해력 행동에 참여하는 자녀를 칭찬한다. 이러한 가정 내 지원 시스템은 읽기 발달을 장려한다. 더킨(1966)은 자녀를 명시적으로 가르치려고 시도한 가정은 단순히 자녀의 읽기 정보 요청에 응답하는 가정만큼 성공적이지 못했다는 사실을 발견했다.

가족 구성원과 자녀 간 반응성은 생애 초기부터 시작하여 키워야 한다. 언어는 반응성을 발달시키는 기회를 제공한다. 반응적인 성인은 질문에 대답하고 문해력을 증진하는 활동을 시작한다. 영아에게 옷을 입히거나 기저귀를 갈거나 수유를 하는 동안 가족 구성원은 아동과 대화하고, 노래를 부르고, 동요를 암송하고, 이야기를 들려주어야 한다. 아기는 미소와 울음으로 반응하여 부모가 계속하도록 격려하고 상호 반응성이 발달한다.

풍부한 문해 환경을 제공하는 가족 구성원은 자녀에게 다양한 경험을 제공한다. 그들은 아이들을 도서관과 서점에 데려간다. 또한 아이들과 많은 대화를 나누며, 아이들의 어휘력을 키우는 습관을 기른다. 동물원, 소방서, 공항, 공원 방문은 모두 음성 언어와 긍정적인 사회적 상호작용을 동반할 때 문해력 성장에 도움이 된다. 여행은 자녀의 경험을 넓혀 줄 뿐만 아니라 여행 전, 여행 중, 여행 후에 가족과 자녀 간 언어적 상호작용을 가능하게 한다는 점을 강조해야 한다. 이러한 상호작용에는 방문 장소와 볼거리에 대한 배경 정보 제공, 경험에 대한 질문에 답하기, 정보 제공, 체험 관련 이야기 읽기, 여행 후 새로운 아이디어를 흡수하도록 토론하기 등이 포함된다. 아이들은 경험에 대한 그림을 그리거나, 가족 구성원이 이야기를 받아쓰는 방식으로 자신의 경험을 기록할 수 있다. 이를 통해 문해력을 키울 수 있다.

흥미로운 장소로의 여행은 음성 언어와 긍정적인 사회적 상호작용을 동반하는 문해력 성장을 촉진한다.

자녀가 초기 문해력 학습자인 가족 구성원과의 일련의 비공식적 인터뷰를 통해 문해력이 의미 있고 기능적이며, 일상 활동에 내재되어 있다는 사실이 분명해졌다. 이러한 가정에서는 다양한 인쇄물을 볼 수 있었다. 언어는 대화형으로 자주 사용되었고, 가정은 정적 환경을 가지고 있었다.

문해력 활동에 참여한 아동에 대한 칭찬이 이어졌다. 이 가정에서 문해력은 가정을 원활하게 운영하는 것과 같은 기능을 수행했다. 많은 경험자는 개인적인 관계를 증진하고, 책임감과 태도를 가르치는 사회적 목표를 가지고 있었다. 다음은 이러한 부모들이 제시한 몇 가지 아이디어이다:

> 쓰기를 장려하고 특별한 이벤트로 만들기 위해 아이들이 먼 곳에 거주하는 조부모님께 감사 노트와 편지를 쓰도록 문구류를 구입했다. 아이들이 직접 노트 카드에 글을 쓰면 쓰기는 더욱 특별해진다.
>
> —리사 멀린

> 할아버지인 저는 손주들을 원하는 만큼 자주 볼 수 없습니다. 그래서 손주들과 긴밀한 연락을 유지하기 위해 우편으로 물건을 자주 보내곤 합니다. 신문의 어린이 기사에서 오려 낸 게임을 동봉하여 손주들에게 완성해 보라고 합니다. 유명인의 사진을 보내면서 그 사람이 누구라고 생각하는지 전화로 알려 달라고 하기도 합니다. 이를 통해 우리는 긴밀한 연락을 유지합니다.
>
> —밀턴 만델

가정 문해력 발달의 과제

앞의 절에서 묘사된 장면은 아이들이 성장하기에 이상적인 상황이지만, 안타깝게도 이러한 환경이 항상 일반적인 것은 아니다. 오늘날 약 75%의 가정에서 부모가 모두 일을 하고 있다. 그러다 보니 문해력에 대해 생각할 시간이 거의 없다. 많은 아동이 한부모 가정에서 양육되고 있으며, 남은 한 명의 부모는 너무 많은 책임을 떠안고 있어 읽고, 쓰고, 대화하는 시간은 사치처럼 느껴진다. 다문화 가정은 지속적으로 증가하고 있다. 많은 부모가 다른 언어를 사용하지만, 영어를 유창하게 구사하지는 못한다. 미국에서 자녀를 교육하는 방식과 다른 문화권에서 문해력에 접근하는 방식에는 상당한 문화적 차이가 있기 때문에 이 가정의 자녀와 부모가 미국의 시스템을 이해하는 데 어려움을 겪을 수 있다. 또한 글자를 읽고 쓰지 못하는 가족 구성원 중 상당수가 자녀를 어떻게 문해력이 풍부한 경험에 참여시켜야 할지 몰라 막막해하는 경우도 많다. 많은 맞벌이 가정은 가족의 의식주를 해결하고, 월세와 나머지 공과금을 내는 데 신경을 쓰기 때문에 문해력이 우선 순위에서 밀려나는 경우가 많다. 그들은 문해력의 관련성이나 중요성을 인식하지 못할 수도 있다. 경제적으로 어려운 경우 책을 사거나 도서관에 가는 것, 심지어 가정에 책 한 상자를 놓을 공간이 있다는 것조차 생각하지 못할 수도 있다(Hart & Risley, 1995).

다문화 사회의 빈곤 문제를 해결하는 것은 문해력 발달과 관련하여 쉽지 않은 일이다. 하지만 학교와 교사는 노력해야 한다. 우리가 할 수 있는 일은 학부모가 학교에서 문해력 발달을 지원하는 것이 얼마나 중요한지, 그리고 자녀가 직업을 갖고 건강한 삶을 살기 위해 문해력을 갖추는 것이 얼마나 중요한지 이해하도록 돕는 것이다. 부모가 직접 글을 읽거나 유창하게 말할 수 없더라도 부모가 도울 수 있는 일이 많다. 문해력에 대한 언어와 인식의 차이는 학부모와 교사 모두에게 좌절감을 안겨 준다. 학교에서 학부모 행사를 계획하지만 참석하는 학부모는 거의 없다. 우리가 제안을 해도 지켜지지 않고 좌절감을 느낀다. 하지만 세 명의 학부모에게 도움을 주면 세 가정, 그리고 또 다른 가정, 그리고 또 다른 가정에 도움을 준 셈이 된다. 작은 성공이라도 큰 의미와 미래의 잠재적 영향력을 고려해야 한다(Hoover-Dempsey & Whitaker, 2010; Lonigan & Whitehurst, 1998).

부모/보호자 참여 체계

교육자들이 가정 문해력을 키우는 데 직면하는 어려움을 극복하기 위해 교사는 실행 가능한 **부모 참여 체계**(parent-involvement framework) 또는 학교에서 아동의 문해력 발달을 촉진하는 활동에 대해 부모에게 알리고 참여시키기 위해 고안된 프로그램 네트워크를 만들어야 한다. 다음 정보는 가정 문해력에 대한 일반적인 주류 접근법을 제안하는 부모 참여 체계이다. 그러나 이 구성은 모든 가정에 적합하다. 그 목적은 다른 문화와 문해력과 관련하여 이미 일어나고 있는 일을 방해하는 것이 아니라, 가정에서도 학교와 같은 문해력 활동을 포함하도록 하는 것이다. 이 접근법은 논의된 경험을 공유할 수 있는 문해력과 언어 능력을 갖춘 가족 구성원과 함께 사용할 수 있으며, 모든 가정의 모국어로 사용하기에도 적절하다. 기본 아이디어와 전략을 포함하는 가족 참여 문해력 실천에 대한 논의 후에는 문해력이 제한적이고, 다른 언어를 사용하는 가족을 고려하는 더 넓은 관점에 대해 논의할 것이다. 궁극적인 목표는 모든 부모가 이 절의 제안을 실행할 수 있고, 문해력의 가치를 이해할 수 있도록 돕는 것이다.

여러 연구자는 직접 가르치지 않았는데도 아이들이 일찍 읽고 쓰는 가정에 대해 연구했다(Leseman & de Jong, 1998). 그 결과 이러한 가정에 공통적인 특징이 있다는 사실이 일관되게 밝혀졌다. 초기 읽기 가정에는 책을 읽어 주고, 쓰기와 읽기를 도와주는 가족 구성원이 있었다. 이러한 가족 구성원은 소설, 잡지, 신문, 업무 관련 정보 등 다양한 자료를 읽는다. 이들은 자신과 자녀 모두를 위해 책을 구입하거나 대여한다. 읽기 및 쓰기 자료는 집안 곳곳에서 찾을 수 있다. 이 가정의 가족 구성원은 자녀를 도서관과 서점에 데리고 간다(Morrow, 1983; Morrow & Young, 1997). 가정에 책과 쓰기 자료를 충분히 보유하고 있으며, 일반적으로 읽기와 쓰기는 중요한 활동으로 평가된다. 책 읽기는 즐겁고, 문해력 활동은 보상을 받는다. 가정은 매일의 활동 계획, 명확한 규칙, 가족 구성원에 대한 책임이 지정되어 있는 등 잘 조직되어 있다. 성인과 아동 간 상호작용이 사회적, 정서적, 인지적으로 문해력에 대한 관심과 성장에 도움이 되는 환경을 제공한다(Anderson, Hiebert, Scott, & Wilkinson, 1985).

읽기와 쓰기에 일찍부터 관심이 있는 아동은 읽기 및 쓰기 자료를 쉽게 접할 수 있는 가정에서 성장한다. 이들은 놀이를 하면서 종이와 크레파스로 글을 쓰고 그림을 그리거나 책을 본다. 이러한 가정의 구성원은 TV 시청을 선택하고 제한하는 규칙을 시행한다. 가족 구성원은 서로 자주 대화를 나누고, 아이들이 학교에서 무엇을 하고 있는지 알고 싶어 한다. 이 아이들은 사회적, 정서적 성숙도, 작업 습관, 일반적인 학업 성취도에 대한 교사 평가에서 평균보다 높은 점수를 받은 것으로 나타났다(Anderson, Anderson, Friedrich, & Ji Eun, 2010).

다음 요소는 가정 내 문해 환경의 질에 영향을 미친다: ① 가정 내 물리적 환경 또는 문해력 교재, ② 아동, 가족 구성원 및 가정 내 다른 개인이 공유하는 문해력 경험 중 발생하는 상호작용, ③ 문해력에 대한 긍정적이고 지지적인 태도 및 문해력 성취에 대한 가족의 열망(Zeece & Wallace, 2009).

학교와 기타 지역사회 기관은 아이들이 학교에 입학하기 전부터 풍부한 문해 환경의 필요성에 대한 정보를 가정에 전달해야 한다. 예비 부모를 위한 특별 모임, 병원 산부인과 병동, 산부인과 및 소아과 진료실, 교회, 회당, 이슬람 사원, 지역사회 기관을 통해 정보를 배포할 수 있다. [그림 14-1] 가정의 초기 문해력 증진을 위한 지침에 나와 있는 것과 같은 간결한 유인물이 도움이 되며, 거주 지역사회의 언어로 출력되어야 한다.

이 체크리스트는 부모가 작성해야 한다.

자녀의 읽기 및 쓰기 능력은 아동이 태어날 때부터 가정에서 하는 활동에 따라 크게 달라진다. 다음 목록은 자녀가 읽고 쓰는 법을 배우는 데 도움이 되는 자료, 활동 및 태도를 제안한다. 이미 하고 있는 활동을 체크한다. 목록에 있는 것 중 이전에 해 보지 않은 것을 시도해 본다.

자료

☐ 1. 가정에 아동용 책과 잡지를 위한 공간을 마련한다.
☐ 2. 가능하다면 자녀를 위한 잡지를 구독한다.
☐ 3. 자녀의 책과 부모의 책, 잡지, 신문을 집 안의 다른 공간에 배치한다.
☐ 4. 손인형, 인형, 이야기 테이프 등 아이들이 직접 이야기를 들려주거나 만들 수 있는 자료를 제공한다.
☐ 5. 크레파스, 마커, 연필, 다양한 크기의 종이 등 필기용 자료를 제공한다.

활동

☐ 1. 자녀와 함께 책, 잡지 또는 신문을 읽거나 본다. 보거나 읽은 내용에 대해 이야기한다.
☐ 2. 도서관을 방문하여 가정에서 읽을 책과 잡지를 대출한다.
☐ 3. 책, 가족, 자신이 하는 일에 대해 함께 이야기를 나눈다.
☐ 4. 카탈로그, 광고, 업무 관련 자료, 우편물 등 자신이 가지고 있는 서면 자료를 보고 이에 대해 이야기한다.
☐ 5. 자녀가 볼 수 있는 시간에 읽고 쓰면서 자녀에게 모범을 보여 준다.
☐ 6. 도로 표지판이나 매장 이름과 같은 외부 인쇄물을 가리킨다.
☐ 7. 자녀와 함께 글을 쓰고 쓴 내용에 대해 이야기한다.
☐ 8. 식료품 상자나 조리법에 적힌 글, 영화 안내문, 조립이 필요한 물건에 대한 설명 등 가정 내의 인쇄물을 지적한다.
☐ 9. 우체국, 슈퍼마켓, 동물원을 방문한다. 보고 읽은 것에 대해 이야기한다. 가정에 돌아와서 그림을 그리고 글을 쓴다.
☐ 10. 인쇄물을 사용하여 자녀와 대화한다. 서로를 위해 메모를 남긴다. 음식 목록, 심부름 목록, 명절 쇼핑 목록 등 해야 할 일의 목록을 작성한다.

읽기와 쓰기에 대한 긍정적인 태도 기르기

☐ 1. 자녀의 읽기 및 쓰기 시도가 완벽하지 않더라도 칭찬을 통해 보상한다. 다음과 같은 친절한 말을 해 준다: “정말 잘했구나.”, “네가 책 읽는 것을 보니 기쁘구나.”, “네가 글 쓰는 걸 보니 반갑구나. 무엇을 도와줄까?”
☐ 2. 읽기와 쓰기에 대한 자녀의 질문에 답한다.
☐ 3. 읽기와 쓰기가 즐거운 경험이 되도록 한다.
☐ 4. 자녀의 작품을 가정에 전시한다.

[그림 14-1] 가정 초기 문해력 증진을 위한 지침(계속)

☐ 5. 자녀가 요청하면 학교를 방문한다. 학교에서 자원봉사를 하고 자녀가 참여하는 프로그램, 학부모 회의, 학부모 모임에 참석한다. 이를 통해 자녀가 부모가 자신과 학교에 관심을 갖고 있다는 것을 알 수 있다.

학교를 방문하여 자녀의 선생님과 대화하기

☐ 1. 어떤 식으로든 자원봉사를 하거나 도움을 주고 싶은 경우
☐ 2. 학교 시간 중에 자녀의 학급을 방문하고 싶은 경우
☐ 3. 자녀의 읽기 및 쓰기에 대한 우려가 있는 경우
☐ 4. 자녀에게 시각, 청각 또는 기타 문제가 있다고 생각되는 경우
☐ 5. 가정에서 사용하는 언어가 영어가 아니어서 도움이 필요한 경우
☐ 6. 스스로 읽고 쓰는 데 도움이 필요한 경우
☐ 7. 가정에서 자녀를 도울 수 있는 방법에 대해 자세히 알고 싶은 경우
☐ 8. 자녀가 학교에서 배우는 내용에 대해 더 자세히 알고 싶은 경우

La capacidad de su jovencito de leer y de escribir depende mucho de las cosas que hacen en casa desde el momento de su nacimiento. Usted puede hacer muchas cosas que no ocuparán mucho de su tiempo. La lista siguiente sugiere materiales, actividades, y actitudes que son importantes en ayudar a su hijo(a) a aprender, a leer y a escribir. Ponga una marca al lado de la sugerencia que usted ya practica en su casa. Procure hacer algo de la lista que no ha hecho antes.

Materiales

☐ 1. Prepare un lugar en su casa para poner libros y revistas para su hijo(a).
☐ 2. Si es posible, subscríbase a una revista para su hijo(a).
☐ 3. Coloque algunos de los libros de su hijo(a) y algunos de los suyos, incluyendo revistas y periódicos, en diferentes lugares en su casa.
☐ 4. Provea materiales, tales como títeres, muñecos, y cuentos grabados, que animarán a los niños a contar o a crear sus propios cuentos.
☐ 5. Provea materiales para escribir, tales como creyones, marcadores, lápices, y papel de various tamaños.

Actividades

☐ 1. Junto con su hijo(a), lean u hojeen libros, revistas o el periódico. Hablen sobre lo que hayan hojeado o leído.
☐ 2. Visiten la biblioteca y saquen algunos libros y algunas revistas para leer en casa.
☐ 3. Juntos, cuenten cuentos sobre libros, sobre su familia, y sobre las cosas que hacen.

[그림 14-1] 가정 초기 문해력 증진을 위한 지침(계속)

☐ 4. Hojeen y hablen sobre el material escrito que tengan en su casa, tal como catálogos, anuncios, material relacionado con su trabajo, correo.

☐ 5. Sea un modelo para su hijo(a) leyendo y escribiendo en los momentos cuando él o ella le pueda observar.

☐ 6. Llame a la atención de su hijo(a) cosas impresas afuera, tales como letreros en la carretera y nombres de tiendas.

☐ 7. Escriba con su hijo(a) y hablen sobre lo que hayan escrito.

☐ 8. I ndique palabras impresas en su casa, tales como las que están en cajas de comida, en recetas, en las instrucciones para medicinas, o en objetos que hay que armar.

☐ 9. Visiten la oficina de correos, el supermercado, el jardín zoológico. Hablen sobre lo que hayan visto y leído. Cuando regresen a su casa, hagan dibujos y escriban sobre estas experiencias.

☐ 10. Use la escritura para hablar con su hijo(a). Déjense notas el uno para el otro, hagan listas de cosas que hacer, tales como listas de comida para la compra, listas de tareas que hacer, listas de cosas que comprar para los días de fiesta.

Fomente Actitudes Positivas Hacia la Lectura y la Escritura

☐ 1. Recompense con elogios los intentos de su hijo(a) por leer o escribir, aun cuando sus esfuerzos no sean perfectos. Use palabras bondadosas, tales como: "¡Qué trabajo más bueno haces! Estoy muy contento(a) de ver que estás leyendo. Estoy muy contento(a) de ver que estás escribiendo. ¿Te puedo ayudar en algo?"

☐ 2. Responda a las preguntas de su hijo(a) sobre la lectura y la escritura.

☐ 3. Procure que el leer y el escribir sean experiencias agradables.

☐ 4. Exhiban el trabajo de sus hijos en la casa.

☐ 5. Visite la escuela cuando su hijo(a) se lo pida. Ofrezca su ayuda en la escuela, asista a los programas en los cuales su hijo(a) esté participando, asista a las conferencias y reuniones de padres. Esto permite que su hijo(a) se dé cuenta de que usted se interesa por él o por ella y por la escuela.

Visite la Escuela y Hable con el Maestro o la Maestra de su Hijo(a)

☐ 1. Si usted quiere ayudar de alguna manera.

☐ 2. Si usted quiere visitar la clase de su hijo(a) durante las horas cuando la escuela está en sesión.

☐ 3. Si usted tiene dudas acerca del desarrollo do la lectura y la escritura en su hijo(a).

☐ 4. Si usted cree que su hijo(a) tiene problemas especiales con su visión, con su oído, o con cualquier otra cosa.

[그림 14-1] 가정 초기 문해력 증진을 위한 지침(계속)

☐ 5. Si usted necesita ayuda porque el idioma que habla en casa no es el inglés.
☐ 6. Si usted necesita ayuda con sus propias habilidades de lectura y de escritura.
☐ 7. Si a usted le gustaría saber más sobre cómo puede ayudar a su hijo(a) en el hogar.
☐ 8. Si a usted le gustaría saber más y comprender mejor lo que su hijo(a) está aprendiendo en la escuela.

[그림 14-1] 가정 초기 문해력 증진을 위한 지침

풍부한 가정 문해 환경을 위한 교재 및 활동

아동은 가정에서 책을 쉽게 접할 수 있어야 한다(Soderman, Gregory, & McCarty, 2005). 가족 구성원은 종이 상자나 플라스틱 상자에 책을 넣어 책꽂이 역할을 하는 작은 도서 공간을 만들 수 있다. 부엌, 침실, 놀이 공간, 욕실, 가족 차량 등 아이들이 많은 시간을 보내는 공간에 책을 비치해야 한다. 모든 방에 눈에 잘 띄고 쉽게 접근할 수 있는 책을 비치한다. 아기가 기어 다니거나 걷기 전에는 유아용 침대와 놀이 공간에 책을 가져다 놓는다. 욕조용 방수 책도 준비한다.

가정에서는 다양한 책을 선택해야 한다. 18개월 이하의 아기에게는 보드, 플라스틱 또는 헝겊으로 된 밝은 색상의 개념 도서가 적합하다. 모서리가 둥글고 안전해야 하며, 씹거나 거칠게 다루어도 견딜 만큼 튼튼해야 한다. 아기가 영아, 유아, 유치원생이 되면 부모는 그림 동화책, 동요, 동화, 민화, 사실주의 문학, 정보 책, 알파벳 책, 숫자 책, 시, 좋아하는 TV 프로그램과 관련된 책, 읽기 쉬운 책(제한된 어휘, 큰 글씨, 텍스트와 밀접한 관련이 있는 그림이 있는 책)을 준비한다. 아동용 잡지는 매력적인 인쇄물을 제공하며, 우편으로 받으면 특별한 선물이 된다. 아동 문학 외에도 책, 잡지, 신문, 업무 관련 자료 등 성인을 위한 인쇄물도 가정의 눈에 잘 띄는 곳에 비치해 둔다. 디지털 형식이 우리 생활에서 중요한 부분을 차지하는 만큼 읽고 쓰기 위한 디지털 교재는 필수이다. 동화구연은 부모가 동화책의 기본 읽기를 보완하기 위해 고려해야 할 중요한 방법이다. 가족의 문화와 관련된 종교 서적에 나오는 이야기에 대해 토론한다. 가정과 가정의 주요 언어로 표현된 문화권의 책을 읽게 한다(Carter, Chard, & Pool, 2009).

연구에 따르면 부모, 형제자매 또는 가정 내 다른 개인이 정기적으로 책을 읽어 주고, 스스로 책을 읽는 구성원이 있는 가정의 아동은 초기 읽기 학습자가 되고, 책과 디지털 읽기 교재에 자연스럽게 관심을 보인다(Educational Research Service, 1997). 이는 놀라운 일이 아니다. 잦은 이야기 읽기를 통해 아이들은 책 언어에 친숙해지고, 문자 언어의 기능을 깨닫는다. 이야기 읽기는 항상 즐겁고, 그 즐거움은 읽기에 대한 열망과 흥미를 키운다(Cullinan, 1992; Huck, 1992). 책에 지속적으로 노출되면 아동의 어휘력과 이야기 구조에 대한 감각이 발달하며, 이 두 가지 모두 읽는 법을 배우는 데 도움이 된다.

사진 제공: Lisa Payne Photography. Pearson Education Ltd

아주 어릴 때부터 책을 읽어 준 아이들은 책장을 넘기는 데 주도적인 역할을 하며, 마치 자신이 책을 읽는 것처럼 행동하고, 함께 책을 읽는 데 매우 적극적으로 참여하게 된다.

이야기를 읽는 동안 성인과 아동 간 언어적 상호작용이 문해력 발달에 큰 영향을 미친다는 것은 분명하다(Cochran-Smith, 1984; Vukelich & Christie, 2009). 이러한 상호작용은 아동에게 직접적인 정보 채널을 제공하므로 문해력 발달을 향상시킨다(Heath, 1982; Morrow, 1987). 상호작용은 아동이 질문과 의견이 포함된 이야기 읽기에 반응하도록 유도한다. 이러한 반응은 시간이 지남에 따라 더욱 복잡해지고, 인쇄물에 대한 보다 정교한 사고를 보여 준다. 가정에서의 동화책 읽기에 관한 연구에 따르면, 동화책 읽어 주기 활동의 질에 영향을 미치는 여러 가지 상호작용 행동이 확인되었다. 이러한 행동에는 질문, 비계설정(대화 및 반응 모델링), 칭찬, 정보 제공, 토론 유도, 개인적인 반응 공유, 개념과 생활 경험과의 연관성 등이 포함된다(Edwards, 1995; King & McMaster, 2000; Roser, 2010).

어머니와 4세 아들 이안이 이야기를 읽을 때 시작된 다음 전사기록은 성인이 어떻게 반응을 유도하고, 비계설정을 하며, 질문에 답하고, 정적 강화를 제공하고, 아동의 질문과 의견에 지지적으로 반응하는지를 보여 준다. 유도, 정보 및 지원의 결과로 이안은 자신의 질문을 계속하고 추가 정보를 얻는다.

어머니: 오늘 이야기를 들을 준비가 되었니, 이안? 이건 새 책이야. 너한테 읽어 준 적이 없는 책이야. 어미 새와 아기 새에 관한 이야기란다.

이안: (표지의 제목을 가리키며) 이게 뭐예요?

어머니: 그걸 제목이라고 하지. 'Are You My Mother?'라고 쓰여 있어. 그게 책 이름이야. 여기에도 있어: "Are You My Mother?"

이안: (잠시 멈췄다가 단어를 가리키며) "Are You My Mother?"

어머니: 그래, 읽었구나. 자, 읽는 방법을 알고 있네.

이안: 'Are You My Mother?'라고 적혀 있어요. (손가락으로 다시 가리키며)

어머니: 다시 읽었구나. 와, 정말 읽을 줄 아는구나!

이안: 음, 이제 책을 읽어 주면 저도 읽을게요(Morrow, 1986).

이안의 어머니가 이야기를 읽어 주었다. 'Are You My Mother?'라는 문구가 나올 때마다 그녀는 잠시 멈추고 이안을 바라보며 단어를 가리키고, 문장을 과장되게 읽었다. 그런 에피소드를 두 번 반복한 후 이안은 더 이상 유도가 필요하지 않았고, 그 문구에 도달할 때마다 그냥 따라 읽었다.

연구 결과에 따르면, 교사는 가족 구성원이 매일 자녀에게 책을 읽어 주도록 권장해야 한다. 책 읽기는 아동이 태어나면서부터 시작할 수 있다. 그러나 영아의 주의 깊게 듣는 능력은 일반적으로 제한적이며, 책마다 다르다. 영아는 책을 듣기보다는 씹거나 두드리는 것을 선호할 수 있다. 그러나 태어날 때부터 책을 읽어 온 아동은 그렇지 않은 아동보다 이야기 읽기 상황에서 더 빨리 주의 깊게 듣기 시작한다.

출생부터 8세까지 아동에게 가정에서 책 읽어 주기

출생부터 3개월까지는 책 읽기에 대한 아기의 주의력이 불규칙적이다. 그림을 응시하고 만족스럽고 조용해 보이는 아기는 책을 잘 받아들이는 것으로 여겨진다. 아기가 몸을 흔들거나 불편해 보이거나 울면 성인은 책 읽기를 중단하는 것이 좋다.

생후 3~6개월이 되면 아기는 책 읽기에 더욱 적극적으로 참여한다. 그림에 집중하고, 귀를 기울이기 시작한다. 책을 집어 들고 두드리며 입에 넣으려고 하기도 한다. 아기가 만족스러워 보인다면 아마도 책 읽기에 참여하고 있는 것이다.

생후 6~9개월 아기는 의도적으로 동화책 읽기에 참여할 수 있다. 책장을 넘기려고도 한다. 독자의 억양 변화에 반응하거나 소리와 동작을 만들어 참여와 즐거움을 표현하기도 한다. 이전에 읽어 주었던 책에 대한 선호도를 보이기 시작한다.

1세 아동은 책을 읽어 줄 때 강하게 몰입한다. 책장을 넘기는 데 주도적인 역할을 하거나,

책 읽는 것처럼 들리는 음색으로 옹알이를 하기도 한다. 다른 책에서 본 친숙한 내용을 이 책에서 적극적으로 찾기도 한다. 15개월이 되면 아동은 읽어 준 책의 앞면과 뒷면을 구분할 수 있고, 책이 거꾸로 되어 있는지 알 수 있다. 책에 나오는 등장인물을 식별하고, 이름을 부르기 시작한다. 성인과 함께 책을 읽으며, 말로 표현하기도 한다(Burns, Snow, & Griffin, 1999; Schickedanz & Collins, 2013). 이 시기에는 책을 읽어 줄 때 선호하는 책이 있다.

아버지, 어머니, 조부모, 베이비시터, 형제가 모두 어린 아동에게 책을 읽어 주어야 한다. 매일 같은 시간, 같은 장소에서 책을 읽는 것이 하나의 의식이 되도록 한다. 잠자리에 드는 시간은 아동이 가장 좋아하는 시간이며, 잠자리 이야기는 좋은 읽기 습관을 형성하는 데 도움이 된다. 아동과 가족 모두 하루를 마무리하며 공유하는 시간으로 기대한다. 아동이 잠들기 전에 책을 읽으면 마음을 안정시키는 효과가 있으며, 결국 잠자리에 들기 전에 스스로 책을 읽는 습관을 들일 수 있다.

자발적인 읽기도 권장되며, 가족 구성원이 하루 중 다른 시간대에 책을 읽는 것이 더 쉽다고 생각한다면 전혀 읽지 않는 것보다 이렇게 하는 것이 더 바람직하다. 영아에게 책을 읽어 줄 때는 영아를 가족 구성원의 품에 안아야 한다. 아동이 혼자 앉을 수 있게 되면 가족 구성원과 아동은 서로 가까이 있어야 하며, 가급적이면 아동이 성인의 무릎에 앉도록 한다. 그림과 글자가 있는 책을 아동이 볼 수 있어야 한다. 아동은 이야기 읽기에 적극적으로 참여해야 한다. 아동의 의견과 질문은 격려하고 인정해야 한다. 가족 구성원은 가능하면 이야기에 대한 의견을 생활 경험과 연결시키고, 친숙한 것에 대해 편안한 방식으로 아동에게 질문하여 참여를 독려해야 한다.

아버지, 어머니, 형제자매, 조부모, 증조부모가 어린 자녀와 함께 책을 읽어야 한다.

아동이 스스로 책을 읽기 시작한다고 해서 책 읽어 주기가 끝나는 것은 아니다. 이 시기는 이 활동을 지속적으로 지원하고 안내해야 하는 중요한 시기이다. 아동이 책을 읽을 수 있게 되면 잠자리 이야기 전통은 아동이 가족에게 책을 읽어 주는 것으로 바뀔 수 있다. 또는 아동의 읽기 수준보다 높은 책을 가족이 읽어 주는 방식으로 지속할 수도 있다. 6~8세 아동은 챕터가 있는 책에 관심이 많지만, 아직 스스로 읽을 준비가 되어 있지 않은 경우가 많다. 이 시기에 가족 구성원은 성인이 읽을 만한 문학 작품을 아동과 함께 읽으며 관심을 유도할 수 있다. 또 다른 중요한 부모의 동기는 아동이 항상 접근 가능하고, 흥미를 가질 수 있는 새로운 읽을거리를 확보하는 것이다. 아동의 연령이 증가하여 읽기 습관이 형성된 것 같아도 가끔은 새로운 책을 아동에게 제공해야 할 때가 있다. 자녀가 읽을 책을 고르는 데 도움을 주도록 한다. 항상 서사적인 이야기일 필요는 없다. 정보 책은 아이들에게 매우 흥미롭고, 신문이나 잡지 기사도 좋은 아이디어이다. 이러한 책들은 많은 대화를 유도하고 정보를 제공한다.

자녀에게 책을 읽어 주고, 스스로 책을 읽는 것 외에도 가족이 함께 식탁에 둘러앉거나 가정에서 편한 곳에 앉아 책을 읽는 시간을 마련해야 한다. 각자 자신의 책을 읽는다. 가족 구성원이 읽고 있는 책에 대해 이야기하는 것도 중요한 경험이다.

가정의 쓰기 교재

일부 연구자들은 쓰기가 읽기보다 먼저 발달한다고 주장한다. 많은 아동이 자신만의 의미 있는 쓰기 체계를 발명한다. 읽기가 쓰기보다 먼저 오는지, 아니면 쓰기가 읽기보다 먼저 오는지는 확실하지 않다. 그러나 알려진 사실은 읽기 학습은 쓰기와 동시 경험에 의해 향상되고, 쓰기 발달은 읽기 경험에 의해 촉진된다는 것이다(McGee & Richgels, 2008; Schickedanz & Casbergue, 2009).

이러한 연구 결과의 한 가지 시사점은 가정에서 아동이 필기할 수 있는 교재를 제공해야 한다는 것이다. 특히 아기에게는 다양한 크기의 줄이 없는 백지가 좋다. 미취학 아동이 되면 더 작은 용지를 가정에 추가할 수 있다. 유치원에 다니는 아동은 줄이 그어진 종이를 좋아할 수 있다. 연필, 크레파스, 색연필, 칠판과 분필, 흰색 슬레이트와 마커는 가정에서 사용하기에 적합한 필기 도구이다. 자석, 융판 또는 나무 글자 같은 조작 교구도 유용하다. 아동이 이러한 교구를 일찍 접할 수 있어야 한다. 또한 가정용 컴퓨터는 쓰기를 장려하며 미취학 아동에게 적합하다. 읽기 및 쓰기를 장려하는 아동용 웹사이트가 많이 있다.

책 읽기와 마찬가지로 아동은 가족이 쓰기 활동에 참여하는 것을 볼 필요가 있다. 가족 구성원은 가능한 한 자주 쓰기를 통해 자녀와 소통해야 한다. 자녀가 유치원에 입학하면 도시락에 '안녕! 사랑해, 엄마, 아빠가'라고 간단한 메모를 붙일 수 있다. 베개에 '좋은 밤' 또는 '좋은 아침'이라고 적을 수 있다.

가능하면 쓰기를 가족 행사로 만든다. 가족이 함께 감사 노트와 편지를 쓸 수 있다. 자녀와 함께 학교 양식을 작성하거나 가족 식료품 목록을 작성할 수 있다. 아동은 쓰기를 통해 소통하는 가족 구성원을 모델링한다.

기술 아이디어

TV는 우리 삶의 일부이다. TV 시청을 최대한 활용하려면 가족은 자녀와 함께 몇 가지 프로그램을 시청하면서 질문을 던지고, 비판적인 문제를 제기하고, 수동적인 시청을 반응적인 상호작용으로 바꿔야 한다. 또한 Sesame Street나 Clifford처럼 책을 소재로 한 프로그램을 선택해야 한다. 『The Grinch Who Christmas』(Seuss, 1957a)와 같은 이야기가 TV에 편성된 경우, 가족은 시청하기 전에 도서관에서 책을 찾아보거나 다운로드하거나 빌릴 수 있다.

컴퓨터, 아이패드, 아이폰, 킨들, 눅스, 서피스 등 태블릿 기기를 통해 아이들은 멀티미디어 환경에서 책을 경험할 수 있다. 그러나 이러한 디지털 기기는 온라인 컴퓨터 및 비디오 게임을 할 수 있는 기회를 제공하며, 이를 모니터링하지 않으면 게임만 할 수 있다. 성인은 게임을 신중하게 검토하고 선택한 다음 자녀와 함께 플레이해야 한다. TV 시청과 DVD 및 비디오 게임 시청 및 플레이 시간은 제한해야 한다.

기술과 문해력을 통합하는 가장 강력한 방법은 가족 웹사이트를 만들고, 매주 모두가 여기에 무언가를 기여하도록 하는 것이다. 한 주가 끝나면 사이트에 기여한 내용을 검토한다. 패들렛(Padlet)이라는 무료 프로그램을 사용하여 응답을 요구하거나 가족 보물찾기 게임의 단서가 되는 메모를 서로에게 게시한다(Marsh, Hannon, Lewis, & Ritchie, 2017).

가정의 문해력 활동

매년 신학기 밤이 되면 [그림 14-2]와 같은 '가정에서 자녀와 함께할 수 있는 10가지 활동'이라는 종이를 학부모에게 나눠 준다. 10가지 활동 중 일주일에 세 가지를 하고, 매일 자녀에게 책을 읽어 주는 것이 학교에 오는 것만큼이나 중요하다고 말한다. 부모가 가정에서 이러한 활동을 통해 아동과 함께하면 아동은 학교에서 더 잘하고, 성공할 수 있다. 또한 아동은 가족을 위해 직접 만든 책갈피를 남긴다. 책갈피 만들기 계획은 [그림 14-3]에 제시되어 있다.

가정에서 자녀와 함께할 수 있는 10가지 활동

가정에서 쉽고 재미있게 읽기와 쓰기를 장려할 수 있는 방법을 소개한다.

자녀와 함께 책을 읽어 주세요. 자녀와 함께 책이나 기타 읽기 자료에 대해 이야기하세요.

자녀의 도시락에 메모를 남겨 주세요.

자녀의 숙제를 도와주세요.

식사 시간에 당신의 하루에 대해 이야기하거나 이야기를 나누세요.

TV 프로그램의 줄거리에 대해 토론하거나 다시 말하세요.

부모님과 자녀의 저널을 쓰고, 쓰기를 공유하세요.

집안일 목록을 작성하세요.

가정에 도서관을 만들고, 도서관을 방문하세요.

가족과 함께 레시피에 따라 요리하세요.

가족 여행을 기록하세요.

[그림 14-2] 가정에서 자녀와 함께할 수 있는 10가지 활동

오늘 밤

잠들기 전에

책을 읽은

다음

불을 끄세요.

딱 맞는 책 선택하기

1. 표지를 보세요.
2. 제목과 저자를 읽어 보세요.
3. 뒤표지에 있는 소개글을 읽어 보세요.
   (책에 관심이 있나요?)
4. 책장을 넘기세요.
5. 첫 페이지를 읽고 다섯 손가락 규칙을 사용하세요.
   모르는 단어가 나오면 손가락을 내려놓으세요. 이 책이 자신에게 적합한지 판단하세요.
   0~1 손가락: 너무 쉬움
   2~3 손가락: 적당함
   4~5 손가락: 너무 어려움

[그림 14-3] 가족을 위한 책갈피

안내: 색종이에 복사한다. 앞면에는 시를, 뒷면에는 '딱 맞는 책 고르기'를 붙인다. 코팅하여 부모와 자녀에게 선물로 준다.

가정 연계와 가정 문해력에 대한 다문화적 관점

이 장에서는 가족 구성원이 자녀의 읽기 및 쓰기 발달을 스스로 돕거나 또는 학교의 문해력 활동에 참여하여 돕는다는 관점에서 가정 문해력에 접근해 왔다. 그러나 많은 가족 구성원은 영어를 구사하지 못하기 때문에 학교에서 제안하는 방식으로 자녀를 도울 수 없다. 또한 많은 가정은 문해력이 제한되어 있어 돕고 싶어도 학교에서 일반적으로 제안하는 방법으로는 도울 수 없다. 어떤 경우에는 부모가 학교를 중퇴한 청소년인 경우도 있다. 따라서 가정 문해력에 대해 말할 때 많은 상황에서 성인 학습자가 자신의 문해력을 향상시키는 동시에 자녀의 문해력을 증진시키는 환경을 조성하는 세대 간 문제라는 점을 인식해야 한다. 많은 저소득층, 소수민족, 이민자 가정이 문해력 발달을 위한 풍부한 환경을 조성하고 있다는 증거가 있다. 이들의 노력은 우리에게 친숙한 학교 모델과는 다르다.

동화구연, 노래 부르기, 성경 및 기타 종교 자료 읽고 토론하기와 같은 문해력 활동의 증거가 있지만, 책을 쉽게 구할 수 없는 문화권의 가정과 아이들로부터도 배우고 존중해야 한다(Schrodt, Fain, & Hasty, 2015; Morrow, 1995).

연구에 따르면 일부 가정에서 실행되는 문해력의 유형과 형태는 아동이 학교에서 경험하는 것과는 다르다(Heath, 1983; Paratore, Melzi, & Krol-Sinclair, 2003). 문해력 활동은 대부분의 가정에서 어떤 형태로든 존재하지만, 일부 가족 구성원이나 보호자가 자녀와 공유하는 특정 종류의 사건은 학업 성취에 큰 영향을 미칠 수 있다. 반대로 교실에서 실행되는 문해력은 학교 밖의 일부 아동에게는 의미가 없을 수 있다(Auerbach, 1989; Bryant & Maxwell, 1997). 가정 문해력은 문화적 편견을 피하기 위해 접근해야 하며, 중재는 방해가 아닌 지원이어야 한다(Salinas, Pérez-Granados, Feldman, & Huffman, 2017).

연구자들은 가족 내 문해력 사용 방식에 대한 이해를 증진하는 데 관심이 있다. 이러한 연구에서는 교육적 결핍보다는 개인의 풍부한 유산과 경험에 중점을 둔다. 어떤 경우에는 연구자들이 다양한 가족 내에서 자연스럽게 발생하는 문해력 사건을 탐구한다. 다른 경우에는 연구자들이 가정 문해력이 아동의 읽기 및 쓰기 개념 발달에 미치는 영향에 대해 설명한다. 이러한 연구 결과에서 나온 지식을 통해 교육자들은 다양한 가정에 존재하는 문해력을 더 잘 이해할 수 있으며, 학교에서의 문해력 지도가 가족 구성원과 아동 모두에게 더 의미 있는 교육이 되도록 돕는다. 델가도-가이탄(1992)은 자녀 교육에 대한 멕시코계 미국인 가족의 태도와 이러한 가족의 역할을 파악하기 위한 연구를 수행했다. 주요 목표는 물리적 환경, 정서 및 동기 부여 환경, 부모와 자녀 간 대인 관계 상호작용을 관찰하고 설명하는 것이었다. 연구 결과, 멕시코계 미국인 부모들은 공간적 제약에도 불구하고, 자녀를 위해 특별한 학습 공간을 제공했다. 부모는 자녀가 학교에서 성공하기를 원했다. 부모는 친구, 친척 등의 도움을 받아 자신이나 자녀의 학교 관련 문제를 해결하려고 했다. 부모는 자녀의 성적이 나쁘면 벌을 주고 잘하면 보상을 제공했다. 모든 부모는 '책 학습(book learning)'만으로는 교육을 잘 받았다고 할 수 없으며, 다른 사람을 존중하고 예의 바르게 행동하며 도움을 주는 법을 배워야 한다고 믿었다. 멕시코 가족의 삶에 대한 이야기는 아동의 도덕적 학습을 이끌었다. 이러한 가정에 대한 조사 결과를 보면, 학교는 아이들이 좋은 매너와 존중을 배울 수 있도록 교육과정에서 라틴계의 우려에 대응해야 할 것으로 보인다. 학교는 아동을 돕고자 할 때 가족이 직면하는 언어 문제를 인식하고 도와야 한다. 또한 구전 역사와 동화구연은 부모와 자녀 모두에게 친숙한 라틴계 문화의 중요한 측면이므로 교육과정에 포함시켜야 한다 (Paratore et al., 1995; Rodriguez-Brown, 2010).

아프리카계 미국인 저소득층 가정의 자녀는 성취도 격차가 큰 집단을 대표한다. 부모가 교육에 가치를 두고 가능한 한 많은 도움을 준 이러한 가정에 대한 연구에 따르면, 경제적으로 어려운 환경에도 불구하고 자녀가 성공하는 것으로 나타났다. 부모가 자녀에게 가르친 기술과 자녀 교육에서 부모가 수행한 역할은 다음과 같다. 성공적인 문해력 결과 등을 예로 들 수 있다.

- 부모는 가정과 학교에서 자녀의 문해력 발달에 관여했다.
- 부모는 자녀의 학교 진도를 알고 있었다.
- 부모는 자신이 도울 수 있는 방법과 자녀가 성공할 수 있다는 낙관적인 생각을 가지고 있었다.
- 부모는 자녀의 성공에 대해 높지만 현실적인 기대치를 가지고 있었다.
- 부모는 자녀가 달성해야 할 목표를 설정하였다.
- 부모와 자녀의 관계가 긍정적이었다.

반면, 학업 성취도가 낮은 흑인 학생의 부모가 절망감과 무력감을 느끼는 경우, 자녀에 대한 기대치가 낮고, 자녀 교육에 관여하지 않는 것으로 나타났다(Edwards, 2010).

가정 연계 구축

문해력 학습을 지원하는 환경을 조성하기 위해서는 부모뿐만 아니라 가족의 참여가 필요하다. 이 절에서 부모에 대해 이야기할 때는 가정에서 자녀와 함께 있는 성인 또는 형제를 의미한다. 교사는 부모를 문해력 발달의 파트너로 간주하고, 가족을 교실뿐만 아니라 가족의 집단적 문해력을 발달시키는 추가 기회에 연결하려는 의도를 가져야 한다.

교실과 가정 연계

모든 교사는 학교에서 일어나는 일과 아동을 도울 수 있는 방법에 대해 정기적으로 가족에게 알려야 할 책임이 있다. 교사는 가정과 학교에서의 활동에 가족 구성원을 참여시키고, 자녀 교육의 파트너처럼 느끼게 해야 한다. 자녀가 무엇을 배우기를 원하는지 의견을 제시하고, 학교에서 일어나는 일에 대해 어떻게 생각하는지 표현하고, 제안을 할 수 있는 기회를 제공해야 한다. 또한 자신의 문해력이 부족하여 자녀에게 책을 읽어 줄 수 없거나, 영어를 유창하게 구사하지 못하는 경우 교사에게 도움을 요청할 수 있다는 사실을 교사에게 알릴 만큼 안심할 수 있어야 한다. 아이들이 성공하기 위해서는 교사가 가정의 지원을 받아야 한다. 다음은 가족을 학교의 필수적인 부분으로 만드는 방법에 대한 몇 가지 제안이다. 가정에 보내는 모든 자료는 영어로 작성되어야 한다. 그러나 예를 들어, 라틴계 학부모가 많은 경우에는 영어와 스페인어로 가정통신문을 보내는 것이 좋다.

1. 학기 초에 가르치는 학년의 문해력 발달을 위해 달성해야 할 목표를 모두가 이해할 수 있는 형식으로 가정에 보낸다.
2. 문해력에서 새로운 단원이나 개념을 가르칠 때마다 뉴스레터를 보내 가족에게 학습 내용과 가족이 무엇을 도와줄 수 있는지 알려 준다.
3. 정보 워크숍, 교육과정 결정에 관한 가족 회의, 회의 및 학교 프로그램을 위해 가족을 학교로 초대한다.
4. 교사가 소집단 및 개별 아동과 함께 작업하는 동안 가족을 초대하여 아동에게 책 읽어 주기, 제본 돕기, 이야기 받아쓰기, 독립 활동 지도 등 교실 내 문해력 활동을 돕도록 한다.
5. 부모를 교실로 초대하여 참관하도록 한다.

6. 부모와 자녀가 함께할 수 있는 활동을 가정에 안내하고, 함께한 활동에 대한 피드백을 요구한다. 함께 저널 쓰기, 함께 책 읽기, 도서관 방문하기, 환경 인쇄물 읽기, 서로에게 메모 쓰기, 함께 요리하고 레시피 따라 하기, 지시를 따라야 하는 장난감이나 가정용품 함께 조립하기, TV 프로그램 시청하고 이야기하기 등의 활동을 포함한다. 숙제에 참여하는 것은 매우 중요하다.
7. 가족을 학교로 초대하여 문화 유산, 취미, 직업 등에 대해 이야기한다.
8. 자녀가 잘하고 있을 때 가정에 메모를 보낸다. 문제가 있을 때만 기다렸다가 메모를 보내지 않는다.
9. 가족 구성원이 자녀와 공유할 수 있는 문헌 목록을 제공한다.

아동 이름: ______________________________ 날짜: ______________

부모가 응답한다.	항상	가끔	전혀	의견
1. 아동이 책을 읽어 달라고 한다.				
2. 아동이 혼자 책을 읽거나 보려고 한다.				
3. 아동이 읽어 주는 내용을 이해하거나 스스로 읽는 내용을 이해한다.				
4. 아동은 책을 제대로 다루고, 페이지를 넘기는 방법을 알고, 인쇄물을 왼쪽에서 오른쪽으로 읽는다는 것을 안다.				
5. 아동은 읽거나 읽어 주는 척한다.				
6. 아동은 운율과 반복 구가 있는 이야기 읽기에 참여한다.				
7. 아동은 부모와 함께 쓰기를 한다.				
8. 아동은 혼자 쓰기를 한다.				
9. 아동은 자신이 쓴 것에 대해 말한다.				
10. 아동은 표지판과 이름표와 같은 환경 인쇄물을 읽는다.				
11. 아동은 학교를 좋아한다.				

아동에 대한 의견:

[그림 14-4] 아동의 문해력 성장 관찰을 위한 체크리스트

10. 가족 구성원을 학교에 초대하여 자녀와 함께 문해력 활동에 참여하도록 해야 한다. 예를 들어, 영역 시간 동안 부모는 자녀와 함께 읽고 쓰고, 학교의 문해 환경이 어떤지 확인하고, 자녀의 문해력 발달에 더 중요한 역할을 할 수 있다.
11. 전화, 메시지 전송, 회의 등을 통해 가족과 자주 연락을 취한다. 나쁜 소식뿐만 아니라 기쁜 소식에도 집중한다.
12. 자녀의 진도를 평가하는 데 가족 구성원을 참여시킨다. [그림 14-4]와 같은 양식을 제공하여 자녀의 문해력 활동과 가정에서 자녀와 함께하는 일에 대해 작성하도록 한다. 학부모 회의에서 자녀의 진도에 대한 정보를 제공하게 한다.

성공적인 프로그램 및 활동 수립

지역사회마다 상황이 다르기 때문에 가정 문해력 프로그램은 대상자의 필요에 맞게 조정해야 한다. 다음은 성공적인 프로그램을 위해 따라야 할 몇 가지 검증된 지침이다.

가정 문해력 프로그램의 목표

1. 여러분이 봉사하는 가족의 다양성을 존중하고 이해한다.
2. 이미 가정에 존재하는 문해력 행동을 기반으로 구축한다. 기존의 학교 문해력과는 다를 수 있지만, 대부분의 가정은 일상생활에서 문해력을 사용한다. 이러한 행동을 파악하고, 인정하고, 존중하고, 보존하고, 가정 문해력 프로그램에서 활용해야 한다.
3. 지역사회 내에서 사용되는 모국어를 파악하여 자료를 번역하고 이해할 수 있도록 한다.
4. '가족을 고치겠다'는 태도를 취하지 않는다. 오히려 가족을 이미 존재하는 가정 문해력 프로그램에서 사용할 수 있는 상호작용을 보완하는 것으로 간주한다.
5. 모든 일정을 조절할 수 있도록 다양한 시간대와 요일에 회의를 개최한다.
6. 접근성이 좋고 위협적이지 않은 장소에서 회의를 개최한다. 대중교통을 이용할 수 없거나, 가족 구성원이 회의에 참석할 수 없는 경우 교통편을 제공해야 한다. 회의 중 아동 돌봄 서비스를 제공한다.
7. 회의에서 음식과 다과를 제공한다.
8. 아동과 성인의 문해력 발달에 적합한 건전한 교육 실제를 따른다. 문해력 학습을 위해 다양한 전략을 사용한다. 함께 쓰기, 함께 읽기, 모두에게 재미있고 흥미로운 교재 공유 등이 포함된다.

9. 가족 구성원과 일하거나 부모와 자녀가 함께 일하도록 한다. 부모와 자녀가 함께 일하는 공유 시간을 가져야 한다.
10. 가족 구성원을 위한 지원 집단을 제공하여 자녀를 돕는 것에 대해 이야기하고, 자녀가 무엇을 원하는지 알아볼 수 있도록 장려한다.
11. 가정 문해력 프로그램을 사용하여 문해력 발달을 도울 뿐만 아니라 부모와 자녀 간 상호작용을 개선한다.
12. 가족 구성원에게 가정에서 사용할 수 있는 아이디어와 자료를 제공한다.
13. 좋은 프로그램은 자녀 양육 문제, 지역사회 생활 문제, 주거 문제, 구직 신청 및 유지 등 가정에서 유용하다고 생각하는 기능적 문해력 활동을 쉽게 수행하도록 지원한다는 점을 인식한다.
14. 프로그램에는 학교 시간 동안 가족 구성원이 학교 활동에 참여하는 기회가 제공되어야 한다는 점을 이해한다.
15. 학교와 가정 프로그램의 일부가 서로 병행되어야 한다. 학교에서 하는 활동과 가정에서 가족 구성원이 아이들과 함께하는 활동은 동일해야 한다. 이렇게 하면 가족 구성원이 자녀의 학습에 참여할 수 있다.

가정 연계 계획

가정 연계 계획에는 학교에서 자녀의 문해력 학습을 촉진하는 활동에 대해 가족을 참여시키고 정보를 제공하기 위해 고안된 프로그램이 포함된다. 이러한 프로그램은 자녀의 문해력 발달을 지원하는 주체로서 가족 구성원을 참여시키며, 학교, 도서관 또는 기타 지역사회 기관에서 시작될 수 있다. 이러한 프로그램은 기관 간 공동 노력으로 이루어진다. 부모 참여 프로그램의 기본 전제는 자녀의 읽기 성취도를 높이기 위해 가족 구성원의 도움을 받는 것이다. 다음에서 소개할 프로그램은 과거부터 사용되어 왔으며, 현재도 여전히 활발하게 사용되고 있는 프로그램도 있다. 이 프로그램을 선택한 이유는 그 원칙이 건전하고 활용 요소를 다른 사람들이 쉽게 적용할 수 있기 때문이다.

읽기는 기본. RIF(Reading Is Fundamental)(www.rif.org)의 목적은 도움이 필요한 어린 아동에게 책을 읽어 주는 것이며, 보통 부모가 함께 참여한다. 가정 문해력 프로그램 중 하나는 Running Start(RS)이다. RIF가 만든 이 학교 기반 프로젝트는 초등학교 1학년 아동에게 책을 선물하고 가정 문해력을 장려하고 지원하기 위해 고안되었다. RS의 목표는 ① 초등학교 1학년 학생들의 읽기 동기를 높여 즐거움과 정보 모두를 위해 열심히 책을 찾도록 하고, ② 자녀의 문해력 발달에 가족을 참여시키며, ③ 학교와 교사의 노력을 지원하여 아동이 성공적인 독자가 되도록 돕는 것이다. 참여 학급 교사에게는 학급 도서 코너에 비치할 양질의 픽션 및 정보 책을 선정하고 구매할 수 있는 기금이 제공된다. 아동은 10주 프로그램 기간 동안 21권의 책을 읽거나 누군가에게 책을 읽어 주도록 요청을 받는다. 문해력 발달을 지원하기 위해 지역사회가 참여하는 읽기 랠리(Reading Rally)가 열리고, 가족 구성원은 다양한 방법으로 아동과 책과 이야기를 공유하며, 아동이 21권 목표를 달성하도록 지원해야 한다. 아동이 21권 목표를 달성하면 개인 도서관에 소장할 책을 선택할 수 있다. 연구에 따르면 이 프로그램에 참여한 가정에서 초등학교 1학년 학생들의 읽기 동기와 가족 구성원의 문해력 활동이 모두 크게 증가한 것으로 나타났다(Gambrell, Almasi, Xie, & Heland, 1995).

부모와 자녀가 함께. 부모와 자녀가 함께(Parents and Children Together: PACT)는 켄터키주 루이빌에 있는 국립 가정 문해력 센터(NCFL)(www.familieslearning.org)에서 만든 전국적인 세대 간 가정 문해력 프로그램이다. 고등학교 졸업장이 없는 부모와 3~4세 자녀가 일주일에 3~5일 함께 학교에 다닌다. 아동은 유아교육 프로그램에 참여하고, 부모는 성인 교육 프로그램에 참여하여 읽기, 수학, 양육 기술을 배운다. 성인 교육 프로그램에서 부모는 읽기 및 수학 능력을 향상시키기 위해 노력하고, 목표를 설정하여 프로그램에서 다른 부모와 협력하는 방법을 배운다. 부모 시간은 훈육에서 자존감에 이르기까지 다양한 주제에 대해 토론하는 프로그램의 구성 요소이다. 프로그램의 마지막 구성 요소는 부모와 자녀가 함께하는 시간이다. 이 시간에는 가족이 함께 놀이를 한다. 활동은 아동이 주도한다. 부모는 자녀와 함께 그리고 자녀로부터 배울 수 있다는 것을 알게 된다(National Center for Family Literacy, 1993).

PACT와 같은 **세대 간 문해력 계획**(Intergenerational literacy initiatives)은 성인과 아동 모두의 문해력 발달을 향상시키기 위해 특별히 고안되었다. 이러한 프로그램은 가족 구성원과 아동을 공동 학습자로 간주하며, 일반적으로 성인과 아동 모두를 위해 계획적이고 체계적인 교육을 제공하는 것이 특징이다. 가족 구성원과 자녀가 공동으로 학습할 때 교육이 이루어진다. 성인을 위한 교육은 성인 자신의 문해력을 향상시키는 동시에 아동 발달을 돕기 위해 아동과 함께 일하는 방법을 가르치는 데 목적이 있다(Wasik, Dobbins, & Herrmann, 2001).

벨 프로젝트. 벨 프로젝트(BELLE project, 초기 문해력, 언어 및 교육을 위한 벨뷰 프로젝트)는 뉴욕대학교 의과대학의 소아과 의사들이 시작한 지역사회 프로그램이다(http://pediatrics.

med.nyu.edu/developmental/research/the-belle-project).

이 프로그램의 효과를 검증하기 위해 대규모 무작위 통제집단 연구가 진행 중이다. 이 연구의 목표는 어머니와 자녀의 관계 중재가 양육, 언어, 문해력, 아동 발달에 미치는 영향을 파악하여 학교 준비도를 향상시키는 것이다. 중재는 인종적으로 다양한 위험에 처한 가정에 서비스를 제공하는 도시 공립 병원에서 일차 소아과 진료 예약 중에 이루어졌다.

이 프로젝트는 리치 아웃 앤 리드(Reach Out and Read: ROR) 모델을 기반으로 한다. ROR에서는 출생과 함께 시작되는 1차 진료 방문 시 자원봉사자가 대기실에서 아기와 아동에게 책을 읽어 준다. 방문 중에 의사는 아기의 언어 및 문해력 발달 상태와 어머니가 가정에서 하는 일을 파악한다. 의사는 도움을 제공한다. 각 부모-자녀 쌍은 가정으로 가져갈 책 한 권을 받는다. 이 프로그램의 이 부분이 ROR이라고 불리는데, 많은 연구에서 부모와 자녀가 함께 책을 읽어 주는 것이 아동의 언어 발달에 긍정적인 영향을 미친다는 사실이 입증되었다. 이 프로그램의 참가자는 벨뷰 병원 클리닉에서 소아과 진료를 받는 아기들이다.

프로그램의 ROR 부분 외에도 소아과 1차 진료 환경에 화상 상호작용 프로젝트(VIP)가 추가되었다. VIP에서 어머니와 아동은 약 30~45분 동안 방문할 때마다 아동 발달 전문가(CDS)와 만난다. 첫 방문은 퇴원 후 1~2주 이내에 이루어지며, 이후 방문은 1~3개월 간격으로 이루어진다. CDS는 어머니와 협력하여 언어, 문해력 및 아동 발달을 촉진하는 상호작용과 상호작용 놀이를 진행한다(Hart & Risley, 1995; Morrow, Mendelsohn, & Kuhn, 2010; Tamis-LeMonda, Bornstein, & Baumwell, 2001).

VIP의 핵심 구성 요소는 5~7분 동안 어머니와 아동의 모습을 비디오로 촬영하는 것으로, 어머니와 CDS가 비디오를 시청하여 강점을 파악하고, 다른 긍정적인 상호작용을 촉진한다. CDS는 각 부모에게 장난감, 동화책, 초기 언어, 문해력 및 아동 발달 활동에 관한 책자를 제공한다. 교육 수준이 낮은 어머니를 대상으로 한 연구 결과 VIP의 효과가 입증되었다. VIP에 참여한 부모는 프로그램에 참여하지 않은 부모보다 자녀와의 언어 및 문해력 놀이 상호작용에서 훨씬 더 나은 효과를 보였다(Mendelsohn et al., 2007). 이 프로그램은 유치원 환경에서 시범 운영되었으며, 동화책 읽기와 놀이 중에 부모와 자녀 간 상호작용 언어를 개선하는 데 매우 성공적이었다(Mendelsohn, Huberman, Berkule, Brockmeyer, Morrow, & Dreyer, 2011).

아동 부모 참여 프로그램 하이라이트. 가정 문해력 프로그램은 다양한 문해력 행사에서 부모와 자녀의 상호작용을 촉진해야 한다. 프로그램은 참여 가족을 결핍과 딜레마의 관점이 아닌 풍부한 경험과 유산의 관점에서 바라보아야 한다. 홈-스쿨 프로그램은 사용하기 쉬워야 한다. 가정으로 보내는 자료는 먼저 학교에 있는 아이들에게 소개되어야 한다. 콘텐츠는 위협적이지 않고 문화적으로 다양해야 하며, 활동은 재미있어야 한다. 예를 들어, 나는 근무하던 학군에서 아동을 위한 하이라이트 가족 참여 프로그램을 만들었다. Highlights for Children 잡지는 가정과 학교를 연결하는 자료이다.

교사들은 학교에서 잡지에 실린 기사를 소개했고, 각 아동은 학교용 사본을 받았다. 또 다른 사본은 학교에서의 활동과 유사하게 가족 구성원이 아이들과 함께할 수 있는 활동을 함께 집으로 보냈다. 아이들이 자료로 무엇을 해야 하는지 알고 있었기 때문에 이 프로그램은 성공할 수 있었다. 또한 이 잡지는 가정과 학교를 연계하는 모든 자료에 포함되어야 할 다음과 같은 기능을 제공했다: ① 가족이 활동을 선택할 수 있는 다양한 기회, ② 학교와는 다른 위협적이지 않은 형식, ③ 다양한 연령 수준과 능력에 적합한 활동, ④ 문화적으로 다양한 내용, ⑤ 읽기 능력이 필요하지 않은 일부 활동, ⑥ 가족 구성원과 아동이 함께 문해력에 참여할 수 있는 재미있는 활동(Morrow, Scoblionko, & Shafer, 1995; Morrow & Young, 1997) 등이었다.

교육자들은 가정이 성공적인 문해력 발달을 위한 중요한 열쇠 중 하나라는 사실을 인식하고 있다. 다양한 기관과 기업의 정책 입안자들은 효과적인 가정 문해력 프로그램을 만들고 지원하기 위해 협력하고 파트너십을 형성해야 한다. 학교에서의 문해력 프로그램은 가정의 지원이 있을 때 더욱 성공적일 수 있으므로 가정 문해력 프로그램은 매우 중요하다(Crosby, Rasinski, Padak, & Yildirim, 2015).

교사와 가족이 아이들과 공유할 수 있는 가족에 관한 아동 문학 참고문헌은 다양한 문화적 배경을 대표하는 책들이다. 각 책은 가족과 대가족 구성원 간 특별한 관계를 보여 준다. 부모, 조부모, 이모나 삼촌, 형제나 자매, 또는 실제로는 친척이 아니지만 가족처럼 느껴지는 사람일 수 있다.

부모와 잦은 연락: 회의, 전화 통화 등. 공식적인 프로그램만이 가정 연계를 늘리기 위한 유일한 도구는 아니다. 학부모와 자주 연락하는 것만으로도 학부모는 환영을 받고 학교의 일원이라는 느낌을 받을 수 있으며, 이는 교실과 가정을 연결하는 데 큰 도움이 된다. 학부모와 가족에게 연락하는 방법에는 다음과 같이 여러 가지가 있다:

- **초대.** 부모를 학교에 자주 초대한다. 이렇게 하면 부모가 학교에 오는 것을 더 편안하게 느끼고 학교에서 하는 일을 더 잘 이해할 수 있다. 직장에 다니는 부모가 연중 몇 차례 올 수 있도록 일정을 조정하여 시간을 다르게 정한다([그림 14-5] 및 [그림 14-6] 참조).

- **뉴스레터.** 특정 주제를 시작할 때는 반드시 뉴스레터를 보내 참가자들에게 해당 주제의 내용과 도움을 줄 수 있는 방법을 알려 준다. [그림 14-7]이 그 사례이다.
- **학부모에게 전화.** 과거에는 교사가 부모에게 전화하는 경우 자녀가 잘못 행동하거나 아프거나 하는 등 학교에서 정말 안 좋은 일이 발생한 경우가 많았다. 하지만 좋은 일이 생겼을 때 부모에게 전화하면 교사와 가족은 모두에게 도움이 되는 관계를 구축할 수 있다. 부모에게 전화를 걸어 곧 있을 학교 행사에 대해 알리고, 부모가 참석할 수 있기를 바라는 마음을 전한다. 자녀가 학교 과제에서 중요한 성취를 이루었을 때 부모에게 전화하여 얼마나 기쁜지, 그리고 부모가 가정에서 자녀와 함께 연습해 주기를 바라는 마음을 표현한다. 좋은 일로 전화하는 경우 걱정을 함께 전달하는 것도 괜찮다.
- **회의.** 진행 상황을 논의하기 위한 회의는 학교에서 정기적으로 개최한다. 회의 전에 부모에게 [그림 14-4] '아동의 문해력 성장 관찰을 위한 체크리스트'와 같은 양식을 작성하도록 요청한다. 이렇게 하면 부모는 회의 내용이 무엇인지 어느 정도 예상할 수 있고, 교사와 부모가 모두 참여하는 양방향 대화가 될 수 있다. 또한 교사는 자녀가 사회적, 정서적, 신체적, 학업적으로 어떻게 지내고 있는지 두 사람이 함께 논의할 것이라는 내용의 메모를 미리 가정으로 보낼 수 있다. 자녀에 대한 긍정적인 이야기를 많이 하면서 회의를 시작한다. 학교에서 있었던 멋진 일화를 소개하는 것도 좋은 방법이다. 부모가 [그림 14-4] 체크리스트에 있는 정보를 제공한 다음, 교사로서 자녀의 진도에 대한 정보를 공유할 차례이다. 아동이 학급에서 다른 학생들과 어떻게 지내는지, 문해력 발달에 중점을 두고 모든 영역에서 아동의 과제에 대해 논의한다. 아동의 작업 샘플과 함께 의견을 문서화한다. 부모에게 학교에서 일어나는 일을 지원할 수 있는 방법에 대해 제안한다. 회의가 끝나면 회의에서 있었던 일을 검토하고 궁금한 점이 있는지 물어본다.

  1년에 한 번 이상, 학기 시작 몇 달 후에 한 번, 그리고 학기가 끝날 무렵에 한 번씩 회의를 개최하는 것이 중요하다. 물론 연중 언제든지 필요한 경우 회의를 개최할 수 있다.
- **수시 메모.** 전화 통화와 마찬가지로 정기적인 메모를 보내면 부모와 교사 간에 중요한 연락 창구를 확보할 수 있다. 자녀의 긍정적인 행동과 성장, 그리고 가정에서 부모가 도울 수 있는 방법에 대한 메모를 보낸다. 기억하고 감사하기 위한 메모는 길지 않아도 된다(Vukelich, Christie, & Enz, 2007).
- **VIP 인증서.** 부모가 안심하고 참여할 수 있도록 '매우 중요한 부모를 위한 VIP 인증서'를 제공한다([그림 14-8] 참조).

가족 구성원 모집

자녀의 학급 방문하기

가족 여러분께,

학교에 오셔서 읽기와 쓰기 시간에 참여해 주세요. 아래 양식에 방문하실 때 하실 수 있는 활동의 종류를 기재해 주세요. 참석 가능한 시간과 날짜를 알려 주실 수 있는 공간이 있습니다. 저희는 유연하게 시간을 조정하여 여러분이 편한 시간에 방문하도록 하겠습니다. 형제자매, 아기, 조부모는 물론 부모님까지 모든 가족 구성원을 환영합니다. 자녀의 교육에 참여하여 진정한 가정과 학교의 파트너십을 형성할 수 있도록 도와주세요.

진심을 담아
갤러거 선생님의 2학년 수업

다음 양식을 작성하여 자녀와 함께 학교로 보내 주세요.
귀하의 이름: ______________________
자녀의 이름: ______________________
주중에 올 수 있는 날은 다음과 같습니다: ______________________
학교에 올 수 있는 시간은 다음과 같습니다: ______________________

학교에 오면 다음과 같은 일을 하고 싶습니다.
☐ 1. 아이들이 무엇을 하는지 지켜본다.
☐ 2. 아이들과 함께 참여한다.
☐ 3. 소수의 어린이 그룹에게 책을 읽어 본다.
☐ 4. 학급 전체에게 책을 읽어 준다.
☐ 5. 저는 다른 나라에서 왔고 아이들에게 우리나라에 대해 이야기하고, 그곳의 옷, 그림, 책을 보여 주고 싶다.
☐ 6. 취미가 있는데 이를 학급과 공유하고 싶다.
제 취미는: ______________________
☐ 7. 저는 재능이 있고 이를 학급과 공유하고 싶다.
제 재능은: ______________________
☐ 8. 아이들에게 제 직업에 대해 이야기해 주고 싶다.
제 직업은: ______________________
☐ 9. 공유하고 싶은 다른 아이디어가 있다. ______________________
☐ 10. 도움이 필요한 아동에게 추가적인 도움을 제공한다.
☐ 11. 어떻게 해야 할지 결정하는 데 도움이 필요하다.
☐ 12. 정기적으로 와서 도움을 드리고 싶다.
다음 시간에 올 수 있다: ______________________

[그림 14-5] 가족 참여 초대장

Se Buscan Miembros de Familia

Para Visitar la Clase de su Niño

Ayudenos Aprender–

Comparta sus Talentos y Envuélvase con Nuestra Clase:

Observe la clase y su niño

Cuente historias

Hable de su cultura

Lea libros

Comparta su pasatiempo favorito

Traiga su bebé o animal mimado

Explique su trabajo

Cocine o traiga dulces para la clase

Venga a cantarle a los niños

Comparta con nuestras actividades de "Highlights"

Por favor ponga los días, o día, que pueda venir a la clase:

Mes: Dia(s): Horas:

____

Devuelva este papel a la maestra de su niño.

Nombre: ______________________________.

Visitaré la clase en esta fecha ______________ y a esta hora ______________.

Me gustaría compartir: ______________________________.

[그림 14-6] 가족 참여 초대장(스페인어)

부모님께

여러분의 자녀는 신체와 정신이 건강하다는 것이 무엇을 의미하는지 탐구하는 단원에 참여하게 됩니다. 이 단원에서는 건강한 음식을 먹어야 하는 이유, 다섯 가지 식품군, 운동, 휴식, 청결, 자존감의 중요성에 대해 공부합니다.

건강 단원에서는 놀이, 미술, 음악, 사회, 과학, 수학, 문해력(읽기, 쓰기, 듣기, 음성 언어) 등 모든 교과 영역이 주제에 통합되어 다뤄질 것입니다. 학교에서 하는 흥미진진한 활동 중 일부는 가정에서도 자녀와 함께할 수 있습니다.

학교와 가정에서

미술: 눈과 손의 협응력과 시각 변별력을 기르고 다양한 미술 재료를 탐색하고 실험해 볼 수 있습니다. 학교에서는 음식 콜라주와 추상적인 콩 모자이크를 만들게 됩니다. 가정에서는 미술 활동을 위해 이러한 재료와 기타 음식 관련 재료를 제공하여 자녀가 상상력을 발휘하도록 격려할 수 있습니다. 미술은 성인 모델을 따라 하는 것이 아니라 다양한 재료로 무엇을 할 수 있는지 탐구하는 것임을 기억해 주세요.

과학: 사과 소스를 만들면서 아이들이 사과가 어디에서 왔고, 어떻게 재배되는지, 음식이 조리되면서 어떻게 변하는지를 듣고 지시를 따르며 배울 수 있는 기회를 제공합니다. 가정에서 과일이나 양상추 샐러드와 같은 건강한 간식을 만들고 간단한 조리법을 사용하여 자녀를 준비 과정에 참여시키면 듣기 능력을 확장하는 데 도움이 됩니다.

문해력: 가정에서는 건강, 음식, 신체와 관련된 알파벳 h, f, b가 있는 건강식품에 라벨을 붙이거나 이 알파벳과 다른 시작음이 있는 단어를 가리키며 도와주세요. 집 밖에 있을 때도 표지판을 읽고 글자를 가리켜 주세요. 건강이라는 주제와 관련된 이야기, 시, 정보 책, 요리책, 운동 잡지 및 기타 문헌을 자녀에게 읽어 주세요. 이 단원에서 소개할 책에는 다음이 포함됩니다.

Achoo! by P. Demuth, 1997
Children around the World by D. Montanari, 2001
Gregory, the Terrible Eater by M. Sharmat, 1984
No More Baths by B. Cole, 1989
Mooncake by F. Asch, 1983

여러분의 도움이 필요합니다

금주의 다문화 음식 또는 가정에서 좋아하는 음식에 대한 여러분의 도움을 받고자 합니다. 하루 간식을 준비하여 논의할 수 있는 경우, 첨부된 시트에 이름과 함께 어떤 종류의 간식을 준비하고 싶은지 표시해 주세요.

[그림 14-7] '건강한 신체, 건강한 정신' 단원에 대한 부모 대상 뉴스레터(계속)

자녀가 좋아하는 잠자리 이야기를 수업에 와서 읽어 줄 수 있다면 다음과 같이 해 주세요. 첨부된 시트에 이름을 적고 가능한 날짜를 표시해 주세요.

가정에 빈 음식 용기, 씨앗, 견과류, 콩, 운동 잡지 또는 요가 잡지 등 극놀이 공간에서 사용할 수 있는 주제와 관련된 다른 자료가 있다면 자녀와 함께 보내 주세요.

자녀와 함께할 수 있는 기타 활동

자녀와 함께 슈퍼마켓에 가세요. 구매해야 할 식료품 목록을 미리 준비하세요. 카트에 물건을 담을 때 자녀에게 체크하게 하세요.

각 식품군에서 식품을 구입해 보세요. 가정에서 수박, 아보카도, 당근 씨앗을 심어 보세요. 일기를 쓰거나 성장 과정을 기록하여 서로 비교해 보세요.

과일 샐러드, 믹스 그린 샐러드, 버터, 땅콩버터 등 집에서 간단하고 영양가 있는 레시피를 만들어 수업이 가정으로 이어질 수 있도록 도와주세요.

매일 시간을 내어 자녀와 함께 운동을 하세요. 빠르게 걷거나 자전거를 타는 것은 자녀가 운동이 재미있고 자주 해야 한다는 것을 배우는 데 도움이 됩니다. 가족이 함께 즐길 수 있는 활동입니다.

잠자리에 들 때 자녀에게 휴식은 우리 몸에 중요하다는 사실을 상기시켜 주세요. 매일 밤 자녀와 특별한 잠자리 이야기를 나누세요.

자녀 코너

자녀에게 주제와 관련하여 학교에서 했던 일을 쓰거나 그리도록 요청하세요.

자녀가 매일 어떤 음식을 먹는지 일기를 쓰도록 도와주세요. 자녀가 하는 모든 운동을 기록하세요. 자녀의 수면 시간을 기록하여 일기에 숫자를 적으세요. 수치를 그래프로 표시하세요. 일기는 공책, 패드 또는 책처럼 스테이플러로 찍은 종이에 적을 수 있습니다.

단원에 대해 궁금한 점이 있거나 추가 아이디어가 있으면 담임교사에게 연락해 주세요. 영양사나 피트니스 관련 직업 등 이번 주제와 관련된 직종에 종사하고 계신다면 수업에 참여하여 이야기를 나눠 보세요.

진심을 담아,

리사 로작

건강한 신체, 건강한 정신 단원을 위해 다음과 같은 간식을 준비할 수 있습니다.

간식: ______________________ 부모님 이름: ______________________

다음 날짜에 동화 읽어 주러 올 수 있습니다: ______________________

책: ______________________ 부모님 이름: ______________________

[그림 14-7] '건강한 신체, 건강한 정신' 단원에 대한 부모 대상 뉴스레터

매우 중요한 부모

이 상은 다음과 같이 수여됩니다.

교실에 대한 여러분의 모든 기여에 감사드립니다.
여러분의 지속적인 지원이 있어야만 성공적인 학생을 배출할 수 있습니다!

날짜　　　　교사 서명

[그림 14-8] VIP 인증서

교사와 가족을 위한 자원

가정 문해력 프로그램을 수립, 관리 및 평가하는 방법에 대한 자세한 정보는 가정 문해력을 다루는 기관, 협회 및 단체에 문의할 수 있다. 일반적인 자원뿐만 아니라 가족을 위한 구체적인 자원도 있다.

가정 문해력 정보. 다음 기관에서는 가정 문해력에 대한 일반적인 정보와 자료를 제공한다.

- 가정 문해력을 위한 바바라 부시 재단, 516 N. Adams Street, Tallahas-참조, FL 32301, www.barbarabush.org
- 국제 문해력 협회, 800 Barksdale Road, PO Box 8139, Newark, DE 19714-8139, www.literacyworldwide.org
- 국립 가정 문해력 센터, 325 West Main Street, Suite 300, Louisville, KY 40202-4251, www.familieslearning.org

- 읽기는 기본(RIF), P.O. Box 33728, Washington DC 20033, www.rif.org

가족을 위한 자원. 자원에는 다음 내용이 포함된다:

- *Raising a Reader, Raising a Writer: How Parents Can Help* (Brochure available from the National Association for the Education of Young Children, 1313 L St. NW, Suite 500, Washington, DC 20005, www.naeyc.org)
- Brandt, D. (2001). *Literacy in American Lives*. New York: Cambridge University Press.
- Lipson, E. R. (2000). *New York Times Parent's Guide to the Best Books for Children*. New York: Crown Publishing Group.
- Stillman, P. R. (1998). *Families Writing* (2nd ed.). Portland, ME: Calendar Islands Publishers.
- Trealease, J. (2013). *The Read-Aloud Handbook* (7th ed.). New York: Penguin Books.

자녀와 함께하는 활동을 위한 부모용 자원

- Growing Book by Book, growingbookbybook.com/9-family-literacy-activities/Get Ready to Read, www.getreadytoread.org
- PBS, www.pbs.org/parents/education/reading-language/reading-activities/

저자 소개

레슬리 만델 모로(Lesley Mandel Morrow)는 럿거스 대학교 교육대학원의 저명한 문해력 전공 교수로, 문해력 발달 센터의 소장을 맡고 있다. 그녀는 교사로 경력을 시작한 후 읽기 전문가가 되었고, 이후에 뉴욕의 포드햄 대학교에서 박사학위를 받았다. 그녀의 연구 분야는 초기 문해력 발달과 언어 프로그램의 조직 및 관리를 다루고 있다. 그녀의 연구는 다양한 배경을 가진 아동과 가족을 대상으로 수행된다.

모로 박사는 신문 기사, 책 챕터, 논문, 책 등 300개 이상의 출판물을 보유하고 있다. 그녀는 럿거스 대학교에서 연구, 교육 및 봉사 부문 우수상을 수상하였다. 그녀는 국제 문해력협회(ILA) 우수 읽기 교사상과 윌리엄 S. 그레이 공로 표창, IRA(현 ILA) 특별 봉사상을 수상하였다. 또한 포드햄 대학교의 우수 공로 동문상을 수상하였다. 이와 함께 모로 박사는 연방 정부로부터 수많은 연구 보조금을 받았으며, 영어 센터, 국립 읽기 연구 센터, 조기 읽기 성취 센터의 수석 연구원으로 활동하였다. 그녀는 당시 100개국 8만 명의 교육자가 회원으로 있던 국제문해력협회(ILA)의 이사회 구성원이자 회장으로 선출되었다. 모로 박사는 명예의 전당에 올랐으며, 명예의 전당 회장도 역임하였다. 2010년에는 문해력 실천에 지식을 더하고 변화를 일으킨 연구로 문해력 연구 협회의 오스카 코세이 상을 수상하였다.

모로 박사는 자신이 만든 문해력 발달 센터와 그 일을 자랑스럽게 생각한다. 그녀는 럿거스 읽기 클럽과 읽기 부진 아동을 위한 방과 후 프로그램을 전문적으로 개발했으며, 수잔 더허티와 함께 자신이 개발한 훈련 과정을 운영하고 있다. 모로 박사는 또한 미국 및 국외 유명 연사들과 함께 조직한 콘퍼런스에서 전문성을 발휘하였다. 가장 최근에는 럿거스 의과대학의 소아과 의사들과 함께 일하고 있다. 이들은 '위험에 처한' 배경의 아동을 돕기 위한 연구를 수행하고, 소아과 의사와 실습에서 문해력을 지원하는 방법에 대한 정보를 공유한다. 또한 제임스 에단과 나탈리 케이트의 자랑스러운 할머니이기도 하다.

역자 소개

성미영(Sung, Miyoung)

역자는 동덕여자대학교 아동학전공 교수이다. 2002년 서울대학교에서 아동학전공 박사학위를 취득하였다. 영유아의 언어 발달 및 문해력 발달에 관한 연구를 수행하였고, 다문화가정 유아를 위한 한국어 교육 프로그램 개발과 모바일 학습시스템 개발 등의 연구과제에 참여하였다. 역서로는 『언어발달』, 『발달심리, 유아교육을 만나다』, 저서로는 『언어지도』, 『보육학개론』, 『아동안전관리』 등이 있다.

생애 초기 문해력 발달
Literacy Development in the Early Years
Helping Children Read and Write, 9th Edition

2025년 2월 20일 1판 1쇄 인쇄
2025년 2월 25일 1판 1쇄 발행

지은이 • Lesley Mandel Morrow
옮긴이 • 성미영
펴낸이 • 김진환
펴낸곳 • ㈜ 학지사
04031 서울특별시 마포구 양화로 15길 20 마인드월드빌딩
대표전화 • 02-330-5114 팩스 • 02-324-2345
등록번호 • 제313-2006-000265호

홈페이지 • http://www.hakjisa.co.kr
인스타그램 • https://www.instagram.com/hakjisabook

ISBN 978-89-997-3318-5 93370

정가 29,000원

역자와의 협약으로 인지는 생략합니다.
파본은 구입처에서 교환해 드립니다.